블렌더로
애니 그림체
캐릭터를
만들어보자!

카툰
렌더링편

나츠모리 카츠 지음

김모세 옮김

AK IT

모델링 소재에 관해

이 책에서 설명/사용하는 모델 소재는 출판사 홈페이지의 자료실 게시판에서 다운로드 할 수 있습니다.

https://www.amusementkorea.co.kr

▶ 자세한 사용 방법은 이 책의 설명을 참조해 주십시오.

▶ 모델 데이터, 소재의 저작권은 저자가 소유하고 있습니다. 이 데이터는 독자의 학습 용도로만 제공되며 해당 용도 외의 사용을 금합니다. 허가 없이 네트워크 및 다른 수단을 통해 배포할 수 없습니다.

▶ 이미지 데이터의 재배포, 재사용 및 일부 변경 후 재사용을 금지합니다.

▶ 이 책에 기재되어 있는 내용인 샘플 데이터 운용에 의한 여하의 장애에 관해 주식회사 마이나비 출판사 및 저자는 일체의 책임을 지지 않습니다.

<블렌더로 애니 그림체 캐릭터를 만들자! 카툰렌더링편>을 구입해 주셔서 감사합니다. 저자인 나츠모리 카츠입니다. 평소 '캐릭터 모델링'을 하고 있으며 유튜브(YouTube)에서 '블렌더'에 관한 정보를 나누고 있습니다.

최근 3D CG를 손으로 그린 애니메이션처럼 표현하는 '카툰 렌더링(cartoon rendering)' 방법이 주목을 받고 있습니다. 모델에 윤곽선을 넣어 의도적으로 모델 형태의 정보량을 줄이거나, 애니메이션을 할 때 컷 수를 줄임으로서 마치 손으로 그린 애니메이션처럼 착각할 정도의 3D CG 애니메이션을 만들 수 있도록 되었습니다.

블렌더에서도 손으로 그린 애니메이션처럼 모델과 애니메이션을 만드는 방법이 들어나고 있으며, 카툰 렌더링의 수요는 앞으로 점점 늘어날 것입니다.

이 시리즈는 블렌더로 캐릭터 모델링을 하는 것, 3D CG를 애니 그림체로 만드는 것에 흥미를 갖고 이제부터 시작하고 하는 분들을 위해서 만들었습니다.

이 책은 전후편으로 구성된 시리즈의 후편으로 전편인 <블렌더로 애니 그림체 캐릭터를 만들자! 모델링편>에서 만든 캐릭터를 기반으로 설명을 진행합니다. 보다 초보적인 내용에 관해 알고 싶은, 캐릭터 모델링의 팁에 관해 알고 싶은 분들은 전편인 <블렌더로 애니 그림체 캐릭터를 만들어보자! 모델링편>을 읽어 주시기 바랍니다. 이 책에서는 캐릭터를 움직이기 위한 '리깅'과 '스키닝', 3D를 2D로 전개하는 'UV 전개', 모델을 애니 그림체로 만드는 '매테리얼' 만들기 방법과 메쉬 할당, 표정을 만드는 '셰이프 키', '애니메이션' 제작 방법을 다룹니다. 그리고 마지막으로 렌더링을 할 때까지의 단계들에 관해 차근차근 설명합니다.

이 시리즈는 '블렌더 3.4/Windows 10' 환경에서 진행합니다. 블렌더 버전에 따라 인터페이스나 조작 방법 등이 다소 다를 수 있으므로 양해해 주십시오.

그리고 가능한 최신 버전에 대응하기 위해 블렌더 4.0의 정보도 게재했습니다. 블렌더 4.0에서 저장한 데이터는 블렌더 3.5 이전의 버전에서는 읽을 수 없으므로 주의해 주십시오.

설명에 사용하는 밑그림이나 참고용 블렌더 파일은 '리깅'과 '애니메이션' 학습용 블렌더 파일입니다. '애니메이션' 참고 동영상 파일은 다운로드 할 수 있으므로 이 책의 설명과 함께 참고해 주십시오.

2024년 1월

나츠모리 카츠

Chapter 3   UV 전개를 해보자

Chapter 4   매테리얼과 텍스처를 조합하자

Chapter **7**   **렌더링으로 마무리하자**

545

◘ 전편 '모델링편'의 구성

제1부 기본편
1장 블렌더 기초를 익히자
2장 간단한 고양이 캐릭터를 만들자

제2부 실전편
3장 캐릭터의 머리 부분을 만들자
4장 캐릭터의 몸을 만들자
5장 캐릭터 옷을 만들자

<블렌더로 애니 그림체 캐릭터를 만들어보자 – 모델링편>

◘ 전편 '모델링편'에서 만든 것

전편 '모델링편'에서는 1부 기본편에서 간단한 고양이 캐릭터 모델을 만들면서 블렌더를 사용한 모델링 기초에 관해 학습했습니다. 2부 실전편에서는 여자 인물 캐릭터를 모델링했습니다.

전편에서 만든 고양에 캐릭터 모델(Chapter02.blend)

전편에서 만든 여자 캐릭터 모델(Chapter05D.blend)Chapter05D.blend)

후편 '카툰 렌더링편'에서 학습하는 것

후편 '카툰 렌더링편'에서는 전편 '모델링편'에서 만든 모델의 형태를 애니 그림체로 만들고, 동작이나 표정을 설정해 애니메이션하고 출력까지 해봅니다. 전편을 읽으면서 학습한 분은 전편에서 만든 모델을 계속해서 사용하면서 이 책을 읽어가기 바랍니다. 지원 페이지에 전편에서 완성한 모델 'Chapter02.blend', 'Chapter05D.blend'를 제공하므로 후편부도 읽기 시작한 분들은 해당 데이터를 다운로드해서 사용해 주십시오.

> 샘플 데이터 다운로드
> 후편에서 사용하는 모델 데이터는 출판사 홈페이지 자료실 게시판에서 다운로드할 수 있습니다.
> URL: https://www.amusementkorea.co.kr

◩ 카툰 모델링 기본

전편에서 만든 고양이 캐릭터를 사용해 카툰 렌더링의 기본적인 순서를 따라 학습합니다.

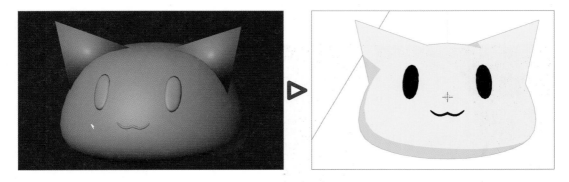

◩ 리깅(아마튜어 만들기)

모델을 움직이기 위한 골격을 만듭니다. 간단한 학습용 모델로 리깅의 기본적인 공정을 학습한 뒤, 전편에서 만든 인물 캐릭터를 사용해 실전에 돌입합니다.

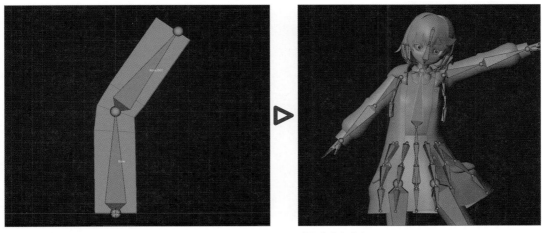

학습용 모델을 사용한 리깅 연습   인물 캐릭터 리깅

◼ UV 전개

캐릭터에 텍스처를 입힐 수 있도록 하기 위해 3D 오브젝트에 절취선을 넣어 평면으로 전개합니다. 만든 인물 캐릭터를 사용한 실전에 들어갑니다.

◼ 매테리얼과 텍스처 이벤트

모델의 표면 질감 설정이나 눈동자 등 캐릭터에 붙일 이미지를 만들고, 모델 형태를 애니 그림체로 만듭니다.

◼ 캐릭터 표정 만들기

셰이프 키 기능을 사용해 캐릭터의 표정을 만듭니다.

◼ 애니메이션

만든 캐릭터의 애니메이션을 만들고 마지막으로 동영상을 출력합니다.

애니 그림체
고양이 캐릭터를 만들자

이번 장에서는 전편 <블렌더로 애니 그림체 캐릭터를 만들자! 모델링편>에서 만든 고양이 캐릭터를 애니 그림체로 만들어봅니다.

이후 공정에서 중요한 '매테리얼'과 '셰이더 에디터'에 관해 기초부터 설명합니다. 그 뒤 '카툰 렌더링'에 관해서 설명하고 실전에 돌입합니다.

1 매테리얼과 셰이더 에디터

여기에서는 오브젝트 표면을 만드는 매테리얼과 셰이더 에디터에 관해 설명하고 실제로 사용해 봅니다.

1-1 매테리얼

오브젝트의 형태를 변경하려면 오브젝트를 선택하고 매테리얼을 만든 뒤, 색과 질감 등을 설정해야 합니다. 매테리얼은 오브젝트의 표면에 설정할 수 있는 재질입니다. 오브젝트에 매테리얼을 설정하면 예를 들면 철, 유리, 부드러운 질감 등 다양한 재질을 만들 수 있습니다. 이 책에서는 이 매테리얼을 사용해 모델을 애니 그림체로 만드는 방법을 설명합니다. 매테리얼 설정 전용 워크스페이스를 제공하므로 이 워크스페이스에서 매테리얼을 설정합니다.

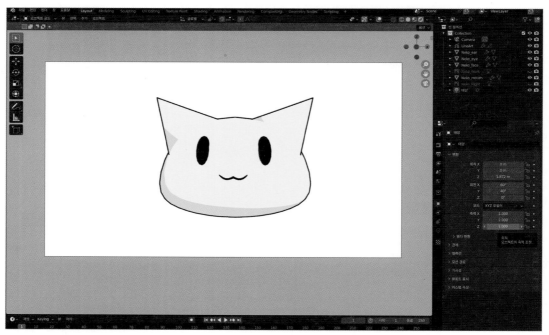

그림은 매테리얼을 설정한 고양이.

◼ 셰이딩에 관해

탑 바의 워크스페이스 안에 있는 **Shading**을 클릭하면 매테리얼 설정에 특화된 화면으로 이동할 수 있습니다. 다양한 화면을 제공하며 주로 다음 네 가지 화면을 사용합니다.

❶ **3D 뷰포트**: 메인 화면. 매테리얼이 할당된 오브젝트를 확인할 수 있습니다.
❷ **셰이더 에디터**: 노드라 불리는 작은 상자를 사용해 매테리얼을 편집하는 에디터입니다.
❸ **프로퍼티스**: 매테리얼 작성, 편집, 렌더링 설정 등을 할 수 있습니다.
❹ **이미지 에디터**: 이미지를 읽을 수 있는 화면으로 이미지의 색상 스포이트에 사용합니다.

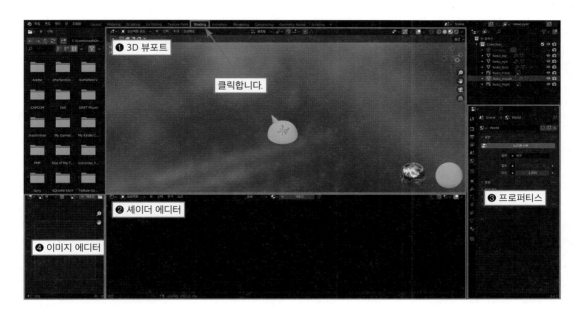

3D 뷰포트 오른쪽에 2개의 구체가 있습니다. 이것은 **HDRI 미리보기 구체**라 불립니다. HDRI는 간단하게 말하면 360도 이미지로 주로 배경으로 사용합니다. 3D 뷰포트에 무언가 배경과 같은 것이 보입니다. 이것은 기본적으로 블렌더 안에서 설정되어 있는 배경이며 렌더링에는 반영되지 않습니다.

◼ 뷰포트 셰이딩에 관해

뷰포트 셰이딩에 관해 다시 소개합니다. 3D 뷰포트 오른쪽 위 헤더 안에 4개의 구체 아이콘이 있습니다. 이것은 뷰포트 셰이딩이라 부르며 3D 뷰포트 안에서 오브젝트의 형태를 바꾸는 기능입니다. 고양이를 모델링할 때는 솔리드와 와이어프레임 두 가지를 사용했습니다. 나머지 두 가지는 매테리얼 미리보기와 렌더라 부릅니다.

❶ 와이어프레임: 오브젝트를 투과해서 에지로만 표시합니다. 대략적인 윤곽을 확인하고 모델 내부를 보고 싶을 때 사용합니다. 밑그림에서 모델링할 때도 활용합니다.

❷ 솔리드: 블렌더를 실행했을 때의 기본 표시입니다. 모델을 만들거나 확인할 때 사용합니다.

❸ 매테리얼 미리보기: 설정한 매테리얼이나 텍스처로만 표시합니다. 3D 뷰포트에 설정한 라이트는 반영되지 않습니다.

❹ 렌더: 렌더링 결과를 간단하게 볼 수 있습니다. 모델링 마지막 단계에서 자주 사용하는 표시 방법입니다. 설정한 라이트 등이 표시됩니다.

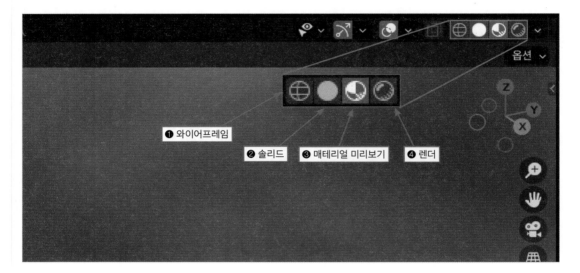

기본적으로 모델링 단계에서는 왼쪽 와이어프레임과 솔리드를 주로 사용하고 매테리얼 설정 단계에서는 오른쪽의 매테리얼 미리보기와 렌더를 주로 사용합니다. 워크스페이스가 레이아웃인 경우 기본값은 솔리드가 표시되며, Shading일 때는 기본값이 매테리얼 미리보기입니다. 그리고 렌더링 결과는 렌더에만 반영됩니다.

■ 매테리얼 만들기

실제로 매테리얼을 만들어봅니다.

01 오브젝트 선택하기
Step
❶ 먼저 고양이 얼굴(Neko_face)를 선택합니다. 기본적으로 매테리얼은 오브젝트를 선택한 상태에서 작성해야 합니다.

❷ 다음으로 프로퍼티스에서 **매테리얼 프로퍼티스**(아래에서 두 번째 빨간색 구체 아이콘)을 선택합니다.

02 매테리얼을 새로 만들기
Step
매테리얼 프로퍼티스 안에 **새로운**이라는 버튼이 표시됩니다. 이 버튼을 클릭하면 **매테리얼 슬롯**이라는 구체가 새로 만들어집니다.

03
Step

매테리얼 슬롯의 이름 변경하기

관리하기 쉽도록 매테리얼 슬롯의 이름을 변경합니다. 이름을 더블 클릭하거나 바로 아래 같은 이름이 입력되어 있는 필드에 입력해서 이름을 변경할 수 있습니다. 이 매테리얼은 이후 고양이 얼굴과 귀의 매테리얼이 되므로 이름을 'Basecolor'로 합니다(각자 선호하는 임의의 이름을 사용해도 좋습니다).

이름을 변경한다.

Column

매테리얼 프로퍼티스

매테리얼 프로퍼티스는 프로퍼티스 안에 있는 항목의 하나입니다. 주로 매테리얼을 관리하는 화면으로 되어 있습니다.

❶ 매테리얼 슬롯　　　: 매테리얼을 넣는 상자와 같은 것으로 오브젝트에 매테리얼을 할당하기 위해 반드시 필요합니다.
❷ 매테리얼 슬롯 추가　: 매테리얼이 들어있지 않은 빈 매테리얼 슬롯을 추가할 수 있습니다.
❸ 매테리얼 슬롯 삭제　: 선택한 매테리얼 슬롯을 삭제할 수 있습니다. 선택한 오브젝트와 매테리얼의 연결만 끊어지며 매테리얼 자체는 삭제되지 않습니다.
❹ 매테리얼 이동　　　: 현재 선택한 매테리얼 슬롯의 순서를 변경할 수 있습니다.
❺ 연결한 매테리얼 보기: 만든 매테리얼 슬롯의 목록을 표시하고 매테리얼 슬롯을 선택해 오브젝트에 적용할 수 있습니다.
❻ 새로운　　　　　　: 새로운 매테리얼을 작성할 수 있습니다.
❼ 할당　　　　　　　: 매테리얼 슬롯을 선택한 페이스에 할당할 수 있습니다.
❽ 선택　　　　　　　: 매테리얼 슬롯이 할당된 페이스를 선택합니다.
❾ 선택 해제　　　　　: 매테리얼 슬롯이 할당된 페이스를 선택 해제합니다.

매테리얼과 매테리얼 슬롯은 비슷하게 느껴지지만 그 쓰임새는 전혀 다릅니다. 매테리얼은 매테리얼 슬롯에 설정된 재질입니다. 매테리얼 슬롯은 매테리얼을 넣는 상자이며 오브젝트와 매테리얼을 연결하기 위한 것입니다. 매테리얼 슬롯이라는 구조가 있어 1개의 오브젝트에 여러 매테리얼을 할당할 수 있습니다. 그리고 에디트 모드로 전환하면 아래에 할당, 선택, 선택 해제라는 항목이 추가됩니다. 이것은 매테리얼을 페이스에 할당할 때 사용하는 항목입니다. 덧붙여 에디트 모드에서는 매테리얼 슬롯을 삭제할 수 없으므로 주의합니다.

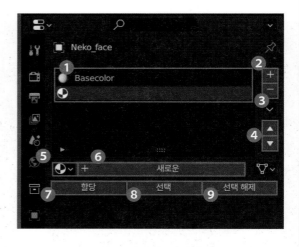

1-2 　셰이더 에디터에 관해

매테리얼 편집은 매테리얼 프로퍼티스 안에서, 또는 **셰이더 에디터** 화면에서 수행할 수 있습니다. 여기에서는 셰이더 에디터를 사용한 편집을 중심으로 설명합니다.

■ 노드

앞에서 매테리얼을 작성했을 때 셰이더 에디터 안에 상자와 같은 것이 2개 추가되었습니다.
프린시플드 BSDF라고 쓰여진 상자와 **매테리얼 출력**이라고 쓴 상자가 연결된 상태로 표시됩니다. 이 상자를 **노드**라 부릅니다. 이 셰이더 에디터 안에는 현재 선택한 오브젝트에 설정된 매테리얼의 노드가 표시됩니다.

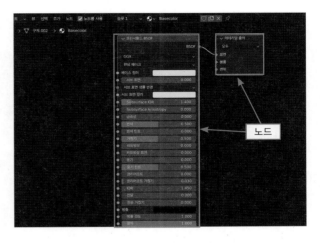

■ 노드 구조에 관해

노드는 기본적으로 왼쪽에 입력 소켓, 오른쪽에 출력 소켓을 제공하며 왼쪽으로 무언가를 넣으면 오른쪽에서 무언가가 나오는 구조를 갖습니다. 즉, **입력하고 출력한다가** 노드의 기본 원칙입니다. 이 노드의 입력과 출력을 연결해 색상, 질감 표현, 텍스처 입력 등 다양한 처리를 할 수 있습니다. 덧붙여 노드는 직역하면 **매듭**이라는 의미이며 연결을 통해 오브젝트 표면을 만든다고 생각하면 좋습니다. 그림으로 나타내면 오른쪽 그림과 같습니다.
기본값은 **매테리얼 출력** 노드이며 **프린시플드 BSDF** 노드가 연결되어 있습니다.

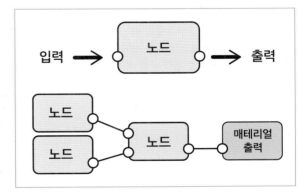

이 **매테리얼 출력**은 반드시 연결해야 하는 노드이며 여기에 연결된 모든 노드가 매테리얼에 반영됩니다. 그렇기 때문에 <u>모든 노드는 매테리얼 출력과 연결된다</u>고 기억하면 좋습니다.
프린시플드 BSDF는 한 마디로 표현하면 <u>하나만으로 다양한 질감을 표현할 수 있는 노드</u>이며 오브젝트에 음영을 붙일 수 있습니다.
이 노드라는 상자를 차례로 연결하고 마지막에는 **매테리얼 출력** 노드로 모이도록 해서 오브젝트의 질감을 만듭니다. 이것이 셰이더 에디터의 기본적인 역할입니다.
노드라는 구조 덕분에 무엇이 어떻게 처리되고 있는지 시각적으로 쉽게 알 수 있으며 오브젝트에 다양한 처리를 적용할 수 있습니다.

1-3	셰이더 에디터 기본 조작

여기에서는 셰이더 데이터의 기본 조작에 관해 설명합니다.

◼ '노드를 사용'에 체크하기

노드를 사용하려면 셰이더 에디터에서 **노드를 사용**에 체크해야 합니다. 매테리얼을 새로 만들면 자동으로 체크가 되지만, **노드의 결과가 반영되지 않는** 상황이 발생하면 이 항목의 체크가 해제되어 있지 않은지 확인합니다.

◼ 줌 확대, 줌 축소

셰이더 에디터 안에서 마우스 휠을 위아래로 움직이면 줌 확대/줌 축소가 됩니다. 노드 값이 잘 보이지 않는다면 줌 확대로 확대, 전체를 확인하고 싶다면 줌 축소로 축소합니다.

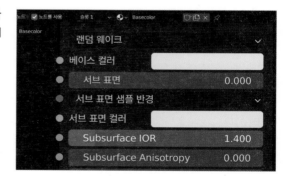

◼ 셰이더 에디터 이동

마우스 가운데 버튼 드래그하면 화면을 이동할 수 있습니다. 이 동작을 하는 동안에는 마우스 커서가 상하좌우 화살표 모양이 됩니다. 노드가 화면을 벗어나 보이지 않을 때 이 조작을 하면 됩니다.

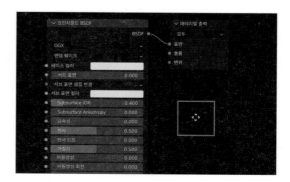

■ 노드 이동

노드를 마우스 좌클릭해 선택하고(선택된 노드 주변이 하얀색 윤곽선으로 표시됩니다), 마우스 좌클릭 드래그하면 마우스 커서가 상하좌우 화살표로 바뀌고 노드를 자유롭게 이동시킬 수 있습니다. 또는 노드를 선택한 상태에서 **이동(G키)**를 눌러 이동할 수 있습니다. 마우스 우클릭해 취소할 수 있습니다.

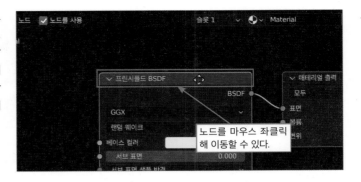

■ 노드 삭제

프린시플드 BSDF를 마우스 우클릭하면 노드 컨텍스트 메뉴가 표시됩니다. 이 안에서 **삭제(X키 또는 Delete키)**를 선택하면 노드를 삭제합니다. 그러면 오브젝트가 검은색으로 됩니다. 매테리얼 출력에 아무것도 연결되지 않으면 이렇게 오브젝트가 검게 표시됩니다.

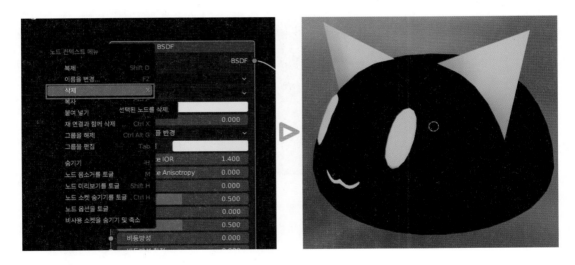

■ 노드 추가

노드의 종류는 다양합니다. 셰이더 에디터 화면 위쪽 헤더 안에 있는 **추가(Shift+A키)**를 클릭하면 모든 노드가 표시됩니다. 이 안에서 예를 들면 **셰이더 → 프린시플드 BSDF**를 클릭하면 셰이더 에디터 안에 **프린시플드 BSDF**가 추가되고, 마우스 좌클릭하면 셰이더 에디터 안에 노드가 놓입니다. 또한 매테리얼 출력은 **출력 → 매테리얼 출력**에서 추가할 수 있습니다.

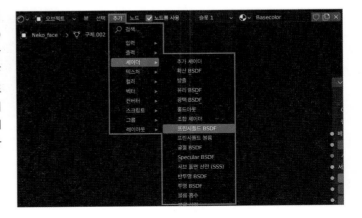

■ 노드 연결 방법

프린시플드 BSDF의 오른쪽을 보면 **BSDF**라
는 출력 소켓이 있습니다. 여기에 있는 원을
마우스 좌클릭하면 끈 같은 것이 나옵니다.
이것을 드래그해 매테리얼 출력의 **표면**과 연
결한 뒤 마우스 좌클릭을 떼면 2개의 노드가
연결됩니다. 입력 소켓에서도 동일한 작업을
할 수 있습니다.

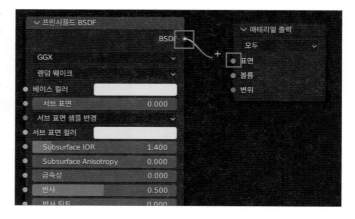

■ 노드 연결 해제 방법

연결을 해제할 때는 입력 소켓을 마우스 좌
클릭 드래그해 아무것도 없는 곳에서 마우
스 좌클릭을 떼면 연결이 해제됩니다. 또는
Ctrl+마우스 우클릭해 끈을 자르듯 연결을
끊을 수 있습니다.

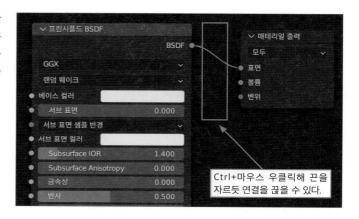

Ctrl+마우스 우클릭해 끈을
자르듯 연결을 끊을 수 있다.

Column

놓치기 쉬운 포인트

'셰이더 에디터 안에서 길을 잃었다'
3D 뷰포트와 마찬가지로 여기에서도 다양한 곳으로 이동하다
보면 노드의 위치를 잃어버릴 수 있습니다. 이때는 셰이더 에디
터 위쪽 헤더 안의 **뷰 → 모든 프레임(Home)**을 선택하면 됩니
다. 이를 선택하면 모든 노드를 표시할 수 있습니다.

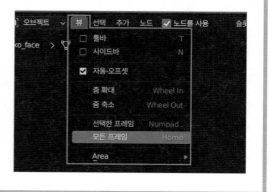

카툰 렌더링

Chapter 1
Chapter 2
Chapter 3
Chapter 4
Chapter 5
Chapter 6
Chapter 7

이번 절에서는 카툰 렌더링이 무엇인지와 카툰 렌더링의 기본 구성에 관해 설명합니다.

2-1 카툰 렌더링

카툰 렌더링은 간단하게 말하면 3D를 2D 애니메이션처럼 보이게 하는 기술입니다. 셀 룩이라고도 부릅니다(셀이란 셀 이미지를 나타내며, 셀 룩은 직역하면 셀 이미지처럼 보인다는 의미입니다). 카툰은 직역하면 애니메이션 또는 만화를 의미합니다.

다음 이미지에서 왼쪽은 프린시폴드 BSDF만 연결한 오브젝트이고, 오른쪽은 카툰 렌더링 오브젝트입니다. 오른쪽 위에서 라이트를 비췄을 때 왼쪽은 일반적인 그림자이지만 오른쪽은 빛과 그림자를 확실히 구별할 수 있습니다. 그리고 오른쪽은 검은 외곽선이 표시됩니다.

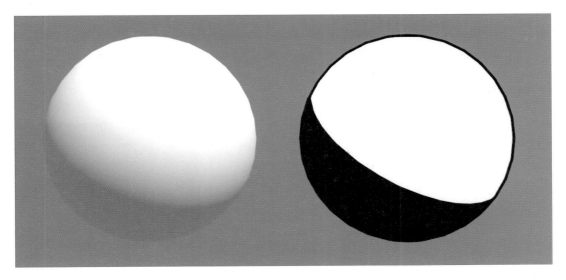

3D CG는 기본적으로 보다 입체적으로, 현실에 가깝도록 처리할 때가 많습니다. 하지만 카툰 렌더링은 보다 평면적으로, 2D 애니메이션에 가깝도록 처리할 때가 많습니다. 주로 외곽선이 있고 그림자가 확실하게 표시되는, 소위 애니 그림체로 표현하는 것이 카툰 렌더링의 큰 특징입니다.

블렌더로 카툰 렌더링을 할 때는 이 세 가지 노드에 관해 반드시 이해해야 합니다.
- 컬러 램프
- 셰이더를 RGB로 변환
- 확산 BSDF

각각에 관해 순서대로 설명합니다.

◼ 컬러 램프

추가 → 컨버터 → 컬러 램프에서 추가할 수 있습니다. 컬러 램프란 그라디언트를 사용해 색을 추가하는 노드입니다. 카툰 렌더링에서는 주로 빛과 그림자 조정 등에 사용합니다.

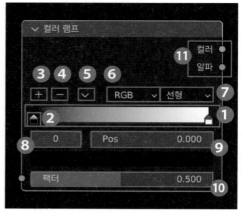

중앙의 색을 설정하는 부분을 컬러 바인드(❶)라 부르며, 컬러를 지정하는 화살표를 컬러 스톱(❷)이라 부릅니다. 이 컬러 스톱을 좌우로 움직여 색을 지정합니다. 왼쪽에 있는 + 버튼(❸)을 누르면 새로 컬러 스톱을 추가할 수 있습니다. 반대로 컬러 스톱을 클릭한 뒤 - 버튼(❹)을 누르면 삭제할 수 있습니다. 오른쪽 옆에 아래쪽 방향 화살표(❺)가 있습니다. 이 화살표를 클릭하면 메뉴가 나타납니다. 여기에서는 컬러를 반전하거나, 컬러 스톱을 균일하게 배치하는 등의 작업을 할 수 있습니다. 더 오른쪽 옆에 있는 RGB(❻)는 컬러 모드이며 세 가지 종류가 있습니다. 특별한 목적이 없다면 RGB 상태로 둡니다. 가장 오른쪽 옆에는 보간 방법(❼)이 있습니다. 이것은 그라디언트 타입을 결정하는 항목입니다. 아래 값 중 왼쪽(❽)은 현재 선택한 컬러 스톱의 번호, 오른쪽(❾)은 현재 선택한 컬러 스톱의 위치입니다. 팩터(❿)는 색을 혼합 상태를 결정하는 값이며 0이 검은색쪽, 1이 흰색쪽입니다. 출력에 있는 컬러는 색 정보를 출력하며 알파는 투과 정보를 출력합니다(⓫).

◼ 셰이더를 RGB로 변환

추가 → 컨버터 → 셰이더를 RGB로 변환에서 추가할 수 있습니다. 셰이더를 RGB로 변환은 음영 정보를 컬러 RGB로 변환하는 노드이며 카툰 렌더링에서 음영에 색을 부여하기 위한 필수 노드입니다.

◙ 확산 BSDF

추가 → 셰이더 → 확산 BSDF에서 추가할 수 있습니다.
<u>매트한 질감으로 만드어주는 노드</u>이며 광택을 제거할 때 주로 사용합니다.
카툰 렌더링에서는 이 **확산 BSDF**를 베이스 노드로 사용합니다.

◙ 세 가지 노드 조합하기

그럼 이제부터 실전입니다. 현재 매테리얼에는 거의 설정을 추가하지 않았기 때문에 고양이의 형태가 흰색으로 되어 있습니다. 컬러 램프, 셰이더를 RGB로 변환, 확산 BSDF라는 세 가지 노드를 조합해 고양이를 애니 그림체로 만듭니다. 그리고 이 세 가지 노드를 조합했을 때 어떻게 처리되는지 차례로 소개합니다.

01
Step
컬러 램프 추가하기
셰이더 에디터 오른쪽 위에 있는 **추가(Shift+A키)**에서
컨버터 → 컬러 램프를 추가합니다.

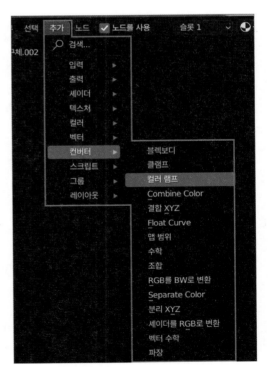

02
Step

셰이더를 RGB로 변환 추가하기
마찬가지로 추가에서 컨버터 → 셰이더를 RGB로 변환을 추가합니다.

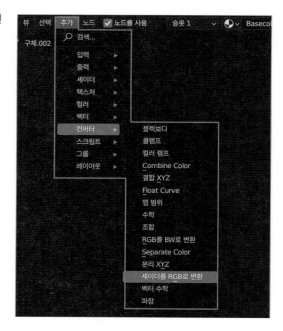

03
Step

확산 BSDF 추가하기
마지막으로 추가에서 셰이더 → 확산 BSDF를 추가합니다.

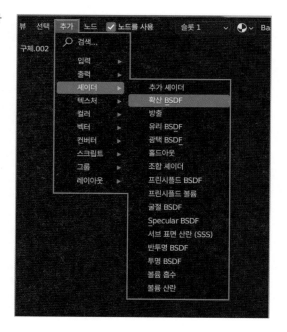

Chapter 1

Chapter 2

Chapter 3

Chapter 4

Chapter 5

Chapter 6

Chapter 7

04 노드 배열하기

Step

3개의 노드를 추가했다면 왼쪽부터 순서대로 확산 BSDF, 셰이더를 RGB로 변환, 컬러 램프를 배열합니다. 프린시플드 BSDF는 사용하지 않으므로 선택하고 마우스 우클릭한 뒤 메뉴 안에 있는 **삭제(X키)**를 선택합니다.

05 확산 BSDF와 셰이더를 RGB로 변환 연결하기

Step

여기에서 이 3개의 노드를 연결합니다. 먼저 **확산 BSDF**에서 시작합니다. 이 노드는 카툰 렌더링에서는 베이스가 되는 노드입니다. 이것을 **셰이더를 RGB로 변환**과 연결하면 그림자가 색상으로 변환됩니다.

앞에서 프린시플드 BSDF는 삭제했습니다. 프린시플드 BSDF를 삭제한 이유는 무엇일까?라는 의문을 가질 수 있습니다. 그것은 '항목이 너무 많기 때문'입니다. 프린시플드 BSDF는 색과 그림자 정보 및 광택이나 금속성 등 다양한 항목을 갖는데 이 항목들을 카툰 렌더링에서 사용하지 않습니다. 그래서 단순한 **확산 BSDF**를 사용해 쉽게 다룰 수 있도록 한 것입니다.

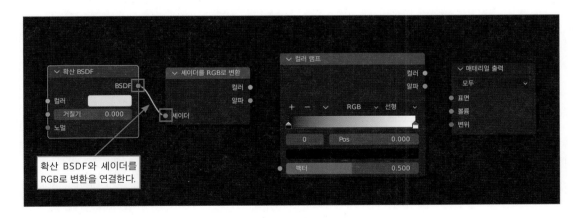

06 셰이더를 RGB로 변환과 컬러 램프 연결하기

Step

확산 BSDF를 셰이더를 RGB로 변환과 연결했다면 다음으로 셰이더를 RGB로 변환과 컬러 램프를 연결합니다. 색으로 변환된 그림자가 컬러 램프로 연결되므로 빛과 그림자를 컬러 램프에서 조정할 수 있습니다. 컬러 램프의 왼쪽은 그림자, 오른쪽은 빛이 됩니다.

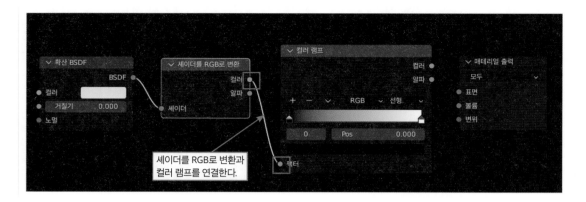

07 컬러 램프와 매테리얼 출력 연결하기

Step

컬러 램프와 매테리얼 출력을 연결합니다. 3D 뷰포트에서 오브젝트를 보더라도 무엇이 바뀌었는지 알기 어려우므로 컬러 램프의 오른쪽에 있는 **선형을 상수로 변경**합니다. 그러면 컬러 램프가 검은색으로 칠해지며 오브젝트가 검은색이 됩니다. 이것은 왼쪽의 그림자의 넓이가 너무 넓기 때문입니다.

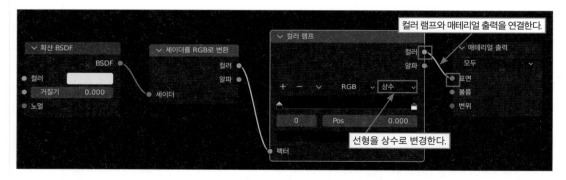

08 컬러 스톱 변경하기

Step

오른쪽의 빛의 넓이를 넓게 하기 위해 오른쪽의 컬러 스톱을 왼쪽으로 마우스 좌클릭 드래그합니다. 그러면 오브젝트에 빛이 닿는 듯하게 됩니다(여기에서는 위치를 '0.564'로 했습니다). 상수로 설정하면 그림자가 확실하게 구분되어 애니 그림체로 표현할 수 있습니다. 여담이지만 라이트가 설치되어 있지 않은데 왜 빛이 표시되는 것일까요? 이것은 매테리얼 미리보기에 의한 자동 라이팅이 수행되기 때문입니다. 이 라이팅은 렌더링을 했을 때는 표시되지 않습니다(렌더링에서는 렌더에 표시된 결과를 출력합니다).

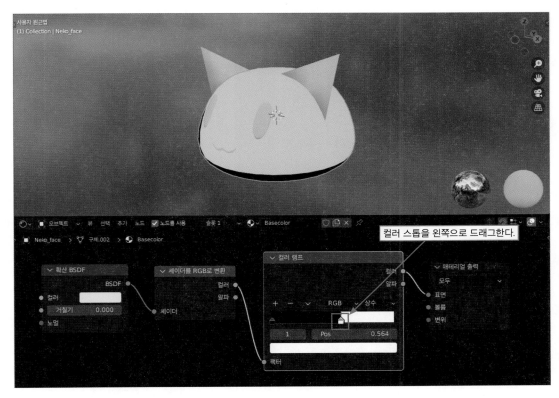

이 처리를 종합해봅니다. 먼저 **확산 BSDF**를 사용해 베이스를 만들고, **셰이더를 RGB로 변환**을 사용해 그림자 정보를 색상으로 변환한 뒤, **컬러 램프**를 사용해 색으로 변환된 그림자를 조정할 수 있도록 하고 마지막에는 매테리얼로 출력해 오브젝트가 변화합니다. 이 3개의 노드는 카툰 렌더링의 기본이 되는 노드이므로 기억해 둡니다.

Chapter 1
Chapter 2
Chapter 3
Chapter 4
Chapter 5
Chapter 6
Chapter 7

컬러 매니지먼트에 관해

블렌더에는 컬러 매니지먼트, 즉, 렌더링 시 색감을 조정해 주는 필터가 있습니다. 여기에 '뷰 변환'이라는 항목이 있고 기본값은 Filmic입니다. 이 값은 실사와 같은 표현을 할 수 있지만, 카툰 렌더링을 할 때 이 필터를 사용하면 색감이 옅어지기 때문에 설정을 변경해야 합니다. 프로퍼티스의 렌더 프로퍼티스의 컬러 매니지먼트 패널 안에 있는 뷰 변환을 Filmic에서 표준으로 전환합니다. 덧붙여 블렌더 4.0에서는 뷰 변환의 기본값이 AgX로 되어 있습니다. 이 값은 Filmic과 비슷하지만 훨씬 실사에 가까운 효과를 얻을 수 있습니다.

렌더 프로퍼티스를 클릭한다.

컬러 매니지먼트를 클릭한다.

뷰 변환을 Filmic에서 표준으로 변경한다.

■ 조합 컬러

이 상태로는 흰색과 검은색의 고양이가 되므로 다음은 빛과 그림자에 색을 입힙니다. 색을 입힐 때 중요한 노드 1개를 소개합니다. 그것은 조합 컬러입니다.
조합 컬러는 기본적으로 팩터(❶), A(❷), B(❸)의 세 가지 입력 소켓을 사용해 조정하며, 이들을 섞는 방법을 결정하는 노드입니다. A는 베이스 컬러, 완성된 이미지 크기는 여기에 연결한 이미지가 기준이 됩니다. B는 블렌딩 컬러로 B를 A 위에 입힙니다. 'A가 베이스이고 B를 블렌딩한다'가 RGB 컬러의 기본적인 구조입니다. 팩터는 A와 B를 섞는 정도이며 팩터가 0이면 A를 사용하고 팩터가 1이면 B를 사용합니다. 위쪽 항목에서 컬러로 할 것인지, 벡터로 할 것인지(❹) 결정할 수 있으며 여기에서는 기본값인 컬러를 사용해도 문제없습니다. 그 아래쪽 항목은 조합(❺)입니다. 이것은 블렌딩 모드라 부릅니다. 섞는 방법을 결정하는 항목으로 총 열여덟 가지 종류를 제공합니다. 제한(❻)은 출력값을 0~1.0으로 제한하는 항목입니다. 명확한 의도가 없다면 그대로 두어도 문제없습니다.
덧붙여 조합 컬러는 추가 → 컬러 → 조합 컬러에서 추가할 수 있습니다.

중요

블렌더 버전에 따라 컬러 조합이라고 표기된 경우도 있으나 여기에서는 조합 컬러라는 용어를 사용해 설명합니다.

Chapter 1

Chapter 2

Chapter 3

Chapter 4

Chapter 5

Chapter 6

Chapter 7

Column

팩터는 흰색과 검은색으로 관리할 수 있다

이것은 노드 전체를 이해하는 데 중요합니다. '팩터는 흰색과 검은색으로 관리할 수 있다'는 것입니다. 앞서 컬러 램프 설명에서 팩터의 0은 검은쪽(그림자), 1은 흰쪽(빛)이라고 설명했습니다. 이것은 팩터에 흰색과 검은색의 정보가 있으면 색을 입힐 수 있다는 의미입니다. 이 흰색과 검은색의 컬러 램프를 조합 컬러의 팩터에 연결함으로써 A에 검은색의 정보, B에 흰색의 정보가 출력되고 다음 그림과 같이 색이나 이미지를 원하는 대로 조합할 수 있도록 됩니다.

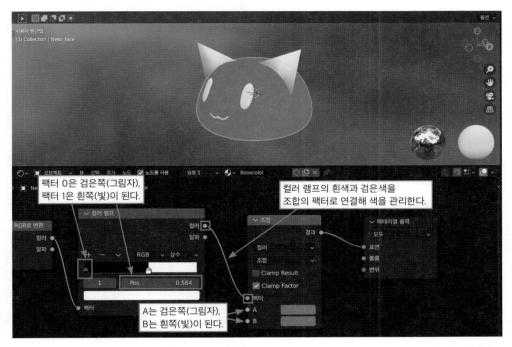

덧붙여 컬러 램프에서도 색을 바꿀 수 있습니다. 하지만 뒤에서 수행할 '텍스처와 조합할' 때 이 조합 컬러가 매우 중요합니다. 컬러 램프는 흰색과 검은색을 유지하는 것이 이후의 조정을 쉽게 할 수 있기 때문에 여기에서는 흰색과 검은색으로 작업합니다.

◾ 색 변경

조합 컬러를 추가한 상태에서 고양이에 색을 추가해봅니다.

01
Step

조합 컬러 추가하기

❶ 셰이더 에디터의 **추가(Shift+A키)**에서 **컬러 →
조합 컬러**를 추가합니다.

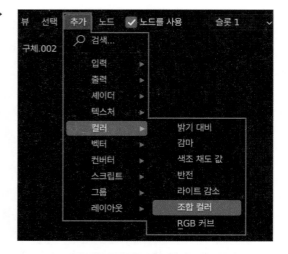

❷ 조합 컬러를 마우스 좌클릭 드래그해 컬러 램프와 매테리
얼 출력 사이의 끈에 배치하면 컬러 램프와 매테리얼 출력 사
이에 조합 컬러를 연결할 수 있습니다.

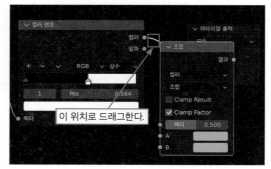

❸ 컬러 램프가 **A**에 연결되어 있으므로 끈을 마우스 좌클릭 드래그해 **팩터**로 연결합니다.

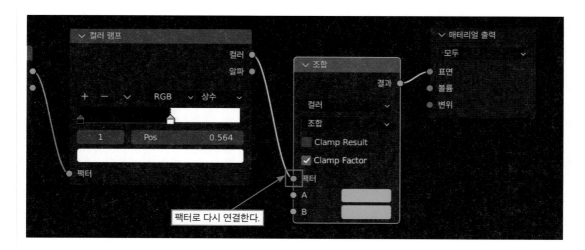

02
Step

이미지 열기

다음은 조합 컬러의 색을 변경합니다. 여기에서는 밑그림의 색을 스포이트 하는 방법을 소개합니다. 3D 뷰포트의 밑그림에서 스포이트 할 수도 있지만 순서가 어긋나고 오동작의 원인이 될 수 있습니다. 여기에서는 화면 왼쪽 아래 **이미지 에디터**에서 밑그림을 열고 거기에서 스포이트 하는 방법이 쉬우므로 이 방법을 권장합니다.

❶ 먼저 화면 왼쪽 아래의 이미지 에디터가 잘 보이지 않으므로 화면 경계를 마우스 좌클릭 드래그해 화면을 조금 넓힙니다. 다음으로 이미지 에디터 위에 있는 **열기**를 클릭합니다.

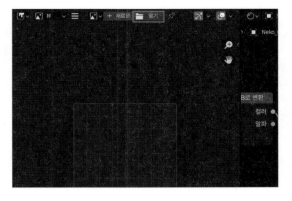

❷ 블렌더 파일 뷰에서 샘플 데이터로 제공되는 'Neko_Front.png'를 선택하고, 오른쪽 아래의 **이미지를 열기**를 클릭합니다.

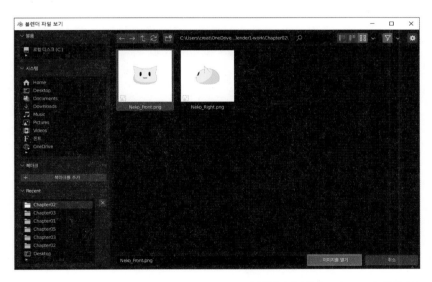

❸ 이미지 에디터에 선택한 이미지가 표시됩니다. 이미지가 너무 크거나 작을 때는 이미지 에디터에 마우스 커서를 올리고 마우스 휠을 움직여 줌 확대/줌 축소할 수 있습니다.

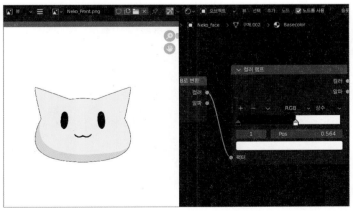

Chapter 1
Chapter 2
Chapter 3
Chapter 4
Chapter 5
Chapter 6
Chapter 7

03
Step

밑그림에서 스포이트로 색 선택하기

❶ 밑그림을 기반으로 스포이트를 사용합니다. 조합 컬러 A의 옆에 사각형 회색이 있습니다. 이 사각형을 마우스 좌클릭해 선택합니다. 색을 결정하는 컬러 피커 항목이 표시됩니다. 이 원을 마우스 좌클릭하거나 아래의 각 값을 입력해 세세하게 색을 조정할 수 있습니다. 컬러 피커 오른쪽의 스포이트 아이콘을 클릭하면 마우스 커서가 스포이트 모양으로 바뀝니다. 이 상태에서 블렌더 안의 선택하고자 하는 색을 마우스 좌클릭하면 색을 설정할 수 있습니다.

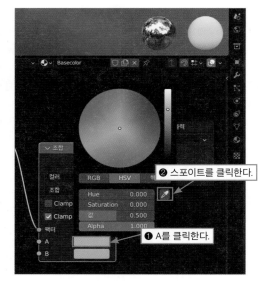

❷ 조합 컬러의 A는 그림자의 색이므로 여기에서는 이미지 에디터의 고양의 그림자를 마우스 좌클릭합니다.

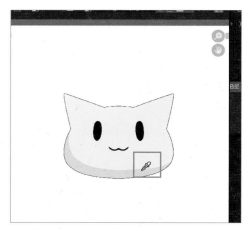

❸ 이어서 B 옆의 사각형 회색을 마우스 좌클릭하고, 컬러 피커에서 스포이트를 클릭합니다. 이 색은 빛의 색이므로 밑그림에서 고양이에 빛이 닿는 부분을 스포이트로 선택합니다.

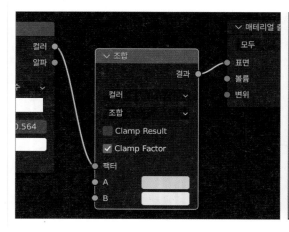

04 귀에 매테리얼 적용하기

Step

이렇게 노드를 설정한 매테리얼을 고양이 귀에도 할당합니다.

❶ 먼저 고양이 귀를 클릭합니다. ❷ 다음으로 이미지 오른쪽 프로퍼티스의 매테리얼 프로퍼티스를 클릭합니다.

❸ 새로운 왼쪽 옆에 있는 연결할 매테리얼을 찾아보기를 클릭합니다.

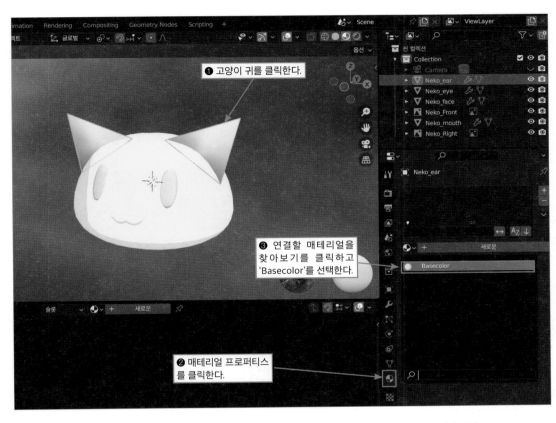

앞서 만든 매테리얼(Basecolor)가 표시됩니다. 이것을 고양이 귀에도 같은 매테리얼을 할당할 수 있습니다.

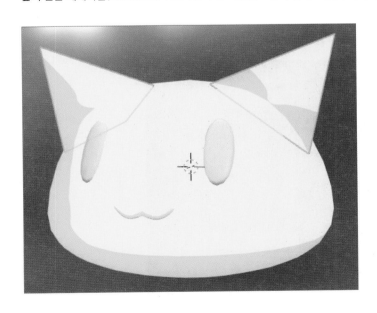

■ 눈과 입의 매테리얼 만들기

다음은 눈과 입의 매테리얼을 만듭니다.

01
Step

눈 오브젝트에 새로운 매테리얼 적용하기
3D 뷰포트에서 눈 오브젝트를 선택하고 셰이더
에디터의 위쪽 헤더 안의 **새로운**을 클릭해 새로
운 매테리얼을 만듭니다. 매테리얼 프로퍼티스가
아닌 셰이더 에디터에서도 새로운 매테리얼을
만들 수 있습니다.

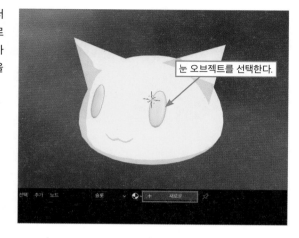

눈 오브젝트를 선택한다.

02
Step

매테리얼 이름 변경하기
셰이더 에디터에서 매테리얼 이름을 마우스 좌
클릭해 이름을 변경할 수 있습니다. 여기에서는
'Black'이라고 이름을 붙였습니다.

03
Step

RGB 노드 추가하기
기본으로 연결되어 있는 **프린시플드 BSDF**는 마우스 우클릭한 뒤 메뉴에서 **삭제(X키)**합니다. 다음으로 **추가
(Shift+A키) → 입력 → RGB**를 선택합니다. RGB란 컬러 피커만 가진 노드로 입력 소켓이 없어 색만 결정하고 싶
을 때 주로 사용합니다.

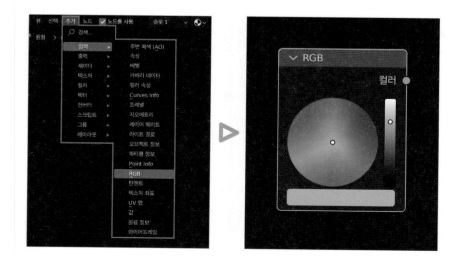

04
Step

컬러 설정하기

RGB 오른쪽의 그라디언트를 마우스 좌클릭 드래그해 명암을 조정할 수 있습니다. 가장 아래쪽의 검은색으로 설정합니다.

05
Step

노드 연결하기

다음으로 RGB 컬러를 마우스 좌클릭한 상태로 드래그하고 매테리얼 출력의 표면으로 연결합니다. 이제 눈이 새까맣게 됩니다.

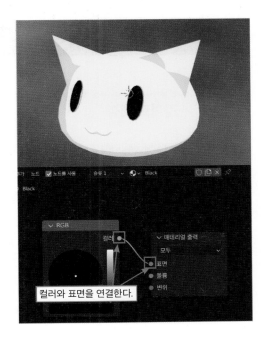

컬러와 표면을 연결한다.

Chapter 1

Chapter 2

Chapter 3

Chapter 4

Chapter 5

Chapter 6

Chapter 7

06 입에 매테리얼 적용하기
Step
입에 같은 매테리얼을 추가합니다. 3D 뷰포트에서 입을 선택하고 셰이더 에디터에 있는 **연결할 매테리얼을 찾아 보기**에서 앞서 만든 매테리얼을 선택해서 완성합니다.

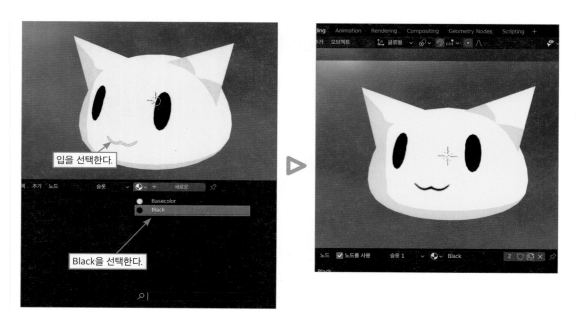

2-3 라이트 설정

다음은 라이트를 설정해 캐릭터에 그림자를 만들어 줍니다. 애니 그림체 캐릭터를 만들고 싶을 때는 빛과 그림자를 만들기 위한 광원이 필요합니다.

◼ 라이트

라이트는 오브젝트의 하나이며 3D 공간 안을 비추는 빛을 의미합니다. 육면체와 마찬가지로 이동, 회전, 축적 할 수 있습니다(**G키, R키, S키**). 라이트에는 네 가지 종류가 있습니다.

포인트	방향이 없는 버텍스 형태의 빛입니다. 포인트에서 멀어질수록 어두워집니다.
태양	태양광 같은 한 방향의 빛입니다. 거리 개념이 없고 오브젝트로부터 아무리 멀리 떨어져 있어도 밝기는 같습니다.
스폿	스폿 라이트 같은 원뿔형 빛입니다.
영역	페이스 형태의 빛입니다. 자연스러운 그림자를 떨어뜨리고 싶을 때 효과적입니다.

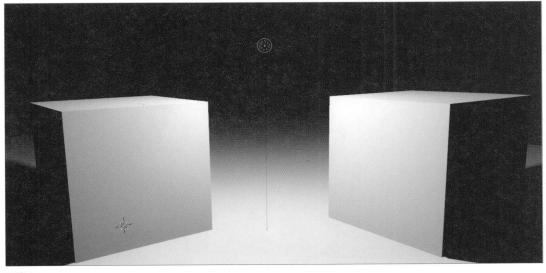

포인트

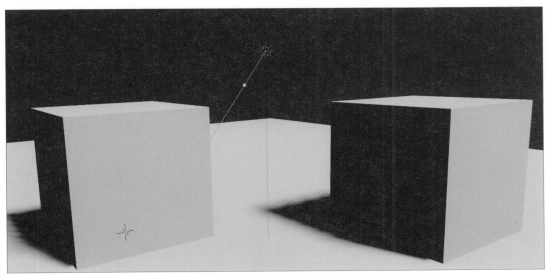

태양

Chapter 1

Chapter 2

Chapter 3

Chapter 4

Chapter 5

Chapter 6

Chapter 7

스폿

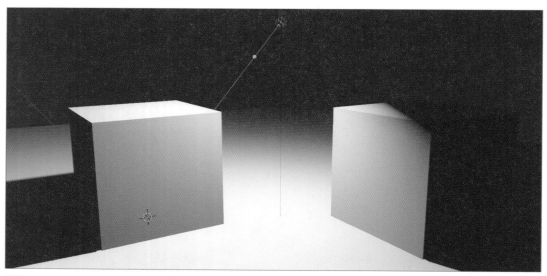

영역

라이트를 사용할 때의 주의할 점이 있습니다. 설정한 라이트는 렌더에서만 보입니다. 라이트 설정을 확인하고 싶을 때는 3D 뷰포트 오른쪽 위에 있는 **뷰포트 셰이딩**에서 **렌더**로 설정합니다.

◼ 라이트 추가

다음은 매테리얼을 설정한 고양이에 라이트를 맞춥니다.

01
Step
워크스페이스를 레이아웃으로 변경하기
라이트를 설정하기 위해 탑 바의 워크스페이스에서 **레이아웃**으로 전환합니다. 다음으로 3D 뷰포트 오른쪽 위(헤더의 오른쪽) 뷰포트 셰이딩에서 **렌더**를 클릭하면 임시 렌더링 결과를 볼 수 있습니다. 이제 고양이 캐릭터를 보면 약간 어둡습니다. 이것은 라이트가 설정되어 있지 않기 때문입니다(정확하게 표현하면 고양이를 모델링하면서 처음에 라이트를 삭제했기 때문입니다). 이렇게 라이트가 없으면 어둡게 보이므로 삭제한 라이트를 다시 설치합니다. 밑그림 때문에 보기 힘들다면 아웃라이너 안에 있는 눈 모양 아이콘을 눌러 밑그림을 숨깁니다.

02
Step
라이트 추가하기
3D 뷰포트 위 헤더에 있는 **추가(Shift+A키)** → **라이트** → **태양**을 선택합니다. 태양은 거리에 관계없이 일정하게 빛을 비추기 때문에 카툰 렌더링에서 빛과 그림자를 조정할 때 많이 사용합니다.

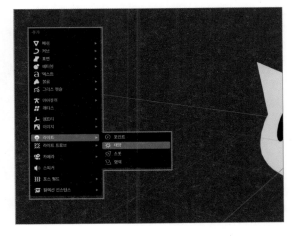

Chapter 1

Chapter 2

Chapter 3

Chapter 4

Chapter 5

Chapter 6

Chapter 7

03 라이트 이동하기

Step

현재 고양이 한 가운데 태양이 배치되어 선택하기 어렵고 동시에 방향을 알기 어려우므로 G키를 사용해 라이트 오브젝트를 이동합니다. Z키를 눌러 Z축으로 고정한 뒤 고양이 바로 위로 이동합니다(선택 해제되었다면 화면 오른쪽 위 아웃라이너에서 태양을 선택합니다).

04 라이트 설정하기

Step

현재 그림자 비율이 높아 고양이가 새까맣게 보입니다. 태양의 강도를 바꿉니다.

❶ 태양을 선택합니다. ❷ 다음으로 오브젝트 프로퍼티스를 선택합니다. ❸ 라이트 패널 안에 강도 항목이 있습니다. 이 항목을 '20'정도로 설정하면 고양이가 빛을 받는 것처럼 표시됩니다.

만약 빛이 닿는 범위가 너무 넓거나 좁다면 강도를 원하는 값으로 조정합니다. 또는 워크스페이스의 Shading을 클릭하고 오브젝트를 선택한 뒤 셰이더 에디터에서 컬러 램프를 조정해 빛과 그림을 조정할 수도 있습니다.

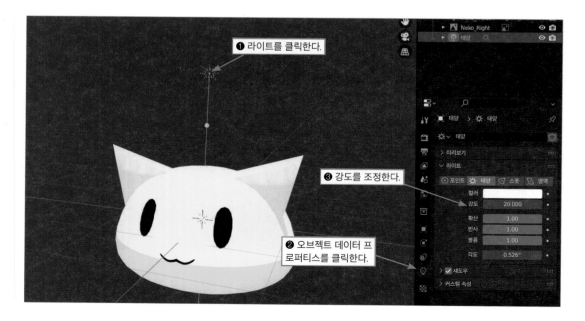

05 태양의 방향 바꾸기

다음으로 태양의 방향을 바꿉니다.

Step ❶ 태양을 선택하고 프로퍼티스에서 **오브젝트 프로퍼티스**를 선택합니다. ❷ 변환에서 회전 X를 '60', Y를 '40'으로 설정합니다. 빛이 오른쪽에서 오는 것처럼 됩니다.

덧붙여 태양에서 직선과 같은 것이 나오며 이는 태양의 방향을 나타냅니다. 이 직선에서 마우스 좌클릭해 태양을 선택할 수 있습니다.

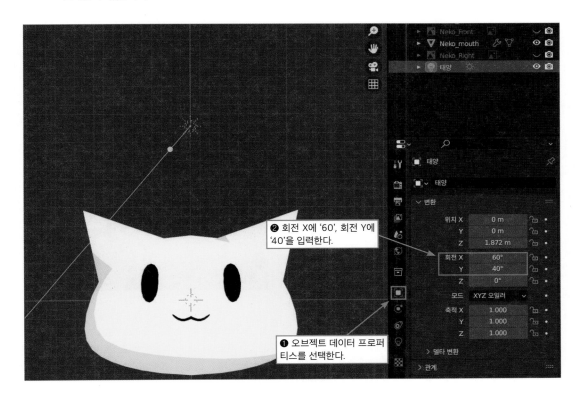

❷ 회전 X에 '60', 회전 Y에 '40'을 입력한다.

❶ 오브젝트 데이터 프로퍼티스를 선택한다.

Column

Shift+T에 관해

라이트를 회전시킬 때 일반적으로 라이트를 선택하고 **R키**를 누른 뒤 마우스를 움직이면 현재 시점에 맞춰 회전시켜 줍니다. 라이트를 선택한 상태에서 **Shift+T키**를 누르면 마우스 커서 위치에 맞춰 라이트를 회전시킬 수 있습니다. **R키**를 사용해 라이트를 제어하기 어려울 때는 이 조작을 사용합니다.

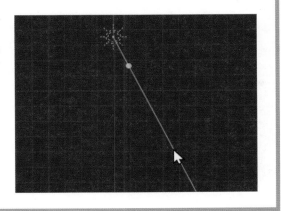

카메라와 아웃라인 설정

다음으로 2D 애니메이션의 느낌을 더하기 위한 카메라 설정 방법 및 아웃라인 넣기 방법을 소개합니다. 아웃라인은 여러가지 방법으로 넣을 수 있습니다. 이 책에서는 **라인 아트** 기능을 사용합니다. 이 기능은 카메라 시점에서만 확인할 수 있으므로 먼저 카메라를 설정합니다.

◼ 카메라 설정

먼저 아웃라인을 표시합니다. 그 뒤 렌더링을 수행하기 위해 카메라를 설정합니다.

01 카메라 표시하기

Step
오른쪽 위 **아웃라이너**에서 고양이를 모델링할 때 숨겼던 카메라를 표시합니다. 만약 카메라를 삭제했을 때는 헤더의 **추가(Shift+A키) → 카메라**에서 추가할 수 있습니다.

02 카메라 위치 조정하기

Step
카메라를 선택한 뒤(아웃라이너에서도 선택 가능) 화면 오른쪽의 프로퍼티스에서 '오브젝트 프로퍼티스'를 선택합니다. 다음으로 **위치**의 X에 '0', Y에 '-12', Z에 '0'을 입력합니다. 그리고 **회전**의 X에 '90', Y에 '0', Z에 '0'을 입력합니다. 이제 카메라가 고양이의 앞쪽에 오게 됩니다.

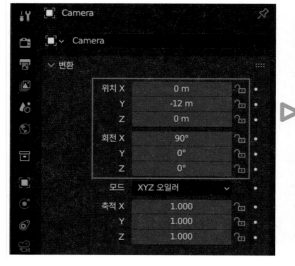

Chapter 1

Chapter 2

Chapter 3

Chapter 4

Chapter 5

Chapter 6

Chapter 7

03

Step

초점의 길이 설정하기

넘버패드 0을 누르면 카메라 시점으로 전환할 수 있습니다. 카메라 시점으로 전환하면 사각형 테두리가 표시됩니다. 이 테두리 안쪽에 있는 것만 렌더링됩니다 (테두리 바깥쪽은 렌더링되지 않습니다). 현재 고양이가 멀리 있으므로 카메라 초점의 길이를 바꿔봅니다. 카메라를 마우스 좌클릭해 선택하고 프로퍼티스에서 **오브젝트 프로퍼티스**를 클릭합니다. 카메라에 관한 설정 항목이 표시됩니다. 렌즈 안의 초점의 길이 값이 현재 '50'mm로(기본값)로 설정되어 있습니다. 이 값을 '100'mm로 바꿉니다(mm를 입력하지 않고 숫자만 입력하면 됩니다). 초점의 길이가 늘어나 이전보다 가깝게 보입니다.

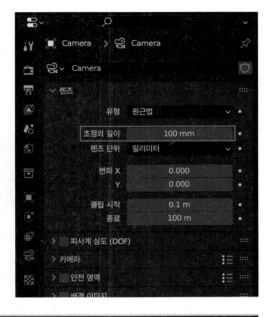

초점의 길이 50mm(왼쪽)와 100m(오른쪽)

Column

카메라로 활성 오브젝트를 설정에 관해

임의의 오브젝트를 선택하고 활성화한 상태(노란색으로 표시)에서 3D 뷰포트 왼쪽 위 헤더 안에 있는 **뷰 → 카메라 → 카메라로 활성 오브젝트를 설정(Ctrl+넘버패드 0)**을 클릭하면 활성 오브젝트를 기준으로 카메라를 설정할 수 있습니다. 육면체 등 카메라가 아닌 대상에 실행하면 **넘버패드 0**을 눌렀을 때 카메라가 해당 오브젝트를 기준으로 이동합니다. 원래대로 되돌리고 싶다면 카메라를 선택하고 **Ctrl+넘버패드 0**을 누릅니다. 이것은 여러 카메라를 사용할 때 특정 카메라 시점을 사용하기 위한 기능으로 카메라가 아닌 오브젝트에는 설정하지 않는 것이 좋습니다.

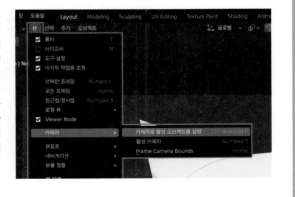

초점의 길이란

초점의 길이는 간단하게 말하면 '퍼스펙티브(광각 렌즈를 사용했을 때 원근감을 효과적으로 나타내는 것)를 붙이는가, 붙이지 않는가'를 결정하는 항목입니다. 초점의 길이를 줄일수록 모델에 가까워졌을 때 왜곡되고, 초점의 길이를 늘릴수록 모델에 가까워져도 거의 왜곡이 되지 않습니다. 카툰 렌더링은 평면적인 2D의 느낌을 표현하기 위해 퍼스펙티브를 붙일 필요가 없으므로, 초점의 길이를 길게 설정하는 경우가 많습니다. 단, 다이나믹한 구도를 만들기 위해 의도적으로 초점의 길이를 짧게 하기도 하므로 작품에 맞게 변경하는 것이 좋습니다.

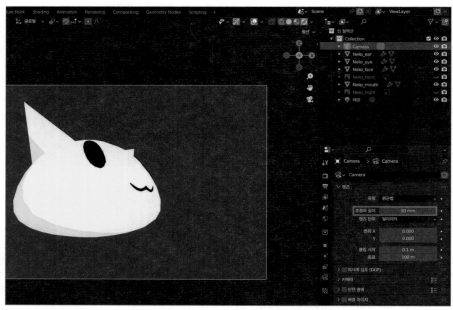

초점의 길이가 짧을수록 퍼스펙티브에 의해 점점 왜곡된다(초점의 길이 10mm)

초점의 길이가 길수록 원근이 붙지 않기 때문에 평평해진다(초점의 길이 100mm)

034

◼ 라인 아트 추가하기

아웃라인을 표현하기 위해 라인 아트를 추가합니다.

라인 아트는 그리스 펜슬이라는 오브젝트의 모디파이어 중 하나로, 카메라에서 본 오브젝트의 윤곽을 추출할 수 있습니다. 라인 아트를 선택한 이유는 선을 쉽고 깔끔하게 추출할 수 있고, 카메라 시점으로 하면 아웃라인을 쉽게 볼 수 있고, 투과를 간단하게 적용할 수 있다는 점을 들 수 있습니다. 라인 아트의 특징은 카메라 시점에서만 아웃라인이 정상적으로 보인다는 점입니다. 따라서 반드시 카메라 시점으로 전환하고 확인합니다.

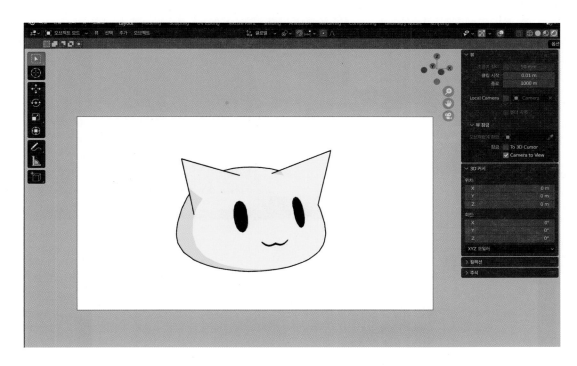

Column

그리스 펜슬

그리스 펜슬은 3D 뷰포트에서 그림을 그리거나 문자를 그릴 수 있는 펜 기능입니다. 헤더의 추가(Shift+A키) → 그리스 펜슬에서 추가할 수 있습니다. 왼쪽 위 모드를 Draw Mode로 전환하면 3D 뷰포트에 손글씨 문자를 그리거나, 애니메이션을 만들 수 있습니다. 그리고 이 그리스 펜슬에도 모디파이어를 사용할 수 있으며 그 한 가지가 라인 아트입니다.

Chapter 1

Chapter 2

Chapter 3

Chapter 4

Chapter 5

Chapter 6

Chapter 7

01 Object Line Art 추가하기

Step

현재 시점이 카메라 시점(넘버패드 0)인지 확인합니다. 얼굴(Neko_face) 오브젝트를 선택합니다. 헤더에서 **추가 (Shift+A키) → 그리스 펜슬 → Object Line Art**를 선택합니다. 그러면 고양이의 얼굴 주변에 검은색 아웃라인이 추가됩니다.

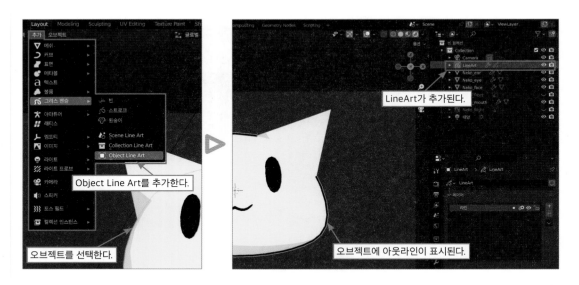

02 아웃라이너 설정

Step

아웃라이너에서 라인 아트를 선택한 뒤 화면 오른쪽 프로퍼티스 안에서 **모디파이어 프로퍼티스**를 선택하면 LineArt라는 모디파이어가 추가되는 것을 확인할 수 있습니다. Source Type이 **오브젝트**이고, **오브젝트** 항목에 'Neko_face'가 들어 있으므로 이 오브젝트 주변에 아웃라인이 표시됩니다. 아웃라인이 두꺼우므로 조금 얇게 만듭니다. **라인 두께**라는 항목의 기본값은 '25'이므로 이 값을 '15'로 설정합니다.

03 모디파이어 복제하기

Step

고양이 귀에도 아웃라인을 붙입니다. **모디파이어** 안에 아래쪽 화살표 아이콘을 클릭하면 메뉴가 표시됩니다. 그 안에서 복제를 클릭해 라인 아트를 복제합니다. 이 조작을 수행하면 새로 모디파이어를 추가한 뒤 같은 설정을 수행하는 반복적인 단계를 생략할 수 있어 작업 효율을 높일 수 있습니다. 그리고 'Object Line Art'는 각 오브젝트에 라인 아트를 추가하는 기능이므로 선을 추가하고 싶은 오브젝트 수에 맞춰 라인 아트도 추가 또는 복제해야 합니다.

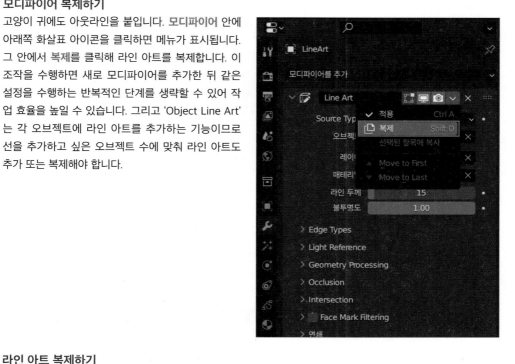

04 라인 아트 복제하기

Step

복제한 **라인 아트**를 보면 오브젝트가 'Neko_face'로 되어 있으므로 오브젝트 기입 필드를 클릭합니다. 아웃라이너의 오브젝트 이름의 목록이 표시되므로 'Neko_ear'로 변경합니다. 이렇게 해서 얼굴과 귀에 아웃라인을 붙일 수 있습니다.

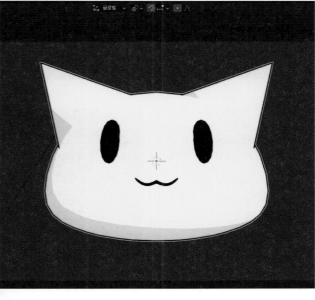

Column

'Camera to View'에 관하여

시점을 바꾸면 오브젝트에 붙어 있는 아트 라인이 이상하게 표시됩니다. 라인 아트는 카메라 시점을 기준으로 아웃라인을 붙이기 때문에 이는 오류가 아닙니다. 시점의 움직임에 맞춰 카메라를 이동시키고 싶을 때는 Camera to View를 사용하면 좋습니다.

3D 뷰포트 헤더에 있는 뷰 → 사이드바(N키)로 오른쪽에 사이드바를 표시하고, 사이드바에 있는 뷰에서 뷰 잠금 패널 안에 있는 Camera to View에 체크합니다(사이드바의 왼

쪽 끝을 드래그해 사이드바의 크기를 변경할 수 있습니다). 이 상태에서 넘버패드 0을 눌러 카메라 시점으로 합니다. 그러면 카메라 프레임에 빨간 점선이 표시됩니다. 이 점선은 Camera to View로 잠갔을 때 표시됩니다.

이 상태에서 시점을 움직이면 카메라도 동시에 움직이게 됩니다(움직인 시점을 되돌리고 싶을 때는 Ctrl+Z키로 되돌립니다). 다른 시점에서 라인 아트를 확인하고 싶을 때는 이 항목에 체크하고 시점을 움직이면 좋습니다. 덧붙여 이 Camera to View는 잘못 체크하기 쉬운 항목의 하나이므로, 만약 의도치 않게 카메라 시점이 잠겼다면 이 항목을 확인합니다.

Chapter 1
Chapter 2
Chapter 3
Chapter 4
Chapter 5
Chapter 6
Chapter 7

2-5 렌더링

마지막으로 월드 프로퍼티스의 설정을 바꿔 렌더링 설정을 수행한 뒤 이미지를 렌더링합니다. 월드 프로퍼티스란 3D 공간 환경과 라이트닝을 제어하는 항목으로 렌더링 결과의 색감 등에 영향을 줍니다.

POINT

아웃라이너의 '렌더를 비활성화'에 관해

렌더링하기 전에 아웃라이너의 가장 오른쪽에 있는 카메라 아이콘을 확인합니다. 이것은 렌더를 비활성화라 부르며 렌더링할 때 오브젝트의 표시/숨기기 여부를 결정하는 항목입니다. 카메라 아이콘에 X 표시가 되어 있는 오브젝트는 렌더링해도 표시되지 않습니다. 만약 렌더링했는데 오브젝트가 표시되지 않는다면, 렌더를 비활성화하지 않았는지 확인합니다.

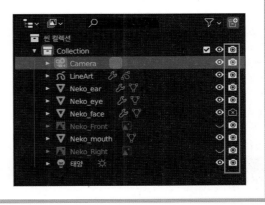

01

Step

배경 컬러 변경하기

화면 오른쪽 프로퍼티스에서 월드 프로퍼티스(지구 모양 아이콘)를 클릭하면 월드에 관한 설정 항목이 표시됩니다. 컬러 항목은 3D 공간의 색 설정입니다. 기본값은 검은색으로 설정되어 있으므로 이것을 흰색으로 바꿉니다. 컬러 오른쪽의 사각형 틀을 클릭하면 컬러 피커가 표시됩니다. 오른쪽 명암의 그라디언트를 마우스 좌클릭 드래그해서 가장 위로 설정합니다. 그러면 3D 공간에서 검은색이 흰색으로 바뀝니다.

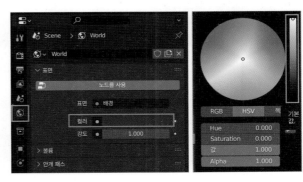

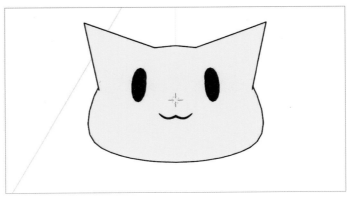

02 그림자 설정하기

Step

3D 공간을 흰색으로 변경함에 따라 고양이의 그림자가 사라졌으므로 컬러 램프를 조정합니다. 탑 바의 워크스페이스에서 **Shading**으로 변경한 후, 고양이 얼굴(Neko_face)를 선택합니다. 컬러 램프의 흰색 컬러 스톱(빛쪽)을 선택하고, 아래의 위치에 '0.95'를 입력합니다. 이와 함께 태양을 선택하고 프로퍼티스의 **오브젝트 데이터 프로퍼티스**에서 **강도**를 '5' 정도로 설정하고 빛을 조정하는 것도 좋습니다. 이렇게 조정을 마칩니다.

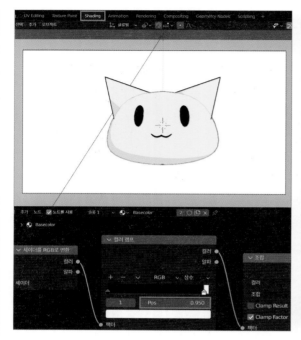

03 렌더링하기

Step

다음은 이미지를 렌더링합니다. 화면 위쪽의 탑 바에서 **렌더 → 이미지를 렌더(F12키)**를 선택하면 새 창이 열리고 렌더링이 시작됩니다.

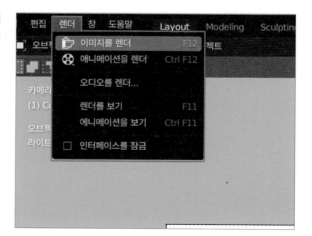

04 렌더링한 이미지 저장하기

렌더링한 이미지에 문제가 없다면 저장합니다.

Step ❶ **렌더** 안 위쪽의 **이미지**에서 **다른 이름으로 저 장**을 선택합니다.

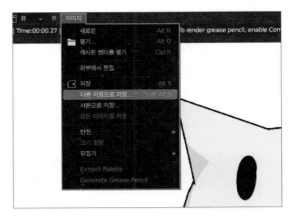

❷ 블렌더 파일 보기가 열립니다. 저장 위치를 지정하고 **다른 이름으로 저장**을 클릭해 이미지를 저장할 수 있습니다.

만약 렌더링 결과가 마음에 들지 않고 모델을 수정하고 싶을 때는 탑 바의 워크스페이스에서 **레이아웃**으로 이동해 모델을 수정하거나, **Shading**에서 컬러 램프나 라이팅 등을 조정합니다. 카메라가 잘못 움직이지 않도록 **Camera to View**에 체크 가 해제되어 있는지도 확인합니다. 수정을 마쳤다면 다시 한 번 렌더링하고 **렌더** 위쪽 **이미지**에서 **저장**을 선택해 작업을 마 칩니다(덮어쓰기를 하고 싶을 때는 앞서 렌더링했던 이미지를 마우스 좌클릭하고 **다른 이름으로 저장**을 마우스 좌클릭합 니다. 다른 이름으로 저장하고 싶을 때는 아래에서 이름을 변경하고 저장합니다).

투명한 배경 만들기

❶ 프로퍼티스의 렌더 프로퍼티스(디지털 카메라 모양 아이콘)을 클릭하면 렌더링에 관한 다양한 항목이 표시됩니다. 여기의 필름 패널 안에 있는 투명 항목에 체크하면 3D 뷰포트 안의 배경을 투명하게 만들 수 있습니다.

❷ 다음으로 프로퍼티스의 출력 프로퍼티스(프린터 모양 아이콘)을 클릭하고 출력 패널 안에 있는 파일 형식에서 저장 형식을 변경할 수 있습니다. PNG 등 알파 채널을 포함한 형식으로 변경하고, 아래의 컬러를 RGBA로 변경합니다(컬러 포맷을 결정하는 항목으로 투명하게 만들 때는 반드시 RGBA를 선택합니다).

이렇게 설정한 뒤 탑 바의 렌더에서 이미지를 렌더(F12키)를 선택하고, 렌더 안에서 다른 이름으로 저장하면 배경이 투명한 이미지를 출력할 수 있습니다.

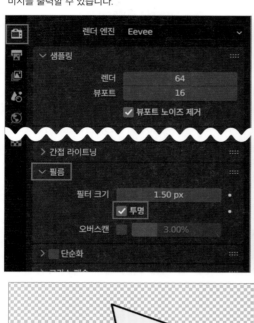

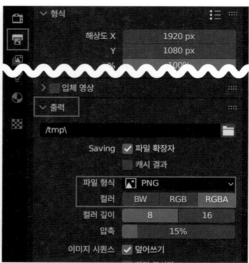

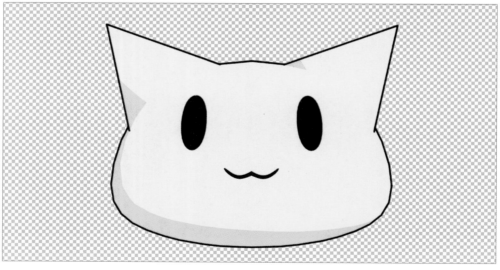

Chapter 1

Chapter 2

Chapter 3

Chapter 4

Chapter 5

Chapter 6

Chapter 7

2-6 1장 정리

셰이더 에디터의 기본 조작과 단축키를 정리했습니다.

■ 셰이더 데이터 조작

마우스 가운데 버튼 클릭 드래그	화면 이동
마우스 휠 위아래 회전	줌 확대/줌 축소
노드를 마우스 좌클릭 드래그	노드 이동
Shift+A	노드 추가
Shift+D	노드 복제
(노드 선택 상태에서) X 또는 Delete	노드 삭제

■ 노드

매테리얼 출력	매테리얼을 출력하기 위한 노드
프린시플드 BSDF	다양한 질감을 설정할 수 있는 노드
컬러 램프	그라디언트를 설정할 수 있는 노드
셰이더를 RGB로 변환	그림자를 색으로 변환하는 노드
확산 BSDF	매트한 질감으로 만드는 단순한 노드
조합 컬러	색과 이미지를 뒤섞는 노드
RGB	색을 변경하는 단순한 노드

■ 기본 조작

F12	이미지 렌더링

이상으로 애니 그림체 고양이 캐릭터 만들기를 마쳤습니다. 블렌더로 캐릭터를 모델링할 때 매테리얼 설정은 색을 입히기 위해 반드시 필요한 조작입니다. 그리고 애니메이션을 만들 때 렌더링은 이미지를 출력하기 위한 필수 조작입니다. 이후 장에서는 모델을 움직이게 하기 위한 설정, 보다 상세한 매테리얼과 노드 설정, 애니메이션 조작 등에 관해 설명합니다.

3D 뷰포트를 보기 쉽게 만들기

솔리드는 기본값 상태에서는 오브젝트를 회색으로 표시하기 때문에 배경도 어두운 상태에서 시작합니다.

화면이 **잘 보이지 않는다**고 느껴졌을 때 설정을 변경할 수 있는 방법을 소개합니다.

뷰포트 셰이딩 옆에 있는 아래쪽 화살표를 클릭하면 셰이딩에 관한 메뉴가 표시됩니다. 라이트닝은 모델의 빛이 닿는 정도를 결정하는 항목입니다. 모델 표면을 보기 쉽게 할 때 등에 사용합니다. 기본값은 **스튜디오**입니다. 이 항목을 **Matcap**(Matcap은 렌더링 하지 않고 빛을 표현할 수 있는 텍스처입니다)으로 변경하면 표시 방법이 바뀌어 화면 상태나 빛이 닿는 정도를 쉽게 알 수 있습니다. Matcap은 그 종류가 다양하므로 직접 확인해보는 것이 좋습니다.

그밖에도 컬러의 **싱글**을 설정해 오브젝트의 색을 변경하거나, 배경의 **Viewport**에서 3D 뷰포트의 배경색을 변경할 수도 있습니다(원래대로 되돌리려면 **Theme**을 클릭합니다). 그리고 솔리드에 한해 와이어프레임에서도 배경색을 변경할 수 있으므로 자유롭게 조정해 보기 바랍니다.

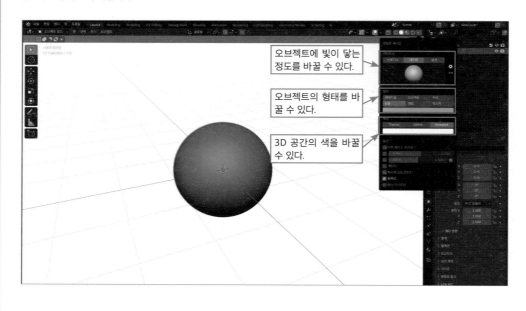

오브젝트에 빛이 닿는 정도를 바꿀 수 있다.

오브젝트의 형태를 바꿀 수 있다.

3D 공간의 색을 바꿀 수 있다.

임시 매테리얼에 관해

임시 매테리얼은 텍스처를 설정하기 전에 임시 색상을 모델에 설정하는 것입니다. 기본값 상태로 모델링을 하다보면 회색의 모델을 계속 조정하게 되므로 완성된 형태를 확인할 수 없을 때가 있습니다. 그래서 각 메쉬에 임시 매테리얼을 연결함으로써 완성된 형태를 쉽게 상상할 수 있고, 쉽게 조정할 수 있도록 됩니다.

주로 **뷰포트 셰이딩**에서 **매테리얼 미리보기**(임시 색)과 **솔리드**(회색 형태)를 번갈아 전환하면서 작업합니다.

이 책에서는 조작 순서가 늘어나는 관계로 임시 매테리얼 설정은 하지 않습니다. 여러분이 직접 오리지널 캐릭터를 모델링할 때는 사용해보기 바랍니다.

리깅을 해보자

이번 장에서는 리깅을 사용해 캐릭터를 움직이게 만듭니다. 만든 캐릭터를 애니메이션하려면 반드시 리깅 작업을 해야 합니다.

Chapter 2

1 리깅이란?

모델을 만들어도 곧바로 움직이게 할 수는 없습니다. 모델을 움직이기 위해서는 '아마튜어'라는 골격을 만들어서 움직일 수 있도록 설정해야 합니다.

1-1 리깅은 컨트롤러를 만드는 것

여기에서는 리깅에 관한 기초를 설명합니다.

만든 캐릭터를 사람처럼 움직이게 하려면 골격을 만들고 메쉬와 연동해야 합니다. 이 과정을 리깅(rigging)이라 부릅니다. 모델링한 캐릭터로 애니메이션을 만드는 경우 매번 메쉬를 움직이거나 변형하기는 번거롭습니다. 그래서 본(bone)을 하나씩 조립해 모델을 움직일 수 있도록 컨트롤러를 만듭니다. 이 컨트롤러를 리그(rig)라고 합니다. 리깅은 게임에 비유하면 게임기의 컨트롤러를 만드는 작업입니다. 그리고 리그를 만든 뒤에는 어떤 본이 어떤 메쉬와 함께 움직이는지 연결해야 합니다. 이 작업을 스키닝(skinning)이라 부릅니다. 요약하면 다음과 같이 설명할 수 있습니다.

- 리깅: 캐릭터를 움직이기 위한 컨트롤러를 만드는 것.
- 스키닝: 본과 모델을 연결해 움직일 수 있도록 하는 것.

스키닝은 리깅 설정에 포함되는 작업의 하나입니다. 그리고 캐릭터를 쾌적하게 움직이기 위해 리깅이 필요합니다.

리그는 다양한 방법으로 만들 수 있으며 정답은 없지만 여기에서는 유니티(Unity)의 휴머노이드(humanoid) 규격(유니티는 게임 개발 등을 할 수 있는 통합 개발 환경(플랫폼)입니다. 유니티의 휴머노이드 규격이란 유니티에 있는 인체 골격 세트로, 모델을 유니티이 임포트를 할 때는 리그를 이 휴머노이드 규격에 맞춰야 합니다)을 참고한 본 구조를 사용합니다. 이 책에서 만드는 리그는 애니메이션을 만들기 쉽게 하기 위한 다양한 설정을 합니다. 블렌더 안에서 사용한다는 가정 하에 리그를 만든다는 점을 인지해 주십시오.

<table>
<tr><td colspan="2"></td></tr>
</table>

1-2 아마튜어와 본

다음으로 리그를 만들 때 중요한 아마튜어와 본에 관해 설명합니다.

아마튜어(Armature)는 한 마디로 골격입니다. 그리고 아마튜어를 각각 형성하는 긴 막대기와 같은 것을 본(bone)이라 부릅니다. 즉, 아마튜어는 여러 본으로 구성되어 있는 골격입니다. 그리고 본에는 부위가 있습니다. 가장 끝의 둥근 부분을 테일(tail), 한 가운데의 원뿔을 바디(body), 밑동의 둥근 부분을 헤드(head) 라 부릅니다. 관절을 구부릴 때는 헤드가 기점이 되는 것을 기억해두면 좋습니다.

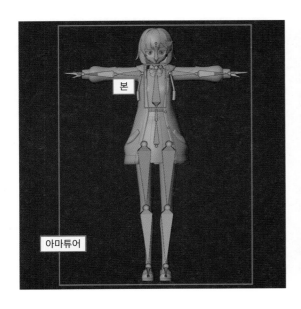
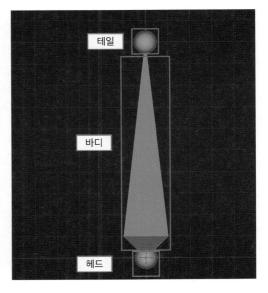

리깅 연습

Chapter 2

2

인물에 리깅을 적용하기 앞서, 간단한 형태를 사용해 리깅을 적용하는 방법을 설명합니다.

2-1 본 기본 조작

리깅 연습용으로 샘플 파일 'Chapter02Training.blend'를 사용합니다. 아마튜어를 사용해 이 오브젝트를 변형할 수 있도록 만듭니다. 본 조작은 독특하기 때문에 조작에 익숙해지기 위해 처음에는 간단한 형태에서 연습하는 것이 좋습니다.

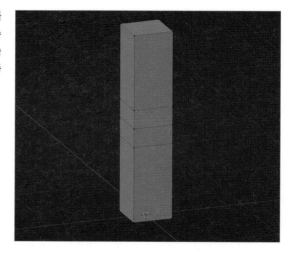

01 뷰포트 표시의 와이어프레임 활성화하기

Step

먼저 메쉬의 형태를 알 수 있도록 합니다. 오브젝트 모드에서 Joint를 선택하고 오른쪽 프로퍼티스의 오브젝트 프로퍼티스 안에 있는 뷰포트 표시에서 와이어프레임을 활성화합니다.

Next Page ▶

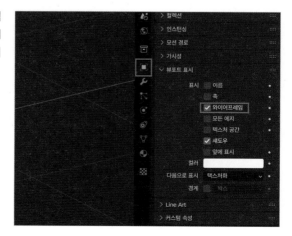

기본적으로 리깅을 할 때는 오른쪽 그림과 같이 와이어프레임을 표시하면 어느 부분이 어떻게 변형되는지 쉽게 확인할 수 있습니다.

Chapter 1

Chapter 2

Chapter 3

Chapter 4

Chapter 5

Chapter 6

Chapter 7

02 아마튜어 추가하기

Step

3D 커서를 중앙으로 되돌리는 단축키인 **Shift+C키**를 누르고 추가(**Shift+A키**)에서 **아마튜어 → 싱글 본**을 클릭합니다. **아마튜어**는 다른 오브젝트와 마찬가지로 **이동(G키)**, **회전(R키)**, **축적(S키)** 등의 조작을 할 수 있고 3D 뷰포트 상에서의 선택뿐만 아니라 오른쪽 위 아웃라이너에서도 선택할 수 있습니다.

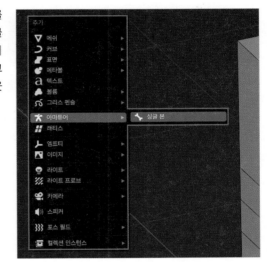

03 아마튜어 뷰포트 표시 변경하기

Step

본이 추가되었습니다. 하지만 오브젝트에 의해 숨겨져 보이지 않으므로 보이도록 만듭니다. 본을 선택한 상태(추가 직후는 선택된 상태임)에서 오른쪽 프로퍼티스에 있는 **오브젝트 프로퍼티스**를 클릭하고, **뷰포트 표시** 패널 안에 있는 **앞에 표시**를 활성화하면 본을 메쉬 앞쪽에 표시할 수 있습니다.

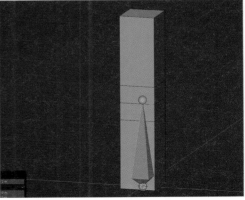

04 본 이동하기

Step

❶ 본 조작 방법을 설명합니다. 본을 마우스 좌클릭해 선택하고 3D 뷰포트 왼쪽 위에 있는 모드 전환에서 에디트 모드(Tab키)로 전환한 뒤 앞쪽 시점(넘버패드 1)으로 바꿉니다. 본에는 오브젝트 모드, 에디트 모드, 포즈 모드라는 3개의 모드가 있습니다. 오브젝트 모드는 아마튜어 선택 및 설정을 하는 모드, 에디트 모드는 각 본을 편집하는 모드입니다. 포즈 모드에 관해서는 뒤에서 설명합니다. 앞서 본은 여러 부분으로 구성되어 있다고 설명했습니다. 실제로 테일, 바디, 헤드를 선택할 수 있는지 확인합니다.

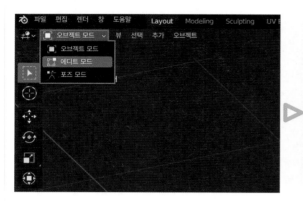 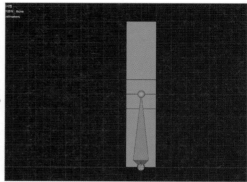

❷ 테일을 선택하고 이동(G키)으로 마우스를 움직이면 테일 부분만 자유롭게 움직일 수 있습니다. 마우스 좌클릭해 위치 결정, 마우스 우클릭해 취소할 수 있습니다. 테일이 움직이는 것을 확인했다면 마우스 우클릭해 취소합니다.

테일을 선택하고 G키로 움직이면 테일 부분만 움직인다.

❸ 바디를 선택하고 이동(G키)에서 마우스를 움직이면 본 전체를 그대로 움직일 수 있습니다. 마우스 좌클릭해 위치 결정, 마우스 우클릭해 취소할 수 있습니다. 동작을 확인했다면 취소합니다.

바디를 선택하고 G키로 움직이면 본이 움직인다.

❹ 마지막으로 헤드를 선택하고 이동(G키)으로 마우스를 움직이면 헤드만 움직일 수 있습니다. 마우스 좌클릭해 위치 결정, 마우스 우클릭해 취소할 수 있습니다. 동작을 확인했다면 취소합니다.
이렇게 본 조작은 선택 부위에 따라 달라지므로 실제로 조작해보고 익숙하게 조작할 수 있도록 합니다.

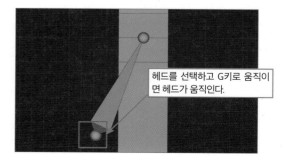

헤드를 선택하고 G키로 움직이면 헤드가 움직인다.

05 본 회전하기

Step

본의 회전에 관해 설명합니다. 회전 조작도 독특하므로 익숙해지도록 연습합니다. 3D 뷰포트 위쪽 피벗 포인트를 변환이 평균 포인트인 것을 확인합니다. 테일을 선택한 상태에서 회전(R키)을 누르면 헤드를 중심으로 회전할 수 있습니다. 이동과 마찬가지로 마우스 좌클릭해 결정, 마우스 우클릭해 취소할 수 있습니다. 조작을 확인했다면 취소합니다. 덧붙여 키보드의 R키 옆에는 E키가 위치해 있으므로 키를 잘못 눌렀다면 Ctrl+Z키로 돌출하기 전으로 되돌립니다.

테일을 선택하고 R키를 사용하면 헤드를 중심으로 회전한다.

다음으로 바디를 선택하고 R키를 누르면 현재 피벗 포인트가 평균 포인트이기 때문에 바디 중앙을 기점으로 회전하게 됩니다. 조작을 확인했다면 마우스 우클릭해 취소합니다.

바디를 선택하고 회전시키면 바디 중앙이 회전한다(평균 포인트일 때).

바디를 선택한 상태에서 축적(S키)를 누르면 본의 크기를 변경할 수 있습니다. 여기에서는 피벗 포인트를 변환이 평균 포인트이기 때문에 본의 중앙을 기점으로 해서 축적합니다. 마우스 좌클릭해 결정, 마우스 우클릭해 취소할 수 있습니다 조작을 확인했다면 취소합니다. 그리고 본의 회전과 축적의 동작은 피벗 포인트를 변환 설정에 따라 달라집니다. 명확한 의도를 가지고 본을 변경할 때는 이 설정을 변경해야 합니다. 이 항목에 관해서는 뒤에서 설명합니다.

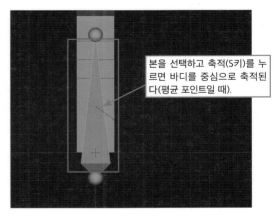

본을 선택하고 축적(S키)를 누르면 바디를 중심으로 축적된다(평균 포인트일 때).

Chapter 1
Chapter 2
Chapter 3
Chapter 4
Chapter 5
Chapter 6
Chapter 7

06
Step

본 추가하기

본 조작 확인을 마쳤다면 다음은 돌출하기를 사용해 본을 1개 늘려봅니다. 테일을 선택하고 돌출하기의 단축키인 E키를 누릅니다. 이어서 Z키를 눌러서 위아래 방향으로 고정한 뒤, 본을 Joint 오브젝트의 끝까지 늘립니다. 마우스 좌클릭해 결정, 마우스 우클릭해 취소할 수 있습니다. 취소하면 테일 안에 본이 중복되어 이후 번거로워지므로 취소했다면 반드시 Ctrl+Z로 되돌립니다.

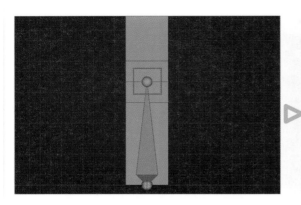 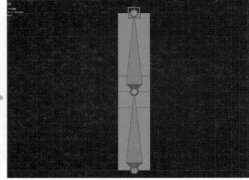

07
Step

여러 본 함께 움직이기

다음으로 여러 본의 변형에 대해서 소개합니다. 앞서 피벗 포인트를 변환을 평균 포인트로 설정한 상태에서 본을 회전, 축적해 봤습니다. 하지만 여러 본을 선택했을 때는 잘 변형할 수 없을 때가 있습니다.

예를 들면 2개의 본을 선택한 상태(Shift+마우스 좌클릭해 본을 각각 선택)에서 축적(S키)이나 회전(R키)을 누르면 중점을 기점으로 변형됩니다. 만약 가장 아래의 본의 헤드를 기점으로 변형하고 싶을 때는 피벗 포인트를 변환의 값을 변경해야 합니다.

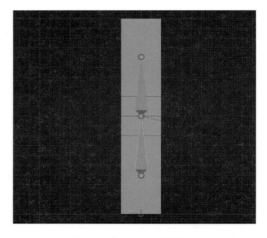

❶ 여러 본을 선택하고 가장 아래의 본이 노란색으로 표시되는 것(활성화 상태)을 확인합니다(Shift+마우스 좌클릭해 활성화로 만듭니다).

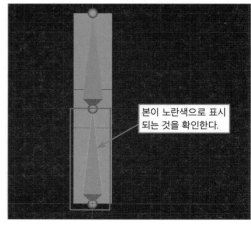

본이 노란색으로 표시되는 것을 확인한다.

❷ 다음으로 3D 뷰포트 위쪽 피벗 포인트를 변환을 활성 요소로 변경합니다.

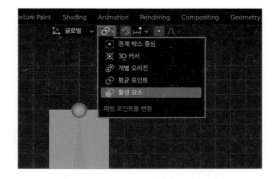

❸ 이 상태에서 축적(S키)이나 회전(R키)을 하면 활성화된 본의 헤드를 기점으로 변형할 수 있습니다.
변형을 확인했다면 마우스 우클릭해 취소합니다(피벗 포인트를 변환도 평균 포인트로 되돌립니다). 이렇게 에디트 모드에서 변형하고 싶은 본이 있다면 피벗 포인트를 변환도 변경해야 합니다.

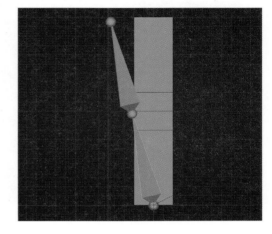

08 본 삭제하기

Step

다음으로 본 삭제에 관해 설명합니다. 본은 삭제 또는 용해할 수 있습니다. 먼저 가장 위쪽 본의 바디를 선택하고 삭제의 단축키인 X키를 누릅니다. 삭제 관련 메뉴가 표시됩니다. 본을 누르면 앞에서 선택한 본이 삭제됩니다. 조작을 확인했다면 우선 Ctrl+Z키를 눌러 삭제 전으로 되돌립니다.

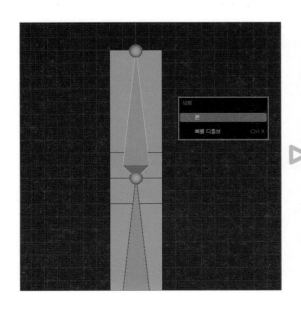

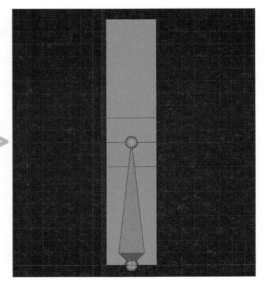

09 본 치환하기

Step

삭제 전으로 되돌렸다면 다시 한 번 맨 위쪽 본의 바디를 선택합니다. 삭제의 단축키인 X키를 누르고 메뉴 안에 있는 뼈를 디졸브(Ctrl+X키)를 누르면 1개의 본로 바뀝니다. 이것은 본을 삭제하는 것과 마찬가지지만 본이 삭제되어 비는 공간을 다른 본으로 채울 수 있습니다. 이 조작도 확인했다면 Ctrl+Z키를 눌러 삭제 전으로 되돌립니다.

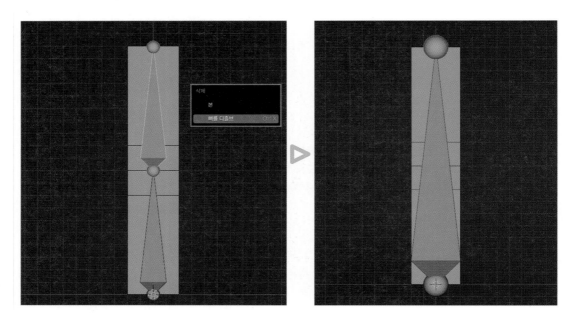

10 본 복제하기

Step

복제 조작도 확인합니다. 가장 위쪽 본의 바디만 선택한 상태에서 Shift+D키를 누르면 본을 복제할 수 있습니다. 마우스 좌클릭해 결정, 마우스 우클릭해 원래 위치에 배치합니다. 덧붙여 본을 복제하면 중앙에 점선과 같은 것이 표시됩니다. 이것은 부모 설정에 따라 표시되는 것입니다. 부모에 관해서는 뒤에서 설명합니다. 조작을 확인했다면 Ctrl+Z키를 눌러 복제 전으로 되돌립니다.

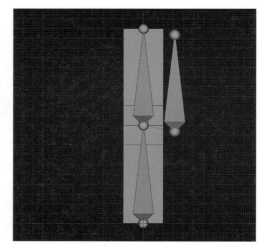

Chapter 1

Chapter 2

Chapter 3

Chapter 4

Chapter 5

Chapter 6

Chapter 7

Column

본 표시 방법에 관해

본 표시 방법은 원하는 대로 바꿀 수 있습니다. 오브젝트 모드
로 전환하고 아마튜어를 선택합니다. 오른쪽 프로퍼티스의 오
브젝트 데이터 프로퍼티스의 뷰포트 표시 패널 안에 있는 다음
으로 표시에서 본의 형태를 바꿀 수 있습니다. 웨이트 설정이
나 메쉬 편집에 맞춰 이 설정도 변경하면 좋습니다.

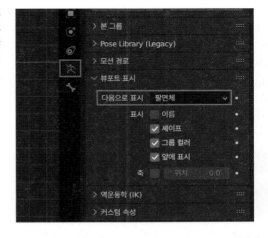

팔면체는 기본 표시입니다.
스틱은 본을 가늘고 길게 표시합니다. 보기 쉽기 때문에 웨이트 설정이나 편집 작업에서 많이 사용합니다.
B-본은 벤디 본입니다. 분할 수를 늘려서 끈과 같은 본을 만들 수 있습니다. 프로퍼티스의 본 프로퍼티스 안에 있는 벤디 본에서
다양한 설정을 할 수 있습니다.

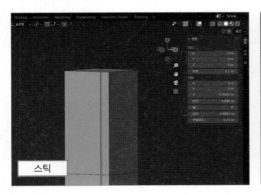

스틱

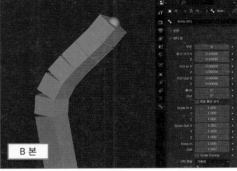

B 본

엔벨로프는 각 본 주변에 영역을 설정하는 것으로 그 가운데 들어 있는 버텍스를 변형의 대상으로 할 수 있습니다. 이 영역의 설
정은 프로퍼티스의 본 프로퍼티스 안에 있는 변형에서 설정할 수 있습니다.
와이어는 문자 그대로 와이어프레임 상태로 표시하는 모드입니다.

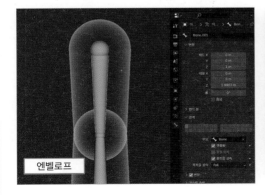

엔벨로프

와이어프레임

포즈 모드에 관해

앞서 에디트 모드에서 조작했습니다. 이번에는 포즈 모드에서의 조작에 관해 설명합니다.

01 포즈 모드로 전환하기

Step

3D 뷰포트 왼쪽 위에서 포즈 모드로 전환합니다. 이 상태에서 본을 클릭하면 하늘색으로 표시됩니다. 이것은 포즈 모드라 부르며 주로 포즈나 애니메이션 할 때 사용하는 모드입니다. 에디트 모드에서는 본을 추가하거나 삭제하고, 포즈 모드에서는 본의 방향을 바꾸거나 변형할 수 있습니다. 또한 포즈 모드에서는 테일이나 헤드를 선택해도 본 전체가 선택됩니다.

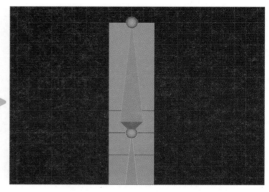

02 본 회전하기

Step

실제로 포즈 모드에서 조작해봅니다. 가장 위의 본을 선택하고 회전(R키)으로 원하는 방향으로 회전한 뒤 마우스 좌클릭해 결정합니다.

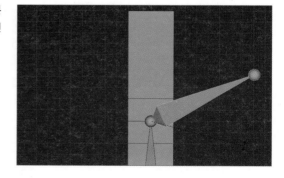

POINT

본 모드 전환 단축키에 관해

본을 오브젝트 모드에서 선택하고 Tab키를 누르면 에디트 모드로 즉시 전환할 수 있습니다. 오브젝트 모드에서 Ctrl+Tab키를 누르면 포즈 모드로 곧바로 전환할 수 있습니다. 그리고 오브젝트 모드 → 포즈 모드로 들어가 Tab키를 눌러 에디트 모드와 포즈 모드를 오갈 수 있습니다.

03
Step

포즈 위치와 휴식 위치
오른쪽 프로퍼티스의 오브젝트 데이터 프로퍼티스 안에 있는 골격 패널을 엽니다. 패널 안을 확인하면 포즈 위치, 휴식 위치라는 두 가지 항목이 있습니다. 포즈 위치를 선택하면 포즈 모드에서 변형시킨 아마튜어를 표시합니다.

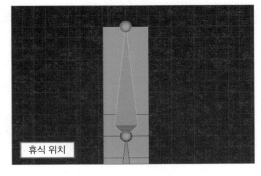

휴식 위치는 초기 상태의 아마튜어를 표시하는 기능이며, 주로 초기 포즈를 즉시 보고 싶을 때 사용합니다. 포즈가 전환되는지 실제로 클릭해 확인합니다. 휴식 위치를 선택하면 변형하기 전의 아마튜어로 되돌아가는 것을 알 수 있습니다. 즉, 에디트 모드에서의 아마튜어가 기본값이고 포즈 모드는 그 기본값에서 변형시킨 모드가 됩니다.

※ 휴식 위치 상태 그대로 두면 포즈 모드에서 변형할 수 없도록 됩니다. 확인을 마쳤다면 반드시 포즈 모드로 되돌립니다.

04
Step

변환을 지우기
포즈 모드에서 변형한 본을 원래대로 되돌립니다. 원래대로 되돌릴 본을 선택 또는 모든 본을 선택(A키)한 뒤 3D 뷰포트 위쪽 포즈 → 변환을 지우기에서 모두 또는 회전(Alt+R키)해서 기본값으로 되돌릴 수 있습니다.

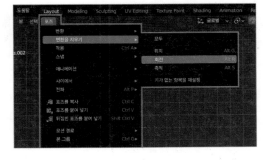

POINT

포즈 모드에서 변형한 본을 휴식 위치로 설정하기
포즈 모드에서 변형한 본을 기본 위치로 설정하는 방법을 소개합니다. 3D 뷰포트 위쪽 포즈 → 적용 → 레스트 포즈로 포즈를 적용(Ctrl+A키)를 누르면 포즈 모드에서 변형한 본을 기본 포즈로 설정할 수 있습니다.

리깅에서는 이 부모(부모-자식 관계) 개념이 매우 중요하기 때문에 기본부터 설명합니다. 부모란 오브젝트나 본을 부모와 자식으로 분류하는 것입니다. 자식은 부모의 일부처럼 변형할 수 있도록 됩니다. 예를 들면 한 오브젝트를 자식으로 설정하고 다른 한 오브젝트를 부모로 설정하면, 부모를 변형해 자식도 그에 맞춰 변형할 수 있습니다.

이번 경우에는 아래쪽 본이 부모이고, 위쪽 본이 자식이 됩니다. 그리고 포즈 모드에서 부모를 변형하면 마치 한 오브젝트처럼 위치, 회전, 크기를 변경할 수 있습니다. 덧붙여 본의 테일에서 돌출하기를 하면 돌출하기로 추가된 본은 자동으로 자식이 되고, 원래 본은 부모가 됩니다.

부모를 설정하는 방법에 관해 설명합니다. 메쉬 오브젝트끼리는 먼저 자식으로 만들 오브젝트를 선택하고 Shift키를 누른 뒤 부모로 만들 오브젝트를 선택합니다. 부모로 만들 오브젝트는 노란색으로 활성화 표시됩니다. 이를 확인한 뒤 3D 뷰포트 위쪽 오브젝트 → 부모(Ctrl+P키) → 오브젝트를 선택해 오브젝트의 부모 설정을 합니다. Next Page ▶

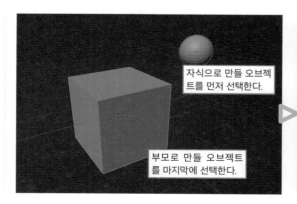

반대로 부모를 해제하는 방법에 관해 설명합니다. 해제할 자식 오브젝트를 선택하고 오브젝트 → 부모 → 부모를 지우기(Alt+P키)를 선택합니다. 본의 부모 설정 방법은 뒤에서 설명합니다.

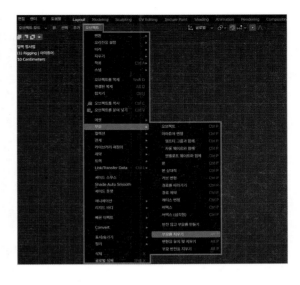

Chapter 1

Chapter 2

Chapter 3

Chapter 4

Chapter 5

Chapter 6

Chapter 7

01 본 이름 표시하기

Step 본의 부모 설정 방법에 관해 설명합니다. 그 전에 본 이름을 알아볼 수 있도록 변경합니다. 오른쪽 프로퍼티스의 오브젝트 데이터 프로퍼티스를 클릭합니다. 뷰포트 표시에 있는 이름을 활성화하면 본의 이름이 3D 뷰포트에 표시됩니다. 자식인 위쪽 본이 Bone.001, 부모인 아래쪽 본이 Bone인 것을 확인합니다.

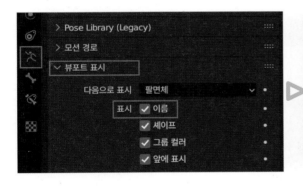

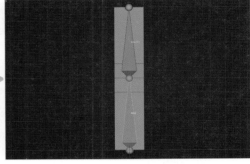

Column

불필요한 본이 중복되었다면

오른쪽 위 아웃라이너에 있는 아마튜어의 왼쪽 화살표에서 항목을 열면 본 이름이 각각 표시됩니다. 불필요한 본을 선택한 뒤 3D 뷰포트 위에서 삭제의 단축키인 X키를 누르고 본을 선택해서 삭제합니다.

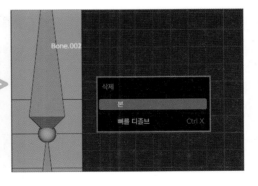

02 부모 확인하기

Step
현재 본의 부모를 확인합니다. 본을 에디트 모드(Tab키)로 전환하고 맨 위쪽 본(Bone.001)을 선택합니다.

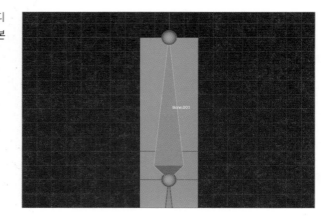

다음으로 오른쪽 프로퍼티스의 본 프로퍼티스를 클릭해 관계 패널 안을 보면, 부모에 관한 항목을 확인할 수 있습니다. 여기의 부모에 Bone이 입력되어 있습니다. 이 안에 표시된 이름의 본이 부모가 됩니다. 만약 부모를 해제하고 싶을 때는 오른쪽에 있는 X 버튼을 클릭해 해제할 수 있습니다. 해제하면 본은 자식이 아니라 하나의 본으로 독립합니다.

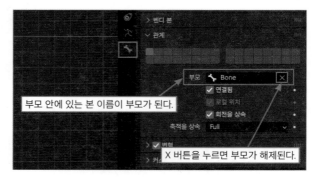

부모 안에 있는 본 이름이 부모가 된다.

X 버튼을 누르면 부모가 해제된다.

03 부모-자식 연결하기

Step
다음은 연결에 관해 설명합니다.

❶ 먼저 자식인 맨 위쪽 본(Bone.001)를 선택한 상태에서 이동(G키)으로 이동하면 부모인 아래쪽 본과 연결된 채 이동할 수 있음을 확인합니다. 확인을 마쳤다면 마우스 우클릭해 취소합니다.

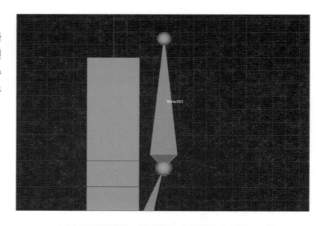

❷ 자식인 위쪽 본(Bone.001)를 선택한 상태에서 본 프로퍼티스 안의 관계 패널에 있는 연결됨을 비활성화합니다.

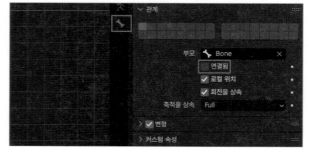

이 상태에서 다시 한 번 자식인 위쪽 본(Bone.001)을 이동(G키)으로 움직이면 이번에는 부모인 아래쪽 본과 떨어집니다. 잘 보면 자식인 본과 부모인 본을 연결하듯 점선처럼 생긴 것이 표시됨을 알 수 있습니다. 이것은 부모를 설정했을 때 표시되는 것으로 이 점선은 부모인 본의 테일 부분과 자식인 본의 헤드 부분을 연결합니다. 부모를 해제하면 이 점선은 사라집니다.

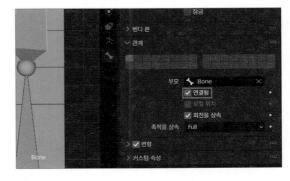

다시 한 번 연결됨을 활성화하면 부모인 본의 테일 부분과 자식인 본의 헤드가 달라붙게 됩니다. 이 연결됨은 자식과 부모의 연결에 관한 설정이므로 만약 부모를 설정한 상태에서 자식을 떨어뜨리고 시을 때는 여기의 연결됨을 비활성화합니다.

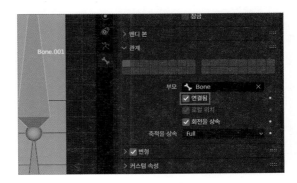

04 Step 원래대로 되돌리기

Ctrl+Z키로 작업을 수행하기 전 상태로 되돌립니다(본이 변형하기 전으로 되돌아갔는지, 부모 안에 Bone이 있는지, 연결됨이 활성화되었는지 확인합니다). 너무 많이 뒤로 돌렸을 때는 Shift+Ctrl+Z키로 1단계씩 앞으로 보냅니다.

05 Step 메쉬 오브젝트와 아마튜어 오브젝트 선택하기

다음은 오브젝트끼리의 부모 설정에 관해 설명합니다. 오브젝트 모드(Tab키)로 설정하면 먼저 자식으로 만들 Joint 오브젝트를 선택합니다. 다음으로 Shift+좌클릭으로 부모로 하고 싶은 아마튜어를 복수 선택합니다. 아마튜어가 노란색으로 표시(활성 오브젝트)되어 있는지 확인합니다.

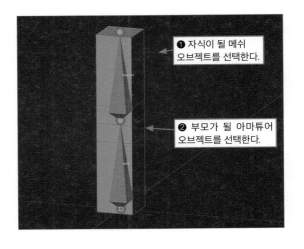

❶ 자식이 될 메쉬 오브젝트를 선택한다.

❷ 부모가 될 아마튜어 오브젝트를 선택한다.

Chapter 1
Chapter 2
Chapter 3
Chapter 4
Chapter 5
Chapter 6
Chapter 7

06 부모 설정하기

Step

3D 뷰포트 위쪽 오브젝트 → 부모(Ctrl+P키) → 자동 웨이트와 함께를 클릭합니다. 이제 아마튜어를 부모로 하는 부모가 설정되었고, 그와 동시에 자동으로 웨이트를 설정했습니다. 웨이트란 본의 움직임에 대해 메쉬(버텍스)을 얼마나 움직일 것인지 설정할 수 있는 값입니다. 자동 웨이트와 함께는 해당 웨이트 값을 본과 메쉬의 거리에 따라 자동으로 설정합니다.

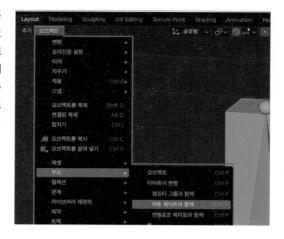

07 계층 변경하기

Step

그리고 부모의 상태는 아웃라이너에서는 계층으로 표현됩니다. 오른쪽 위 아웃라이너에 있는 아마튜어의 왼쪽 화살표를 클릭하면 앞서 자식으로 설정했던 Joint가 계층적으로 이동하는 것을 확인할 수 있습니다.

부모 앞

부모 뒤(안)

08 오브젝트 확인하기

Step

다음은 Joint 오브젝트를 선택하고 오른쪽 프로퍼티스에서 오브젝트 데이터 프로퍼티스 패널을 표시합니다. 자동 웨이트와 함께 설정에 따라 버텍스 그룹 패널 안에는 본과 같은 이름의 버텍스 그룹이 작성되었을 것입니다. 여기에는 각 본의 웨이트 값이 기록되어 있으며, 버텍스 그룹 이름과 본 이름을 일치시킴으로써 본과 메쉬를 관련 지을 수 있습니다.

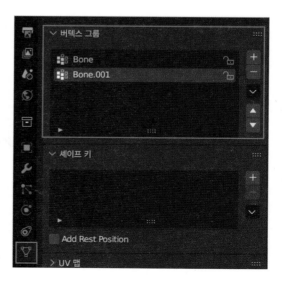

그리고 모디파이어 프로퍼티스를 클릭하면 안에 아마튜어라는 모디파이어가 1개 추가됩니다. 이것은 나중에 스키닝을 할 때 필요한 모디파이어입니다. 이 모디파이어가 없으면 아마튜어를 움직였을 때 메쉬가 따라오지 않습니다(오브젝트 오른쪽에 있는 입력 필드에 변경할 아마튜어 이름을 입력하면 동작합니다).

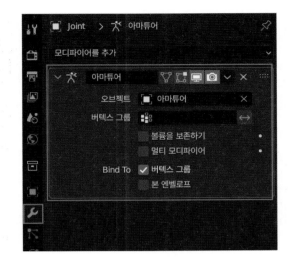

09 본 확인하기

Step

아마튜어를 선택했다면 3D 뷰포트 왼쪽 위에서 포즈 모드(Ctrl+Tab키)로 전환합니다. 각 본을 R키로 회전해 본과 메쉬가 관련되어 있는지 확인합니다. 확인을 마쳤다면 회전값을 초기화하는 단축키인 Alt+R키를 눌러 되돌립니다.

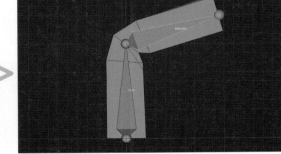

2-4 스키닝을 해보자

이제 스키닝을 해봅니다. 스키닝은 주로 웨이트 페인트에서 수행하는 방법과 버텍스 그룹에서 수행하는 방법의 두 가지가 있습니다. 스키닝은 본과 모델을 연결해 움직일 수 있도록 하는 작업이라고 설명했습니다. 즉, 각 버텍스의 웨이트 값을 조정하는 것입니다. 다시 설명하면 웨이트는 본과 버텍스가 얼만큼 움직이는가를 설정하는 값입니다. 웨이트는 그 밖에도 모디파이어의 영향 정도를 결정하는 등 매우 다양한 기능을 갖습니다. 자동 웨이트와 함께를 사용하면 블렌더가 웨이트를 자동으로 설정해 주지만 스키닝에서는 실제로 웨이트를 직접 설정해봅니다.

Chapter 1
Chapter 2
Chapter 3
Chapter 4
Chapter 5
Chapter 6
Chapter 7

01

Step

부모 해제하기

오브젝트 모드(Tab키, 또는 Ctrl+Tab키)로 전환하고 자식인 Joint 오브젝트를 선택합니다. 3D 뷰포트 위쪽 오브젝트 → 부모 → 부모를 지우기(Alt+P키)를 선택하면 부모를 해제할 수 있습니다.

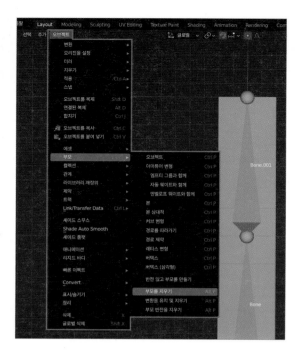

'변환을 유지 및 지우기'에 관해

부모 오브젝트의 위치, 회전, 스케일을 변경한 상태에서 자식 오브젝트를 선택하고 부모를 지우기(Alt+P키)를 선택하면 자식 오브젝트는 부모 설정 이전으로 되돌아갑니다. 이것은 부모를 설정할 때 변환값이 유지되기 때문입니다.

이를 방지하기 위해서는 3D 뷰포트 위쪽에서 오브젝트 → 부모 → 변환을 유지 및 지우기(Alt+P키)를 선택하면 됩니다. 형태를 유지하면서 부모를 해제할 수 있으므로 이 기능도 기억해 두면 좋습니다.

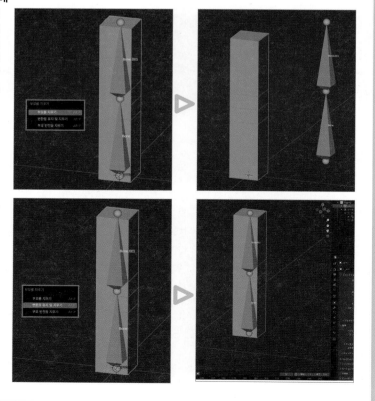

02
Step

모든 그룹 해제하기와 부모 재 설정하기

❶ 오른쪽 프로퍼티스의 오브젝트 데이터 프로퍼티스를 마우스 좌클릭하고 버텍스 그룹 패널에 있는 화살표 아이콘을 클릭하면 다양한 메뉴가 표시됩니다. 메뉴 중에 있는 모든 그룹을 삭제를 선택하면 버텍스 그룹이 모두 해제되고 메쉬와 아카추어의 연결을 해제할 수 있습니다.

자식으로 할 Joint 오브젝트, 부모로 할 아마튜어 오브젝트 순으로 Shift키를 누른 상태에서 선택한 뒤 오브젝트 → 부모(Ctrl+P키)에서 엠프티 그룹과 함께를 선택합니다. 이것은 빈 버텍스 그룹을 추가하는 기능입니다. 웨이트는 설정되어 있지 않으므로 본과 메슈는 연동하지 않습니다.

> **MEMO**
> 이 조작을 빠뜨리면 Step 03 이후의 조작이 올바르게 되지 않으므로 꼭 실행합니다.

03
Step

웨이트 페인트 설정하기

다음으로 웨이트 페인트라는 웨이트 설정 수행 모드로 이동합니다. 처음에는 아마튜어 오브젝트를 선택합니다. 다음으로 웨이트를 설정하기 위해 Joint 오브젝트를 Shift키를 누른 상태로 선택합니다(부모 설정 때와 순서가 순서가 반대이므로 주의합니다). Joint 오브젝트가 활성화 오브젝트인지 확인한 뒤 3D 뷰포트 위쪽 모드 전환에서 웨이트 페인트를 선택합니다. 웨이트 페인트란 웨이트 설정을 브러시로 그리듯 설정할 수 있는 모드입니다.

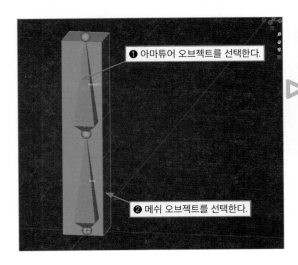

❶ 아마튜어 오브젝트를 선택한다.

❷ 메쉬 오브젝트를 선택한다.

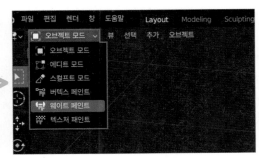

> **MEMO**
> 이 조작을 빠뜨리면 Step 06 이후의 조작이 올바르게 되지 않으므로 꼭 실행합니다.

Chapter 1
Chapter 2
Chapter 3
Chapter 4
Chapter 5
Chapter 6
Chapter 7

웨이트 페인트로 변경하면 아마튜어는 포즈 모드가 되고 메쉬가 파란색으로 바뀝니다. 이 파란 메쉬의 경우 이미 웨이트가 설정되어 있으며 설정된 웨이트를 색으로 확인할 수 있습니다. 웨이트 값은 0부터 1까지만 설정할 수 있습니다. 파란색은 '0'이며 영향도가 '0'이므로 본과 메쉬가 전혀 연동하지 않습니다. 반대로 빨간색은 '1'이며 영향도가 '100'이므로 본이 움직이면 메쉬도 딱 붙어서 움직입니다.

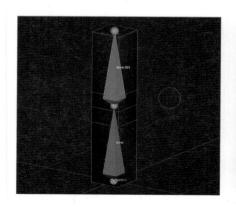
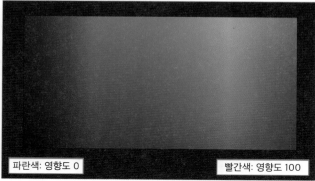

파란색: 영향도 0 빨간색: 영향도 100

04 브러시 크기
Step

웨이트를 설정할 때의 웨이트 페인트 조작에 관해 설명합니다. 화면 왼쪽에 있는 툴바(T키)의 맨 위에 있는 그리기를 선택합니다. 마우스 커서 주변에 빨간 원과 같은 것이 표시됩니다. 이것은 브러시 반지름이며 마우스 좌클릭또는 마우스 좌클릭상태로 드래그해 웨이트를 설정할 수 있습니다.

브러시 반지름 크기를 변경하고 싶을 때는 3D 뷰포트 위쪽 반경에서 원하는 값을 입력하거나 마우스 좌클릭상태로 좌우로 드래그합니다. 기본값으로 되돌리고 싶을 때는 값을 마우스 우클릭한 뒤 메뉴에서 기본 값으로 초기화(Backspace)를 선택합니다.

덧붙여 브러시 반지름 크기는 F키를 눌러 좌우로 마우스 커서를 움직여서 조정할 수도 있습니다. 마우스 좌클릭해 결정, 마우스 우클릭해 취소할 수 있습니다. 실제로 조작해봅니다.

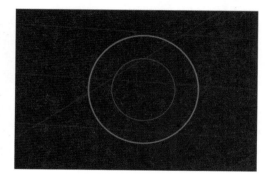

05
Step

웨이트, 반지름, 세기 설정하기

3D 뷰포트 위쪽에 웨이트와 강도라는 두 가지 항목이 있습니다. 웨이트는 버텍스에 할당하는 값이며, 강도는 브러시의 영향도를 나타냅니다. 여기에서는 웨이트의 값을 변경하면서 설정하므로 강도는 그라디언트가 있는 것처럼 칠하고자 하는 등, 무언가 명확한 의도가 없는 한 '1'인 상태를 유지하는 것을 권장합니다.

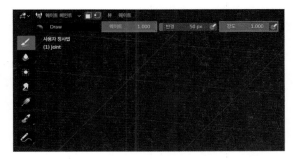

그리고 웨이트, 반경, 강도는 마우스 우클릭해 설정할 수 있습니다. 만약 3D 뷰포트 위쪽에서 일일이 설정하는 것이 어려울 때는 이 방법을 기억해두면 작업 시간을 단축할 수 있을 것입니다.

그 밖에도 Ctrl+F키로 웨이트 값을 변경, Shift+F키로 강도를 변경할 수 있습니다. 모두 마우스를 좌우로 움직여 값을 변경할 수 있고 마우스 좌클릭해 결정, 마우스 우클릭해 취소할 수 있습니다. 작업 효율을 높이는 데 도움이 되므로 이 조작도 기억하면 좋을 것입니다.

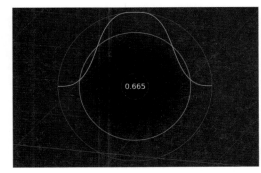

POINT

'Ctrl+마우스 좌클릭'을 통한 값 조정에 관해

값 입력 필드를 마우스 좌클릭상태에서 좌우로 드래그하면 간단하게 값을 조정할 수 있습니다. 마우스 좌클릭 드래그하는 도중 Ctrl을 누르면서 드래그하면 웨이트와 강도는 '0.1' 단위, 반경은 '10' 단위로 조정할 수 있습니다. 이 값 조정은 매우 도움이 되므로 기억해 두기 바랍니다.

Chapter 1
Chapter 2
Chapter 3
Chapter 4
Chapter 5
Chapter 6
Chapter 7

06 본 전환 방법 및 조작

Step

다음은 본의 전환 방법과 조작에 관해 설명합니다. 웨이트를 설정할 본을 Ctrl+마우스 좌클릭해 선택하면 클릭한 본이 하늘색으로 표시됩니다. 이 하늘색으로 표시된 본이 현재 웨이트를 설정하는 본입니다. 여기에서는 부모인 아래쪽 본(Bone)을 선택합니다.

Ctrl+마우스 좌클릭해 본을 선택할 수 있다.

MEMO

이 조작은 스키닝 작업에서 빈번하게 수행하므로 확실히 익혀 둡니다. 블렌더 4.0에서는 Alt+마우스 좌클릭이므로 주의해 주십시오.

그리고 이 상태에서 회전(R키)을 눌러 본을 회전시킬 수 있습니다. 실제로 웨이트를 설정할 때는 메쉬가 생각대로 변형하는지 자주 확인하게 됩니다. 그렇기 때문에 이 조작도 확실하게 익혀두는 것을 권합니다. 확인을 마쳤다면 마우스 우클릭해 취소합니다.

R키로 회전시킬 수 있다.

덧붙여 이 본 선택은 오른쪽 프로퍼티스의 오브젝트 데이터 프로퍼티스 안에 있는 버텍스 그룹의 그룹 이름을 클릭해 선택할 수도 있으므로 각자 선호하는 방법으로 조작하면 됩니다.

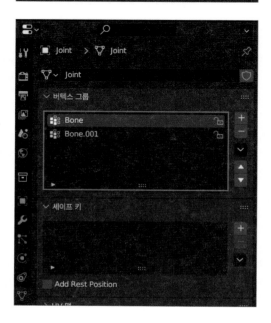

Chapter 1

Chapter 2

Chapter 3

Chapter 4

Chapter 5

Chapter 6

Chapter 7

Column

버텍스 그룹 잠금에 관해

버텍스 그룹 이름 오른쪽에 열린 자물쇠 아이콘이 있습니다. 이 아이콘을 클릭하면 닫힌 자물쇠 아이콘이 되고 버텍스 그룹 변경이 비활성화 됩니다. 그리고 닫힌 자물쇠 아이콘 상태에서는 본이 빨간색으로 표시되고, 웨이트를 설정할 수 없도록 됩니다. 만약 웨이트를 잘못 설정하는 것을 막고 싶을 때 이 기능을 사용하면 좋습니다.

그 밖에도 자동 웨이트와 함께를 사용할 때 일부 본의 웨이트를 자동 설정되도록 하고 싶지 않을 때는 버텍스 그룹을 잠가서 비활성화할 수 있으므로 기억해 두면 좋습니다.

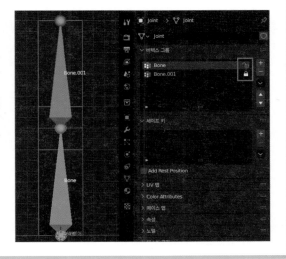

07 웨이트와 강도 값을 '1'로 설정하기

Step

이제 실제로 웨이트를 설정해봅니다. 부모인 아래쪽 본(Bone)를 **Ctrl+마우스 좌클릭**해 선택했다면 왼쪽 툴바(**T키**)에서 그리기를 활성화하고 3D 뷰포트 위쪽 **웨이트**와 **강도**를 '1'로 설정합니다.

08 감소 설정하기

Step

웨이트를 덧칠할 수 있도록 설정합니다. 3D 뷰포트 위쪽 **감소**를 클릭하면 브러시 강도 관련 항목을 설정할 수 있습니다. 현재 설정 상태에서는 버텍스를 마우스 좌클릭하면 웨이트가 분산되기 때문에 사용하기 번거롭습니다. 가장 오른쪽의 **상수**를 클릭하면 웨이트 값이 일정하게 유지되므로 이를 권장합니다(원래대로 되돌리고 싶을 때는 가장 왼쪽의 **스무스**를 클릭합니다).

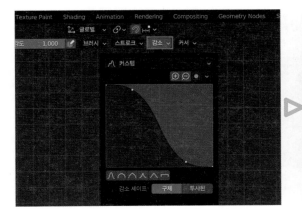

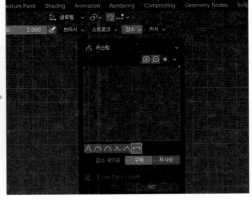

09 웨이트 설정하기

Step

본(Bone)에 연동할 메쉬를 마우스 좌클릭 드래그해 그림과 같이 설정합니다(반대쪽 페이스도 잊지 말고 설정합니다). 웨이트 설정은 페이스가 아닌 버텍스에 따라 수행하므로, 버텍스를 마우스 좌클릭 상태로 드래그하는 것이 팁입니다. 이렇게 웨이트 값을 '1'로 설정했을 때는 메쉬가 빨간색으로 표시됩니다. 잘못 설정했을 때는 웨이트 값을 '0'으로 설정해 해당 위치를 수정합니다(마우스 우클릭메뉴에서 '웨이트'를 '0'으로 설정하거나 Ctrl+F키를 누른 뒤 마우스를 좌우로 움직이면 값을 쉽게 조정할 수 있습니다).

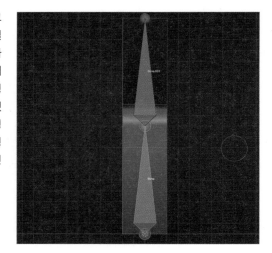

10 본 회전하기

Step

여기에서 우선 회전(R키)을 사용해 본을 움직여봅니다. 웨이트를 '1'로 설정한 메쉬가 본의 움직임에 따라 움직입니다. 반대로 웨이트가 '0'인 부분은 전혀 움직이지 않을 것입니다. 동작을 확인했다면 마우스 우클릭해 취소합니다.

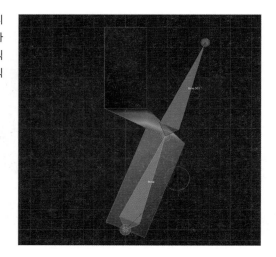

POINT

마스크 기능에 관해

웨이트 페인트에서는 마스크 기능을 제공합니다. 마스크 기능을 사용하면 의도하지 않은 위치에 페인트가 되는 것을 방지할 수 있습니다. 3D 뷰포트 왼쪽 위에 있는 모드 전환 오른쪽에 작은 사각형 아이콘이 2개 있습니다. 왼쪽 아이콘은 페이스 마스크, 오른쪽 아이콘은 버텍스 마스크입니다.

왼쪽 아이콘을 클릭하면 메쉬가 흰색으로 표시되거나 아무것도 변하지 않을 것입니다. 여기에서 페이스에 마우스 커서를 올리고 Ctrl+마우스 좌클릭해서 페이스의 마스크 활성화/비활성화를 설정할 수 있습니다. 페이스의 흰색으로 된 부분은 마우스 좌클릭 드래그해도 웨이트를 설정할 수 없도록 됩니다. 그리고 Shift+마우스 좌클릭하면 여러 페이스를 선택할 수 있습니다. 선택 해제는 Alt+A키이며 모든 페이스가 흰색이 됩니다.

오른쪽 아이콘을 클릭하면 버텍스에 회색 점이 표시됩니다. 회색 버텍스에 Ctrl+마우스 좌클릭하면 버텍스가 흰색이 되며 웨이트를 설정할 수 있습니다. 페이스 마스크와 마찬가지로 Shift+마우스 좌클릭하면 여러 버텍스를 선택할 수 있습니다. 그리고 선택 해제는 Alt+A키이며 모든 버텍스가 회색이 됩니다. 이 두 가지 마스크에는 단축키가 있습니다. 왼쪽의 페이스 마스크의 단축키는 M키, 오른쪽의 버텍스 마스크의 단축키는 V키입니다(블렌더 4.0에서는 각각 숫자키 1, 숫자키 2입니다).

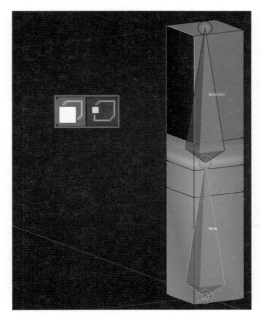 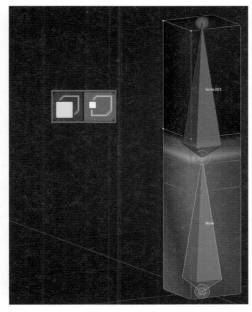

그리고 페이스 마스크, 버텍스 마스크는 왼쪽 툴바에서 선택 방법을 변경할 수 있습니다. 이 상태에서 페이스나 버텍스 등 임의의 위치를 선택하고 3D 뷰포트 위쪽 웨이트 값을 변경(마우스 우클릭에서 표시되는 메뉴에서도 가능)한 상태에서 Shift+K키(블렌더 4.0에서는 Ctrl+X키)를 누르면 선택한 위치 모두에 웨이트를 설정할 수 있습니다.

 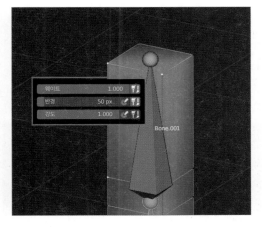

이 두 가지 마스크 기능은 웨이트 페인트에 큰 도움이 되는 기능입니다. 다만 무심코 마스크가 활성화되어 있어 예를 들면 웨이트를 설정할 수 없도록 되거나, Ctrl+마우스 좌클릭해 본을 선택하지 못하게 되는 등의 문제도 자주 발생합니다. 만약 웨이트를 설정할 수 없다면 이 기능이 활성화되어 있지 않은지 확인합니다.

Chapter 1

Chapter 2

Chapter 3

Chapter 4

Chapter 5

Chapter 6

Chapter 7

11 자식 본의 웨이트 설정하기

Step

다음으로 자식 본(Bone.001)를 Ctrl+마우스 좌클릭(블렌더 4.0에서는 Alt+마우스 좌클릭)으로 선택합니다. 동작을 확인하기 위해 의도적으로 위쪽은 웨이트를 설정하지 않고(웨이트 '0'), 아래쪽 부분만 마우스 좌클릭 드래그해 웨이트를 '1'로 설정했습니다(반대쪽 페이스도 설정합니다).

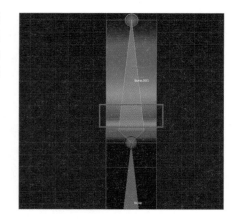

12 부모 본 회전하기

Step

설정을 마쳤다면 부모 본(Bone)을 Ctrl+마우스 좌클릭해 선택하고 회전(R키)을 사용해 본을 움직여봅니다. 앞서 위쪽 본의 웨이트를 '1'로 설정한 메쉬 부분이 본의 움직임과 함께 움직일 것입니다. 웨이트가 '0'인 위치는 움직이지 않습니다. 이를 통해 웨이트를 설정하지 않은 위치는 전혀 움직이지 않는다는 것을 알 수 있습니다(정확하게는 웨이트가 '0'인 위치). 동작을 확인했다면 마우스 우클릭해 취소합니다.

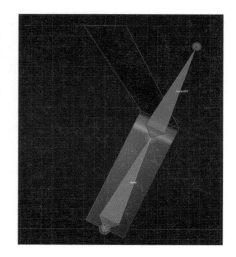

13 자식 본 위쪽의 웨이트 설정하기

Step

자식 본(Bone.001)을 Ctrl+마우스 좌클릭해 선택하고 위쪽 메쉬를 마우스 좌클릭 드래그해 웨이트를 '1'로 설정합니다(반대쪽 페이스도 설정합니다). 설정을 마쳤다면 움직임을 확인하기 위해 회전(R키)을 해보면 좋습니다.

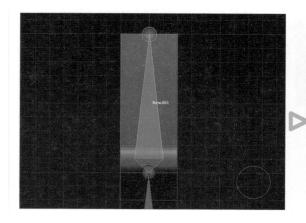

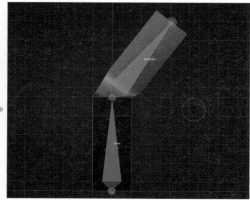

14 옵션 설정하기

Step 관절 부분이 매끄럽지 않으므로 웨이트를 수정합니다. 3D 뷰포트 오른쪽 위에 있는 옵션 항목을 클릭하면 다양한 메뉴가 표시됩니다. 메뉴 안에 있는 자동 노멀라이즈를 활성화합니다. 이 항목은 페인트를 할 때 각 항목의 웨이트 합계값이 1이 되도록 하는 기능입니다. 버텍스는 원칙적으로 웨이트 합계가 1이 되도록 해야 합니다. 그렇지 않으면 원하는 대로 변형이 되지 않을뿐만 아니라 모델을 외부용으로 출력할 때 문제 발생의 원인이 됩니다.

15 관절 부분 웨이트 설정하기

Step 다음으로 3D 뷰포트 위쪽 웨이트 값을 '0.5'로 설정했다면 (이 값 필드를 좌우로 드래그하면서 Ctrl키를 길게 누르면, 간단하게 0.5로 설정할 수 있습니다). 마우스 좌클릭 드래그해 관절 부분의 웨이트를 설정합니다.

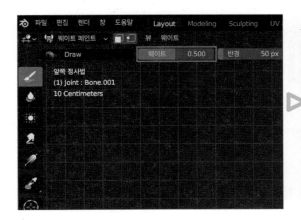

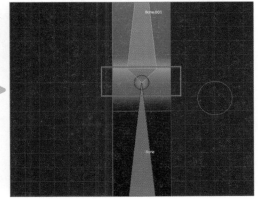

16 웨이트 설정과 자동 노멀라이즈 비활성화

Step 부모인 아래쪽 본(Bone)을 Ctrl+마우스 좌클릭해 선택하면 자동 노멀라이즈를 활성화했으므로 이 관절도 '0.5'가 됩니다(웨이트 합곗값이 1이 됩니다). 덧붙여 아래쪽 본(Bone)의 관절 부분이 '0.1'이었을 때 위쪽 본(Bone.001)를 선택한 상태에서 관절 부분의 웨이트를 '0.3'으로 설정하면 아래쪽 본(Bone)는 '0.7'이 됩니다. 설정을 마쳤다면 3D 뷰포트 오른쪽 위의 옵션 안에 있는 자동 노멀라이즈는 비활성화 해둡니다.

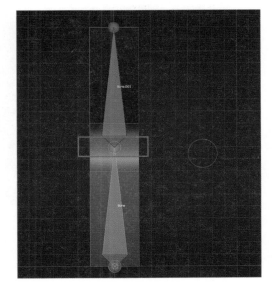

Chapter 1

Chapter 2

Chapter 3

Chapter 4

Chapter 5

Chapter 6

Chapter 7

17
Step

모든 버텍스를 정규화하기

오른쪽 위 자동 노멀라이즈 외에 모든 버텍스를 정규화하는 방법을 소개합니다. 모드를 웨이트 페인트로 전환하고 3D 뷰포트 위쪽 웨이트 → 모두 노멀라이즈를 클릭합니다. 왼쪽 아래 오퍼레이터 패널이 표시됩니다. 사용 부분을 모든 그룹(변경 시 표시 이름이 All Groups가 됩니다)으로 하고 활성을 잠금을 비활성화하면 모든 본의 버텍스에 할당된 웨이트의 합계를 '1'로 만들어 줍니다. 이 조작은 만일의 경우를 위해 기억해 두면 좋습니다.

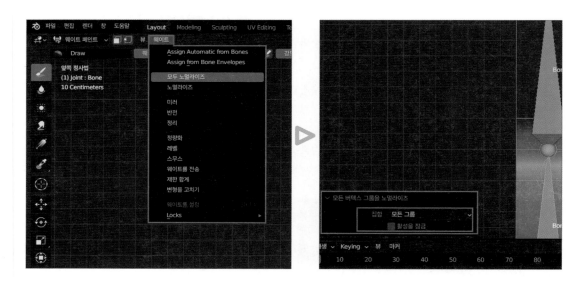

Column

웨이트 합계가 1 이상이 되면?

예를 들면 아래쪽 본의 모든 버텍스의 웨이트를 '1'로 설정하고 위쪽 본의 위쪽 버텍스만 웨이트를 '1', 위쪽 절반의 웨이트의 합계를 '1'로 설정했다고 가정합니다. 이 상태에서 위쪽 본을 구부리면 본이 이상하게 구부러질 것입니다. 이것은 아래쪽 본의 웨이트가 간섭을 일으키기 때문에 발생합니다. 이 웨이트의 합계를 페인트를 할 때 '1'로 만들어 주는 것이 자동 노멀라이즈입니다. 이런 의도하지 않은 변형을 방지하기 위해서도 웨이트 합계는 '1'이 되도록 하는 것이 좋습니다.

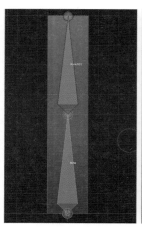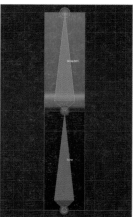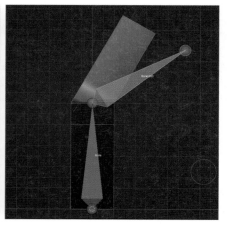

18
Step

웨이트 확인 기능

그 밖에 알아두면 스키닝 작업에 도움이 되는 기능을 소개합니다. 3D 뷰포트 오른쪽 위의 뷰포트 오버레이 안에 제로 웨이트 항목이 있습니다. 기본값은 None이며 활성을 선택하면 웨이트 설정이 '0'인 위치가 검은색으로 표시됩니다. 웨이트를 설정하지 않은 위치를 곧바로 알 수 있으므로 기억해 두면 좋습니다. 그리고 의도하지 않은 위치에 웨이트를 설정했을 때도 곧바로 발견할 수 있습니다. 블렌더 4.0의 경우 오른쪽 위에 있는 웨이트 페인트 항목 안에 이 기능이 포함되어 있습니다.

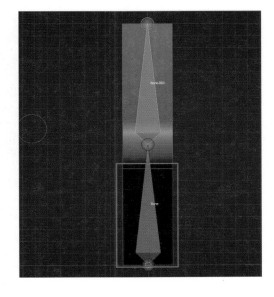

19
Step

웨이트 불균일 확인하기

그리고 웨이트에 불균일이 없는지 확인할 때 도움이 되는 기능을 소개합니다. 3D 뷰포트 오른쪽 위의 뷰포트 오버레이 안에 있는 웨이트 윤곽을 표시를 활성화하면 등고선이 표시되고 불균일을 곧바로 찾아낼 수 있습니다. 블렌더 4.0에서는 오른쪽 위에 있는 웨이트 페인트 항목 안에 있습니다.

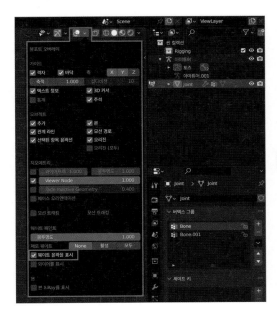
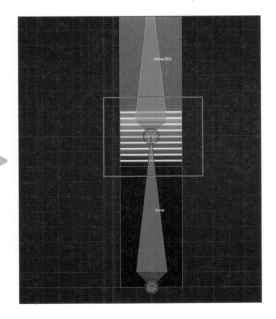

Chapter 1

Chapter 2

Chapter 3

Chapter 4

Chapter 5

Chapter 6

Chapter 7

20

Step

웨이트 편집 방법

이웃한 버텍스의 웨이트를 매끄럽게 편집하고 싶을 때는 화면 왼쪽 툴바(T키)에 있는 블러를 클릭하고 마우스 좌클릭 드래그해 웨이트를 매끄럽게 설정할 수 있습니다. 그리고 툴바에 있는 웨이트 취득을 클릭하고 임의의 버텍스를 클릭하면 웨이트의 스포이트도 가능합니다(왼쪽 위의 정보에서 스포이트 된 값을 확인할 수 있습니다). 실제 시험해 보면 좋을 것입니다. 덧붙여 스포이트의 단축키는 Ctrl+마우스 우클릭(블렌더 4.0에서는 대상 버텍스에 마우스 커서를 올리고 Shift+X키)입니다.

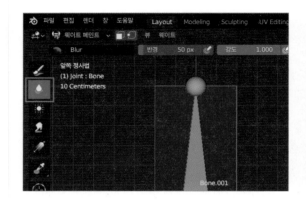
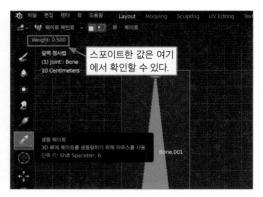

Column

스키닝에 관한 여러 가지 사항들

웨이트를 조정했을 때 생각대로 변형되지 않는다면 웨이트 외에 메쉬, 본 등이 원인일 때도 많습니다. 따라서 웨이트 조정, 메쉬 편집, 본 위치 조정 등을 확인해 그 원인을 원인을 찾아내야 합니다. 단, 이 수정 작업을 계속 반복하면 모델링이 완성되지 않을 위험성이 있으므로 어딘가에서 우선 작업을 끊어야 합니다. 그리고 100% 깨지지 않는 완벽한 웨이트를 추구하려고 하면 배보다 배꼽이 더 큰 상황이 됩니다. 캐릭터가 어느 정도의 움직임을 하는지 고려하고 스키닝을 하는 것이 좋습니다.

3D 모델링은 일반적으로 모델링 → 매테리얼 설정 → UV 전개 → 텍스처 → 리깅 단계로 진행합니다. 이 책에서 리깅을 먼저 다루는 이유는 메쉬를 쉽게 수정할 수 있기 때문입니다. 이 단계에서는 수정을 해도 크게 문제되지 않지만, 그 이후의 작업을 하게 되면 메쉬 수정이 점점 어려워집니다. 메쉬 수정은 가능한 이른 단계에서 파악하는 편이 좋습니다. 하지만 아무리 신경을 많이 쓰더라도 작업 막바지에 파악하게 될 때도 있습니다. 그때는 완성시키는 것을 우선하고 다음 모델링에서 같은 실수를 하지 않는다는 교훈으로 삼는 것이 좋을 것입니다.

덧붙여 웨이트 페인트 상태에서 Tab키를 누르면 에디트 모드로 전환할 수 있습니다. 이 단축키를 사용해 스키닝 → 메쉬 수정 → 스키닝을 교대로 하는 것도 좋습니다.

Chapter 1

Chapter 2

Chapter 3

Chapter 4

Chapter 5

Chapter 6

Chapter 7

2-5 에디트 모드에서 스키닝을 해보자

지금까지는 웨이트 페인트에서 스키닝을 했습니다. 웨이트 페인트 외에도 에디트 모드에서 웨이트를 설정할 수 있으므로 그 방법을 소개합니다.

01 웨이트 리셋하기
Step

우선 웨이트 설정을 리셋합니다. 3D 뷰포트 왼쪽 위에 있는 모드 전환에서 오브젝트 모드로 전환합니다. Joint 오브젝트를 선택하고 부모를 해제하는 단축키인 Alt+P키를 누르고 부모를 지우기를 선택합니다. 그리고 오른쪽 프로퍼티스의 오브젝트 데이터 프로퍼티스에서 버텍스 그룹의 화살표 아이콘을 클릭하고 모든 그룹을 삭제를 선택합니다.

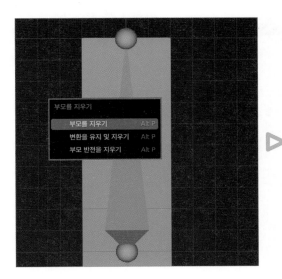

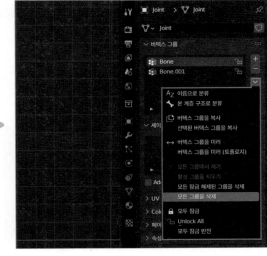

02 부모 설정하기
Step

자식이 되는 Joint 오브젝트, 부모가 되는 아마튜어 오브젝트 순서로 Shift키를 누르고 선택한 뒤, 부모의 단축키인 Ctrl+P키를 누르고 엠프티 그룹과 함께를 클릭합니다.

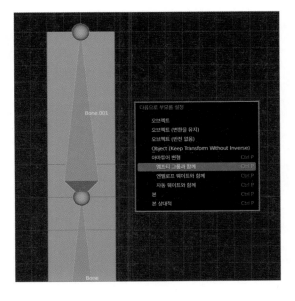

03
Step

버텍스 그룹 웨이트 활성화하기

웨이트 정보를 시각적으로 쉽게 알 수 있도록 합니다. Joint 오브젝트의 에디트 모드(Tab키)로 전환한 뒤, 3D 뷰포트 오른쪽 위의 뷰포트 오버레이에서 버텍스 그룹 웨이트를 활성화합니다.

블렌더 4.0은 오른쪽 위에 있는 메쉬 에디트 모드 안에 이 기능이 포함되어 있습니다.

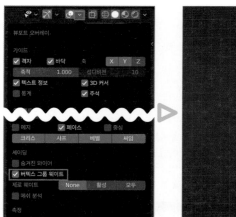 

04
Step

Bone 선택하기

버텍스 그룹 안에서 Bone을 선택합니다. 3D 뷰포트에서 Bone과 연동시킬 버텍스를 뒤쪽 페이스도 포함해 선택합니다. X-Ray를 토글(Alt+Z키)에서 박스 선택(B키) 등으로 간단하게 뒤쪽 페이스의 버텍스를 선택할 수 있습니다.

05
Step

웨이트 할당하기

버텍스 그룹 안에 있는 웨이트를 '1'로 설정했다면 할당을 클릭합니다. 메쉬의 색이 빨간색으로 바뀌고 웨이트를 할당할 수 있도록 됩니다. 반대로 웨이트를 삭제하고 싶을 때는 해당 위치를 선택하고 제거를 선택합니다.

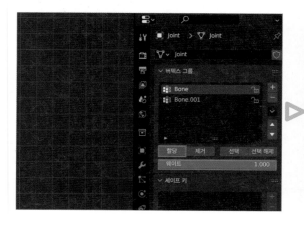 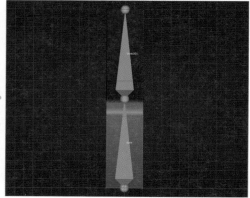

Chapter 1

Chapter 2

Chapter 3

Chapter 4

Chapter 5

Chapter 6

Chapter 7

06 에지에 대해 웨이트 설정하기

Step
관절 부분의 메쉬를 Alt+마우스 좌클릭을 사용해 에지 루프 선택합니다. 그리고 버텍스 그룹 안에 있는 웨이트를 '0.5'로 설정한 뒤 할당을 클릭합니다. 덧붙여 여기도 값 필드를 마우스 좌클릭 드래그 도중에 Ctrl키를 길게 누르면 0.1 단위로 이동할 수 있으므로 필요에 따라 사용해 주십시오.

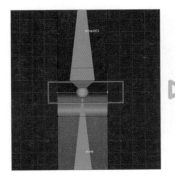 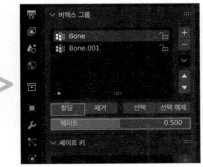 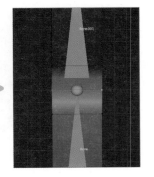

버텍스 그룹 안에 있는 선택은 할당한 웨이트를 선택할 수 있는 기능입니다. 필요에 따라 사용하면 좋을 것입니다.

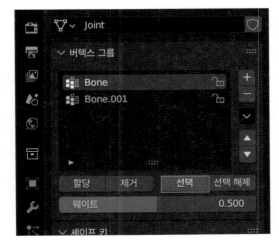

07 본 선택하기

Step
다음은 위쪽 본의 웨이트를 할당합니다. 버텍스 그룹 안에서 Bone.001을 선택한 뒤 3D 뷰포트에서 Bone.001과 연동시킬 버텍스를 뒤쪽 페이스도 포함해 선택합니다.

 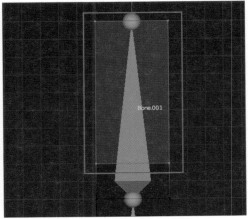

08 웨이트 할당하기
Step
버텍스 그룹 안에 있는 웨이트를 '1'로 설정한 뒤 할당을 클릭합니다.

09 웨이트 설정하기
Step
관절 부부의 메쉬를 Alt+마우스 좌클릭해 에지 루프를 선택합니다. 다음으로 버텍스 그룹 안에 있는 웨이트를 '0.5'로 설정한 뒤 할당을 클릭합니다.

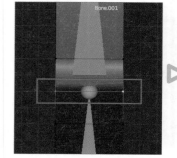 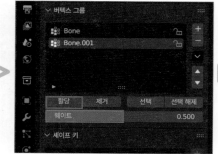 

10 포즈 모드에서 본 회전하기
Step
아마튜어 오브젝트를 선택하고 3D 뷰포트 왼쪽 위에 있는 모드 전환에서 포즈 모드로 전환한 뒤 회전(R키)을 사용해 잘 연결되었는지 확인합니다. 이렇게 에디트 모드에서도 스키닝을 할 수 있습니다.

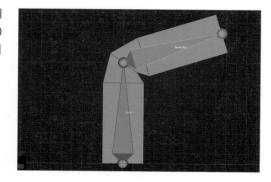

사이드바의 버텍스 웨이트, 각 본의 웨이트 수에 관해

버텍스에 웨이트를 설정했다면 버텍스를 선택한 상태에서 사이드
바(N키)의 아이템을 확인합니다. 안에 버텍스 웨이트라는 항목이
새롭게 추가되어 있습니다. 이 항목은 웨이트를 설정하면 추가되
며 값을 입력하거나, 마우스 좌클릭상태에서 좌우로 드래그해 변
경할 수 있습니다. 이 기능은 주로 각 버텍스에 할당한 웨이트를
세세하게 조정할 때 사용합니다.

버텍스에 각 본의 웨이트가 여럿 추가되어 있을 때는 이렇게 웨이
트의 수를 확인할 수 있습니다. 여기에서 한 가지 주의할 점이 있
습니다. 다른 환경에 임포트하고 싶을 때는 이 각 본의 웨이트 수
의 합계값이 최대 4개여야 합니다. 블렌더에서 만든 모델을 유니
티 등 다른 환경으로 가져가면 1개의 버텍스에 본 4개까지의 웨이
트만 할당됩니다. 그래서 5개 이상이 되면 에러가 발생하거나 4개
까지만 할당됩니다. 이 책에서는 애니메이션용 모델을 만들기 위
해 모두 블렌더 안에서 작업을 완료하기 때문에 웨이트 수는 그렇
게까지 신경 쓰지 않아도 괜찮습니다. 하지만 모델을 외부로 가져
가는 경우에 대비해 여기에서 웨이트 수를 항상 확인하는 습관을
들이는 것이 좋습니다.

스키닝 작업을 하다 보면 눈치채지 못한 사이에 버텍스에 할당되
어 있는 웨이트 수가 최대가 될 때가 있습니다(특히 자동 웨이트와
함께를 적용하면 웨이트 수가 순식간에 늘어날 때가 많습니다). 이 웨이트의 수를 한 번에 제한하는 방법을 소개합니다. 웨이트
페인트 모드로 전환한 뒤 3D 뷰포트 위쪽 웨이트 → 제한 합계를 클릭합니다. 왼쪽 아래 오퍼레이터 패널의 사용 제한을 모든 그
룹(변경 시 표시 이름이 All Groups로 되어 있습니다)으로 설정합니다. 원하는 수를 입력해 웨이트 수를 제한할 수 이습니다(예
를 들면 4로 설정하는 경우 각 본의 웨이트가 설정되어 있는 버텍스 중 영향이 적은 순서로 삭제해 4개까지로 제한할 수 있습니
다).

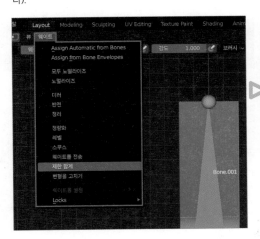

3

아마튜어 만들기

리깅의 기본을 익혔으므로 이제 앞서 만든 인물에 리깅을 해봅니다. 블렌더에는 본의 이름과 설정을 모두 모두 반전 복사할 수 있는 조작이 있으므로 이 조작을 나중에 수행하기 위해, 먼저 왼쪽 절반만 본에 조립합니다. 덧붙여 만든 아마튜어는 재사용할 때가 많으므로 완성한 아마튜어는 다음 캐릭터 모델링에 활용하면 좋습니다.

3-1 아마튜어 만들기

아마튜어는 애드온(블렌더에 기능을 추가하는 것으로 뒤에서 설명합니다) 기능을 사용해서 이미 만들어진 아마튜어를 읽을 수 있습니다. 하지만 여기에서는 처음부터 만들어 보면서 그 기능과 구조를 이해하는 것에 초점을 둡니다.

01 카메라를 뷰에서 비활성화하기
Step 작업을 하기 전에 오른쪽 위 아웃라이너에 있는 Line Art 컬렉션이 뷰 레이어에서 제외되어 있는지, 사이드바(N키)의 뷰 안에 있는 Camera to View가 비활성화 되어 있는지 확인합니다. 이 항목들을 설정하지 않으면 리깅 조작이 매우 어려워집니다(뷰 레이어에서 제외는 오브젝트를 없는 것처럼 다루는 조작이며, 레이어에서 제외해 두면 처리가 가벼워집니다).

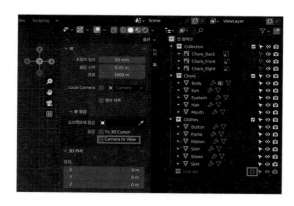

02 밑그림 숨기기
Step 밑그림은 아마튜어를 만들 때는 필요하지 않으므로 밑그림을 포함하고 있는 Collection 도 뷰 레이어에서 제외해 둡니다. 밑그림은 나중에 수정 작업을 할 가능성이 있으므로 모델링이 끝났더라도 삭제하지 않고 남겨두는 것이 좋습니다.

03
Step

아마튜어 추가하기

현재 모드가 오브젝트 모드(Tab키)인지 3D 뷰포트 왼쪽 위에 있는 모드 전환에서 확인합니다. 앞쪽 시점(넘버패드 1)으로 전환하고 3D 커서를 중앙으로 되돌리는 단축키인 Shift+C키를 누릅니다. 그리고 추가의 단축키인 Shift+A키를 누르고 아마튜어를 추가합니다.

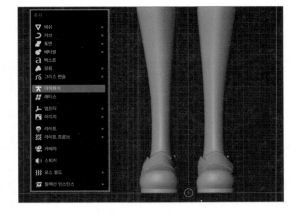

04
Step

오브젝트 데이터 프로퍼티스 설정하기

각 본에 이름을 붙이는 만큼 이름을 확인할 수 있도록 하고 싶으므로 오른쪽 프로퍼티스의 오브젝트 데이터 프로퍼티스를 클릭하고 뷰포트 표시 패널 안에 있는 이름을 활성화합니다. 그리고 아마튜어를 메쉬보다 앞에 표시하기 위해 앞에 표시도 활성화합니다.

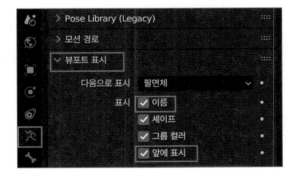

05
Step

Body와 아마튜어만 표시하기

쉽게 작업할 수 있도록 준비합니다. Body 오브젝트와 아마튜어 오브젝트 2개를 오브젝트 모드(Tab키)에서 Shift+마우스 좌클릭해 선택합니다(오른쪽 위 아웃라이너에서는 Ctrl+마우스 좌클릭해 선택할 수 있습니다). 다음으로 3D 뷰포트에서 비 선택 부분을 숨기는 단축키인 Shift+H키를 눌러 Body와 아마튜어 만 표시합니다.

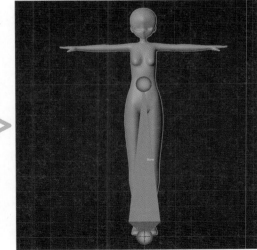

06 와이어프레임 활성화하기

Step

스키닝을 쉽게 할 수 있도록 메쉬 구조를 표면에서 알 수 있도록 합니다. 오브젝트 모드(Tab키)에서 Body 오브젝트를 선택하고, 프로퍼티스의 오브젝트 프로퍼티스의 뷰포트 표시 패널 안에 있는 와이어프레임을 활성화합니다.

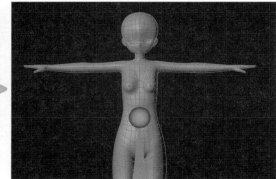

그리고 Body 오브젝트는 모디파이어 프로퍼티스 안에 있는 섭디비전 표면의 실시간은 비활성화하는 것이 좋습니다. 웨이트 설정은 서브디비전 표면을 비활성화하면서 수행하는 것이 쉽게 작업할 수 있기 때문입니다. 이것을 활성화한 상태에서의 스키닝은 모델링이나 스키닝을 어느 정도 할 수 있도록 된 뒤에 하는 것을 권장합니다.

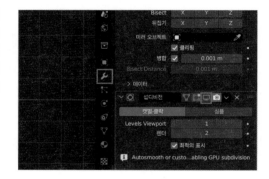

07 본의 테일 수정하기

Step

아마튜어 오브젝트를 선택했다면 에디트 모드(Tab키)로 전환합니다. 다음으로 사이드바(N키)를 표시하고 항목을 클릭하면 변환 패널 안에 본 관련 설정 항목이 표시됩니다. 여기의 테일의 Z에 '0.3'을 입력하면 본이 발 밑 근처로 올 것입니다.

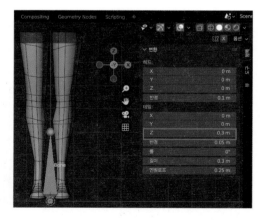

POINT

변환 잠금에 관해

아마튜어를 만들고 있는 도중에는 원칙적으로 오브젝트 모드에서 변환하지 않는 것이 좋습니다. 혹 실수로 움직이거나 회전시켰다면 본의 위치 조정이 잘 되지 않기 때문입니다. 오브젝트 모드(Tab키)로 전환했다면 아마튜어를 선택합니다. 프로퍼티스의 오브젝트 프로퍼티스의 변환 패널 안에 있는 위치, 회전, 스케일의 오른쪽에 자물쇠 아이콘이 있습니다. 이 아이콘을 클릭(또는 마우스 좌클릭상태에서 위아래쪽으로 드래그)하면 자물쇠가 잠기고 변환을 전혀 수행할 수 없도록 됩니다(에디트 모드에서는 변환 가능). 이것으로 오브젝트 모드에서의 오조작을 방지할 수 있습니다. 이 변환 잠금은 메쉬 오브젝트에도 동일하게 적용할 수 있으므로 필요에 따라 사용하면 좋을 것입니다(오브젝트가 움직이지 않는다면 이 항목이 실수로 잠겼을 수 있으므로 확인합니다).

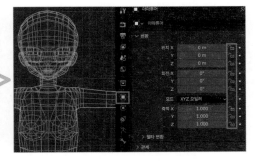

덧붙여 포즈 모드에서 본을 선택하고 프로퍼티스의 본 프로퍼티스에 있는 변환 패널을 보면 변환 관련 값이 표시됩니다. 이 항목들은 포즈 모드 전용 변환입니다. 이 항목도 오브젝트 프로퍼티스와 마찬가지로 오른쪽의 자물쇠 아이콘을 클릭하면 잠금/잠금 해제할 수 있습니다(사이드바의 항목 안에 있는 변환에서도 수행할 수 있습니다). 만약 포즈 모드에서 변환할 수 없는 상황에 빠졌다면 이 항목을 실수로 잠갔을 가능성이 있으므로 주의합니다.

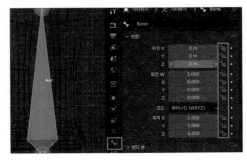

08
Step

본 이름 변경하기

다음으로 본 이름을 변경합니다. 프로퍼티스의 본 프로퍼티스 안의 위쪽에 본 이름이 기입된 필드가 있습니다. 여기를 클릭하고 문자를 입력해서 본 이름을 변경할 수 있습니다. 여기에서는 'Root'라고 입력합니다. Root 본은 간단하게 말하면 모든 본의 기본 위치가 되는 본입니다. 애니메이션을 수행할 때 Root 본이 있으면 쾌적하고 쉽게 움직일 수 있으므로 필수적인 본이라 할 수 있습니다.

Next Page

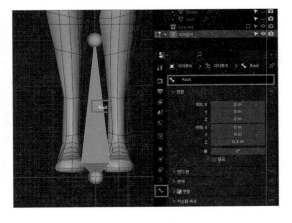

이름을 변경할 본을 선택하고 F2키(이름 변경의 단축키)를 누르면 이름 입력 항목이 곧바로 표시할 수 있습니다.

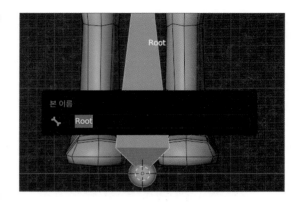

09 와이어프레임으로 전환하기

Step 메쉬를 쉽게 볼 수 있도록 3D 뷰포트 오른쪽 위에 있는 **3D 뷰포트 셰이딩**에서 **와이어프레임**(**Shift+Z키**)으로 전환합니다. 이렇게 하면 관절부분 등 알기 어려운 위치를 쉽게 볼 수 있도록 되어 본의 위치를 쉽게 조정할 수 있습니다. 만약 **X-Ray**를 토글(**Alt+Z키**)이 비활성화되었다면 활성화하고 메쉬를 투과시키면 됩니다.

3-2 | 몸통에 본 넣기

다음으로 몸통 부분에 본을 추가합니다.

01 Z축에 본 추가하기

Step 본을 선택한 상태에서 복제의 단축키인 **Shift+D**키를 누른 뒤 이어서 **Z키**를 눌러 Z축으로 고정해 이동합니다. 복제한 본의 헤드를 허리 근처까지 이동한 뒤 마우스 좌클릭해 위치를 결정합니다.

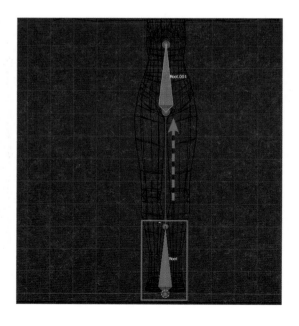

02
Step

부모 설정하기

부모를 설정합니다. 본 Root.001을 선택하고 프로퍼티스의 본 프로퍼티스의 관계 패널을 클릭합니다. 부모 필드를 클릭하면 본 이름이 표시됩니다. 여기에서는 Root로 합니다. 그러면 본 Root는 부모가 되고 본 Bone.001은 자식이 됩니다.

이 부모 설정을 할 수 있는 단축키도 소개합니다. 자식으로 만들 본을 선택하고 Shift키를 누른 상태에서 부모로 만들 본을 선택합니다. 이어서 Ctrl+P키를 누르면 부모 관련 메뉴가 표시됩니다. 오프셋을 유지는 본의 위치를 유지한 상태에서 부모를 설정하는 상목입니다. 연결은 부모의 본의 테일과 자식의 본의 헤드를 연결해 부모를 수행합니다. 여기에서는 오프셋을 유지를 선택합니다.

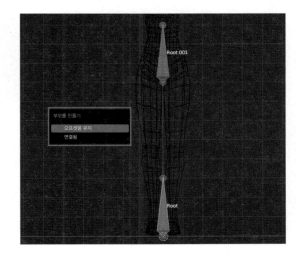

03
Step

테일을 Z축으로 돌출하기

복제한 본 Root.001의 테일을 선택하고 G키 → Z키를 눌러 Z축으로 고정해 이동합니다. 목의 밑동 부근에서 마우스 좌클릭해 결정합니다. 현재 본의 길이가 상당히 길지만 나중에 본을 분할하기 위한 것입니다.

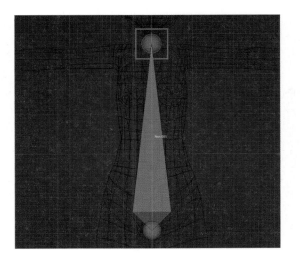

Chapter 1

Chapter 2

Chapter 3

Chapter 4

Chapter 5

Chapter 6

Chapter 7

04 본 분할하기

Step

본을 선택한 상태에서 마우스 우클릭한 뒤 섭디비전을 클릭합니다. 왼쪽 아래 오퍼레이터 패널의 잘라내기의 수를 '2'로 해서 본을 3개로 만듭니다.

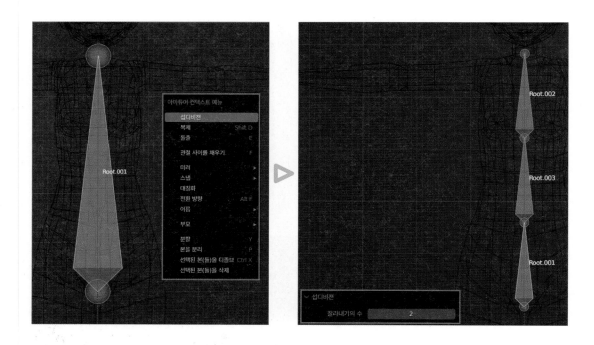

05 본 이름 변경하기

Step

위에서 순서대로 본의 이름을 각각 'Chest', 'Spine', 'Hips'로 변경합니다(본을 선택하고 이름 변경의 단축키인 **F2키**로 곧바로 변경할 수 있습니다).

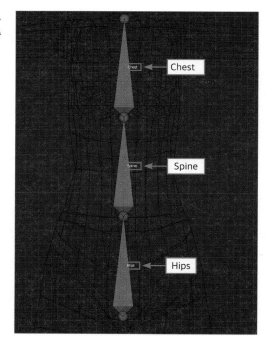

06

Step

본 조정하기

다음은 본의 테일과 헤드 등을 선택하고 G키로 이동해 조정합니다. 이때 주의할 점이 있습니다. 먼저 앞쪽 시점(넘버패드 1)으로 전환해 본을 움직일 때는 반드시 G키 → Z키를 눌러 Z축에 고정해 Z 이동을 해야 합니다. 그리고 프로퍼티스의 본 프로퍼티스의 변환에서 헤드의 X와 테일의 X가 이동하지 않았는지 확인합니다(본은 기본적으로 헤드와 테일로 변환을 관리합니다). 헤드 또는 테일이 이동했다면 X의 값 필드에 '0'을 입력합니다. X축이 움직이면 나중에 본을 좌우 대칭으로 만들기 어렵습니다. 그리고 오른쪽 시점(넘버패드 3)에서는 G키 → Y키를 눌러 깊이 이동으로 조정하는 것이 좋습니다.

※ 그림에서는 솔리드로 표시했습니다. 본의 위치에 대한 정답은 없지만 Chest는 상반신 본으로 주로 갈비 본 근처에 위치합니다. 갈비 본은 변형하지 않으므로 갈비 본 아래쪽 부근에 본 Chest의 헤드(관절)을 위치시켰습니다.

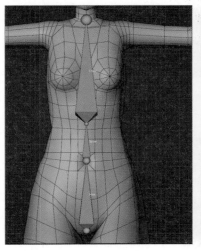 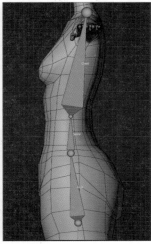 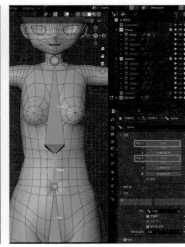

3-3   팔의 본 넣기

다음은 팔과 손의 본을 만듭니다.

01

Step

팔 밑동의 본 추가하기

앞쪽 시점(넘버패드 1)인지 확인하고 본 Chest 의 테일을 선택합니다. 돌출하기의 단축키인 E 키를 누르고 그림과 같이 왼쪽 어깨 방향으로 2 번 늘립니다. E키로 돌출하기를 할 때는 반드시 앞쪽 시점(넘버패드 1)이나 오른쪽 시점(넘버패드 3) 등으로 시점을 고정합니다. 그렇지 않으면 본이 생각지 못한 방향으로 늘어나게 됩니다.

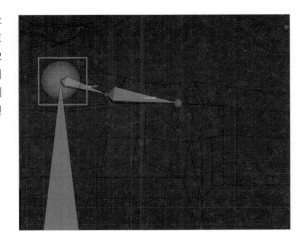

Chapter 1
Chapter 2
Chapter 3
Chapter 4
Chapter 5
Chapter 6
Chapter 7

02
본 삭제하기

Step

본 Chest에 연결되어 있는 본을 선택하고 삭제(X키)에서 본을 삭제합니다. 이것은 어깨가 되는 본이므로 이렇게 분리되어 있는 편이 쉽게 다룰 수 있습니다.

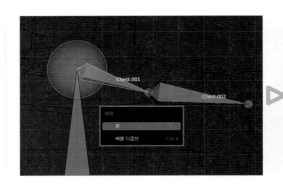 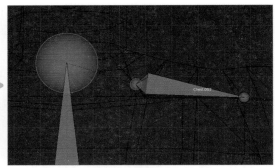

03
본 이름 변경하기

Step

본 Chest.002를 선택하고 이름 변경 단축키인 F2키를 누른 뒤 'Shoulder'를 입력합니다.

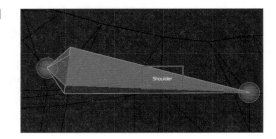

04
본 돌출하기

Step

본 Shoulder의 테일을 선택하고 E키를 사용해 손목 근처까지 늘립니다.

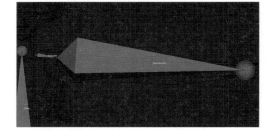

05
본 연결 해제하기

Step

늘린 본 Shoulder.001을 선택하고 부모를 지우기에서 본을 연결 끊기(Alt+P키)를 선택합니다. 이것은 부모 설정은 그대로 두고 본의 연결만 끊는 조작입니다. 이 조작을 하면 관절의 위치를 세세하게 조정할 수 있습니다.

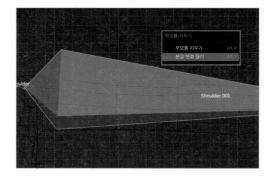

06
Step

본 이동하기
연결을 끊었기 때문에 본 Shoulder.001의 헤드를 조작할 수 있습니다. 헤드를 선택하고 **G키**를 누른 뒤 어깨 밑동 근처로 이동합니다.

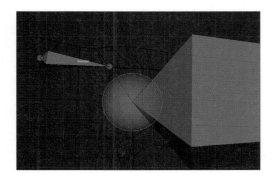

07
Step

본 섭디비전하기
본 Shoulder.001을 선택한 상태에서 마우스 우클릭한 뒤 **섭디비전**(잘라내기의 수 '1')을 눌러 위팔과 앞팔을 만듭니다.

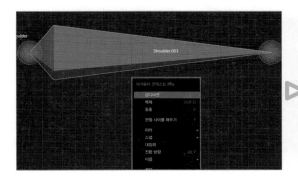 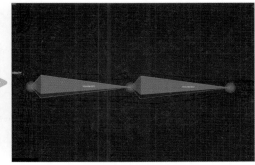

08
Step

본 조정하기
G키를 누르고 헤드가 관절에 오도록 이동합니다. 그 밖에 다른 어깨의 밑동이나 손목 위치도 함께 세세하게 조정하면 좋습니다.

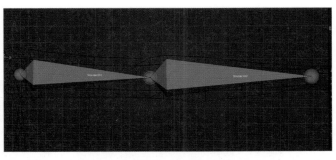

그리고 위쪽 시점(넘버패드 7)으로 전환해 관절들의 위치를 조정하는 것도 좋습니다. 본은 인체의 한 가운데 배치하는 것이 원칙이지만 팔꿈치, 무릎, 손가락 등의 관절 부분은 약간 바깥쪽으로 배치하면 좋을 것입니다. 관절 부분을 한 가운데 배치하면 실제 구부렸을 때 정상 동작하지 않을 때가 많습니다.

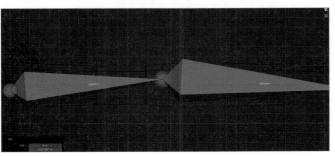

Chapter 1

Chapter 2

Chapter 3

Chapter 4

Chapter 5

Chapter 6

Chapter 7

09 본 이름 변경하기

Step 본 이름을 변경합니다. 앞쪽 시점(넘버패드 1)으로 전환하고 본을 선택한 뒤 이름 변경 단축키인 **F2키**를 누릅니다. 위팔은 'UpperArm', 앞팔은 'LowerArm'을 입력합니다.

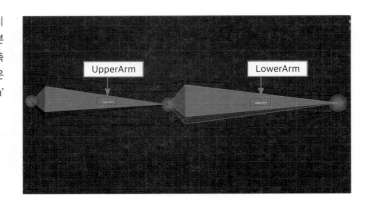

10 본 추가하기

Step 다음은 손의 본을 만듭니다. 본 **LowerArm**의 테일을 선택하고 **E키**를 눌러 손등 가운데 부분까지 늘립니다. 늘린 본을 선택하고 이름 변경(F2키)에서 'Hand'를 입력합니다.

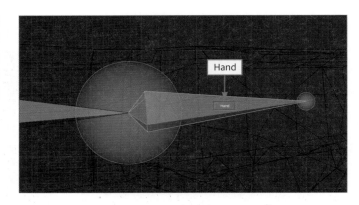

11 엄지손가락 만들기

Step 본 **Hand**의 테일을 선택하고 **E키**를 눌러 돌출하기를 2번 실행해서 엄지손가락의 본을 만듭니다. 이 시점에서는 위치가 어긋나므로 위쪽 시점(넘버패드 7)으로 전환하고 **G키**로 이동해 위치를 조정합니다. 현재 시점에서는 관절이 없는 본입니다. 이는 위치를 쉽게 조정하기 위해 의도적으로 1의 본로 한 것입니다(나중에 섭디비전을 통해 관절이 있는 본로 만듭니다).

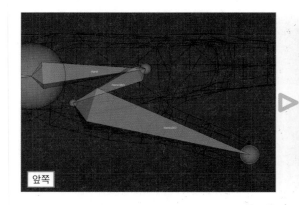

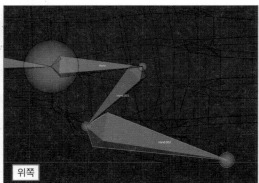

12
Step

집게손가락 만들기
위쪽 시점(넘버패드 7) 상태에서 본 Hand
의 테일을 선택합니다. E키를 눌러 돌출하
기를 2번 실행해서 집게손가락을 만듭니
다.

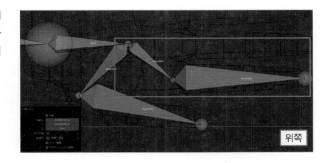

13
Step

본 삭제하기
본 Hand와 연결된 본은 여기에서 필요하지 않으므로 본을 선택하고 삭제(X키)합니다.

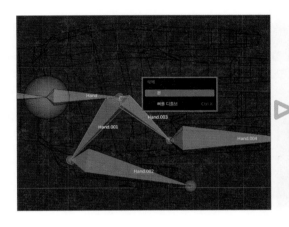
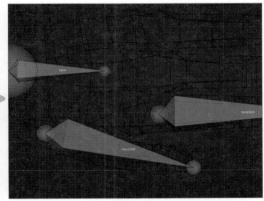

14
Step

본 복제하기
집게손가락의 본 Hand.004를 선택하고
Shift+D키로 복제해 나머지 손가락으로 배치합
니다.

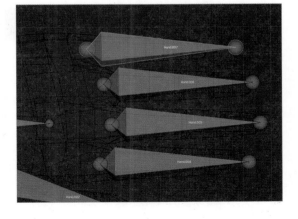

15 본 섭디비전하기
Step
배치를 마쳤다면 각 손가락을 Shift키로 여럿 선택하고 마우스 우클릭한 뒤 섭디비전을 선택합니다. 왼쪽 아래 오퍼레이터 패널에서 잘라내기의 수를 '2'로 입력합니다.

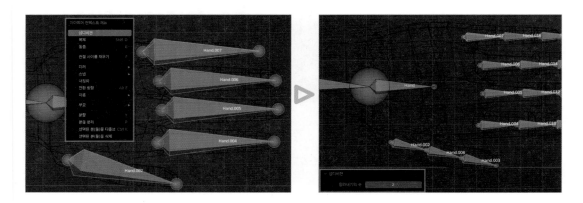

16 본 조정하기
Step
G키를 사용해 손가락 위치를 조정합니다. 각 본의 관절 부분과 메쉬의 관절이 겹치도록 합니다. 손가락의 세 번째 관절은 손가락의 밑동보다 아래쪽에 있으므로 잘못 조정하지 않도록 주의합니다.

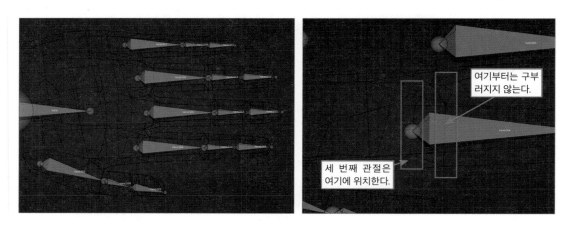

17 불필요한 본을 숨기기
Step
다음은 손가락의 본을 앞쪽 시점(넘버패드 1)에서 수정합니다. 현재는 본끼리 겹쳐져 잘 보이지 않으므로 선택되지 않은 항목을 숨기기를 사용해 하나씩 수정합니다. 집게손가락의 본만 선택하고 Shift+H키를 눌러 선택되지 않은 항목을 숨깁니다.

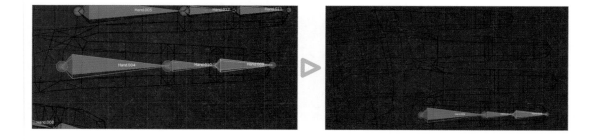

18
Step

본 위치 조정하기

앞쪽 시점(넘버패드 1)으로 전환했다면 본의 위치를 조정합니다. 이때 위쪽 시점에서 편집한 위치에서 어긋나지 않도록 G키 → Z키로 Z축에 고정해 이동합니다. 잘 보이지 않는다면 시점을 조금 바꿔서 확인하면 좋습니다.

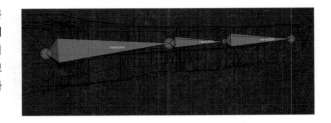

19
Step

다른 손가락의 본 수정하기

확인을 마쳤다면 Alt+H키로 숨긴 본을 모두 선택합니다. 같은 조작을 다른 손가락의 본도 마찬가지로 조정합니다 (G키 → Z키).

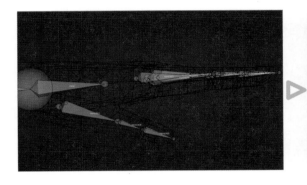
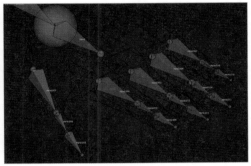

20
Step

엄지손가락의 롤 정리하기

엄지손가락의 회전축을 정리합니다. 엄지손가락을 선택하고 사이드바(N키)의 항목을 클릭합니다. 변환 패널 안에 있는 롤(Ctrl+R키)을 변경(마우스 좌클릭 드래그해 조정할 수도 있습니다)하고 엄지손가락의 메쉬에 맞춥니다(손가락을 하나씩 변경합니다).

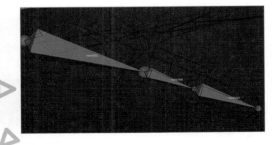
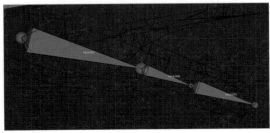

> **MEMO**
>
> 롤은 본을 회전하는 작업이며 관절을 구부리는 방향을 제어할 때 사용합니다. 왼쪽 툴바(T키)의 롤에서 조작할 수도 있습니다(대상 본을 선택하고 마우스 좌클릭 드래그). 그리고 롤은 아마튜어의 에디트 모드에서만 사용할 수 있습니다.

Chapter 1
Chapter 2
Chapter 3
Chapter 4
Chapter 5
Chapter 6
Chapter 7

21
Step

엄지손가락의 본의 이름 변경하기
배치를 마쳤다면 본의 이름을 각각 변경합니다. 먼저 엄지손가락부터 이름 변경의 단축키인 **F2키**를 누른 뒤 밑동부터 'Thumb1', 'Thumb2', 'Thumb3'으로 변경합니다.

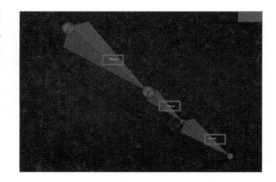

22
Step

다른 손가락의 본 이름 변경하기
다른 손가락에 대해서도 같은 조작을 합니다. 집게손가락은 'Index', 가운뎃손가락은 'Middle', 약손가락은 'Ring', 새끼손가락은 'Little'로 변경합니다.

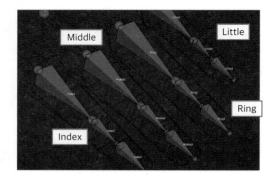

3-4 　다리에 본을 넣는다

다리에 본을 넣습니다.

01
Step

본 돌출하기
본 **Hips**를 선택한 뒤 돌출하기의 단축키인 **E키**를 누릅니다. 본을 다리 밑동의 한 가운데까지 돌출시킵니다. 어깨와 마찬가지로 좌우 대칭 방향으로 본을 도출시킵니다.

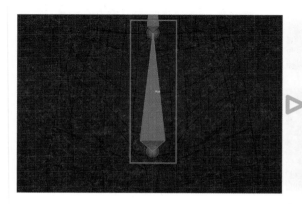
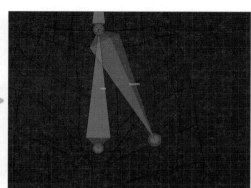

Chapter 1

Chapter 2

Chapter 3

Chapter 4

Chapter 5

Chapter 6

Chapter 7

02 다리 본을 돌출하기

Step

❶ 돌출시킨 본 Hips.001의 테일을 선택하고 E키로 발목 부근까지 돌출시킵니다.

❷ 돌출시켰다면 본 Hips.002를 선택하고 마우스 우클릭한 뒤 섭디비전을 선택합니다(잘라내기의 수는 1).

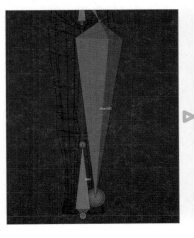 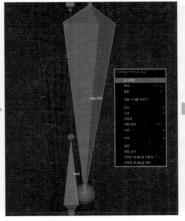 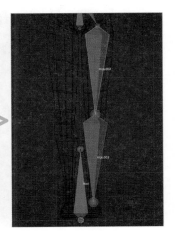

03 본 삭제하기

Step

본 Hips와 연결되어 있는 본은 필요하지 않으므로 본을 선택한 뒤 삭제(X키)합니다.

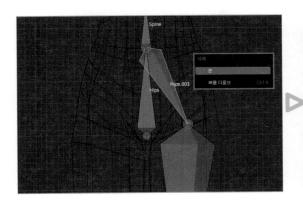 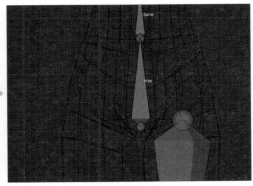

04 본 회전 조정하기

Step

다음으로 다리의 본 위치와 회전을 조정합니다.

❶ 사이드바(N키)의 항목 안에 있는 변환 패널 안의 롤(Ctrl키)에서 값을 변경해 다리의 본이 정면을 앞쪽으로 향하게 합니다.

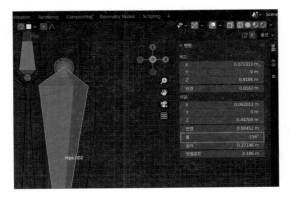

앞쪽 시점(넘버패드)과 오른쪽 시점(넘버패드 3)를 번갈아 확인하면서 이동(G키)으로 본의 관절과 메쉬의 관절을 맞춥니다.

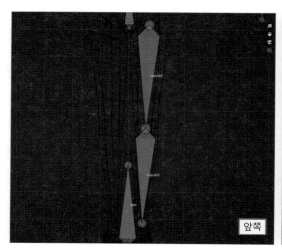

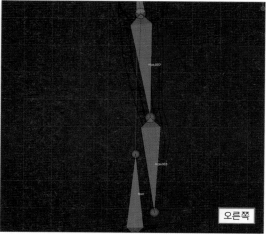

05 다리 본 이름 변경하기

Step

본 이름을 변경합니다. 허벅지쪽 본 이름을 'UpperLeg', 정강이쪽 본 이름을 'LowerLeg'으로 변경합니다(본을 선택하고 이름 변경의 단축키인 F2키로 변경합니다).

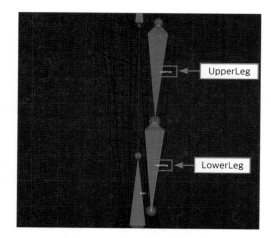

06 다리와 발끝 본 추가하기

Step

본 LowerLeg의 테일을 선택하고 돌출하기의 단축키인 E키로 2번 돌출시킵니다. 여기에서는 발과 발끝의 2개의 본을 만듭니다. 발끝은 발을 지면에 놓을 때 중요한 본입니다.

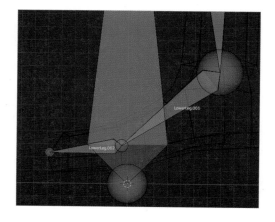

07 발과 발끝 본 이름 변경하기

Step

발의 본 이름을 변경합니다. 본을 선택하고 이름 변경(F2키)에서 발은 'Foot', 발끝은 'Toes'로 변경합니다.

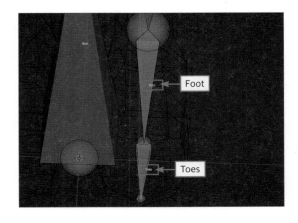

3-5 머리에 본을 넣는다

다음으로 머리에 본을 넣습니다.

01 머리에 본 추가하기

Step

오른쪽 시점(넘버패드 3)으로 전환하고 본 Chest의 테일을 선택합니다. 돌출하기(E키)로 2번 돌출시켜 목과 머리의 본을 만듭니다(머리의 본은 E키 → Z키로 Z축 방향으로 돌출시키고 똑바로 정리하면 좋습니다). 본을 선택하고 F2키를 눌러 머리의 본은 'Head', 목의 본은 'Neck'으로 변경합니다.

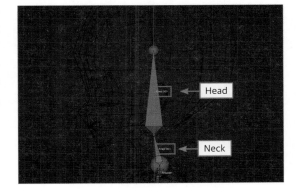

02 눈의 본 추가하기

Step

다음은 눈을 제어하는 본을 만듭니다.

❶ 본 Head의 테일을 선택하고 돌출하기의 단축키인 E키로 2번 돌출시킵니다(눈의 본은 E키 → Y키로 Y축으로 고정한 뒤 돌출시키면 좋습니다).

Next Page ▶

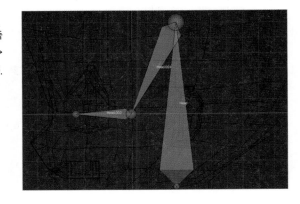

Chapter 1

Chapter 2

Chapter 3

Chapter 4

Chapter 5

Chapter 6

Chapter 7

앞쪽 시점(넘버패드 1)으로 전환하고 오른쪽 위 아웃라이너에서 Eye 오브젝트를 표시(오른쪽 눈동자 아이콘을 클릭)합니다. 이것을 참조해 이동(G키)을 사용해 본의 위치를 조정합니다.

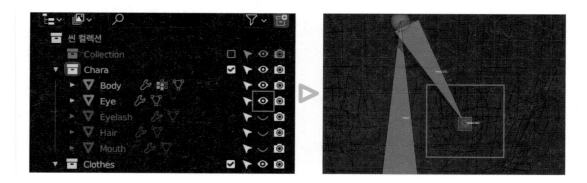

03 본 삭제하기와 이름 변경하기

Step 본 Head에 연결한 본은 필요하지 않으므로 본 Head.001을 선택한 뒤 삭제의 단축키인 X키를 누르고 본을 클릭합니다. 그리고 눈의 본을 선택한 뒤 F2키를 누르고 'Eye'로 이름을 변경합니다.

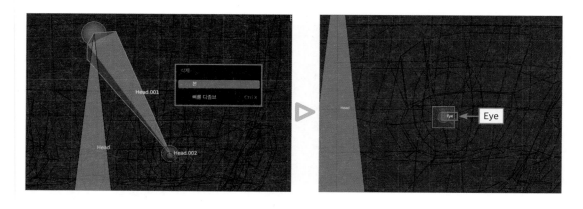

3-6 본 회전축 정렬

모델을 보다 쉽게 다룰 수 있도록 본의 회전축을 정렬합니다.

01 좌표축 표시하기

Step 본에는 각각 좌표축이 존재하며 이를 확인하려면 본을 선택한 상태에서 오른쪽 프로퍼티스의 오브젝트 데이터 프로퍼티스 → 뷰포트 표시 패널에 있는 축을 활성화합니다.

02 어깨, 팔, 손의 본 선택하기

Step 먼저 팔 부분을 X축으로 회전할 수 있도록 좌표축을 통일합니다. 엄지손가락을 제외한 어깨, 팔, 손의 본을 선택합니다.

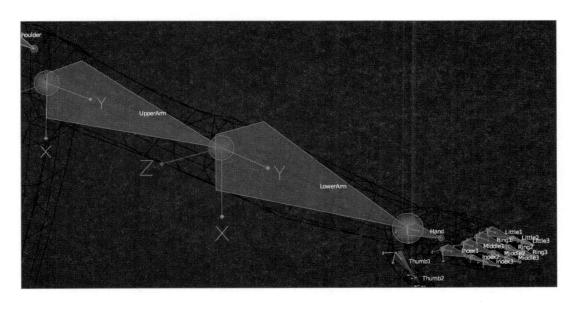

03 본의 롤 초기화하기

Step 다음으로 3D 뷰포트 위쪽 아마튜어 → 본 롤 → 롤을 재계산(Shift+N키) → 글로벌 -Z 축을 클릭합니다. 그러면 선택한 본의 좌표축의 Z가 아래를 향하는 것을 알 수 있습니다. 롤을 재계산은 본의 좌표축을 변경하는 기능입니다. 글로벌 -Z 축은 3D 공간의 좌표축의 -Z 축(아래쪽 방향)을 기준으로 하기 때문에 모든 Z축이 -Z 축을 향하게 됩니다. Next Page ▶

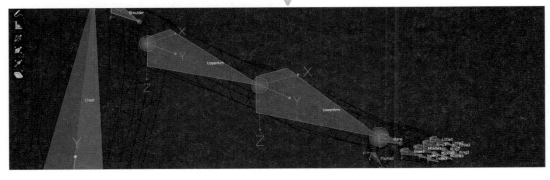

Chapter 2
Chapter 3
Chapter 4
Chapter 5
Chapter 6
Chapter 7

롤을 재계산에는 그 밖에도 글로벌 ○○ 축 등 다양한 항목이 있습니다. 만약 방향을 잘 모르는 상태가 되었다면 3D 뷰포트 오른쪽 위에 있는 내비게이터의 좌표축을 참고하면 좋습니다. 앞에서는 글로벌 -Z 축을 선택했기 때문에 Z축이 아래쪽 방향을 향했습니다. 즉, 글로벌 -Y 축을 선택하면 Z 축이 앞쪽을 향하고 글로벌 +X 축을 선택하면 Z 축이 오른쪽을 향하게 됩니다.

3D 뷰포트 오른쪽 위에 있는 좌표축을 참고한다.

04 회전 확인하기
Step

실제로 본을 회전하면서 확인해 봅니다. 3D 뷰포트 왼쪽 위에 있는 모드 전환에서 포즈 모드로 전환하고 3D 뷰포트 위쪽 헤더 안에 있는 변환 오리엔테이션을 로컬(각 오브젝트에 있는 좌표축을 기준으로 변형하는 모드)로 변경하고 롤을 재계산한 손가락의 본을 R키 → X키로 회전하면 아래 그림과 같이 됩니다.

MEMO

제대로 작동하지 않으면 변환 좌표계 옆에 있는 변환 피벗 포인트가 버텍스인지 확인해 보는 것이 좋습니다.

05 엄지손가락의 본의 롤 설정하기
Step

확인을 마쳤다변 마우스 우클릭해 취소하거나 회전 값을 리셋하는 단축키인 Alt+R키를 누릅니다. 에디트 모드(Tab키)로 돌아옵니다. 다음으로 엄지손가락의 본을 회전하고 포즈 모드에서 R키 → X키를 수행했을 때 손가락이 안쪽으로 회전하게 합니다. 엄지손가락의 본만 선택한 뒤 롤을 재계산의 단축키인 Shift+N키를 클릭하고 글로벌 -Y 축을 선택해 Z 축을 앞쪽으로 향하게 합니다. 덧붙여 롤을 재계산은 아마튜어의 에디트 모드에서만 수행할 수 있습니다.

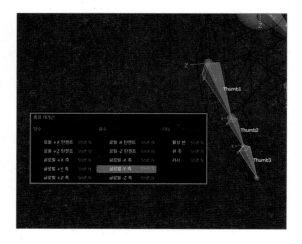

다시 3D 뷰포트 왼쪽 위에 있는 모드 전환에서 포즈
모드(Tab키)로 전환합니다. 변환 오리엔테이션이
로컬인지 확인합니다. R키 → X키로 엄지손가락을
X 축 방향으로 회전하면 손 안쪽으로 회전할 것입니
다.
확인을 마쳤다면 에디트 모드(Tab키)로 전환합니다
(변환 오리엔테이션이 글로벌이면, 3D 공간의 좌표
축을 기준으로 변환되므로 본이 잘 회전되지 않을
때가 많습니다).

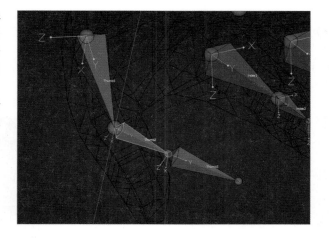

06 다른 본의 롤 설정하기

Step 마지막으로 팔 이외의 본의 회전축
을 통일합니다. 어깨, 팔, 손 이외의
본을 선택하고 롤을 재계산의 단축
키인 Shift+N키를 누른 뒤 글로벌
-Y 축을 선택해 Z축이 앞쪽을 향하
게 합니다. 변환 오리엔테이션은 글
로벌로 되돌리고, 프로퍼티스의 오
브젝트 데이터 프로퍼티스의 뷰포트
표시 패널 안의 축을 비활성화합니
다.

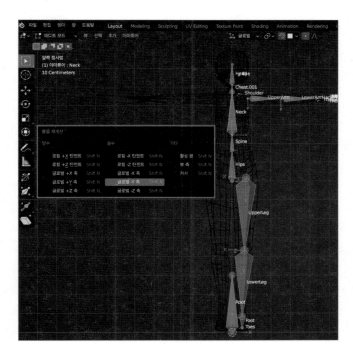

Column

본의 좌표축을 통일하는 이유

본의 좌표축은 기본적으로 통일하는 편이 좋습니다. 본의 좌표축이 통일되어 있지 않으면 3D 뷰포트 위쪽 헤더의 변환 오리엔
테이션을 로컬로 변경하고 포즈 모드에서 본을 회전하는 경우, R키 → X키를 사용해 위아래로 회전했다고 생각했는데 다른 본을
선택하고 R키 → X키를 사용해 동일하게 회전시키면 이번에는 좌우로 회전하는 등 통일감이 없어 조작이 어렵기 때문입니다.
본의 좌표축을 통일하는 것이 나중에 다양한 문제가 적게 발생하므로 만약 통일되지 않은 위치가 있다면 수정합니다. 수동으로
수정할 때는 사이드바(N키)에서 항목의 변환 안에 있는 롤(Ctrl+R키)을 통해 조정할 수 있습니다. 한 번에 계산하고 싶을 때는
앞서 소개한 롤을 재계산(Shift+N키)을 사용합니다.

머리카락의 본 만들기

머리카락의 본을 추가합니다.

01
Step
3D 뷰를 솔리드로 변경하기
먼저 머리카락에 본을 추가하기 위해 준비합니다. 현재 모드를 오브젝트 모드(Tab키)로 전환하고 3D 뷰포트 오른쪽 위에 있는 뷰포트 셰이딩에서 솔리드로 변경합니다(메쉬를 확인하기 위해 우선 솔리드로 표시합니다).

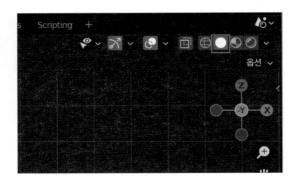

02
Step
Hair와 Skirt 표시 설정하기
오른쪽 위 아웃라이너에서 Hair와 Skirt 오브젝트를 표시합니다(오른쪽 눈동자 아이콘 클릭). 이 2개의 오브젝트를 리깅하기 쉽도록 인체(Body)와 마찬가지로 조작합니다.
먼저 오브젝트를 선택하고 오른쪽 프로퍼티스의 오브젝트 데이터 프로퍼티스의 뷰포트 표시 패널 안에 있는 와이어프레임을 활성화합니다. 다음으로 오브젝트를 선택하고 프로퍼티스의 모디파이어 프로퍼티스에서 섭디비전의 실시간을 비활성화합니다.

03
Step
뷰포트 셰이딩을 와이어프레임으로 변경하기
아마튜어 오브젝트를 선택하고 에디트 모드(Tab키)로 전환합니다. 그리고 3D 뷰포트 오른쪽 위 뷰포트 셰이딩에서 와이어프레임으로 전환합니다. 현재 X-Ray를 토글이 활성화되어 있어 내부의 머리카락 메쉬까지 보여 머리카락 확인이 어렵습니다. X-Ray를 토글(Alt+Z키)을 비활성화해 둡니다.

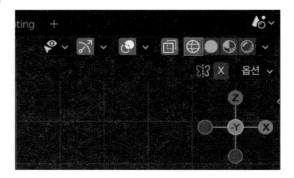

04 앞머리의 본 만들기

Step

앞머리의 본을 만듭니다. 오른쪽 시점(넘버패드 3)으로 변환하고 본 Head의 테일을 선택하고 E키를 누르고 앞머리 밑동으로 만들 위치까지 돌출시킵니다. 마우스 좌클릭해 결정하고 앞머리 흐름에 따라 한 번 더 E키를 눌러 돌출시킨 뒤 마우스 좌클릭해 위치를 결정합니다. 본 Head에 연결되어 있는 본을 삭제(X키)합니다. 앞머리의 밑동의 위치는 기본적으로 머리카락이 튀어 나오는 위치로 하면 좋습니다.

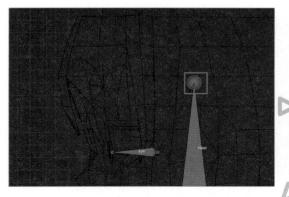

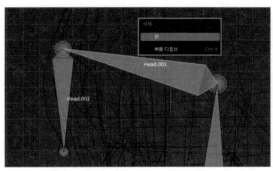
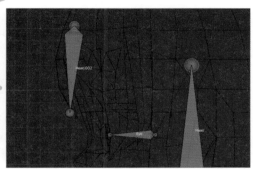

05 옆머리에 본 넣기

Step

다음은 옆머리에 본을 넣습니다. 본 Head의 테일을 선택하고 앞쪽 시점(넘버패드 1)으로 변환합니다. E키로 왼쪽 옆머리의 밑동으로 할 위치까지 돌출시킵니다(대략적으로 눈과 나란히 되도록 배치하면 좋습니다. 이 위치보다 위쪽에 있으면 머리카락이 펄럭일 때 두부가 보이기 때문입니다). 옆머리의 밑동에 배치했다면 계속해서 돌출하기의 단축키인 E키로 옆머리를 만듭니다. 여기에서는 총 3번 돌출시킵니다. 앞서 앞머리와 마찬가지로 본 Head와 연결된 본을 삭제(X키)합니다.

Next Page ▶

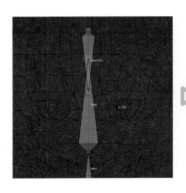

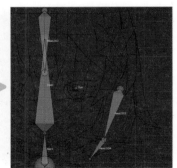

Chapter 1
Chapter 2
Chapter 3
Chapter 4
Chapter 5
Chapter 6
Chapter 7

오른쪽 시점(넘버패드 3)으로 변환하고 앞쪽 시점에서 편집했던 위치에서 어긋나지 않도록 옆머리의 본을 G키 → Y키를 사용해 깊이 방향으로 조정합니다.

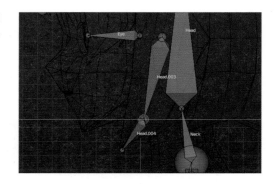

06
Step

옆머리의 본 2번 복제하기

다음은 옆머리의 뒤쪽, 뒷머리쪽에도 본을 추가합니다. 앞서 만든 옆머리의 본 2개를 선택하고 Shift+D키 → Y키를 눌러 깊이 방향으로 2번 복제합니다.

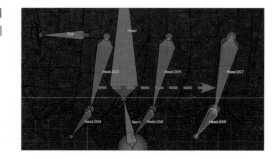

07
Step

옆머리의 본 위치 조정하기

오른쪽 시점(넘버패드 3), 뒤쪽 시점(Ctrl+넘버패드 1) 등 다양한 시점에서 확인하면서 이동(G키)을 사용해 본을 머리카락에 맞춰 배치합니다. 머리카락 메쉬를 참고해 관절을 배치합니다.

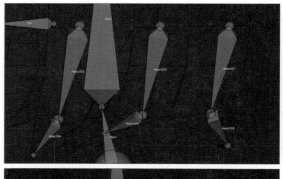

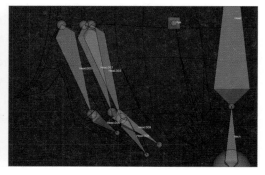

Chapter 1

Chapter 2

Chapter 3

Chapter 4

Chapter 5

Chapter 6

Chapter 7

08 뒷머리카락의 본 추가하기

Step

마지막으로 뒷머리쪽 머리카락의 본을 추가합니다. 오른쪽 시점(넘버패드 3)으로 변환하고 본 Head의 테일을 선택한 뒤 E키로 뒷머리의 머리카락 밑동으로 할 위치까지 돌출시킵니다. 배치를 마쳤다면 돌출하기의 단축키인 E키로 뒷머리를 만듭니다. 여기에서는 총 3번 돌출시킵니다. 이제까지와 마찬가지로 본 Head에 연결되어 있는 본을 삭제(X키)합니다.

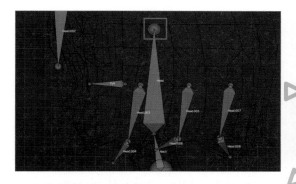

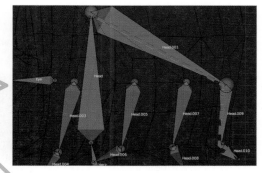

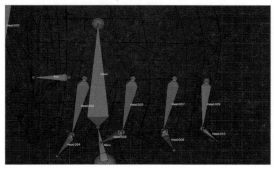

09 본 이름 변경하기

Step

본 이름을 변경합니다. 본을 선택하고 이름 변경(F2키) 합니다. 앞머리의 본은 'FHair', 옆머리의 본은 'SHair', 뒷머리의 본은 'BHair'로 하고 각 본의 이름 끝에 번호를 붙입니다.

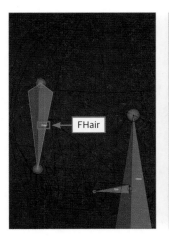

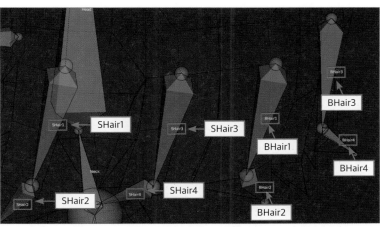

3-8 스커트의 본 작성

다음은 스커트의 본을 만듭니다.

01
Step

스커트의 본 추가하기

오른쪽 시점(넘버패드 3)으로 전환하고 본 Spine과 본 Hips 사이의 구를 선택합니다. E키로 스커트 밑동 근처까지 돌출시키고 마우스 좌클릭해 결정합니다. E키로 스커트 끝까지 돌출시킵니다. 여기에서는 총 2번 돌출시킵니다. 작업을 마쳤다면 본 Hips와 연결되어 있는 본은 삭제의 단축키인 X키를 누른 뒤 본을 선택해서 삭제합니다.

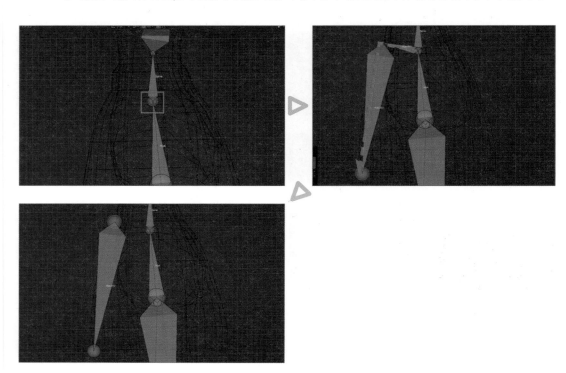

02
Step

본 섭디비전하기

돌출시킨 본을 선택하고 마우스 우클릭한 뒤 메뉴에서 섭디비전을 선택합니다. 왼쪽 아래 오퍼레이터 패널에서 잘라내기의 수를 '2'로 입력합니다.

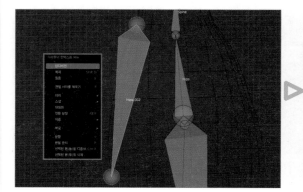
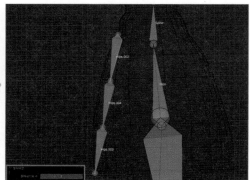

03
Step

본 복제하기

스커트의 본을 선택하고 위쪽 시점(넘버패드 7)으로 전환합니다. 다음으로 복제의 단축키인 Shift+D키 → Y키를 눌러 뒷면에 복제한 스커트의 본을 배치합니다.

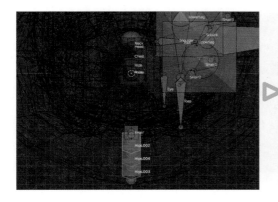
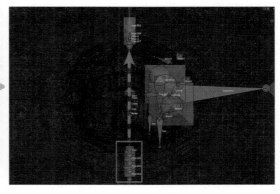

추가로 그림과 같이 복제의 단축키인 Shift+D키를 눌러 본을 배치합니다.

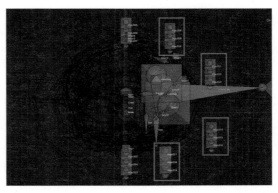

04
Step

본을 스냅하기

❶ 다음으로 각 본을 스커트에 맞춰 이동의 G키로 위치를 조정합니다. 3D 뷰포트 위쪽 스냅(Shift+Tab키)을 활성화하고 Snap To를 버텍스, Snap With를 가까운으로 설정합니다. 본의 테일과 헤드를 이동(G키)하면 버텍스에 스냅하듯 움직입니다. 이를 활용해 스커트의 버텍스를 따라 본을 배치합니다.

Next Page ▶

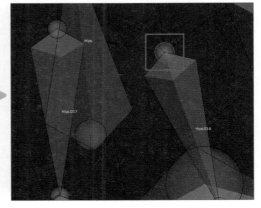

Chapter 1
Chapter 2
Chapter 3
Chapter 4
Chapter 5
Chapter 6
Chapter 7

❷ 버텍스에 확실히 스냅했는지 확인하기 위해 Body 오브젝트를 오른쪽 위 아웃라이너에서 숨기거나 X-Ray를 토글 (Alt+Z키)을 활성화/비활성화하거나 3D 뷰포트 오른쪽 위 뷰포트 셰이딩을 솔리드로 변경하면서 확인하면 좋습니다.

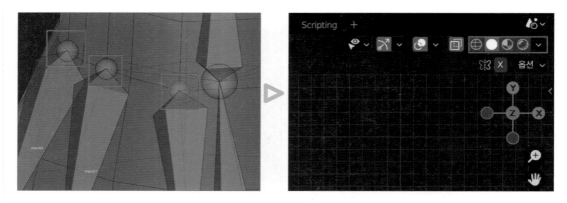

스커트의 본도 오른쪽 시점(넘버패드 3), 뒤쪽 시점(Ctrl+넘버패드 1), 위쪽 시점(넘버패드 7) 등 다양한 시점에서 확인하면 서 이동(G키)해 조정합니다. 스커트의 각 본을 선택하고 연결된 메쉬나 본을 선택하는 단축키인 L키로 선택한 뒤, 선택하지 않은 대상을 숨기기하는 단축키인 Shift+H키를 누르면 스커트의 본만 표시되어 작업을 쉽게 할 수 있습니다(작업을 마쳤 다면 Alt+H키로 모든 본을 표시하는 것을 잊지 않도록 합니다).

※ 여기의 설명에서는 솔리드 표시, Body, Hair, Eye 객체를 숨기기, X-Ray를 토글을 비활성화 설정했습니다.

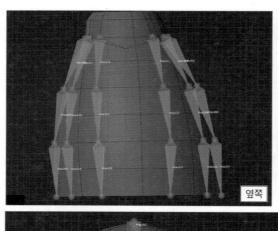

옆쪽

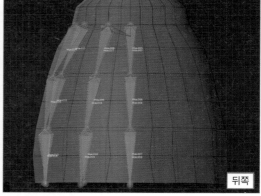

뒤쪽

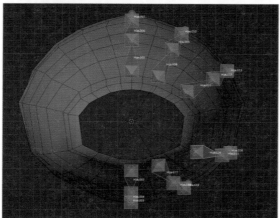

MEMO

L키 외에도 여러 본을 Shift키로 선택한 뒤, 연결된 모두 선택(Ctrl+L키)을 사용해 여러 본과 연결된 본 을 한 번에 선택할 수 있습니다. L키는 마우스 커서 를 올려야만 동작하지만 Ctrl+L키는 본만 선택해도 동작합니다. 각자 편한 방법을 사용합니다.

본을 배치할 때 주의할 점이 있습니다. 전편에서 스커트에 Line Art를 설정했습니다. 이 라인과 라인 사이에 본을 매치합니다.

※ 여기의 설명에서는 Skirt 오브젝트의 에디트 모드(Tab키)로 전환했습니다. 이렇게 위치가 올바른지 확인하는 것이 좋습니다.

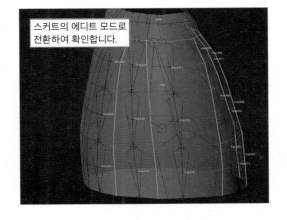

스커트의 에디트 모드로 전환하여 확인합니다.

05 본의 롤 설정하기

Step

스냅(Shift+Tab키)을 비활성화하고 위쪽 시점(넘버패드 7)으로 전환합니다. 스커트의 각 본의 방향이 각각 다르므로 사이드바(N키)의 항목 안을 클릭하고 변환 패널 안에 있는 롤(Ctrl+R키)로 본을 하나씩 회전시킵니다.

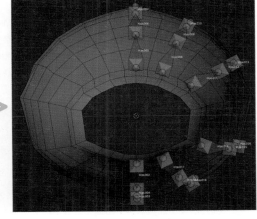

06 스커트 부분 본 이름 변경하기

Step

본을 선택하고 이름 변경(F2키)에서 이름을 'Skirt'로 변경하고 이름 끝에 숫자를 입력합니다.

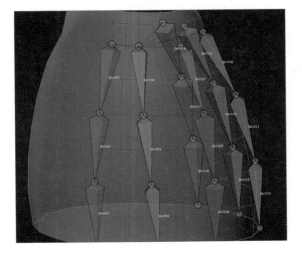

Chapter 1

Chapter 2

Chapter 3

Chapter 4

Chapter 5

Chapter 6

Chapter 7

07 좌표축 통일하기

Step

마지막으로 롤을 재계산해 본의 좌표축을 통일합니다. 각 본의 좌표축을 확인하기 위해 오브젝트 데이터 프로퍼티스의 뷰포트 표시 패널 안에 있는 축을 활성화합니다.

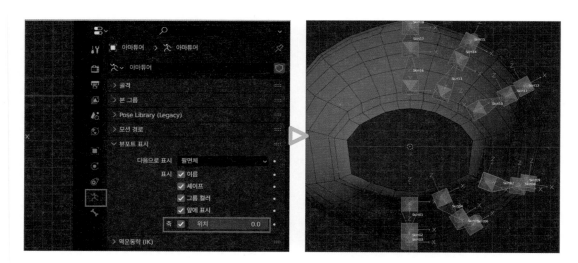

스커트의 본을 모두 선택하고 롤을 재계산(Shift+N키)에서 글로벌 +X 탄젠트를 클릭합니다. 그러면 스커트의 본이 모두 회전에 맞춰 축을 정렬해 줍니다. 이제 변환 오리엔테이션을 로컬로 변경하고 포즈 모드로 전환한 뒤 스커트의 본을 R키 → X키를 사용해 X축으로 회전하면 본이 바깥쪽으로 회전됩니다. 만약 롤을 재계산에 의해 좌표축이 어긋난다면 사이드바(N키)의 항목의 변환 패널에 있는 롤(Ctrl+R키)을 사용해 수동으로 본을 회전시켜 좌표축을 정리합니다.

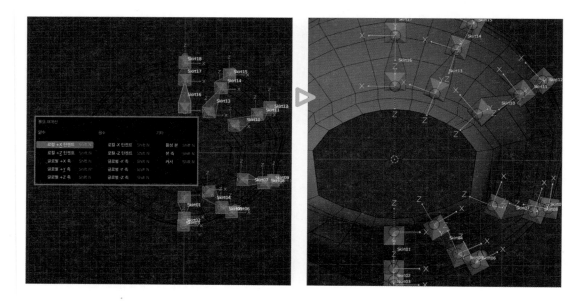

Chapter 1
Chapter 2
Chapter 3
Chapter 4
Chapter 5
Chapter 6
Chapter 7

3-9	끈의 본 만들기

다음으로 본을 사용해 파카의 끈을 움직일 수 있도록 합니다.

01 Parka 오브젝트와 아마튜어 표시하기
Step
본을 사용해 파카의 끝을 움직일 수 있도록 합니다. 오른쪽 위 아웃라이너에서 메쉬는 Parka 오브젝트만 표시합니다. 그리고 본을 숨겼다면 Alt+H키로 모두 표시합니다.

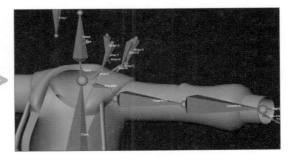

02 Parka 오브젝트 표시 설정하기
Step
오브젝트 모드(Tab키)로 전환하고 Parka 오브젝트를 선택합니다. 머리카락과 스커트와 마찬가지의 작업을 수행합니다. 먼저 오른쪽 프로퍼티스의 오브젝트 데이터 프로퍼티스의 뷰포트 표시 안에 있는 와이어프레임을 활성화합니다. 다음으로 모디파이어 프로퍼티스의 섭디비전의 실시간을 비활성화합니다.

03 본 돌출하기
Step
앞쪽 시점(넘버패드 1)으로 전환하고 아마튜어의 에디트 모드(Tab키)로 전환합니다. 본 Chest와 본 Neck 사이의 구체를 선택하고 돌출하기(E키)로 끝의 밑동까지 돌출시킵니다. 계속해서 메쉬를 참고해 끈의 끝까지 E키로 돌출시킵니다. 여기에서는 총 4번 돌출시킵니다.

※ 그림에서는 와이어프레임(Shift+Z키) 표시에서 X-Ray를 토글(Alt+Z키)을 비활성화했습니다.

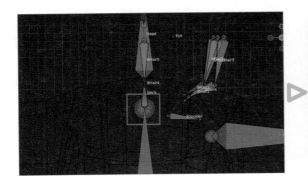

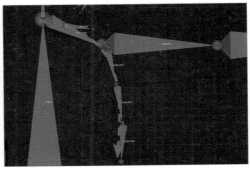

04 본 조정하기

Step 오른쪽 시점(넘버패드 3)으로 전환하고 G키 → Y키로 깊이 방향으로 이동해 본을 메쉬에 맞춥니다. 작업을 마쳤다면 본 Chest와 연결되어 있는 본을 선택하고 삭제(X키)에서 본을 선택해 삭제합니다.

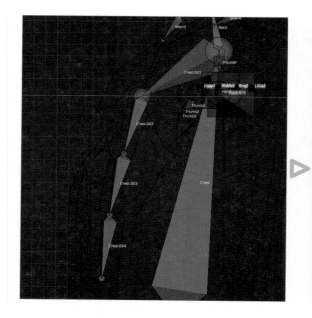
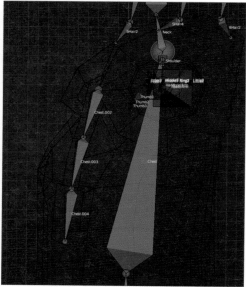

05 본 이름 변경하기

Step 본 이름을 변경합니다. 본을 선택하고 이름 변경(F2키)에서 위부터 순서대로 'String1', 'String2', 'String3'을 입력합니다.

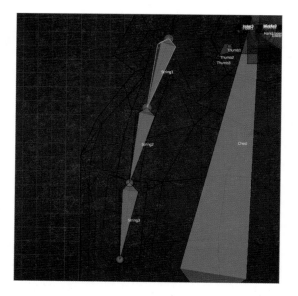

Chapter 1

Chapter 2

Chapter 3

Chapter 4

Chapter 5

Chapter 6

Chapter 7

Chapter 2

4

IK 만들기

리그를 만들었다면 다음으로 이 리그를 보다 쾌적하게 움직일 수 있도록 다양한 설정을 합니다.

4-1 IK와 FK

리그는 IK와 FK라는 두 가지 방법으로 동작시킬 수 있습니다.

IK는 1개의 본만 움직이는 것으로 마치 꼭두각시 인형처럼 다른 본도 함께 움직일 수 있는 구조입니다.

FK는 앞서 만든 각 리그를 사용해 본을 움직이는 것으로 사람의 관절처럼 움직일 수 있는 구조입니다. 조금 더 자세히 설명하면 본은 보통 부모와 자식으로 설정되고 부모 본을 움직이면 자식에게 그 움직임이 전달됩니다. 예를 들면 허벅지를 회전시키면 그 앞의 정강이나 발도 함께 회전합니다. 이 구조를 FK라 부릅니다.

반대로 자식 본을 움직여서 부모 본으로 움직임을 전달하는 구조를 IK라 부릅니다. 예를 들면 자식인 발을 움직여 정강이나 허벅지 위치를 조정할 수 있습니다.

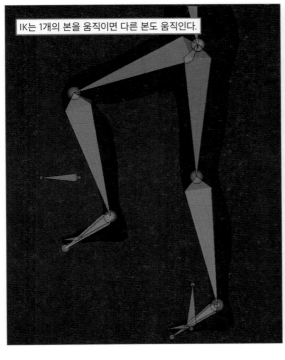

IK는 1개의 본을 움직이면 다른 본도 움직인다.

FK는 각각의 본을 움직인다.

그렇다면 IK 설정을 해야 하는 이유는 무엇일까요? 예를 들면 캐릭터가 발을 올린다는 동작을 한다고 가정해 봅시다. FK를 사용하면 먼저 허벅지를 올리고, 무릎을 굽히고, 발을 굽히고, 발이 땅에 닿아있지 않은지 확인해야 하는 등 작업이 매우 번거롭습니다. 하지만 IK를 사용하면 이런 수고를 모두 없앨 수 있습니다. IK를 설정하면 1개의 본만 움직여서 쉽게 발을 들어올릴 수 있습니다. 그래서 애니메이션을 만들 때는 IK가 효율적입니다.

단. IK는 움직임이 부자연스럽게 되기 쉽다는 약점을 갖습니다. 예를 들면 손목에 IK를 설정했을 때 손목이 공간에 고정될 수 있고, 팔꿈치가 덜그럭이는 등 움직임이 깔끔하지 않을 때가 많습니다. 그래서 애니메이션을 만들 때는 IK와 FK를 적절히 나눠서 사용해야 합니다. 여기에서는 IK와 FK를 전환하는 스위치를 만드는 방법에 관해서도 설명합니다.

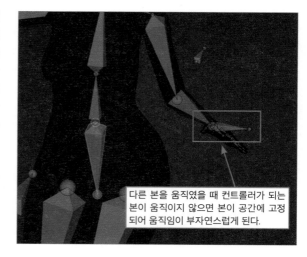

다른 본을 움직였을 때 컨트롤러가 되는 본이 움직이지 않으면 본이 공간에 고정되어 움직임이 부자연스럽게 된다.

IK는 Inverse Kinetics(역운동학), FK는 Forward Kinetics(정운동학)의 줄임말입니다.

4-2 손의 IK

먼저 손의 IK를 만듭니다.

01 메쉬 오브젝트 숨기기

Step IK를 만들기 위한 준비를 합니다. 아마튜어의 에디트 모드(Tab키)인 것을 확인한 뒤, 오른쪽 위 아웃라이너에서 메쉬 오브젝트를 모두 숨기고 아마튜어만 표시합니다.

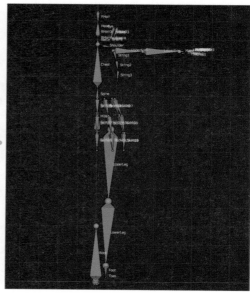

02
Step

폴 대상 만들기

먼저 폴 대상이라 불리는 본을 만듭니다. 이 본은 방향을 제어하기 위해 사용합니다. 본 **UpperArm**과 본 **LowerArm** 사이의 구체(팔꿈치가 되는 위치)를 선택하고 **E키 → Y키**로 뒷쪽으로 본을 도출시킵니다.

※ 그림에서는 와이어프레임(Shift+Z키)을 표시했습니다.

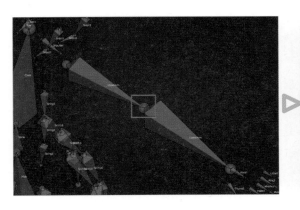
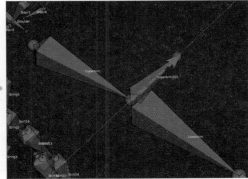

03
Step

본의 부모 자식 관계 클리어하기

도출한 본을 선택한 상태에서 **부모를 해제**하는 단축키인 **Alt+P키**를 눌러 **부모를 지우기**를 선택합니다(여기의 부모 해제는 반드시 수행합니다). 해제했다면 **G키 → Y키**로 한층 뒤쪽 방향으로 이동해서 매치합니다. 폴 대상이 없으면 IK를 설정했을 때 팔꿈치나 무릎이 이상한 방향으로 구부러지므로 반드시 설정해야 합니다.

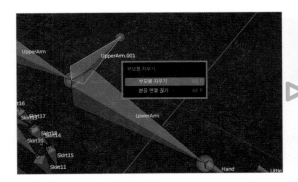

04
Step

본 이름 변경하기

배치를 마쳤다면 본을 선택하고 **이름 변경(F2키)**에서 'ElbowIK'를 입력합니다.

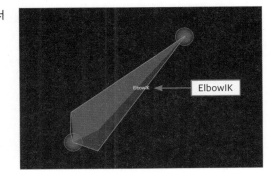

Chapter 1
Chapter 2
Chapter 3
Chapter 4
Chapter 5
Chapter 6
Chapter 7

본 복제하기와 길이 조정하기

Step

다음으로 손의 IK를 설정할 때의 컨트롤러가 될 본을 만듭니다. 본 Hand를 선택하고 복제(Shift+D키)를 누른 뒤 마우스 우클릭해 위치를 취소합니다. 취소 직후에는 복제한 본이 선택되어 있습니다 사이드바(N키)의 항목의 변환 패널 안에 있는 길이 항목에 마우스 커서를 올리면 좌우 방향의 화살표가 나타납니다. 여기에서는 오른쪽으로 화살표를 한 번 클릭해 복제한 손의 본을 크게 만들어 줍니다.

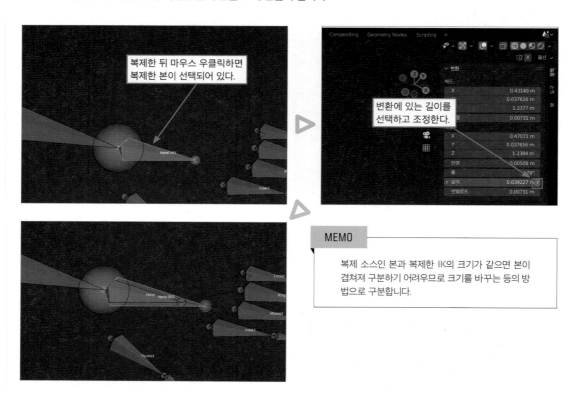

> **MEMO**
>
> 복제 소스인 본과 복제한 IK의 크기가 같으면 본이 겹쳐져 구분하기 어려우므로 크기를 바꾸는 등의 방법으로 구분합니다.

본의 부모 지우기 및 이름 변경하기

Step

복제한 본을 선택한 상태로 부모를 지우기(Alt+P키)에서 부모를 지우기를 선택합니다. 그리고 이름 변경(F2키)에서 'HandIK'라고 입력합니다. 이 본에는 나중에 다양한 설정을 하게 되므로 우선 부모를 지워야 합니다.

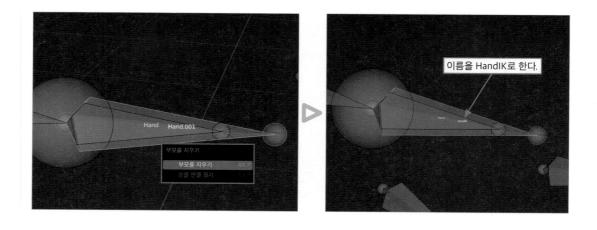

Chapter 1

Chapter 2

Chapter 3

Chapter 4

Chapter 5

Chapter 6

Chapter 7

POINT

오브젝트 또는 본이 겹쳐져 선택하기 어려울 때

현재 본 Hand와 본 HandIK가 겹쳐져 선택하기 어렵습니
다. 예를 들면 안쪽에 있는 본 Hand를 선택하고 싶은데 마
우스 좌클릭하면 앞쪽에 있는 본 HandIK가 선택될 것입니
다. 오브젝트 또는 본이 겹쳐져 있는 위치에 마우스 커서를
올린 뒤 Alt+마우스 좌클릭해 선택 메뉴를 표시할 수 있습
니다. 이 메뉴에서 선택할 본 이름을 클릭하면 해당 본을 선
택할 수 있습니다. 그리고 Shift+Alt+마우스 좌클릭해 여
러 오브젝트 또는 본을 선택할 수 있습니다. 오브젝트 또는
본이 겹쳐져 선택하기 어려울 때는 이 방법을 사용해 주십
시오.

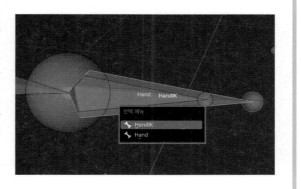

07 LowerArm 선택하기

Step 폴 대상이 되는 본 ElbowIK와 컨트롤러가 되는 본
HandIK를 만들었다면 다음으로 IK를 설정합니다.
3D 뷰포트 왼쪽 위 모든 전환에서 현재 모드
를 포즈 모드로 전환합니다. 다음으로 아래팔인
LowerArm을 선택합니다.

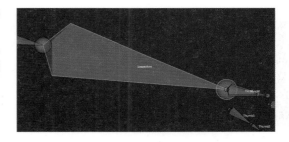

08 본 제약 추가하기

Step ❶ LowerArm을 선택했다면 프로퍼티스 안에 있는 본 제약 프로퍼티스를 클릭합니다. 본 제약은 간단하게 말하면
본의 움직임을 제약하거나, 다른 본의 움직임의 영향을 받아 움직이도록 설정하는 기능입니다. IK도 본 제약의 하
나로 여기에 포함되어 있습니다. 본 제약을 추가에서 역운동학 (IK)을 클릭합니다.

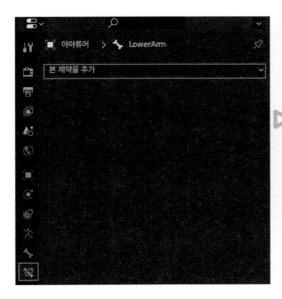

❷ 그러면 본 제약 프로퍼티스 안에 IK가 추가됩니다. IK를 추가한 본은 어두운 주황색으로 표시됩니다.

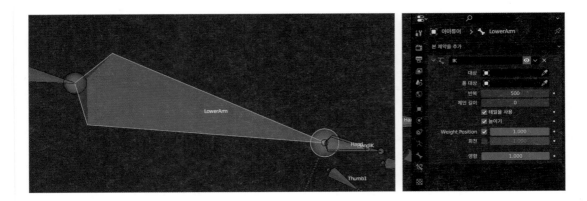

09 대상에서 아마튜어 선택하기

Step
본을 연동해 움직이려면 대상을 지정해야 합니다. 여기에서는 IK에서 대상을 설정합니다. 대상 항목의 왼쪽 사각형 아이콘을 클릭합니다. 대상을 지정할 수 있는 오브젝트가 모두 표시됩니다(마우스 휠을 상하로 움직여서 선택할 수 있습니다). 여기에서는 근본이 되는 아마튜어를 선택합니다.

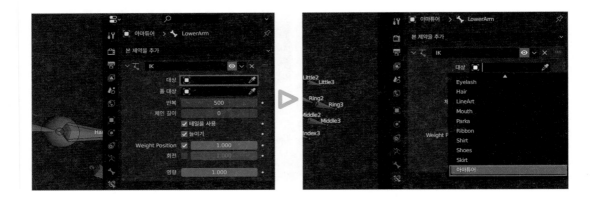

10 HandIK 선택하기

Step
아마튜어를 대상으로 하면 대상 아래 새롭게 본 항목이 추가도비니다. 여기에서 아마튜어 안에 있는 본을 지정할 수 있습니다. 왼쪽 뼈모양 아이콘을 클릭하면 본을 지정할 수 있습니다. 여기에서는 HandIK를 클릭합니다.

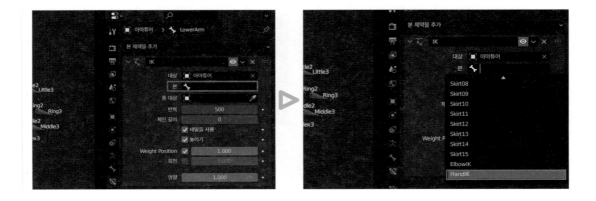

덧붙여 본이 많아 원하는 본의 이름을 찾기 어려울 때는
입력 필드에서 이름으로 검색할 수도 있습니다.

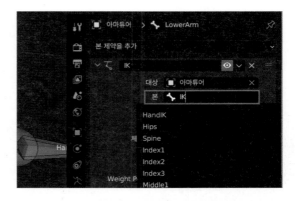

본을 설정하면 어두운 오렌지색이었던 아래팔에서 노란
색이 사라진 것을 알 수 있습니다. 이것은 IK의 대상 설정
이 완료된 것을 나타냅니다.

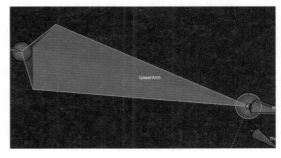

11 폴 대상 설정하기

Step
❶ IK 대상 설정은 마쳤지만 폴 대상을 설정하지 않았습니다. 이 상태에서는 원활하게 구부릴 수 없습니다. 폴 대
상의 사각형 아이콘을 클릭하고 대상과 마찬가지로 아마튜어를 클릭합니다.

❷ 폴 대상 아래 새롭게 본이 추가됩니다. 여기에서 왼쪽 뼈 아
이콘을 클릭하고 본을 설정합니다. 여기에서는 ElbowIK를 클
릭합니다(본을 찾기 어려울 때는 입력 필드에서 검색해서 찾
습니다). 이 설정을 하면 굽히는 방향을 제어할 수 있도록 됩니
다. 예를 들면 관절이 반대쪽으로 굽혀지는 것을 막을 수도 있
습니다.

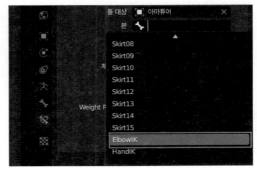

Chapter 1
Chapter 2
Chapter 3
Chapter 4
Chapter 5
Chapter 6
Chapter 7

12
본 방향 수정하기

Step 본에 **ElbowIK**를 입력하면 아마튜어의 방향이 바뀝니다. 이는 사양에 의한 것이므로 안심해 주십시오. 이 방향을 수정하려면 체인 길이 항목을 조정해야 합니다. 이 항목의 기본값은 '0'입니다. 이 값에 '2'를 입력합니다. 이제 방향이 정상이 됩니다.

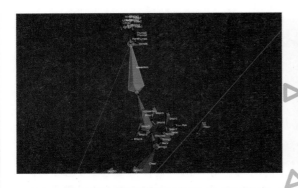

IK		
대상	아마튜어	×
본	HandIK	×
폴 대상	아마튜어	×
본	ElbowIK	×
폴 각도	0°	
반복	500	
체인 길이	‹ 2 ›	
	✓ 테일을 사용	
	✓ 늘이기	

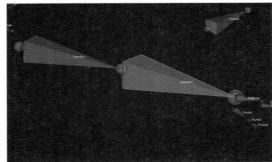

MEMO

체인 길이는 IK의 영향을 받는 본의 수를 조정하는 항목입니다. '0'으로 하면 모든 본에 작용합니다. '1'로 설정하면 아래팔만, '2'로 설정하면 위팔과 아래팔, '3'으로 설정하면 어깨까지 움직입니다.

체인 길이를 **2**로 설정했음에도 손목이 완전히 다른 방향을 향한다면 본의 회전축이 정렬되어 있지 않을 가능성이 있습니다. 앞서 **롤을 재계산(Shift+N키)**한 것이 바로 이 **IK** 설정을 쉽게 하기 위한 것이었습니다. 여기에서는 글로벌 **-Z 축**으로 Z 축을 아래쪽 방향으로 통일했습니다. 글로벌 **+Z 축**으로 설정하면 IK를 설정했을 때 손바닥이 위쪽을 향하게 됩니다.

Next Page ▶

※여기에서는 잠시 좌표축을 확인하기 위해 오브젝트 데이터 프로퍼티의 뷰포트 표시 내에 있는 좌표축을 활성화하고 있습니다.

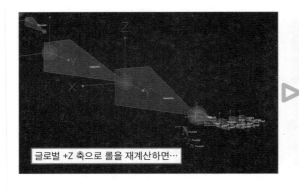

글로벌 +Z 축으로 롤을 재계산하면…

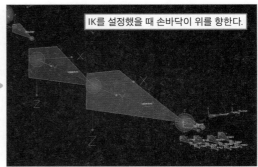

IK를 설정했을 때 손바닥이 위를 향한다.

이때 다시 롤을 재계산(Shift+N키)하
거나 IK의 폴 각도에 '180'을 입력해
정상 상태로 되돌릴 수 있습니다. 폴
각도는 팔이나 다리가 이상한 방향으
로 굽혀졌을 때 정상적으로 굽혀지도
록 조정하는 항목입니다.

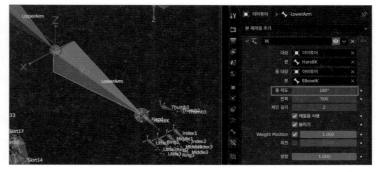

Chapter 1

Chapter 2

Chapter 3

Chapter 4

Chapter 5

Chapter 6

Chapter 7

13 본 제약 추가하기

Step

❶ 다음으로 본 HandIK의 회전에 따라 본 Hand가 연동해 회전하게 합니다. Alt+마우스 좌클릭해 선택 메뉴를
표시한 뒤 본 Hand를 선택합니다. 오른쪽 프로퍼티스에 있는 본 제약 프로퍼티스를 클릭하고 본 제약을 추가에서
회전을 복사를 선택합니다. 이것은 다른 본의 회전에 맞추는 기능이며 제약이 추가되면 본이 초록색으로 변합니
다.

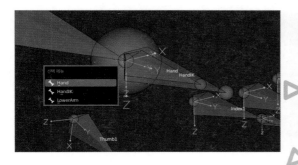

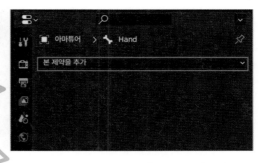

❷ 제약을 추가했다면 대상의 왼쪽
사각형 아이콘을 클릭하고 아마튜
어를 클릭합니다. 그 아래의 본에는
HandIK를 추가합니다.

Next Page ▶

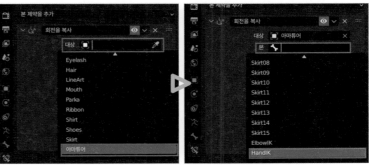

❸ 그 상태에서 본 HandIK를 클릭하고 R키 → X키
로 회전하면 본 Hand도 그에 따라 회전하게 됩니
다. 확인을 마쳤다면 마우스 우클릭해 취소 또는 회
전값을 리셋하는 단축키인 Alt+R키를 누릅니다.

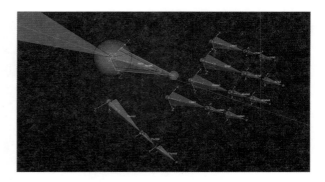

위쪽 시점(넘버패드 7)으로 전환해 본 HandIK를
클릭하고 G키로 이동하는 등 팔꿈치가 잘 구부러지
는지 확인합니다(관절이 이상한 반향으로 구부러질
경우의 해결 방법은 다음 발의 IK 만들기 페이지를
참조해 주십시오). 확인을 마쳤다면 이동 위치를 리
셋하는 단축키인 Alt+G키를 누릅니다.

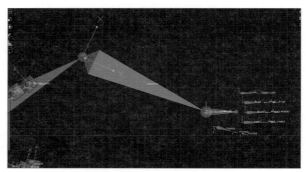

POINT

컨트롤러의 위치가 어긋났다면

컨트롤러가 되는 본을 에디트 모드(Tab키)에서 잘못 움직인 것을 나중에 깨달았을 때의 대책을 소개합니다. 어긋난 IK 본을 먼
저 선택하고 다음으로 스냅할 본을 선택해 활성화합니다. 마우스 우클릭하면 아마튜어 관련 메뉴가 표시됩니다. 여기에서 스냅
→ 선택을 활성에 스냅을 선택하면 IK가 활성화 상태의 본과 정확하게 겹치게 됩니다.

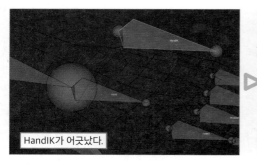

HandIK가 어긋났다.

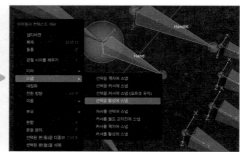

Chapter 1

Chapter 2

Chapter 3

Chapter 4

Chapter 5

Chapter 6

Chapter 7

4-3 발의 IK

다음은 발의 IK를 만듭니다. 손의 IK를 만드는 순서와 기본적으로 같습니다.

01 본 도출하기
Step 오른쪽 시점(넘버패드 3)으로 전환하고 에디트 모드(Tab키)로 전환합니다. 허벅지의 본 **UpperLeg**와 정강이의 본 **LowerLeg** 사이의 구체를 선택합니다. **E키 → Y키**로 앞쪽 방향으로 도출시킵니다.

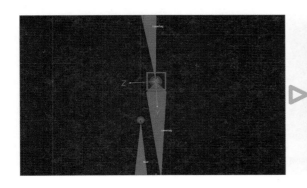 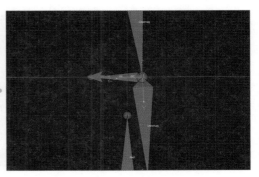

02 부모를 지우기
Step 도출시킨 본을 선택하고 **부모를 지우기(Alt+P키)**에서 부모를 지우기를 선택합니다. **G키 → Y키**로 앞쪽 방향으로 이동해 무릎과 어느 정도 떨어뜨립니다.

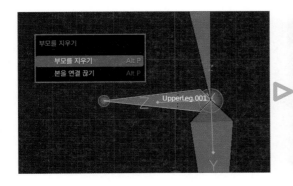 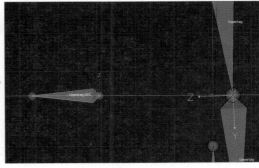

03 본 이름 변경하기
Step 배치를 마쳤다면 본을 선택하고 **이름 변경(F2키)**에서 'KneeIK'라고 입력합니다.

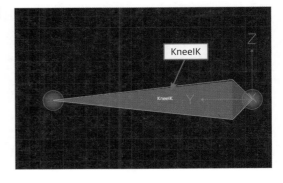

04 본 복제하기

Step
발의 IK를 설정할 때의 컨트롤러가 되는 본을 만듭니다. 본 Foot을 선택하고 복제(Shift+D키)한 뒤 마우스 우클릭해 원래 위치에 배치합니다. 사이드바(N키)의 항목을 클릭하고 변환 패널 안에 있는 길이의 값 필드에 마우스 커서를 올리면 좌우로 화살표가 나타납니다. 오른쪽 화살표를 클릭해 복제한 본을 크게 만듭니다. 여기에서는 오른쪽 화살표를 총 3번 클릭합니다.

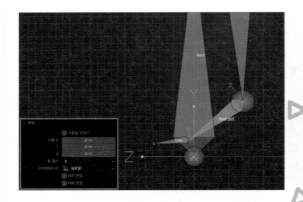

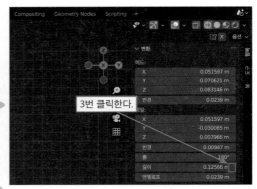

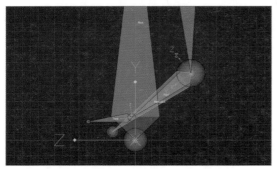

05 부모를 지우기와 이름 변경하기

Step
복제한 본을 선택한 상태에서 부모를 지우기(Alt+P키)를 누르고 부모를 지우기를 선택합니다. 그리고 이름 변경(F2키)에서 'FootIK'라고 입력합니다.

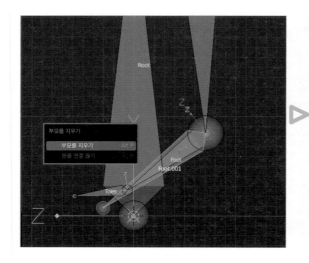

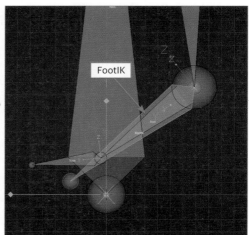

06
Step

IK 추가하기

폴 대상이 되는 본 KneeIK와 컨트롤러가 되는 본
FootIK를 만들었다면 다음으로 IK를 설정합니다. 여
기에서는 단축키를 사용합니다.

3D 뷰포트 왼쪽 위 전환 모드에서 현재 모드를 포즈
모드(Tab키)로 전환합니다. 다음으로 Shift키를 누
른 상태에서 본 FootIK, 정강이의 본 LowerLeg을
순서대로 선택합니다.

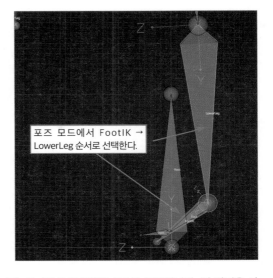

포즈 모드에서 FootIK →
LowerLeg 순서로 선택한다.

이 상태에서 Shift+Ctrl+C키를 누르면 본 제약 메뉴가 표시됩니다. 여기에서 역운동학 (IK)을 클릭합니다. 이 방법을 사
용하면 IK를 곧바로 설정할 수 있습니다. 본 LowerLeg를 선택한 상태에서 오른쪽 프로퍼티스의 본 제약 프로퍼티스를
클릭하고 IK가 추가된 것을 확인합니다. 앞서 Shift키로 FootIK를 선택했으므로 대상과 본도 처음부터 추가됩니다. 이
Shift+Ctrl+C키는 작업 시간을 줄이는 데 큰 도움이 됩니다.

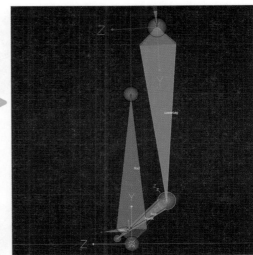

MEMO

본 제약은 포즈 모드에서만 추가할 수 있습니다.
Shift+Ctrl+C키가 잘 동작하지 않는다면 현재 모
드를 확인해 주십시오.

07 폴 대상 설정하기

Step

폴 대상을 설정하지 않았으므로 앞에서와 마찬가지로 수동으로 설정합니다.

LowerLeg을 선택하고 폴 대상을 아마튜어, 본을 KneeIK로 설정합니다. 체인 길이가 '0'으로 되어 있으면 본의 방향이 이상하게 되지만 당황하지 말고 체인 길이를 '2'로 설정합니다.

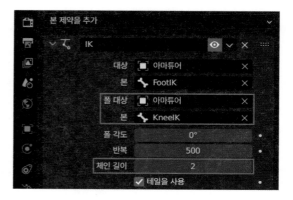

08 폴 각도를 90으로 설정하기

Step

시점을 변경해서 발을 확인하면 발의 위치가 어긋나 있을 것입니다. 본의 롤을 재계산(Shift+N키)해도 좋지만 여기에서는 폴 각도에 '90'을 입력해 봅니다. 이제 원래 위치로 되돌아 옵니다.

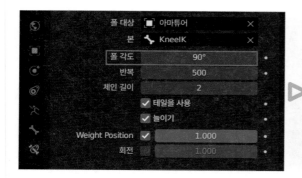

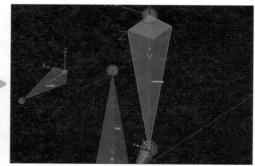

09 동작 확인하기

Step

3D 뷰포트에서 포즈 모드(Tab키)로 전환하고 오른쪽 시점(넘버패드 3)에서 FootIK를 움직여 봅니다. 만약 관절이 반대로 움직이는 등 이상한 방향으로 구부러진다면 발이 너무 수직으로 되어 있는 것이 원인입니다.

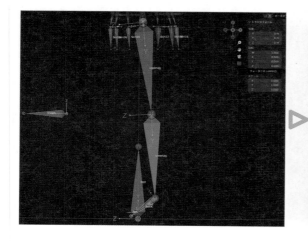

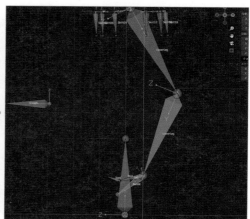

오른쪽 위 아웃라이너에서 Body 오브젝트를 표시하고 본의 에디트 모드(Tab키)로 전환합니다. 무릎 관절을 선택하고 이동(G키)으로 약간 앞으로 움직입니다. 다시 포즈 모드로 전환하고 FootIK를 움직이면 이번에는 잘 움직일 것입니다(조작을 마쳤다면 Body 오브젝트는 숨깁니다). 이것은 팔꿈치 관절에도 동일하게 해당하므로 이런 문제를 방지하기 위해 관절 부분은 약간 구부러진 상태로 배치하는 것이 좋습니다.

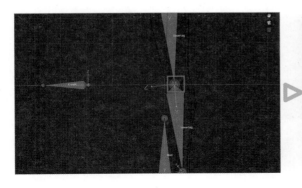
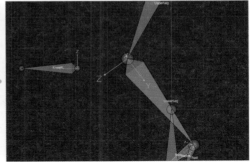

10 Foot 선택하기

Step

❶ 본이 포즈 모드에 있는 것을 확인하고 본 FootIK의 회전에 대해 본 Foot이 연동해서 회전하게 합니다.

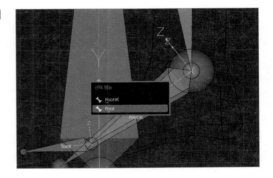

❷ 오른쪽 프로퍼티스의 본 제약 프로퍼티스에서 본 제약을 추가를 클릭한 뒤 회전을 복사를 추가합니다.

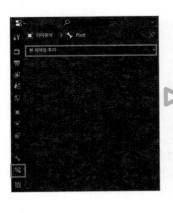
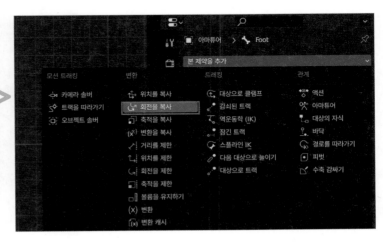

Chapter 1

Chapter 2

Chapter 3

Chapter 4

Chapter 5

Chapter 6

Chapter 7

❸ 대상을 아마튜어, 본을 FootIK로 선택합니다.

 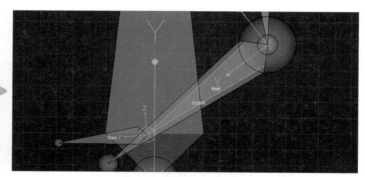

❹ 본 FootIK를 선택하고 R키로 회전시켜 본 Foot도
연동하는지 확인합니다(확인을 마쳤다면 회전을 초기
화하는 단축키인 Alt+R키를 누릅니다).

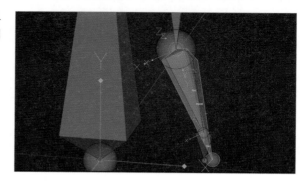

11
Step

본 변형을 비활성화하기

IK를 사용해서 만든 본과 본 Root는 메쉬의 변형과
관계가 없으므로 연결되지 않도록 설정해야 합니다.
에디트 모드(Tab키)로 전환한 뒤 FootIK, KneeIK,
ElbowIK, HandIK, Root를 각각 선택(반드시 각각
선택)하고 오른쪽 프로퍼티스의 본 프로퍼티스를 클
릭하고 변형을 비활성화합니다. 이렇게 하면 부모를
설정할 때 이 본들을 제외할 수 있습니다. 이 설정을
할 때 IK와 Root 이외에는 변형을 비활성화하지 않
도록 주의합니다.

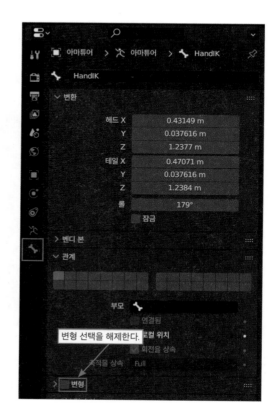

12 본의 부모 설정하기

Step

부모를 더 설정해 보다 쉽게 움직일 수 있도록 합니다. 에디트 모드(Tab키)에서 자식으로 만들 FootIK, KneeIK, ElbowIK, HandIK 및 마지막으로 부모로 만들 본 Root(활성화 선택)을 Shift키를 누른 상태에서 선택합니다. 부모(Ctrl+P키)에서 오프셋을 유지를 선택합니다. 이렇게 하면 본 Root를 3D 뷰포트 왼쪽 위의 모드 전환에서 포즈모드(Tab키)로 해서 움직이면 모든 본이 움직이게 됩니다. 실제로 G키로 움직여 확인해봅니다(확인을 마쳤다면 마우스 우클릭또는 이동을 리셋하는 단축키인 Alt+G키를 누릅니다).

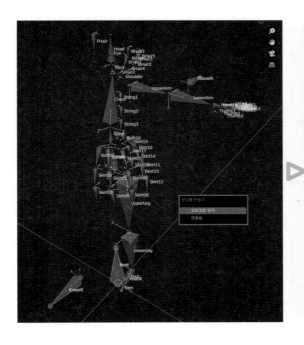
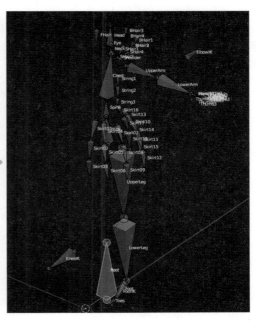

13 발의 가동 영역을 제한하기

Step

발의 역관절을 제한하기 위한 설정을 합니다

❶ 포즈 모드에서 IK를 설정한 본 LowerLeg를 선택합니다. 오른쪽 프로퍼티스의 본 프로퍼티스에서 역운동학 (IK) 패널을 클릭합니다. Next Page▶

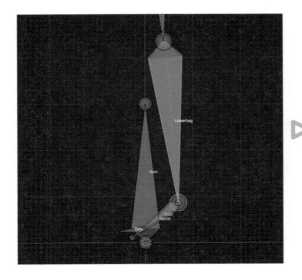
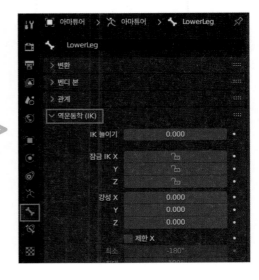

Chapter 1
Chapter 2
Chapter 3
Chapter 4
Chapter 5
Chapter 6
Chapter 7

❷ 역운동학 (IK) 패널을 클릭하면 제한 관련 항목이 표시됩니다. 제한 X를 활성화하고 최대 값 필드에 'O'을 입력합니다. 그러면 다리 뒤쪽으로 빨간색의 원과 같은 것이 표시됩니다. 이것은 이 선에 따라 다리가 구부러지도록 했다는 의미입니다. 이제 다리가 정상적으로 구부러지게 됩니다.

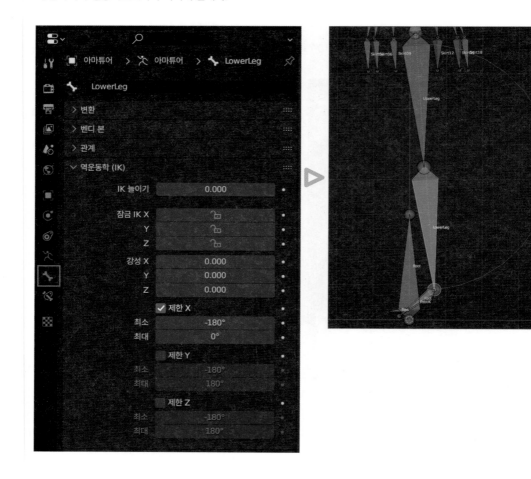

Chapter 1

Chapter 2

Chapter 3

Chapter 4

Chapter 5

Chapter 6

Chapter 7

Chapter 2

5

보조 본, RootUpper 만들기, 본을 반대쪽으로 복제하기

다음은 아래팔의 비틀림을 재현하기 위해 보조 본, 하반신만 움직이는 본 RootUpper를 만들고 본을 미러화해서 리그를 완성합니다.

5-1 아마튜어 마무리

현재 리그 상태에서는 손목을 회전했을 메쉬가 갈라집니다. 이를 방지하기 위해 보조 본이라 불리는 본을 만듭니다. 실제로 직접 손목을 회전해보면 아래팔을 비틀지 않고는 손목을 회전할 수 없을 것입니다. 이를 재현하기 위한 보조 본을 만듭니다. 보조 본은 메쉬의 변형을 돕는 본입니다.

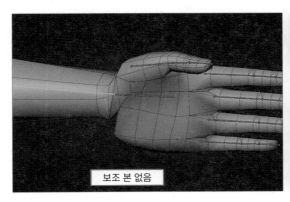
보조 본 없음

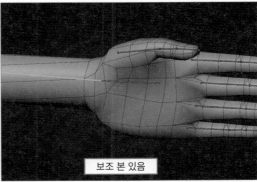
보조 본 있음

01
Step

본 만들기

❶ 본을 에디트 모드(Tab키)로 전환하고 아래팔의 본 LowerArm을 선택합니다. 복제(Shift+D키)를 누릅니다. 마우스 우클릭해 원래 위치에 배치합니다.

※ 이후 작업에서는 에디트 모드(Tab키)가 아니면 오류가 발생하므로 모드를 반드시 변경합니다.

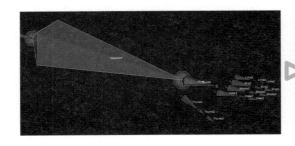

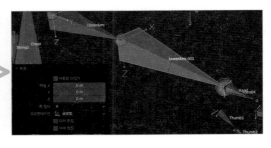

❷ 마우스 우클릭한 뒤 섭디비전을 선택합니다(잘라내기의 수는 '1'로 설정합니다).

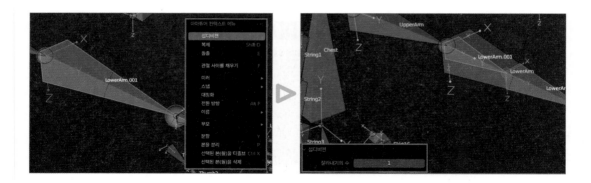

02 본 삭제하기
Step 분할한 본의 위팔쪽 본을 선택합니다(Alt+마우스 좌클릭해 선택 메뉴를 표시할 수 있습니다). 삭제(X키)에서 본을 선택해 본을 삭제합니다.

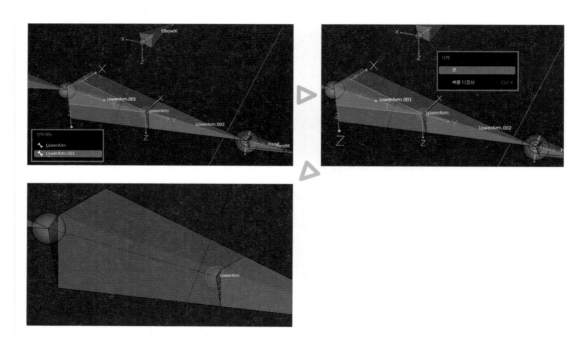

03 본 이름 변경하기
Step 나머지 본을 Alt+마우스 좌클릭 메뉴에서 선택한 뒤 이름 변경(F2키)에서 'Extra bone'으로 변경합니다.

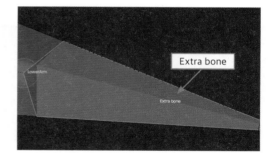

04 본 제약을 추가하기

Step

3D 뷰포트 왼쪽 위 모드 전환에서 포즈 모드(Tab키)로 전환하고 본 Extra bone을 선택한 상태에서 오른쪽 프로퍼티스의 본 제약 프로퍼티스를 클릭합니다. 본 제약을 추가에서 회전을 복사를 추가합니다.

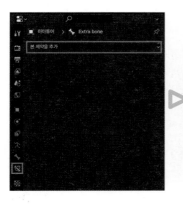
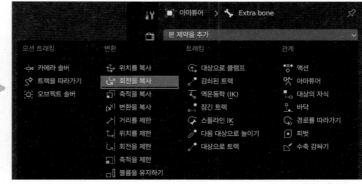

05 회전을 복사 설정하기

Step

대상에서 아마튜어를 추가하고 본을 'Hand'로 합니다. 좌표축을 Y만 활성화합니다(이것은 대상의 회전축을 복사하는 항목이며 여기에서는 본 'Hand'의 Y축 회전만 복사하도록 설정합니다). 그리고 아래 대상과 소유자 항목이 있습니다. 이 항목들은 공간의 종류를 지정하는 항목입니다. 이를 계산하기는 매우 복잡하므로 대상과 소유자는 동일하게 하는 것이 좋습니다. 여기에서는 2개 항목 모두 로컬 공간으로 설정합니다. 덧붙여 가장 아래의 영향은 제약의 영향 정도를 결정하는 항목입니다. 값이 '0'에 가까울수록 제약의 영향을 약화할 수 있습니다.

06 본 프로퍼티스 설정하기

Step

현재 상태에서는 본 HandIK를 이동(G키)하면 본 Extra bone과 떨어게 됩니다. 따라서 Extra bone의 부모 설정을 변경합니다. 본 Extra bone을 선택한 상태에서 오른쪽 프로퍼티스의 본 프로퍼티스의 관계 패널 안에 부모가 있습니다. 이 항목을 아래팔의 본인 LowerArm으로 변경합니다(LowerArm을 부모로 합니다).

※ 이 작업은 반드시 에디트 모드에서 수행해야 합니다.

07 본 돌출하기

Step

다음은 하반신만 움직일 수 있도록 본 RootUpper를 만듭니다. 이 본을 만들면 애니메이션을 할 때 손의 IK가 공간에 고정되는 등의 부자연스러운 움직임을 방지할 수 있습니다(예를 들면 계단을 오르는 애니메이션 등을 쉽게 만들 수 있습니다). 오른쪽 시점(넘버패드 3)으로 전환하고 본 Hips, 본 Spine 사이의 구체를 선택합니다. E키 → Y키를 눌러 뒤쪽으로 돌출시킵니다.

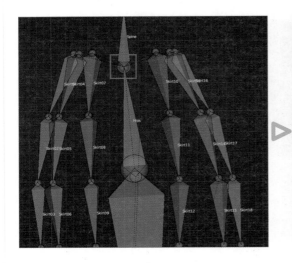
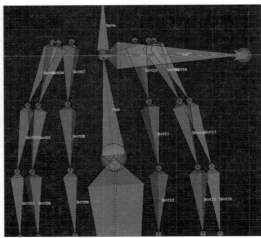

08 본 이름 변경하기

Step

돌출시킨 본을 선택하고 이름 변경(F2키)에서 'RootUpper'를 입력합니다.

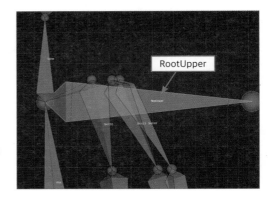

09 부모 설정하기 1

Step

부모를 설정합니다. 자식으로 만들 본 RootUpper를 선택한 뒤 부모로 만들 본 Root를 Shift키를 누른 상태에서 선택합니다. 부모(Ctrl+P키)에서 오프셋을 유지(본 위치를 바꾸지 않고 부모를 설정하는 기능입니다)를 선택합니다.

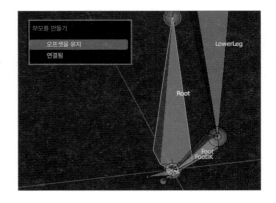

10
Step

부모 설정하기 2

자식으로 만들 본 Hips를 선택한 뒤 부모로 만들 본 RootUpper를 Shift키를 누른 상태에서 선택합니다. 부모(Ctrl+P키)에서 오프셋을 유지를 선택합니다.

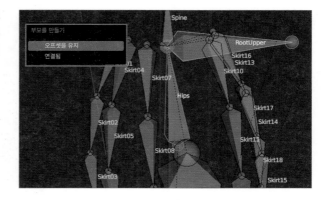

11
Step

부모 설정하기 3

그리고 자식으로 만들 본 HandIK와 본 ElbowIK를 Shift키로 복수 선택하고 최종적으로 부모로 만들 본 RootUpper를 선택합니다. 그 뒤 부모(Ctrl+P키)에서 오프셋을 유지를 선택합니다. 다른 본을 잘못 설정한 것을 알게 되었다면 대상 본을 다시 설정해 주십시오. 아래팔이라면 아래팔 → 위팔 순서로 선택하고 Ctrl+P키 → 연결을 선택해서 수정합니다. 자식은 부모로 설정한 본에 따라 형태가 바뀝니다.

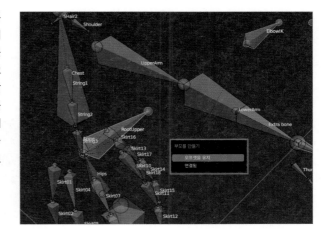

12
Step

변형을 비활성화하기

❶ 본 RootUpper는 메쉬의 변형과 관계없으므로 선택하고 오른쪽 프로퍼티스의 본 프로퍼티스에서 변형을 비활성화합니다. Next Page

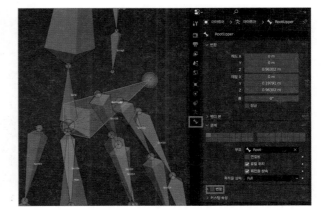

Chapter 1
Chapter 2
Chapter 3
Chapter 4
Chapter 5
Chapter 6
Chapter 7

❷ 3D 뷰포트 왼쪽 위 모드 전환에서 포즈 모드(Tab키)로 전환하고 본 RootUpper를 이동(G키)해 보면 하반신은 움직이지만 상반신은 전혀 움직이지 않게 설정된 것을 알 수 있습니다. 확인을 마쳤다면 이동을 리셋하는 단축키인 Alt+G키를 누릅니다.

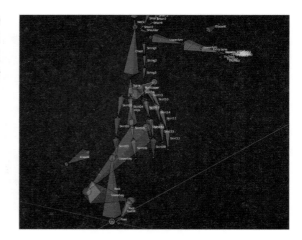

5-2 본 좌우 대칭 시키기

지금까지 설정한 몸 왼쪽의 본을 오른쪽으로 복제합니다.

01 본 이름 변경하기
Step

반대쪽으로 복제할 때는 대칭화 기능을 사용합니다. 이 기능을 사용하기 위해서는 특정한 조건을 만족해야 합니다. 그것은 본 이름 끝에 '.L'(또는 '_L')을 붙이는 것입니다. 본의 이름을 간단하게 수정할 수 있는 방법을 소개합니다.

❶ 현재 모드가 에디트 모드(Tab키)인지 확인합니다. 몸 왼쪽에 있는 본을 박스 선택(B키)으로 Shift키를 누른 상태에서 선택합니다. 이 때 중앙에 배치되어 있는 본은 선택하지 않아야 합니다. 중앙에 배치되어 있는 본을 선택하면 복사를 했을 때 중앙에 본이 이중으로 배치되기 때문입니다(잘못 선택했을 때는 선택한 본을 Shift+마우스 좌클릭해 해지합니다). 그리고 중앙에 배치되어 있는 본을 잘못 선택하지 않았는지 줌 확대 등을 사용해 확인하면 좋습니다. 또한 선택하지 않은 본이 없는지 확인하기 위해 3D 뷰포트 오른쪽에 있는 뷰포트 셰이딩을 와이어프레임(Shift+Z키)으로 설정하는 것도 좋습니다. Next Page▶

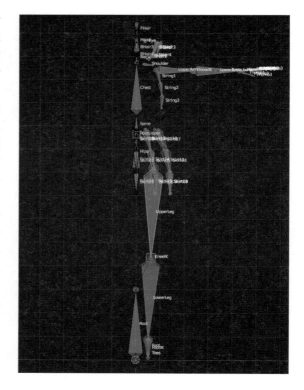

❷ 3D 뷰포트 위쪽 아마튜어에서 이름 → Auto Name Left/Right를 클릭합니다. 선택한 본의 끝에 '.L'이 붙습니다. 대칭화 준비를 마쳤습니다.

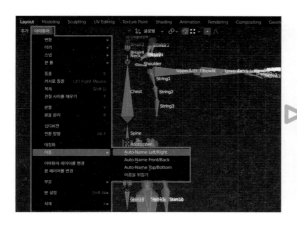 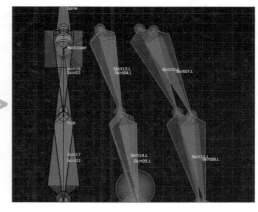

02 본 좌우 대칭하기

Step

몸 왼쪽의 본을 선택한 상태에서(잘못 선택했다면 Ctrl+Z키로 선택을 해제합니다) 3D 뷰포트 위쪽 아마튜어에서 대칭화를 선택합니다. 몸 오른쪽에 본이 복제되어고 본 이름 끝이 '.R'로 변경됩니다. 덧붙여 좌우 대칭 본에 '.L', '.R'이라는 이름이 붙어 있지 않으면 나중에 수행할 스키닝에서 좌우 대칭으로 웨이트를 설정할 수 없으므로 주의합니다.

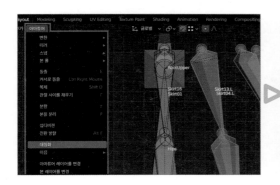 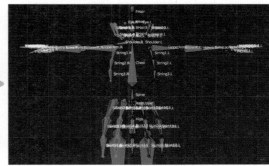

Column

포즈 모드에서 좌우 대칭으로 움직이는 방법

3D 뷰포트 오른쪽 위에 대칭 관련 항목이 있습니다. 이 항목을 활성화하면 본을 좌우 대칭으로 움직일 수 있습니다(단, 좌우 대칭 본의 이름에 '.L', '.R'이 없으면 정상적으로 기능하지 않습니다).

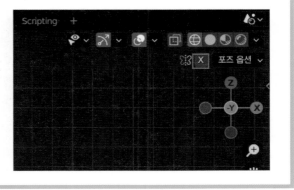

IK/FK 전환 스위치 만들기

6

IK를 설정했으므로 이제 스키닝을 합니다. 스키닝을 할 때 본을 움직일 수 없으면 매우 불편합니다. IK와 FK를 전환하는 스위치를 만드는 방법을 소개합니다.

6-1 드라이버로 스위치 설정하기

01 본 숨기기
Step

본의 에디트 모드(Tab키)인 것을 확인합니다. 앞쪽 시점(넘버패드 1)으로 전환하고 작업하기 쉽도록 모든 본을 A키로 선택합니다. 그리고 숨기기의 단축키인 H키를 누릅니다.

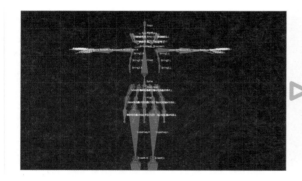 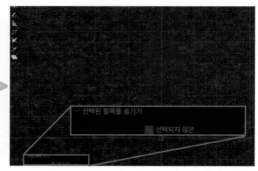

02 본 추가하기
Step

다음으로 3D 커서를 중앙으로 되돌리는 단축키인 Shift+C키를 누릅니다. 추가의 단축키인 Shift+A키를 누르면 새로운 본이 추가됩니다. 이 본이 나중에 IK와 FK를 전환하는 스위치가 됩니다.

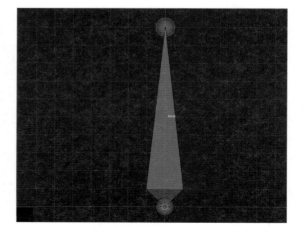

Chapter 1

Chapter 2

Chapter 3

Chapter 4

Chapter 5

Chapter 6

Chapter 7

03 본 이름 변경과 변형 비활성화하기

Step 이름 변경(F2키)에서 'IKFK Switch'로 변경합니다. 이 본도 메쉬의 변형과는 관계없으므로 오른쪽 프로프티스의 본 프로퍼티스에서 변형을 비활성화합니다.

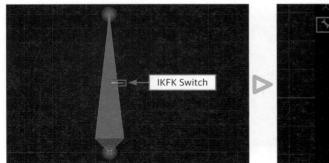 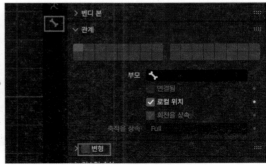

04 본 크기 변경하기

Step 현재 본의 크기가 크므로 크기를 약간 줄입니다. 오른쪽 프로퍼티스의 본 프로퍼티스의 변환 패널 안에 있는 테일 Z에 '0.4'를 입력합니다. 위치가 현재 중앙이어서 인체의 본과 부딛히므로 헤드 X와 테일 X에 '0.6'을 입력해 스위 치를 슬라이드합니다. 작업을 마쳤다면 숨긴 오브젝트들을 표시(Alt+H키)합니다.

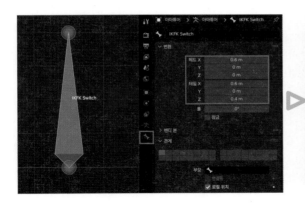 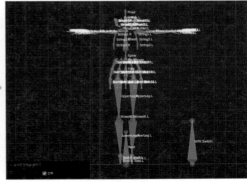

05 본 제약을 추가하기

Step 다음으로 본 IKFK Switch의 이동 범위를 제한합니다.

❶ 3D 뷰포트 왼쪽 위 모드 전환에서 포즈 모드로 전환합니다. 본 IKFK Switch를 선택합니다. 오른쪽 프로퍼티스 의 본 제약 프로퍼티스를 클릭합니다.

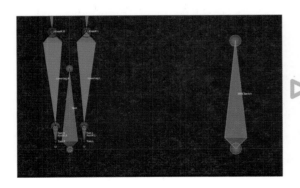 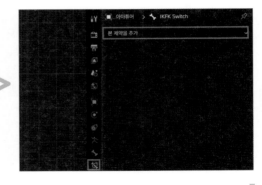

❷ 본 제약을 추가(Shift+Ctrl+C키)에서 위치를 제한을 추가합니다. 이것은 본의 이동 범위를 제한하는 본 제약입니다.

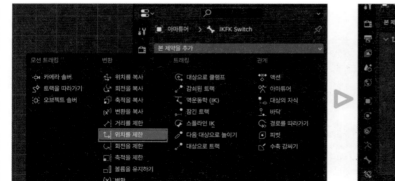 

06
Step

위치 제한 설정하기

위치 제한에 최소의 X, Y, Z와 최대의 X, Y, Z 항목의 기본값은 비활성화되어 있습니다. 이 항목들을 클릭 (또는 마우스 좌클릭한 뒤 위아래도 드래그)해서 활성 화합니다. 그리고 최대의 X에 '1'을 입력합니다. X 방 향으로 1만큼만 움직이게 됩니다. 그리고 그 아래의 Affect Transform 항목을 활성화합니다. 이 항목을 비활성화하면 마우스 좌클릭 드래그해도 움직이지 않 을 때가 있습니다. 그리고 월드 공간(글로벌)이 아니 라 각 오브젝트의 좌표계를 기준으로 변형할 것이므 로 소유자를 로컬 공간으로 변경합니다.

※ 소유자는 반드시 로컬 공간으로 설정해야 합니다. 다른 값 으로 설정하면 오류의 원인이 됩니다.

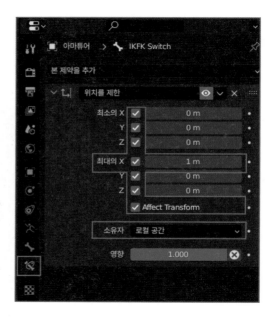

07
Step

LowerArm.L 선택하기

다음은 IK를 설정한 본에 드라이버를 추가합니 다. 드라이버는 간단하게 말하면 오브젝트를 변 형했을 때 그에 맞춰 다른 오브젝트도 변형할 수 있는 기능입니다. 여기에서는 IK와 FK 전환 으로서 드라이버를 사용합니다. 먼저 포즈 모드 에서 IK를 설정한 본 LowerArm.L을 선택합니 다.

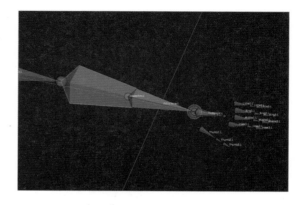

08 드라이버 추가하기
Step
오른쪽 프로퍼티스의 본 제약 프로퍼티스에서 IK 안에 있는 영향 값에 마우스 커서를 올립니다. 마우스 우클릭하면 영향에 관한 다양한 메뉴가 표시됩니다. 메뉴에서 드라이버를 추가를 클릭합니다.

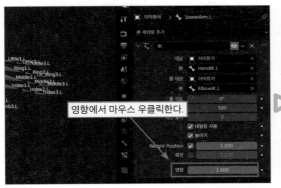

09 드라이버 확인하기
Step
영향 값 필드가 보라색이 되고 드라이버와 관련된 다양한 항목이 표시됩니다. 여기에서 마우스 커서를 메뉴 밖으로 옮겨 메뉴를 우선 닫습니다. 다음으로 보라색이 된 영향 값을 다시 한 번 마우스 우클릭하면 드라이버를 편집이라는 항목이 새롭게 추가됩니다.

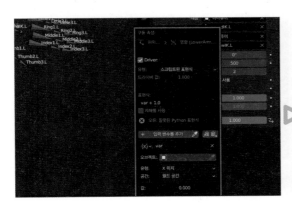
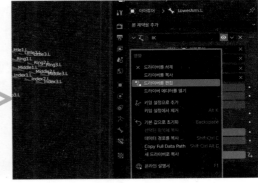

10 드라이버 설정하기
Step
이 드라이버 메뉴를 변경해 IK와 KF를 전환하도록 합니다. 먼저 표현식이라는 항목의 기본값은 var + 1.0이 입력되어 있습니다. 이것을 'var'로 변경합니다. 다음으로 아래 방향에 오브젝트를 지정하는 입력 필드가 있습니다. 이 필드를 아마튜어로 하면 어떤 본으로 할지 지정할 수 있는 항목이 추가됩니다. 여기에 IKFK Switch를 기입합니다. 그 아래 공간을 로컬 공간으로 설정합니다.

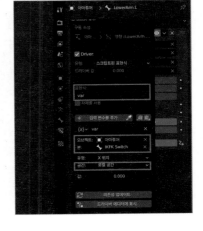

11 드라이버 복사하기

Step 드라이버 설정을 다른 본에도 수행합니다. 이 작업을 수동으로 하는 것은 매우 번거로우므로 설정한 드라이버를 복사합니다. 보라색으로 된 영향의 값에서 마우스 우클릭해 메뉴를 표시하고, 메뉴 안에 있는 드라이버를 복사를 선택합니다.

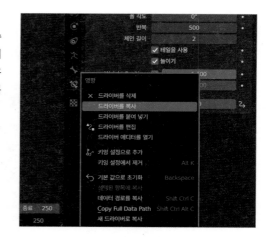

12 다른 본에 드라이버를 붙여 넣기 1

Step IK를 설정한 정강이의 본 LowerLeg.L과 LowerLeg.R, 반대쪽의 아래팔의 본 LowerArm.R을 각각 선택하고 오른쪽 프로퍼티스의 본 제약 프로퍼티스의 IK 안에 있는 영향의 값에서 마우스 우클릭한 뒤 드라이버를 붙여 넣기합니다.

※편집은 1개씩 실시합니다.

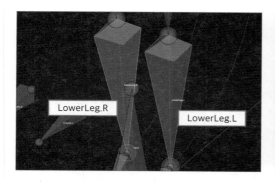

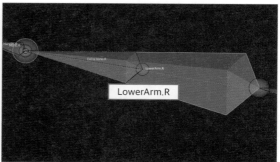

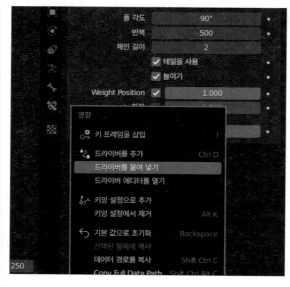

MEMO

드라이버의 표현식을 작성할 때는 파이썬 프로그래밍 언어를 사용합니다. 예를 들면 더하기는 +, 곱하기는 * 형태로 나타냅니다(사칙 연산). 여기에서는 파이썬에 관해서는 거의 다루지 않습니다. 만약 드라이버를 잘 활용하고자 할 때는 별도로 파이썬을 학습하는 것이 좋습니다.

13 다른 본에 드라이버를 붙여 넣기 2

Step

FK로 전환했을 때 본 Hand, Foot은 본 HandIK, FootIK의 회전에 맞추지 않아도 됩니다. 이들을 각각 선택하고 오른쪽 프로퍼티스의 본 제약 프로퍼티스의 IK 안에 있는 영향의 값 필드를 마우스 우클릭한 뒤 드라이버를 붙여 넣기합니다.

※ 편집은 각각 수행합니다.

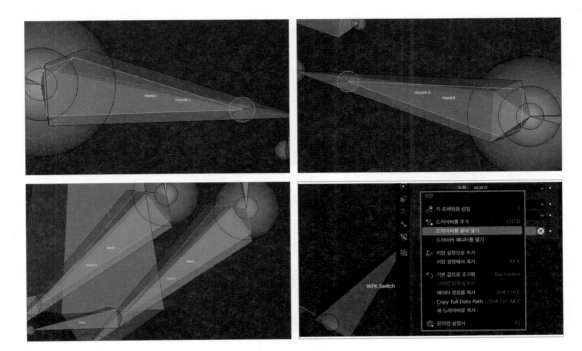

14 보조 본 설정 변경하기

Step

전환 스위치를 만들었으므로 보조 본 Extra bone.L, Extra bone.R의 회전을 복사 항목에 지정한 본도 변경해야 합니다. 각각 선택하고 오른쪽 본 제약 프로퍼티스에서 회전을 복사의 본을 현재의 HandIK.L, HandIK.R에서 Hand.L, Hand.R로 변경합니다.

※ 본 이름을 'Hand'로 설정했다면 변경할 필요가 없습니다. 다음 단계로 진행합니다.

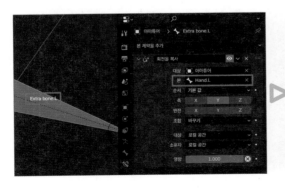

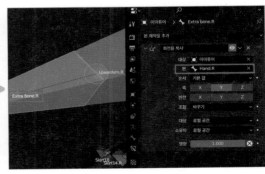

15

Step

동작 확인하기

실제로 동작을 확인합니다. 현재 모드가 포즈 모드(Tab키)인지 확인합니다. 앞쪽 시점(넘버패드 1)으로 전환하고 본 IKFK Switch를 선택합니다. G키 → X키로 좌우로 움직여 봅니다. 본이 왼쪽이면 FK로 본을 각각 움직일 수 있는 모드입니다. 반대로 본이 오른쪽이면 IK로 본(컨트롤러) 1개만을 움직이는 모드가 됩니다.

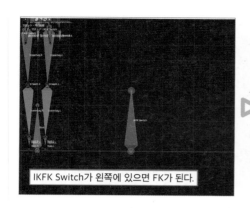

IKFK Switch가 왼쪽에 있으면 FK가 된다.

IKFK Switch가 오른쪽에 있으면 IK가 된다.

그리고 인체의 본과 IK를 실제로 이동(G키)이나 회전(R키)으로 움직여 봅니다. FK일 때는 아래팔인 LowerArm이나 위팔인 UpperArm을 회전할 수 있는 것에 비해 IK일 때는 손이 HandIK로 이동하고 HandIK로만 아래팔과 위팔을 조작할 수 있도록 됩니다.

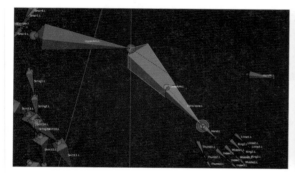
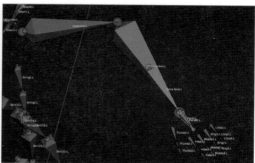

확인을 마쳤다면 모든 본을 A키로 선택하고 3D 뷰포트 위쪽 포즈 → 변환을 지우기 → 모두를 선택해 포즈를 모두 기본 위치로 되돌립니다. 본 IKFK Switch도 왼쪽으로 배치되므로 FK 모드가 됩니다.

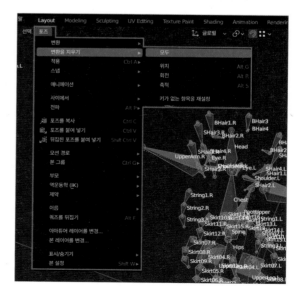

6-2 레이어 활용

현재 본의 수가 많으므로 레이어로 나눠서 관리합니다.

01 레이어를 사용한 본 표시/숨기기

Step

본의 모드를 에디트 모드(Tab키)로 전환합니다. 오른쪽 프로퍼티스의 오브젝트 데이터 프로퍼티스의 골격 패널 안에서 레이어 항목을 확인합니다. 아마튜어에는 레이어가 있으며 각 레이어에 본을 배치해 관리할 수 있습니다. 기본적으로는 왼쪽 위의 레이어를 사용하며, 선택한 레이어는 파란색으로 표시됩니다. 다른 레이어를 클릭하면 해당 레이어로 표시가 전환됩니다(Shift키로 여러 레이어를 선택할 수 있습니다). 블렌더 4.0에서는 레이어가 아니라 본 컬렉션이라는 항목으로 되어 있습니다. 블렌더 4.0을 사용한다면 이번 장의 206쪽의 칼럼 '블렌더 4.0부터 탑재된 본 컬렉션에 관해'를 참조해 주십시오.

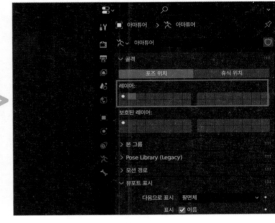

02 본 선택하기

Step

메쉬 변형과 관계 없는 본을 Shift키를 누른 상태에서 선택합니다. 여기에서는 HandIK.L, HandIK.R, ElbowIK.L, ElbowIK.R, KneeIK.L, KneeIK.R, FootIK.L, FootIK.R, Root, RootUpper, IKFK Switch를 선택합니다.

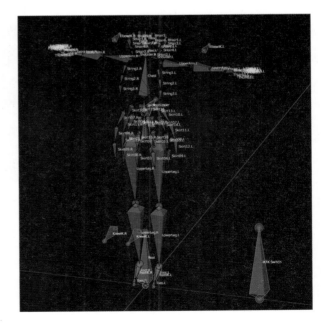

03 레이어 간 이동하기

Step

❶ 3D 뷰포트 위쪽 아마튜어에서 본 레이어를 변경(M키)를 선택합니다. 그러면 본 레이어 메뉴가 표시됩니다. 사용 중인 레이어 옆의 레이어를 클릭합니다. 이것으로 선택한 본을 다른 레이어로 이동할 수 있습니다.

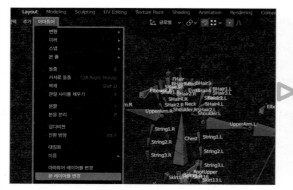

❷ 프로퍼티스의 레이어에서 클릭해 확인해 봅니다(레이어에 본이 있으면 둥근 동그라미 아이콘이 표시됩니다. ○는 선택하지 않은 본이 있는 레이어, ●는 선택 중 또는 활성화된 본이 있는 레이어입니다). 메쉬의 변형과 관계 없는 본이 모두 다른 레이어로 이동한 것을 확인하고 왼쪽 위 레이어를 클릭해 원래대로 되돌립니다.

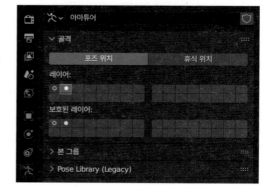

04 아웃라이너의 이름 변경하기

Step

오른쪽 위 아웃라이너에서 아마튜어를 더블 클릭하고 이름을 'Armature'로 변경합니다. 왼쪽 화살표를 클릭하면 아마튜어라는 이름이 있으므로 여기도 'Armature'로 변경합니다.

Chapter 1
Chapter 2
Chapter 3
Chapter 4
Chapter 5
Chapter 6
Chapter 7

Chapter 2

7

스키닝

골격이 되는 아마튜어를 만들고 IK를 설정했습니다. 이어서 본을 메쉬와 연결(스키닝)하고 캐릭터를 자유롭게 움직일 수 있도록 합니다. 스키닝은 매우 중요한 작업이므로 차근차근 설명합니다. 이와 함께 몇 가지 메쉬도 수정합니다. 스키닝도 모델링과 마찬가지로 우선 최소한의 버텍스로 시작하는 것이 좋습니다.

7-1 오브젝트와 본의 부모화

01 오브젝트 선택하기

Step

먼저 부모를 설정합니다. Armature가 씬 컬렉션 안에 있는 것을 확인합니다(아웃라이너에서 Armature를 선택하고 M키를 눌러 컬렉션 이동에 관한 설정을 엽니다. 여기에서 씬 컬렉션을 눌러 이동합니다). 오른쪽 위 아웃라이너에서 메쉬 오브젝트를 모두 표시합니다. 아웃라이너에서 Ctrl+마우스 좌클릭해 자식으로 할 오브젝트를 모두 선택하고 마지막으로 부모로 할 Armature를 선택합니다.

> **MEMO**
>
> 오브젝트를 선택할 때 여기에서는 반드시 Ctrl+마우스 좌클릭해야 합니다.

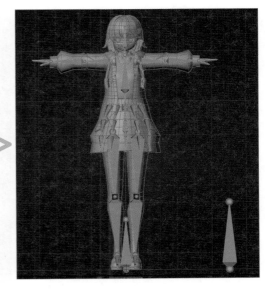

02 부모 설정하기

Step
다음으로 3D 뷰포트에서 부모(Ctrl+P키) 메뉴 안에 있는 빈 그룹을 선택합니다. 오른쪽 위 아웃라이너를 확인하면 자식으로 할 오브젝트가 모두 컬렉션 안에 들어가 있는 것을 알 수 있습니다. 컬렉션 안에 자식 오브젝트가 있으면 부모 오브젝트의 계층 안으로 이동하지만, 추가한 컬렉션에 자식이 되는 오브젝트를 넣으면 보다 쉽게 관리할 수 있습니다.

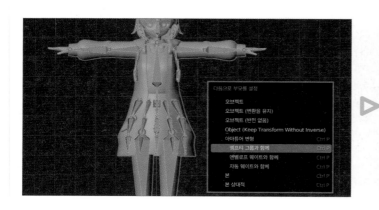 

7-2 두부와 상반신 스키닝

01 오브젝트 표시/숨기기

Step
먼저 인체부터 웨이트를 설정합니다. 그에 앞서 작업을 쉽게 할 수 있도록 준비합니다. 오른쪽 위 아웃라이너에서 Body 오브젝트와 Armature를 제외하고 모두 숨깁니다.
Body 오브젝트의 섭디비전에서 실시간을 비활성화합니다. 그리고 오브젝트 프로퍼티스의 뷰포트 표시에 있는 와이어프레임을 활성화합니다.

 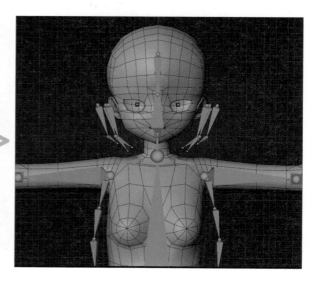

02
본 표시 방법 변경하기

Step

오브젝트 모드(Tab키)에서 Armature를 선택합니다. 오른쪽 프로퍼티스의 오브젝트 데이터 프로퍼티스의 뷰포트 표시에서 다음으로 표시를 스틱으로 합니다(이름이 활성화되어 있다면 여기에서 비활성화합니다). 이렇게 하면 본을 표시하는 넓이가 작아져 쉽게 스키닝 할 수 있습니다.

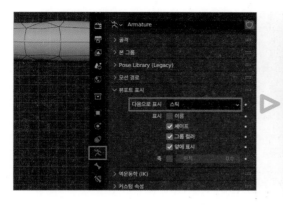
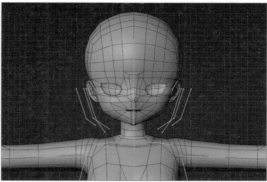

03
웨이트 페인트 준비하기

Step

Armature → Body 오브젝트의 순서(부모와 반대 순서)로 Shift키를 누른 상태로 선택합니다. 3D 뷰포트 왼쪽 위 모드 전환에서 웨이트 페인트로 전환합니다.

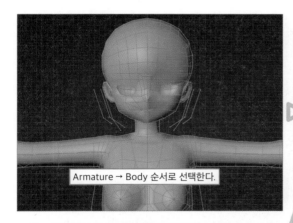

Armature → Body 순서로 선택한다.

> **MEMO**
>
> 웨이트 설정 과정에서 책의 그림과 메쉬의 형태가 크게 다르다면 메쉬를 수정해야 합니다. Tab키를 누르면 에디트 모드(Tab키)와 웨이트 페인트 모드를 오갈 수 있으므로 메쉬를 수정(이동(G키) 등)하면서 웨이트를 설정해 주십시오.

Chapter 1
Chapter 2
Chapter 3
Chapter 4
Chapter 5
Chapter 6
Chapter 7

포즈 모드에서 웨이트 페인트로 전환하기

먼저 화면 위쪽 탑 바의 웨이트에 있는 오브젝트 모드를 잠금을 비활성화합니다. 다음으로 본을 선택하고 포즈 모드로 전환한 뒤, 임의의 본을 선택하고 Shift키를 누른 상태로 메쉬를 선택합니다. 왼쪽 위 모드 전환에서 웨이트 페인트를 선택하면 간단하게 웨이트 페인트로 전환할 수 있습니다.

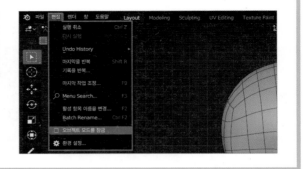

04 와이어프레임으로 전환하기

Step

웨이트 페인트로 전환했다면 3D 뷰포트 오른쪽 위 뷰포트 셰이딩에서 와이어프레임(Shift+Z 키)으로 전환합니다.

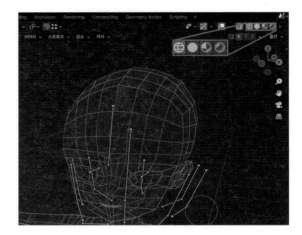

05 본 Head 선택하기

Step

먼저 본 Head(머리의 본)부터 스키닝 합니다. 본 순서는 크게 관계없지만 여기에서는 위쪽 본부터 순서대로 설정합니다. 본 Head를 Ctrl+마우스 좌클릭(블렌더 4.0에서는 Alt+마우스 좌클릭)으로 선택하고 스키닝 가능한 상태로 합니다.

Ctrl+마우스 좌클릭(블렌더 4.0에서는 Alt+마우스 좌클릭) 할 수 없을 때는 왼쪽 위 마스크(M키와 V키, 블렌더 4.0에서는 숫자키 1과 숫자키 2)가 활성화되어 있을 것이므로 이를 비활성화합니다.

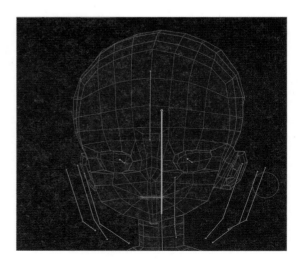

06 그리기 설정하기

Step

3D 뷰포트 위쪽 웨이트(Ctrl+F키)를 '1', 강도 (Shift+F키)를 '1'로 설정합니다. 반경(F키)는 임의로 조정해도 좋습니다. 감소를 상수로 합니다 (웨이트를 고르게 칠할 수 있습니다). 왼쪽 툴바 (T키)에서 그리기로 전환합니다.

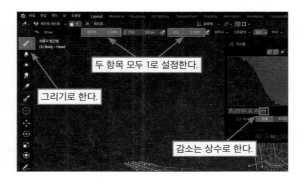

두 항목 모두 1로 설정한다.

그리기로 한다.

감소는 상수로 한다.

07 두부 웨이트 설정하기

Step

❶ 앞쪽 시점(넘버패드 1), 오른쪽 시점(넘버패드 3) 등 다양한 각도에서 두부의 웨이트를 마우스 좌클릭 드래그해 설정합니다(버텍스를 마우스 좌클릭 드래그하는 것이 팁입니다). 두부는 기본적으로 변형하지 않으므로 '1'로 설정해도 괜찮습니다. 머리 밑동에 관해서는 뒤에서 자동 노멀라이즈(각 버텍스의 웨이트 값의 합을 1로 만드는 기능)를 사용하므로 여기에서는 그림과 같이 버텍스 10개의 웨이트를 '1'로 설정합니다.

눈 안쪽은 놓치기 쉬우므로 시점을 바꿔가며 확실하게 칠해 줍니다. Body 오브젝트는 미러 모디파이어를 사용하고 있으므로 버텍스가 없는 반대쪽은 웨이트를 설정할 수 없습니다. 웨이트는 버텍스가 있는쪽만 설정하게 됩니다. Next Page ▶

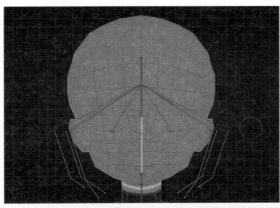

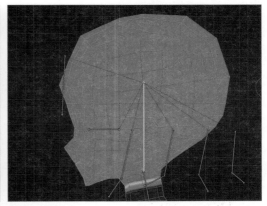

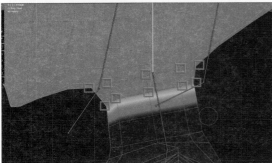

MEMO

마우스 우클릭해 웨이트 조정 관련 메뉴를 표시할 수 있습니다. 단축키(Ctrl+F키나 F키 등) 또는 마우스 우클릭은 효율적인 웨이트 조정을 위해 기억하면 좋습니다.

Chapter 1

Chapter 2

Chapter 3

Chapter 4

Chapter 5

Chapter 6

Chapter 7

❷ 한 가지 주의할 점이 있습니다. 여기에서 마우스 좌클릭 드래그로 작업하다 보면 입 안을 칠할 수 없는 상황이 발생합니다. 에디트 모드(Tab키)로 전환해 설정할 수도 있지만 매우 번거롭습니다. 여기에서는 그라디언트 기능을 사용해 입 안을 설정합니다.

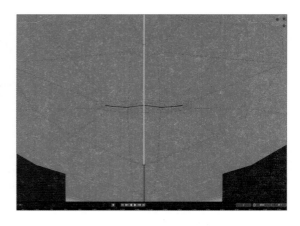

화면 왼쪽 툴바(T키)에서 그라디언트를 클릭합니다. 이것은 웨이트를 그라디언트로 칠할 수 있는 기능입니다. 3D 뷰포트 위쪽 선형과 방사형 항목이 있습니다. 이 항목은 방사형으로 합니다. 선형(Alt+마우스 좌클릭)은 똑바르게 칠할 수 있고 방사형(Ctrl+Alt+마우스 좌클릭)은 중앙에서 퍼지는 듯이 칠할 수 있습니다. 그리고 입 중앙에 마우스 커서를 올리고 마우스 좌클릭 드래그하면 입 안의 웨이트도 설정할 수 있습니다. 작업을 마쳤다면 칠해지지 않은 곳이 없는지 확인하기 위해 본을 회전(R키)으로 움직여 보면 좋습니다. 문제가 없다면 회전을 리셋(Alt+R키)을 수행하고 툴바는 그리기로 되돌립니다.

방사형으로 한다.

그라디언트로 한다.

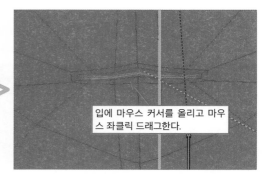

입에 마우스 커서를 올리고 마우스 좌클릭 드래그한다.

칠해지지 않은 곳이 없는지 본을 R키로 회전해 확인한다.

MEMO

블렌더 4.0에서 선형의 단축키는 Shift+A키, 방사형의 단축키는 Shift+Alt+A키로 변경되었습니다. 이 단축키를 누른 뒤 마우스 좌클릭 드래그합니다.

다소 억지스럽지만 회전(R키)로 본을 회전시켜 움직이지 않는 메쉬(웨이트 설정이 누락된 위치)를 마우스 좌클릭 드래그해 칠해서 해결할 수도 있습니다(단, 감소가 상수로 설정되어 있어야 제대로 동작합니다).

본을 회전시켜 미처 칠하지 못한 부분을 찾아서 칠한다.

Chapter 1
Chapter 2
Chapter 3
Chapter 4
Chapter 5
Chapter 6
Chapter 7

08 목의 본 선택하기, 자동 노멀라이즈 활성화하기

Step 다음은 오른쪽 시점(넘버패드 3)으로 전환하고 본 Neck(목의 본)을 Ctrl+마우스 좌클릭해 선택합니다. 3D 뷰포트 오른쪽 위 옵션에서 자동 노멀라이즈를 활성화합니다.

▷

09 뷰포트 오버레이 설정하기

Step 여기에서는 웨이트를 세세하게 수정합니다. 웨이트가 잘 보이도록 3D 뷰포트 오른쪽 위 뷰포트 오버레이의 제로 웨이트를 활성으로 설정해 제로 웨이트인 위치를 검은색으로 표시합니다. 블렌더 4.0에서는 웨이트 페인트 항목 안에 제로 웨이트가 있습니다.

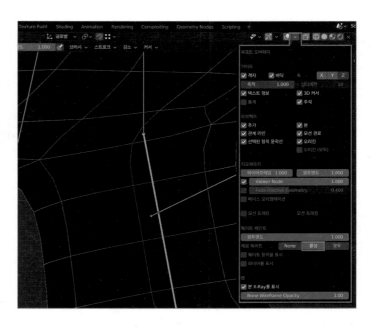

10
Step

목 주변 웨이트 설정하기 1

3D 뷰포트 위쪽 웨이트(마우스 우클릭해 표시된 메뉴에서도 설정할 수 있습니다)를 마우스 좌클릭 드래그하면서 **Ctrl키**를 길게 누르면 **0.1** 단위로 조정할 수 있습니다. 이 기능을 사용해 머리 밑동 근처의 버텍스에 웨이트를 '0.9', '0.1'로 설정합니다. 만약 잘못된 위치에 웨이트를 칠했다면 **Ctrl+Z키**로 한 단계 전으로 되돌립니다.

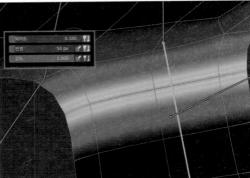

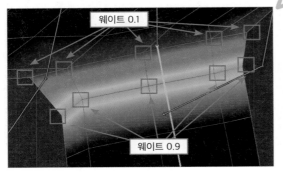

11
Step

목 주변 웨이트 설정하기 2

3D 뷰포트 오른쪽 위 옵션에서 자동 노멀라이즈를 비활성화하고 목 가운데의 에지 2개(버텍스 10개)의 웨이트를 '1'로 설정하고, 목 밑동의 꼭지점 5개는 웨이트를 '0.8'로 설정합니다. 목의 웨이트는 이렇게 그라디언트 되도록 설정함으로써 목을 구부리거나 팔을 올릴 때 메쉬가 찌그러지는 것을 막을 수 있습니다.

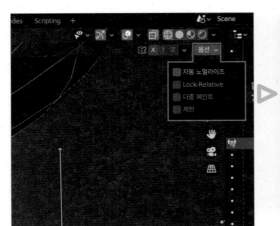
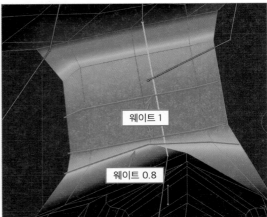

12 목 주변 동작 확인하기

Step

여기에서 본 Head(머리의 본)을 Ctrl+마우스 좌
클릭하고 회전(R키)으로 동작을 확인합니다. 머
리는 그다지 크게 회전하지 않으므로 조금만 회
전시켜도 됩니다. 덧붙여 앞서 자동 노멀라이즈
를 활성화 한 상태에서 웨이트를 설정했기 때문
에 본 Head의 머리 밑동 근처의 웨이트가 변화
한 점도 확인하면 좋습니다(버텍스에 할당된 웨
이트의 합계가 1이 됩니다).

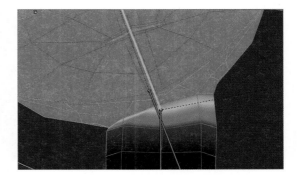

13 상반신 본 선택하기

Step

다음은 본 Chest(상반신의 본)을 Ctrl+마우스
좌클릭해 선택합니다.

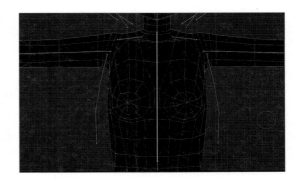

14 바디의 웨이트 설정하기 1

Step

Chest는 다양한 본들이 복잡하게 조합되어 있기 때문에 웨이트를 설정할 때 많은 고민이 됩니다. 한 번에 세세하
게 설정하는 것은 어려우므로 우선 앞쪽 시점(넘버패드 1), 오른쪽 시점(넘버패드 3), 뒤쪽 시점(Ctrl+넘버패드 1)
등 다양한 시점에서 확인하면서 대략적으로 상반신의 웨이트를 '1'로 설정해 조끼 같은 형태가 되도록 합니다. 갈
비뼈를 감싸듯 웨이트를 칠하는 것이 팁입니다.

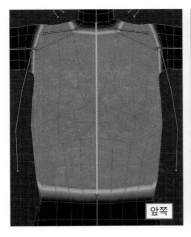
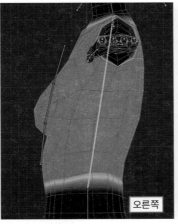
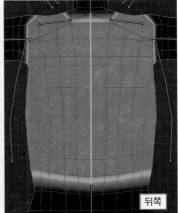

앞쪽 　오른쪽 　뒤쪽

Chapter 1
Chapter 2
Chapter 3
Chapter 4
Chapter 5
Chapter 6
Chapter 7

15 바디의 웨이트 설정하기 2

Step

여기에서는 세세하게 웨이트를 설정하므로 하나씩 설명합니다. 먼저 목 밑동의 버텍스 5개입니다. 앞서 본 **Neck**(목의 본)에 웨이트를 '0.8'로 설정했으므로 여기에서는 웨이트를 '0.2'로 설정합니다. 앞서 설명했지만 웨이트 값은 마우스 좌클릭상태에서 좌우로 드래그하면서 **Ctrl**키를 길게 누르면 0.1 단위로 조정할 수 있습니다.

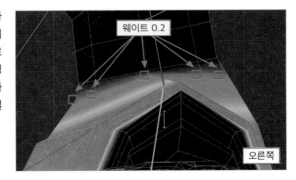

16 바디의 웨이트 설정하기 3

Step

어깨 위쪽 웨이트를 설정합니다. 본 **Shoulder.L**(어깨의 본)과 본 **UpperArm.L**(위팔의 본)이 연결되어 있는 번거로운 곳이므로 차분하게 스키닝 해야 합니다. 먼저 앞쪽 시점(넘버패드 1)으로 전환하고 Shoulder.L 근처에 있는 버텍스 10개의 웨이트를 '0.1'로 설정합니다.

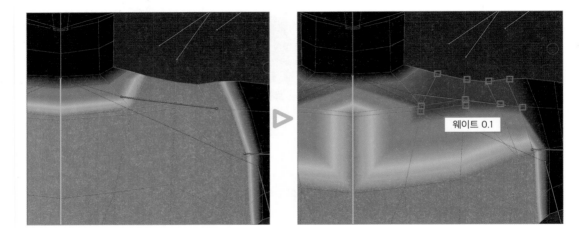

17 바디의 웨이트 설정하기 4

Step

뒤쪽 방향에서도 같은 작업을 합니다. 뒤쪽 시점(Ctrl+넘버패드 1)으로 전환하고 Shoulder.L 근처에 있는 버텍스 4개의 웨이트를 '0.1'로 설정합니다.

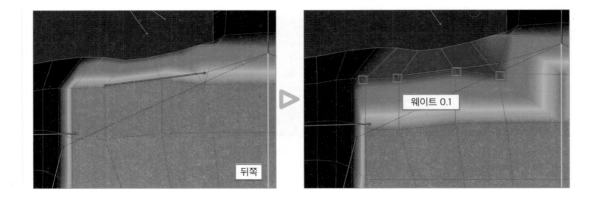

Chapter 1

Chapter 2

Chapter 3

Chapter 4

Chapter 5

Chapter 6

Chapter 7

18 Step 어깨의 본 선택하기

우선 본 Shoulder.L(어깨의 본)으로 전환할 것이므로 Shoulder.L을 Ctrl+마우스 좌클릭합니다.

19 Step 어깨의 본의 웨이트 설정하기 1

목 밑동쪽 버텍스 3개에는 웨이트 '0.9'를 설정하고, 위팔쪽 버텍스 3개에는 웨이트 '0.8'을 설정합니다.

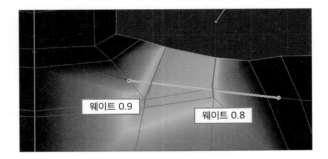

20 Step 어깨의 본의 웨이트 설정하기 2

겨드랑이 윗부분 버텍스에도 마찬가지로 웨이트를 설정합니다. 어깨는 팔을 내렸을 때 바깥쪽 형태가 중요하므로 Shoulder.L 과 UpperArm.L의 웨이트 설정에 신경 써야 합니다. 그림과 같이 그라디언트가 되도록 설정하면 어깨 바깥쪽 형태가 잘 깨지지 않게 됩니다.

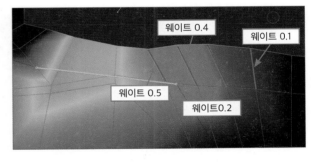

21 Step 어깨의 본의 웨이트 설정하기 3

뒤쪽 시점(Ctrl+넘버패드 1)으로 전환하고 앞쪽과 같이 웨이트를 설정합니다. 목 밑동부터 값을 조금씩 줄이는 것이 팁입니다.

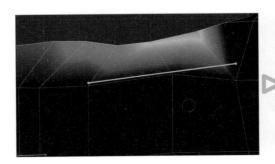

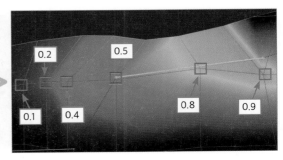

22 겨드랑이 주변 웨이트 조정하기

Step

다음으로 겨드랑이 주변의 웨이트를 조정합니다. 다시 본 Chest(상반신의 본)을 Ctrl+마우스 좌클릭해 선택합니다. 앞쪽 시점(넘버패드 1)과 뒤쪽 시점(Ctrl+넘버패드 1)을 번갈아 확인하면서 겨드랑이 주변의 상반신쪽 버텍스 3개는 웨이트를 '0.8', 아래팔쪽 버텍스 3개는 웨이트를 '0.5'로 설정합니다.

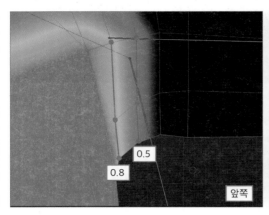 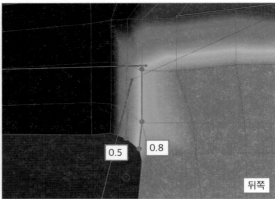

23 어깨의 본 웨이터 설정하기

Step

Shoulder.L(어깨의 본)을 Ctrl+마우스 좌클릭하고 겨드랑이에 있는 버텍스 9개의 웨이트는 '0.1'로 설정합니다. 뒤쪽의 버텍스 8개도 잊지 않고 웨이트를 '0.1'로 설정합니다. 겨드랑이 아래 Shoulder.L의 웨이트를 아주 작은 값을 설정하면 팔을 올리거나 내릴 때 안쪽을 부드럽게 변화시키기 쉽습니다.

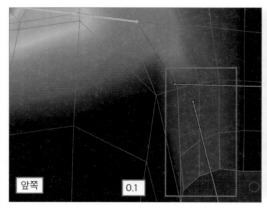 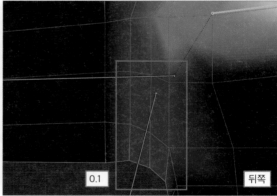

24 위팔의 본 선택하기

Step

본 UpperArm.L(위팔의 본)을 스키닝합니다. 앞쪽 시점(넘버패드 1)으로 전환하고 UpperArm.L을 Ctrl+마우스 좌클릭해 선택합니다.

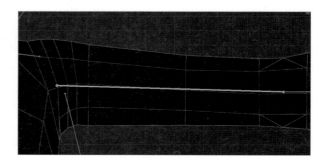

Chapter 1

Chapter **2**

Chapter 3

Chapter 4

Chapter 5

Chapter 6

Chapter 7

25 위팔의 본의 웨이트 설정하기

Step

위팔의 웨이트 설정은 복잡하므로 차근차근 설명합니다. 먼저 팔 밑동 부근의 버텍스의 웨이트는 '1', 신체쪽의 웨이트는 '0.9'로 설정합니다. 뒤쪽(**Ctrl+넘버패드 1**)도 마찬가지로 설정합니다.

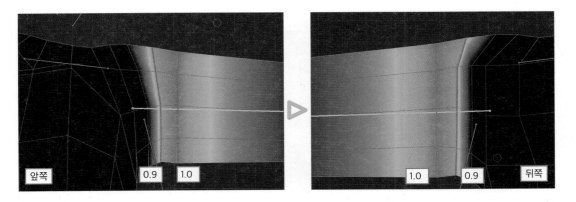

26 겨드랑이 웨이트 설정

Step

다음은 겨드랑이의 에지 2개를 설정합니다. 왼쪽 위 버텍스 2개는 '0.5', 왼쪽 아래 버텍스 3개는 '0.1', 오른쪽 위 버텍스 2개는 '0.8', 오른쪽 아래 버텍스 3개는 '0.4'로 설정합니다. 뒤쪽도 잊지 말고 설정합니다.

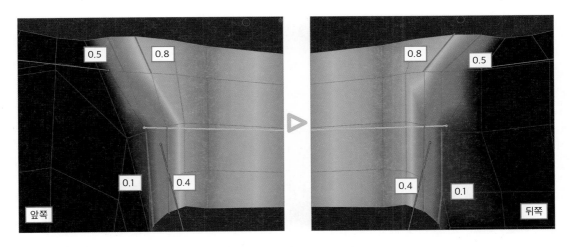

27 위팔쪽 웨이트 설정하기

Step

Shoulder.L쪽으로 이동해 위팔쪽 버텍스 2개의 웨이트를 '0.4', 두부쪽 버텍스 3개의 웨이트를 '0.1'로 설정합니다. 뒤쪽은 위팔쪽 버텍스 2개의 웨이트를 '0.4', 두부쪽 버텍스 2개의 웨이트를 '0.1'로 설정합니다.

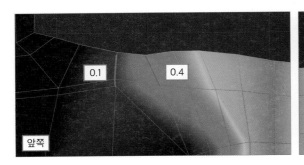
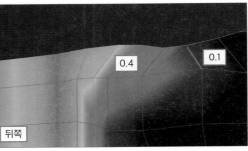

28

Step

팔꿈치 웨이트 설정하기

겨드랑이 웨이트 설정을 마쳤다면 다음은 팔꿈치쪽으로 이동합니다. 여기도 앞쪽 시점(넘버패드 1), 뒤쪽 시점 (Ctrl+넘버패드 1)을 전환하면서 웨이트를 설정합니다. 팔꿈치 안쪽 웨이트가 '0.3'인 것에 주의합니다(팔꿈치 돌출은 아래팔에 있으므로 그 돌출을 재현하기 위해 아래팔쪽에 웨이트를 많이 설정하기 때문입니다).

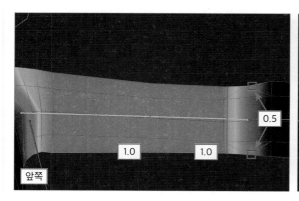
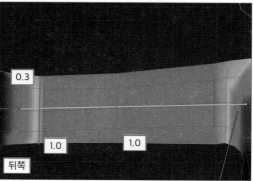

Column

겨드랑이를 올리려면 반드시 어깨를 올려야 하는 것에 주의

겨드랑이를 올리기 위해서는 반드시 어깨를 올려야 합니다. 실제로 여러분의 어깨를 누른 상태에서 팔을 올려보면 팔이 거의 올라가지 않는 것을 알 수 있습니다. 캐릭터에 겨드랑이를 올리는 포즈를 취하게 할 때는 본 Shoulder.L(어깨의 본)을 Ctrl+마우스 좌클릭해 선택하고 R키로 회전해야 합니다. 덧붙여 팔을 올렸을 때 겨드랑이가 부자연스럽게 부풀어 오를 때는 팔의 웨이트가 너무 높았을 가능성이 있으므로 웨이트 설정을 수정해야 합니다(버텍스 수를 늘려야 하기도 하지만 여기에서는 가능한 최소한의 버텍스 수로 만들기 위해 의도적으로 수를 줄였습니다). 단, 사람은 기본적으로 팔을 내리고 있으므로 팔을 올렸을 때의 겨드랑이 형태에 과도하게 집착하면(겨드랑이를 보여야 하는 경우를 제외하고) 아무리 많은 시간을 들여도 스키닝을 끝내기 어려우므로 적정한 수준에서 중단해야 합니다.

팔을 올렸을 때 어깨를 올리지 않으면 부자연스럽게 구부러진다.

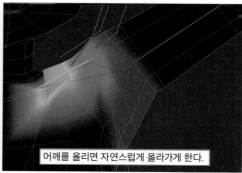

어깨를 올리면 자연스럽게 올라가게 한다.

29
Step

아래팔의 본 선택하기

앞쪽 시점(넘버패드 1)으로 전환하고 본 LowerArm.L(아래팔의 본)을 Ctrl+마우스 좌클릭해 선택합니다.

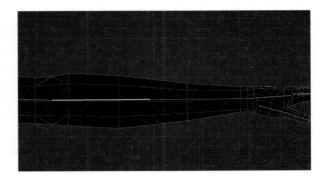

30
Step

아래팔의 웨이트 설정하기

기본적으로 아래팔은 팔꿈치와 손목 근처를 제외하고 웨이트를 '1'로 설정해도 괜찮습니다. 뒤쪽 시점(Ctrl+넘버패드 1) 설정도 잊지 말고 수행합니다. 만약 팔꿈치 바깥쪽이 홀쭉해지는 것이 걱정된다면 바깥쪽의 버텍스 수를 늘리거나 새롭게 팔꿈치쪽에 보조 본을 추가할 수 있습니다. 여기에서는 생략합니다.

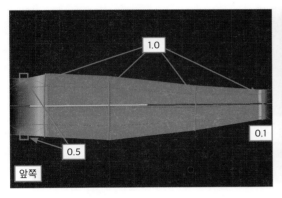

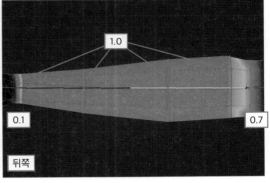

31
Step

손목의 본 선택하기

앞쪽 시점(넘버패드 1)으로 전환하고 보조 본 Extra bone.L을 Ctrl+마우스 좌클릭해 선택합니다. 여기에도 스키닝을 합니다.

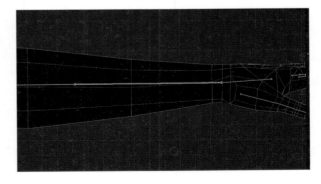

Chapter 1

Chapter 2

Chapter 3

Chapter 4

Chapter 5

Chapter 6

Chapter 7

32 손목의 본의 웨이트 설정하기 1

Step

먼저 손목의 버텍스에 웨이트를 '0.8'로 설정합니다. 이 부분은 이후 Hand.L(손의 본)의 웨이트도 연결하므로 '0.8'로 설정합니다.

※ 뒤쪽 시점(Ctrl+넘버패드 1)에서도 잊지 말고 웨이트를 설정합니다.

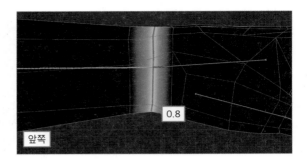

33 손목의 본의 웨이트 설정하기 2

Step

다음으로 3D 뷰포트 오른쪽 위 옵션에서 자동 노멀라이즈를 활성화합니다. 이번에는 아래팔쪽 손목을 '0.8', 가운데를 '0.5', 팔꿈치쪽을 '0.2'로 설정합니다. 이제 손목을 회전하면 아래팔도 회전합니다.

※뒤쪽 시점(Ctrl+넘버패드 1)에서도 잊지 말고 웨이트를 설정하세요.

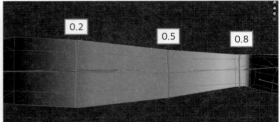

Column

뒤쪽을 스키닝하는 방법

여기에서는 시점을 전환하면서 뒤쪽에 스키닝을 했습니다. 시점을 조작하기가 번거롭다면 뒤쪽도 동시에 웨이트를 설정할 수 있습니다. 사이드바(N키)를 표시하고 도구를 클릭하면 페인트 관련 메뉴가 표시됩니다. 이 안에 있는 고급 패널을 클릭하면 앞쪽 페이스만이 기본값으로 활성화되어 있습니다. 이를 비활성화합니다. 다음으로 감소 패널을 클릭하고 그 안에 있는 감소 셰이프 항목을 투사된으로 설정하면 뒤쪽 버텍스에도 웨이트를 설정할 수 있습니다. 작업을 마쳤다면 설정을 원래대로 되돌리는 것도 잊지 맙시다. 덧붙여 이 사이드바에서 웨이트, 반경, 감소 설정 등도 할 수 있으므로 각자 사용하기 쉬운 방법을 선택하면 좋습니다.

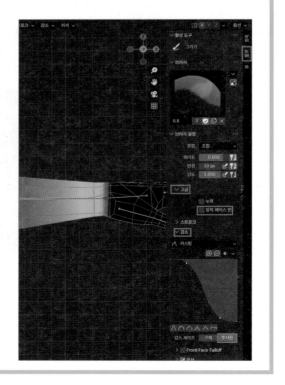

Chapter 1

Chapter 2

Chapter 3

Chapter 4

Chapter 5

Chapter 6

Chapter 7

7-3 손 스키닝

01 손의 본 선택하기

Step

손에 스키닝을 합니다. 3D 뷰포트 오른쪽 위 옵션에서 자동 노멀라이즈를 비활성화합니다. 위쪽 시점(넘버패드 7)으로 전환하고 Hand.L(손의 본)을 Ctrl+마우스 좌클릭해 선택합니다.

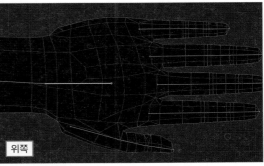

02 손등과 손바닥 웨이트 설정하기 1

Step

위쪽 시점(넘버패드 7), 아래쪽 시점(Ctrl+넘버패드 7)을 번갈아 확인하면서 그림과 같이 처음에는 웨이트를 '1'로 설정합니다.

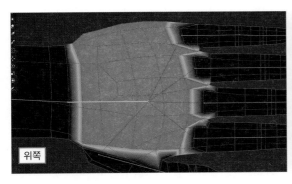
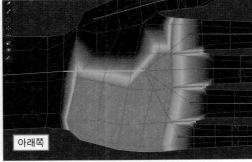

03 손등과 손바닥 웨이트 설정하기 2

Step

다음으로 세세하게 웨이트를 설정합니다.

❶ 세 번째 관절 위쪽 웨이트는 '0.5', 손목 주변의 웨이트는 '0.1', 엄지손가락과 집게 손가락 사이 부근의 웨이트는 '0.5'로 설정합니다.

Next Page ▶

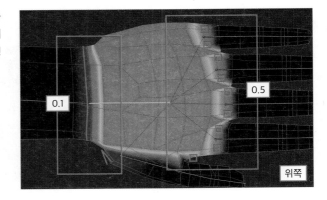

❷ 그리고 엄지손가락의 손바닥(엄지손가락 관절)의 버텍스 3개의 웨이트는 '0.8', 엄지손가락쪽 버텍스 3개의 웨이트는 '0.4'로 설정합니다.

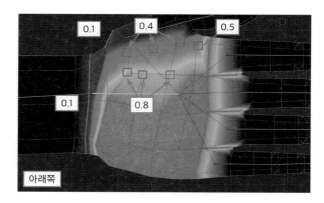

04 엄지손가락 밑동의 본 선택하기

Step 엄지손가락에 스키닝을 합니다. Thumb1.L(엄지손가락 밑동의 본)을 Ctrl+마우스 좌클릭해 선택합니다.

05 엄지손가락 밑동의 웨이트 설정하기

Step 손목 근처의 웨이트는 '0.9'입니다. 엄지손가락의 손바닥쪽 버텍스 3개의 웨이트는 '0.2', 엄지손가락쪽 버텍스 3개의 웨이트는 '0.6', 엄지손가락과 집게손가락 사이 부근의 웨이트는 '0.5'로 설정합니다. 그 밖에 그림에서 빨간색 위치의 웨이트는 '1'로 설정합니다.

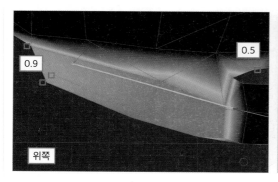

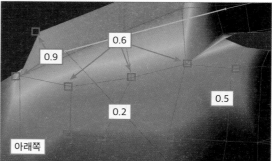

06 엄지손가락 중간 본의 웨이트 설정하기

Step Thumb2.L(엄지손가락 중간의 본)를 Ctrl+마우스 좌클릭해 선택하고 이쪽의 웨이트를 '1'로 설정하고, 바깥쪽 관절만 웨이트를 '0.5'로 설정합니다.

※ 여기에서는 앞쪽 시점에서 나타냈습니다. 반대쪽도 잊지 말고 스키닝합니다.

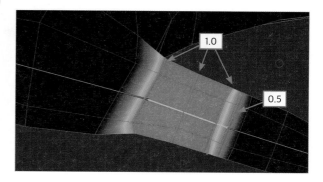

07

Step

엄지손가락 끝 본의 웨이트 설정하기

마지막은 Thumb3.L(엄지손가락 끝의 본) 을 Ctrl+마우스 좌클릭해 선택하고 앞과 마찬가지로 웨이트를 '1'로 설정하고 바깥 쪽 관절만 웨이트를 '0.5'로 설정합니다.

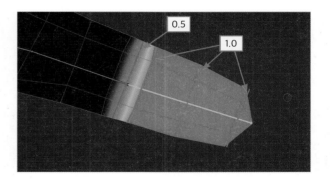

08

Step

집게손가락 밑동 본의 웨이트 설정하기

다음으로 집게손가락을 스키닝합니다. Index1.L(집게손가락 밑동의 본)을 Ctrl+마우스 좌클릭해 선택하고 바깥쪽 관절만 웨이트를 '0.5'로 설정합니다. 그 밖의 부분은 웨이트를 '1'로 설정합니다.

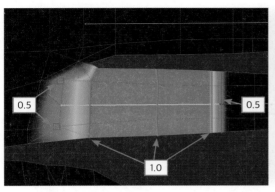
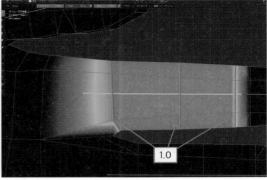

09

Step

집게손가락 중간 본의 웨이트 설정하기

계속해서 Index2.L(집게손가락 중간의 본)을 Ctrl+마우스 좌클릭해 선택하고 앞과 마찬가지로 바깥쪽 관절만 웨이트 를 '0.5'로 설정합니다. 그 밖의 부분은 웨이트를 '1'로 설정합니다.

※ 반대쪽도 잊지 말고 스키닝합니다.

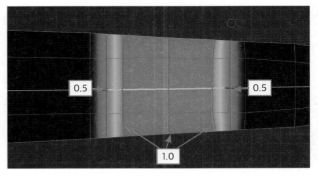

Chapter 1
Chapter 2
Chapter 3
Chapter 4
Chapter 5
Chapter 6
Chapter 7

10
Step

집게손가락 끝 본의 웨이트 설정하기

계속해서 Index3.L(집게손가락 끝의 본)을 Ctrl+마우스 좌클릭해 선택하고 바깥쪽 관절만 웨이트를 '0.5'로 설정합니다. 그 밖의 부분은 웨이트를 '1'로 설정합니다.

※ 반대편도 잊지 말고 스키닝을 해 주세요.

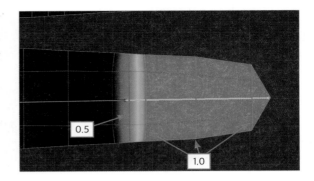

11
Step

다른 손가락의 웨이트 설정하기

앞의 조작을 Middle(가운뎃손가락의 본), Ring(약손가락의 본), Little(새끼손가락의 본)에도 적용합니다. 반대쪽도 잊지 말고 스키닝합니다. 작업을 마쳤다면 손과 손가락을 회전(R키)해 보고 칠해지지 않은 곳은 없는지 확인합니다(회전 리셋의 단축키는 Alt+R 키입니다).

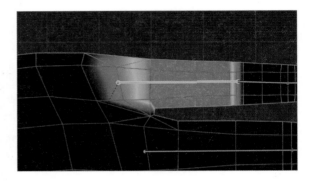

Column

손목을 자연스럽게 구부리는 스키닝 팁

손목을 조금 더 부드럽게 구부리고 싶다면 다음과 같이 웨이트를 수정하면 좋습니다. 먼저 3D 뷰포트 오른쪽 위 옵션에서 자동 노멀라이즈를 활성화합니다. 다음으로 Extra Bone.L 본을 Ctrl+마우스 좌클릭해 선택하고 웨이트를 '0.1' 정도 손쪽 에지에 적용합니다. 다음으로 Hand.L 본을 선택하고 손목 에지에 웨이트를 '0.4' 정도 적용하면 손목이 비뚤어지는 것을 어느 정도 막을 수 있습니다(잘 되지 않는다면 Tab키로 에디트 모드로 전환하고 메쉬를 수정해 주십시오). 손목의 버텍스 수가 너무 작으면 구부렸을 때 손목이 크게 찌그러집니다. 그때는 에디트 모드에서 루프 잘라내기(Ctrl+R키) 등으로 손목의 버텍스 수를 늘리면 좋습니다.

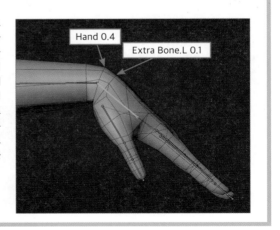

Chapter 1

Chapter 2

Chapter 3

Chapter 4

Chapter 5

Chapter 6

Chapter 7

7-4 하반신 스키닝

다음으로 하반신을 스키닝합니다.

01 **허리의 본 선택하기**
Spine(허리의 본)을 **Ctrl+마우스 좌클릭**해 선택
Step 합니다.

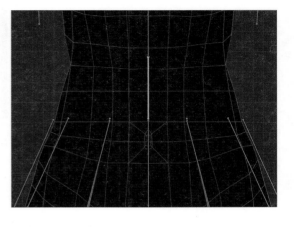

02 **허리의 웨이트 설정하기**
Spine은 허리를 제어하는 본이므로 그림과 같이 웨이트를 '1'로 설정합니다. 이 그림에서는 아마튜어를 우선 숨겼
Step 습니다.

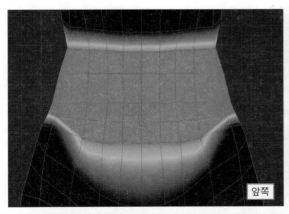

앞쪽

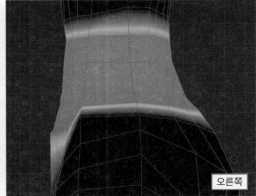

오른쪽

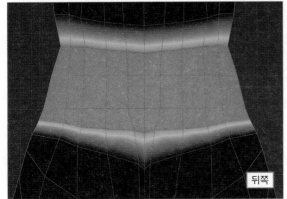

뒤쪽

03
Step
엉덩이의 본 선택하기
Hips(골반, 엉덩이의 본)을 Ctrl+마우스 좌클릭
해 선택합니다.

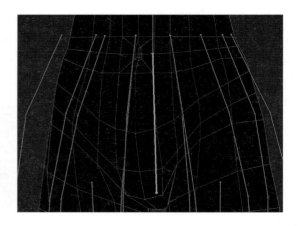

04
Step
엉덩이의 본의 웨이트 설정하기
여기도 웨이트를 '1'로 설정하고 적절하게 칠합니다. 가랑이 부분의 칠이 누락되기 쉬우므로 시점을 번갈아 가면서
칠하면 좋습니다.

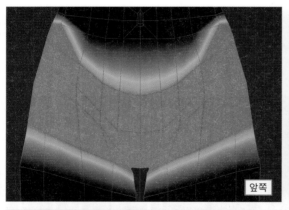

앞쪽

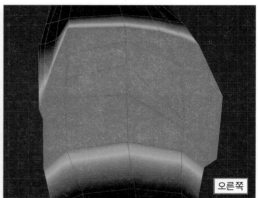

오른쪽

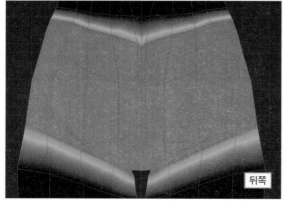

뒤쪽

05 상반신 본의 웨이트 설정하기

Step

현재 상태에서는 허리 주변이 부자연스럽게 구부러집니다. 허리 주변이 부드럽게 구부러지게 웨이트를 설정합니다. 3D 뷰포트 오른쪽 위 옵션에서 **자동 노멀라이즈**를 활성화하고 **Chest**(상반신의 본)을 **Ctrl+마우스 좌클릭**해 선택합니다. 앞쪽 시점(넘버패드 1)에서 그림과 같이 웨이트를 위부터 순서대로 '0.7', '0.4'로 설정합니다. 뒤쪽 시점(Ctrl+넘버패드 1)도 잊지 말고 웨이트를 설정합니다.

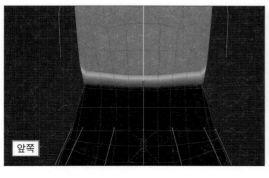
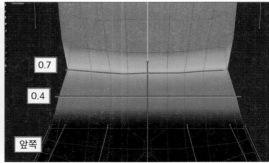

06 허리 본의 웨이트 설정하기

Step

Spine(허리의 본)을 **Ctrl+마우스 좌클릭**해 선택하고 배 주변을 제외한 골반 주변의 웨이트를 '0.2'로 설정합니다.

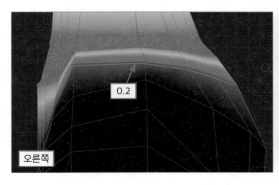
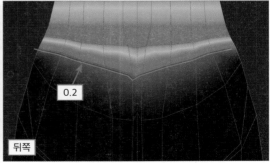

07 엉덩이의 본의 웨이트 설정하기

Step

계속해서 **Hips**(골반, 엉덩이의 본)을 **Ctrl+마우스 좌클릭**해 선택합니다. 배꼽 아래쪽 아래쪽 웨이트는 '0.7', 위쪽 웨이트는 '0.4'로 설정합니다.

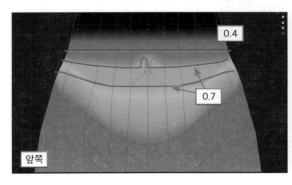
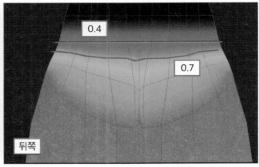

Chapter 1
Chapter 2
Chapter 3
Chapter 4
Chapter 5
Chapter 6
Chapter 7

마쳤다면 Spine(허리의 본)을 Ctrl+마우스 좌클릭해 선택하고 R키로 앞으로 숙여지도록 회전해 봅니다(회전 리셋은 Alt+R키입니다). 배 주변은 가능한 Hips에 웨이트를 주면 자연스럽게 구부려집니다.

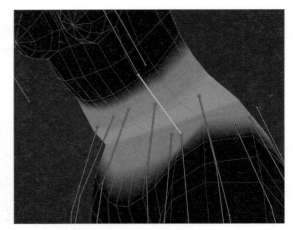

08 Step 허벅지의 본 선택하기

다음은 UpperLeg.L(허벅지의 본)을 Ctrl+마우스 좌클릭해 선택합니다.

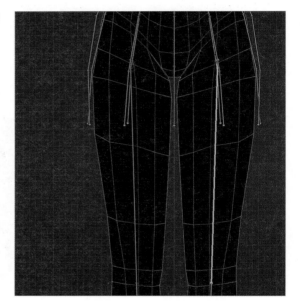

09 Step 허벅지의 웨이트 설정하기 1

허벅지의 웨이트 설정도 복잡하므로 먼저 간단한 위치부터 그림과 같이 웨이트를 '1', '0.5'로 설정합니다. 뒤쪽 시점(Ctrl+넘버패드 1)도 잊지 말고 웨이트를 설정합니다.

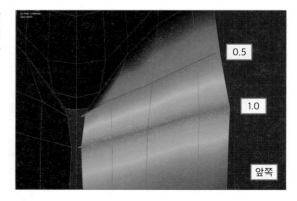

10

Step

허벅지의 웨이트 설정하기 2

다음은 웨이트를 '0.1'로 설정합니다. 이때 가랑이쪽 버텍스에 웨이트를 흔들지 않도록 합니다. 기본적으로 여기는 속옷을 입히는 곳이므로 UpperLeg.L(R을 포함) 웨이트는 흔들지 않는 것이 좋습니다.

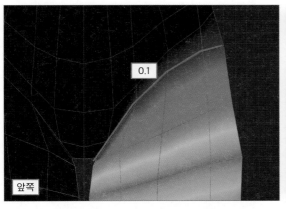

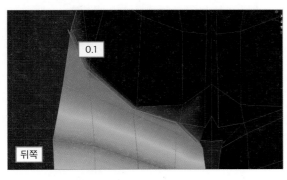

11

Step

엉덩이 버텍스의 웨이트 설정하기

뒤쪽 시점(Ctrl+넘버패드 1)으로 전환하고 엉덩이 버텍스의 웨이트를 설정합니다. 아래쪽 버텍스 3개의 웨이트는 '0.4', 위쪽 버텍스 3개와 엉덩이쪽 버텍스 1개(버텍스 총 4개)의 웨이트는 '0.2'로 설정합니다. 이렇게 웨이트를 설정하면 다리를 들어올렸을 때 엉덩이의 둥근 형태를 쉽게 유지할 수 있습니다(단, 완전히 둥근 형태를 유지하려면 보조 본을 사용해야 할 것입니다).

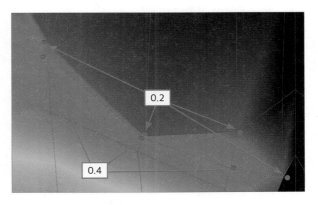

Chapter 1
Chapter 2
Chapter 3
Chapter 4
Chapter 5
Chapter 6
Chapter 7

12 허벅지의 웨이트 설정하기

Step

3D 뷰포트 오른쪽 위 옵션에서 자동 노멀라이즈를 비활성화하고 바깥쪽 무릎 관절의 웨이트는 '0.5', 그 밖의 버텍스의 웨이트는 '1'로 설정합니다. 반대쪽도 잊지 말고 웨이트를 설정합니다.

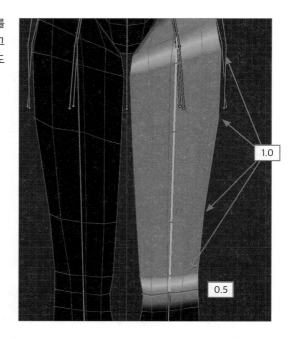

1.0

0.5

13 정강이의 본의 웨이트 설정하기

Step

❶ LowerLeg.L(정강이의 본)을 스키닝합니다. 이 본을 Ctrl+마우스 좌클릭해 선택합니다.

❷ 여기도 UpperLeg.L과 마찬가지로 바깥쪽 무릎 관절의 웨이트는 '0.5', 그 밖의 버텍스 웨이트는 '1'로 설정합니다. 반대쪽도 잊지 말고 웨이트를 설정합니다.

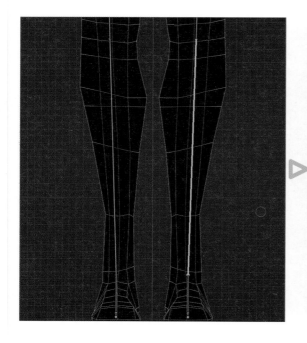

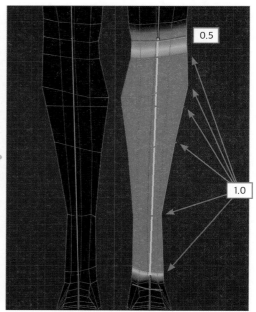

0.5

1.0

14 발의 본의 웨이트 설정하기
Step
❶ Foot.L(발의 본)을 Ctrl+마우스 좌클릭해 선택합니다.
❷ 오른쪽 시점(넘버패드 3)으로 전환하고 발끝 관절 부분의 웨이트를 '0.5', 그 밖의 웨이트를 '1'로 설정합니다. 왼쪽
시점(Ctrl+넘버패드 3)으로 전환하면 반대쪽 발에 가려져 보이지 않을 때는 우선 Body 오브젝트의 오른쪽 프로퍼티
스의 모디파이어 프로퍼티스에 있는 미러의 실시간을 비활성화하면 일시적으로 미러를 비활성화할 수 있습니다.

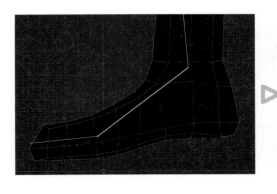 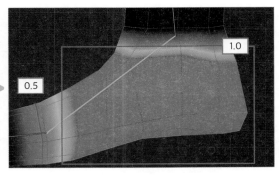

15 발끝 본의 웨이트 설정하기
Step
❶ 먼저 Toes.L(발끝 본)을 Ctrl+마우스 좌클릭해 선택합니다.
❷ Foot.L과 거의 같게 발끝 관절 부분의 웨이트는 '0.5', 그 밖이 웨이트는 '1'을 설정합니다. 반대쪽도 잊지 말고
웨이트를 설정합니다.

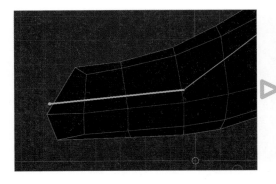 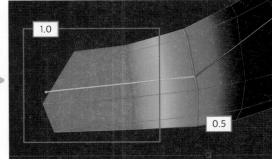

16 웨이트 설정 확인하기
Step
오른쪽 프로퍼티스의 모디파이어 프로퍼티스에
있는 미러의 실시간을 활성화하고 Hips(골반,
엉덩이의 본)을 Ctrl+마우스 좌클릭해 선택하
고 R키로 회전해 웨이트 설정을 빠뜨린 곳이 없
는지 확인합니다. 만약 원래 위치에서 움직일 수
없는 버텍스가 있다면 그 부분에 가까운 본을 선
택하고 웨이트를 설정합니다.

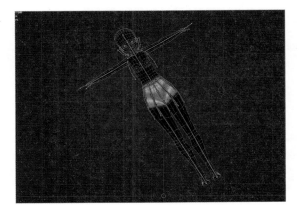

Chapter 1
Chapter 2
Chapter 3
Chapter 4
Chapter 5
Chapter 6
Chapter 7

스키닝/메쉬 수정

스키닝을 수정합니다.

01 Step LowerLeg.L 선택하기

현재 웨이트 설정으로는 LowerLeg.L을 R키를 사용해 90도 이상 회전시키면 정강이가 허벅지를 뚫고 지나가게 됩니다. 무릎은 90도 이상 굽혀지는 일이 거의 없으므로 이 부분을 수정합니다. Alt+R키로 회전을 리셋하고 먼저 LowerLeg.L을 선택한 상태인지 확인합니다. 다음으로 3D 뷰포트 오른쪽 위 옵션 안에 있는 자동 노멀라이즈를 활성화합니다.

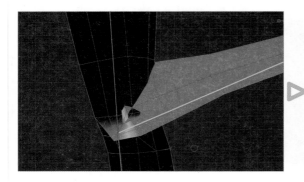
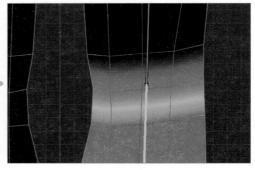

02 Step LowerLeg.L의 웨이트 설정 조정하기 1

앞쪽 시점(넘버패드 1)으로 전환하고 허벅지쪽의 버텍스 5개의 웨이트를 '0.2'로 설정합니다.

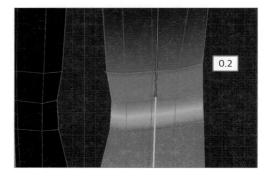

03 Step LowerLeg.L의 웨이트 설정 조정하기 2

다음으로 UpperLeg.L을 Ctrl+마우스 좌클릭해 선택합니다. 다음으로 무릎 중앙 관절의 버텍스 5개의 웨이트를 '0.7', 무릎 아래쪽 관절의 버텍스 4개의 웨이트를 '0.5로 설정합니다.

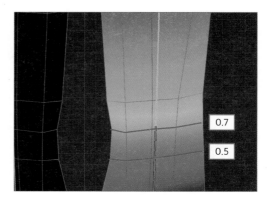

04 동작 확인하기

Step

다시 **LowerLeg.L**을 **R키**로 90도 이상 회전시켜
봅니다. 이번에는 정강이가 허벅지를 뚫고 지나
가지 않습니다. 만약 발을 구부렸을 때 무릎이 쭈
그러드는 것이 신경 쓰인다면 버텍스 수를 더 늘
리거나 새롭게 보조 본을 만들어야 하지만 여기
에서는 생략합니다.

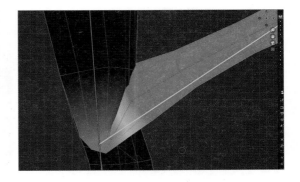

05 목덜미 주변 웨이트 조정하기

Step

목덜미 주변 웨이트를 조정합니다. **Chest**(상반신의 본)을 **Ctrl+마우스 좌클릭**해 선택했다면 **오른쪽 시점**(넘버패
드 **3**)으로 전환하고 목 밑동의 버텍스 5개의 웨이트를 '0.8', 그 다음 위쪽 버텍스 5개의 웨이트는 '0.5', 그 다음 위
쪽 버텍스 5개의 웨이트는 '0.1'로 설정합니다. 이것으로 목이 꽤 부드럽게 회전할 것입니다.

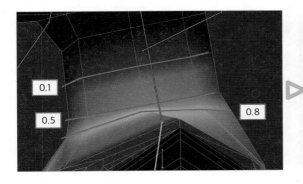

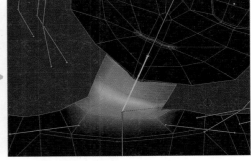

06 어깨 주변 웨이트 조정하기

Step

어깨 주변의 웨이트도 수정합니다. 현재 웨이트
설정해서는 **Shoulder.L**을 앞으로 움직였을 때
뒤쪽이 크게 빠지게 됩니다. 앞쪽 또한 웨이트가
다소 부족합니다.

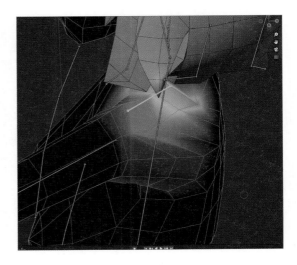

Chapter 1

Chapter 2

Chapter 3

Chapter 4

Chapter 5

Chapter 6

Chapter 7

Shoulder.L을 **Ctrl+마우스 좌클릭**해 선택한 상태에서 다음과 같이 웨이트를 설정합니다.

※ 자동 노멀라이즈를 활성화합니다.

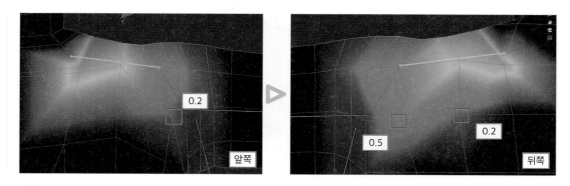

다음으로 **Body**의 에디트 모드(Tab키)로 전환하고 사이드바(N키)의 항목에서 **버텍스 웨이트**(각 버텍스에 할당된 웨이트를 확인 및 조작하는 기능)에서 다음 버텍스 4개의 웨이트 설정을 변경합니다.

다시 한 번 Shoulder.L을 웨이트 페인트(Tab키로 에디트
모드로 전환합니다. 다시 Tab키를 눌러 웨이트 페인트로
되돌아 갑니다)에서 회전시켜 봅니다. 이전보다 자연스럽
게 회전할 것입니다. 이 책에서 표기한 웨이트는 어디까지
나 기준일뿐이므로 이 값을 직접 입력해도 잘 동작하지 않
는다면 다른 값으로 조정해 주십시오.

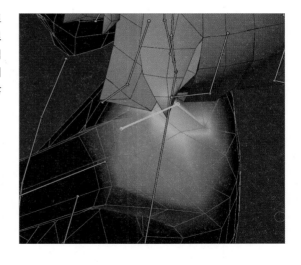

07 자동 노멀라이즈 활성화하기

Step 작업을 마쳤다면 3D 뷰포트 오른쪽 위 옵션 안에
있는 자동 노멀라이즈를 비활성화합니다.

08 메쉬 수정하기

Step 그 밖에 메쉬를 한 번 더 수정합니다. 현재 웨이트 페인트인지 확인합니다. Tab키를 눌러 Body 오브젝트의 에디
트 모드로 전환합니다. 이동(G키)이나 슬라이드 이동(G키를 2번 누르거나 Shift+V키)으로 무릎 아래의 변을 위로
조금 올리면 좋습니다. 이렇게 하면 섭디비전 표면을 추가했을 때 무릎이 이상하게 둥그렇게 되는 것을 막을 수 있
습니다. 그 밖에 신경이 쓰이는 부분이 있다면 각자 메쉬를 수정하면 좋습니다.

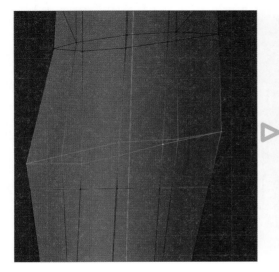

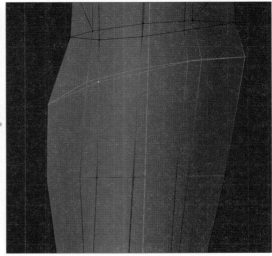

Chapter 1
Chapter 2
Chapter 3
Chapter 4
Chapter 5
Chapter 6
Chapter 7

불필요한 웨이트 삭제하기

웨이트가 '0.001' 등 거의 0에 가까운 웨이트가 여러 버텍스에 흩어져 설정되었을 때 이들을 한꺼번에 삭제할 수 있습니다. 웨이트 페인트 모드로 전환하고 3D 뷰포트 위쪽 웨이트 → 정리를 선택합니다. 그러면 왼쪽 아래 오퍼레이터 패널이 나타납니다. 사용 부분을 모든 그룹(변경 시, 표시 이름이 All Groups으로 되어 있습니다)하고 제한에 값을 입력합니다. 이 값 이하의 웨이트는 모두 삭제됩니다.

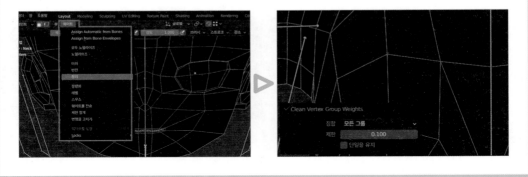

7-6 　 **두부 전체 및 머리카락 스키닝**

다음은 두부 전체 및 머리카락을 스키닝합니다.

01
Step

오브젝트 표시하기
3D 뷰포트 왼쪽 위 모드 전환에서 오브젝트 모드로 전환하고 오른쪽 위 아웃라이너에서 Chara 컬렉션 안의 모든 오브젝트를 표시합니다(오른쪽 눈동자 아이콘을 클릭).
※ Hair 오브젝트 프로퍼티스의 뷰포트 표시에 있는 와이어프레임을 활성화했습니다.

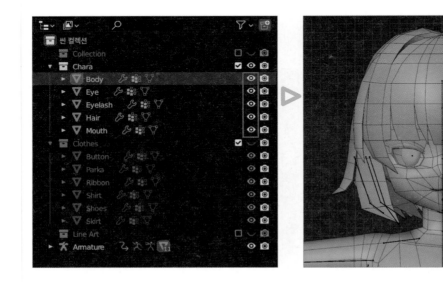

Chapter 1

Chapter 2

Chapter 3

Chapter 4

Chapter 5

Chapter 6

Chapter 7

02 눈 웨이트 설정하기

Step

먼저 눈을 스키닝합니다. 앞쪽 시점(넘버패드 1)인지 확인했다면 아마튜어 → Eye 객체 순서로 선택하고 웨이트 페인트로 전환합니다. 3D 뷰포트 오른쪽 위 뷰포트 셰이딩이 와이어프레임(Shift+Z키)인지 확인합니다. Eye. L(눈의 본)을 Ctrl+마우스 좌클릭해 선택합니다. 눈은 기본적으로 웨이트를 '1'로 설정합니다. 그라디언트의 단축 키인 Alt+마우스 좌클릭 드래그(블렌더 4.0에서는 Shift+A키에서 마우스 좌클릭 드래그 또는 채우기의 Ctrl+X 키)로 간단하게 웨이트를 줄 수 있습니다.

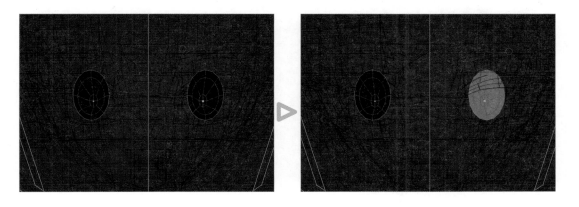

03 웨이트 페인트 오브젝트 전환하기

Step

여기부터는 속눈썹(눈썹), 이, 입에 Head(머리의 본)의 웨이트를 설정합니다. 모든 오브젝트에 대해 오브젝트 모 드 → 오브젝트 선택 → 웨이트 페인트 → … 같은 작업을 반복하기는 번거롭습니다. 이를 빠르게 전환하는 방법을 소개합니다. 오른쪽 위 아웃라이너를 보면 현재 Eye 오브젝트의 웨이트 페인트에 들어가 있을 것입니다. Eye 왼 쪽 옆에 덤벨과 같은 아이콘이 있습니다. 여기에서 Eyelash 왼쪽 옆에 있는 작은 점을 클릭하면 Eyelash의 웨이 트 페인트로 전환할 수 있습니다.

이 오브젝트의 웨이트 페인트 모드에 있음을 의미한다.

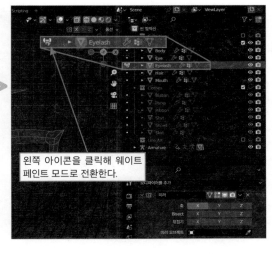

왼쪽 아이콘을 클릭해 웨이트 페인트 모드로 전환한다.

04 버텍스 그룹에서 Head 선택하기

Step

Eyelash의 웨이트 페인트로 전환하고 오른쪽 프로퍼티스의 오브젝트 데이터 프로퍼티스의 버텍스 그룹에서 Head를 클릭합니다. 만약 찾기가 어려울 때는 아래쪽에 있는 화살표를 클릭하면 검색 필드가 표시됩니다. 여기에서 He를 입력하면 곧바로 Head를 찾을 수 있습니다. 검색을 취소하고 싶을 때는 검색 필드 오른쪽에 있는 X 버튼을 클릭합니다.

 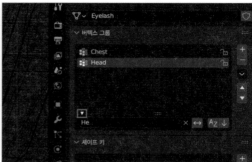

05 눈썹, 속눈썹의 웨이트 설정하기

Step

버텍스 그룹에서 Head를 클릭한 것을 확인했다면 속눈썹과 눈썹의 웨이트를 '1'로 설정합니다. 여기도 그라디언트의 단축키인 Alt+마우스 좌클릭 드래그를 사용해 간단하게 웨이트를 줄 수 있습니다.

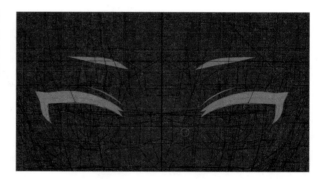

06 입 안의 웨이트 설정하기

Step

❶ 앞의 조작과 같은 조작을 합니다. 오른쪽 위 아웃라이너에서 Mouth 왼쪽 옆에 있는 점을 클릭하고 Mouth의 웨이트 페인트로 전환합니다. 오른쪽 프로퍼티스의 오브젝트 데이터 프로퍼티스의 버텍스 그룹에서 Head를 클릭합니다. Next Page

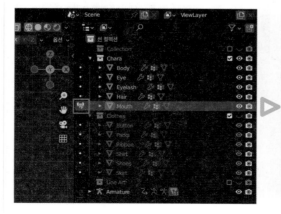 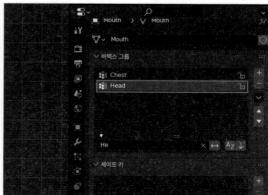

그리고 모든 버텍스의 웨이트를 '1'로 설정합니다. 마찬가지로 그라디언트의 단축키인 Alt+마우스 좌클릭 드래그를 사용하면 좋습니다.

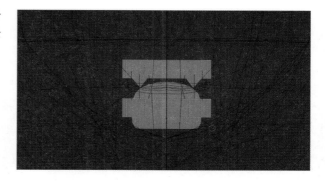

Chapter 1

Chapter 2

Chapter 3

Chapter 4

Chapter 5

Chapter 6

Chapter 7

07 Step   머리카락 웨이트 설정하기

머리카락에도 같은 조작을 합니다. 오른쪽 위 아웃라이너에서 Hair 왼쪽 옆에 있는 점을 클릭하고 Hair의 웨이트 페인트로 전환합니다. 오른쪽 프로퍼티스의 오브젝트 데이터 프로퍼티스의 버티컬 그룹에서 Head를 클릭한 뒤 모든 버텍스의 웨이트를 '1'로 설정합니다. 버텍스 수가 많으므로 그라디언트의 단축키인 Alt+마우스 좌클릭 드래그를 사용해 한 번에 칠합니다.

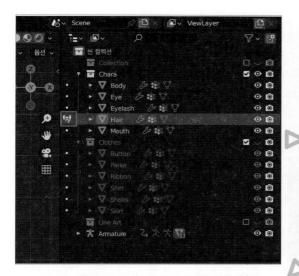

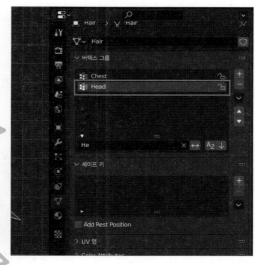

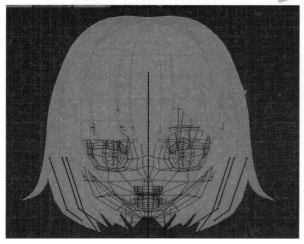

08 앞머리 본 선택하기

Step 3D 뷰포트 왼쪽 위 모드 전환에서 오브젝트 모드로 전환하고 앞쪽 시점(넘버패드 1)에서 Armature → Hair 순서로 Shift키를 누른 상태로 선택합니다. 그리고 모드 전환에서 웨이트 페인트로 전환하고 FHair(앞머리 본)를 Ctrl+마우스 좌클릭해 선택합니다.

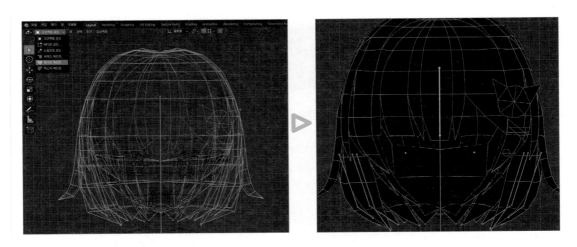

09 앞머리 페이스 선택하기

Step Hair 오브젝트의 섭디비전의 실시간이 비활성화되어 있는 것을 확인합니다. 3D 뷰포트 오른쪽 위 옵션에서 자동 노멀라이즈를 활성화합니다. 실수로 뒤쪽 메쉬에 웨이트를 설정하지 않게 하기 위해 3D 뷰포트 왼쪽 위에 있는 페이스의 마스크(M키)를 활성화합니다. 그리고 Alt+A키로 우선 모든 선택을 해제하고 Shift키를 마우스 좌클릭해 앞머리의 페이스 6개를 선택합니다.

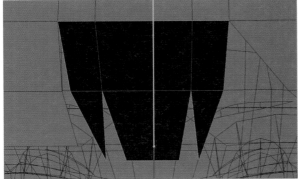

10 앞머리 웨이트 설정하기

Step

여기에서는 머리카락 끝의 버텍스 3개의 웨이트를 '1'로 설정하고 중간 버텍스 3개의 웨이트를 '0.4'로 설정합니다. 설정을 마쳤다면 **Alt+A** 키로 선택을 해제하고 왼쪽 위 마스크(M키)는 우선 비활성화합니다.

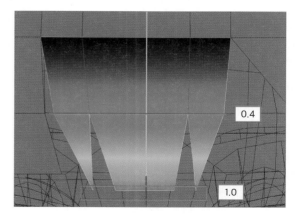

11 웨이트를 좌우 대칭으로 페인트할 수 있도록 설정하기

Step

다음은 옆머리와 뒷머리의 웨이트를 페인트합니다. 그 전에 웨이트를 좌우대칭으로 페인트할 수 있도록 설정합니다. 3D 뷰포트 오른쪽 위 대칭 메뉴에서 버텍스 그룹을 미러와 X를 활성화합니다. 버텍스 그룹을 미러를 비활성화하면 단순하게 좌우 대칭으로 페인트 되므로 한쪽 본에 양쪽 메쉬의 웨이트가 설정됩니다.

12 옆머리 앞쪽 본의 웨이트 설정하기

Step

SHair1.L(옆버리 앞쪽 본)을 **Ctrl+마우스 좌클릭**해 선택하고 앞과 같은 조작을 합니다.

❶ 3D 뷰포트 왼쪽 위 페이스의 마스크를 활성화하고 **Shift키**로 페이스를 클릭합니다(뒷면도 잊지 말고 클릭합니다). 그리고 그림과 같이 한 가운데와 아래의 웨이트를 '1'(바깥쪽으로 뻗친 머리끝도 포함합니다), 밑동의 웨이트는 '0.5'로 설정합니다.

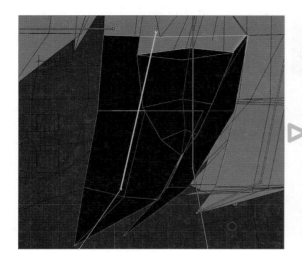
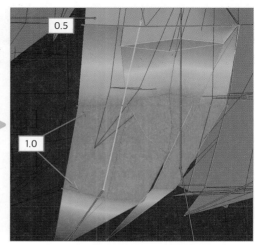

❷ 그리고 왼쪽 위 마스크를 우선 비활성화하고 SHair2.L을 Ctrl+마우스 좌클릭해 선택합니다. 한 번 더 마스크를 활성화하고 머리카락 끝의 웨이트를 '1', 중간의 웨이트를 '0.5'로 설정합니다.

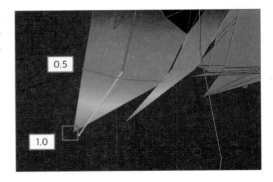

MEMO

> SHair2.L로 전환하고 웨이트를 설정했을 때 SHair1.L의 웨이트 설정이 달라지지만, 자동 노멀라이즈 설정을 ON 했기 때문에 문제없습니다.

13
Step

다른 머리카락의 웨이트 설정하기

다른 머리카락도 지금까지와 같이 조작합니다. 웨이트 설정은 앞의 옆머리와 같습니다. 다른 머리카락이 보기 어려울 때는 페이스의 마스크에서 페이스를 Shift+마우스 좌클릭해 선택하고, 선택하지 않은 대상을 숨기기하는 단축키인 Shift+H키로 작업을 수행하면 좋습니다(재 표시는 Alt+H키). 만약 Ctrl+마우스 좌클릭해 본을 전환할 수 없을 때는 왼쪽 위 마스크가 활성화되어 있을 것이므로 이를 비활성화합니다.

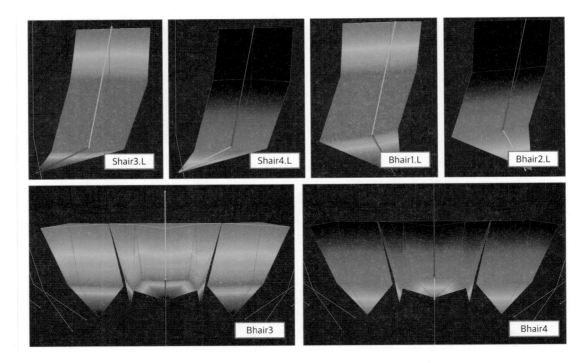

덧붙여 스키닝 종료 후 좌우 옆머리(SHair1.L, SHair1,R 근처의 옆머리 안쪽)의 안쪽 페이스의 간격이 신경 쓰이므로 Hair 오브젝트의 에디트 모드(Tab키)로 전환하고, 그림과 같이 에지 선택 모드(숫자키 2)로 전환하고 페이스 만들기(F키) 합니다 (반대쪽도 페이스를 생성합니다).

웨이트 미러 복사하기

대칭 메뉴에서 버텍스 그룹을 미러와 X키를 활성화하는 것을 잊어버려 반대쪽 버텍스 그룹에 웨이트가 복사되지 않는 문제가 발생했을 때의 대처 방법을 소개합니다.

먼저 반전 복사할 버텍스 그룹을 선택하고 아래쪽 화살표를 클릭한 뒤 메뉴에서 버텍스 그룹을 복사를 선택합니다.

다음으로 복제한 버텍스 그룹을 선택하고 버텍스 그룹을 미러를 선택해 반전시킵니다.

웨이트가 설정되지 않은 반대쪽 버텍스 그룹을 클릭하고 오른쪽 빼기 아이콘을 클릭해 삭제합니다.

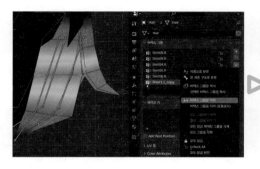

복제한 버텍스 그룹을 클릭하고 앞서 삭제한 반대쪽 버텍스 그룹과 같은 이름으로 변경하면 완료입니다.

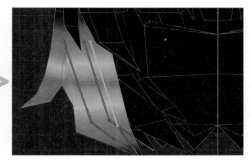

Chapter 1
Chapter 2
Chapter 3
Chapter 4
Chapter 5
Chapter 6
Chapter 7

스커트 스키닝

다음으로 스커트를 스키닝합니다.

01 Skirt 오브젝트 표시하기

Step

왼쪽 위 모드 전환에서 오브젝트 모드로 전환하고 앞쪽 시점(넘버패드 1)으로 전환한 뒤 오른쪽 위 아웃라이너에서 Skirt 오브젝트를 표시합니다.

※ Skirt 오브젝트의 섭디비전의 실시간은 비활성화했습니다. 오브젝트 프로퍼티스의 뷰포트에 있는 와이어프레임은 활성화했습니다.

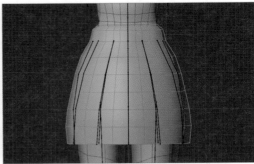

02 허리 웨이트 설정하기

Step

Armature → Skirt 순으로 Shift키를 누르고 선택합니다. 3D 뷰포트 왼쪽 위 모드 전환에서 웨이트 페인트로 전환합니다. Spine(허리의 본)을 Ctrl+마우스 좌클릭해 선택하고 스커트의 허리 주변 웨이트를 '1'로 설정합니다. 뒤쪽도 잊지 말고 웨이트를 설정합니다.

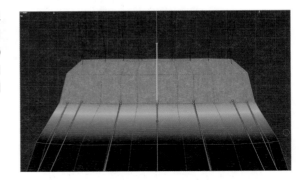

03 스커트의 본의 웨이트 설정하기

Step

스커트의 각 본에 웨이트를 설정합니다. 기본적으로 중앙의 웨이트를 '1', 그 주변의 웨이트를 '0.5'로 설정합니다(Spine의 웨이트를 설정한 위치는 칠하지 않도록 합니다). 오른쪽 위 자동 노멀라이즈는 활성화 또는 비활성화해도 좋습니다. 다른 본과 겹쳐져 잘 보이지 않을 때는 시점을 전환하면 좋습니다. Next Page ▶

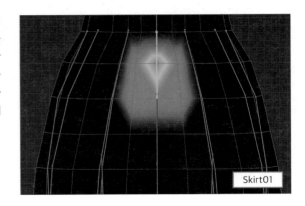

Skirt01

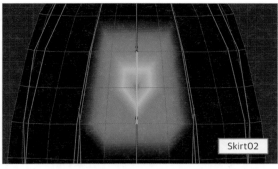

Skirt02

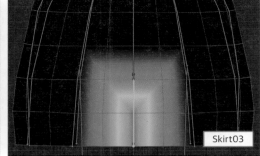

Skirt03

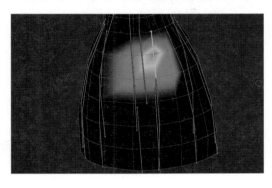

다른 스커트의 본에도 같은 작업을 합니다

Chapter 1

Chapter 2

Chapter 3

Chapter 4

Chapter 5

Chapter 6

Chapter 7

7-8 셔츠 스키닝

다음은 셔츠를 스키닝합니다. 여기에서는 웨이트를 전송 기능을 사용합니다.

01 Shirt와 Body 선택하기

Step
오른쪽 위 아웃라이너에서 Shirt를 표시합니다. 다음으로 3D 뷰포트 왼쪽 위 모드 전환에서 오브젝트 모드로 전
환합니다. 먼저 전송 소스가 될 오브젝트인 Body를 선택하고, 마지막으로 전송 대상이 될 오브젝트인 Shirt 순으
로 Shift키를 누르고 선택합니다(아웃라이너에서 Body → Shirt 순으로 Ctrl키를 누르고 선택해도 좋습니다).

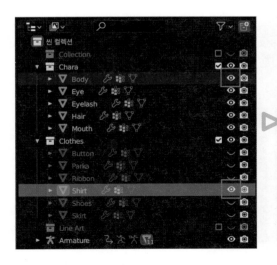

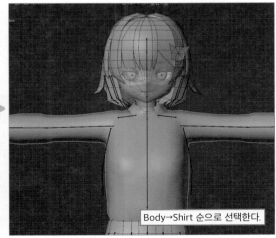

Body→Shirt 순으로 선택한다.

02 웨이트 전송하기

Step

❶ 왼쪽 위 모드 전환에서 웨이트 페인트로 전환하고 헤더에 있는 웨이트에서 웨이트를 전송을 클릭합니다.

❷ 왼쪽 아래 오퍼레이터 패널이 표시됩니다. 여기의 소스 레이어 선택을 이름으로로 변경합니다.

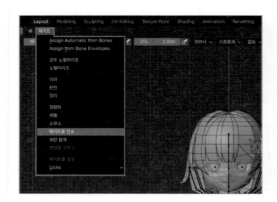
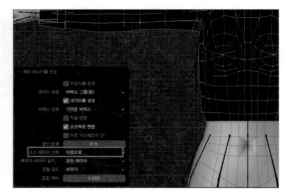

03 동작 확인하기

Step

왼쪽 위 모드 전환에서 오브젝트 모드로 전환하고 Armature를 선택하고 포즈 모드로 전환한 뒤 셔츠가 본을 따라 움직이는지 확인합니다.

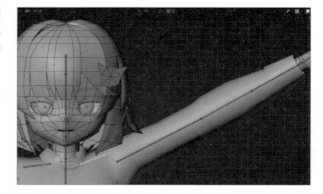

04 셔츠의 웨이트 조정하기

Step

셔츠의 웨이트를 조정합니다. 오브젝트 모드로 전환하고 Armature → Shirt 순으로 선택한 뒤, 왼쪽 위 모드 전환에서 웨이트 페인트로 전환합니다. 오른쪽 위 옵션에 있는 자동 노멀라이즈가 활성화되어 있는 것을 확인한 뒤 Chest(상반신의 본)을 Ctrl+마우스 좌클릭해 선택합니다. 옷깃을 보면 Neck(목의 본)의 웨이트가 전송되어 있어 이 상태로는 목을 구부리면 옷깃도 움직이게 되어 부자연스럽습니다. 웨이트를 '1'로 설정하고 다양한 시점에서 확인하면서 옷깃 주변의 웨이트를 '1'로 설정합니다.

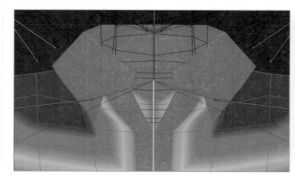
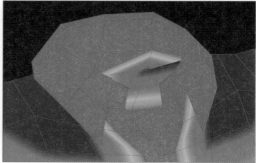

설정을 마쳤다면 Neck(목의 본)을 R키를 누른 뒤 회전시
켜 봅니다. 옷깃이 움직이지 않는 지 확인합니다(회전 리
셋은 Alt+R키입니다).

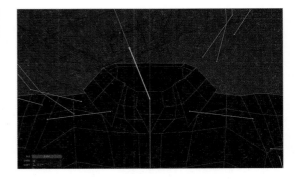

05
Step

셔츠 가장 아래 부분의 웨이트 조정하기
다음은 Chest(상반신의 본)을 Ctrl+마우스 좌클
릭해 선택합니다. 셔츠의 가장 아래 부분에 웨이
트가 걸려 있다면 '0'으로 설정합니다(자동 노멀
라이즈는 활성화합니다). 이렇게 하면 Chest를
움직였을 때 신체가 보이는 것을 막을 수 있습니
다.

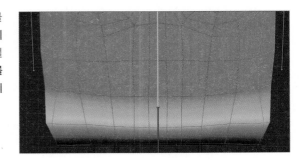

7-9 파카 스키닝

다음으로 파카를 스키닝합니다.

01
Step

Parka 표시하기
왼쪽 위 모드 전환에서 **오브젝트 모드**로 전환하고 오른쪽 위 아웃라이너에서 **Parka**를 표시합니다. **Parka**를 선택
하고 **에디트 모드**(Tab키)로 전환합니다. 이 오브젝트도 **웨이트 전송**을 수행합니다. 순서가 다소 복잡하므로 차근
차근 설명합니다.

※ Parka 오브젝트의 섭디비전의 실시간은 비활성화했습니다. 오브젝트 프로퍼티스의 뷰포트 표시에 있는 와이어프레임은 활성화
했습니다.

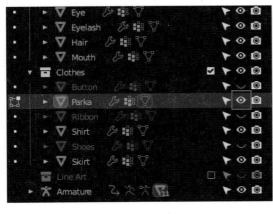

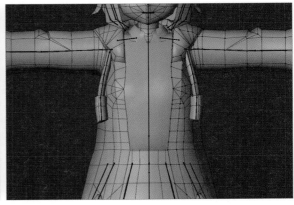

02 에지 떼어내기

Step 먼저 스커트와 셔츠 사이의 에지를 **Alt+마우스 좌클릭**해 에지 루프 선택합니다. 떼어내기(**V키**)를 합니다. 마우스 우클릭해 원래 위치에 배치합니다.

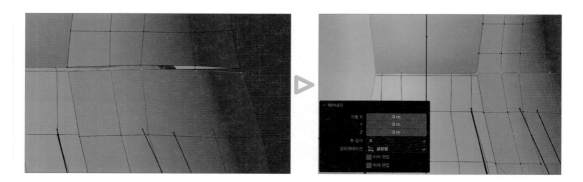

03 오브젝트 분리하기

Step 다음으로 위쪽 반을 연결하고 있는 **연결된 모두 선택(Ctrl+L키)**를 사용해 선택하고 **분리(P키)**에서 **선택**을 선택합니다. 반으로 나눈 **Parka**의 위쪽 반에는 신체의 웨이트를 전송하고, 아래쪽 반에는 스커트의 웨이트를 전송합니다.

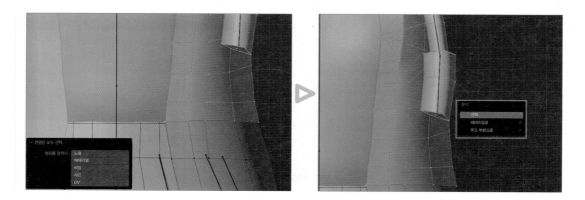

04 Parka로 웨이트 전송하기

Step 왼쪽 위 모드 전환에서 **오브젝트 모드**로 전환하고 **전송 소스**인 Body 오브젝트 → **전송 대상**인 상반신쪽의 Parka 오브젝트 순서로 **Shift키**를 누른 채 선택합니다. 왼쪽 위 모드 전환에서 **웨이트 페인트**로 전환하고 헤더 안에 있는 **웨이트**에서 **웨이트를 전송**을 선택합니다. 왼쪽 아래 오퍼레이터 패널에서 **소스 레이어 선택**을 **이름으로**로 설정합니다.

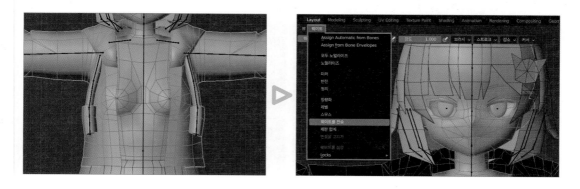

05
Step

하반신쪽의 Parka 오브젝트로 웨이트 전송하기

다시 오브젝트 모드로 전환합니다. 이번에는 전송 소스인 Skirt 오브젝트 → 전송 대상인 하반신쪽의 Parka 오브젝트 순서로 Shift키를 누른 채 선택합니다. 앞과 마찬가지로 왼쪽 위 모드 전환에서 웨이트 페인트로 전환하고 헤더 안에 있는 웨이트에서 웨이트를 전송을 선택합니다. 왼쪽 아래 오퍼레이터 패널에서 소스 레이어 선택을 이름으로로 합니다.

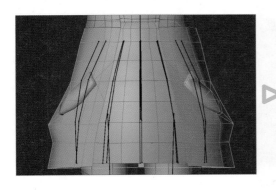
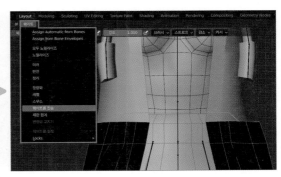

06
Step

오브젝트 합치기와 동작 확인하기

작업을 마쳤다면 오브젝트 모드로 전환하고 상반신쪽과 하반신쪽의 Parka를 Shift키를 누른 채 선택합니다(선택하는 순서는 관계없지만, 아웃라이너에서 Parka라고 표기되어 있는쪽을 활성화하는 것이 좋습니다). 결합의 단축키인 Ctrl+J키를 누릅니다. 그리고 에디트 모드로 전환한 뒤 A키로 모두 선택하고 병합(M키)에서 거리에 의해를 선택해 버텍스를 결합합니다. 이렇게 하면 상반신쪽에는 신체의 웨이트, 하반신쪽에는 스커트의 웨이트가 전송되며 파카가 완성됩니다.

작업을 마쳤다면 Armature를 선택하고 포드 모드에서 동작을 확인해 봅니다.

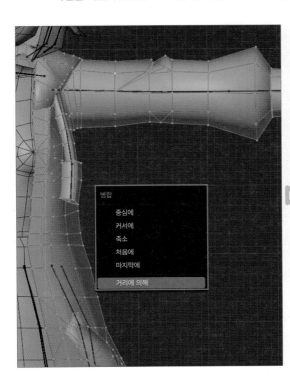
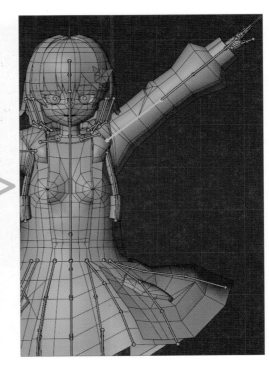

07 상반신 본의 웨이트 수정하기

Step

Parka의 웨이트를 조정합니다.

Armature → Parka 순서로 선택하고 왼쪽 위 모드 전환에서 웨이트 페인트로 전환합니다. 이 웨이트 전송을 통해 파카도 잘 연동한다면 문제없지만, 그림과 같이 Shoulder.L을 회전하면 일부 웨이트가 전송되지 않는 메쉬가 깨지기도 합니다.

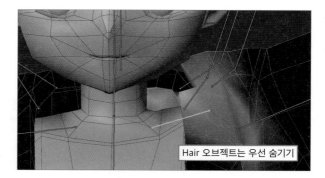

Hair 오브젝트는 우선 숨기기

Chest(상반신의 본)을 Ctrl+마우스 좌클릭해 선택하고 오른쪽 위 옵션의 자동 노멀라이즈가 활성화되어 있는 것을 확인합니다. 그리고 그림과 같이 웨이트 '0.8'(주로 노란색 부분)을 버텍스에 설정합니다. 목 주변, 어깨 근처의 웨이트를 '0.8'로 설정하는 것이 팁입니다.

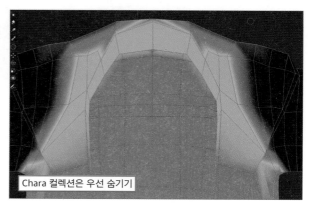

Chara 컬렉션은 우선 숨기기

08 Shoulder.L의 웨이트 수정하기 1

Step

다음으로 Shoulder.L을 Ctrl+마우스 좌클릭해 선택하고 웨이트를 '0.2'로 설정합니다. 앞서 웨이트를 '0.8'로 설정한 버텍스로 칠해 갑니다. 반복해서 설명하지만 책의 웨이트 값은 어디까지나 기준이므로 이 값을 입력해도 잘 동작하지 않는다면 여러분이 값을 직접 조정해 주십시오.

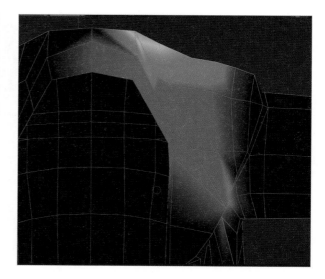

09
Step

Shoulder.L의 웨이트 수정하기 2

다시 한 번 Shoulder.L을 R키로 회전시키면 이전보다는 나아졌을 것입니다. 하지만 팔이 너무 많이 들어올려지므로 Chest(상반신의 본)을 Ctrl+마우스 좌클릭해 선택하고 문제가 되는 버텍스의 웨이트를 '0.3' 정도로 칠해서 수정하면 좋습니다(수정을 마쳤다면 본을 선택하고 Alt+R키로 회전을 리셋합니다).

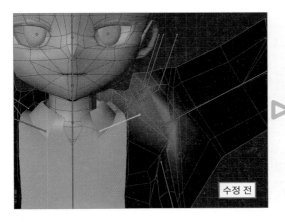

수정 전

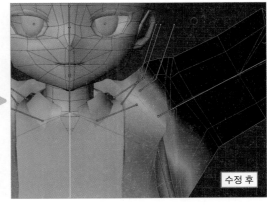

수정 후

10
Step

파카의 끈 스키닝하기 1

다음은 파카의 끈을 스키닝합니다.
❶ 웨이트 페인트와 에디트 모드를 전환할 수 있는 단축키인 Tab키를 누르고 Parka의 에디트 모드로 전환합니다. 끝의 버텍스를 Shift+Alt+마우스 좌클릭해 여러 에지 루프 선택 등으로 선택합니다.

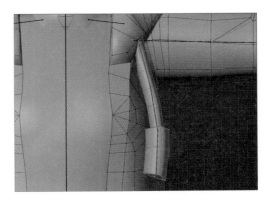

❷ 다시 Tab키를 누르고 웨이트 페인트로 전환합니다. 그리고 Chest(상반신의 본)을 Ctrl+마우스 좌클릭해 선택하고 왼쪽 위 페이스의 마스크를 활성화합니다. 웨이트 값에 '0'을 입력하고 그라디언트(Alt+마우스 좌클릭 드래그)로 끈의 메쉬만 웨이트를 '0'으로 설정합니다. 마스크를 비활성화하고 다른 본도 이 끈에 웨이트가 걸리지 않았는지 확인합니다.

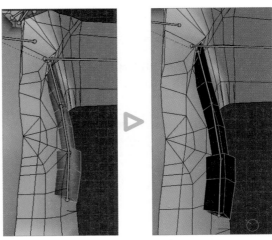

Chapter 1
Chapter 2
Chapter 3
Chapter 4
Chapter 5
Chapter 6
Chapter 7

11 파카의 끈 스키닝하기 2

Step

3D 뷰포트 오른쪽 위 옵션에서 자동 노멀라이즈를 비활성화하고 String1.L을 각각 Ctrl+마우스 좌클릭해 선택하고 구부러지는 부분의 웨이트를 '0.5', 가운데와 끝의 웨이트를 '1'로 설정합니다. 반복하지만 마스크를 비활성화하지 않으면 Ctrl+마우스 좌클릭할 수 없으므로 주의합니다.

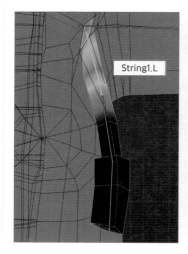 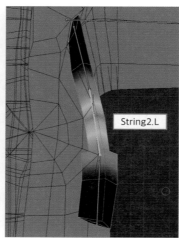 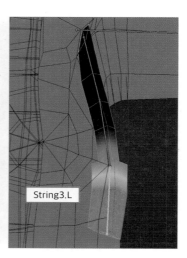

Chest(상반신의 본)도 Ctrl+마우스 좌클릭해 선택하고 끝 밑동의 웨이트를 '0.5'로 설정하면 좋습니다.

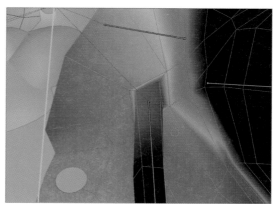

POINT

'Shift+마우스 우클릭'에 관해

실제로 마스크 기능을 활성화 한 상태로 본을 전환할 수 있습니다. 전환할 본에 마우스 커서를 올리고 Shift+마우스 우클릭하면 웨이트 페인트/그룹 취득 메뉴가 표시됩니다. 여기에서 전환할 본을 선택하면 해당 본의 웨이트 페인트 모드로 전환할 수 있습니다(하늘색으로 선택되어 있는 본은 바뀌지 않기 때문에 잘 눈치채지 못할 수도 있지만, 본 자체는 전환됩니다). 덧붙여 블렌더 4.0에서는 조작이 Shift+Ctrl+X키로 변경되었습니다.

12
Step
파카 소매 부근의 웨이트 수정하기

파카의 소매 부근의 웨이트를 수정합니다. Hand.L(손의 본)의 소매 끝의 웨이트는 '0.6'(이쪽 LowerArm.L의 웨이트는 '0.4'로 설정), 아래팔쪽의 웨이트는 '0.1'(이쪽 LowerArm.L의 웨이트는 '0.4', Extra bone.L의 웨이트는 '0.5'로 설정)합니다. 그리고 쉽게 굽힐 수 있도록 안쪽에도 루프 잘라내기(Ctrl+R키)로 에지를 1개 늘리고 여기도 웨이트를 '0.1'로 설정합니다.

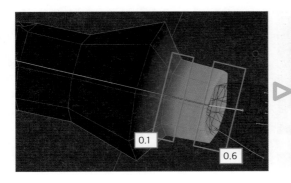 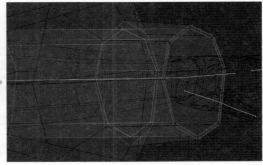

13
Step
상반신 본의 웨이트 수정하기

Chest(상반신의 본)과 Spine(허리의 본)을 Ctrl+마우스 좌클릭해 번갈아 확인하면서 웨이트가 가로로 정렬되어 있는지 확인하는 것도 좋습니다.

14
Step
어깨 관통 수정하기

팔을 앞으로 내밀었을 때 위팔에 웨이트를 너무 많이 주면 파카를 관통하게 됩니다.

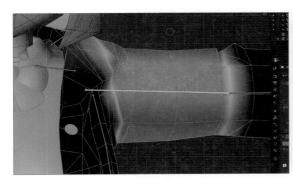 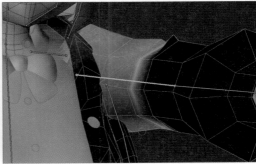

Chapter 1

Chapter 2

Chapter 3

Chapter 4

Chapter 5

Chapter 6

Chapter 7

오른쪽 위 자동 노멀라이즈를 활성화 한 상태에서 Shoulder.L를 Ctrl+마우스 좌클릭해 선택하고 웨이트를 '0.3' 또는 '0.2' (이 값은 대략적이어도 괜찮습니다)로 설정하고, 위팔의 웨이트를 줄이면 잘 관통이 되지 않습니다. 후드와 셔츠 사이에는 뒤에서 메쉬를 수정해 메꿀 것이지만 웨이트를 설정해 보다 안정적으로 만들 수 있습니다.

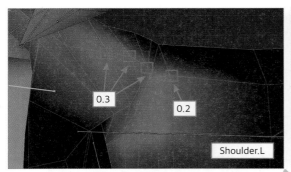

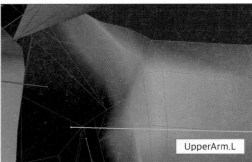

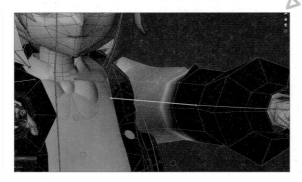

15 겨드랑이 아래 웨이트 수정하기

Step 파카의 UpperArm.L의 겨드랑이 아래는 그라디언트를 걸듯이 웨이트를 설정함으로써 팔과 어깨를 움직였을 때 깨지지 않도록 할 수 있습니다. 맞춰서 Shoulder.L의 웨이트도 '0.1'로 설정하면 Shirt 오브젝트에도 마찬가지로 웨이트 설정을 수행하는 것을 잊지 않도록 합니다(Chest의 웨이트도 맞춰서 조정하면 좋습니다). 그 밖에 신경 쓰이는 위치가 있다면 각자 웨이트를 조정합니다.

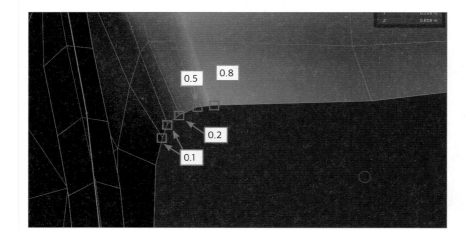

Chapter 1
Chapter 2
Chapter 3
Chapter 4
Chapter 5
Chapter 6
Chapter 7

7-10 버튼, 구두, 리본 스키닝과 메쉬 수정하기

버튼, 구두, 리본을 스키닝합니다.

01 웨이트 전송하기
Step
오른쪽 위 아웃라이너에서 Button, Shoes, Ribbon을 표시하고 먼저 버튼에 웨이트 전송을 합니다. 오브젝트 모드(Tab키)로 전환하고 전송 소스가 되는 Parka 오브젝트를 선택하고 전송 대상이 되는 Button 오브젝트를 선택합니다. 왼쪽 위 모드 전환에서 웨이트 페인트로 전환하고 헤더 안의 웨이트에서 웨이트를 전송을 선택합니다. 왼쪽 아래 오퍼레이터 패널에서 소스 레이어 선택을 이름으로로 설정합니다.

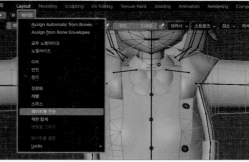

02 버튼 웨이트 수정하기
Step
오브젝트 모드(Tab키)로 전환하고 Armature → Button 순서로 선택한 뒤 왼쪽 위 모드 전환에서 웨이트 페인트로 전환합니다. 목 근처의 버튼이 머리를 R키로 회전했을 때 움직인다면 Neck(목 버튼)을 Ctrl+마우스 좌클릭해 선택하고 오른쪽 위 옵션에서 자동 노멀라이즈를 활성화하고 웨이트를 '0'으로 설정합니다. 그 밖에도 Shoulder. L이나 UpperArm.L의 웨이트 등이 뒤섞여 있다면 그 웨이트도 '0'으로 설정합니다. 그 밖에 Chest(상반신의 본)과 상반신쪽에 있는 버튼에 웨이트가 설정되어 있는지 확인합니다. 하반신쪽에 있는 버튼도 스커트의 본에 맞춰 웨이트를 '1'로 설정해 버튼이 당겨지지 않도록 하면 좋습니다(버튼이 약간 관통하는 것은 버튼이 당겨진 것이라 생각하면 좋습니다).

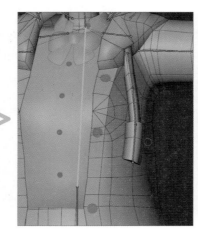
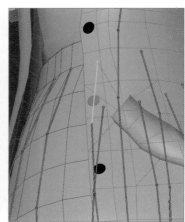

03 리본의 웨이트 수정하기

Step

리본을 스키닝합니다. 오른쪽 위 아웃라이너에 있는 Ribbon 왼쪽의 점을 클릭한 뒤 웨이트 페인트로 전환합니다. 오른쪽 프로퍼티스의 오브젝트 데이터 프로퍼티스 안에 있는 버텍스 그룹에서 Chest를 클릭합니다(아래쪽 화살 표를 클릭하고 검색 필드를 사용하면 좋습니다). 그리고 그라디언트의 단축키인 Alt+마우스 좌클릭 드래그를 사용해 리본 메쉬의 웨이트를 '1'로 설정합니다.

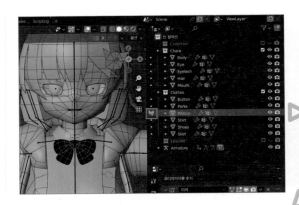

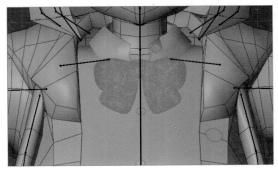

04 구두의 웨이트 수정하기

Step

왼쪽 위 모드 전환에서 오브젝트 모드로 전환하고 전송 소스가 되는 Body 오브젝트 → 전송 대상이 되는 Shoes 오브젝트 순서로 선택합니다. 왼쪽 위 모드 전환에서 웨이트 페인트로 전환하고 헤더 안에 있는 웨이트에서 웨이트를 전송을 선택합니다. 왼쪽 아래 오퍼레이터 패널에서 소스 레이어 선택을 이름으로로 설정합니다.

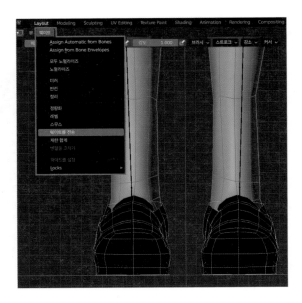

Chapter 1

Chapter 2

Chapter 3

Chapter 4

Chapter 5

Chapter 6

Chapter 7

05
Step

파카 목덜미에 두께감 주기

마지막으로 Parka의 메쉬를 수정합니다. 오브젝트 모드로 전환하고 Parka 오브젝트의 에디트 모드(Tab키)로 전환합니다. 3D 뷰포트 위쪽 변환 오리엔테이션이 글로벌인지 확인합니다. 후드 아래쪽 버텍스 7개를 선택하고 E키 → Z키로 아래 방향으로 Shirt 오브젝트에 가려져 보이지 않을 정도로 돌출시킵니다. 덧붙여 스키닝을 완료한 버텍스를 돌출하면 웨이트도 함께 복사됩니다.

※ Chara 컬렉션과 Armature는 숨겼습니다.

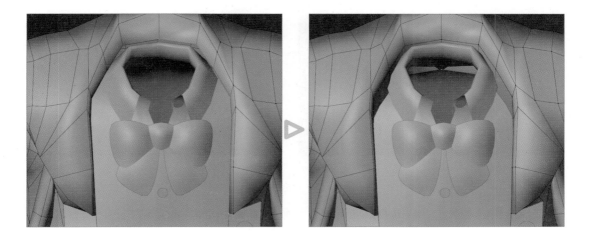

06
Step

파카 아래쪽에 두께감 주기

옷의 두께감을 조금 더 줍니다. 하반신쪽의 Parka의 버텍스를 Alt+마우스 좌클릭해 에지 루프 선택하고 3D 뷰포트 위쪽 피벗 포인트를 변환이 가운데인지 확인한 뒤 E키 → S키를 누르고 안쪽으로 돌출시킵니다. 돌출시켰을 때 메쉬가 스커트보다 앞쪽으로 가지 않도록 슬라이드 이동(G키를 2번 누름) 등을 사용해 버텍스를 조정하면 좋습니다.

※ Chara 컬렉션과 Armature는 숨겼습니다.

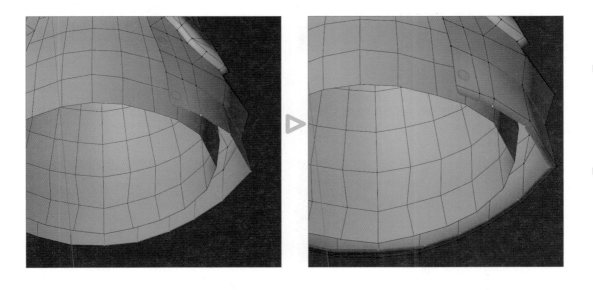

07 파카 앞깃에 두께감 주기

Step 바깥쪽 앞깃 부분을 Alt+마우스 좌클릭 등으로 에지 루프 선택하고 E키 → Y키를 눌러 Y축으로 안쪽 방향으로 돌출시킵니다.

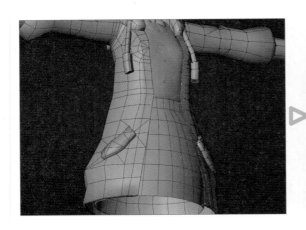
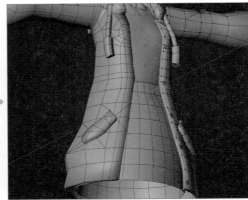

08 버텍스 합치기 1

Step 돌출한 앞깃쪽 메쉬, 안쪽으로 돌출시킨 하반신쪽 메쉬를 연결합니다. 앞깃의 가장 아래쪽 근처에 있는 2개의 버텍스를 선택하고 병합의 단축키인 M키를 누르고 중심에를 선택해 결합합니다.

09 버텍스 합치기 2

Step 출시킨 후드쪽 버텍스와 돌출시킨 앞깃의 메쉬도 연결합니다. 앞깃의 가장 위쪽에 있는 2개의 버텍스를 선택하고 병합의 단축키인 M키를 누르고 중심에를 선택해 결합합니다.

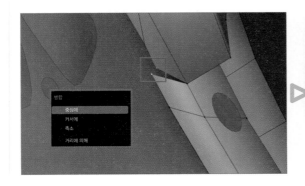
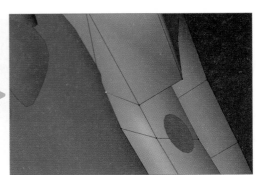

10 크리스 적용하기

Step
돌출시킨 메쉬의 모서리(앞깃과 하반식쪽 모서리)가 되는 위치를 에지 선택 모드(숫자키 2)로 선택하고 크리스 (Shift+E키)를 추가합니다(왼쪽 아래 오퍼레이터 패널에서 팩터에 '1'을 입력합니다).

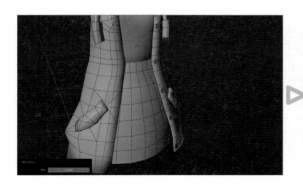
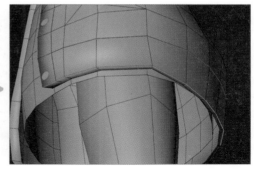

11 동작 확인하기

Step
스키닝과 메쉬 수정을 완료했습니다. 포즈 모드에서 본을 R키로 회전하거나 본 Hips를 G키로 이동해 움직이지 않는 버텍스가 없는지 확인합니다. 만약 움직이지 않는 부분이 있다면 웨이트를 설정합니다.

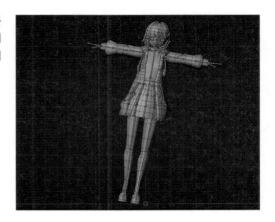

7-11 리깅/스키닝 정리

지금까지 수행한 리깅과 스키닝에 관해 간단하게 복습합니다.
다음은 리깅과 관련된 단축키입니다.

Ctrl+P키	부모 설정 관련 단축키
Alt+P키	부모 삭제 관련 단축키
Shift+Ctrl+C키	본 제약 관련 단축키

스키닝을 할 때는 단축키를 꼭 기억하길 권합니다.
단축키를 사용하지 않고 스키닝을 하면 모드를 일일이 수동으로 전환하는 등 매우 번거롭고 비효율적이기 때문입니다.

Next Page

스키닝을 효율적으로 하기 위해 매우 중요한 단축키들을 다시 소개합니다(이 단축키들은 모두 웨이트 페인트 모드에서 수행할 수 있는 조작입니다).

마우스 우클릭	웨이트나 반경 값을 빠르게 설정할 수 있습니다.
F키	마우스를 움직여 브러시 크기를 빠르게 변경할 수 있습니다.
Alt+마우스 좌클릭 드래그	웨이트를 그라디언트와 같이 설정할 수 있습니다. 블렌더 4.0에서는 Shift+A키를 누른 뒤 마우스 좌클릭 드래그로 변경되었습니다.
Tab키	모드와 웨이트 페인트 모드를 빠르게 전환할 수 있습니다.
Ctrl+마우스 우클릭	본을 전환할 수 있습니다. 마스크 사용 중에는 전환되지 않으므로 주의합니다. 블렌더 4.0에서는 Alt+마우스 좌클릭해 변경되었습니다.
Alt+G키	본 이동을 리셋합니다.
Alt+R키	본 회전을 리셋합니다.
Alt+S키	본 축적을 리셋합니다.
M키	페이스 마스크 모드로 전환합니다. 블렌더 4.0에서는 숫자키 1로 변경되었습니다.
V키	버텍스 마스크 모드로 전환합니다. 블렌더 4.0에서는 숫자키 2로 변경되었습니다.
(마스크 모드에서) Shift+마우스 좌클릭	페이스와 버텍스의 마스크 활성화/비활성화를 전환합니다. 블렌더 4.0에서는 Alt+마우스 좌클릭, Alt+Shift+마우스 좌클릭으로 변경되었습니다.
(마스크 모드에서) Shift+K키	선택 중인 버텍스에 대해 한 번에 웨이트를 설정할 수 있습니다. 블렌더 4.0에서는 Ctrl+X키로 변경되었습니다(이 조작은 마스크 모드가 아니어도 가능합니다).

다음 장을 진행하기 전에 본을 따라 움직이지 않는 버텍스가 없는지 반드시 확인해 주십시오.
움직이지 않는 버텍스가 있으면 이후 만들 애니메이션이 잘 동작하지 않고 수정하기도 상당히 번거로워 집니다.
특히 끈, 스커트, 소매 부근은 놓치기 쉬우므로 주의합니다.
인체의 경우 손 등 버텍스가 많은 위치, 배 등 보이지 않는 위치의 웨이트 적용이 누락되기 쉽습니다. 수정 위치를 찾았다면 이전 페이지로 돌아가 해당 위치를 수정합니다.
그리고 이 책에 기재한 웨이트 값은 어디까지나 기준값이므로 형태가 잘 변경되어지지 않는다면 여러분이 각자 본 위치 조정, 웨이트 값 변경, 메쉬 수정 등을 해 주십시오.

Column

메쉬의 형태를 유지한 채 휴식 포즈로 만들기

만약 '포즈 모드에서 메쉬를 포함해 기본 포즈를 변경하고 싶을' 때는 포즈 모드에서 본을 변형하고 Ctrl+A키를 누르고 레스트 포즈로 포즈를 적용을 클릭합니다. 그러면 현재 포즈가 기본 포즈가 되지만 동시에 메쉬가 원래대로 되돌아오게 됩니다. 메쉬도 포즈에 맞춰 변경시키는 방법을 소개합니다.

예를 들면 이 포즈를 기본 포즈로 하기 위해 레스트 포즈로 포즈를 적용을 실행하면…

본은 변경되지만 메쉬는 원래대로 되돌아 온다.

먼저 포즈 모드에서 기본으로 설정할 포즈로 만들었다면 오브젝트 모드로 전환하고 메쉬 오브젝트를 선택합니다. 그리고 오른쪽 프로퍼티스에 있는 모디파이어 프로퍼티스를 클릭합니다.
모디파이어 프로퍼티스 안에 있는 아마튜어 모디파이어 메뉴를 클릭하고 복제를 선택합니다.

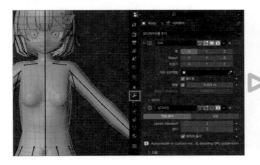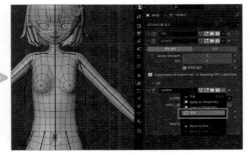

그러면 메쉬가 이상한 방향으로 구부러지지만 여기에는 신경쓰지 않아도 됩니다. 복제 소스인 아마튜어 모디파이어를 적용합니다.

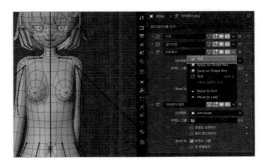

아마튜어를 선택하고 포즈 모드로 전환합니다. 적용의 단축키인 Ctrl+A키를 누르고 기본 포즈로 적용을 클릭하면 메쉬가 본에 맞춰 변형됩니다. 그림과 같이 위팔을 회전해 캐릭터를 A자 포즈로 하고 싶을 때는 IK도 동시에 변경하는 것이 좋습니다. 우선 손의 IK에 관한 본의 부모(Ctrl+P키)를 위팔로 설정함으로써 회전도 동시에 수행할 수 있습니다(설정을 마쳤다면 부모를 RootUpper로 되돌리는 것을 잊지 마십시오).

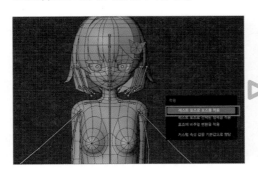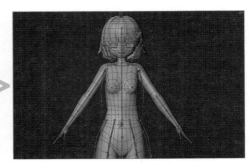

블렌더 4.0에서 탑재된 본 컬렉션(Bone Collections)에 관해

블렌더 4.0에서 본 레이어가 본 컬렉션 기능으로 변경되었습니다. 이 기능은 아마튜어를 에디트 모드 또는 포즈 모드로 전환하면 프로퍼티스의 오브젝트 데이터 프로퍼티스의 Bone Collections 패널 안에 나타납니다.

오른쪽 위 + 버튼을 눌러 새로운 본 컬렉션(레이어)를 여럿 만들 수 있습니다. 이 컬렉션 안에 각 본을 넣으면 오른쪽 눈동자 아이콘으로 본 표시/숨기기를 할 수 있습니다.

각 본을 컬렉션에 넣을 때는 원하는 본을 에디트 모드 또는 포즈 모드에서 선택(또는 복수 선택) 한 뒤 이동할 컬렉션을 클릭합니다.

아래의 할당을 클릭하면 선택한 본이 해당 컬렉션으로 저장됩니다.

왼쪽에 작은 점이 있다면 선택 중인 본이 해당 컬렉션 안에 들어있다는 의미입니다.

삭제할 때는 본을 선택하고 대상 컬렉션을 선택한 뒤 삭제를 클릭합니다(왼쪽 점이 사라집니다).

본 컬렉션의 단축키는 이전 버전과 마찬가지로 M키이며, 어떤 컬렉션으로 이동할지 결정하는 메뉴가 표시되므로 대상 컬렉션을 선택합니다(또는 헤더의 아마튜어 → 본 컬렉션으로 이동으로도 수행할 수 있습니다). 단축키를 사용하면 컬렉션을 클릭할 필요가 없어 빠르게 컬렉션 사이를 이동할 수 있습니다.

또한 컬렉션 이름을 더블 클릭해 이름을 변경할 수 있으므로 원하는 이름을 사용해 관리하면 좋습니다.

UV 전개를 해보자

이번 장에서는 UV 전개 작업을 합니다. 이 책에서는 베이스가 되는 색은 매테리얼로 표현하고 볼의 홍조 등 세세한 부분은 텍스처로 나타내는 방법을 사용합니다. 텍스처를 제작하기 위해 UV 전개라는 과정을 거쳐야 합니다.

UV 전개

Chapter **3**
1

UV 전개는 간단하게 말하면 모델에 절취선을 넣어 3차원 형태를 2차원으로 만드는 것입니다. 입체적인 모델을 2차원으로 변환해 텍스처 이미지를 모델에 입힐 수 있습니다. 여기에서는 UV 전개 후 모델에 텍스처 이미지를 입힐 수 있도록 합니다. 그리고 UV 전개를 하기 위해 메쉬나 웨이트 등도 함께 수정해 보다 모델의 품질을 높입니다.

1-1 UV 전개

UV 전개는 입체적인 오브젝트를 평면에 전개하는 것입니다. 조금 더 이해하기 쉽게 이미지와 함께 설명합니다.

예를 들면 입체적인 구체를 평면에 전개하고 싶다고 가정해 봅니다. 평면에 전개하기 위해서는 절취선을 넣고, 그 절취선을

기반으로 구체를 평평한 테이블 위에 펼칩니다 (❶). 그리고 펼친 구체에 텍스처 이미지를 입혀서 텍스처를 입힌 구체를 완성하는 것입니다 (❷).

그렇게 생각하면 UV 전개는 마치 종이를 가위로 사각사각 자르는 놀이의 느낌으로 즐기면서 작업할 수 있습니다. 덧붙여 UV의 U는 텍스처의 가로 좌표, V는 텍스처의 세로 좌표를 나타냅니다.

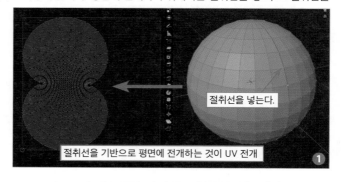

절취선을 넣는다.

절취선을 기반으로 평면에 전개하는 것이 UV 전개 ❶

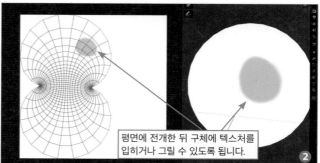

평면에 전개한 뒤 구체에 텍스처를 입히거나 그릴 수 있도록 됩니다. ❷

1-2 워크스페이스의 UV 편집에 관해

블렌더에서는 UV를 편집하기 위한 전용 워크스페이스를 제공합니다. 이에 관해 간단하게 설명합니다. Next Page

화면 위쪽에 있는 워크스페이스 안의 UV Editing을 클릭하면 창이 세로로 분할되고 오른쪽은 3D 뷰포트, 왼쪽은 UV 에디터가 됩니다. 그리고 레이아웃에서 선택된 오브젝트가 자동으로 에디트 모드로 전환됩니다. 실제로 확인해 봅니다. 덧붙여 UV 에디터에 마우스 커서를 올리고 상하로 휠을 움직여 화면 줌 확대/줌 축소, 휠 드래그해 이동할 수 있습니다. 마찬가지로 확인해 봅니다.

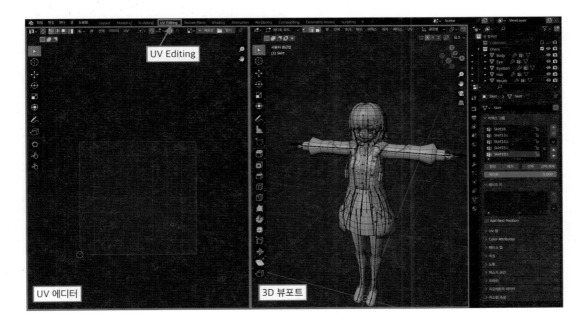

UV Editing

UV 에디터

3D 뷰포트

여기에서 오른쪽 3D 뷰포트에서 모두 선택의 단축키인 A키를 누르면 왼쪽 UV 에디터에 선택한 버텍스와 에지, 그리고 페이스가 사각 프레임 안에 연하게 표시됩니다. 이것은 이 오브젝트의 UV 맵입니다. UV 맵은 각 오브젝트의 전개도를 나타냅니다. Next Page ▶

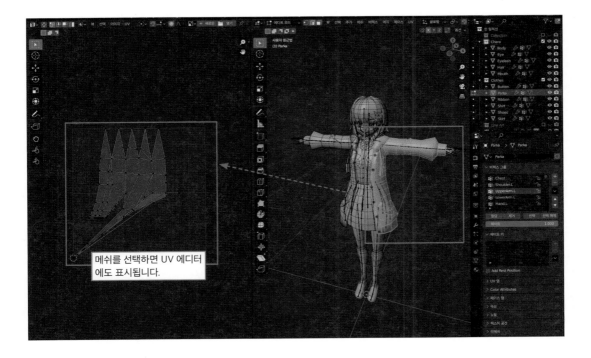

메쉬를 선택하면 UV 에디터에도 표시됩니다.

각 오브젝트의 UV 맵은 오른쪽 프로퍼티스의 오브젝트 데이터 프로퍼티스 안에 있는 UV 맵을 클릭해 확인할 수 있습니다. 1개의 오브젝트에 여러 UV 맵을 작성할 수 있도록 되어 있습니다. 기본값은 1개의 오브젝트에 UV 맵 (혹은 UVMap)이 제공됩니다. 그 밖에도 다양한 조작이 있으며 이에 관해서는 뒤에서 소개합니다. 확인을 마쳤다면 레이아웃으로 되돌아 갑니다.

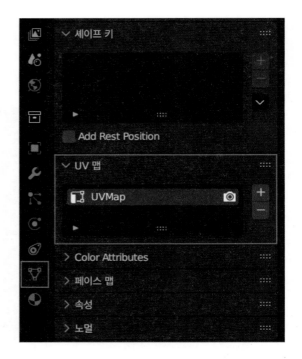

Chapter 1

Chapter 2

Chapter 3

Chapter 4

Chapter 5

Chapter 6

Chapter 7

Chapter 3 / 2

메쉬 수정

UV 전개에 앞서 쉽게 전개할 수 있도록, 이후 매테리얼을 쉽게 설정할 수 있도록 메쉬를 조금 더 수정합니다.

01 바디만 표시하기

Step

먼저 오브젝트 모드로 전환하고 Body 오브젝트 만 선택하고 Shift+H키로 선택하지 않은 부분을 숨깁니다. 이 조작을 수행하면 선택한 대상의 오 브젝트만 3D 뷰포트에 표시되므로 편리합니다 (되돌리고 싶을 때는 숨긴 대상을 모두 표시하는 Alt+H키를 누릅니다).

02 버텍스 연결하기

Step

다음으로 Body 오브젝트를 선택하고 에디 트 모드(Tab키)로 전환합니다. 배는 속옷을 매테리얼로 표현할 것이기 때문에 다리 밑 동과 연결하는 것이 좋습니다. 그림과 같이 엉덩이와 가랑이의 버텍스 2개를 선택한 뒤 연결(J키)을 사용해 메쉬를 구성합니다.

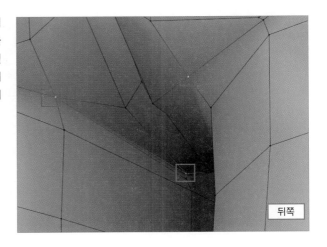

03 손의 버텍스 연결하기

Step 손은 장갑의 솔기처럼 절취선을 넣을 것이므로 집게손가락과 엄지손가락 사이의 버텍스 2개를 선택하고 연결(J 키)을 사용합니다.

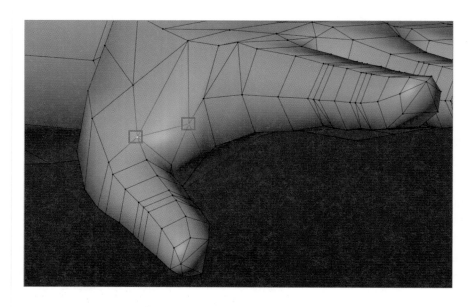

04 머리의 버텍스 연결하기

Step 두부는 두피를 감추기 위한 매테리얼을 설정할 것이므로 이마와 귀 밑동을 연결하듯 버텍스 4개를 선택하고 연결 (K키)을 사용합니다. 이것으로 메쉬 수정을 완료했습니다.

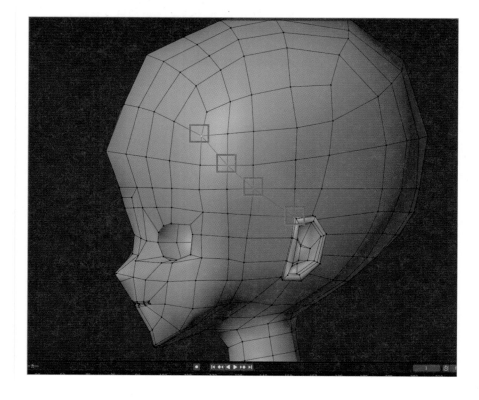

Chapter 1

Chapter 2

Chapter 3

Chapter 4

Chapter 5

Chapter 6

Chapter 7

Chapter 3

3 인체의 씨임 설정과 여러 가지 수정

UV 전개를 하기 위해 절취선을 넣는 방법을 설명합니다. 자연스럽게 구부릴 수 있도록 인체의 메쉬, 스키닝도 수정합니다.

3-1 씨임 설정

입체적인 오브젝트를 평면에 전개하려면 씨임(Seam)이라는 절취선을 설정해야 합니다. 먼저 이 씨임을 설정합니다. 모든 객체를 한꺼번에 전개하려고 하면 그림이 너무 많아 뭐가 뭔지 알 수 없으므로 먼저 인체부터 전개합니다. 나중에 모디파이어를 적용하면서 메쉬나 웨이트도 수정합니다.

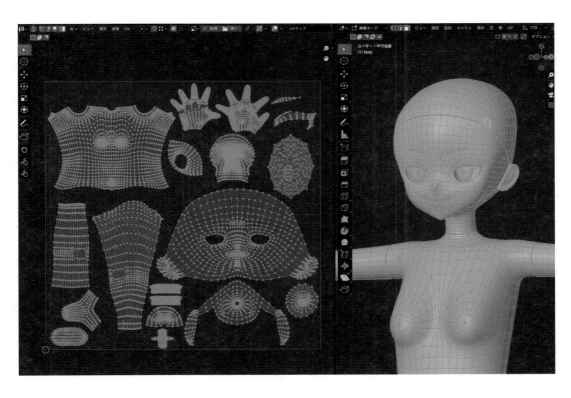

01
Step

에지 선택하기와 표시 설정하기

현재 모드가 에디트 모드(Tab키)인지 확인하고 3D 뷰포트 왼쪽 위에서 에지 선택 모드(숫자키 2)로 전환합니다. 작업을 쉽게 할 수 있도록 3D 뷰포트 오른쪽 위 뷰포트 오버레이 안에 있는 메쉬 에디트 모드에서 씨임만 활성화합니다. 이렇게 하면 씨임만 표시되어 쉽게 볼 수 있습니다. 블렌더 4.0에서는 오른쪽 위에 있는 메쉬 편집 안에 이 기능이 위치합니다.

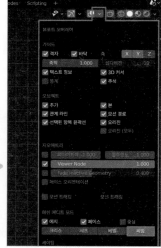

02
Step

눈가 선택하기

그림과 같이 눈가를 Alt+마우스 좌클릭해 에지 루프 선택합니다.

> **MEMO**
>
> 모디파이어 프로퍼티스의 미러, 부모 설정을 마친 아마튜어의 설정에 있는 케이지에서를 활성화하면 반대쪽 버텍스토 선택할 수 있습니다. 작업에 필요한 경우에 맞춰 ON/OFF를 전환하면서 사용해 주십시오.

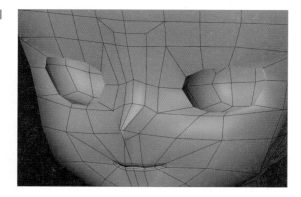

다음으로 3D 뷰포트 위쪽 에지 메뉴(Ctrl+E키)에서 씨임을 마크를 클릭합니다. 그러면 씨임으로 설정된 부분이 빨간색으로 표시됩니다.

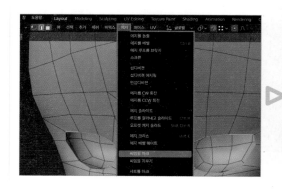
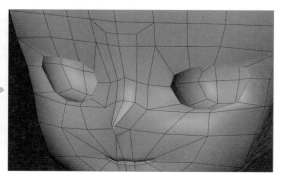

반대로 씨임을 클리어하고 싶을 때는 씨임을 설정한 위치를 선택하고 에지(Ctrl+E키)에서 씨임을 지우기를 클릭합니다. 이 동작도 확인해 봅니다.

Column

씨임을 넣는 팁

씨임을 넣을 때 주로 세 가지 사항을 고려합니다.

- 씨임은 눈에 띄지 않는 위치에 넣는다.
- 씨임은 안과 밖이 나눠지는 위치에 넣는다.
- 씨임은 크게 구부러지는 위치에 넣는다.

먼저 씨임은 눈에 띄지 않는 곳에 넣습니다. 예를 들면 잘 보이는 눈가 등에 씨임을 넣으면 텍스처를 입혔을 때 절취선이 잘 보이기 쉽기 때문입니다(그 밖에도 외부로 모델을 익스포트했을 때 절취선이 눈에 보이기도 합니다). 그렇다면 어떤 위치가 눈에 띄지 않는 위치일까요? 눈이나 입의 테두리, 얼굴의 옆쪽, 다른 오브젝트에 사려져 보이지 않는 위치 등이 있습니다. 동시에 이 위치는 강하게 구부러지는 위치, 안과 밖이 나눠지는 위치이기도 합니다.

03
Step

씨임 설정하기

같은 순서로 다음 부분에 씨임을 추가합니다. 뒤에서 모디파이어의 미러를 적용하므로 그때 좌우 대칭의 그림을 겹칠 수 있도록 하반신 가운데쪽에도 씨임을 설정합니다. Next Page ▶

※ 씨임 설정 위치에 관해서는 샘플 데이터의 'Chapter03A.blend'도 함께 참고해 주십시오.
※ 그림에서는 3D 뷰포트 오른쪽 위 X-Ray를 토글(Alt+Z키)를 활성화했습니다.

❶: 입 가장자리
❷: 턱끝에서 귀의 가장자리를 지나
　　이마로 이어지는 에지
❸: 목 뒤쪽의 목덜미 부분
❹: 목 밑동

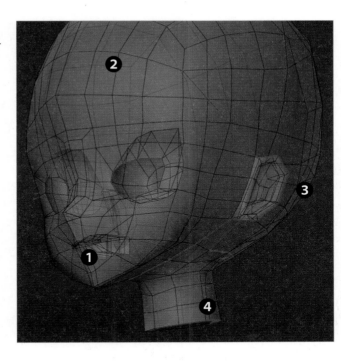

❺: 등 가운데
❻: 어깨와 팔의 경계
❼: 어깨 위쪽

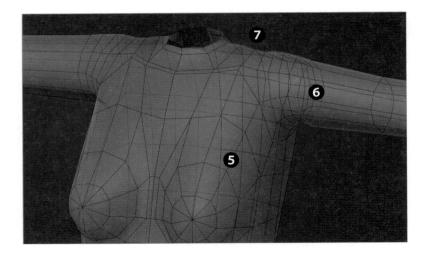

❽: 다리 밑동
❾: 팬티 자락 부분
❿: 하반신 가운데

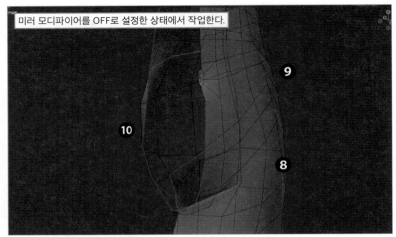

미러 모디파이어를 OFF로 설정한 상태에서 작업한다.

⓫: 팔 아래쪽
⓬: 손목
⓭: 손등과 손바닥의 경계

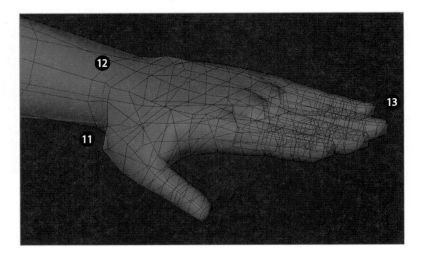

⑭: 다리 안쪽
⑮: 발목
⑯: 발 뒤쪽
⑰: 발과 땅의 경계

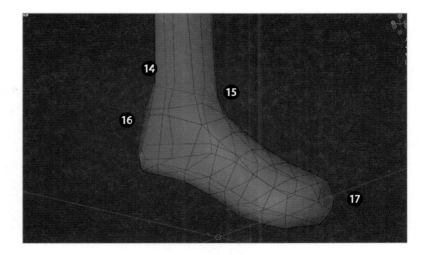

Step 02(214쪽)의 MEMO에서도 설명했지만 아마튜어 모디파이어의 케이지에서를 활성화하면 미러쪽 버텍스나 씨임 등이 표시되므로 필요에 따라 전환하면서 사용하면 좋습니다.

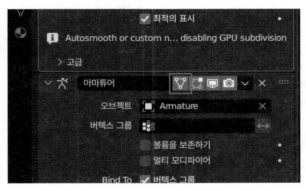

Chapter 1
Chapter 2
Chapter 3
Chapter 4
Chapter 5
Chapter 6
Chapter 7

04 Step
Mouth 표시하기, 에디트 모드로 전환하기
다음은 혀와 이에 UV 전개를 위한 씨임을 넣습니다. 오브젝트 모드로 전환하고 오른쪽 위 아웃라이너에서 Mouth를 표시한 뒤 에디트 모드(Tab키)로 전환합니다(다른 오브젝트는 우선 숨깁니다).

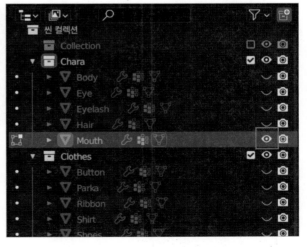

05 입 안의 씨임 설정하기

Step 에지 선택 모드(숫자키 2)인지 확인합니다. 에지 메뉴(Ctrl+E키)에서 씨임을 마크를 사용해 다음 위치에 씨임을 설정합니다.

❶: 위쪽 이의 안쪽
❷: 아래쪽 이의 안쪽
❸: 혀 뒤쪽 가운데

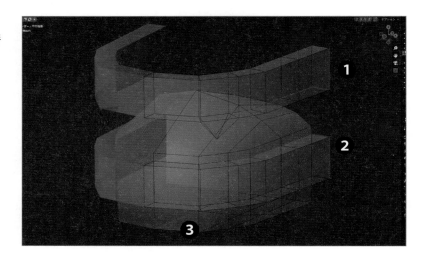

Column

보다 단순한 구조로 만들어 UV 전개

앞에서는 혀와 이에 씨임을 넣었습니다. 이 씨임들을 넣지 않고도 전개할 수 있는 방법이 있습니다. 위쪽 이의 페이스와 아래쪽 이의 페이스 안쪽 부분을 페이스 선택(숫자키 3)하고 X키로 페이스를 삭제합니다. 그리고 혀는 아래쪽 페이스를 선택하고 페이스를 삭제합니다. 기본적으로 삭제하는 위치는 보이지 않는 부분이므로 폴리곤 수를 줄일 수 있고, 씨임을 넣지 않고 UV 전개할 수 있기 때문에 이 방법도 권장합니다(단, 모델의 사용 용도에 따라 이와 혀를 넣는 편이 좋을 수도 있으므로 어느 한쪽이 정답은 아닙니다. 여러분의 선호에 따라 선택하는 것이 좋습니다. 여기에서는 페이스를 삭제하지 않고 씨임을 넣는 방법을 사용합니다).

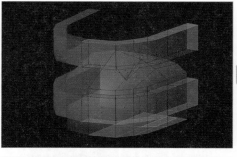
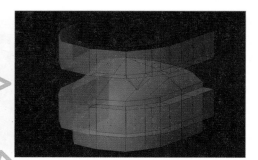

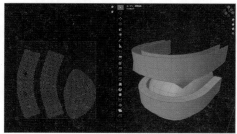

3-2   메쉬와 스키닝 수정

여기에서는 미러와 섭디비전 표면을 적용한 뒤 메쉬와 스키닝을 수정해 보다 쉽고 자연스럽게 변형할 수 있는 모델을 만듭니다.

01 Body 객체 표시하기

Step

오브젝트 모드(Tab키)로 전환해 오른쪽 위 아웃라이너에서 Body 오브젝트를 표시합니다. 여기부터는 모디파이어를 적용합니다. 모디파이어를 적용하면(정확하게는 모디피아어를 적용해 블렌더를 저장하고 닫은 뒤 블렌더를 다시 실행하면), 적용 전으로 돌아갈 수 없으므로 만약 신경 쓰인다면 백업 데이터를 만들어 두는 것을 권합니다.

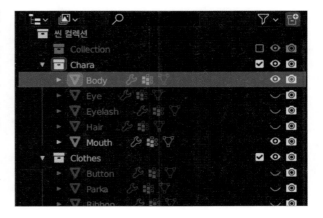

02 Body와 Mouth에 모디파이어 적용하기

Step

Body 오브젝트를 선택한 뒤 오른쪽 프로퍼티스의 모디파이어 프로퍼티스에서 미러 패널 왼쪽 메뉴에서 적용을 클릭합니다. 마찬가지로 섭디비전도 적용합니다. 모디파이어 적용 순서는 반드시 미러 → 섭디비전 표면 순으로 적용해야 합니다. 그렇지 않으면 처리 순서가 바뀌므로 메쉬 형태가 의도와 다르게 변경됩니다.

Mouth(이와 혀의 오브젝트)도 마찬가지로 미러 → 섭디비전 표면 순서로 적용합니다(덧붙여 실시간(디스플레이 아이콘)을 비활성화한 상태로 적용해도 문제없지만 적용 여부를 확인하고 싶다면 활성화한 상태로 적용하는 것이 좋습니다).

※ 아마튜어는 적용하지 않습니다. 적용하면 메쉬가 현재 포즈에서 고정되어 아마튜어가 동작하지 않게 됩니다(실수로 적용했을 때는 모디파이어를 추가 → 아마튜어를 추가한 뒤 오브젝트를 Armature로 선택해 다시 연동할 수 있습니다).

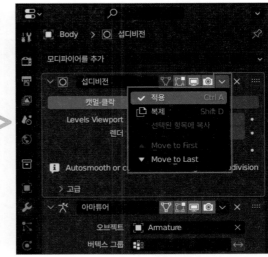

03 버텍스 선택하기

Step

Body 오브젝트를 선택하고 에디트 모드
(Tab키)로 전환합니다. 다음으로 이 관절
부분의 메쉬를 수정합니다. 미러를 적용했
기 때문에 양쪽 메쉬를 모두 수정해야 하기
때문에 이 상태로 작업을 하면 번거로워집
니다. 나중에 다시 미러를 수행할 수 있도록
신체의 메쉬의 절반쪽을 삭제하고 남은 반
쪽의 메쉬를 수정합니다. 앞쪽 시점(넘버패
드 1)으로 전환하고 버텍스 선택 모드(숫자
키 1)로 전환한 뒤 한 가운데의 버텍스를 선
택합니다.

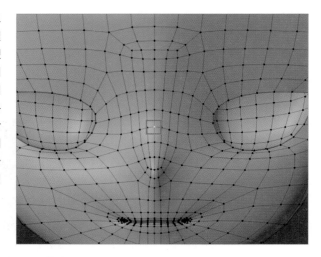

※ 사이드바(N키)의 항목의 변환 패널에 있는 버텍스의 X가
0인 버텍스를 선택합니다.

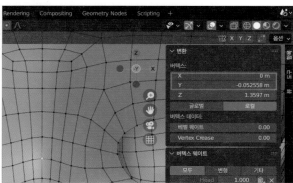

04 반신 버텍스 선택하기

Step

다음으로 3D 뷰포트 위쪽 헤더 안에 있는 선택 → 활성의 측면을 클릭합니다. 그러면 선택한 버텍스를 기준으로
신체의 왼쪽 절반이 선택됩니다. 여기에서는 오른쪽을 선택할 것이므로 왼쪽 아래 오퍼레이터 패널에서 축 사인을
음수 축으로 합니다.

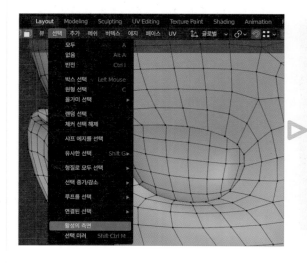

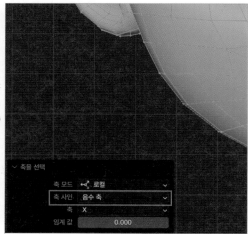

05
Step

페이스 삭제하기

다음으로 X키를 누르고 메뉴 안에 있는 페이스를 클릭합니다. 신체의 오른쪽 절반이 삭제됩니다. 이제 다시 미러를 추가할 수 있습니다.

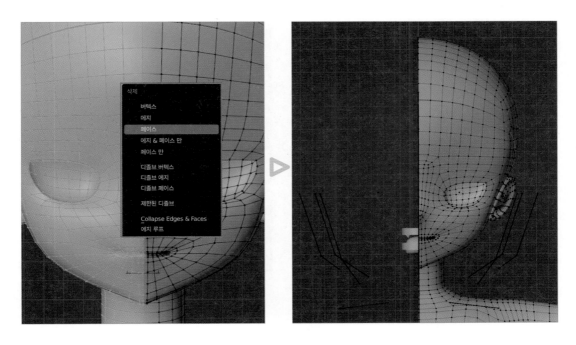

06
Step

에지 디졸브하기

현재 상태에서는 본으로 관절을 구부렸을 때 안쪽이 찌그러지므로 불필요한 버텍스는 삭제합니다. 먼저 앞쪽 시점(넘버패드 1)으로 전환하고 에지 선택 모드(숫자키 2)로 전환한 뒤, 발꿈치 안쪽의 버텍스를 Alt+마우스 좌클릭해 선택합니다. 디졸브(Ctrl+X키)로 에지 디졸브를 실행합니다(반드시 에지 선택 모드에서 이 단축키를 사용해야 합니다).

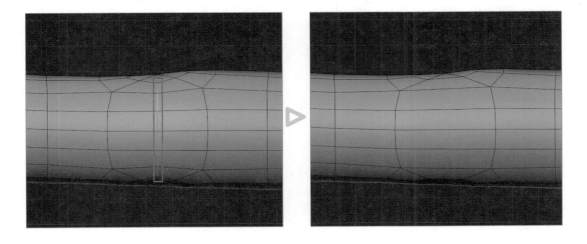

Chapter 1

Chapter 2

Chapter 3

Chapter 4

Chapter 5

Chapter 6

Chapter 7

07 손 관절 수정하기

Step 손 관절을 수정합니다. 아래쪽 시점(Ctrl+넘버패드 7)으로 전환하고 다음 에지를 선택한 뒤 에지 선택 모드에서 디졸브의 단축키인 Ctrl+X키를 누릅니다.

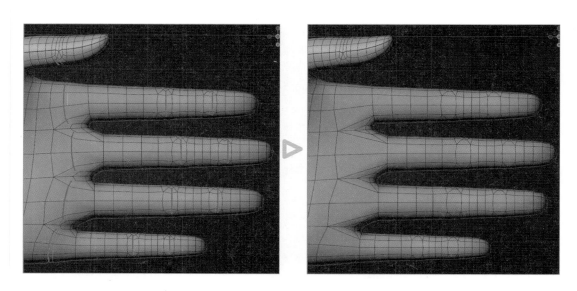

08 무릎 관절 수정하기

Step 다음으로 뒤쪽 시점(Ctrl+넘버패드 1)으로 전환하고 무릎 안쪽의 에지를 선택한 뒤, 에지 선택 모드에서 디졸브(Ctrl+X키)를 사용합니다. 이것으로 메쉬 수정은 완료입니다.

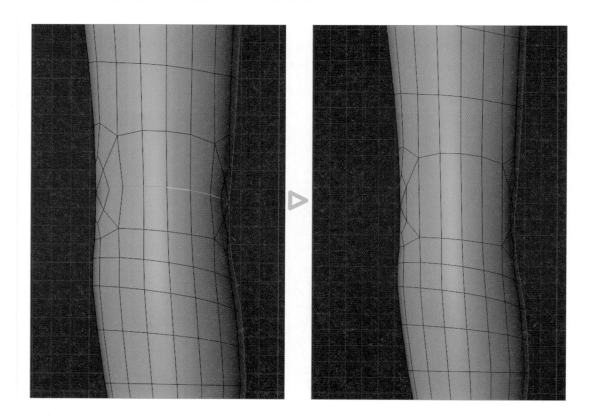

09

Step

무릎 웨이트 수정하기

섭디비전 표면을 적용함에 따라 버텍스 수가 늘어나 발의 형태를 보다 세세하게 정리할 수 있도록 되었습니다. 먼저 웨이트를 조정합니다. 오브젝트 모드(Tab키)로 전환하고 Armature → Body 순서로 Shift키를 누르고 선택합니다. 왼쪽 위 모드 전환에서 웨이트 페인트로 전환합니다.

정강이의 본을 Ctrl+마우스 좌클릭(블렌더 4.0에서는 Alt+마우스 좌클릭)해 선택하고 오른쪽 시점(넘버패드 3)으로 전환한 뒤 R키로 90도 이상 회전합니다. 만약 메쉬가 관통한다면 왼쪽 툴바에서 블러(웨이트의 경계를 부드럽게 만드는 기능)을 클릭하고 마우스 좌클릭 드래그로 변형을 조정합니다(반대쪽도 잊지 말고 조정합니다). 조정을 마쳤다면 회전의 리셋인 Alt+R키를 누릅니다(오른쪽 위 옵션의 자동 노멀라이즈는 필요에 따라 활성화/비활성화를 전환합니다).

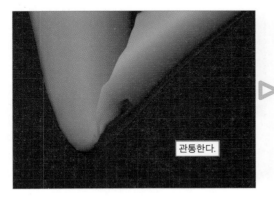

관통한다.

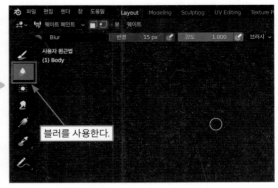

블러를 사용한다.

이 부분을 블러로 칠한다.

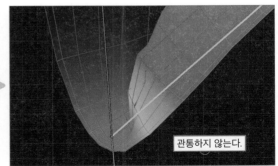

관통하지 않는다.

단, 무릎의 안쪽을 모두 블러하면 다리를 굽혔을 때 안쪽이 크게 패이므로 최소한 이 부분의 웨이트는 그림과 같이 설정하는 것을 권합니다(정강이의 본을 선택한 상태에서 무릎 안쪽 위의 버텍스 3개의 웨이트는 '0.1', 무릎 안쪽 아래의 버텍스 3개의 웨이트는 '1'). 조정할 때 왼쪽 툴바에서 그리기를 선택하고 3D 뷰포트 위쪽 감소를 상수로 합니다. 웨이트는 마우스 우클릭한 뒤 표시되는 메뉴 안에 있는 웨이트에서 조정할 수 있습니다.

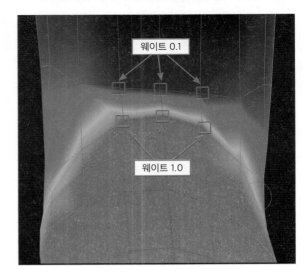

웨이트 0.1

웨이트 1.0

사소한 것이지만 하지만 다리를 구부렸을 때 좌우 피부가 구불구불하게 변형되는 위치에도 블러를 사용해 상당히 개선할 수 있습니다(여기에서는 무릎의 본을 선택했습니다).

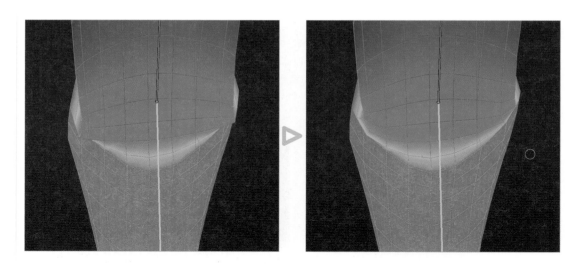

10 볼륨을 보존하기

Step

메쉬의 찌그러짐을 한층 완화하는 기능을 사용합니다. 오른쪽 프로퍼티스의 모디파이어 프로퍼티스 안에 있는 아마튜어 모디파이어에 볼륨을 보존하기 항목을 활성화합니다. 이 항목은 메쉬의 찌그러짐을 완화할 수 있는 기능입니다. 이를 사용하면 무릎이나 엉덩이의 찌그러짐을 보조 본 없이도 해소할 수 있습니다.

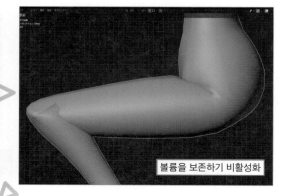

볼륨을 보존하기 비활성화

볼륨을 보존하기 활성화

그 밖의 다양한 웨이트 조정

그 밖에 본 Hips의 웨이트도 조정합니다. 본 Hips의 다리 밑동 부근에 웨이트를 '1'로 설정하고(허벅지는 너무 많은 웨이트를 설정하지 않음), 블러로 다듬어 피부의 느낌을 표현할 수 있습니다.

※ 여기에서는 아마튜어 모디파이어의 볼륨을 보존하기를 비활성화했습니다.

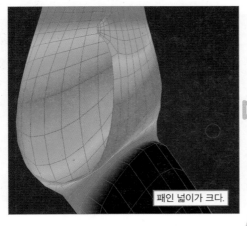

패인 넓이가 크다.

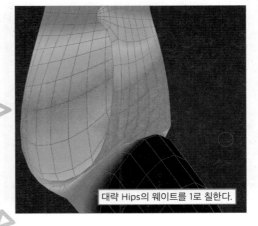

대략 Hips의 웨이트를 1로 칠한다.

블러로 다듬는다.

Chapter 1
Chapter 2
Chapter 3
Chapter 4
Chapter 5
Chapter 6
Chapter 7

11

Step

미러 적용하기

왼쪽 위 모드 전환에서 오브젝트 모드로 전환하고 오른쪽 프로퍼티스의 모디파이어 프로퍼티스에서 미러를 추가합니다. 그러면 모디파이어의 순서가 아마튜어 → 미러가 됩니다. 이 상태에서는 포즈 모드에서 본을 움직였을 때미러가 잘 반영되지 않습니다. 먼저 미러를 모디파이어 메뉴에서 적용하면 정상적으로 동작하게 됩니다.

축적에 관해

UV 전개를 하기 전에 오브젝트의 변환 패널의 축적이 모두 '1'로 되어 있는지 확인합니다. 3D 뷰포트 왼쪽 위 모드 전환에서 오브젝트 모드로 전환합니다. 다음으로 각 오브젝트의 축적 X, Y, Z가 '1'인지 확인합니다. 축적은 사이드바(N키)의 항목의 변환 패널 혹은 오른쪽 프로퍼티스의 오브젝트 프로퍼티스의 변환 패널에서 확인할 수 있습니다. 이 값이 '1'이 아니면 UV 전개했을 때예상치 못한 형태가 될 수 있습니다.

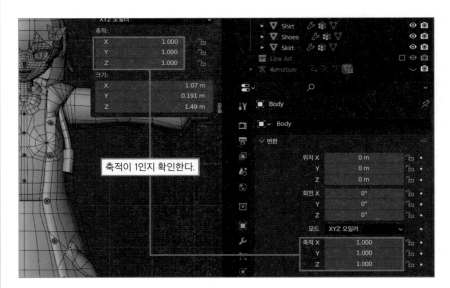

축적이 1인지 확인한다.

예를 들면 구체를 오브젝트 모드에서 축적(S키)을 사용해 축적을 변경한 뒤 에디트 모드(Tab키)로 전환하고 구체를 원래 크기로 편집했다고 가정해 봅시다. 이 상태에서 UV 전개를 하면 생각과 다른 형태로 전개됩니다. 이것은 오브젝트 모드에서의 형태정보가 기록되어 있고 이 값을 기반으로 전개하기 때문에 발생하는 오류입니다. 그림 아래 있는 상태바에 오브젝트에 크기가 균일하지 않습니다. 펼치기는 메쉬의 축적이 조정되지 않은 버전에서 작동합니다라는 에러 메시지가 나타납니다.

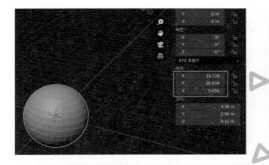
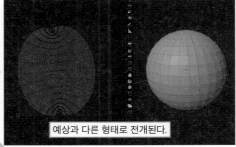

예상과 다른 형태로 전개된다.

ℹ 오브젝트에 크기가 균일하지않습니다. 펼치기는 메쉬의 축적이 조정되지 않은 버전에서 작동합니다

축적을 '1'로 설정하려면 적용을 사용해야 합니다. 오브젝트 모드로 전환하고 오브젝트를 선택한 상태에서 3D 뷰포트 위쪽 오브젝
트 → 적용(Ctrl+A키) → 축적을 클릭하면 축적을 초깃값으로 되돌릴 수 있습니다.

이 상태에서 다시 한 번 전개하면 이번에는 정상적인 형태가 됩니다.
이 적용 기능은 변환 위치/회전/축적을 초깃값으로 되돌리는 기능입니다. 위치/회전/축적이 초깃값이 아닌 상태에서 모디파이어
를 사용하면 설정 내용에 따라 의도하지 않은 결과가 얻어지거나, 여기에서 소개한 것처럼 축적이 초깃값이 아니면 UV 전개가
잘 되지 않는 등의 상황이 발생합니다. 오브젝트 모드에서 수정할 때는 적용을 사용하는 것을 권장합니다(에디트 모드는 오브젝
트 자체를 직접 편집하기 때문에 변환 패널의 위치/회전/축적이 변하지 않습니다).

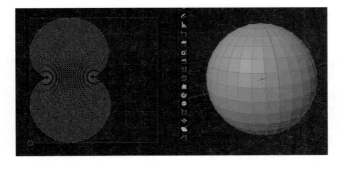

Chapter 1

Chapter 2

Chapter 3

Chapter 4

Chapter 5

Chapter 6

Chapter 7

인체 UV 전개

씨임 설정과 다양한 수정을 마쳤다면 UV 전개를 합니다.

4-1   UV 맵 조작

UV 전개에 관해서는 앞서 간단하게 소개했습니다. 여기에서 실제로 인물을 UV 전개하면서 조금 더 깊이 설명해 봅니다.

01   UV 에디트로 전환하기

Step

Body 오브젝트와 Mouth 오브젝트를 선택하고 (오른쪽 위 아웃라이너에서 Ctrl키로 선택할 수 있음) 화면 위쪽에 있는 UV Editing을 클릭해 UV 편집을 위한 워크스페이스로 이동합니다.

UV Editing 탭을 클릭한다.

02   UV에서 전개하기

Step

오른쪽 3D 뷰포트 위에 마우스 커서를 올리고 A키를 눌러 모든 메쉬를 선택합니다. 다음으로 3D 뷰포트 위쪽 헤더 안에 있는 UV에서 펼치기(U키)를 클릭하면 UV 에디터 안에 전개된 UV 맵이 표시됩니다. 잘 잘라내지지 않은 위치가 있다면 3D 뷰포트에서 씨임을 넣고 다시 한 번 펼치기를 실행합니다.

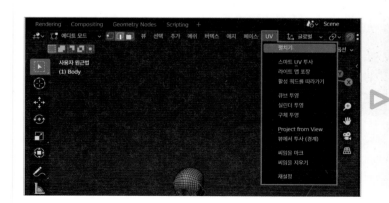

POINT

씨임은 UV 에디터에서도 설정할 수 있다

UV 에디터에서도 씨임 설정 및 삭제를 할 수 있습니다. UV 에디터에서 에지 선택 모드(숫자키 2)로 전환하고 씨임을 넣을 에지를 선택한 뒤 헤더에 있는 UV → 씨임을 마크(Ctrl+E키)를 선택해 설정할 수 있습니다. 전개가 잘 되지 않았다면 UV 에디터에서 자를 위치를 선택하고 씨임을 마크하는 것도 좋습니다.

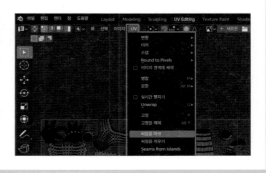

03 UV 에디터에 관해

Step

UV 에디터에 관해 조금 더 설명합니다. UV 편집은 기본적으로 메쉬 편집과 그 조작이 같습니다. UV 에디터의 헤더 안에서 선택 모드를 전환할 수 있습니다. 왼쪽부터 순서대로 버텍스(①), 에지(②), 페이스(③), 아일랜드(④)입니다. 아일랜드는 UV 전개된 각 그림을 나타내며(섬이라 부르기도 합니다), 연결된 UV 맵을 모두 선택할 수 있습니다.

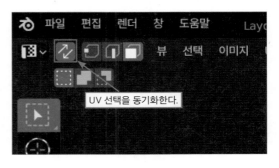

그리고 선택 모드 왼쪽에 대각선으로 좌우 방향의 화살표 아이콘이 있습니다. 이것은 UV 동기화 선택 기능입니다. 이 아이콘을 마우스 좌클릭해 활성화하면 3D 뷰포트와 UV 에디터의 선택이 동기화되므로 어떤 부분이 전개되었는지 쉽게 알 수 있습니다. 필요에 따라 이 기능을 활성화하는 것도 좋습니다. 선택 모드도 버텍스, 에지, 페이스의 세 가지를 제공합니다. 덧붙여 이를 활성화한 상태에서 UV 맵에 마우스 커서를 올리고 L키를 누르면(연결된 모두 선택) 연결된 UV를 한 번에 선택할 수 있습니다. 그 밖에도 UV 동기화 선택을 사용할 때는 페이스 선택 모드(숫자키 3)를 사용하는 것이 좋습니다. 버텍스 선택 모드에서 연결된 모두 선택을 하면 다른 UV 맵도 선택되기 때문입니다.

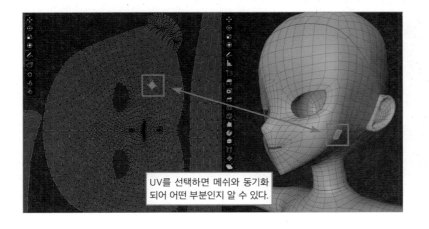

UV를 선택하면 메쉬와 동기화 되어 어떤 부분인지 알 수 있다.

04

Step

UV 맵 조작하기

조금 간단한 UV 맵 조작을 해 봅니다. UV 에디터의 헤더에 있는 아일랜드 선택 모드(숫자키 4)를 클릭하고 시험 삼아 얼굴의 UV 맵을 마우스 좌클릭합니다. 다음으로 이동(G키)을 클릭하면 UV 맵을 이동할 수 있습니다. 마우스 좌클릭해 결정, 마우스 우클릭해 취소할 수 있습니다.

※ 그 밖에도 R키로 회전, S키로 크기를 변경할 수 있지만 나중에 UV 맵을 겹치거나 회전하는 작업을 하기 때문에 이 단계에서는 해당 조작을 수행하지 않도록 합니다. 동작을 확인했다면 반드시 마우스 우클릭해 취소하거나 마우스 좌클릭해 결정했을 때는 Ctrl+Z키로 조작전으로 되돌립니다.

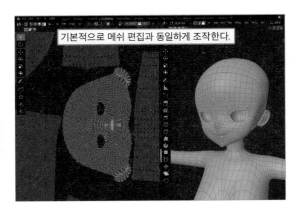

기본적으로 메쉬 편집과 동일하게 조작한다.

그리고 UV 에디터에도 비례 편집이 있습니다. 여기에서는 이 기능을 사용하지 않으므로 활성화되어 있다면 비활성화합니다.

UV 에디터의 오른쪽 위에 3D 뷰포트와 마찬가지로 오버레이를 표시가 있습니다. 이 항목을 비활성화하면 UV 에디터에 UV 맵이 표시되지 않으므로 항상 활성화해둡니다.

05

Step

UV 맵을 프레임 바깥으로 이동하기

UV 맵을 반전해 겹치는 작업을 합니다. 현재 상태에서는 UV 맵의 크기, 위치가 제각각이어서 알기 어렵습니다. 아일랜드 선택 모드(숫자키 4)로 전환하고 G키를 누른 뒤 우선 모든 맵을 프레임 바깥으로 이동합니다. 반복하지만 이 시점에서는 회전이나 축적은 변경하지 않도록 합니다. 그리고 두부, 손, 발 등의 그룹으로 나누면서 UV 맵을 배치하면 이후 편집이 수월해집니다(만약 어떤 부분의 UV 맵인지 모르겠다면 UV 동기화 선택을 활성화하고 UV 맵에 마우스 커서를 올린 뒤 L키를 눌러 확인합니다).

▷

06 UV 맵을 핀으로 고정하기

Step

프레임 바깥으로 이동했다면 이제 UV 에디터 위에서 모든 선택의 단축키인 **A키**를 누릅니다. UV 에디터 헤더에서 UV → **고정(P키)**을 클릭합니다. UV 버텍스가 핀으로 고정되고 빨간색으로 표시됩니다. 핀 고정을 하면 다시 **펼치기**했을 때 UV 맵이 원래 위치로 되돌아가지 않고 현재 위치에 고정됩니다. 반대로 핀 고정을 해제하고 싶을 때는 UV → **고정을 해제(Alt+P키)**를 선택합니다.

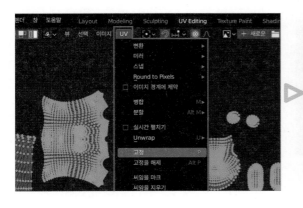 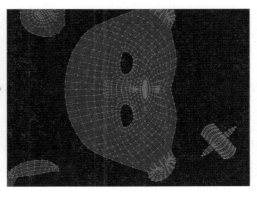

07 UV 맵 반전하기

Step

좌우 대칭이 되도록 UV 맵을 겹칩니다. 먼저 왼쪽 다리가 되는 UV 맵을 오른쪽 다리의 UV 맵에 겹칩니다. UV 에디터 헤더의 선택 모드가 **아일랜드 선택 모드(숫자키 4)**인지 확인합니다. 왼쪽 다리의 UV 맵을 선택합니다. 다음으로 헤더 안에 있는 UV → **미러**에서 **Y 축**을 선택합니다. 이렇게 하면 UV를 상하 반전할 수 있습니다.

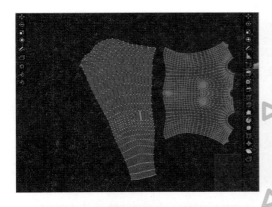 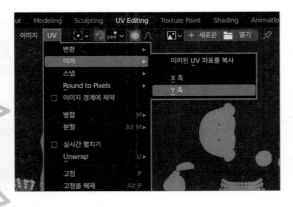

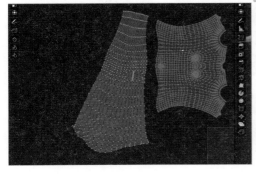

> **MEMO**
>
> **미러 축에 관해**
> UV 맵을 배치한 방법에 따라 Y 축보다 X 축을 기준으로 미러시키는 것이 좋을 수도 있습니다. 각자 환경에 맞는 방향으로 미러를 적용해 주십시오.

Chapter 1

Chapter 2

Chapter 3

Chapter 4

Chapter 5

Chapter 6

Chapter 7

08
Step

UV 맵 이동하기

다음으로 왼쪽 다리를 오른쪽 다리의 UV 맵과 겹치게 합니다. UV 에디터의 헤더 안에 있는 스냅(Shift+Tab키) 아이콘을 클릭해 활성화합니다. 다음으로 스냅 메뉴에서 스탭 대상으로 버텍스를 클릭하면 UV 흡수를 할 수 있습니다(대상은 가까이로 합니다).

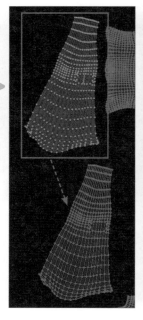

MEMO

같은 UV 맵을 스냅을 사용해 겹치게 하면 UV 공간을 효율화하는 동시에 나중에 수행할 텍스처 페인트(텍스처를 입히는) 작업 시간을 줄일 수 있습니다.

09
Step

그 밖의 UV 맵도 이동하기

좌우 대칭이 되는 다른 UV 맵에도 같은 조작을 수행합니다. UV Map을 선택하고 헤더 안에 있는 UV → 미러에서 Y 축(또는 X 축)을 선택해서 반전시킨 뒤 이동(G키)으로 겹칩니다. 마쳤다면 스냅(Shift+Tab키)은 비활성화 합니다.

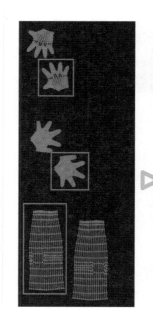

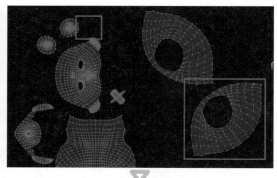
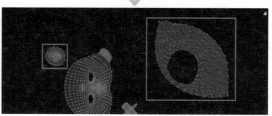

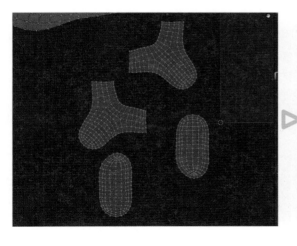

Chapter 1

Chapter 2

Chapter 3

Chapter 4

Chapter 5

Chapter 6

Chapter 7

10 Eye 오브젝트와 Eyelash 오브젝트 표시하기

Step

다음으로 오른쪽 위 아웃라이너에서 Eye 오브젝트와 Eyelash 오브젝트를 표시합니다. 그리고 우선 오브젝트 모드(Tab키)로 전환한 뒤 2개 오브젝트를 선택하고 에디트 모드(Tab키)로 전환합니다.

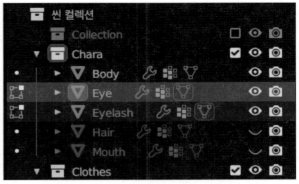

11 눈썹, 속눈썹, 눈동자 UV 전개하기

Step

기본적으로 눈썹, 속눈썹, 눈동자는 앞쪽에서만 보이므로 이들은 현재 시점을 기준으로 UV 전개합니다. 3D 뷰포트에서 앞쪽 시점(넘버패드 1)으로 전환하고 정사법(넘버패드 5)로 전환한 뒤 UV 전개(U키)에서 Project from View를 선택합니다. 그러면 현재 시점에서 UV 전개할 수 있습니다.

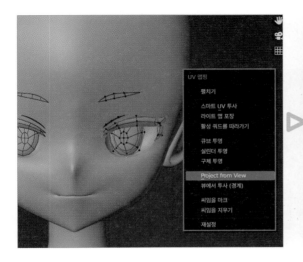
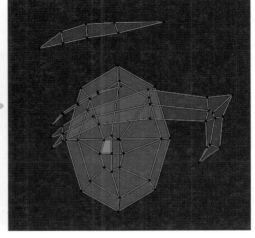

12 UV 맵 이동하기와 핀 고정하기

Step
UV 에디터를 보면 눈동자와 속눈썹이 겹쳐져 있으므로 UV 에디터의 헤더에서 아일랜드 선택 모드(숫자키 4)로 전환하고 눈동자의 UV 맵을 선택합니다. 이동(G키)으로 속눈썹의 UV 맵과 어느 정도 거리를 줍니다. 그리고 UV 에디터 위에서 모든 선택의 단축키인 A키를 누르고 고정(P키)을 사용해 고정합니다.

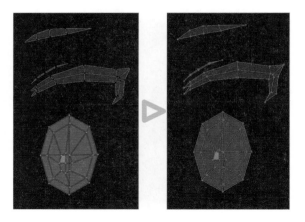

13 Eye와 Eyelash 모디파이어 적용하기

Step
3D 뷰포트에서 현재 모드를 오브젝트 모드(Tab키)로 전환하고 Eye와 Eyelash를 각각 선택합니다. 오른쪽 프로퍼티스의 모디파이어 프로퍼티스 안에서 미러 → 섭디비전 표면 순서로 적용합니다(패널 위쪽 메뉴에서 적용을 클릭합니다). 이렇게 UV 전개한 뒤 모디파이어를 적용해도 문제없습니다.

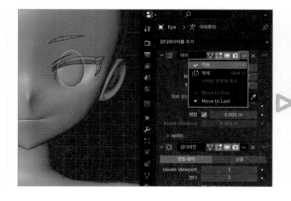
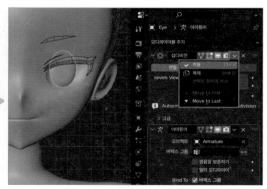

14 UV 맵을 에디트 모드로 전환하기

Step
오른쪽 위 아웃라이너에서 UV 전개를 마친 Body, Eye, Eyelash, Mouth 오브젝트를 선택하고 에디트 모드(Tab키)로 전환합니다.

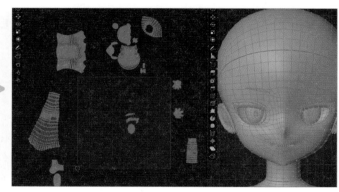

15 UV 맵의 각도 조정하기

Step

일부 UV 맵을 앞쪽으로 합니다. UV 에디터의 헤더에서 아일랜드 선택 모드(숫자키 4)로 전환했다면 얼굴의 UV 맵을 선택합니다. 이후 얼굴에는 볼에 텍스처를 입히므로 얼굴이 옆으로 회전되어 있다면 R키 → '90'을 입력하고, 얼굴의 UV 맵을 90도 회전시킵니다(얼굴의 턱이 왼쪽 방향을 향하고 있다면 R키 →'-90'을 입력해 얼굴을 앞쪽 방향으로 합니다). 만약 얼굴이 비스듬한 방향을 향하고 있다면 회전(R키)으로 앞쪽을 향하도록 조정하면 좋습니다. 그 밖에도 인체의 UV 맵을 앞쪽을 보도록 회전(R키)으로 조정하는 것도 좋습니다.

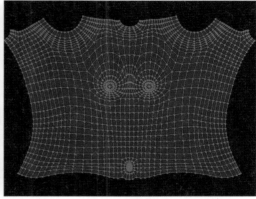

16 UV 맵을 프레임 안으로 넣기

Step

모든 UV 맵을 겹쳐지지 않도록 프레임 안으로 이동(G키)하고 회전(R키), 축적(S키)으로 조정합니다. 반전시켜 겹친 UV 맵은 아일랜드 선택 모드(숫자키 4)로 전환해 박스 선택으로 한 번에 선택할 수 있습니다. UV 맵 배치를 할 때는 중요한 UV 맵은 가능한 크게 하고, 잘 보이지 않거나 중요하지 않은 UV 맵은 가능한 작게 하는 것이 팁입니다. 예를 들면 잘 보이는, 나중에 텍스처를 입히는 앞쪽 얼굴이나 눈동자는 가능한 크게 배치합니다. 반대로 머리카락에 가려지는 후두부, 이, 혀 등은 거의 보이지 않는 위치이므로 작게 배치합니다.

다음으로 관련성이 있는 부분은 가깝게 배치합니다. 예를 들면 앞쪽 얼굴의 바로 아래 목 주변 메쉬를 배치함으로써 '이것은 어떤 부분의 UV 맵이었지?'와 같은 고민을 하지 않을 수 있습니다. 다리의 UV 맵 근처에 발의 UV 맵, 손등과 손바닥의 UV 맵을 나란히 배치하는 등 그룹화 함으로써 알기 UV 맵을 알기 쉽게 구성할 수 있습니다.

그 밖에도 UV 맵끼리는 약간의 간격을 두고 배치하는 것이 좋습니다. 너무 가깝게 배치하면 텍스처를 입히기 어려워지는 등 다양한 오류의 원인이 됩니다.

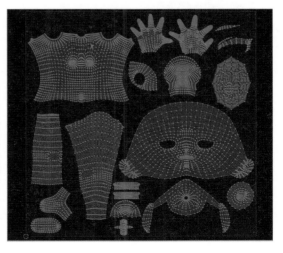

4-2 UV 맵의 왜곡 수정 및 버텍스

UV 맵의 늘이기는 왜곡을 말합니다. 큰 왜곡이 있으면 텍스처를 만들 때 의도치 않게 묘사되기 쉬우므로 이를 찾아내기 위한 조작과 수정 방법을 소개합니다.

01 UV 맵의 왜곡 확인하기

Step

전개한 UV 맵에 왜곡이 발생했는지 확인합니다. UV 에디터의 헤더에 있는 오버레이 메뉴에서 늘이기를 표시를 활성화하면 왜곡 정도를 알 수 있습니다. 파란색은 왜곡이 적은 것을 나타내며, 노란색에서 빨간색으로 갈 수록 왜곡이 커집니다. 왜곡이 클수록 텍스처의 왜곡도 커지기 때문에, 왜곡이 큰 위치는 버텍스를 이동해서 파란색에 가깝게 조정해야 합니다. 그 방법으로도 해결이 어렵다면 다시 씨임을 설정한 뒤 다시 전개해 봅니다. 확인, 수정을 마쳤다면 늘이기를 표시를 비활성화합니다.

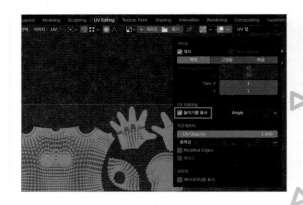

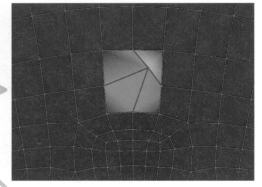

> **MEMO**
>
> UV 맵이 파란색으로 표시되지 않는다면 '늘이기를 표시' 오른쪽에 있는 항목이 'Area'로 되어 있을 가능성이 있습니다. 이것은 표시 확대 유형을 결정하는 항목입니다. **Area**는 전개가 실패한 것처럼 보여 알아보기 어려우므로 특별한 이유가 없는 한 기본값인 **Angle**로 설정합니다.

02 밑그림 표시하기

Step

다음으로 신체의 버텍스를 이동할 때 UV 맵에 가능한 왜곡이 발생하지 않도록 합니다.

화면 위쪽에 있는 워크스페이스에서 레이아웃으로 이동하고 앞쪽 시점(넘버패드 1)으로 전환합니다. 그리고 오브젝트 모드로 전환하고 Body를 선택한 뒤 에디트 모드(Tab키)로 전환합니다. 오른쪽 위 아웃라이너에서 뷰 레이어에서 삭제한 Collection(밑그림이 들어있는 컬렉션)의 오른쪽 텍스처를 활성화해 우선 표시합니다.

Chapter 1

Chapter 2

Chapter 3

Chapter 4

Chapter 5

Chapter 6

Chapter 7

03 대칭 메뉴에서 X키를 활성화하기

Step 3D 뷰포트 오른쪽 위 대칭 메뉴에서 **X키**를 활성화하고 시점을 무릎쪽으로 이동합니다. 여기에 무릎 라인을 설정할 수 있도록 버텍스를 이동합니다.

※ 뷰포트 셰이딩은 와이어프레임(Shift+Z키)로 하고 X-Ray를 토글(Alt+Z키)를 비활성화했습니다.

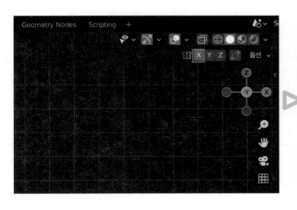
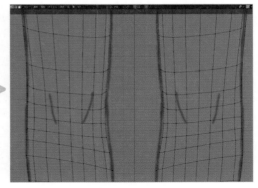

04 버텍스 편집하기

Step 버텍스를 선택하고 **슬라이드 이동**(G키를 2번 누르거나 **Shift+V키**)으로 버텍스를 무릎 선에 맞춥니다.

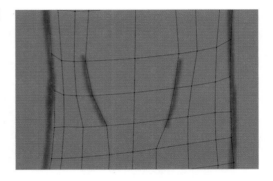

여기에서 슬라이드 이동을 한 이유가 있습니다. 일반적인 **이동**(G키)를 사용하면 메쉬 변형에 따라 UV 맵이 왜곡될 수 있습니다. 하지만 슬라이드 이동을 하면 이 왜곡을 거의 발생시키지 않고 버텍스를 조정할 수 있습니다(UV 맵도 맞춰서 변경해줍니다). 하지만 극단적으로 버텍스끼리 너무 가깝게 하면 왜곡이 발생하므로 약간의 공간을 두고 주변의 버텍스도 슬라이드 이동으로 조정하면 좋습니다.

※ 설명을 위해 여기에서는 UV Editing으로 전환하고 늘리기를 표시를 활성화했습니다.

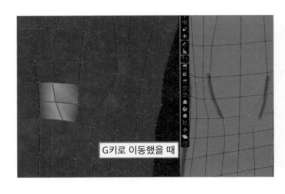

G키로 이동했을 때

슬라이드 이동했을 때

05

Step

프리스타일 에지를 마크하기

무릎의 선이 되는 버텍스를 선택하고 에지 메뉴 (Ctrl+E키)에서 프리스타일 에지를 마크를 클릭하고 라인을 설정합니다(반대쪽도 잊지 않고 설정합니다). 마쳤다면 오른쪽 위의 아웃라이너에서 Collection을 뷰 레이어에서 제외(오른쪽 선택을 해제하고 비활성화)합니다.

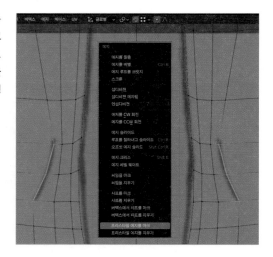

UV 맵의 왜곡을 완화하는 기능

블렌더 버전 3.4 이후에서만 사용할 수 있는 기능을 소개합니다. 이 방법을 사용하면 왜곡을 간단하게 완화할 수 있습니다. 왼쪽 툴바에 있는 릴랙스를 선택하고 UV 에디터 안에서 사이드바(N키)를 표시한 뒤, 도구 안의 브러시 설정 패널 안에 있는 릴랙스 메서드를 지오메트리로 설정합니다. 다음으로 옵션 패널 안에 있는 경계를 잠금(경계 편집을 비활성화하는 항목)을 활성화합니다.

이 상태에서 왜곡이 있는 버텍스를 마우스 좌클릭 드래그해 UV 맵의 왜곡을 완화할 수 있습니다.이 기능을 사용할 때는 핀 고정을 해제한 상태에서 작업해야 하는 점에 주의합니다(핀 고정한 버텍스를 선택하고 Alt+P키로 해제할 수 있습니다). 그리고 반전해서 겹쳐져 있는 UV 맵에 적용할 경우 위치가 어긋나게 되므로 사용하지 않도록 합니다.

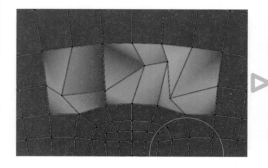 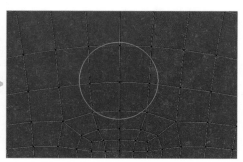

Chapter 1

Chapter 2

Chapter 3

Chapter 4

Chapter 5

Chapter 6

Chapter 7

Chapter 3

5

머리카락 씨임 설정과 UV 전개

머리카락 형태는 이 책의 진행 방법에 따라 차이가 발생할 수 있기 때문에 여기에서 설명하는 UV 맵이 크게 참고가 되지 않을 수도 있습니다. 그 때는 씨임 설정에 신경 쓰면 좋습니다. 예를 들면 머리카락 덩어리의 겉과 속의 경계에 씨임을 넣습니다. 그리고 필요에 따라 머리카락 밑동에 넣는 것도 고려합니다.

5-1 바깥쪽 머리카락의 씨임 설정하기

머리카락은 여러 덩어리가 뒤엉켜 있어 씨임을 한 번에 설정하면 혼란을 일으키기 쉬우므로 먼저 바깥쪽 머리카락부터 UV 전개한 뒤 안쪽 머리카락으로 조금씩 진행합니다.

01 Step
Hair만 표시하기
현재 워크스페이스가 레이아웃인지 확인합니다 현재 모드를 오브젝트 모드(Tab키)로 전환하고 오른쪽 위 아웃라이너에서 Hair만 표시합니다.

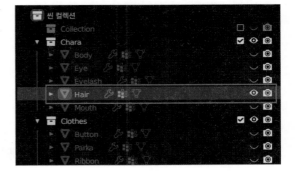

02 Step
에지 마크를 비활성화하기
Hair 오브젝트를 선택한 뒤 에디트 모드(Tab키)로 전환합니다. 처음에는 작업을 쉽게 하기 위한 설정을 합니다. 3D 뷰포트 오른쪽 위에 있는 뷰포트 오버레이 안에서 프리스타일 안에 있는 에지 마크 항목을 비활성화합니다. 이 항목을 비활성화하면 라인 아트를 위해 설정했던 녹색 선을 숨길 수 있습니다. 블렌더 4.0에서는 3D 뷰포트 오른쪽 위에 있는 메쉬 에디트 모드 안에 에지 마크 항목이 있습니다.

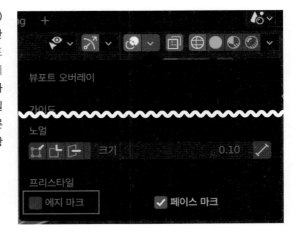

03
Step

안쪽 머리카락 숨기기

안쪽 머리카락의 메쉬를 선택하고 **Ctrl+L**키로 연결된 모두 선택합니다. 왼쪽 아래 오퍼레이터 패널이 표시됩니다. 범위를 정하기 항목은 **노멀**을 선택한 두 **숨기기(H**키)합니다. 좌우 안쪽 머리카락에도 같은 조작을 해서 숨깁니다.

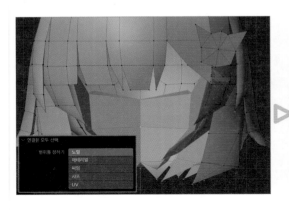 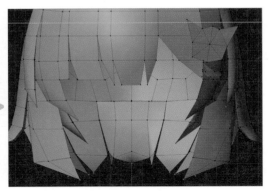

여기에서는 3D 뷰포트 오른쪽 위에 있는 **X-Ray**를 토글(**Alt+Z**키)을 활성화했습니다.

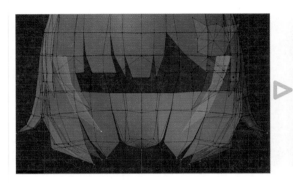 

04
Step

앞머리카락에 씨임 설정하기

머리카락에 씨임을 설정합니다. **에지 선택 모드** (숫자키 2)에서 그림과 같이 앞머리와 옆머리의 경계 부분에 씨임을 설정합니다. 씨임을 설정할 위치를 에지로 선택하고 3D 뷰포트 위쪽 **에지** 메뉴(**Ctrl+E**키)에서 **씨임을 마크**를 클릭해 설정할 수 있습니다. 그리고 뒤에서 그림자를 설정하기 때문에 머리카락 위쪽의 모서리도 씨임을 설정합니다.

❶: 앞머리와 옆머리의 경계
❷: 옆 머리 위의 모서리

※ 씨임의 위치는 샘플 데이터의 'Chapter03C.blend'도 참조해 주십시오.

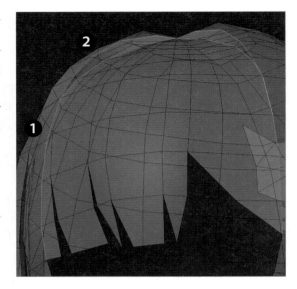

Chapter 1

Chapter 2

Chapter

3

Chapter 4

Chapter 5

Chapter 6

Chapter 7

05
Step

머리카락 덩어리의 안쪽과 바깥쪽의 경계 선택하기

다음은 옆머리와 뒷머리에 씨임을 넣습니다. 그 전에
에지를 선택하고 메쉬를 좌우 대칭으로 하고, 좌우 대
칭으로 선택한 뒤 씨임을 추가하는 순서로 작업합니다.
다음 그림은 오른쪽 시점(넘버패드 3)으로 한 것입니
다.

❸: 머리카락 덩어리의 안쪽과 바깥쪽의 경계
❹: 좌우로 뻗친 머리카락 덩어리의 안쪽과 바깥쪽의
경계
❺: 좌우로 뻗친 머리카락 덩어리의 밑동

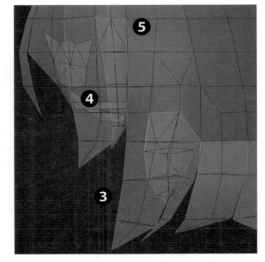

옆머리에 있는 안쪽 페이스가 없는 머리카락을 선택했을 때 그
림과 같이 밑동(에지가 하얀색으로 표시되어 있는 위치)에 씨
임을 넣어야 합니다. 이것은 큰 덩어리로 되어 있는 쪽의 안쪽
페이스를 잘라내기 위해서입니다. 그 밖에도 덩어리와 덩어리
사이에 에지가 존재하므로 그 부분도 잊지 말고 선택합니다.

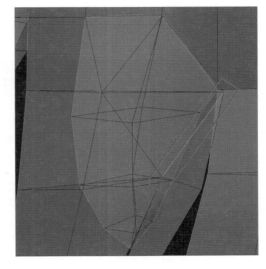

뒤쪽에도 마찬가지로 머리카락의 안쪽과 바깥쪽의 경계를 기준으로 씨임을 넣습니다. 뒤쪽에 있는 작은 머리카락도 앞과
마찬가지로 밑동을 선택합니다.

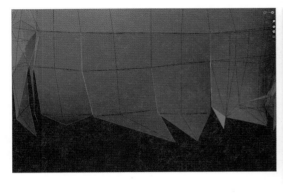
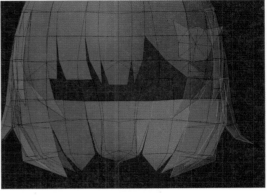

06 대칭에 스냅 적용하기

Step 3D 뷰포트 위쪽 메쉬 → 대칭에 스냅을 선택하고 왼쪽 아래 오퍼레이터 패널에서 팩터에 '1' 또는 '0'을 입력합니다 (임계값도 필요에 따라 변경하면 좋습니다).

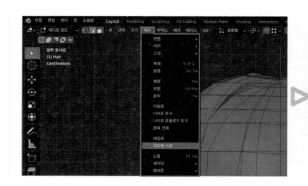
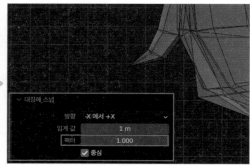

07 왼쪽 에지 선택하기

Step 3D 뷰포트 위쪽 선택 → 선택 미러(Shift+Ctrl+M키)를 선택한 뒤 반대쪽을 선택합니다. 왼쪽 아래 오퍼레이터 패널에서 연장을 활성화해 좌우 대칭으로 선택할 수 있도록 합니다.

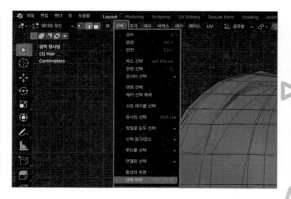
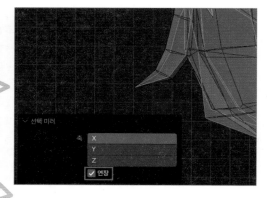

08
Step

씨임 마크하기

그리고 3D 뷰포트 위쪽 에지 메뉴(Ctrl+E키)에서 씨임을 마크를 클릭하고 앞서 좌우 대칭으로 선택한 위치에 씨임을 설정합니다.

만약 이 작업 단계에서 더듬이머리와 머리핀의 위치가 어긋난다면 오른쪽 위에 있는 대칭 메뉴의 X키를 활성화해 좌우 대칭으로 편집할 수 있도록 하고, 머리카락의 버텍스를 이동(G키)으로 조정합니다.

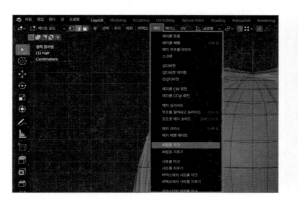
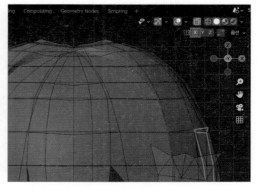

09
Step

UV 펼치기

화면 위쪽 워크스페이스에서 UV Editing을 클릭하고 오른쪽 3D 뷰포트에서 모두 선택(A키)으로 머리카락 메쉬를 모두 선택한 뒤 UV 맵핑(U키)로 펼치기합니다.

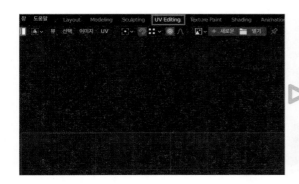
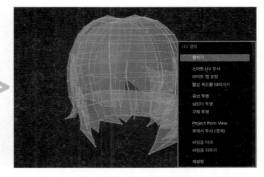

만약 펼친 UV 맵에 겹쳐진 부분이 있다면 씨임이 어딘가 누락되었을 가능성이 있습니다. 3D 뷰포트 또는 UV 에디터에서 필요한 에지에 씨임을 넣고 다시 한번 펼칩니다.

10 왜곡 해소하기

Step

오른쪽 위 뷰포트 오버레이에서 늘이기를 표시를 활성화하고 왜곡이 없는 지 확인합니다. 만약 왜곡이 큰 위치가 있다면 그 주변에 씨임을 넣지 않았을 가능성이 있으므로 씨임을 넣고 다시 펼칩니다. 확인을 마쳤다면 늘이기를 표시는 비활성화합니다.

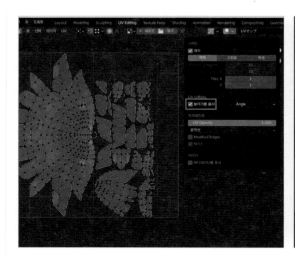

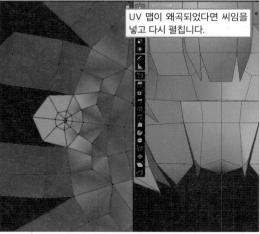

UV 맵이 왜곡되었다면 씨임을 넣고 다시 펼칩니다.

11 UV 맵을 프레임 바깥으로 이동하기

Step

UV 전개를 신체와 마찬가지로 각 UV 맵을 우선 프레임 바깥으로 이동(G키)합니다. 머리카락 안쪽 페이스의 UV 맵이 잘게 흩어질 것이므로 혼동하지 않도록 합니다.

UV 에디터에서 UV 동기화 선택(3D 뷰포트와 UV 에디터에서 선택을 동기화하는 기능)를 활성화했다면 페이스 선택 모드(숫자키 3)로 전환합니다. 다음으로 3D 뷰포트 오른쪽 위에 있는 X-Ray를 토글(Alt+Z키)을 활성화합니다(X-Ray를 토글이 없을 때는 헤더를 마우스 가운데 버튼으로 좌우로 드래그하면 헤더 안에서 이동할 수 있습니다. 거기에서 X-Ray를 토글을 찾아서 활성화합니다).

헤더를 마우스 가운데 버튼 클릭하고 좌우로 드래그하면 헤더 안을 이동할 수 있다.

그리고 UV 에디터나 3D 뷰포트에서 페이스(숫자키 3)를 선택하고 어디에 UV 맵이 있는지, 어디의 UV 맵인지 찾아보면서 UV 맵을 프레임 바깥으로 이동하면 좋습니다(연결된 모두 선택의 L키 등을 사용하면 작업 효율을 높일 수 있습니다). 신체와 마찬가지로 UV 맵을 그룹으로 나누면서 배치하면 이후 작업을 효과적으로 할 수 있습니다. 프레임 바깥쪽으로 이동을 마쳤다면 UV 동기화 선택은 우선 비활성화합니다. 이후 이 기능은 필요에 따라 전환해 주십시오. Next Page ▶

※ 현재 시점에서는 UV 맵의 회전, 축적은 조정하지 않습니다.

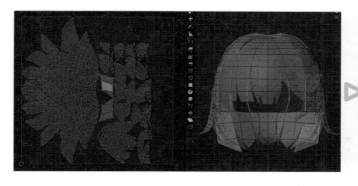

배치를 마쳤다면 UV 에디터에서 모두 선택(A키)하고 고정
(P키)으로 고정합니다. 버텍스가 빨간색이 되면 핀 고정된
것입니다.
핀 고정을 해제할 때는 버텍스를 선택하고 핀 고정 해제의
단축키인 Alt+P키를 누릅니다.

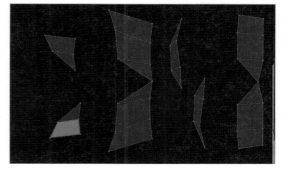

12 Step 스냅 적용하기

다음은 좌우 대칭인 UV 맵을 반전해서 겹칩니다.
UV 에디터의 헤더 안에서 스냅(Shift+Tab키)를
활성화하고 스냅 메뉴에서 버텍스를 선택합니다.
그리고 UV 에디터의 헤더에서 아일랜드 선택 모
드(숫자키 4)로 전환한 뒤 UV 맵을 선택합니다.

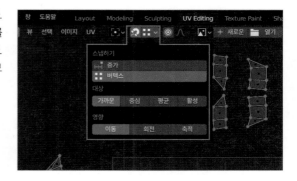

13 Step 좌우 UV 맵 통합하기

UV 에디터의 헤더에 있는 UV → 미러 → Y 축(또
는 X 축)으로 UV 맵을 반전하고 이동(G키)으로
좌우 대칭인 UV 맵을 겹칩니다(만약 UV 맵이 정
렬되지 않으면 회전(R키)으로 조정합니다). 마쳤
다면 스냅(Shift+Tab키)는 비활성화합니다.

Next Page

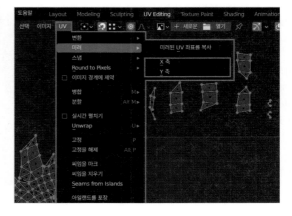

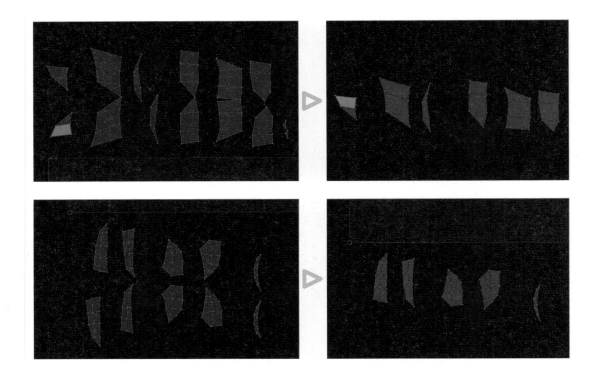

14
Step

UV 맵을 프레임 안으로 이동하기

각 UV 맵을 프레임 안으로 이동합니다. 겹쳐져 있는 UV 맵은 아일랜드 선택 모드(숫자키 4)로 전환하고 박스 선택(B키)으로 한 번에 선택할 수 있습니다.

머리카락의 안쪽 페이스 부분은 기본적으로 그림자로 인해 어두워지므로 나중에 그림자를 텍스처를 입힐 때, 쉽게 입힐 수 있도록 위쪽에 배치합니다. 단, 안쪽 페이스가 없는 가는 머리카락은 오른쪽 위에 배치합니다. 이들을 그림자로 칠하면 부자연스럽게 되기 때문입니다. 오른쪽 위와 왼쪽 아래 공간이 있는 것은 나중에 안쪽 머리카락의 UV 맵을 배치할 것이기 때문입니다.

앞머리, 옆머리, 후두부는 하이라이트를 표현하기 위해 크게 배치했습니다. 고양이 머리핀은 텍스처를 입히기 위해 크게 배치했습니다. 좌우로 날리는 작은 머리카락의 바깥쪽도 오른쪽 아래 배치했습니다.

Next Page ▶

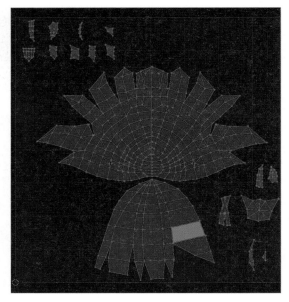

안쪽 페이스가 없는 가는 머리카락의 모양은 다음과 같습니다.

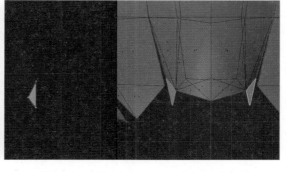

좌우로 뻗친 머리카락의 바깥쪽입니다.

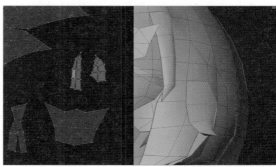

Chapter 1

Chapter 2

Chapter 3

Chapter 4

Chapter 5

Chapter 6

Chapter 7

15
Step
UV 맵을 프레임 바깥으로 이동하기

UV 맵의 배치를 마쳤다면 다음으로 안쪽 머리
카락을 UV 전개합니다. 그 전에 UV 맵을 모두
선택(A키)해서 다시 프레임 바깥으로 이동합니
다. 미리 UV 맵을 정렬하면 UV 맵이 늘어나도
혼란을 줄일 수 있습니다.

16
Step
숨긴 머리카락 표시하기

화면 위쪽 워크스페이스에서 레이아웃으로 전환합니다.
Hair 오브젝트를 에디트 모드(Tab키)로 전환합니다. 재표시
의 단축키인 Alt+H키를 눌러 숨긴 안쪽 머리카락을 재표시
합니다.

5-2 안쪽 머리카락 씨임 설정

다음으로 안쪽 머리카락을 UV 전개합니다. 머리카락의 형태가 달라 씨임을 넣는 방법을 모르겠다면 덩어리 바깥쪽과 안쪽의 경계, 또는 하나의 덩어리로 나눠지도록 설정하면 좋습니다.

01 안쪽 머리카락만 표시하기

Step

다음으로 바깥쪽 머리카락 메쉬를 선택하고 연결된 모두 선택(Ctrl+L키)을 사용합니다. 머리끈의 메쉬도 Shift키로 선택하고 Ctrl+L키로 선택합니다. 왼쪽 아래 오퍼레이터 패널에서 매테리얼로 변경한 뒤(노멀에서는 가는 머리카락을 선택할 수 없음) 숨기기(H키)합니다.

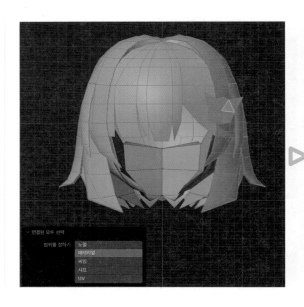 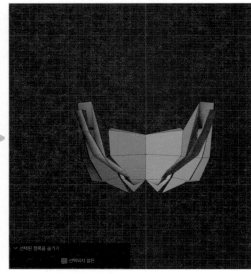

02 씨임 마크하기

Step

에지 선택 모드(숫자키 2)로 전환하고 다음 부분에 에지를 선택합니다.

> **Next Page** ▶

※ 여기에서 씨임의 위치는 복잡하므로 샘플 데이터의 'Chapter03D.blend'도 함께 참조해 주십시오.

❶: 머리카락 바깥쪽과 안쪽을 나누는 위치
❷: 안쪽 밑동
❸: 머리카락과 머리카락 사이에 있는 에지

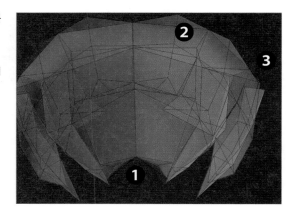

그리고 에지 메뉴(Ctrl+E키)에서 씨임을 마크를 선택합니다.

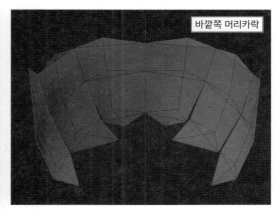

안쪽 머리카락 / 바깥쪽 머리카락

03
Step

UV 전개하기
설정을 마쳤다면 화면 위쪽 워크스페이스에서 UV Editing을 클릭합니다. 오른쪽 3D 뷰포트에서 메쉬를 A키로 모두 선택하고 UV 맵핑(U키)에서 펼치기를 선택합니다.

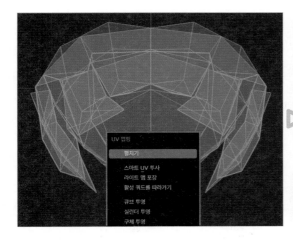

▷

04
Step

UV 맵을 프레임 바깥으로 이동하기
UV 전개를 마쳤다면 이제까지와 마찬가지로 각 UV 맵을 우선 프레임 바깥으로 이동(G키)합니다. 앞에서와 마찬가지로 UV 동기화 선택 및 L키(연결된 모두 선택)를 사용해 UV 맵을 그룹으로 나눕니다. 그리고 UV 에디터 안에서 A키로 모두 선택하고 핀 고정의 단축키인 P키를 눌러 고정합니다.

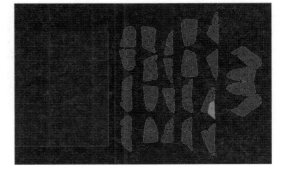

Chapter 1
Chapter 2
Chapter 3
Chapter 4
Chapter 5
Chapter 6
Chapter 7

UV 맵 모으기

Step

UV 에디터 헤더에 있는 스냅 (Shift+Tab키)를 활성화고 마찬가지로 헤더 안에서 아일랜드 선택 모드(숫자키 4)로 전환한 뒤 UV 맵을 각각 선택합니다. UV → 미러 → Y 축(또는 X 축) 으로 UV 맵을 반전하고 이동(G키)으로 좌우 대칭인 UV 맵을 겹칩니다 (만약 UV 맵이 정렬되지 않았다면 회전(R키)으로 조정합니다). 작업을 마쳤다면 스냅을 비활성화합니다.

5-3	**머리카락의 UV 맵을 프레임 안으로 모으기 & 라인 설정하기**

UV 맵을 프레임 안으로 모으고 라인을 설정합니다.

01 **UV 맵을 프레임 안으로 모두 모으기**

Step

3D 뷰포트에서 재표시의 단축키인 Alt+H키를 누르고 바깥쪽의 머리카락을 표시합니다. 모든 머리카락의 UV 맵을 이동(G키), 회전(R키), 축적(S키)을 사용해 프레임 안으로 이동합니다.

여기에서는 오른쪽 위에 머리카락의 안쪽이 되는 부분을 모두 배치했습니다. 왼쪽 아래는 머리카락의 안쪽의 바깥쪽 페이스가 되는 일부 부분입니다. 여기에는 그림자를 칠하지 않고 사전에 빛을 비춰줘서 나중에 머리카락의 볼륨감을 줍니다.

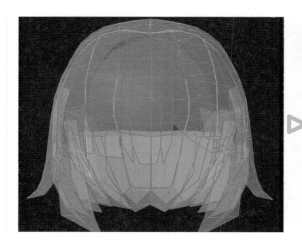

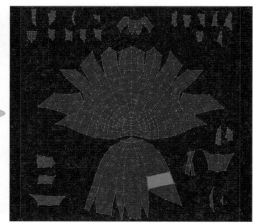

02 프리스타일 에지를 마크 적용하기

Step

다음은 Hair 오브젝트의 모디파이어를 적용하기만 하면 됩니다. 그 전에 라인을 설정합니다. 3D 뷰포트에서 에지 선택 모드(숫자키 2)로 전환하고 앞머리에 그림과 같이 녹색으로 된 위치를 선택하고 에지 메뉴의 단축키인 Ctrl+E키를 누른 뒤 프리스타일 에지를 마크를 클릭합니다. 오른쪽 위 아웃라이너에서 Collection(밑그림이 들어 있는 컬렉션)을 표시/숨기기하면서 라인의 위치를 확인하면 좋습니다. 이렇게 라인을 끊어지는 형태로 삽입해 라인의 굴곡이 줄어 좋은 느낌을 높일 수 있습니다.

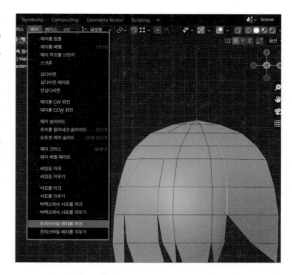

덧붙여 앞머리의 메쉬만 표시하는 방법을 소개합니다. 앞머리의 메쉬를 선택하고 연결된 모두 선택(Ctrl+L키)을 사용한 뒤 왼쪽 아래 오퍼레이터 패널에서 씨임을 활성화합니다. 이렇게 하면 씨임을 기준으로 선택할 수 있습니다. 그리고 선택하지 않은 대상을 숨기기(Shift+H키)합니다. 라인 설정 작업을 마쳤다면 Alt+H키를 눌러 숨긴 대상을 표시합니다.

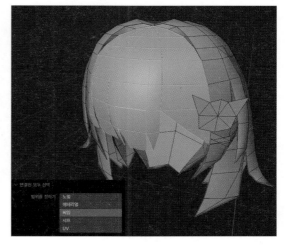

03 모디파이어 적용하기

Step

Hair 오브젝트를 오브젝트 모드(Tab키)로 전환하고 오른쪽 프로퍼티스의 모디파이어 프로퍼티스에서 섭디비전을 적용합니다.

의상의 씨임 설정과 메쉬 수정

Chapter 3

6

다음은 의상을 UV 전개합니다. 인체와 마찬가지로 메쉬를 약간 수정해야 합니다.

의상도 머리카락과 마찬가지로 책에 기재되어 있는 UV 맵과 크게 다른 경우가 있을 것입니다. UV 전개에 관한 사고 방식은 지금까지와 크게 다르지 않습니다. 크게 접히는 부분, 잘 보이지 않는 부분, 안쪽과 바깥쪽을 나누는 부분 등에 씨임을 넣는 것이 기본입니다.

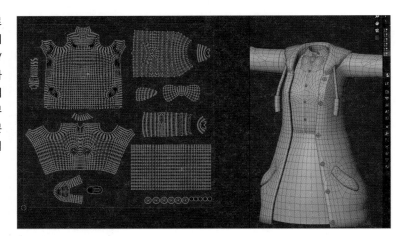

6-1 셔츠의 UV 맵

셔츠는 주름, 앞쪽과 뒤쪽을 나누는 부분 등에 씨임을 설정하는 것이 좋습니다.

01 Shirt 오브젝트만 표시하기

Step

화면 위쪽 워크스페이스에서 레이아웃으로 전환한 뒤 오른쪽 위 아웃라이너에서 Hair는 숨기고 Shirt 오브젝트만 표시합니다. 현재 모드가 오브젝트 모드인지 확인하고 Shirt 오브젝트를 선택한 뒤 에디트 모드(Tab 키)로 전환합니다.

02
Step

Shirt 오브젝트 씨임 설정하기

에지 선택 모드(숫자키 2)로 전환하고 다음 부분에 씨임을 추가합니다(에지 메뉴의 단축키인 **Ctrl+E키**에서 **씨임을 마크**를 클릭해 추가할 수도 있습니다).

※ 모든 의상의 씨임 위치에 관해서는 샘플 데이터의 'Chapter03F.blend'를 함께 참조해 주십시오.
※ 그림은 3D 뷰포트 오른쪽 위에 있는 X-Ray를 토글(Alt+Z키)을 활성화했습니다.

❶: 옷깃 밑동
❷: 셔츠 등 가운데(주름 포함)
❸: 어깨 위
❹: 어깨와 팔의 경계

❺: 소매 입구 안쪽
❻: 소매 안쪽
❼: 셔츠의 팔 아래쪽

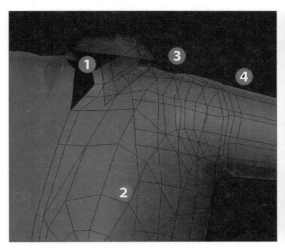
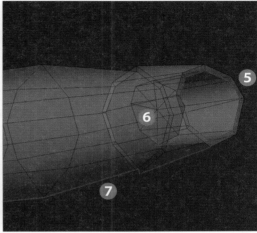

03
Step

모디파이어 적용하기

씨임 설정을 마쳤다면 오브젝트 모드(Tab키)로 전환합니다. 오른쪽 프로퍼티스의 모디파이어 프로퍼티스에서 미러 → 섭디비전 표면 순으로 패널 위쪽 메뉴에서 적용합니다.

04 에지 삭제하기

Step

다시 Shirt 오브젝트의 에디트 모드(Tab키)로 전환합니다. 에지 선택 모드(숫자키 2)로 팔꿈치 안쪽의 에지를 선택하고 디졸브(Ctrl+X키)로 에지를 삭제합니다.

※ 반대쪽도 잊지 않고 에지를 디졸브합니다.

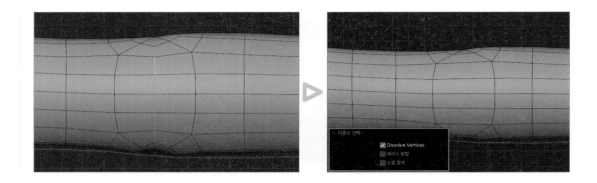

05 UV 전개하기

Step

화면 위쪽 워크스페이스 안에 있는 UV Editing을 클릭합니다. 오른쪽 3D 뷰포트에서 모두 선택의 단축키인 A키를 누르고 UV 전개의 단축키인 U키를 눌러 펼치기합니다.

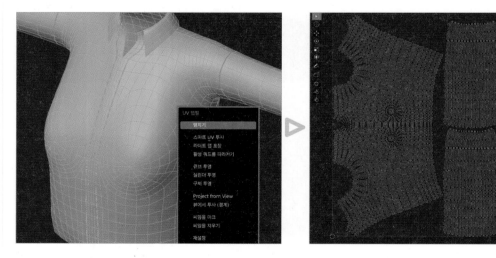

잊지 말고 UV 에디터에서 모두 선택(A키)를 누르고 고정 (P키)합니다(핀 고정 해제는 Alt+P키입니다).

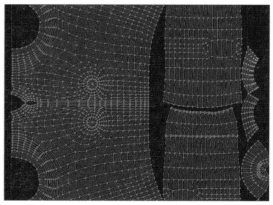

06 UV 맵 모으기

Step

UV 에디터 헤더에서 아일랜드 선택 모드(숫자키 4)로 전환하고 마찬가지로 헤더 안에 있는 스냅(Shift+Tab키)을 활성화합니다. 좌우 대칭인 UV 맵을 선택하고 UV 에디터의 헤더에 있는 UV → 미러 → Y 축(또는 X 축)으로 반전한 뒤 이동(G키)으로 반대쪽 UV 맵을 겹칩니다(맞지 않는 위치가 있다면 회전(R키)으로 조정합니다). 작업을 마쳤다면 스냅은 비활성화합니다. 반복하지만 오른쪽 위 뷰포트 오버레이에서 늘이기를 표시를 활성화하고 왜곡이 없는지 확인하는 것도 좋습니다.

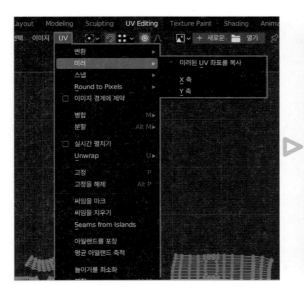 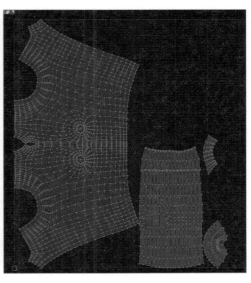

07 UV 맵을 프레임 바깥으로 이동하기

Step

UV 에디터에서 A키로 UV 맵을 모두 선택하고 이동(G키)을 사용해 프레임 바깥으로 우선 이동합니다.

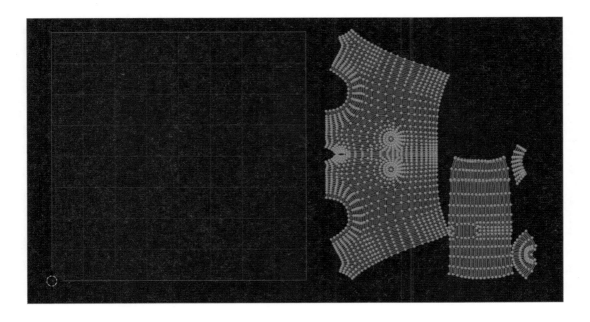

6-2 파카의 UV 맵

파카의 UV 맵을 전개합니다. 파카도 셔츠와 마찬가지로 씨임을 넣는 방법에 관한 사고 방식은 동일합니다(주름, 안쪽과 바깥쪽의 경계, 잘 보이지 않는 위치 등).

01 Parka 오브젝트 표시하기

Step 화면 위쪽 워크스페이스에서 레이아웃으로 이동합니다. 오른쪽 위 아웃라이너에서 Shirt 오브젝트를 숨기기한 뒤 Parka 오브젝트를 표시합니다. 오브젝트 모드에서 Parka 오브젝트를 선택하고 에디트 모드(Tab키)로 전환합니다.

02 Parka 오브젝트의 씨임 설정하기

Step 에지 선택 모드(숫자키 2)로 전환하고 다음 부분에 씨임을 추가합니다(에지를 선택하고 에지 메뉴의 단축키인 Ctrl+E키에서 씨임을 마크를 선택합니다).

- ①: 어깨 위
- ②: 어깨와 팔의 경계
- ③: 끝의 밑동
- ④: 끝의 안쪽
- ⑤: 소매 입구 안쪽
- ⑥: 소매 안쪽
- ⑦: 파카의 팔 아래쪽
- ⑧: 파카의 하반신의 앞자락 모서리

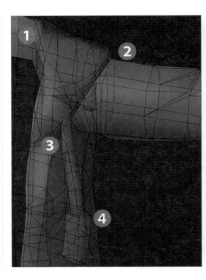
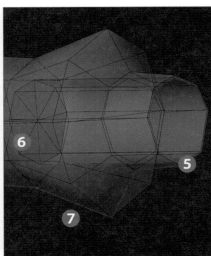

최단 경로 선택에 관해

끈을 선택할 때 Alt+마우스 좌클릭해 에지 루프 선택하면 다른 에지도 한꺼번에 선택됩니다. 그렇다고 Shift키를 누르고 일일이 변을 하나씩 선택하는 어려우므로 다른 방법으로 선택합니다. 먼저 위쪽의 에지(흰색으로 활성화 선택된 에지)를 선택한 상태에서 가장 아래 에지를 Ctrl+마우스 좌클릭하면 최단 경로 선택이라 부르는, 활성화 선택된 에지(또는 버텍스나 페이스)와의 사이를 가장 짧게 선택할 수 있습니다(다른 여러 에지를 선택한 상태에서는 Shift+Ctrl+마우스 좌클릭해 실행합니다).

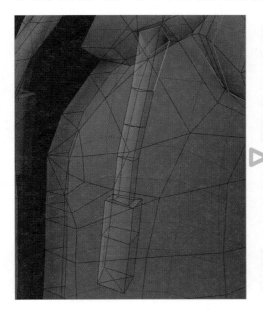 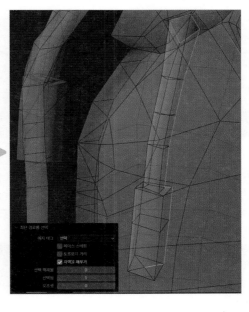

03

Step

모디파이어 적용하기

여기에도 셔츠와 마찬가지로 모디파이어를 적용합니다. 오브젝트 모드(Tab키)로 전환한 뒤 오른쪽 프로퍼티스의 모디파이어 프로퍼티스에서 미러 → 섭디비전 표면 순으로 패널 위쪽 메뉴에서 적용합니다.

04 관절 부분 수정하기

Step Parka 오브젝트의 에디트 모드(Tab키)로 전환한 뒤 에지 선택 모드(숫자키 2)에서 팔꿈치 안쪽 에지를 선택합니다. 디졸브(Ctrl+X키)를 눌러 선택한 에지만 삭제합니다.

※ 반대쪽도 잊지 않고 에지를 디졸브합니다.

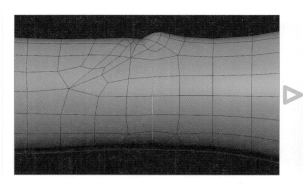 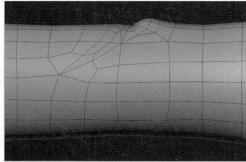

05 Parka 오브젝트 UV 전개하기

Step 화면 위 워크스페이스에서 UV Editing으로 전환한 뒤 오른쪽 3D 뷰포트 안에서 A키를 눌러 메쉬를 모두 선택합니다. UV 맵핑의 단축키인 U키를 누르고 펼치기를 클릭합니다.

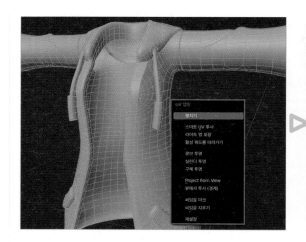 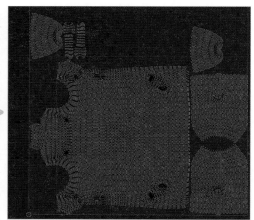

지금까지와 마찬가지로 UV 에디터 안에서 A키로 UV 맵을
모두 선택한 뒤 고정(P키)합니다.

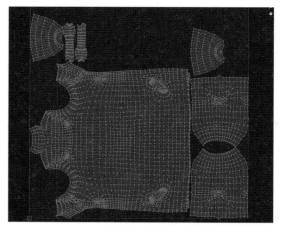

06
Step

UV 맵 모으기

UV 에디터 헤더에서 아일랜드 선택 모드(숫자키 4)로 전환하고 마찬가지로 헤더 안에 있는 스냅(Shift+Tab키)을 활성화합니다. 좌우 대칭인 UV 맵을 선택하고 UV 에디터의 헤더에 있는 UV → 미러 → Y 축(또는 X 축)으로 반전한 뒤 이동(G키)으로 반대쪽 UV 맵을 겹칩니다(맞지 않는 위치가 있다면 회전(R키)으로 조정합니다). 작업을 마쳤다면 스냅은 비활성화합니다.

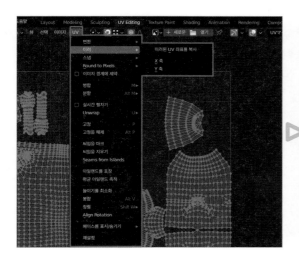 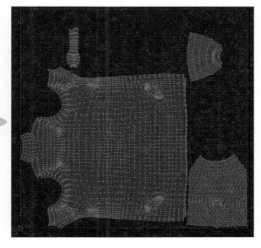

07
Step

UV 맵을 프레임 바깥으로 이동하기

셔츠와 마찬가지로 UV 에디터에서 A키로 UV 맵을 모두 선택하고 이동(G키)을 사용해 프레임 바깥으로 이동합니다.

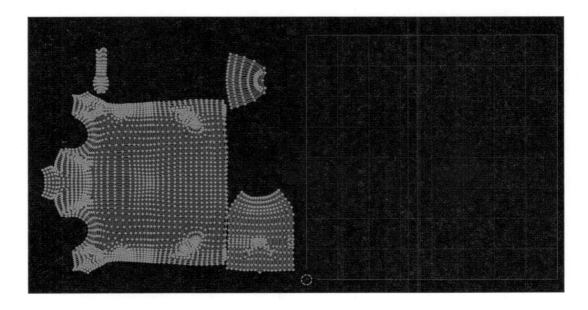

Chapter 1
Chapter 2
Chapter 3
Chapter 4
Chapter 5
Chapter 6
Chapter 7

6-3 스커트와 구두의 UV 맵

스커트의 UV 맵은 상하좌우로 버텍스를 정렬하는 것이 텍스처를 쉽게 입힐 수 있는 등의 장점이 있으므로 그 방법을 소개합니다. 구도는 절취선 등을 기준으로 씨임을 넣습니다.

01 Skirt, Shoes 오브젝트 표시하기

Step 화면 위쪽 워크스페이스에서 레이아웃으로 이동합니다. 오른쪽 위 아웃라이너에서 Parka 오브젝트를 숨기기하고 Skirt, Shoes 오브젝트를 표시합니다. 그리고 오브젝트 모드에서 Skirt와 Shoes 오브젝트를 Shift키를 누르고 선택한 뒤 에디트 모드(Tab키)로 전환합니다.

02 Skirt, Shoes 오브젝트의 씨임 설정하기

Step 에지 선택 모드(숫자키 2)로 전환하고 다음 부분에 씨임을 추가합니다(에지를 선택하고 에지 메뉴의 단축키인 Ctrl+E키에서 씨임을 마크를 선택합니다).

❶: 스커트 뒤쪽 가운데
❷: 구두 안쪽 가운데
❸: 구두 바닥 경계

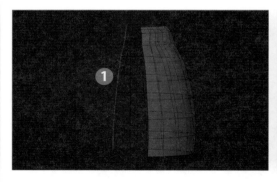
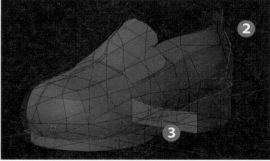

03 Button, Ribbon 오브젝트 표시하기

Step 오른쪽 위 아웃라이너에서 Button, Ribbon 오브젝트를 표시하고(이 오브젝트에는 씨임을 넣지 않아도 됩니다) 오브젝트 모드(Tab키)로 전환합니다.

04 오브젝트에 모디파이어 적용하기

Step

표시한 모든 오브젝트의 모디파이어를 적용합니다. 각 오브젝트를 선택하고 오른쪽 프로퍼티스의 모디파이어 프로퍼티스에서 미러 → 섭디비전 표면 순으로 패널 위쪽 메뉴에서 적용합니다 (Button은 섭디비전 표면만 적용합니다). 모두 적용했다면 UV 전개로 전환하기 위해 모두 선택의 단축키인 A키로 모든 오브젝트를 선택합니다.

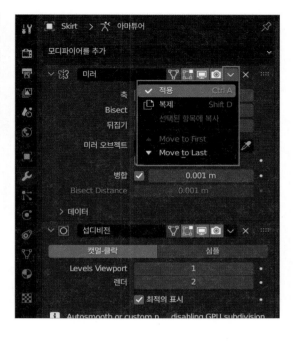

05 오브젝트 UV 전개하기

Step

화면 위쪽 워크스페이스에서 UV Editing을 클릭하고 3D 뷰포트 안에서 모두 선택의 단축키인 A키를 누릅니다. UV 맵핑의 단축키인 U키를 누른 뒤 펼치기를 클릭합니다.

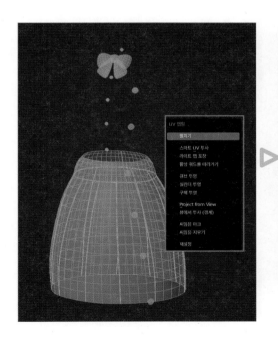

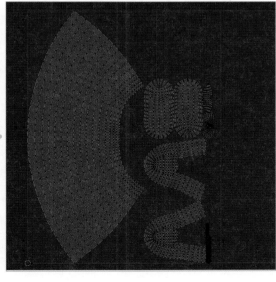

Chapter 1

Chapter 2

Chapter 3

Chapter 4

Chapter 5

Chapter 6

Chapter 7

지금까지와 마찬가지로 UV 에디터 위에서 모두 선택의 단
축키 A키를 누르고 고정(P키)을 사용해 고정합니다.

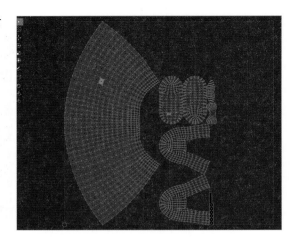

06 스커트만 에디트 모드로 전환하기

Step 스커트의 UV 맵을 작은 격자 형태로 전개합니다. 3D 뷰포트에서 오브젝트 모드(Tab키)로 전환하고 스커트만 선
택한 뒤 에디트 모드(Tab키)로 전환합니다. UV 에디터에서 페이스 선택 모드(숫자키 3)로 전환하고 스커트 끝의
사각형 페이스를 클릭하고 활성화 선택합니다(어떤 사각형이어도 관계없지만 설명을 위해 이 사각형을 선택했습
니다).

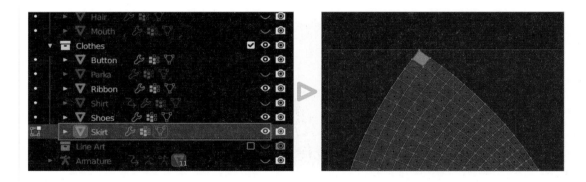

07 라이트 맵 포장 적용하기

Step 다음으로 Unwrap의 단축키인 U키를 누르고 메뉴 안에 있는 라이트 맵 포장을 선택합니다. 라이트 맵 포장은 UV
맵을 페이스별로 나누어서 채우는 기능입니다. 라이트 맵 포장 관련 메뉴가 표시됩니다. 여기에서는 아무것도 설
정하지 않고 아래의 OK를 클릭합니다.

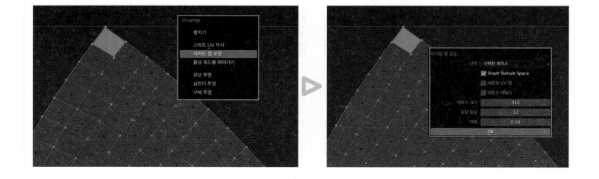

그러면 스커트의 UV 맵이 하나의 페이스로 펼쳐지는데 원래 이런 기능이므로 당황하지 않아도 됩니다. 계속해서 Unwrap 의 단축키인 U키를 누르고 활성 쿼드를 따라가기를 클릭합니다. 이것은 활성화된 사각형 페이스의 각 에지의 방향에 맞춰 정리하는 기능으로 작은 격자 형태로 전개하고 싶을 때 자주 사용합니다. 메뉴가 표시되면 에지 길이 모드는 기본값인 길이 평균(또는 균일한으로 설정해도 괜찮습니다)으로 설정하고 아래의 OK를 클릭합니다.

Chapter 1

Chapter 2

Chapter 3

Chapter 4

Chapter 5

Chapter 6

Chapter 7

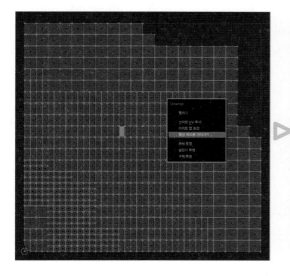

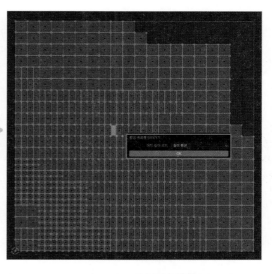

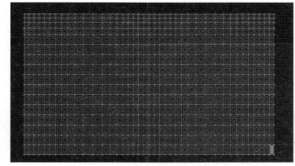

앞서 제각각 흩어져있던 스커트의 UV 맵이 작은 격자 형태가 됩니다. 라이트 맵 포장을 사용해 모두 사각형 페이스로 만들고, 활성 쿼드를 따라가기를 사용해 사 각형 페이스를 정렬하는 흐름입니다.

08 UV 맵을 프레임 바깥으로 이동하기

Step 작업을 마쳤다면 다시 3D 뷰포트에서 오브젝트 모드 (Tab키)로 전환하고 모두 선택(A키)을 누르고 표시 중 인 모든 오브젝트를 선택한 뒤 에디트 모드(Tab키)로 전환합니다. 그리고 UV 에디터에서 아일랜드 선택 모 드(숫자키 4)로 전환하고 모든 UV 맵을 프레임 바깥으 로 우선 이동(G키)합니다.

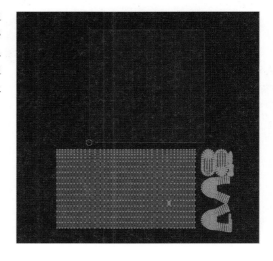

UV 맵 모으기

좌우 대칭인 UV 맵을 겹칩니다. UV 에디터에서 아일랜드 선택 모드(숫자키 4)인지 확인하고 헤더 안의 스냅 (Shift+Tab키)을 활성화합니다. 다음으로 좌우 대칭인 UV 맵을 선택하고 UV 에디터의 헤더에 있는 UV → 미러 → Y 축(또는 X 축) 을 사용해 반전한 뒤 이동(G키)으로 반대쪽 UV 맵을 겹칩니다(맞지 않는 위치가 있다면 회전(R키)으로 조정합니다). 작업을 마쳤다면 스냅은 비활성화합니다.

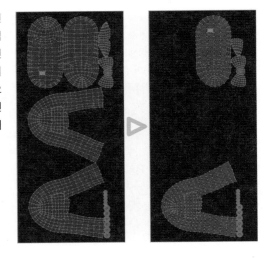

6-4 UV 맵을 프레임 안으로 모으기

프레임 바깥에 배치했던 의상의 UV 맵을 프레임 안으로 모읍니다.

지금까지 작업한 오브젝트 표시하기

오른쪽 위 아웃라이너에서 Clothes 컬렉션 안의 오브젝트를 모두 표시합니다. 3D 뷰포트에서 오브젝트 모드(Tab키)로 전환하고 모두 선택(A키)을 누르고 에디트 모드(Tab키)로 전환합니다. 모든 의상 오브젝트의 UV 맵이 UV 에디터에 표시되는 지 확인합니다.

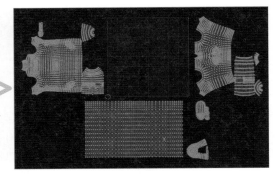

02
Step

UV 맵을 프레임 안으로 모으기

UV 에디터에서 아일랜드 선택 모드(숫자키 4)로 전환하고 모든 의상의 UV 맵을 이동(G키), 회전(R키), 축적(S키)을 사용해 프레임 안으로 이동합니다.

그림에서는 위쪽에 파카 관련 부분, 한 가운데에 셔츠 관련 부분 및 스커트, 아래쪽에 구두와 버튼을 배치했습니다.

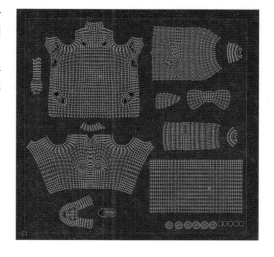

6-5 모든 오브젝트의 UV 맵 확인하기 및 수정하기

UV 전개를 마쳤다면 다음 단계를 진행하기 위해 준비합니다.

01
Step

모든 오브젝트의 표시 설정 변경하기

작업을 마쳤다면 화면 위쪽 워크스페이스에서 레이아웃을 클릭하고 오브젝트 모드(Tab키)로 전환합니다. 각 오브젝트의 프로퍼티스의 오브젝트 프로퍼티스 안에 있는 뷰포트 표시 패널의 와이어프레임은 모두 비활성화합니다. 그리고 에디트 모드(Tab키)로 전환하고 오른쪽 위의 뷰포트 오버레이에서 메쉬 에디트 모드에서 비활성화했던 크리스, 샤프, 베벨을 활성화합니다. 그 아래쪽 프리스타일 안에 있는 에지 마크 항목도 활성화합니다.

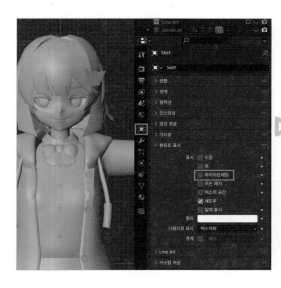
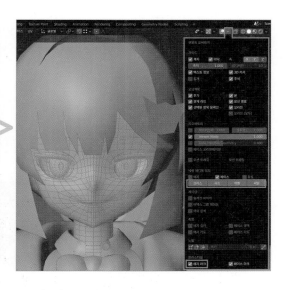

Chapter 1
Chapter 2
Chapter 3
Chapter 4
Chapter 5
Chapter 6
Chapter 7

02
Step
오브젝트의 UV 맵 이름 확인하기

그리고 오브젝트 모드(Tab키)로 전환하고 각 오브젝트를 선택한 뒤, 오른쪽 프로퍼티스의 오브젝트 데이터 프로퍼티스 안에 있는 UV 맵 패널을 클릭합니다. UV 맵의 이름이 각각 일치하는 지 확인합니다. 이 이름이 일치하지 않으면 오브젝트를 합치기(Ctrl+J키)했을 때 UV 맵이 다른 데이터로 구분되어 텍스처 표시가 의도한 것과 달라집니다. 각 오브젝트의 UV 맵 이름을 일치시킵니다(이름을 더블 클릭해 변경할 수 있습니다. 여기에서는 UV 맵으로 지정했습니다).

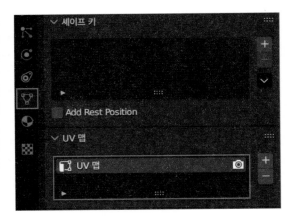

03
Step
파카에 샤프 추가하기

마지막으로 아주 작은 샤프를 추가합니다. 이 샤프를 추가함으로써 나중에 매테리얼 설정을 할 때 후드 부분을 쉽게 선택할 수 있도록 됩니다. Parka 오브젝트를 선택하고 에디트 모드(Tab키)로 전환한 뒤 파카의 후드 부분과 앞 깃 사이의 안쪽을 선택하고 에지 메뉴(Ctrl+E키)의 샤프를 마크를 클릭합니다. 반대쪽도 잊지 않고 수행합니다. 작업을 마쳤다면 오브젝트 모드(Tab키)로 전환합니다.

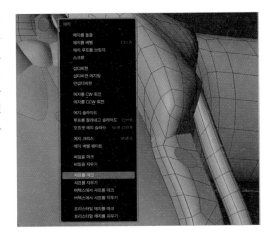

Column

UV 전개 시 도움이 되는 기타 기능들

알아두면 도움이 되는 UV 전개 기능 몇 가지를 소개합니다.

UV 맵을 정렬하는 조작

예를 들면 그림과 같이 UV 맵을 세로로 정렬하고 싶을 때는 세로 버텍스를 Alt+마우스 좌클릭해 선택한 뒤 UV 에디터의 헤더에 있는 UV → 정렬 → X 축으로 정렬을 선택하면 버텍스를 세로로 깔끔하게 정렬할 수 있습니다. 반대로 가로로 정렬하고 싶을 때는 Y 축으로 정렬을 선택합니다.

 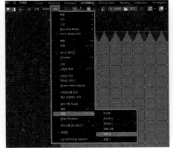 

Chapter 1

Chapter 2

Chapter 3

Chapter 4

Chapter 5

Chapter 6

Chapter 7

잘라낸 UV 맵을 붙이는 조작

예를 들면 눈에 흰자위를 다시 붙이고 싶을 때는 먼저 눈 주변의 버텍스를 Shift+Alt+마우스 좌클릭해 선택합니다. 다음으로 UV 에디터의 헤더에 있는 UV → 봉합(Alt+V키)을 선택합니다. '여기에 UV 맵을 붙이겠습니까?'라는 메시지가 나타납니다. 마우스 좌클릭해 실행하면 UV 맵을 연결할 수 있습니다.

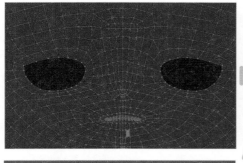
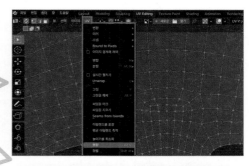

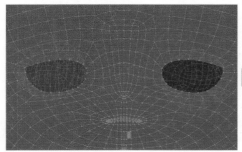
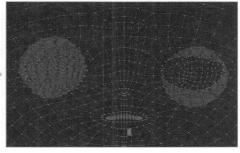

씨임을 넣으면 곧바로 전개하는 기능

대상 오브젝트를 선택하고 에디트 모드(Tab키)로 전환하고 3D 뷰포트 오른쪽 위 옵션을 클릭하면 실시간 펼치기 항목이 있습니다. 이 항목을 활성화한 뒤 씨임을 넣으면 자동으로 UV 맵을 전개합니다.

덧붙여 실시간 펼치기는 UV 에디터의 헤더의 UV 메뉴 안에도 있습니다. 하지만 두 기능은 전혀 다르므로 주의해야 합니다. 이 기능을 활성화하면 핀 고정한 버텍스를 이동시켰을 때 그 동작에 따라 UV를 전개합니다.

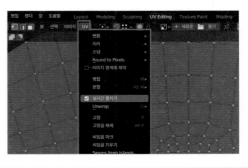

UV 격자와 텍스처 페인트

Chapter 3

7

UV 맵의 크기 균형 등을 확인하기 위해 격자 형태의 테스트용 이미지를 붙입니다. 그 때 워크 스페이스에서 '텍스처 페인트'라는 화면으로 전환해야 합니다.
Texture Paint는 나중에 텍스처를 그릴 때 사용하므로 기본적인 사용 방법을 미리 설명합니다. 그 뒤에 UV 격자를 붙이는 작업을 합니다.

7-1 텍스처 페인트 기본

텍스처를 만들 때는 포토샵(Photoshop) 같은 페인트 도구를 많이 사용합니다. 하지만 여기에서는 블렌더에서 제공하는 페인트에 특화된 워크스페이스를 사용합니다.

01 Body 오브젝트 선택하기

Step

Texture Paint를 하기 위한 준비를 합니다. 화면 위쪽 워크스페이스에서 현재 레이아웃(UV Editing이어도 괜찮습니다)에 있는지 확인합니다. 다음으로 Body 오브젝트를 선택하고 에디트 모드(Tab키)로 전환합니다. 그리고 모두 선택(A키)으로 모든 메쉬를 선택합니다. 이렇게 하면 Texture Paint로 전환했을 때 이미지 에디터에 UV 맵이 표시됩니다.

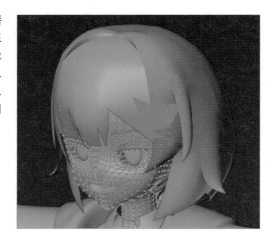

02 워크스페이스를 텍스처 페인트로 이동하기

Step

그리고 화면 위쪽에 있는 워크스페이스에서 Texture Paint를 클릭합니다. UV 전개와 같이 화면이 세로로 분할됩니다. Texture Paint에서는 왼쪽의 이미지 에디터, 오른쪽의 3D 뷰포트, 그 오른쪽의 프로퍼티스를 사용합니다.

> Next Page

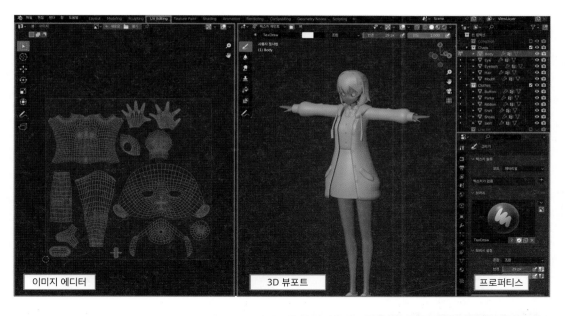

| 이미지 에디터 | 3D 뷰포트 | 프로퍼티스 |

3D 뷰포트의 Body 오브젝트가 보라색으로 표시됩니다. 이것은 매테리얼을 지정하지 않았거나 연결이 끊어졌음을 경고하는 것입니다. 이 상태에서 곧바로 페인트를 하고자 해도 좌클릭 드래그를 할 수 없으므로 우선 매테리얼 설정 등 몇 가지 준비를 해야 합니다.

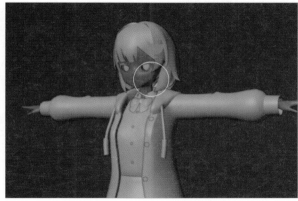

03
Step

베이스 컬러 설정하기

Texture Paint 확인을 마쳤다면 테스트용 UV 격자를 붙입니다. 오른쪽 프로퍼티스에서 활성 도구 및 작업공간을 설정을 클릭하면 텍스처 슬롯이 표시됩니다. + 버튼(텍스처 없음 오른쪽에 있는 버튼)을 클릭하고 베이스 컬러를 선택합니다.

블렌더 4.0에서는 텍스처 슬롯이 3D 뷰포트 위쪽 헤더로 이동했습니다. 해당 항목을 클릭하고 + 버튼을 누른 뒤 베이스 컬러를 선택해 주십시오.

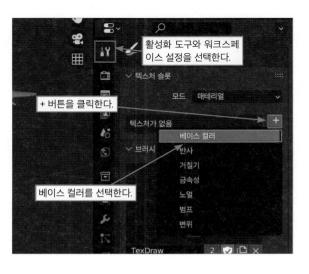

04
Step
컬러 격자 선택하기

Add Paint Slot 창이 표시됩니다. 생성된 유형을 클릭하면 빈, UV 격자, 컬러 격자라는 3개 항목이 표시됩니다. 여기에서는 컬러 격자(또는 UV 격자)를 선택하고 OK를 클릭합니다.

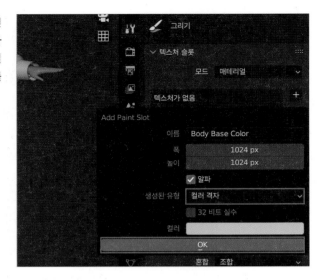

빈: 설정한 컬러가 생성된다. 페인트를 수행할 때 기본 그림 등이 된다.

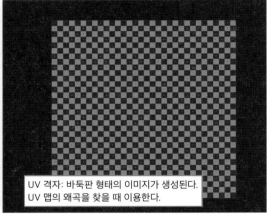

UV 격자: 바둑판 형태의 이미지가 생성된다. UV 맵의 왜곡을 찾을 때 이용한다.

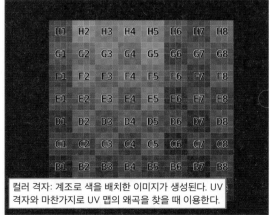

컬러 격자: 계조로 색을 배치한 이미지가 생성된다. UV 격자와 마찬가지로 UV 맵의 왜곡을 찾을 때 이용한다.

05 매테리얼 미리보기로 변경하기

Step

OK를 클릭하면 오른쪽 3D 뷰포트의 오브젝트에 매테리얼과 텍스처가 만들어지고, 격자 형태의 텍스처가 입혀집니다. 3D 뷰포트 오른쪽 위에 이는 뷰포트 셰이딩에서 매테리얼 미리보기를 클릭해 보다 명확하게 표시할 수 있습니다.

06 매테리얼을 모든 오브젝트에 적용하기

Step

작성한 UV 격자는 매테리얼로 취급되며 다른 오브젝트에 적용해 같은 UV 격자를 입힐 수 있습니다. 3D 뷰포트 오른쪽 위 모드 전환에서 오브젝트 모드로 전환합니다. 다른 오브젝트를 선택하고 오른쪽 프로퍼티스의 ❶ 매테리얼 프로퍼티스를 클릭한 뒤 + 새로운 버튼 왼쪽에 있는 ❷ 연결할 매테리얼을 찾아보기(구체 아이콘)를 클릭합니다. ❸ 앞서 만든 Material이라는 UV 격자가 설정된 매테리얼이 표시되므로 선택합니다.

이 조작을 반복해 모든 오브젝트에 UV 격자를 입힙니다. 오른쪽 위 아웃라이너에서 오브젝트를 선택할 수도 있습니다.

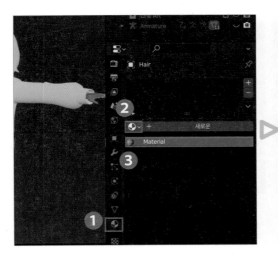 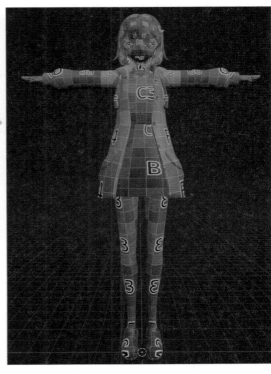

Chapter 1
Chapter 2
Chapter 3
Chapter 4
Chapter 5
Chapter 6
Chapter 7

UV 격자를 보다 선명하게 표시하는 방법
3D 뷰포트의 오른쪽 위에 있는 뷰포트 셰이딩을 솔리드로 전환하고 오른쪽의 아래쪽 화살표에서 메뉴를 표시합니다. 여기의 라이트닝을 플랫, 컬러를 텍스처로 설정하면 모델의 음영이 사라지고 UV 격자가 보다 선명하게 표시됩니다(라이트닝의 기본값은 스튜디오, 컬러의 기본값은 매테리얼입니다).

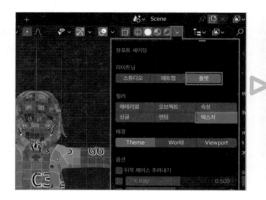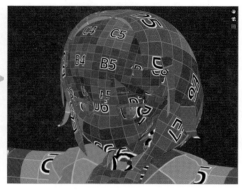

07 격자 확인하기

Step 격자를 확인합니다. 격자가 왜곡되어 있으면 동시에 텍스처도 왜곡되기 때문에 수정해야 합니다. 그리고 UV 격자가 극단적으로 크게 표시되었을 때는 텍스처도 크게 표시되므로 이미지가 거칠어지기 쉽습니다(단, 다른 오브젝트에 가려져 보이지 않는 위치는 다소 격자가 크게 표시되어도 문제없습니다).

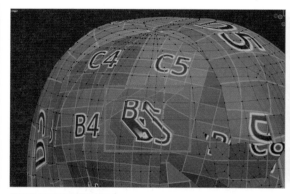

격자가 왜곡되어 있는 UV.

UV 격자가 극단적으로 크다.

08 문제 수정하기

Step ❶ 문제가 있는 위치를 발견했다면 오브젝트 모드(Tab 키)에서 해당 오브젝트를 선택합니다. 다음으로 화면 위쪽에서 UV Editing을 클릭하고 3D 뷰포트에서 메쉬의 모두 선택(A키)으로 UV 맵을 UV 에디터에 모두 표시합니다. Next Page

❷ 3D 뷰포트 오른쪽 위에 있는 **뷰포트 셰이딩**을 매
테리얼 뷰로 전환해 UV 격자를 표시합니다.

❸ **UV 에디터**와 **이미지 에디터**는 각각 독립되어 있기 때문에 이 상태에서는 텍스처가 표시되지 않습니다. 그래서 이쪽에서
도 텍스처 이미지를 선택해야 합니다. UV 에디터의 헤더에 있는 **링크할 이미지를 열람**(사각형 아이콘)을 클릭하면 메뉴가
나타납니다. 이 안에 있는 UV 격자의 **Body Base Color**를 클릭합니다. 그러면 UV 에디터의 배경에 UV 격자가 표시되므
로 이를 참고로 UV 맵을 수정합니다.

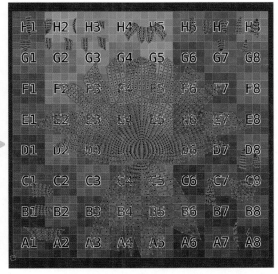

UV 에디터(또는 **Texture Paint**에 있는 이미지 에디터) 안에서
사이드바(N키)에 다양한 설정 항목을 표시할 수 있습니다. 여기
에서 **이미지 패널**을 클릭하면 유형 항목을 확인할 수 있습니다.
여기에서 언제든 **빈**, **UV 격자**, **컬러 격자**를 전환할 수 있습니다.

Next Page ▶

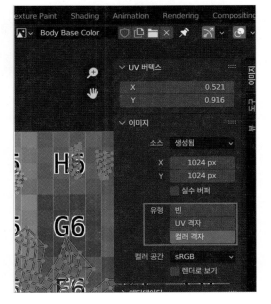

회색 버튼으로 저장, 포기 항목이 표시되면 이것은 Texture Paint로 무언가를 그린 것이 원인입니다. 포기를 클릭합니다.

UV 레이아웃 내보내기 및 이미지 가져오기

다음으로 3D 뷰포트에서 오브젝트 모드로 전환하고 Hair 오브젝트를 선택한 뒤 에디트 모드(Tab키)로 전환합니다. 그리고 모두 선택(A키)으로 메쉬를 모두 선택하고 UV 에디터의 헤더에 있는 UV → UV 레이아웃을 내보내기를 클릭합니다.

블렌더 파일 보기가 열리면 이미지 저장 위치와 파일 이름을 지정하고 오른쪽 항목에서 저장 형식(포맷), 해상도(size), UV 맵의 투명도(파일 투명도)를 지정하고 UV 레이아웃을 내보내기를 클릭합니다. 이 익스포트한 UV 맵을 기반으로 페인트 소프트웨어에서 텍스처를 만드는 흐름입니다.

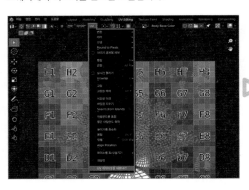

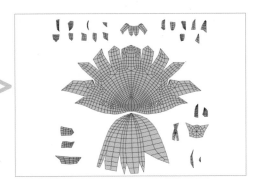

텍스처 이미지를 블렌더로 가져오고 싶을 때는 UV 에디터 헤더에 있는 열기를 클릭합니다. 다른 이미지가 있을 때는 오른쪽에 있는 폴더 아이콘을 클릭하면 블렌더 파일 보기가 열립니다. 가져올 텍스처나 이미지를 더블 클릭합니다.

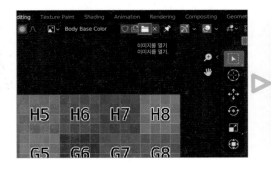

매테리얼과 텍스처를 조합하자

이번 장에서는 매테리얼과 텍스처를 조합합니다. 애니 그림체를 만드는 것은 사실 매테리얼이지만 매테리얼 만으로는 표현하기가 어렵기 때문에 세세한 디테일은 텍스처를 사용해 표현합니다. 텍스처를 만들 때는 일반적으로 외부 페인트 소프트웨어를 사용하지만 여기에서는 블렌더 안에서 텍스처를 만드는 방법을 사용합니다. 그리고 그림자를 텍스처로 그리고 제어하는 방법과 노멀 전사라 불리는 방법을 소개합니다. 마지막으로 라이팅을 설정합니다.

매테리얼 설정

Chapter 4

1

각 오브젝트에 애니 그림체 매테리얼을 설정합니다. 매테리얼을 설정하는 이유는 나중에 '색을 변경하고 싶을 때' 텍스처만으로는 칠을 다시 할 필요가 있어 수고가 줄어들기 때문입니다. 매테리얼을 설정하면 색을 쉽게 변경할 수 있고 색을 직관적으로 결정할 수 있습니다.

1-1 대략적으로 매테리얼을 설정

처음에는 대략적으로 매테리얼을 설정한 뒤 세세하게 매테리얼을 설정합니다. 매테리얼은 이름을 변경하거나 복사하는 등 많은 작업을 하므로 가능한 쉽게 관리할 수 있도록 우선 그 숫자를 최소한으로 한 상태에서 시작하는 것이 좋습니다.

※ 여기부터는 라인 아트 표시, 매테리얼 미리보기 등 블렌더의 동작이 무거워지는 조작이 많으므로 블렌더 측에서 처리하지 못하고 강제 종료될 가능성이 있습니다. 작업 도중 자주 저장해 주십시오.

01 셰이딩 선택하기

Step

매테리얼을 만들기 적합한 작업 화면으로 이동합니다. 화면 위쪽 워크스페이스에서 **Shading**을 클릭합니다. 3D 뷰포트에서 **오브젝트 모드**에서 Body 오브젝트를 선택합니다. 화면 아래 셰이더 에디터를 보면 이미 **노드**가 구성되어 있을 것입니다. 이것은 이전 장에서 UV 격자를 만들었을 때 구성된 노드입니다.

왼쪽에 있는 노드는 **이미지 텍스처** 노드이며 **이미지 파**
일을 추가하는 노드입니다. 주로 텍스처를 오브젝트에
반영하고자 할 때 사용합니다. 현재는 UV 격자의 텍스
처인 **Body Base Color**가 설정되어 있으므로 오브젝트
에 UV격자가 반영됩니다. 셰이더 에디터 안에서 노드를
추가하는 단축키인 **Shift+A키 → 텍스처 → 이미지 텍스**
처를 선택해 이 노드를 추가할 수 있습니다.

그리고 셰이더 에디터 위쪽에 매테리얼 이름이 쓰여진
항목이 있습니다. 이름을 보면 '11'과 같은 숫자가 써 있
습니다. 이것은 각 오브젝트에 할당되어 있는 매테리얼
수를 나타냅니다. 현재 11개의 오브젝트에 이 매테리얼
이 할당되어 있음을 알 수 있습니다. 이 항목을 클릭하
면 매테리얼을 복사해서 새롭게 독립시킬 수 있습니다.

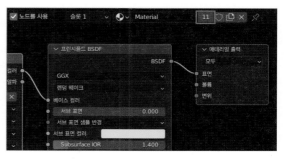

02 노드 삭제하기

Step

애니 그림체 노드를 쉽게 조합할 수 있도로 먼저 **이미지 텍스처** 노드와 **프린시플드 BSDF** 노드를 삭제합니다. 셰
이더 에디터 안에서 마우스 좌클릭 드래그로 박스 선택(또는 **Shift키**를 누른 상태에서 노드 선택)으로 2개 노드를
선택하고 삭제의 단축키인 **X키**를 눌러서 삭제합니다. 그러면 현재 노드가 **매테리얼 출력**만 남으므로 오브젝트가
검은색으로 표시됩니다(11개의 오브젝트에 이 매테리얼이 할당되어 있었기 때문에 모든 오브젝트가 검은색이 됩
니다).

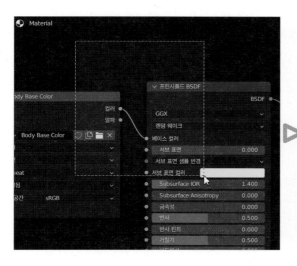

덧붙여 화면 위쪽 워크스페이스에서 Texture Paint로 전환하고 오른쪽 프로퍼티스를 활성 도구 및 작업공간을 설정으로 전환한 뒤 텍스처를 확인해 봅니다. 앞서 2개의 노드를 삭제함에 따라 Body Base Color가 사라져 텍스처가 없음으로 변경됩니다. 이 항목도 확인하면 좋습니다.

03 컬러 램프 추가하기

Step 다음으로 셰이더 에디터 안에서 3개의 노드를 추가하고 오브젝트의 형태를 애니 그림체로 만듭니다. 셰이더 에디터 안에서 노드 추가(Shift+A키)를 누른 뒤 컨버터 → 컬러 램프를 추가하고 마우스 좌클릭해 노드를 배치합니다.

04 셰이더를 RGB로 변환 추가하기

Step 계속해서 노드 추가(Shift+A키)를 누르고 컨버터 → 셰이더를 RGB로 변환을 추가한 뒤 마우스 좌클릭해 노드를 배치합니다.

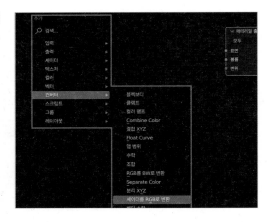

> **MEMO**
>
> 셰이더를 RGB로 변환이 컨버터 안에 없을 때는 프로퍼티스 → 렌더 프로퍼티스 → 렌더 엔진이 Cycles인 경우가 있습니다. EeVee로 변경해 주십시오.

05 확산 BSDF 추가하기

Step 마지막으로 노드 추가(Shift+A키)를 누르고 셰이더 → 확산 BSDF를 추가하고 마우스 좌클릭해 노드를 배치합니다.

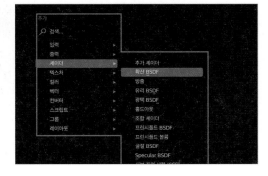

06 각 노드 연결하기

Step

각 노드의 입력 소켓과 출력 소켓(노드 좌우에 있는 작은 원)을 마우스 좌클릭 드래그해 4개 노드를 그림과 같이 연결합니다(확산 BSDF의 BSDF는 셰이더를 RGB로 변환의 셰이더, 셰이더를 RGB로 변환의 컬러는 컬러 램프의 팩터, 컬러 램프의 컬러는 매테리얼 출력의 표면으로 연결합니다). 노드의 왼쪽에서 오른쪽으로 연결하고 마지막에 매테리얼 출력으로 연결하는 것이 기본입니다.

07 컬러 램프 설정하기

Step

컬러 램프 오른쪽의 **선형**이라고 설정된 항목을 클릭하고 **상수**로 변경해 빛과 그림자가 명확하게 나뉘도록 합니다. 그 오른쪽에 있는 흰색 컬러 피커를 클릭하고 위치에 '0.8'을 입력합니다. 나중에 라이트(태양)을 배치할 것을 고려해 이 위치에 배치합니다.

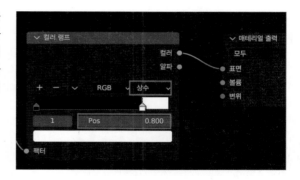

08 매테리얼 미리보기 설정하기

Step

3D 뷰포트를 보면 컬러 램프의 빛의 넓이가 작아 얼굴에 빛이 닿지 않습니다. 3D 뷰포트 오른쪽 위 **뷰포트 셰이딩** 오른쪽의 메뉴를 클릭합니다. 매테리얼 미리보기에 관련 설정 항목이 표시됩니다. 여기에서 강도를 약 '1.3' 정도로 설정하면 얼굴에 빛이 닿을 것입니다(얼굴에 빛이 닿지 않거나 빛이 너무 많이 닿는다면 적절하게 값을 조정합니다).

Chapter 1
Chapter 2
Chapter 3
Chapter 4
Chapter 5
Chapter 6
Chapter 7

09 확산 BSDF, 셰이더를 RGB로 변환, 컬러 램프 선택하기

Step

다음으로 노드를 공유화합니다. 나중에 '빛의 세기를 바꾸고 싶은' 경우에는 신체, 머리카락, 의상 등 모든 노드의 설정을 변경해야 하기 때문에 작업이 매우 번거로워집니다. 각 노드의 공통 부분을 하나로 모아서 공유화하면 작업이 조금 수월해집니다.

먼저 셰이더 에디터에서 확산 BSDF, 셰이더를 RGB로 변환, 컬러 램프 3개 노드를 선택합니다.

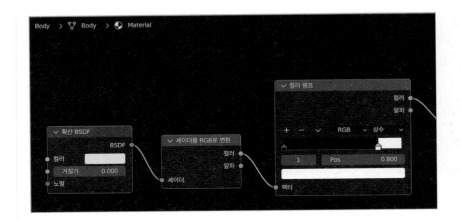

10 노드 그룹화하기

Step

셰이더 에디터 위쪽 노드를 클릭하고 그 안에 있는 그룹을 만들기(Ctrl+G키)를 클릭합니다. 현재 선택한 노드가 하나로 그룹화 되고 그 그룹 안에 있는 노드만 표시됩니다. 셰이더 에디터 안에 있는 왼쪽 위 항목에 NodeGroup 으로 표시되는 것도 확인합니다(현재 이 그룹 안에 있다는 의미입니다).

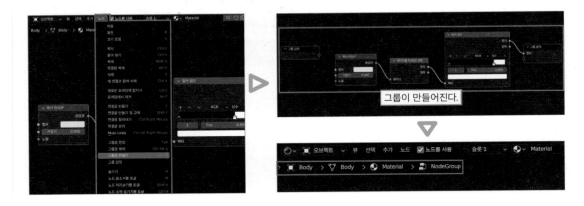

그룹이 만들어진다.

11 NodeGroup 관련 조작하기

Step

셰이더 에디터 오른쪽 위의 화살표 아이콘을 클릭하면(또는 Tab키) 그룹 밖으로 나올 수 있습니다. 그룹에서 나오면 NodeGroup이라는 노드와 매테리얼 출력 노드만 연결되어 있는 상태가 됩니다.

다시 그룹 안으로 들어가고 싶을 때는 오른쪽 위 아이콘을 클릭하거나 NodeGroup을 선택한 뒤 Tab키를 누릅니다. 그룹을 해제하고 싶을 때는 그룹의 노드를 선택하고 셰이더 에디터 외쪽에 있는 노드를 클릭한 뒤 그룹을 해제(Ctrl+Alt+G키)를 누릅니다.

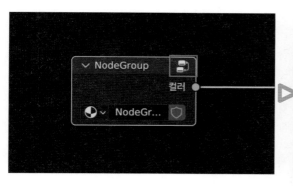

헤더의 추가(Shift+A키) → 그룹 → NodeGroup에서 별도로 만든 그룹을 추가할 수 있습니다.

12 조합 컬러 추가하기
Step

새로운 노드를 추가합니다. 현재 그룹 밖에 있는지 확인한 뒤(오른쪽 위 항목이 Body → Body → Material이라 표시되면 괜찮습니다), 추가의 단축키인 Shift+A키를 누르고 컬러 → 조합 컬러를 추가한 뒤 마우스 좌클릭해 노드를 배치합니다.

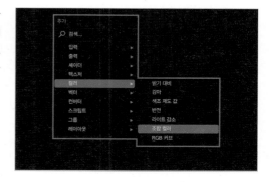

13 조합 컬러 연결하기
Step

조합 컬러 노드를 NodeGroup과 매테리얼 출력 사이에 마우스 좌클릭 드래그해 배치하면 조합 컬러가 중간에서 연결됩니다. NodeGroup의 컬러를 조합 컬러의 팩터에 연결되도록 변경합니다(입력 소켓을 마우스 좌클릭 드래그해 연결을 변경할 수 있습니다). 이 조합 컬러의 A는 그림자쪽 색, B는 태양이 닿는 쪽의 색입니다.

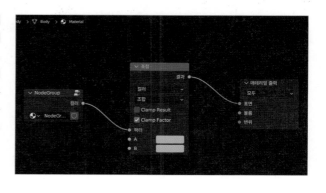

각 오브젝트에 매테리얼 설정

매테리얼 설정은 각자의 작업 진행 방식에 따라 차이가 발생할 수 있습니다. 그 때는 각 오브젝트별로 매테리얼을 할당하는 것을 고려합니다.

01 샘플 컬러 읽기

Step

이제부터는 조합 컬러의 A와 B에 색을 입혀 나갑니다. 어떤 색을 사용하는지에 정답은 없으므로 각자 선호하는 색을 입히면 됩니다…라고 말하고 싶지만 색을 결정하는 것은 상당히 어렵습니다. 여기에서는 캐릭터의 색을 스포이트로 맞춘 색 지정표 'Chapter04_color.png'를 샘플 데이터로 사용해 색을 지정합니다(이 색 지정표는 필자가 권장하는 색입니다. '직접 색을 결정하고 싶다. 여기는 이 색이 더 좋다'고 생각한다면 여러분이 선호하는 색을 사용해도 좋습니다). 손톱 등 일부 위치는 색을 지정하지 않았습니다. 이 부분의 색은 여러분이 임의로 지정해 조십시오.

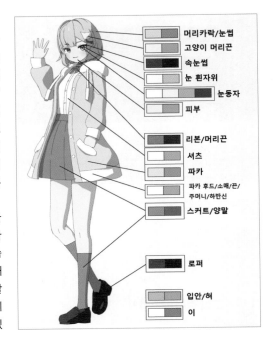

덧붙여 카툰 렌더링에서 캐릭터의 색을 결정할 때는 한 눈에 봤을 때 빛이 닿는 쪽과 그림자가 되는 쪽이 명확하도록 컨트라스트(대비)를 확실하게 하는 것이 좋습니다. 컨트라스트가 확실하지 않으면 이미지를 봤을 때의 인상이 옅어집니다. 그리고 그림자의 색을 결정할 때는 색의 명도를 그대로 낮추면 칙칙한 느낌을 주기 때문에 붉은 색을 조금 섞으면 깔끔한 느낌을 줄 수 있습니다.

색의 수는 가능한 최소한으로 하는 것이 좋습니다. 그러나 단순하게 표현한다고 해서 그라디언트를 많이 사용하면 애니 그림체 느낌이 사라질 수도 있습니다. 그럼 '모든 것을 단순하게 칠해야만 하는가?'라는 의문을 가질 수도 있습니다. 그렇지는 않습니다. 볼의 홍조나 눈동자, 머리카락의 그라디언트 등 눈에 잘 띄는 부분은 약간 화려하게 하면 보여주고 싶은 부분이 어디인지 확실히 알 수 있기 때문에 보다 매력적인 3D 모델로 마무리 할 수 있습니다. 나중에 택스처를 입혀서 이 약간의 화려함을 표현합니다. 색 지정표 이미지를 이미지 에디터에 읽을 것이므로 화면 왼쪽 아래 이미지 에디터의 위쪽에 있는 열기를 클릭합니다. 블렌더 파일 보기가 열리면 샘플 데이터의 'Chapter04_Color.png'를 더블 클릭합니다.

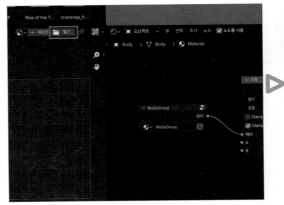
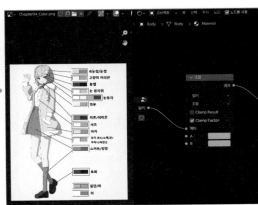

02 렌더 프로퍼티스 설정 변경하기

Step

색을 스포이트하기 전에 몇 가지 준비를 합니다. 현재 3D 뷰포트에 표시되어 있는 오브젝트의 색감이 옅으므로 일반적인 농도의 색감으로 변경합니다. 오른쪽 프로퍼티스의 렌더 프로퍼티스를 클릭하고 컬러 매니지먼트 패널 안에 있는 뷰 변환에서 표준으로 전환합니다.

03 매테리얼 이름 변경하기

Step

다음으로 매테리얼 공유를 해제하고 새로운 매테리얼을 만듭니다. 셰이더 에디터의 위쪽에 '11'이라는 숫자가 있습니다. 이 숫자를 클릭하면 Body 오브젝트에 할당되어 있는 매테리얼이 Material.001이라는 새로운 매테리얼로 변환됩니다. 또한 매테리얼도 복사할 수 있습니다. 이와 같이 숫자가 쓰여진 위치를 클릭해 매테리얼을 독립시키고 이름을 변경하고 조합 컬러의 색을 바꾸는 작업을 합니다.

클릭한다.

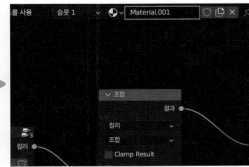

이 매테리얼은 피부의 매테리얼이 되므로 위쪽에 있는 매테리얼 이름을 클릭하고 'Skin'으로 변경합니다.

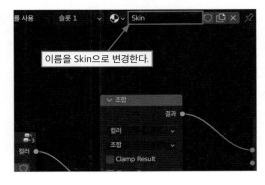

이름을 Skin으로 변경한다.

04
Step
조합 컬러 A 설정하기

Body 오브젝트에 할당되어 있는 **Skin** 매테리얼에 색을 지정합니다. 셰이더 에디터에 있는 **조합 컬러의 A(그림자 색)을** 클릭하면 컬러 피커가 표시됩니다. 오른쪽에 있는 스포이트 아이콘을 클릭합니다.

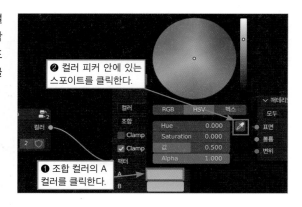

❷ 컬러 피커 안에 있는 스포이트를 클릭한다.

❶ 조합 컬러의 A 컬러를 클릭한다.

05
Step
A를 스포이트 도구로 클릭하기

마우스 커서가 스포이트 아이콘으로 변경됩니다. 화면 왼쪽 아래 **이미지 에디터**에서 피부의 그림자 색을 클릭하고 3D 뷰포트의 **Body**에 그림자 색이 표시되는지 확인합니다.

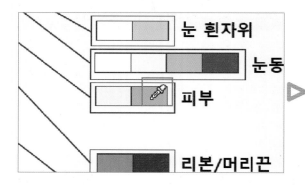

눈 흰자위

눈동

피부

리본/머리끈

06
Step
B를 스포이트 도구로 클릭하기

다음은 **조합 컬러의 B(빛 색)을** 클릭하고 컬러 피커 오른쪽에 있는 스포이트 아이콘을 클릭합니다. 그리고 화면 왼쪽 아래 **이미지 에디터**에서 피부의 빛이 닿는 색을 클릭합니다. 3D 뷰포트의 **Body** 오브젝트에 빛 색이 표시되는지 확인합니다.

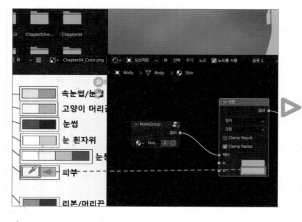

07 머리카락 선택하기

Step
피부의 색 지정을 마쳤다면 다음으로 머리카락 색을 지정합니다. 3D 뷰포트에서 **Hair** 오브젝트를 **오브젝트 모드**에서 클릭합니다. 셰이더 에디터 안의 위쪽을 보면 현재 **Material** 매테리얼이 할당되어 있는 것을 확인할 수 있습니다.

Hair 오브젝트를 클릭한다.

Material이 표시되는 것을 확인한다.

08 Material 이름을 Hair로 변경하기

Step
앞에서와 같은 조작을 합니다. **Material** 오른쪽의 '10'이라고 표시된 숫자를 클릭하고 매테리얼을 복사해서 독립시킵니다. 매테리얼 이름인 **Material.001**을 클릭하고 'Hair'로 변경합니다.

09 Hair의 색을 스포이트하기

Step
조합 컬러 노드의 A와 B를 이미지 에디터에 있는 색 지정표에서 색을 스포이트해서 설정합니다. 색을 스포이트하면 머리카락의 머리끈도 함께 색이 달라집니다. 나중에 **에디트 모드(Tab키)**에서 별도로 매테리얼을 나눌 것이므로 그대로 진행합니다.

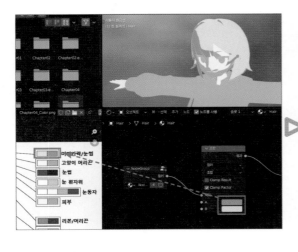

Chapter 1

Chapter 2

Chapter 3

Chapter 4

Chapter 5

Chapter 6

Chapter 7

10 각 오브젝트의 매테리얼 이름 설정하기

Step

다른 오브젝트에도 앞에서와 같은 조작을 합니다. 3D 뷰포트, 또는 오른쪽 위 아웃라이너에서 각 오브젝트를 각각 클릭하고 셰이더 에디터 안의 위쪽 매테리얼 이름의 오른쪽에 있는 숫자를 클릭하고 매테리얼을 복사해서 독립시 킵니다. 그리고 매테리얼 이름을 다음과 같이 변경합니다(수가 많으므로 이 시점에서는 우선 **조합 컬러**의 스포이 트는 하지 않고 그대로 둡니다).

Eye 오브젝트(눈동자)	매테리얼 이름 'Eye'
Eyelash 오브젝트(속눈썹, 눈썹)	매테리얼 이름 'Eyelash'
Hair 오브젝트(머리카락)	매테리얼 이름 'Hair'
Mouth 오브젝트(혀, 이)	매테리얼 이름 'Mouth'
Button 오브젝트(버튼)	매테리얼 이름 'Shirt_Button'(셔츠의 매테리얼과 같음)
Parka 오브젝트(파카)	매테리얼 이름 'Parka'
Ribbon 오브젝트(리본)	매테리얼 이름 'Ribbon_Barrette'
Shirt 오브젝트(셔츠)	매테리얼 이름 'Shirt_Button'(버튼의 매테리얼과 같음)
Shoes 오브젝트(로퍼)	매테리얼 이름 'Shoes'
Skirt 오브젝트(스커트)	매테리얼 이름 'Skirt'

셔츠와 버튼은 같은 매테리얼을 사용하므로 셰이더 에 디터 안의 위쪽 매테리얼은 이름의 왼쪽에 있는 **연결 할 매테리얼을 찾아보기**에서 같은 매테리얼(Shirt_ Button)을 선택합니다.

11 각 매테리얼에 색 설정하기

Step

각 오브젝트에 매테리얼을 독립시켰다면 화면 왼쪽 아래 **이미지 에디터**에 있는 색 지정표에서 각 오브젝트의 색을 스포이트하고 **조합 컬러**의 A와 B의 색을 설정합니다.

Body 오브젝트의 Skin 매테리얼	피부에서 스포이트합니다.
Eyelash 오브젝트의 Eyelash 매테리얼	속눈썹에서 스포이트합니다.
Hair 오브젝트의 Hair 매테리얼	머리카락/눈썹에서 스포이트합니다.
Mouth 오브젝트의 Mouth 매테리얼	입안/혀에서 스포이트합니다.
Button 오브젝트와 Shirt 오브젝트의 Shirt_Button 매테리얼	셔츠에서 스포이트합니다.
Parka 오브젝트의 Parka 매테리얼	파카에서 스포이트합니다.
Ribbon 오브젝트의 Ribbon_Barrette 매테리얼	리본/머리끈에서 스포이트합니다.
Shoes 오브젝트의 Shoes 매테리얼	로퍼에서 스포이트합니다.
Skirt 오브젝트의 Skirt_Socks 매테리얼	스커트/양말에서 스포이트합니다.

오른쪽 그림과 같이 모든 오브젝트에 색을 입혔다면 다음 단계
로 진행합니다.

Chapter 1

Chapter 2

Chapter 3

Chapter 4

Chapter 5

Chapter 6

Chapter 7

Column

페이크 유저에 관해

블렌더에서는 사용되지 않는 매테리얼과 텍스처를 자동 삭제합
니다. 셰이더 에디터 또는 매테리얼 프로퍼티스에 있는 **연결할
매테리얼을 찾아보기**를 클릭하면 현재 매테리얼을 확인할 수
있습니다. 여기의 왼쪽에 '0'을 붙이면 블렌더는 '이 매테리얼은
사용하지 않으니 삭제할까?'라고 판단해 블렌더를 재기동하면
삭제됩니다.

삭제 대상으로 판단하지 않을 매테리얼은 매테리얼 이름 오른
쪽에 있는 방패 아이콘을 클릭합니다. 이것은 **페이크 유저**라는
기능입니다. 가상의 사용자를 만들어 사용 중임을 나타내는 구
조입니다. 아이콘이 파란색으로 되어 있으면 **페이크 유저**가 활
성화 된 것이며 매테리얼이 자동으로 삭제되지 않습니다.
페이크 유저는 텍스처에서도 사용할 수 있으므로 텍스처를 그
릴 때는 **페이크 유저**를 활성화하는 것이 좋습니다.

이 아이콘을 체크한다.

세세한 매테리얼 설정

앞서 각 오브젝트에 매테리얼을 대략적으로 설정했습니다. 흰자위나 머리끈, 양말 등 세세한 부분의 매테리얼을 설정하지 않았으므로 각 오브젝트에 대한 매테리얼을 다시 만듭니다. 이 때 기존의 매테리얼을 사용합니다. 오브젝트 매테리얼을 설정하는 순서에 정답은 없지만 여기에서는 위쪽에서 아래쪽, 그리고 입안쪽으로 설정합니다.

2-1 각종 매테리얼 만들기

현재 각 오브젝트에 매테리얼을 설정했을 뿐이므로 색을 세세하게 조정할 수 없습니다. 메쉬에 매테리얼을 할당해 보다 세세하게 색을 조정할 수 있도록 합니다.

01 Hair 매테리얼 확인하기

Step 먼저 **Hair** 오브젝트를 3D 뷰포트(또는 오른쪽 위 아웃라이너)에서 **오브젝트 모드**에서 선택합니다. 다음으로 오른쪽 프로퍼티스의 **매테리얼 프로퍼티스**를 클릭하고 앞서 설정했던 **Hair** 매테리얼이 프로퍼티스 안에 있는 것을 확인합니다. 이 매테리얼 프로퍼티스에서 다양한 매테리얼을 관리합니다.

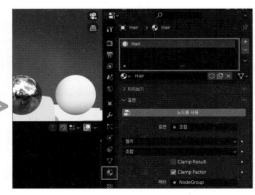

02 매테리얼 만들기

Step ❶ 새로운 매테리얼을 만듭니다. 매테리얼 프로퍼티스의 오른쪽에 있는 + 버튼을 클릭하면 빈 매테리얼 슬롯이 새롭게 만들어집니다(슬롯을 너무 많이 추가했다면 - 버튼을 클릭해 빈 매테리얼을 삭제할 수 있습니다). Next Page ▶

❷ 다음으로 왼쪽에 있는 **연결할 매테리얼을 찾아보기**를 클릭하고 메뉴 안에 있는 **Hair**를 선택합니다. 그러면 매테리얼 프로퍼티스 안에 같은 **Hair** 매테리얼이 추가됩니다.

03 추가한 매테리얼 이름 변경하기
Step

현재 상태에서는 추가한 **Hair** 매테리얼을 셰이더 에디터에서 노드를 조정하면 위쪽 **Hair**도 동시에 변경되므로 새로운 매테리얼로 독립시킵니다. 아래쪽 **Hair** 매테리얼을 선택한 상태에서 매테리얼 이름 오른쪽에 있는 **새로운 매테리얼**을 클릭하면 **Hair.001**이라는 이름으로 변경되고 새로운 매테리얼이 됩니다. 이 매테리얼은 고양이 머리핀의 매테리얼이 되므로 매테리얼 이름을 클릭하고 'Neko_Barrette'으로 변경합니다. Next Page ➤

덧붙여 오른쪽 X 아이콘을 클릭하면 매테리얼과 오브젝트의 연결이 해제됩니다. 매테리얼 자체는 삭제하지 않습니다. 만약 실수로 X 아이콘을 클릭했다면 **빈 매테리얼 슬롯**이 되므로 다시 오른쪽의 **연결할 매테리얼을 찾아보기**에서 매테리얼을 선택합니다(또는 **Ctrl+Z키**로 조작을 되돌립니다).

04 머리끈 매테리얼 만들기
Step

Neko_Barrette을 선택한 상태에서 화면 왼쪽 아래 이미지 에디터에 표시딘 색 지정표에서 색을 스포이트하고, 셰이더 에디터 안에 있는 **조합 컬러**의 A(그림자 색)과 B(빛이 닿는 부분의 색)의 색을 지정합니다(여기에서는 **고양이 머리끈**에서 색을 스포이트합니다). 3D 뷰포트에서는 아무것도 변하지 않을 것입니다. 아직 이 매테리얼을 메쉬에 할당하지 않았기 때문입니다.

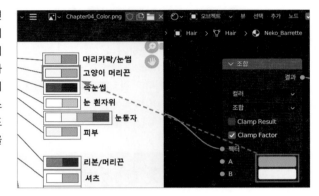

05 매테리얼 추가하기
Step

Hair 객체에는 다른 하나를 할당하는 매테리얼(리본과 머리카락 머티리얼)이 있으므로 여기도 매테리얼 속성에서 추가합니다. 매테리얼 속성의 오른쪽에 있는 더하기 버튼을 클릭하여 빈 매테리얼을 추가합니다. 그런 다음 왼쪽에 있는 **연결할 매테리얼을 찾아보기**를 클릭하고 메뉴에서 Ribbon_Barrette 매테리얼을 클릭하여 추가합니다.

Next Page ▶

매테리얼이 추가됩니다
이렇게 오브젝트에 사용할 매테리얼은 매테리얼 프로퍼티스
안에 모두 추가해야 합니다. 사용할 매테리얼이 누락되지 않
도록 합니다.

06
Step
Hair 오브젝트를 선택하고 에디트 모드로 전환하기
다음으로 각 매테리얼을 머리카락에 할당합니다. 메쉬
에 각각 매테리얼을 입히려면 **에디트 모드**로 전환해서
각 메쉬에 매테리얼을 할당해야 합니다. 화면 위쪽 3D
뷰포트에서 **Hair** 오브젝트를 선택하고 **에디트 모드**
(**Tab키**)로 전환합니다.

07
Step
고양이 머리핀에 매테리얼 적용하기
다음으로 고양이 머리핀 메쉬를 선택하고 **연결된 모두 선택(Ctrl+L키)**를 사용합니다. 오른쪽 프로퍼티스의 매테
리얼 프로퍼티스에서 Neko_Barrette 매테리얼을 선택하고 아래의 **할당**(선택한 메쉬에 매테리얼을 할당하는 조
작)을 클릭합니다. 그러면 선택한 메쉬에 Neko_Barrette 매테리얼이 할당됩니다.

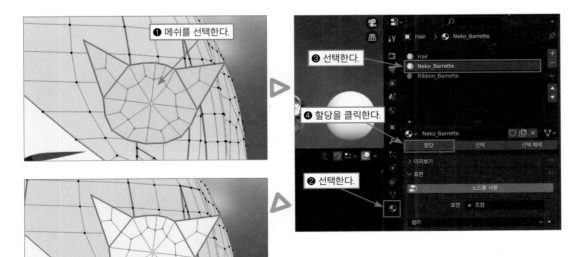

08
Step

아래쪽 머리끈에 매테리얼 적용하기

그 아래쪽 머리끈에도 같은 조작을 합니다. 아래쪽 머리끈의 메쉬를 선택하고 연결된 모두 선택(Ctrl+L키)을 사용합니다. 다음으로 **매테리얼 프로퍼티스**에서 **Ribbon_Barrette** 매테리얼을 선택하고 아래의 할당을 클릭합니다. 이것으로 머리끈에 매테리얼이 할당됩니다.

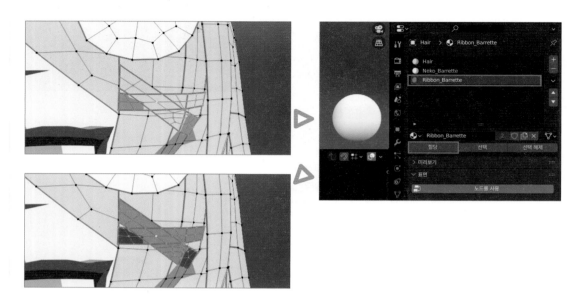

09
Step

오브젝트 전환하기

여기부터는 각 오브젝트를 여러차례 전환해야 하므로 각 오브젝트의 에디트 모드로 빠르게 전환할 수 있는 **Alt+Q** 키를 사용합니다. **Body** 오브젝트에 마우스 커서를 올리고 **Alt+Q**키를 눌러 **Body** 오브젝트의 에디트 모드로 전환합니다.

또는 오른쪽 위 아웃라이너에서 왼쪽의 작은 점을 클릭하면 즉시 전환할 수 있습니다.

10
Step
매테리얼 늘리기

Body 오브젝트에는 할당할 매테리얼이 많습니다. 가장 먼저 흰자위와 손톱의 매테리얼을 만듭니다. 매테리얼 프로퍼티스의 오른쪽 위에 있는 + 버튼을 2번 클릭해 빈 매테리얼 슬롯을 2개 만듭니다. 그리고 빈 매테리얼 2개를 선택하고 왼쪽에 있는 **연결할 매테리얼을 찾아보기**를 클릭하고 메뉴 안에 있는 Skin 매테리얼을 클릭해 추가합니다.

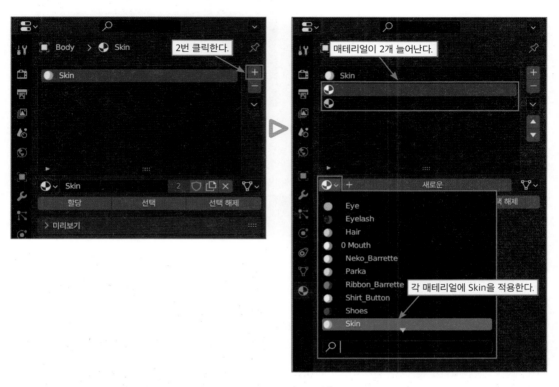

그리고 매테리얼 이름 오른쪽에 있는 **새로운 매테리얼**을 클릭하고 새로운 매테리얼로 독립시킵니다(Skin.001, Skin.002로 표시되면 문제없습니다).

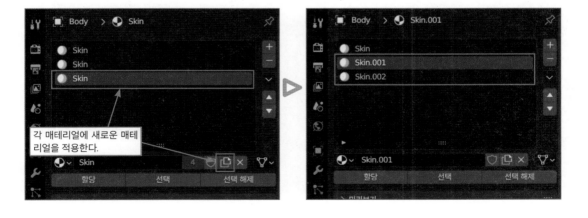

11 추가한 매테리얼 이름 변경하기

Step 다음은 새롭게 만든 매테리얼의 이름을 변경합니다. 매테리얼 이름을 클릭하고 하나는 'White_Eye', 다른 하나는 'Nail'로 변경합니다.

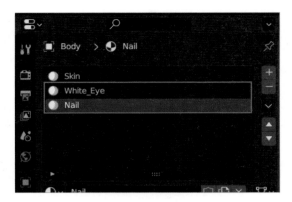

12 매테리얼 연결하기

Step **Body** 오브젝트에는 머리끈 매테리얼과 양말 매테리얼도 사용하므로 이들도 추가합니다. 매테리얼 프로퍼티스 오른쪽 위에 있는 + 버튼을 2번 클릭해 다시 빈 매테리얼을 2개 만듭니다. 이 매테리얼들은 기존 매테리얼을 사용하므로 매테리얼 이름 왼쪽에 있는 **연결할 매테리얼을 찾아보기**를 클릭하고 메뉴 안에 있는 Ribbon_Barrette, **Skirt_Socks**를 선택합니다.

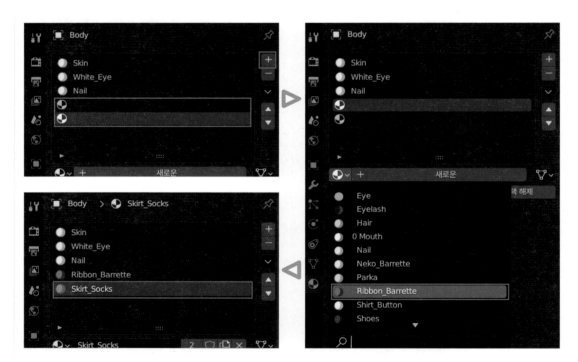

13
Step

흰자위 매테리얼 설정하기

흰자위와 손톱의 매테리얼을 설정합니다.
오른쪽 매테리얼에 있는 **White_Eye**를 클
릭하고 화면 왼쪽 아래 이미지 에디터에 표
시되어 있는 색 지정표에서 색을 스포이트
한 뒤, 셰이더 에디터 안에 있는 **조합 컬러**
의 A(그림자 색)과 B(빛이 닿는 쪽 색)의 색
을 지정합니다(여기에서는 **흰자위**에서 색
을 스포이트했습니다).

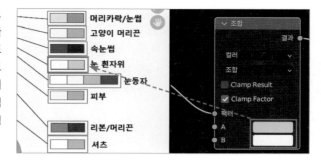

14
Step

손톱 매테리얼 설정하기

다음으로 오른쪽 매테리얼에 있는 **Nail**을
클릭합니다. 손톱의 색은 색 지정표에는 없
으므로 각자 원하는 색으로 설정합니다(여
기에서는 옅은 분홍색으로 선택했습니다).

15
Step

흰자위에 매테리얼 설정하기

매테리얼의 색 지정을 했다면 다음은 매테리얼을 메쉬에 할당합니다.

❶ 현재 모드가 **에디트 모드(Tab키)**인지 확인합니다. 다음으로 양쪽 눈의 흰자위(눈 가운데)의 메쉬를 어느쪽이든
좋으니 **Shift키**로 선택합니다. 다음으로 마우스 커서를 흰자위에 놓고 **연결된 모두 선택(Ctrl+L키)**을 실행하고 현
재 선택한 메쉬와 연결되어 있는 메쉬를 선택할 수 있도록 합니다. 여기에서는 씨임을 구분해서 선택할 것이므로
왼쪽 아래 오퍼레이터 패널에서 **씨임**을 클릭합니다. 그러면 양쪽 흰자위의 메쉬만 선택할 수 있습니다.

양쪽 눈의 흰자위의
메쉬를 선택한다.

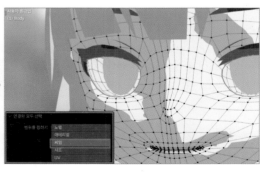

Chapter 1
Chapter 2
Chapter 3
Chapter 4
Chapter 5
Chapter 6
Chapter 7

❷ 양쪽 흰자위의 메쉬를 선택합니다. 매테
리얼 프로퍼티스에서 White_Eye 매테리얼
을 선택하고 아래 할당을 클릭합니다. 이것
으로 흰자위의 매테리얼 설정을 마쳤습니
다.

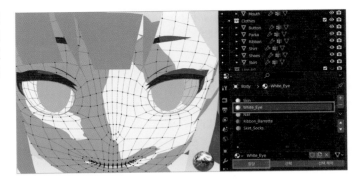

16 손톱 선택하기
Step

다음은 손가락에 손톱 매테리얼을 설정합니다. 손 방향에 따라 시점을 이동하면서 페이스 선택 모드(숫자키 3)에
서 그림과 같이 손가락 끝 페이스를 Shift키를 누른 상태에서 선택합니다.

※ 그림에서는 뷰포트 셰이딩을 솔리드로 설정했습니다.

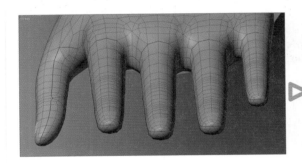 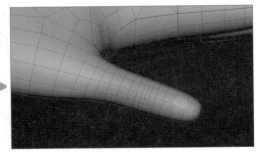

17 매테리얼 적용하기
Step

선택했다면 반대쪽 손가락 끝에도 동일하
게 선택할 것이므로 미러 선택의 단축키인
Shift+Ctrl+M키를 누릅니다. 왼쪽 아래 오
퍼레이터 패널이 표시되면 연장을 활성화
합니다. 만약 이미지 아래쪽에 있는 상태바
에 에러가 표시되고 미러가 잘 동작하지 않
는다면 대칭에 스냅을 사용합니다.

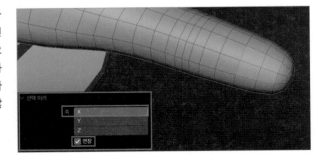

그리고 매테리얼 프로퍼티스에서
Nail 매테리얼을 선택하고, 아래쪽
에 있는 할당을 클릭합니다. 만약 색
조합이 마음에 들지 않는다면 조합
컬러의 A와 B에서 색을 변경합니다.
마쳤다면 버텍스 선택 모드(숫자키
1)로 되돌아옵니다.

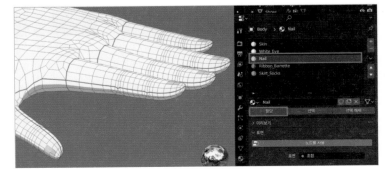

18
Step

목띠에 매테리얼 적용하기

다음은 목띠의 매테리얼을 메쉬에 할당합니다. 목 주변의 버텍스를 **Alt+Shift+마우스 좌클릭**해 그림과 선택합니다. 다음으로 매테리얼 프로퍼티스에서 **Ribbon_Barrette** 매테리얼을 선택하고 아래에 있는 **할당**을 클릭합니다.

※ 그림에서는 뷰포트 셰이딩을 솔리드로 설정했습니다.

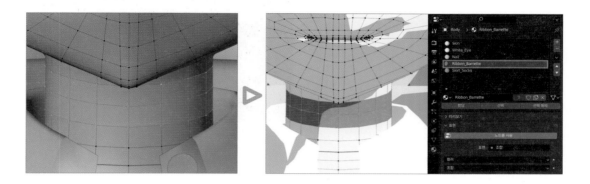

19
Step

양말에 매테리얼 적용하기

양말의 매테리얼도 메쉬에 할당합니다. 3D 뷰포트 오른쪽 위에 있는 **X-Ray를 토글(Alt+Z키)**을 활성화하고 **박스 선택(B키)**한 뒤, 양말의 라인에서 발끝까지 모두 선택합니다. 선택한 뒤 **X-Ray를 토글**은 비활성화합니다.

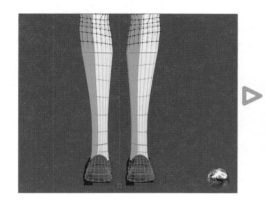
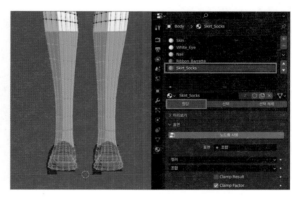

20
Step

Body 외의 오브젝트 숨기기

다음은 두피를 숨기기 위한 매테리얼을 설정합니다. 현재 **Body** 오브젝트의 에디트 모드인지 확인합니다. 3D 뷰포트 위쪽 **뷰 → 로컬 뷰 → 로컬 뷰를 토글(넘버패드 /)**을 클릭하면 현재 선택되어 있는 오브젝트만 표시됩니다.

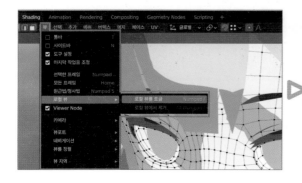
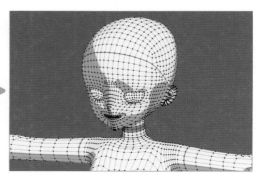

Chapter 1
Chapter 2
Chapter 3
Chapter 4
Chapter 5
Chapter 6
Chapter 7

21 매테리얼 추가하기

Step
새로운 매테리얼을 추가할 것이므로 매테리얼 프로퍼티스에서 + 버튼을 클릭하고 빈 매테리얼 슬롯을 만듭니다. 그리고 매테리얼 이름 왼쪽에 있는 **연결할 매테리얼을 찾아보기**를 클릭하고 메뉴 안에 있는 **Hair** 매테리얼을 클릭합니다.

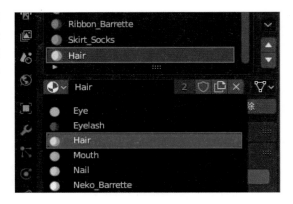

22 두부에 매테리얼 할당하기

Step
그리고 두부(후두부) 메쉬를 선택하고 **연결된 모두 선택(Ctrl+L키)**를 사용합니다. 왼쪽 아래 오퍼레이터 패널에서 **씨임**을 활성화한 뒤 매테리얼 프로퍼티스에서 **Hair** 매테리얼을 할당합니다.

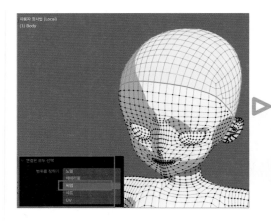 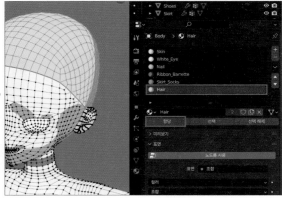

23 입 안 선택하기

Step
입 안에도 매테리얼을 추가합니다. 3D 뷰포트 오른쪽 위에 있는 **X-Ray를 토글(Alt+Z키)**을 활성화하고 3D 뷰포트 오른쪽 위 뷰포트 셰이딩을 솔리드로 전환합니다. 입 안의 메쉬를 선택하고 **연결된 모두 선택(Ctrl+L키)**을 사용해 왼쪽 아래 오퍼레이터 패널에서 **씨임**을 클릭합니다.

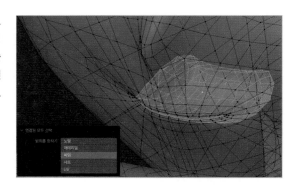

24
Step

입 안에 매테리얼 할당하기

계속해서 이제까지와 같은 조작을 합니다. 매테리얼 프로퍼티스에서 + 버튼을 클릭해 빈 매테리얼 슬롯을 만듭니다. 그리고 매테리얼 이름 왼쪽에 있는 **연결할 매테리얼을 찾아보기**를 클릭하고 메뉴 안에 있는 **Mouth** 매테리얼을 클릭한 뒤 할당을 클릭합니다.

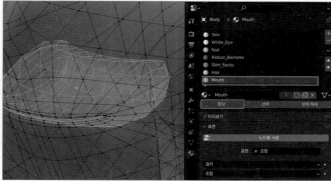

25
Step

팬티에 매테리얼 적용하기

마지막은 팬티의 매테리얼을 만듭니다.

❶ 먼저 팬티 부분이 되는 메쉬를 선택하고 **연결된 모두 선택(Ctrl+L키)**를 사용해 왼쪽 아래 오퍼레이터 패널에서 **씨임**을 클릭합니다.

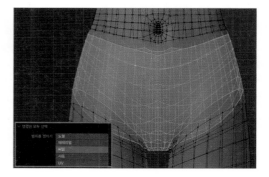

❷ 이제까지의 조작과 마찬가지로 매테리얼 프로퍼티스의 + 버튼을 클릭해 빈 매테리얼을 만들고, 매테리얼 이름 왼쪽에 있는 **연결할 매테리얼을 찾아보기**를 클릭하고 메뉴 안에 있는 **Skin**을 선택합니다. 매테리얼 이름 왼쪽에 있는 **새로운 매테리얼**을 클릭해 새로운 매테리얼로 독립시킨 뒤 이름을 'Pants'로 변경합니다.

Next Page

Chapter 1
Chapter 2
Chapter 3
Chapter 4
Chapter 5
Chapter 6
Chapter 7

❸ 할당을 클릭하고 메쉬에 Pants 매테리얼을 할당했다면 셰이더 에디터에 있는 조합 컬러의 A와 B를 선호하는 색으로 변경합니다. 이것으로 Body 오브젝트에 할당할 매테리얼을 모두 추가했습니다. 마쳤다면 X-Ray를 토글(Alt+Z키)을 비활성화하고 3D 뷰포트 위쪽 뷰 → 로컬 뷰 → 로컬 뷰를 토글(넘버패드 /)를 클릭해 보통 시점으로 되돌아옵니다.

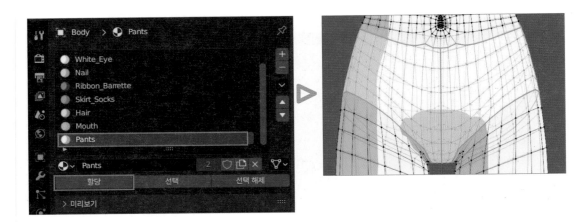

26 Mouth 오브젝트만 표시하기
Step

입 안에 있는 이도 잊지 말고 지금까지와 마찬가지로 매테리얼을 설정합니다. 3D 뷰포트에서 오브젝트 모드(Tab키)로 전환하고 오른쪽 위 아웃라이너에서 Mouth 오브젝트를 선택합니다. 다음으로 선택하지 않은 대상을 숨기는 단축키인 Shift+H키를 누르고 Mouth 오브젝트만 표시합니다.

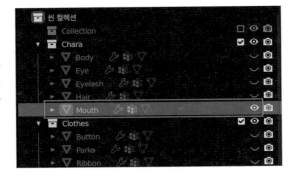

27 매테리얼 만들기
Step

❶ Mouth 오브젝트의 에디트 모드(Tab키)로 전환합니다. 다음으로 매테리얼 프로퍼티스의 + 버튼을 클릭해 빈 매테리얼 슬롯을 만듭니다. 매테리얼 이름의 왼쪽에 있는 연결할 매테리얼을 찾아보기를 클릭하고 메뉴 안에 있는 Mouth 매테리얼을 선택합니다. Next Page

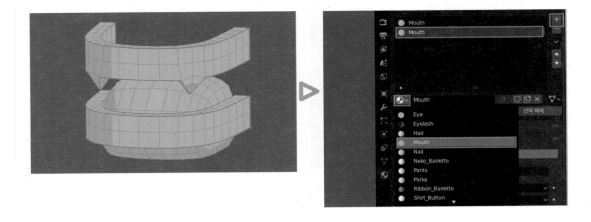

❷ 매테리얼 이름 오른쪽에 있는 **새로운 매테리얼** 아이콘을 클릭해 새로운 매테리얼로 독립시킵니다. 매테리얼 이름을 클릭하고 'Teeth'로 이름을 변경합니다.

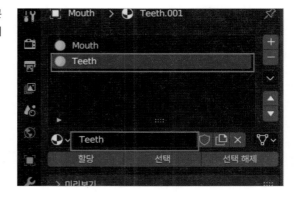

28 이에 매테리얼 적용하기
Step

3D 뷰포트에서 이의 메쉬만 선택하고 **연결된 모두 선택(Ctrl+L키)**을 사용해 왼쪽 아래 오퍼레이터 패널에서 **노멀**을 클릭합니다. 그리고 매테리얼 프로퍼티스에서 **Teeth** 매테리얼을 선택한 것을 확인하고 할당을 클릭합니다.

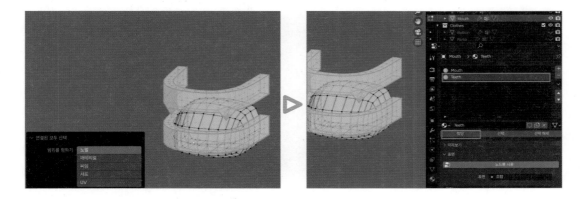

29 매테리얼의 컬러 설정하기
Step

이제까지와 마찬가지로 화면 왼쪽 아래 이미지 에디터에 표시되어 있는 색 지정표에서 색을 스포이트하고 셰이더 에디터 안에 있는 **Teeth** 매테리얼의 **조합 컬러**의 A(그림자 색)와 B(빛이 닿는 부분의 색)의 색을 지정합니다(여기에서는 **이**에서 색을 스포이트 합니다).

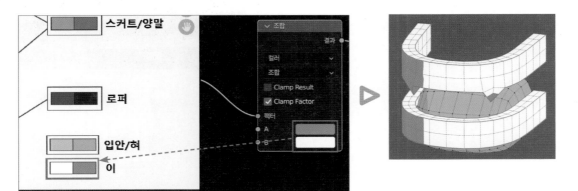

파카의 세부 매테리얼 설정

파카의 형태를 갖추기 위한 매테리얼을 설정합니다.

01 매테리얼 Parka2 만들기
파카에 매테리얼을 할당합니다.

Step ❶ 화면 위쪽 3D 뷰포트에서 **Parka** 오브젝트에 마우스 커서를 올리고 **Alt+Q키**를 눌러 해당 오브젝트의 **에디트 모드(Tab키)**로 전환합니다. 그리고 매테리얼 프로퍼티스에서 + 버튼을 클릭하고 빈 매테리얼 슬롯을 만듭니다. 매테리얼 이름 왼쪽에 있는 **연결할 매테리얼을 찾아보기**를 클릭하고 메뉴 안에 있는 **Parka**를 선택합니다.

❷ 그리고 매테리얼 이름 오른쪽에 있는 **새로운 매테리얼**을 클릭하고 새로운 매테리얼로 독립시키고 매테리얼 이름을 클릭하고 'Parka2'로 이름을 변경합니다.

02
Step

Parka에 샤프 추가하기

매테리얼을 설정하기 전에 파카의 아래쪽 부분
(앞 깃의 아래쪽) 버텍스를 선택하고 **에지 메뉴
(Ctrl+E키)**에서 **샤프를 마크**를 클릭합니다. 매테
리얼을 설정할 때 샤프를 단락으로 선택할 수 있
도록 하기 위해 샤프를 추가합니다.

※ 우선 뷰포트 셰이딩에서 솔리드로 전환합니다.

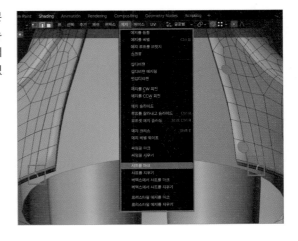

03
Step

버텍스 선택하기

다음으로 파카의 아래쪽 부분의 메쉬를 선
택하고 **연결된 모두 선택(Ctrl+L키)**을 사용
해 **샤프**를 클릭하면 샤프를 단락으로 선택
할 수 있습니다(만약 그림과 같이 선택되지
않는다면 어딘가에 샤프가 추가되어 있지
않을 가능성이 있으므로 찾아서 추가합니
다).

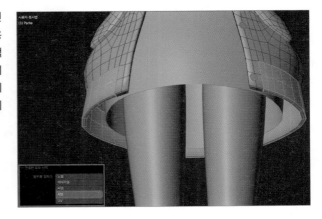

04
Step

주머니 선택하기

계속해서 **Shift키**로 다른 할당 메쉬를 선택
합니다. 파카의 좌우 주머니 메쉬를 선택하
고 **Ctrl+L키**를 누르고 여기에서도 **샤프**를
선택합니다.

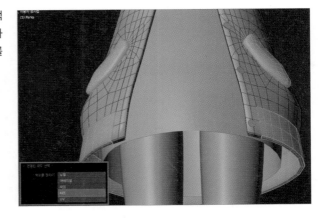

Chapter 1
Chapter 2
Chapter 3
Chapter 4
Chapter 5
Chapter 6
Chapter 7

05 후드 부분의 버텍스 선택하기
Step 후드 부분에는 선택해야 할 부분이 많습니다. 먼저 후드 부분의 메쉬, 좌우 끈 부분 여럿 선택, 그리고 등의 후드에 있는 고양이 귀를 Shift키로 선택합니다.

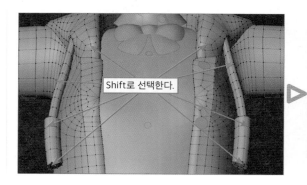
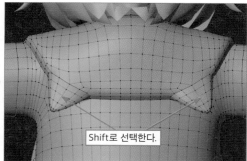

모두 선택했다면 **연결된 모두 선택(Ctrl+L키)**을 사용해 샤프를 선택합니다. 이것으로 후드 부분 선택 완료입니다. 잘 선택할 수 없다면 어딘가에 샤프를 넣지 않았을 가능성이 있으니, 해당 에지를 선택하고 **Ctrl+E키 → 샤프를 마크로** 추가합니다.

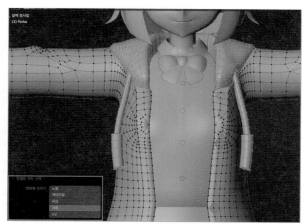

06 소매 부분 선택하기
Step 마지막으로 소매 부분을 선택합니다. 이쪽은 바깥쪽 소매의 메쉬와 안쪽 소매의 메쉬가 있습니다. 또한 반대쪽의 소매도 이으므로 잊지 말고 선택합니다. 그리고 소매 바깥쪽은 샤프를 마크한 위치가 2군데 있으므로 한번에 선택할 수 있도록 바깥쪽은 모서리 부분을 선택하면 좋습니다.

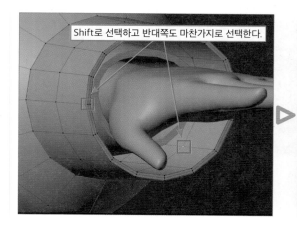
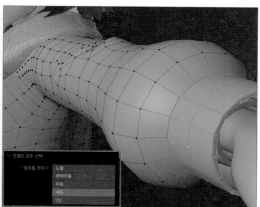

07 매테리얼 할당하기

Step

매테리얼 프로퍼티스에서 **Parka2** 매테리얼이 선택되어 있는지 확인하고 '할당'을 클릭합니다.

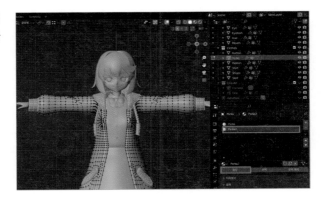

08 Parka2 매테리얼 색 지정하기

Step

화면 왼쪽 아래 이미지 에디터에 표시되어 있는 색 지정표에서 색을 스포이트하고 셰이더 에디터 안에 있는 **Parka2** 매테리얼의 **조합 컬러**의 A(그림자 색)과 B(빛이 닿는 부분의 색)의 색을 지정합니다(여기에서는 **파카 후드/소매/주머니/하반신**에서 색을 스포이트했습니다).

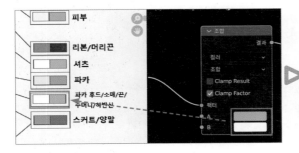

09 전체 표시하기

Step

이것으로 모든 매테리얼에 설정을 마쳤습니다. 3D 뷰포트에서 **오브젝트 모드(Tab키)**로 전환하고 숨긴 대상을 표시하는 단축키인 **Alt+H키**로 모두 표시합니다(Armature도 표시되므로 오른쪽 위 아웃라이너에서 다시 숨깁니다).

Chapter 1

Chapter 2

Chapter 3

Chapter 4

Chapter 5

Chapter 6

Chapter 7

노멀 전사

Chapter 4

3

카툰 렌더링을 수행할 때 노멀에 대해서 이해해야 합니다. 노멀을 이해함으로써 모델의 그림자를 제어하는 구조를 알 수 있습니다.

3-1 노멀에 관해, 노멀 전사를 하는 이유

노멀은 에디트 모드(Tab키)로 전환하고 3D 뷰포트 오른쪽 위 뷰포트 오버레이에 있는 노멀에서 확인할 수 있습니다. 버텍스 노멀, 페이스 당 버텍스 노멀, 페이스 노멀의 세 가지가 있습니다. 여기에서는 페이스 당 버텍스 노멀과 페이스 노멀 두 가지에 관해 설명합니다.

페이스 당 버텍스 노멀은 1개의 버텍스에 인접하는 페이스의 수만큼 존재하는 노멀입니다. 다음 그림의 경우 보라색 노멀이 페이스 당 버텍스 노멀, 페이스 중앙에서 나온 하늘색 노멀이 페이스 노멀입니다. 메쉬 중앙을 보면 보라색의 노멀이 4개 나오고 있습니다. 이는 1개의 버텍스에 4개의 페이스가 인접해 있기 때문에 페이스 당 버텍스 노멀이 4개가 되는 구조입니다(그림 참조). Next Page

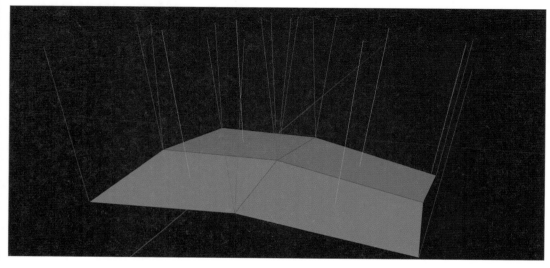

306

이제까지의 모델링에서 **셰이드 스무스**(오브젝트 모드에서 오브젝트를 선택하고 마우스 우클릭 메뉴에서 설정할 수 있습니다)라는 기능으로 페이스를 부드럽게 만들었습니다. 이것은 **페이스 당 버텍스 노멀**을 조정했기 때문에 부드럽게 보인 것입니다. 셰이드 스무스를 걸면 페이스 당 버텍스 노멀을 1개로 모읍니다. 반대로 **플랫 셰이드**를 걸면 노멀이 페이스별로 나눠져 각 페이스의 수직 방향으로 설정해 그림자를 만듭니다.

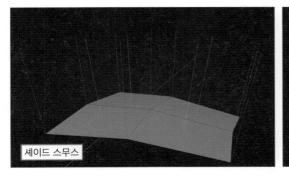

셰이드 스무스

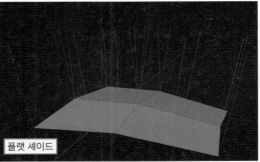

플랫 셰이드

페이스 노멀은 문자 그대로 페이스의 방향을 말하며 여기에서는 페이스 중앙에서 나오는 하늘색 선을 가리킵니다. 이 역시 이제까지의 모델링에서 **페이스 오리엔테이션**을 바깥 방향으로 정렬(메쉬를 선택하고 **Alt+N키**)해서 수행했습니다. 페이스 오리엔테이션이 바로 이 하늘색 선입니다. 만약 페이스의 방향이 뒤집혀 있다면 그림과 같이 **페이스 노멀, 페이스 당 버텍스 노멀** 모두 안쪽으로 뒤집혀 있어 페이스 표시를 의도하지 않은 것으로 바꿀 가능성이 있습니다(단, 의도적으로 안쪽 방향으로 한 경우도 있으므로 절대로 모든 페이스를 바깥쪽 방향으로 해야 하는 것은 아닙니다).

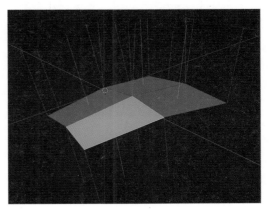

그리고 **노멀 전사**는 다른 오브젝트에서 해당 노멀의 정보를 가지고 와서 전사하는 기법입니다. 카툰 렌더링할 때 대부분의 경우 이 **노멀 전사**를 수행해야 합니다.

사람의 얼굴에는 요철이 있으므로 페이스 오리엔테이션이 같은 방향을 향하지 않습니다. 하지만 카툰 렌더링에서는 노멀이 같은 방향을 향하지 않으면 얼굴에 이상한 그림자가 생기거나 마치 수염이 난 것 같은 형태가 됩니다. 이 때 사용하는 것이 **노멀 전사**입니다. 구체의 노멀을 얼굴에 전사하면 페이스 오리엔테이션이 같은 방향을 가리키게 되어 그림자가 부드러워집니다. 여기에서는 이 **노멀 전사**를 사용해 그림자를 제어합니다.

노멀 전사 없음

노멀 전사 있음

Chapter 1
Chapter 2
Chapter 3
Chapter 4
Chapter 5
Chapter 6
Chapter 7

3-2 노멀 전사

현재 상태에서는 캐릭터 얼굴에 부자연스러운 그림자가 생기므로 구체 오브젝트를 추가해 이 오브젝트의 노멀을 인물의 얼굴에 전사합니다. 그때 데이터 전송 모디파이어를 사용하기 위해 얼굴과 신체를 분리하고 구체의 노멀을 분리한 얼굴에 전사합니다.

01 UV 구체 추가하기

Step 현재 3D 뷰포트 모드가 **오브젝트 모드**인지 확인합니다. 앞쪽 시점(넘버패드 1)으로 전환하고 3D 커서를 중앙으로 되돌립니다(Shift+C키). 작업하기 쉽도록 3D 뷰포트 오른쪽 위 뷰포트 셰이딩에서 솔리드로 표시하고 Shift+A키를 눌러 UV 구체를 추가합니다.

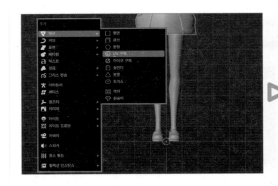 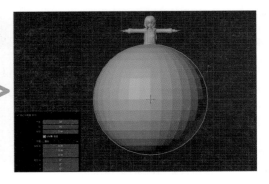

02 UV 구체의 크기 변경하기와 위치 수정하기

Step ❶ 다음으로 추가한 UV 구체의 **에디트 모드(Tab키)**로 전환하고 **축적(S키)**을 누른 뒤 마우스 좌클릭해 결정합니다. 왼쪽 아래 오퍼레이터 패널에서 축적 X, Y, Z이 '0.15' 정도가 되게 합니다.

❷ 다음으로 **이동(G키) → Z키**, **이동(G키) → Y키**로 구체를 이동해 머리카락과 얼굴이 구체 안에 들어가게 합니다.

※ 3D 뷰포트 오른쪽 위 X-Ray를 토글을 활성화했습니다.

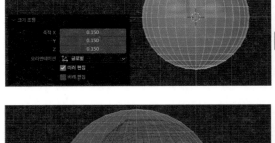

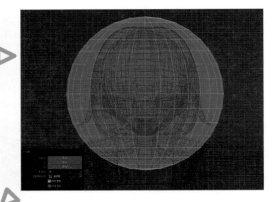

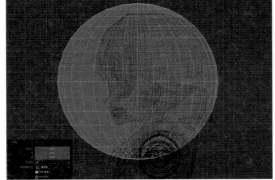

03 구체 버텍스 삭제하기
Step
다음으로 X-Ray를 토글(Alt+Z키)을 활성화한 사상태에서 **박스 선택(B키)**으로 구체의 아래쪽 절반을 선택하고 삭제(X키)에서 버텍스를 삭제합니다. 계속해서 삭제한 구체를 돌출시킵니다.

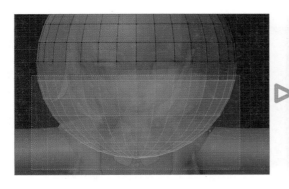
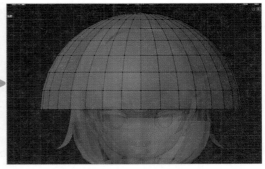

04 구체의 아래쪽 에지 돌출하기
Step
한 가운데의 버텍스를 **Alt+마우스 좌클릭**해 에지 루프 선택하고 **E키 → Z키**를 사용해 아래로 돌출시킵니다. 여기에서는 리본을 포함할 수 있는 정도까지 돌출시킵니다.

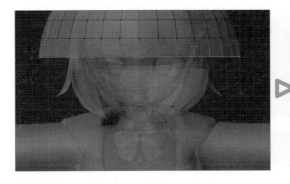
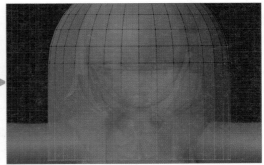

05 페이스 분할하기
Step
돌출시킨 메쉬의 세로 에지에 마우스 커서를 놓고 **루프 잘라내기(Ctrl+R키)**에서 휠을 위아래로 움직여 4개로 분할합니다. 그리고 마우스 좌클릭→마우스 우클릭해 위치를 결정합니다.

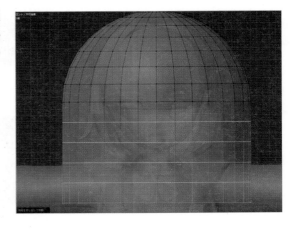

Chapter 1

Chapter 2

Chapter 3

Chapter 4

Chapter 5

Chapter 6

Chapter 7

06 셰이드 스무스 적용하기

Step

오브젝트 모드(Tab키)로 전환하고 구체를 선택한 뒤 마우스 우클릭해 메뉴를 표시합니다. **셰이드 스무스**를 클릭합니다(셰이드 스무스로 하지 않으면 그림자가 잘 전송되지 않습니다).

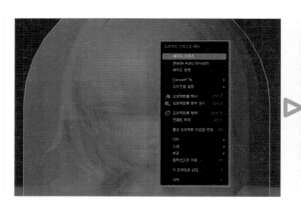 

07 섭디비전 표면 추가하기

Step

그림자를 보다 부드럽게 하기 위해 모디파이어인 **섭디비전 표면**을 사용합니다. 오른쪽 프로퍼티스의 **모디파이어 프로퍼티스** 안에 있는 **모디파이어를 추가**에서 **섭디비전 표면**을 추가합니다.

섭디비전 표면의 버텍스에 있는 **Levels Viewport** 와 렌더에 '3'을 입력합니다. 이 항목을 늘리면 그림자도 한층 부드러워집니다. 단, 값을 너무 크게하면 블렌더의 동작이 무거워지고 강제 종료되기 쉬우므로 '3' 정도로 설정하는 것이 적당합니다.

08 구체 숨기기

Step

구체의 섭디비전 표면 조정을 마쳤다면 다음으로 얼굴을 편집합니다. 오른쪽 위 아웃라이너에서 구체를 숨깁니다.

09 목 주변 버텍스 선택하기

Step
❶ Body 오브젝트를 선택하고 에디트 모드(Tab키)로 전환합니다. 3D 뷰포트 오른쪽 위 X-Ray를 토글(Alt+Z키)을 활성화하고 전송한 그림자와 전송하지 않은 그림자를 쉽게 구분할 수 있도록 분리할 버텍스의 왼쪽만 Shift키로 선택합니다.

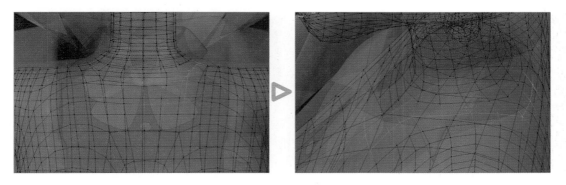

❷ 다음으로 미러 선택(Shift+Ctrl+M키)한 뒤 왼쪽 아래 오퍼레이터 패널에서 연장을 활성화합니다. 떼어내기의 단축키인 V키를 눌러 얼굴과 신체를 분리하고 마우스 우클릭해 위치를 취소합니다(나중에 거리에 의해를 사용해 버텍스를 결합합니다).

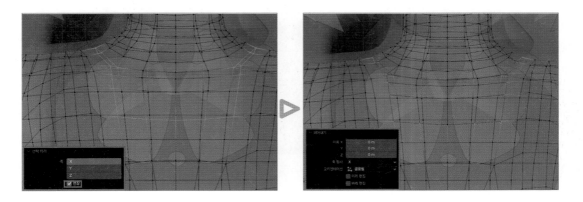

10 얼굴 오브젝트 분리하기

Step
그리고 얼굴의 메쉬를 선택하고 연결된 모두 선택(Ctrl+L키)을 사용해 얼굴을 선택합니다(왼쪽 아래 오퍼레이터 패널은 노멀로 합니다). 계속해서 분리(P키) → 선택을 눌러 얼굴 오브젝트를 다른 오브젝트로 분리합니다. Next Page

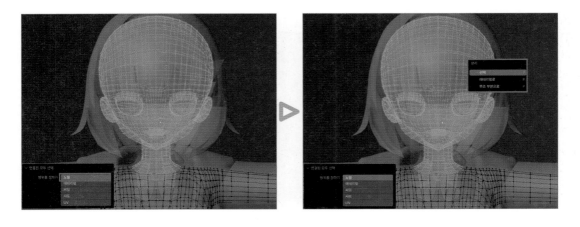

오른쪽 위 아웃라이너에 얼굴이 별도의 오브젝트 (Body.001)로 분리되어 있는 것을 확인합니다.

11 데이터 전송 추가하기

Step

여기부터는 모디파이어를 사용해 노멀 정보를 전사할 수 있도록 합니다. **오브젝트 모드(Tab키)**로 전환하고 오른쪽 위 아웃라이너에서 **Body.001**을 선택합니다. 오늘쪽 프로퍼티스의 모디파이어 프로퍼티스 안에 있는 **모디파이어를 추가**에서 **데이터 전송**을 추가합니다. **데이터 전송**은 오브젝트의 다양한 정보를 전송할 수 있도록 하는 모디파이어입니다. 블렌더 4.0을 사용할 때는 **편집 → 데이터 전송**을 선택합니다.

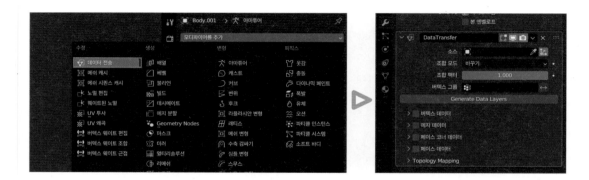

12 데이터 전송 대상 설정하기

Step

데이터 전송을 사용해 구체의 노멀 정보를 얼굴에 전송할 수 있도록 설정합니다. 데이터 전송에는 많은 항목이 있습니다. 여기에서는 **소스**와 **페이스 코너 데이터** 2개 항목만 사용합니다.

소스는 전송 소스 오브젝트를 결정하는 항목입니다. 이 항목 오른쪽에는 스포이트가 있습니다. 스포이트를 클릭하면 마우스 커서도 스포이트로 변경됩니다(취소는 마우스 우클릭). 대상 오브젝트를 클릭하면 이 항목 안에 스포이트한 오브젝트 이름이 표시됩니다. 여기에서는 오른쪽 위 아웃라이너에 있는 **구체**를 클릭해 스포이트합니다.

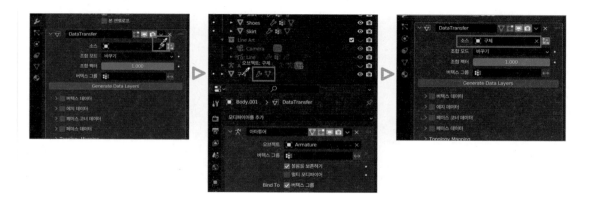

312

13 데이터 전송 설정하기

Step

소스를 구체로 했다면 다음으로 페이스 코너 데이터를 클릭해 활성화합니다. 그리고 왼쪽 화살표를 클릭하면 메뉴에 다양한 항목이 표시됩니다. 이 안에서 커스텀 노멀을 활성화합니다. 그러면 노멀 데이터를 전송할 수 있습니다. 덧붙여 전송 대상인 오브젝트(여기에서는 얼굴의 Body.001)의 자동 스무스를 활성화하지 않으면 이 데이터 전송이 잘 되지 않으므로 주의합니다.

그리고 데이터 전송 모디파이어는 블렌더 안에서 사용한다면 적용할 필요가 없습니다. 데이터 전송을 적용하면 나중에 수행할 표정을 만들 때(셰이프 키) 노멀이 뒤섞입니다.

14 구체와 Armature

Step

다음으로 구체를 아마튜어의 움직임과 연동시킵니다. 오른쪽 위 아웃라이너에서 Armature를 우선 표시합니다. 다음으로 부모를 설정하기 위해 오른쪽 위 아웃라이너에서 자식으로 할 구체 오브젝트 → 부모로 할 Armature 순으로 Ctrl+마우스 좌클릭해 선택합니다.

덧붙여 구체 오른쪽에 있는 렌더링(카메라 아이콘)은 비활성화하는 것이 좋습니다(활성화한 상태에서는 렌더링했을 때 구체가 표시됩니다).

15 Armature의 Head 선택하기

Step

마지막으로 아마튜어가 선택되어 있는 것을 확인하고 왼쪽 위 모드 전환에서 포즈 모드로 합니다. 그리고 본 Head(머리 본)을 클릭해 선택합니다. 이 선택한 본의 움직임과 연동해 구체가 움직이도록 부모를 설정합니다.

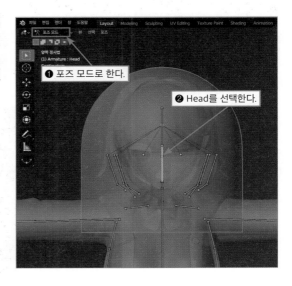

16 부모 설정하기

Step

본을 선택했다면 부모(Ctrl+P키) 메뉴 안에 있는 본을 클릭합니다. 이것은 선택한 본(부모)를 기준으로 오브젝트(자식)을 움직이게 하는 부모 설정입니다. 구체가 본의 움직임과 연동되어 있는지 회전(R키)로 동작을 확인합니다 (회전 리셋은 **Alt+R키**입니다).

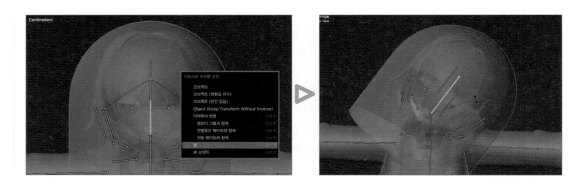

17 부모 확인

Step

오른쪽 위 아웃라이너에서 Armature 왼쪽의 화살표를 클릭하고 계층을 표시한 뒤 안에 구체가 들어있는지 확인합니다. 그리고 **오브젝트 모드**로 전환하고 구체 오브젝트를 선택합니다. 오른쪽 프로퍼티스에서 **오브젝트 프로퍼티스**를 클릭하고 관계 패널을 클릭하면 부모를 확인할 수 있습니다. 부모 유형이 본, 부모 본이 Head로 표시되어 있는지 확인합니다. 뒤에 본의 부모를 변경하고 싶을 때는 이 항목에서 언제든 변경할 수 있습니다.

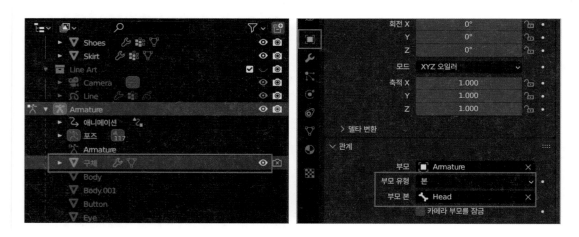

확인을 마쳤다면 쉽게 관리할 수 있도록 이름을 변경합니다. 오른쪽 위 아웃라이너에 있는 구체를 더블 클릭하고 이름을 Normal로 변경한 뒤 숨깁니다. 조작을 마쳤다면 Armature 왼쪽의 화살표를 클릭해 메뉴를 닫습니다.

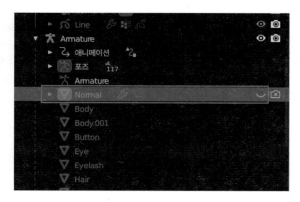

18 버텍스 그룹 추가하기

Step

다음으로 얼굴과 신체를 결합합니다…라고 말하고 싶지만 현재 상태에서는 노멀이 신체 방향으로도 이동하게 되므로 버텍스 그룹을 사용해 이를 제어합니다. 오브젝트 모드로 전환한 뒤 얼굴의 오브젝트인 **Body.001**을 선택합니다. 오른쪽 프로퍼티스의 **오브젝트 데이터 프로퍼티스**를 클릭하고 **버텍스 그룹** 패널의 + 버튼을 클릭해 새 버텍스 그룹을 추가합니다.

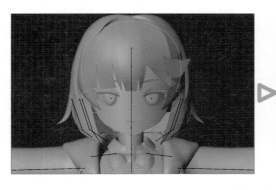 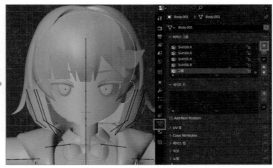

새롭게 만든 버텍스 그룹은 'Vertex Normal'로 이름을 변경합니다.

※ 3D 뷰포트 오른쪽 위 X-Ray를 토글을 비활성화했습니다. 그리고 노멀이 전사되었으므로 얼굴 오브젝트의 노멀이 변화했습니다.

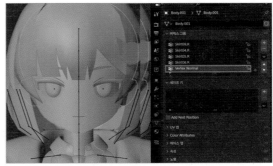

19 그룹 할당하기

Step

다음은 Body.001의 에디트 모드(Tab키)로 전환합니다. 모두 선택(A키)으로 모든 메쉬를 선택합니다. 그리고 버텍스 그룹에서 **Vertex Normal**이 선택되어 있는지 확인하고 아래쪽 웨이트도 '1.000'이 되어 있다면 **할당**을 클릭합니다.

※ 잘못해서 다른 버텍스 그룹의 웨이트를 할당하지 않게 주의합니다.

 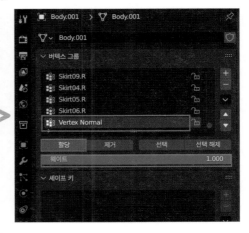

Chapter 1
Chapter 2
Chapter 3
Chapter 4
Chapter 5
Chapter 6
Chapter 7

20
Step

데이터 전송 안의 버텍스 그룹에서 Vertex Normal 선택하기

프로퍼티스에서 모디파이어 프로퍼티스를 클릭한 뒤 데이터 전송 안에 있는 버텍스 그룹 항목을 클릭하면 여러 버텍스 그룹이 나타납니다. 그룹의 숫자가 많기 때문에 여기에서 직접 찾기는 어렵습니다. 항목 안에 'V'라고 입력하면 V로 시작하는 단어가 나타납니다. 여기에서 선택합니다.

21
Step

오브젝트 합치기

다음은 얼굴(Body.001)과 신체(Body)를 결합합니다. 오른쪽 위 아웃라이너에서 Body → Body.001 순서로 Ctrl+마우스 좌클릭해 선택한 뒤 3D 뷰포트 안에서 합치기(Ctrl+J키)합니다.

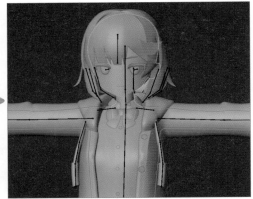

Body.001 안에 있는 데이터 전송이 신체에도 추가되었지만 버텍스 그룹을 설정했으므로 얼굴에만 노멀이 전사됩니다.

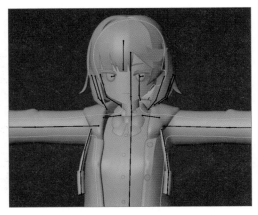

22 오브젝트 병합하기

Step

오브젝트를 결합했지만 버텍스는 갈라진 상태이므로 에디트 모드(Tab키)로 전환하고 메쉬를 A 키로 모두 선택합니다. 그리고 **병합(M키)**을 누르고 거리에 의해를 클릭합니다. 갈라져 있는 버텍스를 결합할 수 있습니다.

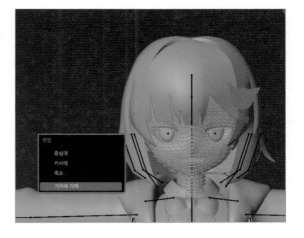

23 오브젝트 이름 변경하기

Step

오른쪽 위 아웃라이너에 이름이 **Body.001** 로 되어 있으므로 'Body'로 변경합니다. 그리고 **Armature**는 다시 숨깁니다.

Chapter 1
Chapter 2
Chapter 3
Chapter 4
Chapter 5
Chapter 6
Chapter 7

텍스처 그리기

여기에서는 눈과 얼굴에 텍스처를 그립니다. 또한 그림자를 입히기 위한 텍스처도 그립니다.
이 때 조합 컬러 항목에 있는 블렌딩 모드가 매우 중요하므로 이에 관해 설명합니다.

4-1 조합 컬러의 블렌딩 모드

블렌딩 모드에 관해 설명합니다. 블렌딩 모드는 A와 B를 합성하는 방법을
결정하는 모드입니다. 카툰 렌더링을 표현할 때 반드시 이해해야 하는 항
목입니다.

먼저 설명을 위해 텍스처를 입혀 왼쪽 반을 검은색, 오른쪽 반을 흰색으로
한 구체 모델을 준비했습니다. 조합 컬러는 연결하지 않고 이미지 텍스처
를 매테리얼 출력으로 그대로 연결하면 오른쪽 그림과 같이 표시됩니다.
이 흰색과 검은색이 조합 컬러의 블렌딩 모드를 변경함에 따라 어떻게 표
시되는지 살펴봅니다.

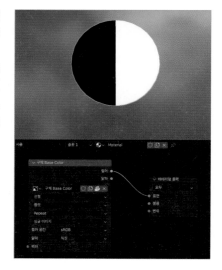

◼ 조합

흰색/검은색 텍스처를 조합 컬러의 팩터에 연결하고 블렌딩 모드를 조합으
로 하면 A는 검은색쪽, B은 흰색쪽이 됩니다. 조합은 문자 그대로 A와 B를
그대로 섞어서 합성하는 모드입니다. 카툰 렌더링에서 그림자 색(A)과 빛
이 닿는쪽의 색(B)를 결정할 때 자주 사용하는 모드입니다.

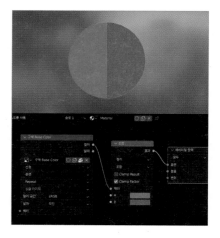

◼ 곱하기

곱하기는 A에 B를 곱하는 모드입니다. 예를 들면 다음과 같이 흰색/검은색의 텍스처를 B로 연결했다고 가정해 봅시다. 그러면 텍스처의 흰색은 곱해서 사라지고 검은색만 남게 됩니다. 여기에서는 흰색/검은색으로 설정했지만 이 이미지에 색이 있다면 색이 어두운 부분은 곱하기에 의해 점점 검은색에 가까워집니다. 팩터를 사용해 검은색쪽 세기를 조정할 수 있습니다.

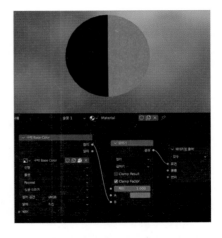

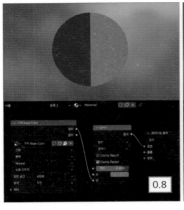

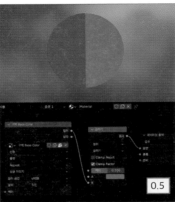

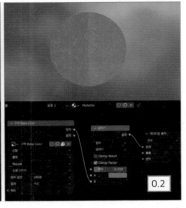

셀 룩을 구성하는 노드의 컬러 램프, 셰이더를 RGB로 변환, 확산 BSDF를 조합 컬러의 B에 연결하면 다음과 같이 됩니다. 앞과 같이 흰색 부분은 곱해져서 사라지고, 그림자가 되는 검은색 부분만 남았습니다. 팩터를 조정해 그림자가 기본색과 비슷하게 되므로 그림자 같은 표현을 할 수 있습니다. 이렇게 카툰 렌더링에서는 그림자를 표현할 때 **곱하기**가 매우 중요합니다.

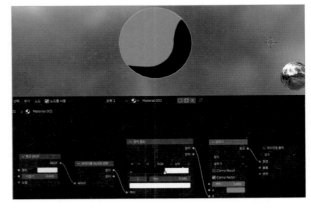

Chapter 1
Chapter 2
Chapter 3
Chapter 4
Chapter 5
Chapter 6
Chapter 7

지금까지의 설명을 기반으로 약간 응용해 봅니다. B에 셀 룩을 구성하는 노드를 연결하고 A에는 흰색/검정색의 텍스처를 연결합니다. 그리고 같은 믹 컬러(모드는 조합)를 추가하고 팩터에 연결하면 흰색/검은색 텍스처의 검은색과 오른쪽에 있는 조합 컬러의 A(그림자 색)이 동화하게 됩니다. 이것을 잘 사용함으로써 임의의 위치에 그림자를 지정할 수 있습니다. 또한 곱하기 조합 컬러의 팩터를 조정해서 텍스처에서 그림자로 지정하는 위치는 그대로 유지하면서 빛에 의해 만들어진 그림자만 조정할 수 있습니다. 이를 활용하면 보다 세세한 표현이 가능해 집니다.

※ 이 부분의 노드 구성은 샘플 파일 'Chapter04_Mix_Sample.blend'를 참조해 확인하면 좋습니다.

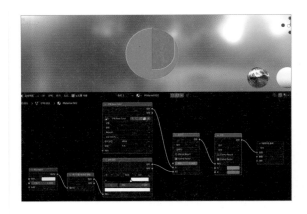

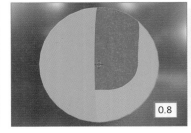

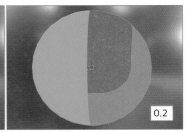

■ 곱하기와 일반 텍스처 조합 방법

곱하기와 일반 텍스처 노드를 조합하는 방법은 다양합니다. 셀 룩을 구성하는 노드를 팩터, 텍스처를 A에 연결하는 방법이 한 가지 예입니다. 이렇게 연결하면 그림자(흰색/검은색)의 위치가 반전되므로 노드의 효과를 반전시키는 **반전 노드**를 새롭게 추가해야 합니다(**추가 → 컬러 → 반전**에서 추가할 수 있으며 블렌더 3.6 이후에는 **컬러 반전**으로 이름이 바뀌었습니다). Next Page ▶

혹은 노드 구성이 꽤 복잡해지지만 오른쪽 그림과 같이 구성해 임의의 위치에 그림자 넣은 뒤, 텍스처와 조합할 수도 있습니다. 곱하기 조합 컬러 사이에 조합 조합 컬러를 끼워 넣어 A에서 그림자 색을 조정할 수 있습니다. 그리고 곱하기 조합 컬러와 조합했기 때문에 그림자가 곱하기에 의해 점점 어두워집니다. 매테리얼뿐만 아니라 텍스처로 기본 색을 설정하고 싶을 때는 이렇게 노드를 구성하는 것이 좋습니다.

※ 이 노드 구성들은 샘플 파일의 'Chapter04_Mix_Sample.blend'에도 있으므로 함께 참조해 주십시오.

■ 스크린
곱하기의 반대 버전이 **스크린**입니다. 흰색/검은색 이미지를 B에 연결하면 검은색이 사라지고 흰색은 그대로 남습니다. 그리고 이미지에 색이 있으면 색감이 밝은 부분은 가산되어 점점 흰색에 가까워집니다. 카툰 렌더링에서는 머리카락의 하이라이트 등을 표현할 때 사용하면 좋습니다.

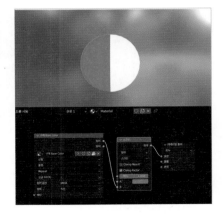

■ 추가/빼기
추가는 스크린과 비슷하며 흰색/검은색 이미지를 B에 연결하면 검은색은 사라집니다. 그리고 A에 대해 B가 더해져 밝은 위치는 점점 밝아집니다. 추가와 스크린의 차이점으로 추가에서는 색이 너무 밝아지면 하얗게 날아갈 수 있지만, 스크린에서는 부드럽게 처리됩니다. Next Page

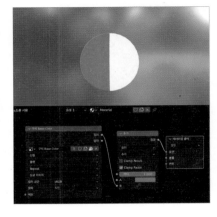

빼기는 추가와 마찬가지로 흰색/검은색의 이미지를 B에 연결하면 검은색은 그대로 사라집니다. 하지만 추가와 달리 빼기는 A에서 B를 빼서 색을 줄여갑니다. 빼기를 하다보면 밝은 부분은 점점 어두워집니다(흰색은 검은색으로 변화한다)(❶). 예를 들면 **텍스처에서 파란색을 삭제하고 싶을 때는 B에서 파란색을 스포이트하면 파란색이 완전한 검은색이 되는 것과 동시에 그 밖의 파란색이 섞여 있는 위치도 빼기로 제거할 수 있습니다(❷).

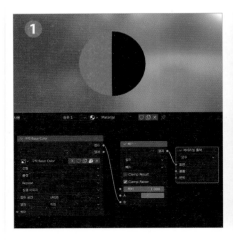
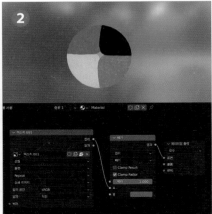

🔲 컬러 닷지/컬러 번

여기에서는 색의 텍스처를 중심으로 합성하면서 어떤 결과를 내는지 확인해 봅시다.

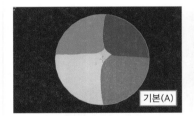

기본(A)

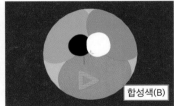

합성색(B)

컬러 닷지는 겹쳐진 색을 밝게 해 주는 모드입니다. 어두운 부분은 조금씩 밝아지고 밝은 부분은 한층 밝아집니다.
컬러 번은 반대로 겹쳐진 색을 어둡게 해 주는 모드입니다. 어두운 부분은 점점 어두워지고 밝은 부분은 효과가 옅어집니다.
컬러 닷지, 컬러 번 모두 컨트라스트가 강해지는 것이 특징입니다.

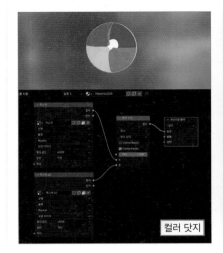

컬러 닷지

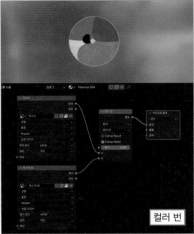

컬러 번

■ 오버레이/소프트라이트

오버레이는 A에 대해 B를 합성하는 기능으로 밝은 부분을 보다 밝게, 어두운 부분은 보다 어둡게 합니다. 그리고 B를 합성할 때 스크린과 같이 어두운 부분은 사라집니다.

소프트라이트는 **오버레이**와 거의 비슷하지만 색 배합이 보다 부드럽게 됩니다.

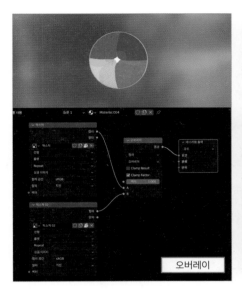
오버레이

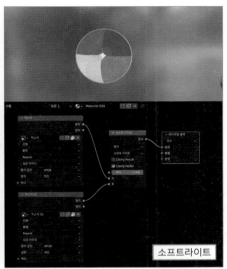
소프트라이트

■ 밝게/어둡게

밝게는 문자 그대로 A에 대해 B를 합성해 밝은 색을 우선합니다. **추가, 스크린**과 마찬가지로 어두운 부분은 제거됩니다.

어둡게는 반대로 A에 대해 B를 합성해 어두운 색을 우선합니다. **곱하기**와 마찬가지로 밝은 부분은 제거됩니다.

이렇게 조합 컬러의 **블렌딩 모드**는 설정에 따라 다양하게 표현할 수 있습니다. 그 밖에도 다양한 방법이 있지만 여기에서는 특히 사용 빈도가 높은 블렌딩 모드를 소개했습니다.

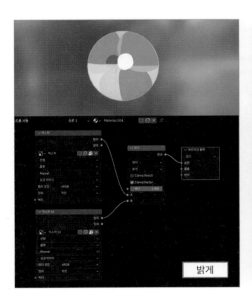
밝게

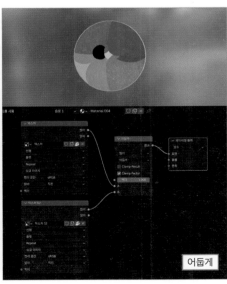
어둡게

Chapter 1
Chapter 2
Chapter 3
Chapter 4
Chapter 5
Chapter 6
Chapter 7

눈동자의 텍스처 그리기

눈동자의 텍스처는 만드는 캐릭터에 따라 디자인이 크게 달라집니다. 이 책에서는 가능한 단순한 형태의 눈동자를 만듭니다.

01 Eye 오브젝트에 이미지 텍스처 노드 추가하기

Step

눈동자의 텍스처를 그리기 위해 셰이더 에디터를 준비합니다. 3D 뷰포트 안에서 현재 모드가 **오브젝트 모드**인지 확인한 뒤 **Eye** 오브젝트를 선택합니다. 다음으로 **Eye** 오브젝트의 셰이더 에디터 안에서 추가의 단축키인 **Shift+A**키에서 텍스처 → 이미지 텍스처를 추가합니다. 이 노드에서 눈동자의 텍스처를 만듭니다.

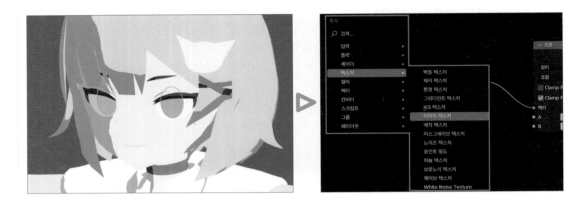

02 이미지 텍스처 설정하기

Step

셰이더 에디터 안에서 추가한 이미지 텍스처의 새로운을 클릭합니다. 그러면 텍스처 설정을 수행할 수 있는 창이 표시됩니다. 여기에서는 이름을 **Eye Texture**, 폭을 **4096px**, 높이를 **4096px**로 설정합니다.

덧붙여 이미지 텍스처의 픽셀 수는 1024x1024, 2048x2048, 4096x4096과 같이 2의 제곱으로 설정하는 것이 좋습니다. 픽셀 수가 커질수록 텍스처의 정보량이 늘어나지만, 대신 용량이 커지고 처리에 시간이 걸리게 됩니다. 그렇기 때문에 만드는 제품에 따라 적절한 텍스처나 크기를 선택해야 합니다. Next Page

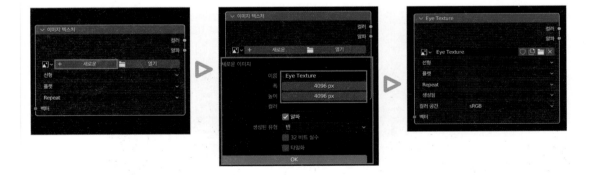

오른쪽의 X 버튼을 누르면 이미지 텍스처와의 링크가 끊어지지만 텍스처 자체는 삭제되지 않습니다. 만약 실수로 X 버튼을 눌렀다면 왼쪽의 **연결할 이미지를 확인**을 클릭하고 **Eye Texture**를 선택합니다.

 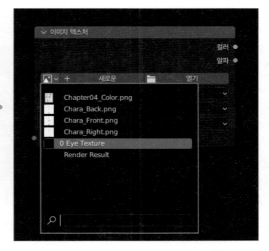

그리고 블렌더 측의 자동 삭제를 방지하기 위해 매테리얼 이름 오른쪽에 있는 **페이크 유저**는 활성화해 둡니다.

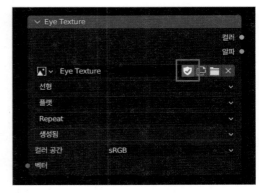

03 이미지 텍스처 노드 연결하기

Step

만든 이미지 텍스처 노드를 조합 컬러의 A에 연결합니다. 3D 뷰포트를 확인하고 **Eye** 오브젝트에 변화가 나타났는지 확인합니다. 현재 상태에서는 그림자 위치가 반대이므로 이를 바로 잡기 위한 노드를 추가합니다.

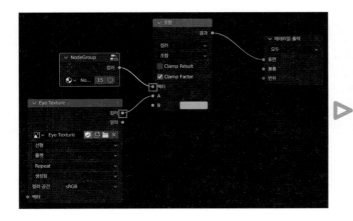 

4-4 텍스처 그리기　325

04
Step

반전 노드 추가하기
추가의 단축키인 **Shift+A**키에서 컬러 → 반전(블렌더 3.6 이후에는 컬러 반전으로 이름이 바뀌었습니다)을 추가합니다. 이것은 노드의 효과를 반전하는 기능입니다. 여기에서는 반대로 된 그림자를 되돌릴 것이므로 **NodeGroup**과 조합 컬러 사이에 마우스 좌클릭 드래그해 연결합니다.

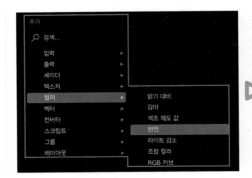 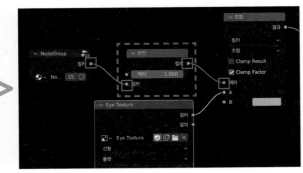

그리고 조합 컬러의 모드 전환을 곱하기로 합니다. 이것으로 그림자를 표현할 수 있도록 됩니다.

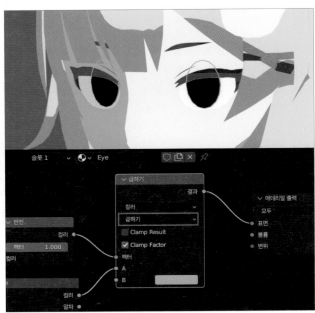

05
Step

에디트 모드로 변경하기
텍스처를 그릴 준비를 마쳤으므로 실제 눈동자를 그립니다. 먼저 3D 뷰포트에서 **Eye** 오브젝트를 선택합니다. 에디트 모드(**Tab**키)로 전환하고 **A**키로 모든 메쉬를 선택합니다(이미지 에디터에 UV 맵을 표시하기 위해). Next Page

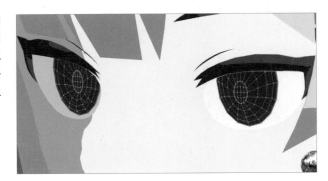

다음으로 화면 위쪽 Texture Paint를 클릭하면 왼쪽 이미지 에디터에 까만 텍스처 이미지가 표시됩니다. 이것이 앞서 만들었던 Eye Texture입니다. 그리고 오른쪽 프로퍼티스의 활성 도구 및 작업공간을 설정을 클릭하고 매테리얼 슬롯 패널에 Eye Texture가 있는지 확인합니다. 이미지 텍스처를 붙이면 여기에도 텍스처 데이터가 표시됩니다.

06 현재 모드 확인하기
Step

3D 뷰포트에서 **앞쪽 시점**(넘버패드 1)및 정사법(넘버패드 5)으로 전환하고 현재 모드가 **Texture Paint** 인지 확인합니다. 이것은 문자 그대로 텍스처를 그릴 수 있는 모드이므로 모델에 칠을 하고 싶을 때는 이 모드로 전환합니다.

07 기본 조작
Step

이전 장에서 Texture Paint에 관해 조금 설명했습니다. 여기에서 기본 조작에 관해 조금 더 설명합니다. **Texture Paint**는 주로 2D 화면으로 구성된 왼쪽의 **이미지 에디터**와 3D 화면으로 구성된 **3D 뷰포트**를 사용해 모델에 칠을 하는 워크스페이스입니다. '평면에서 칠하고 싶다'면 왼쪽 **이미지 에디터**, '직접 모델에 칠하고 싶다'면 오른쪽 **3D 뷰포트**를 사용해 칠을 합니다.

평면에서 칠한다.

모델에 직접 칠한다.

Chapter 1
Chapter 2
Chapter 3
Chapter 4
Chapter 5
Chapter 6
Chapter 7

왼쪽 툴바(①)에는 페인트 관련 기능이 위치합니다. 여기에서 페인트 방법을 전환할 수 있습니다. 가장 위쪽 아이콘은 그리기로 일반적인 연필과 같이 칠합니다.

화면 위쪽 헤더에서 다양한 설정을 할 수 있습니다. 먼저 컬러와 보조 컬러(②)에서는 왼쪽의 컬러가 메인으로 사용하는 색입니다. 클릭하면 컬러 피커가 표시되고 색 설정이나 스포이트를 할 수 있습니다. 이 두 가지를 전환하는 단축키는 X키입니다. 오른쪽에 있는 것은 블렌딩 모드(③)로 칠하는 색을 겹칠 때의 모드를 지정할 수 있습니다. 조합이 보통 모드이므로 특별한 모드가 없다면 조합으로 해두는 것이 좋습니다.

그보다 더 오른쪽에 있는 것은 반경(④)과 강도(⑤)입니다. 반경은 브러시의 크기입니다(단축키는 F키). 강도는 문자그대로 브러시의 세기이며 색을 겹쳐서 칠하고 싶을 때 조정하는 항목입니다(단축키는 Shift+F키). 그 밖에도 다양한 항목이 있으며 각 과정에서 조금씩 소개합니다.

그리고 펜 태블릿, 액정 테블릿 등이 있다면 해당 제품을 사용하는 것도 권장합니다. 태블릿은 필압을 감지할 수 있으므로 세세한 텍스처를 쉽게 그릴 수 있기 때문입니다.

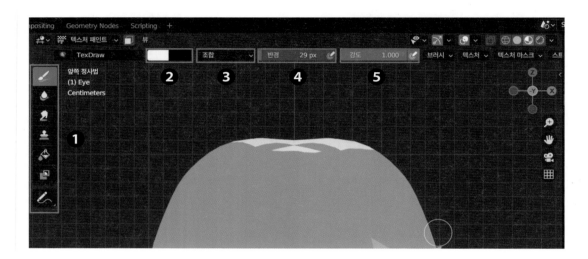

08
Step

색 지정표 표시하기

먼저 눈동자의 베이스 컬러를 칠합니다. 각자 좋아하는 색을 선택해도 좋지만 색 지정표가 있으므로 여기에서 색을 스포이트합시다. 이미지 에디터 이쪽에 있는 연결할 이미지를 확인을 클릭하고 메뉴 안에 있는 Chapter04_Color.png를 클릭합니다. Next Page ▶

MEMO

여기에부터는 색을 스포이트하는 조작이 많습니다. 색을 스포이트 할 위치에 마우스 커서를 올리고 S키를 누르면 빠르게 색을 스포이트 할 수 있습니다. 블렌더 4.0에서는 Shift+X키로 변경되었으므로 주의해 주십시오.

그러면 이미지 에디터에 색 지정표인 **Chapter04_Color.png**가 표시됩니다. 앞에서의 까만 텍스처인 **Eye Texture**는 우선 이미지 에디터에서 사라지지만 노드에는 그대로 연결되어 있기 때문에 3D 뷰포트쪽에는 확실하게 반영되어 있습니다.

> **MEMO**
>
> **이미지 에디터** 왼쪽 위에는 **모드**를 전환하는 풀 다운 메뉴가 있습니다.
> 이 메뉴를 클릭하면 **뷰 페인트 마스크**라는 세 가지 항목이 표시됩니다.
> 이미지 에디터에서 칠을 할 수 없는 상태가 되면 이 항목이 **페인트**가 아닌 값으로 설정되어 있을 가능성이 있으므로 확인합니다.

09
Step

Eye 오브젝트만 표시하기
색 지정표에서 색을 스포이트하면서 눈동자에 텍스처를 입힙니다. 쉽게 작업할 수 있도록 3D 뷰포인트에서 로컬 뷰의 단축키인 **넘버패드 /**(화면 위쪽 뷰 → 로컬 뷰 → 로컬 뷰를 토글에서도 전환할 수 있음)을 누르고 **Eye** 오브젝트만 표시합니다.

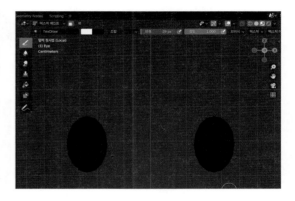

10
Step

색 스포이트하기
다음으로 눈동자를 한 가지 색으로 칠한 뒤 그 위에 하이라이트와 그림자 등을 겹칩니다.
❶ 3D 뷰포트 왼쪽 **툴바(T키)**의 **채우기**(버킷 아이콘)을 클릭합니다. 다음으로 색을 스포이트 합니다. 단축키를 사용하는 편이 빠르게 조작할 수 있습니다. 이미지 에디터인 색 지정표의 **눈동자**의 오른쪽 세 번째 색(눈동자의 밑색이 됩니다)에 마우스 커서를 올립니다. 그 뒤 S키를 눌렀다 떼면 색을 곧바로 스포이트 할 수 있습니다.

Next Page ▷

마우스 커서를 올리고 S키로 선택

Chapter 1
Chapter 2
Chapter 3
Chapter 4
Chapter 5
Chapter 6
Chapter 7

❷ 색을 스포이트한 뒤 3D 뷰포트에서 **Eye** 오브젝트를 클릭하면 지정한 색으로 칠할 수 있습니다. 눈동자의 미색은 반드시 **채도가 낮은 색**을 사용합니다. 이 단계에서 갑자기 채도가 높은 색을 사용하면 뒤에 칠할 그림자나 빛이 밑색에 가려지기 때문입니다.

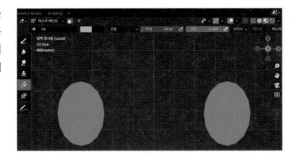

❸ 칠을 마쳤다면 왼쪽 툴바에서 가장 위의 그리기로 되돌아갑니다. 덧붙여 3D 뷰포트에서 **Ctrl+마우스 좌클릭**(또는 마우스 좌클릭 드래그)을 하면 보조 컬러의 색을 칠할 수 있습니다. 그리고 그리기와 **채우기의 컬러와 보조 컬러**는 별도로 관리됩니다. 채우기에서 스포이트한 색은 그리기에 반영되지 않습니다. 따라서 그리기의 색을 지정하고 싶다면 그리기로 전환한 상태에서 색을 지정해야 합니다.

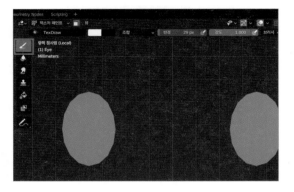

11
Step
셰이딩 메뉴 세기 조정하기
현재 눈동자 색이 어두우므로 3D 뷰포트 오른쪽 위 뷰포트 셰이딩 메뉴의 강도를 '2'로 설정해 빛이 닿는 넓이를 크게 합니다. 이제 텍스처의 색감이 정상적으로 표시될 것입니다.

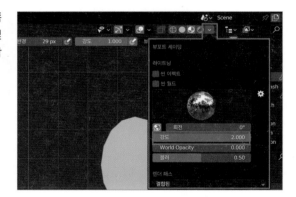

12
Step
와이어프레임 표시하기
다음은 눈동자에 텍스처를 그립니다. 현재 상태에서는 눈동자와 그림자를 넣어야 좋을 지 판단하기 어렵습니다. 오른쪽 프로퍼티스의 **오브젝트 프로퍼티스**에서 **와이어프레임**을 활성화해 메쉬를 표시합니다.

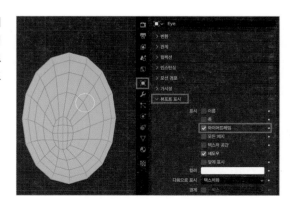

13 마스크 기능 설정하기

Step

현재 상태로 페인트해도 좋지만 여기에서는 마스크 기능을 사용해 쉽게 페인트 할 수 있도록 합니다. 모드 전환 오른쪽의 작은 사각형 아이콘을 클릭합니다. 하늘색으로 표시되면 활성화된 것입니다(단축키는 **M**키입니다).

이것은 현재 선택한 메쉬에 페인트 할 수 있도록 하고, 반대로 선택하지 않은 메쉬에는 페인트 할 수 없도록 하는 기능입니다. 현재 눈동자의 메쉬를 모두 선택했으므로 모든 메쉬에 페인트 할 수 있도록 됩니다.

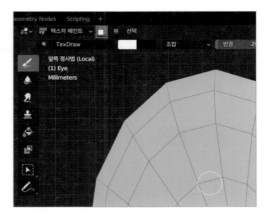

왼쪽 툴바(**T**키)의 박스 선택을 클릭합니다. 다음으로 눈동자 부분의 버텍스 9개를 마우스 좌클릭해 **박스 선택**(**B**키)합니다. 그러면 눈동자 부분의 메쉬만 선택되고 여기에만 페인트를 할 수 있도록 됩니다. 반대로 그 이외의 메쉬는 흰색으로 표시됩니다. 또한 이미지 에디터에는 선택된 UV 맵만 표시됩니다.

모든 메쉬를 페인트하고 싶을 때는 모두 선택의 단축키인 **A**키를 누르고, 반대로 선택을 해제하고 싶을 때는 **Alt+A**키 또는 **A**키를 2번 누릅니다.

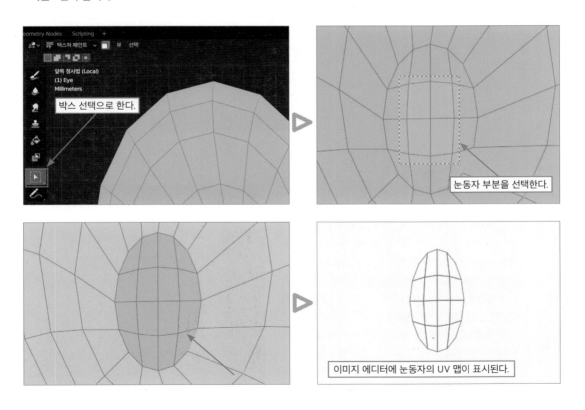

박스 선택으로 한다.

눈동자 부분을 선택한다.

이미지 에디터에 눈동자의 UV 맵이 표시된다.

14

Step

눈동자 칠하기

툴바(T키)에서 그리기를 선택하고 왼쪽 이미지 에디터에 있는 색 지정표의 **눈동자**에서 가장 오른쪽에 마우스 커서를 올리고 S키로 스포이트합니다. 그리고 3D 뷰포트에서 눈동자 부분에 마우스 좌클릭해 페인트합니다. 눈동자 주변에는 라인 아트가 설정되어 있으므로 눈동자를 칠할 때는 그 밖으로 페인트가 삐져 나가지 않는 것이 좋습니다.

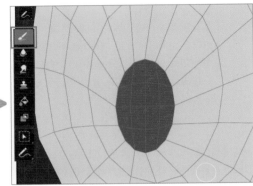

작업을 마쳤다면 모드 전환 오른쪽의 마스크를 클릭해(작은 사각형 아이콘으로 단축키는 **M키**입니다. 블렌더 4.0에서의 단축키는 **숫자키 1**입니다) 비활성화합니다.

15

Step

텍스처 이미지 저장하기

지금까지의 작업을 우선 저장합니다. 오른쪽 프로퍼티스의 **활성 도구 및 작업공간을 설정**을 클릭하고 **텍스처 슬롯 패널** 안의 아래쪽 **모든 이미지를 저장**을 클릭합니다. 이것은 변경한 텍스처 데이터 이미지를 모두 저장하는 기능입니다. 이 저장은 **Texture Paint**를 사용할 때 매우 중요한 부분이므로 꼭 기억해 둡시다. 블렌더 데이터(확장자 '.blend')를 저장해도 텍스처는 저장되지 않기 때문입니다. 블렌더의 동작이 무거워져 갑자기 종료되었을 때 텍스처를 저장하지 않으면 모두 사라져 처음부터 다시 그려야 하는 사태가 발생할 수 있으므로 텍스처 데이터는 수시로 저장합니다. 그리고 블렌더 4.0에서는 3D 뷰포트 위쪽 헤더에 있는 **텍스처 슬롯** 안으로 **모든 이미지를 저장** 항목이 이동했습니다.

16
Step

눈동자의 그림자 부분 페인트하기

속눈썹과 윗꺼풀로 그림자가 되는 부분을 마우스 좌클릭 드래그해 페인트합니다. 애니 그림체 캐릭터는 속눈썹이 과장되어 있으므로 눈동자 위쪽으로 그림자를 넣으면 입체감을 주면서 좋은 느낌이 살아납니다. 앞쪽 **시점(넘버패드 1)**에서만 그리면 눈동자 가장자리를 그리지 못할 수 있으므로 시점을 번갈아 가면서 그리면 좋습니다. 현 시점에서는 얼굴 오브젝트가 숨겨져 있지만 이후에 표시하므로 여기에서는 그림자를 대략적으로 그립니다.

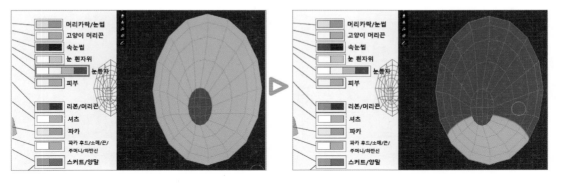

컬러 전환의 단축키인 X키를 누르고 색 지정표에서 S키로 베이스 색을 스포이트하고, 베이스 색과 그림자 색을 나눠 사용하면서 색을 칠하면 쉽게 작업할 수 있습니다(또는 **Ctrl+마우스 좌클릭해 보조 컬러**를 사용해 전환하는 것도 좋습니다).

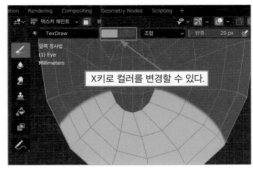

X키로 컬러를 변경할 수 있다.

17
Step

반사 페인트하기

눈동자 아래쪽에 하이라이트를 넣어 보다 눈동자처럼 보이게 합니다. 이미지 에디터에 있는 색 지정표의 눈동자에서 왼쪽부터 두 번째 색을 S키로 스포이트하고 눈동자 아래쪽에 페인트합니다. 하이라이트를 넣는 부분의 넓이가 너무 크면 그림자에서 빛으로 향하는 흐름이 끊어지므로 명함이 완만하게 변하게 하는 것에 신경쓰면서 적절하게 조정하는 것이 좋습니다.

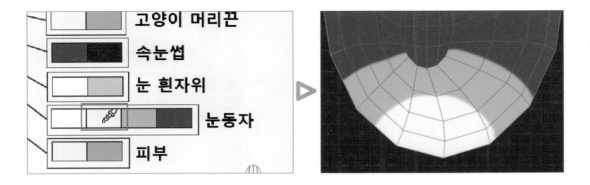

18 하이라이트 페인트하기

Step

마지막으로 눈동자 위쪽에 하이라이트를 넣습니다. 이미지 에디터에 있는 색 지정표의 눈동자에서 가장 왼쪽의 색을 S키로 스포이트하고 눈동자의 위쪽 주변에 하이라이트를 넣습니다. 눈동자의 원에는 라인 아트가 들어가 있으므로 그 안에는 하이라이트를 넣지 않도록 주의합니다. 그리고 너무 위쪽에 하이라이트를 넣으면 윗꺼풀에 가려져 보이지 않으므로 주의합니다.

 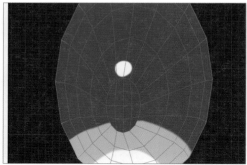

19 전체 표시하기

Step

페인트를 마쳤다면 로컬 뷰의 단축키인 넘버패드 / 를 눌러 원상태로 되돌리고 얼굴과 눈동자가 잘 맞는지 확인합니다(오른쪽 프로퍼티스의 활성 도구 및 작업공간을 설정의 텍스처 슬롯 패널 안의 아래쪽에 있는 모든 이미지를 저장을 클릭하는 것을 잊지 맙시다). '여기를 바꾸고 싶다', '나중에 변경하고 싶다'와 같이 생각했을 때를 위해 색을 저장해 둡니다.

프로퍼티스 오른쪽 활성 도구 및 작업공간을 설정의 컬러 팔레트 패널을 클릭하고 New라는 항목을 클릭합니다. 이 항목은 컬러 팔레트라 불리며 지정한 색을 저장할 수 있는 기능입니다.

왼쪽 + 버튼(❶)을 클릭하면 현재 선택 중인 컬러(왼쪽 색)가 저장됩니다. 그리고 S키+마우스 좌클릭해 색을 스포이트하면 컬러 팔레트 안에 색이 저장됩니다. - 버튼(❷)을 클릭하면 선택 중인(사각형 테두리 왼쪽에 삼각형 마크가 있으면 선택 중입니다) 저장된 색을 삭제할 수 있습니다. 여기에서는 이미지 에디터에 있는 색 지정표의 눈동자에 해당하는 네 가지 색을 저장했습니다.

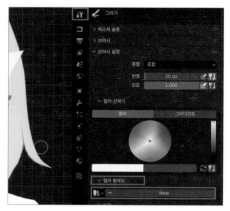

20
Step

텍스처 확인하기

눈동자의 텍스처가 어떻게 달라지는지 확인합니다. 이미지
에디터 위쪽 메뉴의 왼쪽 **연결할 이미지를 확인**에서 **Eye
Texture**를 선택합니다.

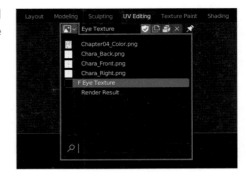

그러면 이미지쪽에 텍스처가
확실하게 그려질 것입니다. 그
림자 또는 하이라이트 위치가
마음에 들지 않는다면 **컬러 팔
레트**에 저장한 색을 사용해 이
미지 에디터에서 조정합니다.

21
Step

표시 변경하기와 텍스처 저장하기

확인을 마쳤다면 오른쪽 프로퍼티스의 **오브젝트 프로퍼티스**에서 **뷰포트 표시** 안의 **와이어프레임**을 비활성화합니다. 반복하지만 텍스처를 변경했다면 **활성 도구 및 작업공간을 설정**의 **텍스처 슬롯** 패널 안에서 아래쪽 **모든 이미지를 저장**을 반드시 클릭합니다.

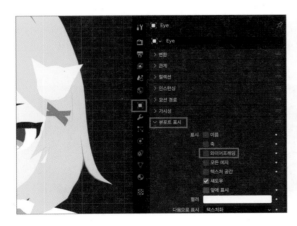

또는 이미지 에디터의 헤더에 있는 **이미지 → 다른 이름으로 저장**에서 텍
스처 이미지를 저장할 수도 있습니다. 텍스처 이미지 관리는 매우 중요
합니다.

Chapter 1
Chapter 2
Chapter 3
Chapter 4
Chapter 5
Chapter 6
Chapter 7

'이미지 텍스처' 노드 상세 설명

연결할 이미지를 확인(❶)을 사용하면 블렌더 안에 있는 텍스처를 선택할 수 있습니다. 페이크 유저(❷)는 블렌더가 사용하지 않는 텍스처를 자동으로 삭제하는 것을 방지합니다. 새 이미지(❸)는 문자 그대로 새롭게 텍스처를 만드는 항목입니다. 이미지 열기(❹)는 폴더에서 텍스처를 지정할 수 있습니다. 데이터 블록을 연결 해제(❺)는 이 노드 안에 지정되어 있는 텍스처의 연결을 해제합니다. 그리고 여기를 Shift+마우스 좌클릭하면 텍스처 이름 왼쪽에 'O'이 표시되고, 블렌더를 재실행하면 텍스처가 자동으로 삭제됩니다. 이미지 텍스처 노드는 텍스처 보간(❻), 투영(❼), Extension(❽), 소스(❾), 색 설정(❿) 등을 할 수 있습니다.

텍스처 보간은 텍스처의 상태를 바꾸는 기능입니다. 투영은 텍스처를 붙이는 방법을 결정하는 항목입니다. Extension은 이미지 범위 바깥을 조정하는 방법을 설정하는 기능입니다.
텍스처 보간에는 선형, 가까운, 큐빅, Smart 네 가지가 있습니다. 선형은 일반적인 이미지 밀도입니다. 가까운은 아무런 보간이 없고 픽셀의 느낌이 강해집니다. 블렌더에는 컴포지트라는 합성 및 이미지나 영상의 색감 등을 조정할 수 있는 워크스페이스가 있으며 안티앨리어싱을 비활성화하고 키잉(keying)해서 색을 변경하는 경우 등에 이 항목을 사용합니다. 큐빅은 뿌옇게 되지만 뱀프라 불리는 흰색과 검은색의 세기 정보를 읽는 노드와 조합할 때 사용하면 입체감을 높일 수 있습니다.

투영에는 플랫, 구체, 박스, 튜브 네 가지가 있습니다. 플랫은 표준이며 텍스처의 XY 좌표를 사용해 맵핑합니다. 박스는 오브젝트의 6개 페이스에 대해 이미지를 맵핑하며 추가적으로 절취선을 적용시키는 기능이 있습니다. 구체는 문자 그대로 구체와 같이 맵핑합니다. 튜브는 원기둥에 붙이듯이 맵핑합니다.

Extension에는 Repeat, Extend, Clip 세 가지가 있습니다. **Repeat**는 이미지를 반복하는 보간 방법, **Extend**는 이미지 끝에 있는 픽셀을 늘리는 보간 방법, **Clip**은 이미지 끝을 검은색으로 표시하는 보간 방법입니다. Extend와 Clip은 바깥쪽을 **Repeat**가 아니라 단순히 늘리고 싶은 경우 등에 필요에 따라 사용합니다.

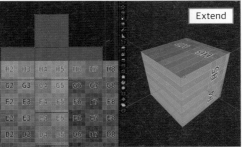
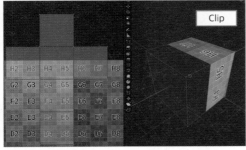

소스에는 생성됨, 무비, 이미지 시퀀스, 싱글 이미지, UDIM 타일 다섯 가지가 있습니다. 블렌더 안에서 텍스처를 만들 때는 **생성됨**, 외부 동영상을 읽을 때는 **무비**, 외부에서 이미지를 읽으면 **싱글 이미지**가 됩니다. **이미지 시퀀스**는 텍스처로 애니메이션을 만들 때 사용합니다. **UDIM 타일**은 1개의 오브젝트에 여러 텍스처를 할당할 수 있는 기능으로 매테리얼 수를 늘릴 수 있습니다. 이렇게 텍스처 이미지에는 다양한 보간 방법이 있으므로 필요에 따라 설정을 변경하면 좋습니다. 오브젝트에 보통의 텍스처를 붙이고 싶을 때는 기본적으로 기본값 설정을 그대로 사용하면 됩니다(선형, 플랫, Repeat).

4-3   얼굴 텍스처 그리기

다음으로 얼굴의 홍조와 아랫속눈썹 등을 그립니다. 현재 오브젝트 표시 상태에서는 밋밋해서 알아보기 어려우므로 라인 아트를 표시합니다.

01
Step

워크스페이스 변경하기
화면 위쪽 워크스페이스에서 **레이아웃**으로 전환하고 **뷰포트 셰이딩**에서 **매테리얼 뷰**로 전환합니다.

라인 아트 표시하기

오른쪽 위 아웃라이너에서 뷰 레이어에서 제외를 해제하고(체크를 활성화합니다), 눈동자 아이콘도 클릭해 라인 아트와 카메라를 표시합니다.

카메라 시점 조정하기

앞쪽 시점(넘버패드 1)으로 전환하고 캐릭터 얼굴이 3D 뷰포트 한 가운데 올 때까지 시점을 이동합니다. 그리고 현재 보고 있는 시점으로 카메라를 이동하는 단축키인 **Ctrl+Alt+숫자키 0**을 누르고 카메라 안에 캐릭터의 얼굴이 들어오게 합니다(헤더에 있는 **뷰 → 뷰를 정렬 → 활성 카메라를 뷰에 정렬**로도 조작할 수 있습니다). 볼의 텍스처는 완성된 이미지를 쉽게 보여줄 수 있도록 라인 아트를 표시한 상태에서 그립니다.

만약 카메라 배치가 잘 되지 않거나 나중에 카메라 위치를 조정하고 싶을 때는 카메라 오브젝트를 선택한 상태에서 오른쪽 프로퍼티스 → **오브젝트 프로퍼티스**의 변환에서 위치를 조정할 수 있습니다.

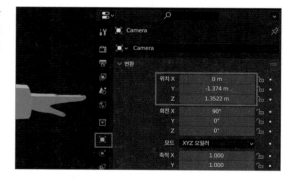

셰이더 에디터로 이동하기

다음으로 셰이더 에디터에서 얼굴에 텍스처를 입히기 위한 준비를 합니다. 화면 위쪽 워크스페이스에서 **Shading**을 클릭하고 넘버패드 0을 눌러 카메라 시점으로 변경한 뒤 **Body** 오브젝트를 선택합니다. 또는 오른쪽 위 아웃라이너에서 선택해도 좋습니다. 라인 아트가 표시된 상태로 3D 뷰포트에서 오브젝트를 선택하려 하면 라인 아트가 선택되기 때문입니다. Next Page

다음으로 오른쪽 프로퍼티스의 매테리얼 프로퍼티스에서 Skin 매테리얼을 선택합니다.

'이 매테리얼을 편집하려 했는데, 다른 매테리얼을 편집하고 있었다…' 같은 상황을 막기 위해서라도 '지금, 어떤 매테리얼을 선택하고 있는가?'를 항상 생각해야 합니다.

05
Step **노드 추가하기**

화면 아래 있는 셰이더 에디터에서 추가의 단축키인 **Shift+A**키를 누른 뒤 **텍스처 → 이미지 텍스처, 컬러 → 조합 컬러**를 추가합니다.

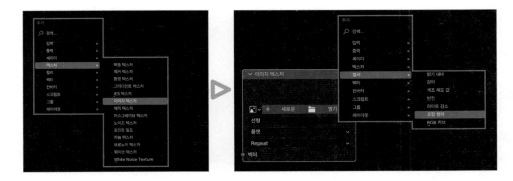

06
Step **이미지 텍스처 설정하기**

여기도 눈동자 텍스처와 마찬가지로 텍스처를 만듭니다.

❶ **이미지 텍스처**에서 새로운을 클릭하고 텍스처 관련 창을 표시합니다. 여기에서는 이름을 'Face Texture', 폭을 **4096px**, 높이를 **4096px**로 설정합니다.

Next Page ▶

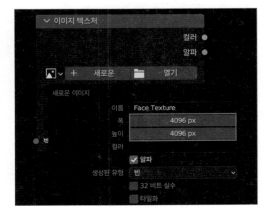

❷ 다음으로 컬러를 클릭하면 컬러 팔레트가 표시됩니다. **알파**의 팩터를 '0'으로 설정합니다. 그 아래 있는 **알파** 항목이 활성화되어 있는지 확인합니다. 이렇게 설정하면 투명한 이미지 텍스처를 만들 수 있습니다. 볼의 홍조나 아랫속눈썹은 애니그림체 매테리얼 얹듯이 그리므로 알파 관련 항목은 반드시 설정해야 합니다. 설정을 마쳤다면 **OK**를 클릭합니다.
❸ 그리고 자동 삭제를 방지하기 위해 **페이크 유저**도 활성화합니다.

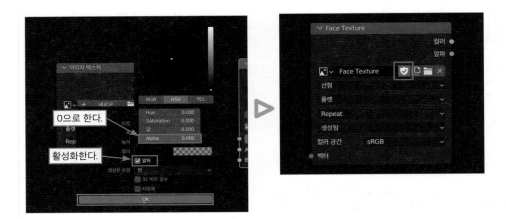

07 노드 설정하기

Step

다음으로 추가한 조합 컬러의 **블렌딩 모드**는 **곱하기**로 하고 피부색이 지정되어 있는 조합 컬러와 매테리얼 출력 사이에 마우스 좌클릭해 연결합니다. **Face Texture** 텍스처의 컬러는 B에, 알파는 팩터에 연결합니다. A는 피부색이 지정되어 있는 조합 컬러의 결과와 연결합니다.

이렇게 연결함으로써 A 위에 B의 텍스처가 얹혀지게 됩니다. 그리고 팩터에 알파를 연결했으므로 겹쳐질 때 투과가 적용됩니다. **블렌딩 모드**를 **곱하기**로 설정했으므로 어두운 부분은 점점 어두워지고 그림자와 겹쳤을 때 텍스처도 동시에 어두워지도록 처리됩니다.

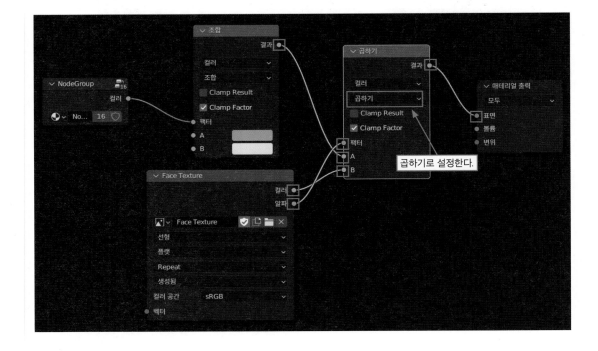

08 Step 워크스페이스를 Texture Paint로 전환하기

다음으로 화면 위쪽 워크스페이스에서 Texture Paint로 전환하면 왼쪽 이미지 에디터에 격자 무늬가 표시될 것입니다. 이미지 텍스처에 투명한 위치가 있을 때 이렇게 표시됩니다. 3D 뷰포트는 넘버패드 0을 눌러 카메라 시점으로 하면 좋습니다.

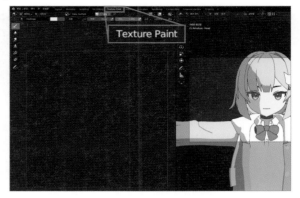

09 Step 메쉬 표시하기

Body 오브젝트의 메쉬를 모두 선택해야만 이미지 에디터 UV 맵이 표시됩니다. 3D 뷰포트의 에디트 모드(Tab키)로 전환해 A키를 눌러 모든 메쉬를 선택한 뒤 다시 Texture Paint로 전환합니다.

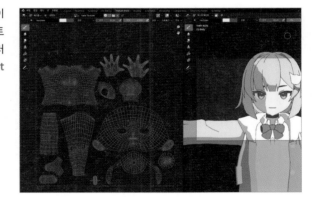

10 Step Draw 컬러 설정하기

이제 볼에 홍조를 입힙니다. 그에 앞서 몇 가지 설정을 합니다. 3D 뷰포트 왼쪽 툴바에서 그리기를 클릭하고 컬러(왼쪽)에서 원하는 색을 지정합니다(명도를 가장 밝게한 뒤 따뜻한 계열의 색을 선택하면 얼굴 빛이 좋은 얼굴을 쉽게 만들 수 있습니다. 그리고 가능한 옅은 색을 사용하면 겹쳐서 칠했을 때 새빨간색이 되거나 채도가 높은 분홍색이 되는 것을 방지할 수 있습니다). 볼의 홍조는 그라디언트를 적용하듯 색을 겹쳐서 입히는 것이 좋으므로 강도는 '0.2' 정도로 설정합니다.

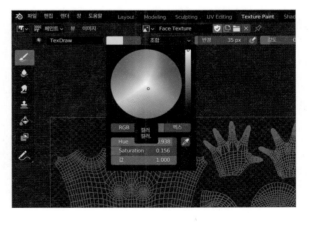

11 좌우 대칭 설정하기

Step

볼은 좌우 대칭으로 페인트 할 것이므로 3D 뷰포트의 헤더에서 마우스 가운데 버튼을 누르고 드래그한 뒤 대칭 메뉴의 **X키**를 활성화합니다. 이 항목을 활성화하면 좌우 페인트가 연동되며 반대쪽도 칠할 수 있습니다.

12 스무스와 문지르기

Step

색을 겹쳐가는 작업을 할 때 겹쳐진 색을 다듬을 수 있는 기능이 있으므로 이에 관해 소개합니다. 그것은 툴바 왼쪽에 있는 **스무스**와 **문지르기**입니다.

스무스는 문자 그대로 계속 좌클릭 드래그해 페인트를 점점 부드럽게 만드는 도구입니다. 텍스처 크기가 클수록 그만큼 부드럽게 만들 때의 처리가 무거워지므로 적절하게 브러시 크기를 작게 하는 것이 좋습니다.

문지르기는 마우스 좌클릭 드래그해 마치 손가락으로 문지른 것 같은 궤적을 만듭니다. **스무스**만으로는 잘 다듬을 수 없을 때 **문지르기**로 아주 조금 좌클릭 드래그해 좋은 느낌으로 다듬을 수 있습니다.

13 알파를 지우기
Step

여기에서의 텍스처 이미지는 투과되므로 이후 페인트
를 지우고 싶거나, 수정하고 싶을 때는 3D 뷰포트 위쪽
블렌딩 모드 메뉴에서 알파를 지우기를 선택합니다. 조
작을 마쳤다면 잊지 말고 조합으로 되돌립니다.

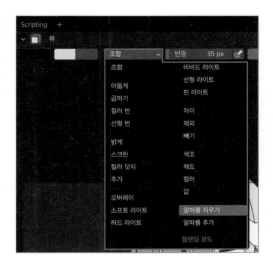

14 홍조 페인트하기
Step

앞의 설정을 기반으로 볼의 홍조를 페인트 합니다. 브러시 크기 변경 단축키인 **F키**를 잘 사용하면 좋습니다. 페인
트 시 **가끔 먼 거리에서 보는 것**이 팁입니다. 이것은 일러스트에서 자주 사용하는 기법입니다. 계속 가까이에서 그
림을 그리다 보면 떨어져서 봤을 때 전혀 다른 느낌을 주는 경우가 자주 있습니다. 그래서 종종 멀리 떨어져서 객
관적으로 보고 다듬어야 합니다. 여담이지만 **가끔 먼 거리에서 보는 것**은 3D 모델링에도 적합합니다. 가까운 거리
에서 모델링을 계속하다 보면 어느새 형태가 왜곡되어 있는 경우도 많습니다.

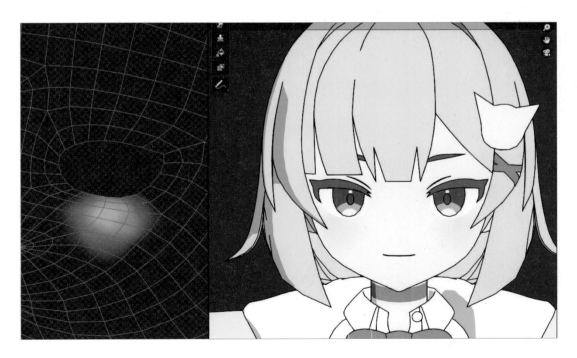

Chapter 1
Chapter 2
Chapter 3
Chapter 4
Chapter 5
Chapter 6
Chapter 7

15
Step

속눈썹을 텍스처로 그리기

다음은 아랫속눈썹을 텍스처로 그립니다. 컬러(왼쪽)을 검은색으로 하고 눈 아래쪽 부근에 아래쪽 속눈썹을 2개 페인트합니다. 처음에는 가까운 거리에서 그리고 우선 먼 거리에서 보면서 아랫속눈썹이 너무 크거나 작지 않도록 수정합니다(볼의 홍조 위에 그리므로 **Ctrl+Z키**를 사용해 수정해야 합니다).

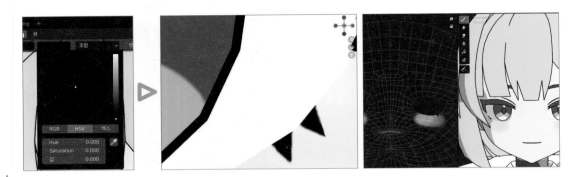

16
Step

코 그리기

마지막으로 코의 한가운데 작은 선을 그리고 코의 라인을 표현합니다. 라인 아트로 표현해도 좋지만 너무 눈에 띄지 않으면 전체적인 이미지의 균형이 깨지므로 텍스처로 정말 작은 정도로 표현합니다. 그리기를 마쳤다면 활성 도구 및 작업공간을 설정의 텍스처 슬롯 패널 아래 모든 이미지를 저장을 클릭하는 것을 잊지 맙시다.

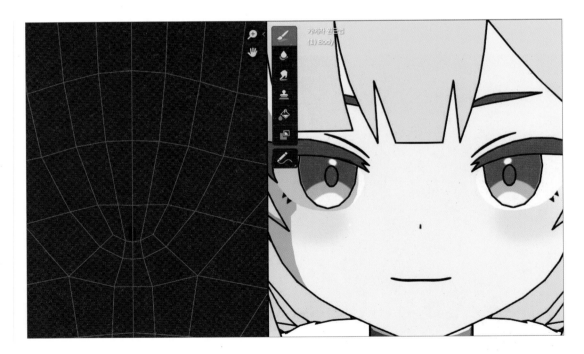

4-4 | 머리카락 텍스처 그리기

머리카락 텍스처는 일반용과 하이라이트용이 있으므로 2개의 **이미지 텍스처** 노드를 만듭니다.

01
Step

모드를 셰이딩으로 전환하기

앞에서와 마찬가지로 화면 위쪽 워크스페이스에서 **Shading**을 클릭합니다. 3D 뷰포트가 **오브젝트 모드**인지 확인했다면 **Hair** 오브젝트를 클릭하고 매테리얼 프로퍼티스에서 **Hair** 매테리얼을 선택합니다.

02
Step

이미지 텍스처 2개 추가하기

셰이더 에디터 안에서 추가의 단축키인 **Shift+A**키를 누르고 **텍스처 → 이미지 텍스처**를 2개 추가합니다(추가한 **이미지 텍스처**를 클릭한 뒤 **Shift+D**키로 복제해도 됩니다).

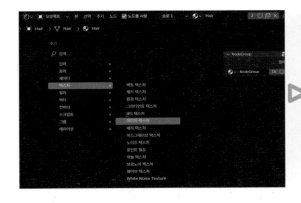
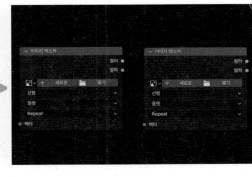

03 이미지 텍스처 설정하기

Step

이미지 텍스처의 새로운을 클릭하고 한쪽을 다음과 같이 설정합니다.

이름	Hair High
폭과 높이	4096
컬러의 알파	0
알파	활성화

다른 한쪽은 다음과 같이 설정합니다.

이름	Hair Texture
폭과 높이	4096
컬러의 알파	0
알파	활성화

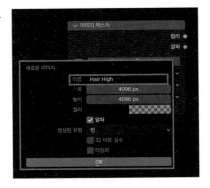

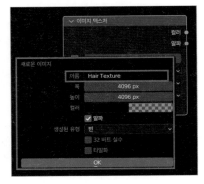

04 조합 컬러 복사하기

Step

여기에서는 머리카락의 노드를 늘리면서 구성합니다. 노드 구성이 꽤 복잡하므로 하나씩 순서대로 설명합니다. 먼저 기존에 NodeGroup → 조합 컬러 → 매테리얼로 출력으로 이어지는 노드 구성이 있을 것입니다. 여기에서 조합 컬러를 복제의 단축키인 Shift+D키를 눌러 3개 복제합니다. 노드 복제는 설정도 함께 복제하므로 일일이 추가(Shift+A키)를 사용해 새로 만들고, 설정을 수정하는 노력을 줄일 수 있습니다.

그림 왼쪽 아래에 있는 것은 Hair High 텍스처입니다. 여기에서는 2개의 조합 컬러를 사용해서 하이라이트를 구성합니다. 그림 오른쪽 아래에 있는 것은 Hair Texture 텍스처입니다. 앞서 만든 볼과 같이 투과된 이미지에 텍스처를 입혀 갑니다.

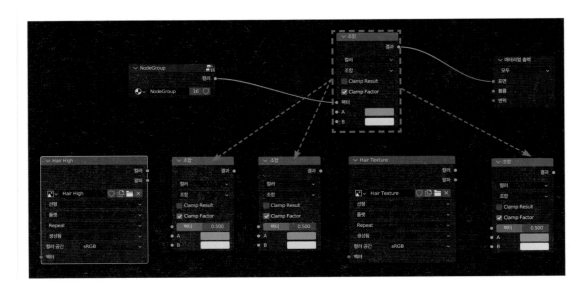

05 조합 컬러의 블렌딩 모드 변경하기

Step

Hair High 텍스처쪽 조합 컬러의 블렌딩 모드를 변경합니다. 한쪽은 스크린으로 하이라이트를 표현하기 위해 이 모드를 사용합니다. 다른 한쪽은 곱하기로 머리카락의 그림자를 표현하기 위해 사용합니다.

06 노드 연결하기

Step

Hair High 텍스처의 컬러를 스크린의 조합 컬러의 B로 연결하고, 이 조합 컬러의 출력을 곱하기의 조합 컬러의 A로 연결합니다. 그리고 색도 컬러 피커의 스포이트를 사용해서 변경합니다(조합의 조합 컬러에서 색을 스포이트

하면 됩니다). 스크린의 A는 머리카락의 기본색이고 곱하기의 B는 머리카락의 그림자 색입니다.

하이라이트의 텍스처를 기본색이 되는 머리카락색으로 스크린을 사용해 합성하면서 머리카락의 그림자가 되는 색도 곱하기로 합성하는 구성이 됩니다.

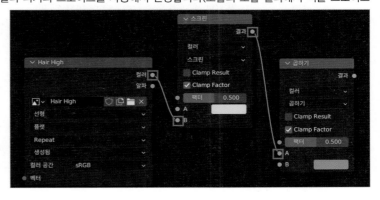

07 NodeGroup으로 연결하기

Step

그리고 곱하기의 조합 컬러의 결과를 NodeGroup이 연결되어 있는 조합 컬러의 A(그림자 색), 스크린의 조합 컬러의 결과를 같은 조합 컬러의 B(빛이 닿는 부분의 색)으로 연결합니다. 이것으로 머리카락의 하이라이트를 표현함과 동시에 색과 그림자 색을 지정할 수 있도록 되었습니다.

노드 구성을 마치면 머리카락의 그림자 색이 약간 바뀌므로 곱하기의 팩터를 조정하면 좋습니다(여기에서는 '0.8'로 설정했습니다).

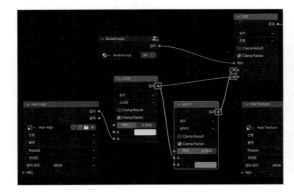

08 노드 그룹화하기

Step

이 노드 구성은 나중에 라인 아트를 추과하기
위한 앞머리 매테리얼을 작성할 때도 사용하므
로 그룹으로 만들어 공유화합니다. 3개 노드를
선택한 뒤 그룹화의 단축키인 **Ctrl+G**키를 눌러
그룹화합니다.

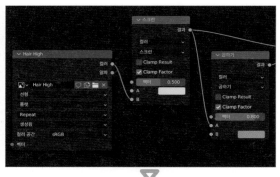

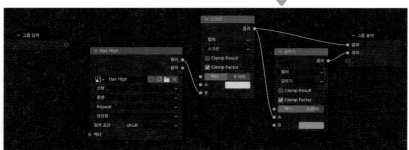

09 노드 그룹 이름 변경하기 1

Step

Tab키를 누르고 원래 노드쪽으로 되돌아갑니다. 쉽게 관리
할 수 있도록 그룹 이름을 변경합니다.
그룹 이름을 클릭하면 이름을 변경할 수 있습니다. 여기에
서 이름은 'Hair Base'로 합니다. 이 그룹 안에서 하이라이
트, 머리카락 색 관련 설정을 할 수 있습니다.

10 노드 그룹 이름 변경하기 2

Step

그리고 애니 그림체 그룹 노드의 이름이 기본값
인 **NodeGroup**이므로 이 이름도 클릭해 이름을
'Toon'으로 변경합니다. 이를 변경하면 다른 매테리
얼에 존재하는 노드 그룹의 이름도 모두 변경됩니
다.

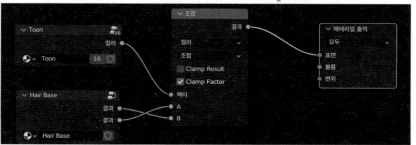

11
Step
노드 연결하기
다음은 아무것도 연결되어 있지 않은 **조합 컬러**를 마우스 좌클릭 드래그해 그룹 2에 연결되어 있는 **조합 컬러**와 **매테리얼 출력** 사이에 연결합니다.

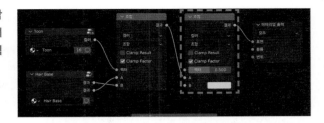

그리고 **Hair Texture** 텍스처의 컬러를 앞서 연결한 조합 컬러의 B, 알파는 팩터로 연결합니다. 이제 투과가 적용되어 머리카락 텍스처를 원하는 대로 그릴 수 있도록 됩니다.

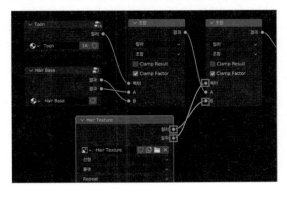

12
Step
노드 복사하기
고양이 머리핀의 매테리얼에도 같은 작업을 합니다. 이 때 **Hair Texture**와 및 그에 연결되어 있는 조합 컬러의 2개 노드를 **Shift**키로 선택하고 **Ctrl+C**키로 복사한 뒤 이 노드를 고양이 머리핀 매테리얼쪽으로 복제합니다.

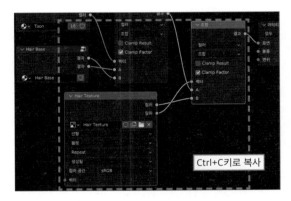

Ctrl+C키로 복사

13
Step
노드 붙여 넣기
❶ 매테리얼 프로퍼티스 안에 있는 **Neko_Barrette** 매테리얼을 클릭했다면 셰이더 에디터 안에서 Ctrl+V키를 누르면 앞서 복사한 노드가 여기에 붙여 넣을 수 있습니다. Next Page

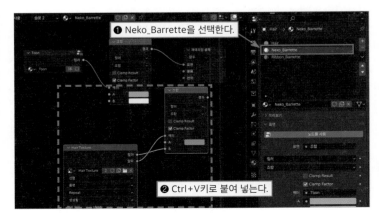

❶ Neko_Barrette을 선택한다.

❷ Ctrl+V키로 붙여 넣는다.

❷ 그리고 앞과 마찬가지로 붙여 넣은 조합 컬러를 그림과 같이 마우스 좌클릭 드래그래 노드를 연결합니다. 이것으로 준비를 마쳤습니다. 추가한 2개의 이미지 텍스처의 **페이크 유저**를 활성화하는 것도 잊지 맙시다.

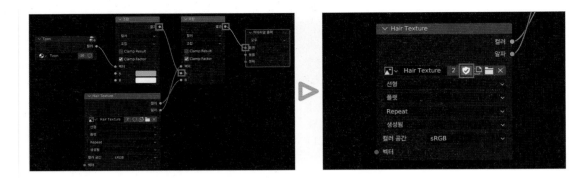

14 머리핀 텍스처 그리기

Step

화면 위쪽 워크스페이스에서 **Texture Paint**를 클릭하고 오른쪽 프로퍼티스에 있는 **모디파이어 도구**와 워크스페이스 설정의 **텍스처 슬롯**에서 Neko_Barrette 매테리얼이 선택되어 있는지 확인합니다(이미지 에디터에 UV 맵이 표시되지 않았다면 3D 뷰포트에서 **Tab키**를 누르고 에디트 모드(**Tab키**)로 전환한 뒤 **A키**로 메쉬를 모두 선택합니다).

여기에서는 왼쪽 **이미지 에디터**에서 고양이 머리핀에 간단한 고양이 얼굴을 그립니다. 이 책에서는 머리카락 텍스처에 그림자와 하이라이트 외에 외에 아무것도 그리지 않습니다. 그러나 나중에 **아무것도 없으면 다소 밋밋하니 약간의 머리카락**을 그리고 싶다고 생각할 경우를 위해 의도적으로 Hair 오브젝트에 이미지 텍스처(**Hair Texture**)를 연결했습니다. 시간이 지난 뒤에 **역시 이렇게 만들고 싶었다**고 느끼는 상황은 3D 모델링에서 자주 만나게 되므로 지금은 필요하지 않더라도 미리 준비하는 것이 중요합니다.

15
Step

텍스처 전환하기

다음은 머리카락에 하이라이트를 그립니다. 매테리얼 프로퍼티스에서 **Hair** 매테리얼을 클릭하고 텍스처를 **Hair High**로 전환합니다.

16
Step

앞머리에 광택 추가하기

앞머리의 하이라이트는 광택을 내는 부분으로 일러스트에서 자주 그리는 빛이 닿는 부분입니다. 그리고 하이라이트를 그리는 방법은 작품에 따라 달라지므로 여기에서 설명하는 것이 정답은 아닙니다. 단, 한 가지 주의할 점은 **수평이 아니라 구체를 생각하면서 곡선으로 그리는 것**입니다. 머리카락은 정수리를 중심으로 퍼지기 때문에 이 흐름을 생각하면서 그려야 합니다. 이 책에서 만든 캐릭터의 색 배합은 단순하기 때문에 하이라이트도 가능한 단순하게 그립니다.

컬러(왼쪽)을 흰색으로 설정하고 먼저 앞머리 부분의 하이라이트를 **이미지 에디터**에서 그립니다. 오른쪽 3D 뷰포트에서 그릴 때는 3D 뷰포트 오른쪽 위의 대칭 메뉴에서 **X키**를 우선 비활성화하는 것이 좋습니다(옆머리나 뒷머리에 하이라이트를 그릴 때는 다시 **활성화**합니다).

> **MEMO**
>
> 하이라이트를 수정하고 싶을 때는 오른쪽 위 **블렌딩 모드**를 조합에서 **알파를 지우기**로 변경합니다.

Chapter 1
Chapter 2
Chapter 3
Chapter 4
Chapter 5
Chapter 6
Chapter 7

17 뒷머리에 광택 추가하기

Step

여기에서는 옆머리와 뒷머리에도 하이라이트를 그려 넣습니다. 카메라가 앞쪽에 고정되어 있으면 라인 아트도 카메라에 맞춰 고정되므로 사이드바(N키) → 뷰 → 뷰 잠금 안에 있는 Camera to View를 활성화하고 시점 이동에 맞춰 카메라를 움직이게 합니다(라인 아트는 카메라 시점에 맞춰 윤곽선이 생깁니다). 그리고 돌려 가면서 옆머리와 뒷머리에 하이라이트를 그립니다.

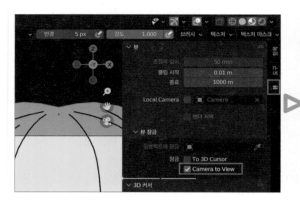 

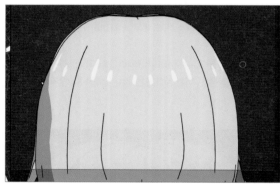 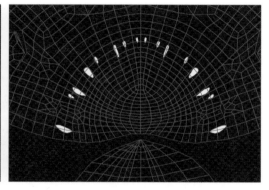

18 표시 설정을 기본값으로 되돌리기

Step

작업을 마쳤다면 앞쪽 시점(넘버패드 1)으로 전환합니다. 그리고 현재 보고 있는 시점에 카메라를 위치시키는 단축키인 **Ctrl+Alt+숫자키 0**을 누릅니다. 캐릭터의 머리가 카메라에 들어올 정도로 조정한 뒤 사이드바(N키) → 뷰 → 뷰 잠금에 있는 **Camera to View**를 비활성화합니다.

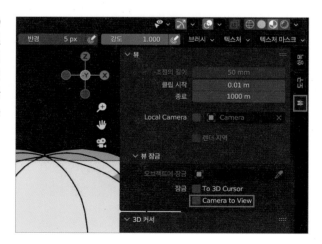

4-5	그림자 텍스처 그리기

각 오브젝트에 그림자를 입힙니다. 그림자는 기본적으로 라이팅으로 조정하기는 하나 라이팅만으로 그림자를 완전히 제어하기는 어렵습니다. 캐릭터나 라이팅이 움직였을 때 그림자를 나타내고 싶은 위치에 그림자가 나타나지 않는 일도 발생하기 때문입니다.

이를 방지하기 위해 텍스처에 직접 그림자를 넣을 수 있습니다. 이 방법을 사용하면 텍스처의 그림자와 빛의 그림자 두 가지를 넣을 수 있습니다. 명확한 의도가 있어 이런 방법으로 표현하는 것이라면 문제없지만 그렇지 않다면 그림자는 기본적으로 한 가지 종류로 정리하는 편이 좋습니다. 흰색/검은색의 텍스처를 사용해 그림자를 제어하는 방법이 있으므로 여기에서는 이 방법을 사용합니다. 흰색 바탕을 만들고 그 위에 검은색을 올려서 그림자를 만듭니다.

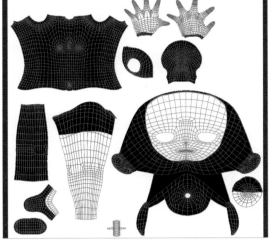

01 Body 오브젝트 선택하기

Step

먼저 신체에 그림자를 입힐 것이므로 셰이더 에디터에서 이미지 텍스처를 만들어 노드를 구성합니다. 화면 위쪽 워크스페이스에서 **Shading**을 클릭하고 **Body** 오브젝트를 선택합니다. 그리고 매테리얼 프로퍼티스에서 **Skin** 매테리얼을 선택합니다.

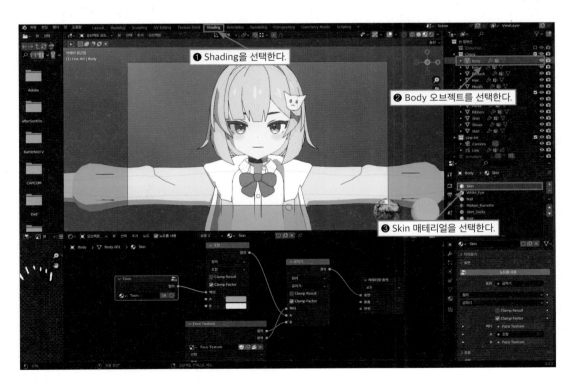

❶ Shading을 선택한다.
❷ Body 오브젝트를 선택한다.
❸ Skin 매테리얼을 선택한다.

02 이미지 텍스처 추가하기

지금까지와 마찬가지로 셰이더 에디터 안에서 추가의 단축키인
Shift+A키를 클릭하고 **텍스처 → 이미지 텍스처**를 추가합니다.

Step

03 이미지 텍스처 노드 추가하기

그리고 이미지 텍스처에서 신규를 클릭하고 설정 관련 창을 표시합니다. 각 항목은 다음과 같이 설정합니다. 설정
을 마쳤다면 아래의 **OK**를 클릭합니다. 반복해서 설명하지만 **페이크 유저**는 활성화해 둡니다.

Step

이름	Body Shadow
폭, 높이	4096
컬러	흰색으로 설정(컬러 피커의 값을 '1'로 설정하면 흰색이 됩니다)

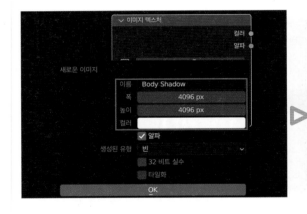
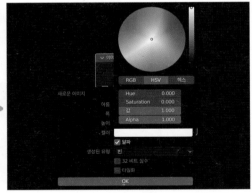

04 조합 컬러를 복제해서 다른 노드로 연결하기

❶ 다음으로 조합 컬러인 곱하기를 **Shift+D키**로
복제합니다. Next Page

Step

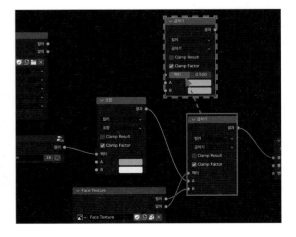

❷ 복제한 조합 컬러의 팩터를 '1'로 설정하고 Toon 그룹과 조합 컬러 사이에 마우스 좌클릭 드래그해 연결합니다. 이미지 텍스처인 Body Shadow를 복제한 조합 컬러의 A, Toon 그룹을 B에 연결합니다. 이렇게 함으로써 흰색/검은색 텍스처 위에 Toon 그룹을 곱하기로 합성할 수 있는 구성이 되어 고정된 그림자를 만들 수 있습니다(흰색은 곱하기에서 삭제됩니다). 그리고 텍스처에 검은색을 페인트해서 그림자를 만들 수 있습니다.

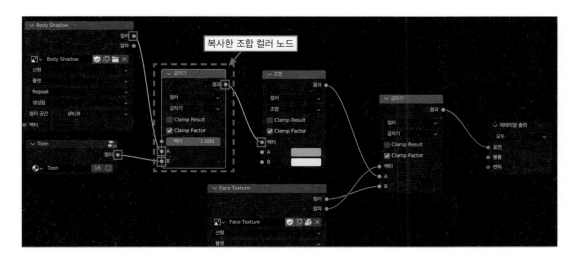

05 노드를 복사해서 다른 매테리얼에 붙여 넣기

Step

목띠에 그림자를 적용하기 위해 노드를 복사해서 다른 매테리얼에 붙여 넣습니다.

❶ 이미지 텍스처인 Body Shadow 및 텍스처에 연결돼 있는 곱하기의 조합 컬러를 Shift키를 누른 상태로 선택하고 Ctrl+C키를 눌러 복사합니다. 매테리얼 프로퍼티스에서 Ribbon_Barrette를 클릭한 뒤 앞서 복사한 노드들을 Ctrl+V키를 눌러 붙여 넣습니다.

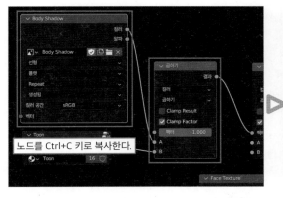

❷ 그림과 같이 노드를 연결합니다.
단, 현재 상태에서는 신체의 흰색/검은색 텍스처를 그리면 리본과 머리끈에 그림자가 그려집니다. 나중에 매테리얼 2개를 만들어서 메쉬별로 매테리얼을 설정합니다.

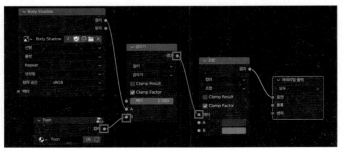

06 Hair 오브젝트, Hair 매테리얼 선택하기

Step

다른 오브젝트에도 마찬가지로 흰색/검은색의 텍스처를 만듭니다. 3D 뷰포트(또는 오른쪽 위 아웃라이너)에서 **Hair** 오브젝트를 선택하고 매테리얼 프로퍼티스에서 **Hair** 매테리얼을 클릭합니다.

07 이미지 텍스처 추가하기

Step

❶ 셰이더 에디터 안에서 **추가(Shift+A키)**에서 **텍스처 → 이미지 텍스처**를 추가합니다. 가장 오른쪽 조합 컬러를 선택한 뒤 **Shift+D키**로 복제합니다.

❷ 이 상태로 텍스처를 새롭게 만들어도 좋지만 같은 설정을 다시 하는 것은 번거로우므로 설정을 그대로 이어가게 합니다. 텍스처 이름 왼쪽의 **연결할 이미지를 확인**을 클릭하고 메뉴 안에 있는 **Body Shadow**를 클릭합니다.

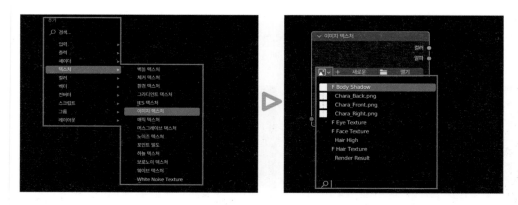

❸ 그리고 텍스처 이름 오른쪽에 있는 숫자를 클릭하면 Body Shadow 설정을 복사한 상태에서 텍스처를 새롭게 만들 수 있습니다. 이름을 'Hair Shadow'로 합니다(페이크 유저도 활성화합니다).

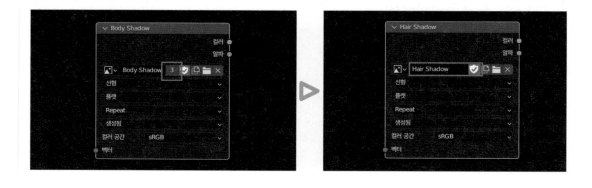

08 노드 복사하기와 재연결하기

Step

앞과 마찬가지로 **곱하기**의 조합 컬러의 B(합성하는쪽), **Toon** 그룹을 흰색/검은색 텍스처를 A(베이스가 되는쪽)에 연결합니다. 그림자를 구성하는 노드와 그림자를 제어하는 흰색/검은색 텍스처, 그리고 색을 지정하는 노드와 텍스처가 연결되어 있는 구조입니다.

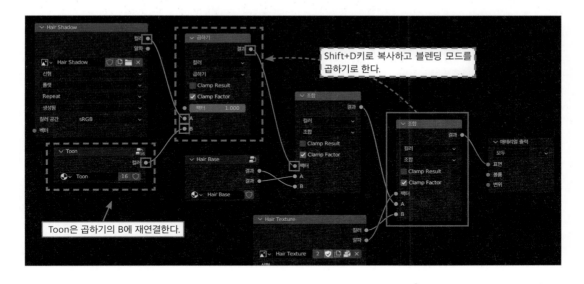

09 오브젝트와 매테리얼 선택하기

Step

의상쪽에도ˈ 같은 조작을 수행합니다. 3D 뷰포트(또는 오른쪽 위 아웃라이너)에서 **Parka** 오브젝트를 선택하고 **매테리얼** 프로퍼티스의 **Parka** 매테리얼을 선택합니다.

10 노드 추가하기

Step

❶ 셰이더 에디터 안에서 추가의 단축키인 **Shift+A**키를 누르고 텍스처 → 이미지 텍스처를 추가합니다. Next Page ▶

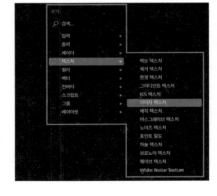

Chapter 1
Chapter 2
Chapter 3
Chapter 4
Chapter 5
Chapter 6
Chapter 7

❷ 그리고 텍스처 이름 오른쪽의 **연결할 이미지**를 확인을 클릭하고 메뉴 안의 **Body Shadow**를 클릭합니다. 그 뒤 오른쪽에 있는 숫자를 클릭하고 새로 텍스처를 복사해서 만듭니다. 다음은 텍스처 이름을 클릭하고 이름을 'Clothes Shadow'로 합니다.

11
Step

노드 복제하기와 재연결하기
기존 조합 컬러를 **Shift+D**키로 복제한 뒤 블렌딩 모드를 곱하기로 합니다. 이미지 텍스처인 **Clothes Shadow**를 A, **Toon** 그룹을 B에 연결해 합성합니다.

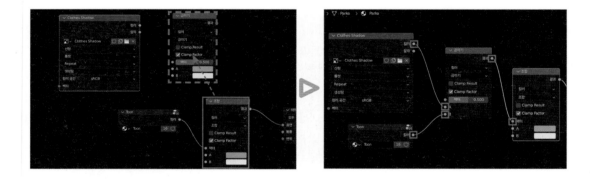

12
Step

노드 복사하기와 연결하기
❶ 이미지 텍스처인 **Clothes Shadow** 및 텍스처와 연결되어 있는 곱하기의 조합 컬러를 **Shift**키를 누른 채 선택하고 **Ctrl+C**키로 복사합니다. Next Page▷

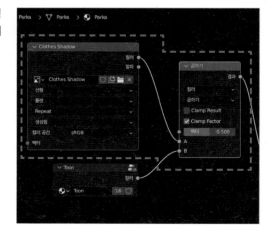

❷ 매테리얼 프로퍼티스 안에 있는 **Parka2**를 클릭하고 **Ctrl+V키**로 복사한 노드를 붙여 넣습니다. 그리고 앞과 마찬가지로 노드를 구성합니다. 여기에서 베이스로 한 이미지 텍스처가 **Clothes Shadow**로 되어 있는지 확인해야 하는 점에 주의합니다(종종 복사가 잘 되지 않고 **Body Shadow**쪽이 베이스가 되기도 합니다).

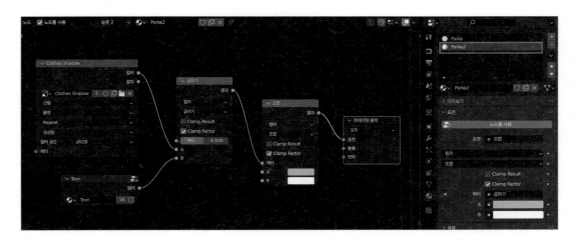

13
Step

각 매테리얼의 노드 설정하기

다음 매테리얼에도 Step 12와 같이 노드를 베이스로 하고 노드를 구성합니다.

3D 뷰포트(또는 오른쪽 위 아웃라이너)에서 **Shift키** 오브젝트와 **Skirt** 오브젝트를 각각 선택하고(개별적으로 노드를 설정합니다), **Shirt**는 **Shirt_Button** 매테리얼, **Skirt**는 **Skirt_Socks** 매테리얼의 셰이더 에디터 안에서 **Ctrl+V키**로 복사한 노드를 붙여 넣습니다. 그리고 **Parka2**와 동일하게 구성합니다. Next Page

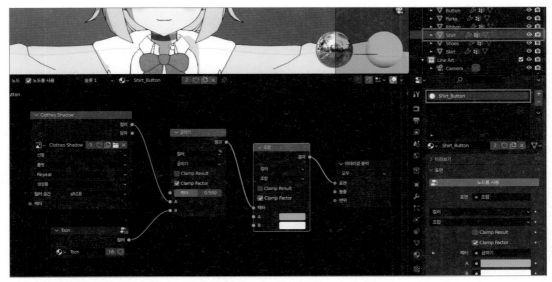

Shirt 오브젝트의 Shirt_Button 매테리얼. 이미지 텍스처는 Clothes Shadow.

Chapter 1
Chapter 2
Chapter 3
Chapter 4
Chapter 5
Chapter 6
Chapter 7

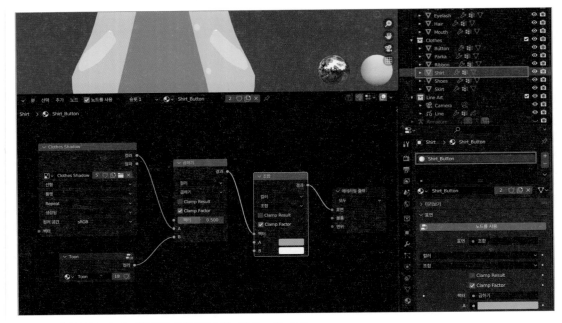

Skirt 오브젝트의 Skirt_Socks 매테리얼. 이미지 텍스처는 Clothes Shadow.

그리고 **Body** 오브젝트에 있는 **Pants** 매테리얼에도 이 노드를 베이스로 해 같은 설정을 수행하는 것을 잊지 않도록 합니다(여기는 거의 그림자로 숨겨지므로). 그 밖에도 **Body** 오브젝트에 있는 **White_Eye** 매테리얼에도 같은 설정을 합니다. 흰자위 위에 그림자를 입히고 싶을 때 곧바로 페인트 할 수 있습니다. Next Page ▶

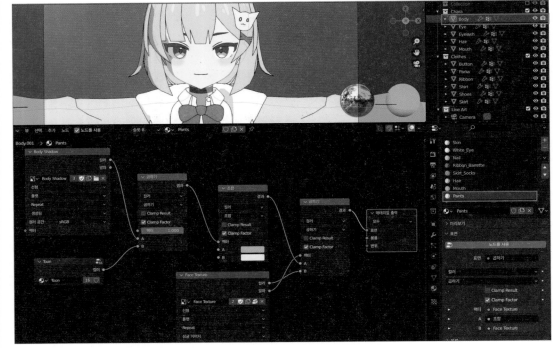

Body 오브젝트의 Pants 매테리얼. 이미지 텍스처는 Body Shadow.

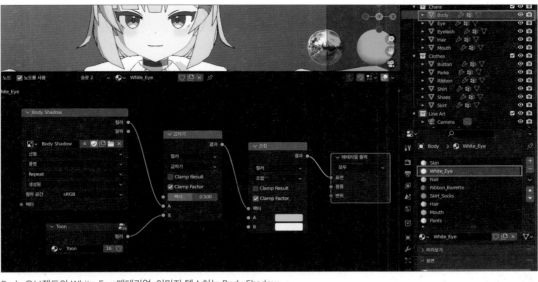

Body 오브젝트의 White_Eye 매테리얼. 이미지 텍스처는 Body Shadow.

14 Ribbon 텍스처 추가하기

Step
다음으로 **Ribbon_Barrette** 매테리얼을 복사해서 만들고 이미지 텍스처 **Clothes Shadow**를 적용할 수 있도록 합니다. 3D 뷰포트(또는 오른쪽 위 아웃라이너)에서 **Ribbon** 오브젝트를 선택하고 셰이더 에디터 위쪽 숫자를 클릭하고 매테리얼을 복사해서 만듭니다. 그 뒤 매테리얼 이름을 클릭하고 이름을 'Ribbon'으로 합니다.

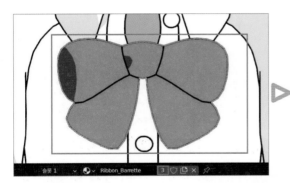
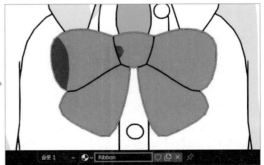

다음으로 텍스처 이름 오른쪽 **연결할 이 미지를 확인**을 클릭하고 메뉴 안에 있는 **Clothes Shadow**를 클릭합니다. 이것으로 의상의 흰색/검은색 텍스처가 적용됩니다.

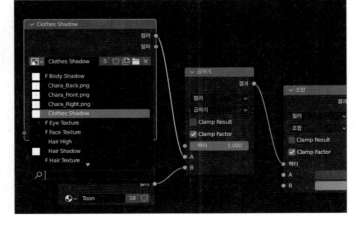

15 매테리얼 이름 변경하기

Step
아직 **Ribbon_Barrette** 매테리얼을 복사해서 만들어야 할 매테리얼이 있습니다. 3D 뷰포트(또는 오른쪽 위 아웃라이너)에서 **Body** 오브젝트를 선택하고 셰이더 에디터 위쪽(복사해서 만들기 전에 매테리얼 이름이 **Ribbon_Barrette**으로 되어 있는 것을 확인합니다)에 있는 숫자를 클릭하고 매테리얼을 복사해서 만듭니다. 그 뒤 매테리얼 이름을 클릭하고 이름을 'Collar'로 합니다. 이 이미지 텍스처들은 **Body Shadow**인 채로 유지합니다.

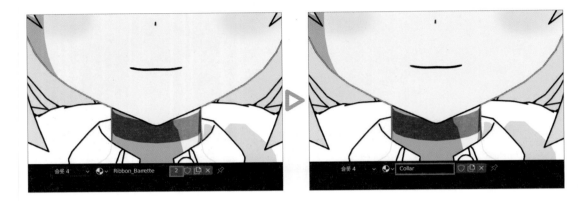

16 매테리얼 이름을 Barrette로 변경하기

Step
Hair 오브젝트를 3D 뷰포트(또는 오른쪽 위 아웃라이너)에서 선택하고 셰이더 데이터 위쪽에 있는 매테리얼 이름을 클릭하고 이름은 'Barrette'로 합니다.

이 이미지 텍스처들은 머리카락의 흰색/검은색 텍스처를 적용할 것이므로 텍스처 이름의 왼쪽 연결할 이미지를 확인을 클릭하고 메뉴 안에 있는 **Hair Shadow**를 클릭합니다.

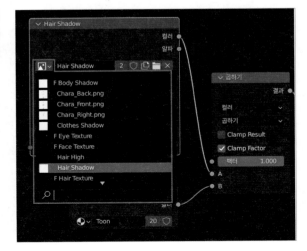

17 매테리얼 이름을 Socks로 변경하기

Step

Skirt_Socks 매테리얼도 복사해서 만듭니다. Body 오브젝트를 3D 뷰포트(또는 오른쪽 위 아웃라이너)에서 선택하고 셰이더 에디터 위쪽 숫자(매테리얼 이름이 Skirt_Socks인지 확인합니다)를 클릭하고 매테리얼을 복사해서 만듭니다. 그 뒤 매테리얼 이름을 클릭하고 이름을 'Socks'로 합니다. Skirt 오브젝트의 매테리얼도 'Skirt'로 이름을 변경해 두는 것도 좋습니다.

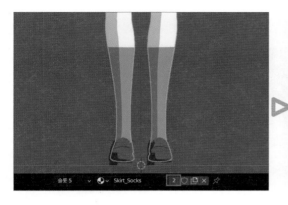
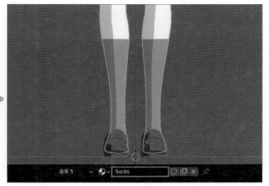

이 이미지 텍스처들은 Body를 적용할 것이므로 텍스처 이름 왼쪽 연결할 이미지를 확인을 클릭하고 메뉴 안에 있는 Body Shadow를 선택합니다.

18 매테리얼 이름을 Head Hair로 변경하기

Step

두피를 숨기기 위해 할당한 매테리얼도 복사해서 만듭니다. Body 오브젝트를 선택하고 셰이더 에디터 위쪽(복사해서 만들기 전에 매테리얼 이름이 Hair로 되어 있는지 확인합니다)에 있는 숫자를 클릭해 매테리얼을 복사해서 만듭니다. 매테리얼 이름을 클릭하고 이름은 'Head Hair'로 합니다. 이미지 텍스처는 Body를 적용할 것이므로 텍스처 이름 왼쪽 연결할 이미지를 확인을 클릭하고 메뉴 안에 있는 Body Shaodw를 선택합니다.

Chapter 1
Chapter 2
Chapter 3
Chapter 4
Chapter 5
Chapter 6
Chapter 7

19 텍스처 페인트 설정하기

Step

매테리얼 설정을 대략 완료했으므로 흰색 바탕 텍스처에 검은색을 그려 그림자를 만듭니다. 3D 뷰포트(또는 오른쪽 위 아웃라이너)에서 Body 오브젝트를 선택하고 화면 위쪽 워크스페이스에서 Texture Paint를 클릭합니다(이미지 에디터에 UV 맵이 표시되지 않았다면 Tab키를 눌러 에디트 모드로 전환하고 A키를 눌러 모든 메쉬를 선택합니다. 그리고 다시 한 번 Tab키를 눌러 Texture Paint 모드로 되돌아옵니다). 그리고 매테리얼 프로퍼티스에서 Body Shadow 텍스처가 선택되어 있는 것을 확인합니다(블렌더 4.0에서는 3D 뷰포트 위쪽 헤더 안에 있는 텍스처 슬롯 안에서 확인해 주십시오).

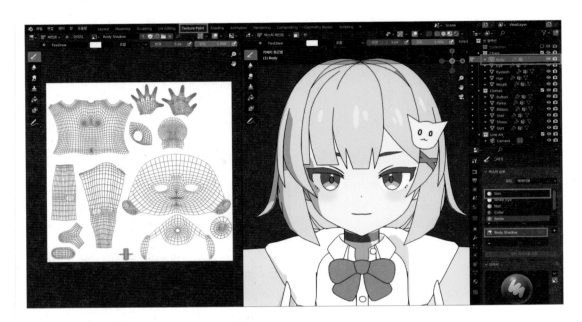

20 컬러를 검은색/흰색으로 설정하기

Step

컬러(왼쪽)을 검은색으로 설정하고 보조 컬러(오른쪽)은 흰색으로 설정한 뒤 툴바를 그리기로 선택하고 그림자를 떨어뜨리고 싶은 위치에 페인트합니다. 그에 앞서 쉽게 작업을 할 수 있도록 몇 가지 준비를 합니다.

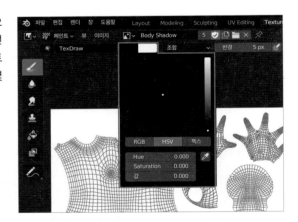

21
Step

뷰 설정하기

현재 라인 아트 표시를 활성화한 상태이므로 사이드바(N키)의 뷰 → 뷰 잠금 안에 있는 **Camera to View**를 활성화해서 카메라 시점에서 회전할 수 있도록 합니다. 그리고 3D 뷰포트 오른쪽 위의 **뷰포트 오버레이** 안에 있는 **지오메트리의 와이어**를 활성화합니다. 이 항목은 모든 오브젝트에 메쉬를 표시하는 기능이며 어느 메쉬에 페인트하고 있는지 시각적으로 쉽게 알 수 있도록 해줍니다. 그 밖에도 오른쪽 위 아웃라이너의 **Hair**의 눈동자 아이콘을 클릭해 표시/숨기기를 번갈아가며 페인트하면 좋습니다(의상 컬렉션인 **Clothes**도 표시/숨기기를 반복하면 좋습니다).

메쉬의 표시/숨기기를 전환하면서 작업하고 싶을 때는 3D 뷰포트 오른쪽 위 **오버레이를 표시**를 활성화/비활성화하면서 확인하면 좋습니다.

신체에 그림자 넣기

준비를 마쳤으므로 페인트를 합니다. 신체에 그림자를 넣을 때는 확실하게 그림자가 떨어지는 위치에 페인트를 하는 것이 팁입니다. 예를 들면 다른 오브젝트(머리카락이나 의상 등)에 숨겨진 위치 즉, 여기에서는 목 주변, 후두부, 신체, 허벅지가 해당하므로 여기에는 검은색을 페인트합니다, 그리고 얼굴쪽 페이스도 머리카락에 가려지므로 마찬가지로 페인트합니다. 단 앞머리에 가려지는 이마 부분에는 라이팅을 그림자가 떨어지게 하고 스키닝으로 앞머리가 흔들거리게 할 것이므로 페인트를 하지 않습니다. 이렇게 확실하게 그림자가 떨어지는 위치에 페인트한다는 어디까지나 원칙일 뿐이므로 목적이나 의도에 따라 달라질 수 있습니다. 그 밖에도 흰자위는 속눈썹에 의해 가려지므로 이미지 에디터에서 흰자위의 위쪽 절반에 그림자를 넣습니다.

이 모델의 헤어스타일은 중단발이므로 목 주변에도 그림자가 떨어질 것이라 생각해 페인트했지만 헤어스타일이 양갈래머리 등일 때는 목에도 빛이 닿을 가능성이 있으므로 그때는 턱 밑에만 그림자를 넣거나 아예 그림자를 넣지 않는 것이 바람직합니다. 캐릭터의 헤어스타일과 의상에 따라 넣을 그림자가 크기 달라지므로 조정하면서 페인트합니다. 얼굴의 UV 맵과 목 주변의 UV 맵 사이를 검은색으로 페인트한 것은 절취선이 눈에 띄는 것을 막기 위해서입니다. 이미지 에디터에 페인트했음에도 검은색이 반영되지 않는다면 매테리얼 복사 만들기를 누락했거나 다른 이미지 텍스처(Hair 또는 Clothes 등)가 설정되어 있을 가능성이 있으므로 **셰이딩**으로 되돌아가 해당 매테리얼을 클릭하고 셰이더 에디터 안을 확인합니다.

작업 결과를 저장합니다. 페인트에 의해 블랜더의 동작이 무거워지기 쉬우며 처리를 따라가지 못해 블랜더가 갑자기 강제 종료되는 상황도 쉽게 발생하므로 주의합니다.

MEMO

블렌더 4.0에서는 3D 뷰포트 위쪽 헤더 안으로 **텍스처 슬롯**이 이동했습니다. 그 안에 **모든 이미지를 저장**이 있으므로 블렌더 4.0을 사용한다면 여기에서 저장해 주십시오.

매테리얼 미리보기의 그림자에서 텍스처가 잘 보이지 않을 때는 오른쪽 위 뷰포트 셰이딩에 있는 월드 공간 라이팅을 비활성화합니다. 이 항목을 비활성화하면 라이팅이 카메라의 움직임에 맞춰 이동하기 때문에 그림자를 쉽게 넣을 수 있습니다. 그리고 다시 월드 공간 라이팅을 활성화하면 매테리얼 미리보기의 카메라가 고정되므로 임의의 위치에 라이트를 고정할 수 있습니다. 이 활성화/비활성화를 전환하면서 라이트의 위치를 조정하면 좋습니다.

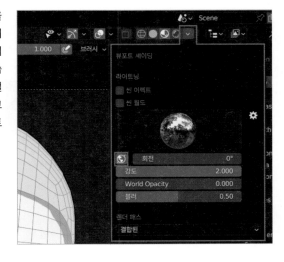

23 머리카락에 그림자 넣기

Step

❶ 다음으로 머리카락에도 흰색/검은색 텍스처로 그림자를 제어합니다. 3D 뷰포트에서 오브젝트 모드로 전환하고 Hair 오브젝트를 선택하고 Texture Paint로 전환합니다.

머리카락 그림자에서 확실하게 그림자가 들어가는 부분은 안쪽 페이스의 머리카락이므로 이미지 에디터에서 이 부분을 검은색으로 칠합니다. 앞 장에서 머리카락 안쪽의 UV 맵을 위쪽에 모두 배치한 것이 이것 때문입니다. 위쪽 부분을 검게 칠하는 것만으로 안쪽 페이스에 한 번에 그림자를 설정할 수 있습니다. 머리카락 안쪽 페이스에 그림자를 설정함으로써 얼굴의 피부와 머리카락의 그림자가 대비되므로 얼굴을 보다 도드라지게 표현할 수 있습니다.

그리고 머리카락은 큰 덩어리로 그릴 때가 많으므로 여기에서 사전에 세세한 배경을 넣음으로써 보다 머리카락 답게 표현할 수 있습니다(단, 과도하게 넣으면 형태가 심해지므로 아주 조금만 넣는 것이 좋습니다). Next Page ▶

Chapter 1
Chapter 2
Chapter 3
Chapter 4
Chapter 5
Chapter 6
Chapter 7

❷ 옆머리에서 삐져 나온 머리카락의 그림자로 숨겨진 부분을 페인트하고 싶을 때는 우선 에디트 모드(Tab키)로 전환한 뒤 그 그림자로 가려질 듯한 메쉬를 Shift키를 눌러 선택합니다. 다음으로 헤더 안에 있는 메쉬 → 대칭에 스냅으로 메쉬를 좌우 대칭으로 맞춥니다.

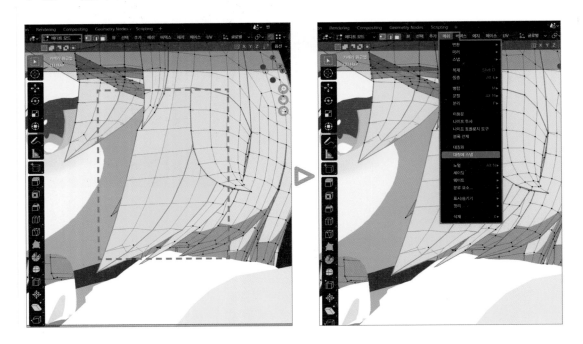

❸ 그리고 미러 선택(Shift+Ctrl+M키)로 반대쪽도 선택한 뒤 왼쪽 아래 오퍼레이터 패널에서 Extend를 활성화하고 좌우 대칭을 선택합니다(좌우 대칭이 정확하게 되지 않으면 미러 선택을 할 수 없으므로 대칭에 스냅을 수행해야 합니다). 그리고 보기 쉽도록 선택하지 않은 대상 숨기기(Shift+H키)를 설정합니다. Next Page

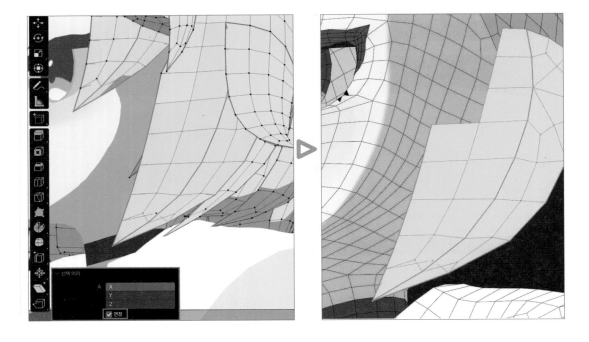

❹ 그 뒤 Texture Paint 모드로 전환하고 모드 전환 오른쪽에 있는 마스크를 활성화한 뒤 페인트하면 좌우 대칭으로 선택한 메쉬를 페인트할 수 있습니다. 작업을 마쳤다면 모든 객체를 표시하는 단축키인 Alt+H키를 누릅니다. 꽤 복잡한 방법이지만 이렇게 함으로써 한쪽만 페인트되는 것을 방지할 수 있습니다.

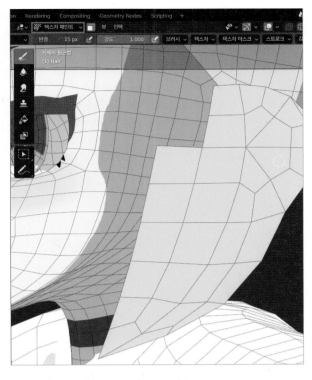

페인트가 딱딱하게 되고 곡선이 잘 그려지지 않을 때는 3D 뷰포트 오른쪽 위의 **스트로크**를 클릭하면 다양한 메뉴가 표시됩니다. 이 안에서 **스트로크 안정화**를 활성화합니다. 그러면 페인트할 때 손떨림을 억제해줍니다. 이 기능의 활성화/비활성화를 반복하면서 페인트하면 좋습니다. Next Page ▸

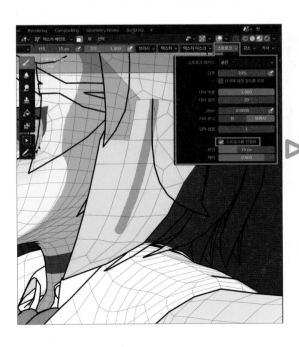

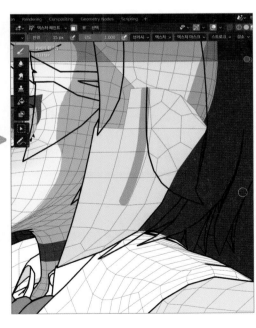

❺ 뒷머리는 에디트 모드(Tab키)로 전환하고 메쉬를 선택한 뒤 연결된 모두 선택(Ctrl+L키)합니다. 그리고 선택하지 않은 대상을 숨기기하는 단축키인 Shift+H키를 누르고 Texture Paint(Tab키) 모드로 전환합니다. 모드 전환 오른쪽에 있는 마스크를 활성화한 상태에서 페인트합니다(3D 뷰포트 오른쪽 위에 있는 대칭 메뉴의 X키 활성화를 잊지 않도록 합니다). 페인트를 마쳤다면 모든 객체를 표시하는 단축키인 Alt+H키를 누릅니다.

※ Body 객체, Clothes 컬렉션, 라인 아트를 우선 비활성화했습니다.

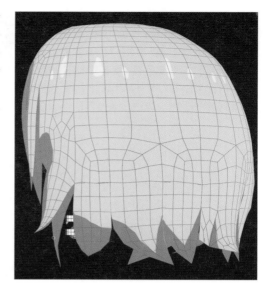

❻ 그리고 그림과 같이 최저한의 그림자를 만듭니다. 이 책에서 만드는 캐릭터의 경우 그림자가 너무 많으면 머리카락이 지저분하게 보이므로 가능한 최소한으로 페인트하는 것이 좋습니다. 앞머리를 그릴 때는 3D 뷰포트 오른쪽 위에 있는 대칭 메뉴의 X키는 우선 비활성화한 상태로 그립니다.

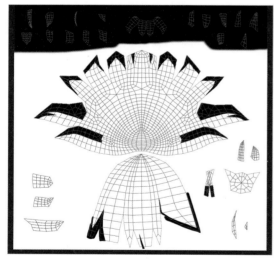

24
Step **의상 관계 선택하기**

❶ 다음으로 의상 관계에 그림자를 설정합니다. 오른쪽 위 아웃라이너에서 Clothes 컬렉션 안에 있는 오브젝트를 Shift키를 누르고 모두 선택합니다. Next Page

❷ 3D 뷰포트 왼쪽 위 모드 전환에서 **에디트 모드(Tab키)**로 전환합니다. 모두 선택(A키)을 눌러 이미지 에디터의 모든 UV 맵을 표시해 페인트 작업을 쉽게 할 수 있도록 합니다.

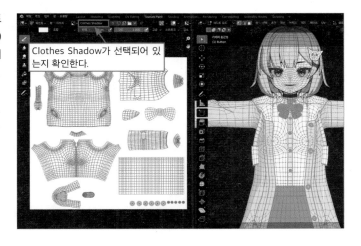

Clothes Shadow가 선택되어 있는지 확인한다.

25 텍스처 페인트 모드로 설정하기

Step

모드 전환을 Texture Paint로 전환하면 활성화 선택되어 있는 오브젝트의 **Texture Paint** 모드로 들어갑니다. 오른쪽 위 아웃라이너의 왼쪽에 있는 점을 클릭하면 해당 오브젝트의 **Texture Paint** 모드로 들어갑니다. 이렇게 각 오브젝트의 그림자를 설정합니다.

이 아이콘으로 각 오브젝트의 텍스처 페인트로 전환한다.

26 의상에 그림자 넣기

Step

기본적으로 의상의 그림자는 **다른 의상에 가려지는 부분**을 대략적으로 칠하면 최소한의 품질은 만족할 것입니다. 의상 주름의 그림자를 너무 세세하게 넣으면 지저분하게 보이므로 여기에서는 의도적으로 그림자를 적게 넣는 것이 좋습니다. 머리카락에 가려진 부분은 라이팅으로 처리할 것이므로 후드 부분의 그림자는 줄였습니다. 작업을 마쳤다면 3D 뷰포트 오른쪽 위의 **뷰포트 오버레이** 안에 있는 **지오메트리의 와이어**를 비활성화합니다.

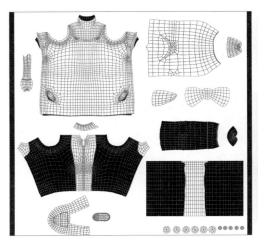

Chapter 1
Chapter 2
Chapter 3
Chapter 4
Chapter 5
Chapter 6
Chapter 7

자글거림을 없애는 방법

텍스처를 그릴 때 발생하는 자글거림(계단 형태로 자글거리는 것으로 해상도가 낮을수록 눈에 잘 띕니다)은 UV 맵을 세로 또는 가로(수직 또는 수평)으로 정렬해 없애는 방법이 있습니다. 다음 이미지는 이미지 크기를 1024x1024로 그린 그림자의 텍스처입니다. 크기가 작으므로 비스듬하게 그리면 자글거림이 상당히 눈에 띕니다(❶).

여기에서 UV 맵을 세로로 정렬한 뒤 그림자의 텍스처도 세로에 맞춰서 그리면 텍스처의 크기가 그렇게 크지 않아도 자글거림을 없앨 수 있습니다. 이 방법을 응용해 머리카락의 UV 맵을 격자 형태로 전개하고, 윤곽선을 선으로 그림으로써 자글거림 없이 머리카락의 윤곽선을 표현할 수 있습니다. 텍스처를 그릴 때 크게 도움이 되는 기법이므로 기억해 두면 좋을 것입니다(❷).

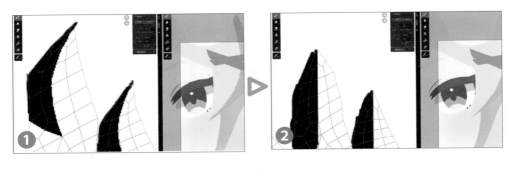

4-6 | 머리카락에 그라디언트 걸기

다음으로 모델의 형태를 조금씩 화려하게 만들기 위해 머리카락에 그라디언트를 입힙니다. 텍스처로 그려도 좋지만 여기에서는 노드를 구성해 원하는대로 제어할 수 있도록 그라디언트를 만듭니다.

01 Hair 오브젝트 선택하기

Step

화면 위쪽 워크스페이스에서 Shading으로 이동한 후 3D 뷰포트(또는 오른쪽 위 아웃라이너)에서 Hair 오브젝트를 선택합니다. 그리고 매테리얼 프로퍼티스에서 Hair 매테리얼이 선택되어 있는 것을 확인합니다.

02 노드 추가하기

Step
다음으로 그라디언트를 구성하기 위한 노드를 셰이더 에디터 안에서 3개 추가합니다. 이제까지와 마찬가지로 어떤 노드인지 간단하게 설명합니다.

❶ 가장 먼저 노드를 추가하는 단축키인 **Shift+A키**를 누르고 **컨버터 → 컬러 램프**를 추가합니다. 다음으로 **Shift+A키 → 벡터 → 맵핑**을 추가합니다. 맵핑은 텍스처나 컬러를 3D 오브젝트에 붙이는 기능입니다. 그리고 이 노드는 텍스처나 컬러 이동, 회전, 크기를 입력해 조정할 수 있습니다.

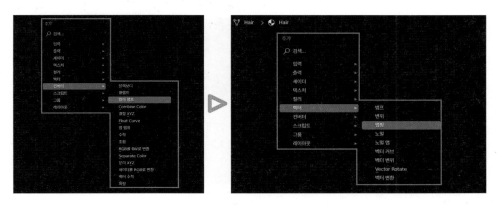

❷ **Shift+A키 → 입력 → 텍스처 좌표**를 추가합니다. 이것은 간단하게 말하면 UV 맵이나 컬러 좌표를 결정하는 노드입니다. 이 **텍스처 좌표**와 **맵핑**은 텍스처를 모델에 투영할 때 자주 사용되는 노드이며, 이 두 가지 노드를 사용해 보다 세세하게 텍스처나 컬러 표시 방법을 조정할 수 있습니다.

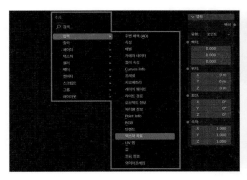

03 노드 연결하기

Step
그리고 이 세 가지 노드를 그림과 같이 연결합니다. 먼저 텍스처 좌표의 생성됨을 맵핑의 벡터에 연결합니다. 벡터는 XYZ의 세 가지 축을 하나로 모은 것입니다. 여기에 텍스처 좌표를 연결함으로써 맵핑을 조정할 수 있습니다. 텍스처 좌표의 생성됨은 각 오브젝트에 있는 투명한 육면체(바운딩 박스)를 기준으로 투영하는 기능입니다. 그리고 맵핑의 벡터를 컬러 램프의 팩터로 연결합니다. 이것으로 컬러 램프의 위치를 조정할 수 있도록 되었으므로 오브젝트에 그라디언트를 걸 수 있습니다.

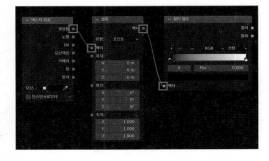

Chapter 1
Chapter 2
Chapter 3
Chapter 4
Chapter 5
Chapter 6
Chapter 7

04 조합 컬러 노드 추가하기

Step

❶ 노드를 연결하기 위한 **조합 컬러**를 추가합니다. 셰이더 에디터 안에서 추가의 단축키인 **Shift+A키**를 누르고 **컬러 → 조합 컬러**를 추가합니다.

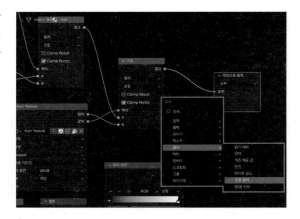

❷ 추가한 조합 컬러를 **매테리얼 출력**과 이미 연결되어 있는 **조합 컬러** 사이에 마우스 좌클릭 드래그해 끼워 넣습니다. 그리고 **블렌딩 모드**를 **오버레이**로 설정하고 팩터에 '1'을 설정합니다. 머리카락의 그라디언트 노드는 합성쪽의 B이므로 왼쪽의 조합 컬러는 A로 연결합니다.

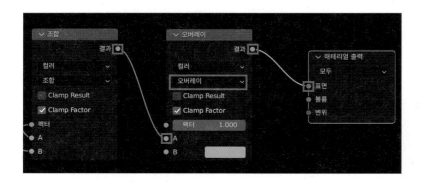

05 그라디언트 설정하기

Step

❶ 컬러 램프의 컬러를 오버레이의 B로 연결한 뒤 그라디언트 색과 방향을 조정합니다. Next Page

❷ 컬러 램프 왼쪽 컬러 스톱의 색을 원하는 색으로 변경합니다. 의도적으로 어둡게 색을 추가함으로써 머리카락이 색이 하얗게 날아가지 않고 좋은 느낌으로 그라디언트를 걸 수 있습니다. 그리고 맵핑 노드의 **회전**에 있는 **Y**는 대략 '50' 정도로 설정합니다.

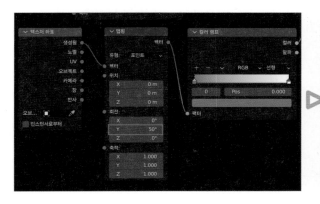
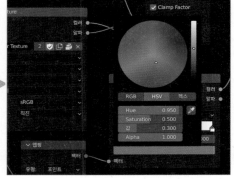

❸ 머리카락 형태에 맞춰 위에서 아래로 그라디언트가 걸리게 됩니다.

06 노드 그룹화하기

Step

그라디언트 설정을 마쳤다면 **컬러 램프, 맵핑, 텍스처 좌표** 세 가지 노드를 선택하고 **그룹 만들기(Ctrl+G키)**로 공유할 수 있도록 설정합니다. 그룹화를 마쳤다면 **Tab키**를 누르고 원래 노드 화면으로 되돌아갑니다. 그룹 이름을 클릭하고 'Gradiation'로 이름을 변경합니다.

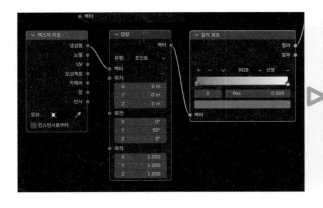
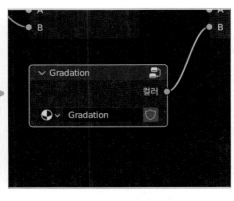

Chapter 1

Chapter 2

Chapter 3

Chapter 4

Chapter 5

Chapter 6

Chapter 7

'텍스처 좌표' 노드 상세

텍스처 좌표에는 생성됨, 노멀, UV, 오브젝트, 카메라, 창, 반사의 일곱 가지 항목이 있으며
어디에 연결하는가에 따라 UV 맵이나 컬러 좌표가 크게 달라집니다.

생성됨은 각 오브젝트에 있는 투명한 육면체인 바운딩 박스를 기준으로 투영합니다. 텍스처 공간이라 부르기도 합니다. 바운딩
박스는 오브젝트 프로퍼티스의 뷰포트 표시에 있는 텍스처 공간에서 표시할 수 있습니다. 바운딩 박스는 오브젝트 모드에서는
동작하지만 에디트 모드에서는 메쉬를 움직여도 전혀 움직이지 않는 구조를 갖습니다. 그리고 텍스처 공간은 오브젝트 모드의
헤더에 있는 오브젝트 → 변환 → 텍스처나 공간을 이동 또는 텍스처 공간을 스케일링으로 변형할 수 있습니다. 이 책에서 머리카
락 오브젝트에 생성됨을 사용한 것은 이 텍스처 공간을 기준으로 하면 그라디언트를 고르게 걸 수 있기 때문입니다.

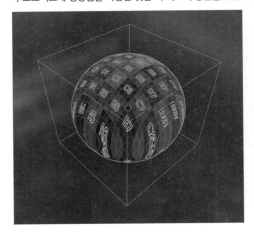
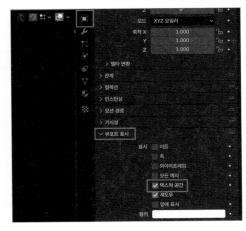

노멀은 노멀(페이스나 버텍스의 방향)을 기준으로 좌표를 결정합니다. 오브젝트에 셰이드 스무스를 걸면 동작합니다.
UV는 UV 맵을 그대로 반영하는 모드로 자주 사용되는 항목입니다. 특별한 의도가 없는 한 일반적으로 이 항목을 사용하면 좋습
니다.

노멀

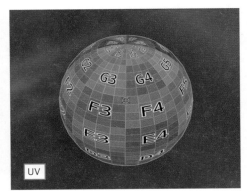

UV

오브젝트는 오브젝트의 오리진(로컬)을 기준으로 투영합니다. 3D 뷰포트 오른쪽 위 옵션에 있는 투영 오리진을 활성화하고 이동(G키)이나 회전(R키)으로 오리진을 움직이면 맵핑도 동시에 움직입니다(각 오브젝트에 있는 좌표축을 움직이는 기능입니다).

오브젝트

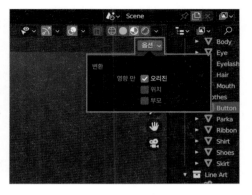

카메라는 문자 그대로 카메라의 위치를 기준으로 좌표를 출력합니다. 카메라를 움직이면 그 움직임에 따르는 것처럼 맵핑 좌표가 이동합니다.

창은 3D 뷰포트의 오리진을 기준으로 좌표를 출력합니다. 윈도우 크기에 의존하므로 윈도우를 늘리면 텍스처 좌표도 그에 맞춰 늘어납니다.

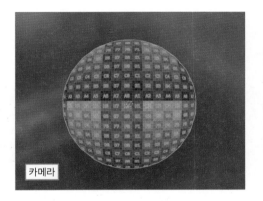

카메라

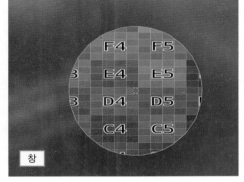

창

반사는 빛이 닿았을 때의 반사 방향으로 텍스처를 맵핑하는 기능입니다.

반사

Chapter 4

5

브러시업

텍스처를 모두 만들었다면 다양한 방법을 사용해 모델의 품질을 높여 갑니다.

5-1 눈썹 투과

현재 설정 상태에서는 눈썹 라인이 앞머리에 가려져 있으므로 이를 투과시킵니다. 먼저 투과용 라인 아트를 추가하고 투과용 매테리얼을 만듭니다.

01 Line 복제하기

Step

오른쪽 위 아웃라이너에 있는 **Line**을 클릭하고 3D 뷰 포트에서 **복제(Shift+D키)**를 누른 뒤 마우스 우클릭해 원래 위치에 배치해 새롭게 라인 아트를 복제합니다. 복제한 라인 아트는 아웃라이너에서 더블 클릭하고 'Line_Front'로 이름을 변경합니다.

02 새로운 매테리얼 만들기

Step

투과용 매테리얼을 복사해서 만듭니다.

❶ 3D 뷰포트(또는 오른쪽 위 아웃라이너)에서 오브젝트 모드(Tab키)로 전환한 뒤 Hair 오브젝트를 선택합니다. 다음으로 오른쪽 프로퍼티스의 매테리얼 프로퍼티스에 있는 + 버튼을 클릭합니다. Next Page

❷ 빈 매테리얼 슬롯이 만들어집니다. 매테리얼 이름 왼쪽 **연결할 매테리얼을 찾아보기**를 클릭하고 **Hair**를 선택합니다. 그리고 매테리얼 이름 오른쪽 **새로운 매테리얼**을 클릭해 새로운 매테리얼을 복사해서 만듭니다.

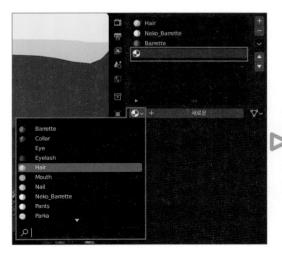

❸ 매테리얼 이름을 클릭하고 이름을 'Hair Front'로 변경합니다.

03 매테리얼 할당하기
Step
3D 뷰포트에서 **에디트 모드(Tab키)**로 전환하고 앞머리의 메쉬를 **박스 선택(B키)** 등으로 선택합니다. 다음으로 매테리얼 프로퍼티스에서 앞서 만든 **Hair Front** 매테리얼을 이 앞머리 메쉬에만 할당합니다. 할당한 매테리얼에만 라인 아트를 표시하게 합니다. 이마 부분에 매테리얼을 선택하면 머리의 라인 아트가 표시되므로 주의합니다.

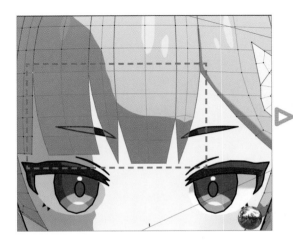

Chapter 1
Chapter 2
Chapter 3
Chapter 4
Chapter 5
Chapter 6
Chapter 7

04
Step

라인 아트 설정하기

현재 **Hair Front** 매테리얼이 선택되어 있을 것입니다. 매테리얼 프로퍼티스 안의 아래쪽 **Line Art** 항목을 클릭합니다. 그러면 라인 아트 관련 마스크 설정 항목이 표시됩니다. 여기에서 **Material Mask**를 활성화하면 마스크 항목을 선택할 수 있도록 됩니다. 8개의 사각형 중에서 가장 왼쪽 위 사각형을 활성화합니다.

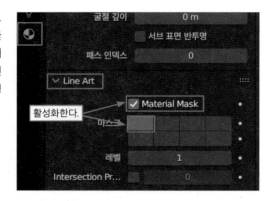

05
Step

Line_Front 설정하기

다음은 오른쪽 위 아웃라이너에서 **Line_Front**를 클릭하고 **오브젝트 모드**인지 확인합니다. 프로퍼티스에 있는 **모디파이어 프로퍼티스**를 클릭한 뒤 **Occlusion**라는 패널을 클릭합니다. 이것은 라인 아트를 얼만큼의 거리에서 투과시킬 것인지 결정하는 항목입니다.

여기에서 **범위** 항목을 활성화하면 얼만큼의 범위를 투과시킬 것인지 결정할 수 있습니다. 종료를 '1'로 설정합니다. 만약 '1'을 설정했을 때 잘 투과되지 않는다면 '2', '3' 등으로 조금씩 숫자를 증가시킵니다. 이 숫자가 너무 크면 두부의 라인도 표시되므로 주의합니다.

종료를 입력하면 그레이아웃 된 **Material Mask** 항목을 사용할 수 있으므로 이 항목을 활성화합니다. 그러면 8개의 사각형이 표시됩니다. 가장 왼쪽 위 사각형을 활성화합니다. 앞서 매테리얼에도 같은 설정을 했습니다. 같은 사각형을 활성화해 메테리얼 마스크가 동작하게 할 수 있습니다.

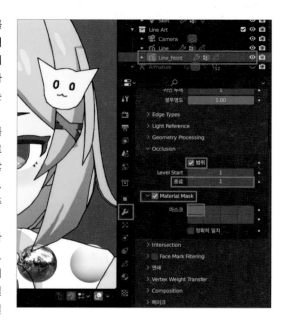

01 라인 아트 조정하기

Step

현재 라인 아트 설정이 Line에만 되어 있으므로 이를 조정하면 오브젝트 전체의 윤곽선이 변경되어 세세한 조정이 어렵습니다. Line_Body, Line_Hair, Line_Clothes로 라인 아트를 복제해 각 오브젝트의 라인 아트를 세세하게 조정할 수 있도록 합니다. 동시에 컬렉션에서 라인 아트를 설정하기 위해 오브젝트도 조금씩 조정합니다.

오른쪽 위 아웃라이너에서 Line을 선택하고 3D 뷰포트에서 복제(Shift+D키)를 누른 뒤 마우스 우클릭해 원래 위치에 배치해 새로운 라인 아트를 2개 복제합니다. 각 라인 아트를 아웃라이너에서 더블 클릭하고 Line은 'Line_Body', 복제한 라인 아트 2개는 각각 'Line_Hair', 'Line_Clothes'로 이름을 변경합니다.

02 새 컬렉션 추가하기

Step

아웃라이너 오른쪽 위 새 컬렉션을 클릭해 새롭게 컬렉션을 만들고 더블 클릭한 뒤 이름을 'Hair'로 변경합니다. 라인 아트의 소스 유형을 컬렉션으로 하면 라인 아트를 각 컬렉션에 설정할 수 있습니다. 여기에서는 Chara, Hair, Clothes 3개 컬렉션에 라인 아트를 설정합니다.

03 Hair 오브젝트 이동하기

Step

아웃라이너 안에 있는 Hair 오브젝트를 선택하고 컬렉션 이동(M키)를 사용해 앞서 만든 Hair 컬렉션으로 이동합니다.

04 Line_Body 설정하기

Step

다음은 아웃라이너에서 각 라인 아트 설정을 변경합니다. Line_Body를 선택하고 오른쪽 프로퍼티스의 **모디파이어 프로퍼티스**를 클릭합니다. 라인 아트의 **소스 유형**을 보면 씬으로 되어 있을 것입니다. 여기를 클릭하면 어디에 라인 아트를 설정할 것인지 결정할 수 있습니다. **컬렉션**으로 변경합니다. 아래 대상 컬렉션을 결정하는 항목을 클릭하고 **Chara 컬렉션**으로 설정합니다.

05 다른 라인 아트 설정하기

Step

다른 라인 아트에도 같은 조작을 수행합니다. Line_Hair는 Hair 컬렉션을 설정하고 Line_Clothes는 Clothes 컬렉션을 설정합니다.

06 Line_Hair 조정하기

Step

모델을 한층 애니 그림체로 보이게 하기 위해 각 오브젝트의 라인 아트 조정, 라인 추가 및 삭제 등을 합니다. 머리 옆으로 삐져나온 부분을 보면 가운데 라인이 표시되고 있습니다. 라인이 너무 많으면 지저분하게 보이므로 라인의 **Edge Types**를 조정합니다. Next Page ▶

오른쪽 위 아웃라이너에서 **Line_Hair**를 선택하고 프로퍼티스의 **모디파이어 프로퍼티스**에서 **Edge Types** 패널 안에 있는 **Crease Threshold**를 비활성화합니다. 그러면 머리카락의 라인이 최소한만 남기 때문에 덜 지저분하게 보입니다.

※ 여기에서는 사이드바(N키)의 뷰의 뷰 고정 안에 있는 Camera to View를 활성화했습니다.

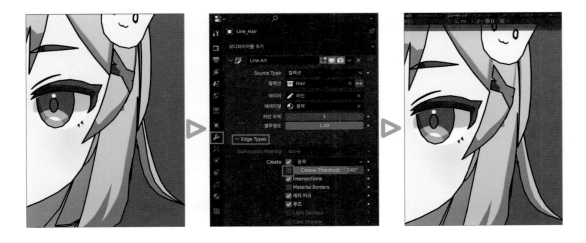

Chapter 1
Chapter 2
Chapter 3
Chapter 4
Chapter 5
Chapter 6
Chapter 7

07 머리카락 라인 붙이기

Step

앞 조작에 의해 앞머리와 옆머리 사이의 라인이 사라졌을 것입니다. 오른쪽 위 아웃라이너에서 **Hair** 오브젝트를 선택하고 **에디트 모드(Tab키)**로 전환한 뒤 **에지 선택 모드(숫자키 2)**로 전환하고 **Shift+Alt+마우스 좌클릭**해 여러 에지 루프를 선택합니다. 그리고 **에지 메뉴(Ctrl+E키)**에서 **프리스타일 에지를 마크**를 클릭해 라인 아트를 설정합니다(라인 아트의 **Edge Types**의 에지 마크를 활성화해야 합니다). 그리고 옆머리카락과 앞머리카락 사이도 라인이 사라져 자연스럽지 않으므로 이 부분의 에지도 선택하고 라인을 추가하면 좋습니다. 그 밖에 원하는 곳이 있다면 각자 라인을 설정합니다.

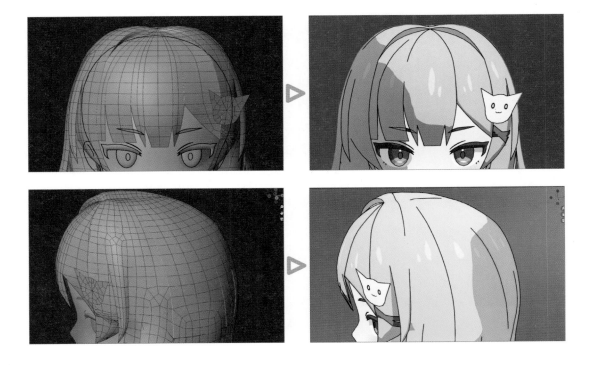

08
Step

Line_Clothes 설정하기

다음으로 의상의 라인을 설정합니다. 오른쪽 위 아웃라이너에서 Line_Clothes를 선택하고 프로퍼티스의 모디파이어 프로퍼티스에서 **Edge Types** 패널 안에 있는 **Crease Threshold**를 비활성화합니다. 이 항목을 비활성화하면 소매 주변의 라인 수가 줄어 깔끔하게 됩니다. 다음으로 **Material Borders**를 활성화해서 매테리얼 경계에 라인을 넣습니다. 그 밖에도 불필요한 라인이 나타나지 않도록 하기 위해 Intersections나 루즈 등을 비활성화했습니다.

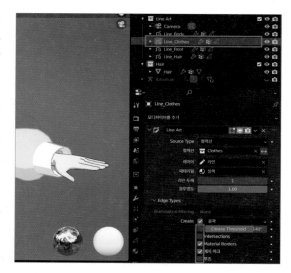

09
Step

옷 라인 설정하기

Edge Types을 조정함에 따라 옷의 앞깃이 사라졌을 것입니다. 앞과 마찬가지로 오브젝트 모드에서 Parka의 에디트 모드(Tab키)로 전환합니다. 에지 선택 모드(숫자키 2)로 전환하고 Shift+Alt+마우스 좌클릭해 여러 에지 루프 선택, Shift키로 여러 대상 선택 등을 합니다. 이어서 에지 메뉴(Ctrl+E키)에서 프리스타일 에지를 마크를 클릭하고 라인 아트를 설정합니다.

여기에서는 의도적으로 라인을 도중에 끊어지도록 하는 것이 팁입니다. 이렇게 하면 실제로 선으로 그려졌다는 느낌을 줄 수 있어 한층 애니메이션처럼 보입니다.

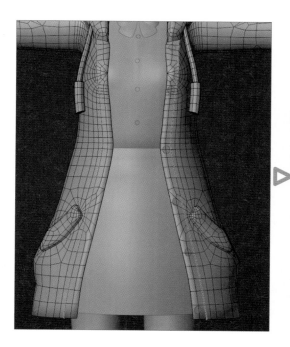
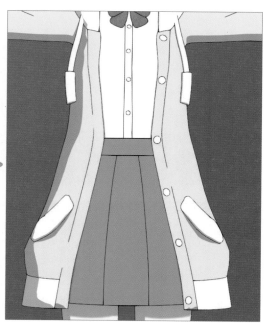

Chapter 1
Chapter 2
Chapter 3
Chapter 4
Chapter 5
Chapter 6
Chapter 7

10 셔츠 주름과 리본 라인 넣기

Step

오른쪽 위 아웃라이너에서 **Shirt** 오브젝트를 선택하고 에디트 모드(**Tab키**)로 전환한 뒤 스커트와 셔츠 사이에 생기는 주름을 표현합니다. 에지를 **Shift키**를 눌러 선택하고 에지 메뉴(**Ctrl+E키**)에서 프리스타일 에지를 마크를 클릭한 뒤 라인 아트를 설정합니다. 어떻게 보면 이런 사소한 디테일 수정이 모델 품질을 높이는 데 매우 중요합니다.

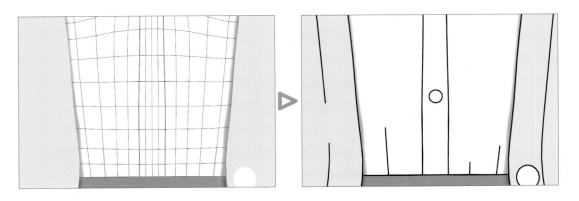

그 밖에도 **Ribbon** 오브젝트의 라인도 사라졌을 것이므로 에디트 모드(**Tab키**)로 전환하고 마찬가지로 라인을 설정하면 좋습니다.

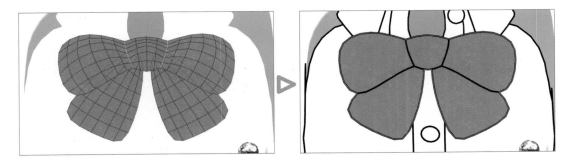

11 속눈썹, 눈썹 설정하기

Step

아직 매테리얼을 설정하지 않은 위치가 있으므로 수정합니다.

❶ **오브젝트 모드**로 전환하고 오른쪽 위 아웃라이너에서 **Eyelash** 오브젝트를 선택한 뒤 에디트 모드(**Tab키**)로 전환합니다(머리카락에 가려져 보이지 않을 때는 **Hair** 컬렉션을 잠시 숨깁니다). Next Page▶

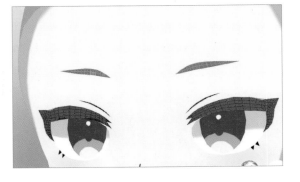

❷ 다음으로 눈썹을 박스 선택(B키) 등으로 선택하고 매테리얼 프로퍼티스에서 + 버튼을 클릭하고 빈 매테리얼을 만듭니다. 그리고 연결할 매테리얼을 찾아보기에서 Head Hair 매테리얼을 선택하고 속눈썹에 Head Hair 매테리얼을 할당합니다(이 매테리얼은 이미지 텍스처에 Body Shadow가 추가되어 있으므로 여기에서 그림자 설정을 할 수 있도록 됩니다).

12
Step
목띠 색감 조정하기

목띠의 그림자 색이 다소 어두우므로 색감을 조정합니다. 매테리얼 프로퍼티스에서 Collar 매테리얼을 클릭하고 셰이더 에디터 안에서 조합 컬러의 A(그림자 색)를 조정합니다.

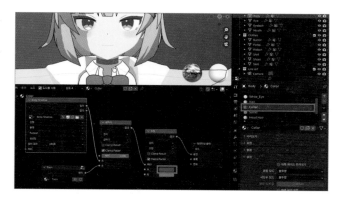

13
Step
목띠 라인 넣기

목띠에 라인이 표시되지 않았으므로 추가합니다. 라인 아트의 매테리얼 경계로 라인을 만들 수도 있지만 이렇게 하면 손톱에도 라인이 만들어지므로 수동으로 라인을 추가합니다. 오른쪽 위 아웃라이너에서 Body 오브젝트를 선택하고 에디트 모드(Tab키)로 전환합니다. 목띠와 피부의 경계를 에지 선택하고 에지 메뉴(Ctrl+E키)에서 프리스타일 에지를 마크를 클릭한 뒤 라인 아트를 설정합니다.

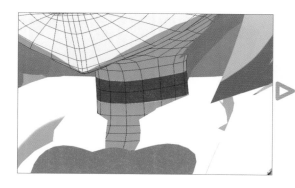 

5-3   라이팅과 월드 설정

다음으로 렌더링할 때를 고려해 라이트(태양)를 미리 설정해 모델에 빛을 닿게 합니다. 그리고 현재 모델이 월드 밝기에 좌우되고 있으므로 이를 방지하기 위한 설정을 합니다.

01
Step

워크스페이스를 레이아웃으로 변경하기
먼저 쉽게 작업할 수 있도록 화면 위쪽 워크스페이스에서 **Layout**을 클릭합니다.

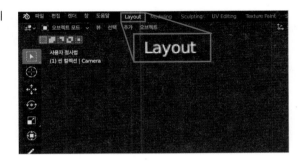

02
Step

라이트 추가하기
현재 모드가 **오브젝트 모드**인지 확인하고 3D 커서의 위치를 리셋하는 단축키인 **Shift+C키**를 누릅니다. 그리고 추가의 단축키인 **Shift+A키**를 누르고 **라이트 → 태양**을 추가합니다.

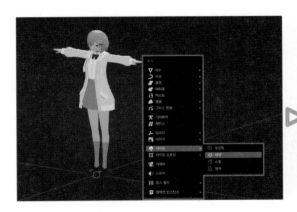

03
Step

태양 위치 조정하기
태양을 쉽게 조정할 수 있도록 캐릭터 바로 위에 태양을 배치합니다. 태양을 선택한 상태에서 프로퍼티스의 **오브젝트 프로퍼티스**의 **변환** 패널 안에 있는 Z가 대략 '2.1' 정도가 되게 합니다.

04 셰이딩 전환하기

Step 다음으로 배경, 즉, 3D 공간의 색 등이 변경되는 노드의 영향을 없애도록 설정합니다. 화면 위쪽 워크스페이스에서 Shading을 클릭하고 셰이더 에디터에서 다양한 항목을 조정합니다.

05 셰이더 에디터를 월드로 전환하기

Step 다음으로 셰이더 에디터 왼쪽 위 모드 전환의 풀 다운 메뉴를 클릭하고 월드로 전환합니다. 그러면 월드(3D 공간 안) 관련 설정을 노드에서 수행할 수 있도록 됩니다. 기본값은 배경 노드에 월드 출력 노드가 연결되어 있는 구조 입니다. 구조 자체는 매테리얼과 거의 같으며 모든 노드는 월드 출력으로 연결됩니다.

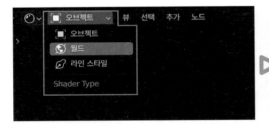 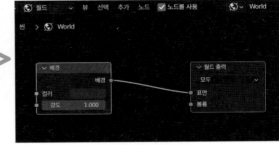

06 노드 추가하기

Step 셰이더 에디터 안에서 추가(Shift+A키)를 누른 뒤 컬러 → 조합 컬러를 추가합니다. 계속해서 Shift+A키를 누른 뒤 입력 → 라이트 경로를 추가합니다. 이 노드에서는 다양한 라이트 관련 설정을 할 수 있습니다.

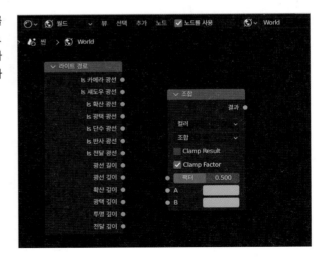

07
노드 연결하기

Step
그림과 같이 노드를 구성합니다. 라이트 경로의 카메라 광선을 조합 컬러의 팩터, 조합 컬러의 결과를 배경의 컬러로 연결합니다.
이렇게 구성함으로써 **조합 컬러**의 B는 배경색이 되고 A는 오브젝트의 라이트의 세기와 분리할 수 있습니다.

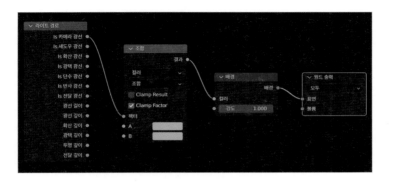

08
조합 컬러 조정하기

Step
다음은 조합 컬러의 A와 B의 명도를 조정합니다. A의 값은 '0.98', B의 값은 '1'로 설정합니다. 나중에 빛을 조정할 때는 여기에서 조정합니다.

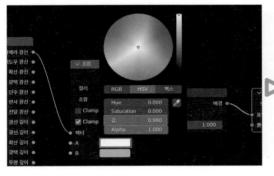
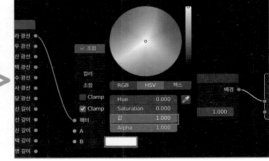

09
표시를 뷰포트 셰이딩에서 설정하기

Step
현재 그림자와 빛이 어떻게 표시되는지 확인합니다. 3D 뷰포트 오른쪽 위 뷰포트 셰이딩에서 임시 렌더링 결과를 볼 수 있는 렌더로 전환합니다. 그러면 라이트의 빛에 따라 캐릭터에 그림자가 생길 것입니다. 만약 그림과 같이 그림자가 나타나지 않을 때는 이전 단계의 조합 컬러의 A의 값이 너무 클 가능성이 있으므로 '0.97', '0.96'으로 조금씩 줄이면서 조정합니다.

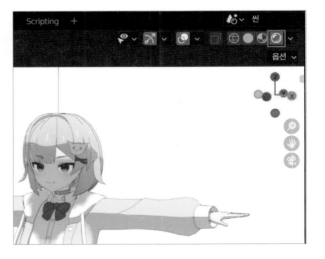

Chapter 1
Chapter 2
Chapter 3
Chapter 4
Chapter 5
Chapter 6
Chapter 7

10

Step

그림자 확인하기 및 설정하기

우선 그림자는 만들어졌지만 현재 상태에서는 어쩐지 이마에 영문을 알 수 없는 빛이 닿거나 다른 오브젝트에 의해 생긴 그림자가 희미해서 애니메이션 느낌이 잘 나지 않습니다. 이는 라이트 설정이나 **렌더 프로퍼티스** 관련 설정이 기본값으로 되어 있기 때문입니다. 해당 설정들을 변경합니다.

오른쪽 프로퍼티스에 있는 **렌더 프로퍼티스**를 클릭하고 **섀도우** 패널을 클릭합니다. 여기는 라이트 오브젝트의 그림자 관련 항목으로 다음 설정 항목이 있습니다. Next Page

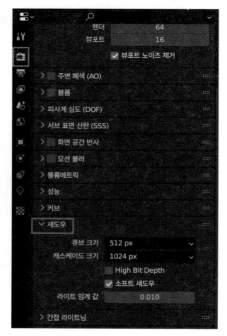

큐브 크기	크기가 클수록 고품질의 선명한 그림자가 됩니다. 라이트는 **포인트**, **스폿**, **영역**에만 대응합니다.
캐스캐이드 크기	크기가 클수록 고품질의 선명한 그림자가 됩니다. 라이트는 **태양**에만 대응합니다.
High Bit Depth	32비트 그림자를 사용합니다. 활성화하면 그림자의 왜곡을 줄일 수 있습니다.
소프트 섀도우	그림자의 형태가 부드러워지고 자글거림을 해소합니다.
라이트 임곗값	라이트의 최소 휘도입니다. 기본적으로는 **포인트**, **스폿**, **영역**에 관계된 항목이므로 **태양**을 사용할 때는 기본값을 사용해도 좋습니다.

소프트 섀도우를 비활성화한 앞머리 그림자

소프트 섀도우를 활성화한 앞머리 그림자

큐브 크기는 **태양** 이외의 라이트를 사용할 때 값을 올려야 하지만 이
책에서는 **태양**만 사용하기 때문에 여기에서는 **캐스케이드 크기**를
4096 px로 설정합니다. 그러면 고품질의 그림자를 표현할 수 있습니
다. 그리고 High Bit Depth와 소프트 새도우도 그림자의 품질을 보다
높이기 위해 활성화하면 좋습니다.

11 태양 설정하기

Step

다음으로 **태양** 관련 설정을 합니다. 3D 뷰포트에서 **태양**을 선택
(또는 오른쪽 위 아웃라이너에서 선택)합니다. 오른쪽 프로퍼티스
의 **오브젝트 데이터 프로퍼티스**를 클릭하면 **태양**과 관련된 다양
한 설정 항목이 표시될 것입니다. 각 항목에 관해 설명합니다.

라이트: 라이트 관련 설정을 합니다.

컬러	라이트 색을 변경할 수 있습니다.
강도	빛 세기를 변경할 수 있습니다.
확산	빛 확산 정도를 변경할 수 있습니다.
반사	반사광 관련 설정을 할 수 있습니다.
볼륨	오브젝트 안에는 '볼륨'이라는 입자 같은 것이 존재합니다. 이 입자에 관한 라이트 설정을 할 수 있습니다.
각도	값이 클수록 그림자가 분산됩니다.

새도우: 오브젝트에 의해 떨어지는 그림자 관련 설정을 합니다. 이
항목이 비활성화되어 있다면 활성화합니다.

성향	**셀프 새도우**라 부르는, 오브젝트에 의해 **떨어지는 그림자** 관련 설정을 합니다. 값이 클수록 그림자가 사라지고 값이 작을수록 그림자가 표시됩니다.

계단식 새도우 맵: **태양**에만 관련된 기능으로 보다 상세하게 **태양**
의 영향을 받아 오브젝트에 의해 떨어지는 그림자 관련 설정을 합
니다.

개수	값이 클수록 그림자가 선명해집니다.
페이드	0보다 크면 그림자가 흐려집니다(단, **렌더 프로퍼티스**의 그림자의 소프트 새도우를 활성화해야 효과가 제대로 반영됩니다).
최대 거리	값을 크게 하면 시점을 오브젝트에서 매우 멀리 떨어뜨려도 오브젝트에 그림자가 표시됩니다. 대신 그림자의 상세도가 낮아집니다. 반대로 값을 작게 하면 일정 거리 이상 떨어졌을 경우 그림자가 사라지지만 그림자의 상세도가 높아집니다. 이 항목은 **원근법**에서만 동작합니다.
분포	값을 키우면 뷰포트에 가까울수록 해상도가 높아집니다. 이 항목도 **원근법**에서만 동작합니다.

접촉 새도우: 활성화하면 계단식 새도우 맵에서는 나타나지 않는 위치에 올바르게 그림자를 만듭니다. 하지만 접
촉 새도우는 흐릿한 그림자 혹은 부자연스럽게 그림자를 만들기 때문에 카툰 렌더링에서는 일반적으로 비활성화
하는 것이 좋습니다.

거리	값이 클수록 오브젝트와 그림자 사이의 그림자가 늘어납니다.
성향	오브젝트에 의해 떨어지는 그림자를 피하는 설정 항목으로 값이 클수록 오브젝트와 그림자 사이의 그림자가 흐려지고, 값이 작을수록 그림자가 선명하게 표시됩니다.
두께	차폐를 탐지하기 위해 사용하는 픽셀의 폭입니다. 값이 클수록 오브젝트와 그림자 사이에 생기는 그림자가 늘어나며, 값이 작을수록 그림자가 점점 사라집니다. 그림자 크기를 조정할 때 사용합니다.

Next Page ▶

지금까지 다양한 라이트 관련 항목에 관해 소개했습니다. 그렇다면 카툰 렌더링에서는 어떤 라이트 설정이 가장 좋을까요? 안타깝지만 이 질문에 관한 절대적인 답은 없습니다. 만드는 작품이나 표현에 따라 설정을 바꾸어야 합니다. 이하 항목들을 잘 기억하고 여러분이 만드는 작품에 활용하는 것이 최선입니다. 여기에서는 '왜 이 라이트를 설정했는가?'에 관한 설명과 함께 진행합니다.

먼저 **라이트** 패널 설정입니다. 여기는 만드는 작품에 따라 다양하게 설정해야 하는 위치입니다. 이 책에서 만드는 캐릭터에서는 **각도** 이외에는 기본값으로 설정해도 좋습니다. 카툰 렌더링에서는 그림자를 흩어지게 하지 않는 것이 좋으므로 **각도**는 '0'으로 설정합니다.

다음으로 **섀도우** 패널을 설정합니다. **성향**은 오브젝트에 의해 떨어지는 그림자에 관한 항목이므로 '0'으로 설정해 오브젝트에 의해 떨어지는 그림자를 표시합니다.

그리고 계단식 섀도우 맵을 설정합니다. **개수**는 기본적으로 선명도를 높이는 것이 좋으므로 '4'를 유지하는 것이 좋습니다. **페이드**는 0 보다 크면 그림자가 흐려지며 애니메이션의 느낌이 사라질 가능성이 높으므로 여기에서는 '0'으로 설정합니다. **최대 거리**는 너무 작으면 시점이나 카메라를 멀리 떨어뜨렸을 때 그림자가 사라지지만, 그렇다고 해서 너무 크면 오히려 그림자가 선명해지지 않으므로 여기에서는 '10'으로 설정합니다. **분포**는 기본적으로 그림자의 해상도가 높아지므로 여기에서는 '1'로 설정합니다. **접촉 섀도우**를 활성화하면 예상치 못한 위치에 그림자가 생길 가능성이 높으므로 **비활성화**합니다(단, **접촉 섀도우**도 만드는 작품이나 표현에 따라서는 활성화하는 편이 좋을 수도 있습니다).

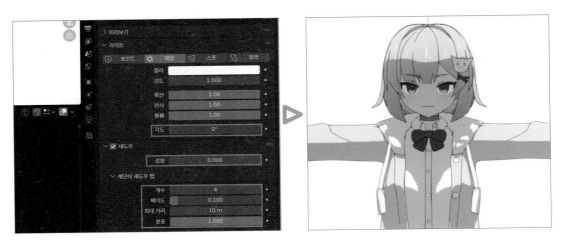

12 라이트 회전하기

Step

설정을 마쳤다면 라이트를 회전시킵니다. 라이트의 **태양**이 선택된 것을 확인하고 프로퍼티스의 **오브젝트 프로퍼티스**를 클릭한 뒤 회전 X를 '82' 정도로 입력합니다. 그러면 캐릭터 얼굴에 라이트를 비추게 되어 앞머리에 그림자가 생길 것입니다.

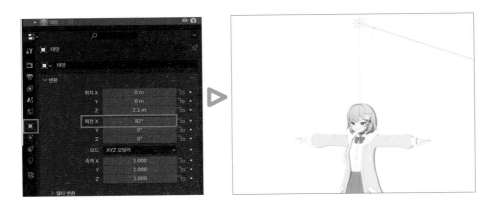

13 눈 그림자 설정하기

Step

하지만 이렇게 조정한 결과 눈 안에 불필요한 그림자가 생깁니다. 이것은 **Skin**, **Eye**, **Eyelash**, **White_Eye** 총 4개 매테리얼에 의해 만들어진 그림자입니다. 그래서 각 매테리얼을 설정해 그림자를 숨깁니다. 매테리얼을 설정하는 순서는 크게 관계없지만 여기에서는 **Eye** 매테리얼부터 설정합니다. **Eye** 매테리얼을 클릭합니다.

아래쪽을 보면 **설정** 패널이 나타납니다. 패널 안에는 **그림자 모드** 항목이 있습니다. 이 항목은 **그림자를 표시하는 방법**을 결정하는 것입니다. 여기에서는 그림자는 숨길 것이므로 **없음**을 선택합니다. 그러면 **Eye** 매테리얼을 할당한 위치의 그림자를 숨길 수 있습니다. 다음으로 **Skin**, **Eyelash**, **White_Eye**에 대해서도 같은 조작을 합니다(라이트의 **접촉 섀도우**를 활성화하면 **그림자 모드**를 없음으로 설정하더라도 다시 그림자가 만들어지므로 이 항목은 반드시 **비활성화**합니다).

※ 마쳤다면 셰이더 에디터 오른쪽 위 모드 전환에서 오브젝트로 되돌립니다.

 ▷

5-4 안쪽 페이스 설정

사소한 조정일 수 있지만 모델의 품질을 높이기 위한 중요한 포인트에 관해 설명합니다

01 Parka 오브젝트 선택하기

Step

오브젝트 모드에서 3D 뷰포트 오른쪽 위 **뷰포트 셰이딩**에서 **매테리얼 미리보기**로 전환한 뒤 **Parka** 오브젝트를 선택합니다(또는 오른쪽 위 아웃라이너에서 선택). 안쪽을 보면 바깥쪽과 같은 형태로 되어 있으므로 여기에도 그림자가 떨어지도록 설정합니다.

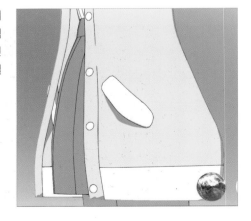

Chapter 1
Chapter 2
Chapter 3
Chapter 4
Chapter 5
Chapter 6
Chapter 7

02 조합 컬러 추가하기

Step
매테리얼 프로퍼티스에서 **Parka** 매테리얼을 클릭하고 셰이더 에디터 안에서 추가의 단축키인 **Shift+A**키를 누른 뒤 컬러 → **조합 컬러**를 추가합니다. 다음으로 **조합 컬러**와 **매테리얼 출력**을 연결합니다. 추가한 이 조합 컬러의 B의 컬러를 왼쪽 A의 컬러(그림자 색)에서 스포이트 합니다.

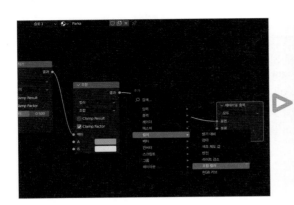 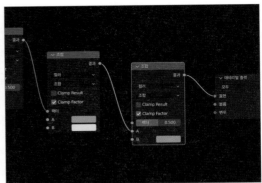

03 지오메트리 노드 추가하기

Step
새롭게 노드를 추가합니다. 셰이더 에디터 안에서 추가의 단축키인 **Shift+A**키를 누른 뒤 입력 → **지오메트리**를 추가합니다. 이것은 텍스처 좌표와 비슷해 혼동하기 쉬우나 모델의 그림자 등의 정보를 조정하는 노드입니다. 설명이 복잡하므로 여기에서는 사용 용도를 파악하기 쉬운 **백페이싱**에 관해서만 설명합니다.
백페이싱은 문자 그대로 뒤쪽 방향의 페이스를 설정할 수 있는 항목입니다. 여기를 **조합 컬러**의 팩터와 연결하면 안쪽 면을 연결한 **조합 컬러**의 B의 색(또는 텍스처)로 변화합니다. 즉, A는 바깥쪽 페이스, B는 안쪽 페이스가 됩니다.

04 노드 설정하기

Step
지오메트리의 백페이싱을 조합 컬러의 팩터로 연결한 뒤 **Parka2** 매테리얼도 같은 노드 구성으로 합니다(**Ctrl+C**키 → **Ctrl+V**키로 지오메트리, 조합 컬러 노드를 복사하면 작업 시간을 줄일 수 있습니다. 그리고 B의 색을 그림자의 색으로 바꾸는 것도 잊지 맙시다).

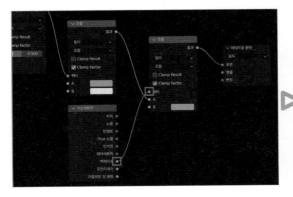 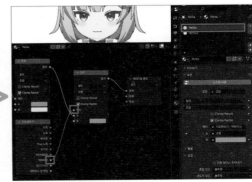

05 고양이 머리핀 안쪽 페이스 처리하기

Step

앞과 같은 조작을 고양이 머리핀 안쪽에도 적용합니다. **Hair** 오브젝트를 선택하고 매테리얼 프로퍼티스에서 **Neko_Barrette** 매테리얼을 클릭합니다. 셰이더 에디터 안에서 **지오메트리**와 **조합 컬러**를 그림과 같이 연결하면 고양이 머리핀의 안쪽 페이스에 텍스처가 표시되지 않게 됩니다(B의 색을 그림자 색으로 바꾸는 것을 잊지 맙시다).

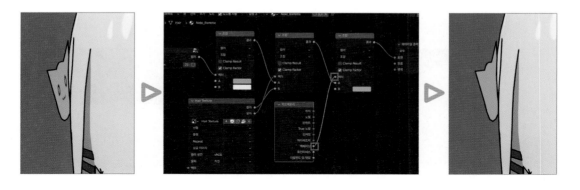

06 스커트 노드 설정하기

Step

스커트(**Skirt** 오브젝트의 **Skirt** 매테리얼) 안쪽에도 같은 노드를 구성하면 좋습니다.

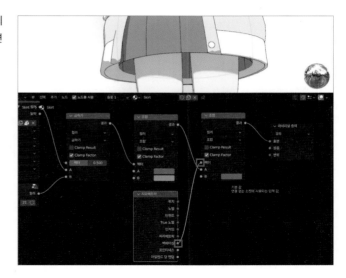

이것으로 라이팅, 매테리얼 설정을 마쳤습니다. 그 밖에 조정하고 싶은 부분이 있다면 기호에 따라 수정합니다.

5-5 기타 수정

■ 기타 수정 위치 1

팔의 주름에 라인을 설정했습니다. 이 주름을 의도적으로 끊어서 라인처럼 나타내기 위해서였습니다. 에디트 모드(Tab키)로 전환하고 에지를 선택한 뒤 Ctrl+E키 → 프리스타일 에지를 지우기로 라인을 줄입니다.

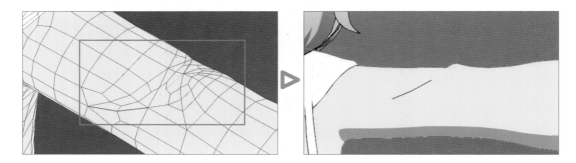

■ 기타 수정 위치 2

매테리얼로 눈썹을 투과시켰지만 현재 두부의 라인이 표시되고 있을 것입니다. 이를 방지하기 위한 설정을 했습니다.

01

버텍스 그룹 만들기

Step

오브젝트 모드(Tab키)에서 Eyelash 오브젝트를 선택합니다. 오른쪽 프로퍼티스의 오브젝트 데이터 프로퍼티스에서 + 버튼을 클릭하고 Line02라는 이름의 버텍스 그룹을 만듭니다. 다음으로 Eyelash 오브젝트의 에디트 모드(Tab키)로 전환하고 눈썹을 연결된 모두 선택(Ctrl+L키)으로 선택한 뒤 웨이트에 '1'을 할당합니다. 작업을 마쳤다면 다시 오브젝트 모드로 되돌아옵니다.

02 오브젝트 데이터 프로퍼티스 설정하기

Step

다음으로 오른쪽 위 아웃라이너에서 라인 아트인 Line_Front를 선택합니다. 프로퍼티스의 **오브젝트 데이터 프로퍼티스**의 버텍스 그룹에서 + 버튼을 클릭하고 새롭게 **Line02**를 추가합니다.

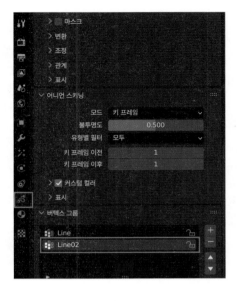

03 모디파이어 프로퍼티스 설정하기

Step

Line_Front의 모디파이어 프로퍼티스를 클릭한 뒤 라인 아트 프로퍼티스에 **Vertex Weight Transfer** 패널을 클릭합니다. 여기에서 버텍스 그룹의 **Filter Source**에 **Line02**를 입력하면 오브젝트에 설정한 버텍스 그룹을 전송할 수 있습니다. 만약 설정은 정확하게 되었지만 버텍스 그룹이 반영되지 않는다면 여기에 전송할 버텍스 그룹 이름을 입력합니다. **불투명도** 모디파이어의 **영향** 패널에 있는 **버텍스 그룹**도 **Line02**로 설정합니다. 하지만 이 상태에서는 눈썹만 투과될 것이므로 버텍스 그룹 이름 오른쪽에 있는 좌우 화살표 아이콘을 클릭해 활성화합니다. 이 아이콘은 버텍스 그룹의 효과를 반영하는 기능입니다. 이것으로 설정을 마쳤습니다.

◼ 기타 수정 위치 3

목덜미가 두부를 따르도록 해서 아래쪽에서 봤을 때 얼굴에 위화감이 들지 않게 합니다(**G키**를 사용해 이동하거나 메쉬를 선택하고 연결된 모두 선택의 단축키인 **Ctrl+L키**를 누른 뒤 **S키**를 사용해 크기를 조정합니다). 그리고 안쪽 머리카락이 후두부를 감싸도록(관통하지 않도록) 메쉬를 **이동(G키)**해 수정합니다. 이미 UV 전개를 완료한 메쉬의 버텍스 삭제나 추가 등은 오류의 원인이 되므로 할 수 없지만 아주 약간의 버텍스 이동이라면 UV 맵이 다소 왜곡될 수도 있지만, 세세한 텍스처를 그리지 않는 한 특별한 문제는 없을 것입니다. 여기는 정말로 사소한 부분이므로 수정 여부는 여러분의 판단에 맡깁니다.

표정을 만들자

이번 장에서는 셰이프 키를 사용해 캐릭터의 표정을 만듭니다.

Chapter 5

1 준비

현재 상태에서는 애니메이션을 만들어도 표정이 변하지 않으므로 무표정한 캐릭터라는 인상을 줍니다. 여기에서는 셰이프 키 기능을 사용해 캐릭터의 풍부한 표정을 만듭니다. 먼저 셰이프 키를 사용하기에 앞서 여러가지 준비를 합니다.

1-1 셰이프 키 사용 시 주의점

셰이프 키를 사용할 때 주의할 점이 있습니다. 셰이프 키를 만들면 **모디파이어를 적용할 수 없다**는 점입니다. 지금까지의 만든 모델에서는 모디파이어인 **미러**나 **섭디비전 표면**을 이미 적용했기 때문에 문제가 없지만 셰이프 키를 사용할 때는 이 점에 주의해야 합니다.

단, **아마튜어** 모디파이어는 적용하지 않습니다. **아마튜어**를 적용하면 포즈를 변경할 수 없도록 되기 때문입니다. 그리고 블렌더 안에서 모델을 사용한다면 **데이터 전송**도 그대로 둡니다. 이를 적용하면 셰이프 키를 사용할 때 노멀이 파손되기 때문입니다(데이터 전송은 유니티 등 외부로 가져갈 때는 적용해야 하며, 그때는 노멀 관련 설정을 유니티 쪽에서 해야 합니다). 그리고 셰이프 키를 사용하려면 각 오브젝트를 합쳐야 합니다.

셰이프 키로 여러 가지 표정을 만들 수 있다.

1-2 　실제 준비

01 워크스페이스, 오브젝트 표시하기 및 모드 설정하기

Step 먼저 셰이프 키 작업을 쉽게 할 수 있도록 화면 위쪽 워크스페이스에서 **Layout**을 클릭한 뒤 오른쪽 위 아웃라이너에서 **Line Art** 컬렉션과 **Hair** 컬렉션의 뷰 레이어에서 제외 항목의 체크를 해제합니다(라인 아트가 있으면 라인이 표시되어 작업하기 어려우므로 머리카락은 눈썹을 움직이기 쉽게 하기 위해 우선 숨깁니다). 그리고 **오브젝트 모드**에서 앞쪽 시점(넘버패드 1)으로 전환하고 3D 뷰포트 오른쪽 위 **뷰포트 셰이딩**이 **매터리얼 뷰**로 되어 있는지 확인합니다(솔리드에서는 표정을 알아보기 어렵습니다).

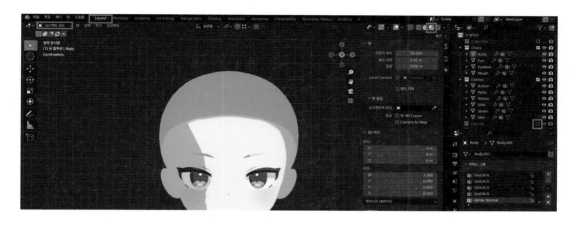

02 오브젝트 합치기

Step 다음으로 오른쪽 위 아웃라이너에서 **Ctrl+마우스 좌클릭**해 **Eyelash** 오브젝트 → **Mouth** 오브젝트 → **Body** 오브젝트 순서로 선택합니다. 마지막으로 Body 오브젝트를 선택해야 Body 오브젝트에 있는 모디파이어의 데이터 전송이 사라지지 않으므로 주의합니다. 다음으로 합치기의 단축키인 **Ctrl+J키**를 누르면(헤더 안에 있는 **오브젝트 → 합치기**에서도 선택할 수 있음) **Body**만 오브젝트가 결합됩니다. 이것으로 준비를 마쳤습니다.

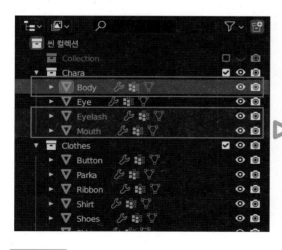 

MEMO

오브젝트 합치기를 할 때 블렌더가 강제 종료될 수 있습니다. 강제 종료가 발생하면 블렌더 3.6.14 LTS 버전에서 오브젝트 합치기를 한 뒤 블렌더 3.4에서 작업을 계속해 주십시오. 블렌더 3.6.14는 https://download.blender.org/release/Blender3.6/ 에서 다운로드 할 수 있습니다.

2

셰이프 키

셰이프 키는 오리지널 메쉬를 기반으로 여러 가지 변형을 할 수 있는 기능입니다. 다른 소프트웨어에서는 모핑(morphing) 또는 블렌딩 셰이프 등으로 불립니다. 캐릭터의 눈을 감게 하거나 미소를 짓는 상태로 만드는 등 여러 가지 표정(메쉬)를 기록해 간단하게 표정을 만들 수 있습니다. 셰이프 키는 애니메이션을 만들 때 자주 사용하는 기능입니다.

2-1 기반 셰이프 키 만들기

여기에서는 셰이프 키 조작 방법을 소개합니다. 조작 방법을 익히고 실제로 표정을 만듭니다.

01 기반 추가하기
Step

먼저 셰이프 키로 표정을 만듭니다. **오브젝트 모드**에서 **Body** 오브젝트를 선택하고 오른쪽 프로퍼티스의 **오브젝트 데이터 프로퍼티스**를 클릭합니다. 그 안에 **셰이프 키** 패널을 클릭합니다. 기본값 상태에서는 아무것도 들어있지 않으므로 여기에 새로운 셰이프 키를 추가합니다. 오른쪽 + 아이콘 버튼(셰이프 키 추가)을 클릭하면 **기반**이라는 이름의 셰이프 키가 만들어집니다.

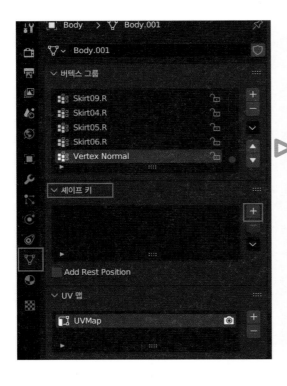
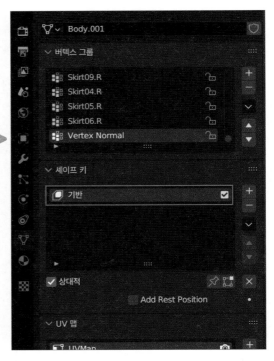

02 키 추가하기

Step

셰이프 키를 처음 추가하면 **기반**이라는 오리지널
메쉬 데이터가 추가됩니다. 여기에서 + 버튼을 한
번 더 클릭하면 **키 1** 항목이 추가됩니다. 가장 위
에 있는 **기반**을 기준으로 해 그 아래에 있는 셰이
프 키를 에디트 모드에서 변형하는 것이 기본적인
셰이프 키 조작 방법입니다.

셰이프 키 조작에 관해 간단하게 설명합니다.

기반과 **키 1**을 각각 클릭하면 해당 셰이프 키를 선택해 조
정할 수 있습니다. **현재, 어떤 셰이프 키를 선택한 상태인
지 항상 주의해야** 합니다. A라는 셰이프 키를 조작했다고
생각했는데 실제로는 B 셰이프 키를 조작하고 있었⋯는
상황도 자주 발생합니다.

셰이프 키를 삭제할 때는 삭제할 셰이프 키를 선택한 상태에
서 + 버튼 아래의 - 버튼을 클릭합니다. 불필요한 셰이프 키
를 만들었다면 이 조작으로 삭제합니다. 단, 셰이프 키 추가
와 삭제는 **오브젝트 모드**에서만 가능하므로 주의합니다. 오
른쪽 아래의 위쪽/아래쪽 화살표 아이콘을 사용해 셰이프 키
를 이동할 수 있음으로 위치를 조정할 때 사용합니다. 단, 셰
이프 키는 **가장 위에 위치한 셰이프 키가 기반이 되므로** 순
서를 임의로 변경하지 않는 것이 좋습니다. 기타 조작 방법
에 관해서는 실제로 표정을 만들면서 설명합니다.

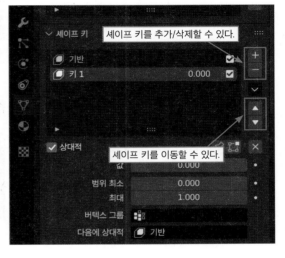

셰이프 키를 추가/삭제할 수 있다.

셰이프 키를 이동할 수 있다.

POINT

'기반'에 관해

기반은 기본적으로 선택하지 않도록 합니다. 기반을 **에디트 모드(Tab키)**에서 수정하면 다른 셰이프 키도 그로 인해 깨질 수 있
기 때문입니다. 셰이프 키를 사용한 상태에서 메쉬를 추가 혹은 삭제하는 조작에 의해 기록 위치가 어긋나 메쉬가 완전히 깨지기
도 합니다. 셰이프 키는 **메쉬를 완성한 뒤** 사용하는 것이 원칙입니다.

2-2   눈 깜빡이기

01 셰이프 키 이름 변경하기

Step 셰이프 키 이름을 더블 클릭해 이름을 변경할 수 있습니다. 키 1을 더블 클릭하고 'Close'라고 입력합니다. 셰이프 키 이름은 가능한 알기 쉬운 이름을 사용하면 쉽게 관리할 수 있습니다.

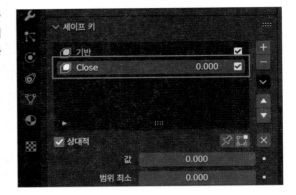

02 에디트 모드로 전환하기

Step Body 오브젝트의 에디트 모드(Tab키)로 전환하고 좌우 대칭으로 편집할 수 있도록 3D 뷰포트 오른쪽 위 대칭 메뉴의 X를 활성화 합니다. 그리고 프로퍼티스의 셰이프 키에서 Close가 선택되어 있는지 확인합니다.

03 속눈썹 숨기기

Step 먼저 눈을 감게 할 것이므로 양쪽 속눈썹 메쉬를 선택하고 연결된 모두 선택(Ctrl+L키)을 사용합니다. 그리고 숨기기의 단축키인 H키를 눌러 우선 속눈썹을 숨깁니다.

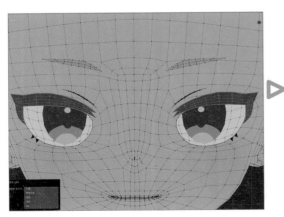 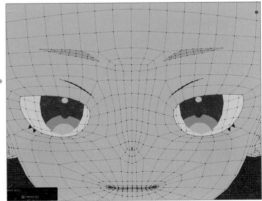

04 눈꺼풀 닫기

윗눈꺼풀과 아랫눈꺼풀을 **이동(G키) → Z키**, **이동(G키) → Y키**, **슬라이드 이동(G키를 2번 누르거나 Shift+V키)**
을 사용해 붙입니다. 윗눈꺼풀만 움직이는 것이 아니라 아랫눈꺼풀도 조금 위로 올리면 좋습니다. 그리고 눈을 감
았을 때의 사이가 벌어지지 않도록 하기 위해 약간 메쉬가 가운데로 들어가도 괜찮습니다. 3D 뷰포트 오른쪽 위
X-Ray를 토글(**Alt+Z키**)도 필요에 따라 전환하면 좋습니다. 셰이프 키에서 작업하는 동안에는 버텍스 분할이나
삭제 등은 하지 않도록 합시다.

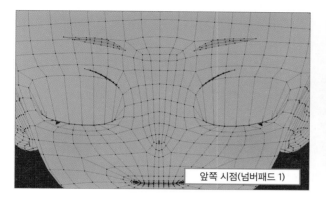

앞쪽 시점(넘버패드 1)

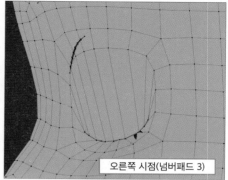

오른쪽 시점(넘버패드 3)

05 속눈썹 표시하기 및 이동하기

Alt+A키로 선택 해제(또는 **A키**를 2번 누름)
하고 숨긴 대상을 표시하는 **Alt+H키**를 눌러
속눈썹을 재표시합니다. 재표시하고 이미 속
눈썹을 선택한 상태이므로 **이동(G키) → Z키**,
이동(G키) → Y키를 사용해 눈을 감은 위치
부근에 매치합니다. 대략적인 위치라도 문제
없습니다.

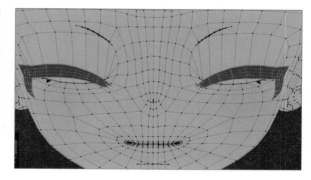

06 비례 편집 활성화하기

속눈썹의 버텍스 수가 많으므로 일일이 버
텍스를 이동하면 많은 수고가 듭니다. 3D
뷰포트 위쪽 **비례 편집**을 활성화합니다. 다
음으로 오른쪽 메뉴에서 **연결된 항목 만**을
활성화합니다. 이렇게 하면 연결되어 있는
메쉬만 비례 편집의 영향을 받도록 할 수
있습니다.

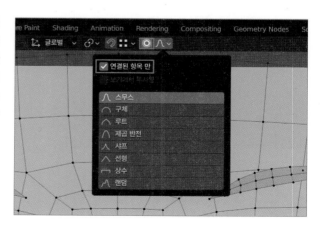

07 속눈썹 조정하기

Step

비례 편집을 사용하면서 **이동(G키)**으로 조정합니다.

❶ 눈꼬리쪽 속눈썹은 나중에 안쪽으로 이동하므로 우선 그대로 둡니다. 기본적으로 비례 편집의 회색 원은 너무 크지 않을 정도로 조정하는 것이 좋습니다. 만약 회색 원이 보이지 않는다면 원이 너무 큰 상태일 가능성이 있으므로 마우스 휠을 돌려 작게 만듭니다. 눈을 감았을 때 속눈썹의 형태는 완만한 U자를 생각하면 좋습니다.

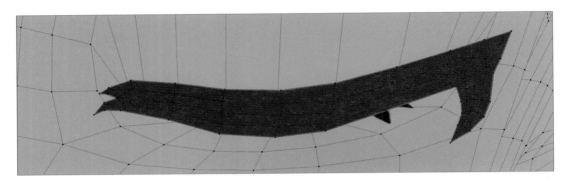

❷ 속눈썹의 눈꼬리쪽 버텍스를 Shift키로 선택하고 **회전(R키)**과 **축적(S키)**을 사용해 속눈썹 안쪽으로 이동합니다. 그리고 원래 형태(베이스)에서는 눈꼬리쪽 눈꺼풀과 눈꼬리쪽 속눈썹은 메쉬가 겹쳐져 있으므로 셰이프 키에서 눈을 감겼을 때도 가능한 이 위치가 어긋나지 않도록 **이동(G키)**으로 조정합니다. 이렇게 하면 눈을 감고 있을 때 눈꼬리쪽 메쉬가 많이 깨지지 않게 됩니다. Next Page ▶

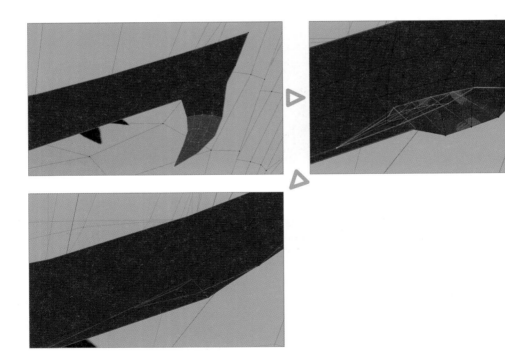

프로퍼티스의 셰이프 키 안에 있는 **기반**과 **Close**를 번갈아 클릭하면 눈을 빠르게 뜨고 감을 수 있습니다. 필요에 따라 전환하면서 조정합니다.

Chapter 1

Chapter 2

Chapter 3

Chapter 4

Chapter 5

Chapter 6

Chapter 7

 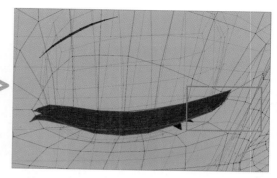

❸ 다양한 각도에서 보면서 눈꺼풀과 속눈썹에 간격은 없는지 확인합니다. 만약 간격이 있다면 **이동(G키)**으로 조정합니다.

❹ 윗눈꺼풀의 메쉬는 감은 눈꺼풀에 맞춰 형태를 변경합니다. 라인 아트로 표시했을 때 이상한 곳에 라인이 표시되지 않으면 됩니다. 그 밖에 겹쳐진 메쉬도 약간 내리면 좋습니다.

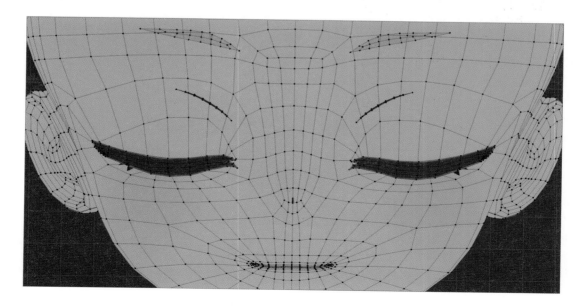

08 오브젝트 모드에서 동작 확인하기

Step 오브젝트 모드(Tab키)로 전환합니다. 프로퍼티스의 셰이프 키 안의 **Close** 오른쪽 숫자를 마우스 좌클릭 드래그합니다. 앞서 만든 셰이프 키의 움직임을 확인할 수 있습니다. 만약 메시가 깨진다면 다시 에디트 모드(Tab키)로 전환해 조정합니다.

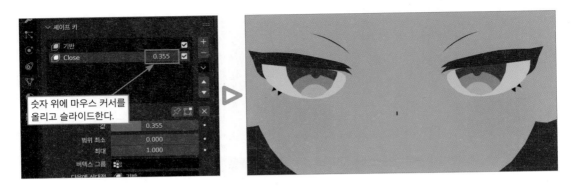

09 Line Art를 표시하고 조정하기

Step 오른쪽 위 아웃라이너에서 우선 Line Art의 뷰 레이어 제외를 활성화하고 표시합니다. 카메라 시점(넘버패드 0)으로 전환한 상태에서 사이드바(N키)의 뷰의 **Camera to View**를 활성화합니다. 그리고 눈을 감았을 때 윗눈꺼풀에 이상한 라인이 표시되지 않는지 확인합니다. 만약 이상한 라인이 표시되었다면 메시가 돌출되어 있거나 메시들이 겹쳐졌을 가능성이 있으므로 에디트 모드(Tab키)로 전환해서 수정합니다. 조정을 마쳤다면 다시 Line Art의 뷰 레이어를 제외를 비활성화합니다.

10 셰이프 키 추가하기

Step

오른쪽 눈 또는 왼쪽 눈만 감을 수 있도록 하면 윙크 같은 표정을 만들 수 있습니다. 한쪽 눈만 감을 수 있도록 셰이프 키를 만듭니다. 그리고 눈을 감는 셰이프 키를 새로 만들기는 번거로우므로 이미 만든 셰이프 키인 Close 메쉬의 위치 정보를 복사하는 방법으로 셰이프 키를 만듭니다.

오브젝트 모드로 전환한 뒤 프로퍼티스의 오브젝트 데이터 프로퍼티스 안에 있는 셰이프 키 패널에서 + 버튼을 2번 클릭하고 새롭게 2개의 셰이프 키를 추가합니다. 셰이프 키 이름을 더블 클릭한 뒤 이름을 'Close_L', 'Close_R'로 합니다.

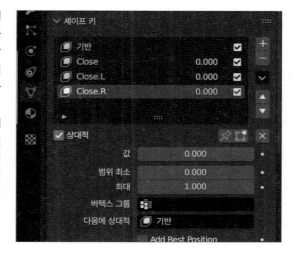

11 왼쪽 선택하기

Step

Body 객체에서 에디트 모드(**Tab**키)로 전환하고 프로퍼티스에 있는 셰이프 키 중 **Close_L**을 클릭합니다. 3D 뷰포트 오른쪽 위 **X-Ray**를 토글(**Alt+Z**키)을 활성화하고 왼쪽 눈의 메쉬가 변형하는 범위를 박스 선택(**B**키)로 선택합니다.

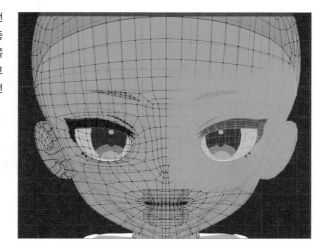

12 셰이프 키에서 블렌딩하기

Step

다음으로 헤더 안에 있는 버텍스(**Ctrl+V**키) → **Blend from Shape**를 클릭합니다. 이것은 다른 셰이프 키의 버텍스를 복사할 수 있는 기능입니다.

Chapter 1
Chapter 2
Chapter 3
Chapter 4
Chapter 5
Chapter 6
Chapter 7

13
Step

셰이프 키를 블렌딩하기
왼쪽 아래 오퍼레이터 패널이 표시됩니다. 셰이프 항목을 클릭하고 Close 셰이프 키를 추가합니다. 그리고 추가를 비활성화하면 한쪽 눈만 감은 셰이프 키를 만들 수 있습니다.

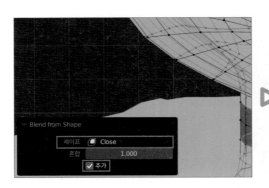
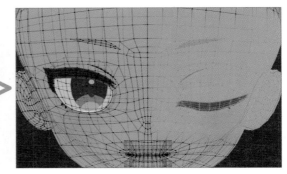

14
Step

오른쪽 눈에 같은 설정 적용하기
오른쪽 눈에도 같은 설정을 적용합니다. 프로퍼티스에 있는 셰이프 키의 **Close_R**을 클릭하고 **X-Ray**를 토글(Alt+Z키)을 활성화합니다. 그 상태에서 박스 선택(B키)으로 오른쪽 눈의 메쉬를 변형할 위치를 선택합니다. 헤더 안에 있는 **버텍스(Ctrl+V키) → Blend from Shape**를 클릭하고 셰이프 항목을 클릭해 Close 셰이프를 추가한 뒤 추가를 비활성화합니다. 작업을 마쳤다면 **오브젝트 모드(Tab키)**로 전환하고 셰이프 키 값을 좌우로 드래그해 동작을 확인합니다.

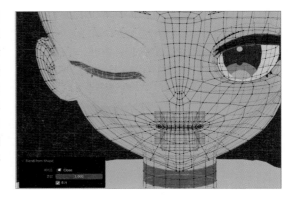

2-3 미소 만들기

01
Step

셰이프 키 추가하기
다음으로 웃는 눈의 셰이프 키를 만듭니다. **오브젝트 모드**인지 확인하고 프로퍼티스의 **오브젝트 데이터 프로퍼티스** 안에 있는 **셰이프 키** 패널에서 + 버튼을 클릭해 새로운 셰이프 키를 추가합니다. 셰이프 키 이름을 더블 클릭하고 이름을 'Smile'로 합니다.

02 눈 감기기

Step
앞과 마찬가지로 좌우 속눈썹 메쉬를 선택하고 연결된 모두 선택(Ctrl+L키)을 사용한 뒤 숨기기(H키)합니다. 우선 3D 뷰포트 위에 있는 비례 편집(O키)은 비활성화한 상태에서 이동(G키) → Z키, 이동(G키) → Y키, 슬라이드 이동(G키를 2번 누르거나 Shift+V키)으로 눈을 감게 합니다. 앞쪽 시점(넘버패드 1)이나 오른쪽 시점(넘버패드 3)을 번갈아 가면서 편집 작업을 하면 좋습니다. 눈동자를 중앙으로 한 상태에서 눈꺼풀을 닫으면 좋을 것입니다.

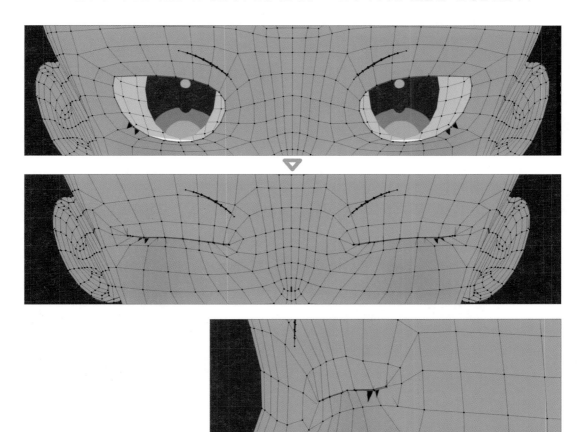

03 속눈썹 이동하기

Step
Alt+H키로 숨긴 대상을 표시하고 3D 뷰포트 위쪽 비례 편집(O키)을 활성화합니다. 그뒤 눈꺼풀과 속눈썹 사이에 간격이 없도록 이동(G키), 회전(R키)을 사용해 조정합니다.

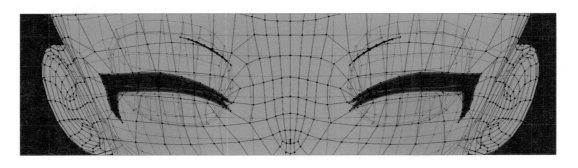

Chapter 1
Chapter 2
Chapter 3
Chapter 4
Chapter 5
Chapter 6
Chapter 7

04 속눈썹 조정하기

Step

마찬가지로 눈꼬리쪽 속눈썹과 눈꼬리쪽 눈꺼풀을 맞추면 눈을 반쯤 떴을 때 속눈썹과 눈꺼풀이 딱 맞게 됩니다. 오브젝트 모드(Tab키)로 전환하고 Smile의 값을 0.5 등으로 조정해 속눈썹과 눈꺼풀이 일치하는지 확인하면 좋습니다. 일치시키기 어려울 때는 그대로 다음 단계로 진행해도 좋습니다.

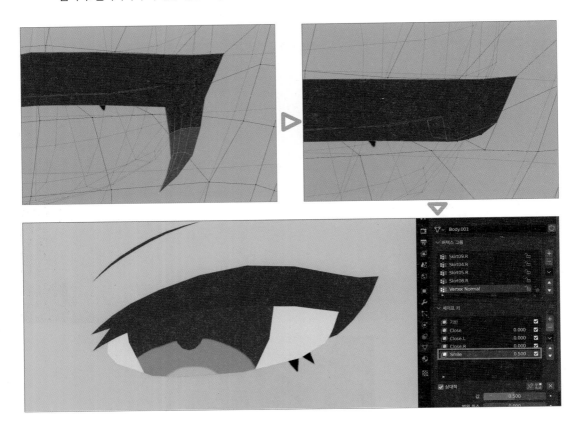

05 셰이프 키 추가하기

Step

여기에서도 감은 눈과 마찬가지로 좌우 각각 웃는 눈이 되도록 합니다. 오브젝트 모드(Tab키)로 전환하고 프로퍼티스의 오브젝트 데이터 프로퍼티스 안에 있는 셰이프 키 패널에서 + 버튼을 2번 클릭해 새롭게 2개의 셰이프 키를 추가합니다. 셰이프 키 이름을 더블 클릭하고 이름은 'Smile_L', 'Smile_R'로 합니다.

06 Smile_L 설정하기

Step

Body 오브젝트의 에디트 모드(Tab키)로 전환하고 프로퍼티스에 있는 셰이프 키 Smile_L을 클릭합니다. 3D 뷰포트 오른쪽 위 X-Ray를 토글(Alt+Z키)을 활성화하고 왼쪽 눈에서 메쉬가 변경하는 범위를 박스 선택(B키)으로 선택합니다. 그리고 버텍스 메뉴(Ctrl+V키)에서 **Blend from Shape**를 선택합니다.

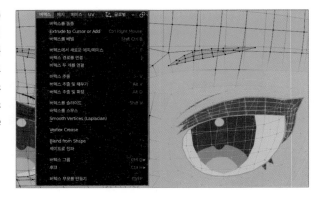

07 Smile_R 설정하기

Step

왼쪽 아래 오퍼레이터 패널에서 셰이프 키를 Smile로 하고 **추가** 항목을 비활성화합니다. 그리고 셰이프 키 **Smile_R**을 선택하고 같은 앞과 같은 조작을 오른쪽 눈에도 적용합니다.

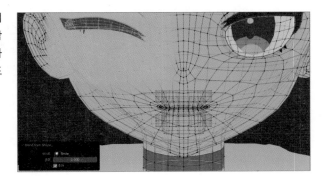

2-4 기타 눈 셰이프 키 만들기

캐릭터의 표정을 보다 풍부하게 하기 위해 새로운 셰이프 키를 추가합니다.

01 셰이프 키 추가하기

Step

오브젝트 모드(Tab키)로 전환하고 프로퍼티스의 셰이프 키에서 + 버튼을 3번 클릭합니다. 각각의 이름을 'Open', 'Anger', 'Sad'로 변경합니다. 'Open'는 놀랐을 때 등 크게 뜬 눈, 'Anger'는 화난 눈, 'Sad'는 슬픈 눈을 나타냅니다.

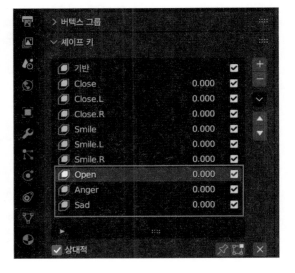

02 세이프 키 편집하기

Step

각 세이프 키의 **에디트 모드(Tab키)**로 전환하고 표정을 만듭니다. 덧붙여 에디트 모드 상태에서 프로퍼티스의 세이프 키 항목을 클릭하면 해당 세이프 키를 편집할 수 있습니다. 반복하지만 어떤 세이프 키를 편집하고 있는지를 항상 확인합니다.

❶ Open은 3D 뷰포트 위 **비례 편집(O키)**를 활성화한 뒤 3D 뷰포트 오른쪽 위 **X-Ray를 토글(Alt+Z키)**을 활성화하고 **박스 선택(B키)**으로 속눈썹, 눈꺼풀 메쉬를 선택한 상태에서 **이동(G키)**으로 조금씩 위로 올리는 것만으로 충분합니다. 쌍꺼풀을 선택하고 **연결된 모두 선택(Ctrl+L키)**한 뒤 **이동(G키)**이나 **회전(R키)**하는 것도 잊지 맙시다. 한층 놀란 표정으로 만들기 위해 눈동자를 작게 만들고 싶을 때는 눈동자에 설정한 본을 조정하면 됩니다.

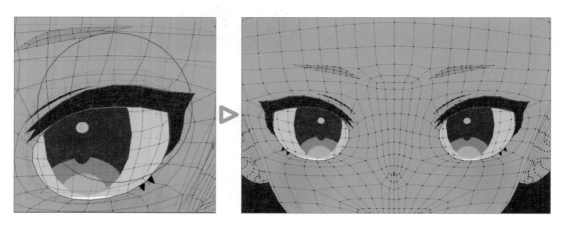

Anger도 마찬가지로 **비례 편집(O키)**을 활성화한 상태에서 **이동(G키)**을 사용해 조정합니다. 화난 표정은 눈시울의 위아래쪽 메쉬를 가깝게 함으로써 노려보는 듯한 눈매를 만들 수 있습니다. 그리고 눈동자의 하이라이트도 없애면(정확하게는 눈꺼풀의 하이라이트를 숨기면) 화가 난 듯한 표정에 더욱 가까워집니다.

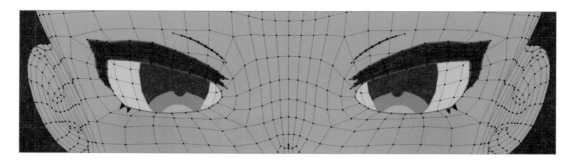

Sad는 눈꼬리쪽을 내려서 눈을 쳐지게 하면 슬픈 듯한 표정을 만들 수 있습니다. 쌍꺼풀을 선택하고 **연결된 모두 선택(Ctrl+L키)**한 뒤 **이동(G키)**이나 **회전(R키)** 등으로 조정하는 것도 잊지 맙시다.

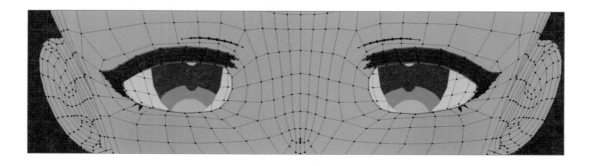

2-5 눈썹 셰이프 키 만들기

01 셰이프 키 추가하기

Step

다양한 눈의 셰이프 키를 만들었다면 **오브젝트 모드(Tab키)**로 전환합니다. 눈썹은 눈과 함께 감정이 잘 드러나는 위치이므로 여기에서는 눈썹을 위아래로 움직이게 해서 분노, 기쁨, 곤란함도 표현합니다. 이제까지와 마찬가지로 프로퍼티스의 셰이프 키 안에 있는 + 버튼을 5번 클릭해 셰이프 키를 5개 만듭니다. 쉽게 관리할 수 있도록 각각 이름을 'Brow_Up', 'Brow_Down', 'Brow_Smile', 'Brow_Anger', 'Brow_Sad'로 변경합니다.

02 스냅 활성화하기

Step

각 셰이프 키의 **에디트 모드(Tab키)**로 전환해 조정합니다. 여기에서는 Brow_Up을 수정합니다.

먼저 눈썹을 쉽게 움직일 수 있도록 3D 뷰포트 위쪽 스냅(Shift+Tab키)을 활성화하고 오른쪽 스냅 대상에서 **Face Nearest**를 활성화합니다. 이 기능은 블렌더 3.3 이후 버전에서 사용할 수 있습니다. **Face Project**는 문자 그대로 페이스를 따라 투영하지만 메쉬 형태는 그대로를 유지합니다. **Face Nearest**는 페이스에서 가장 가까운 페이스를 따라 스냅합니다. 즉, 페이스를 따라 버텍스 형태가 변형되고 슬라이딧 하듯 이동할 수 있도록 됩니다. 이 두 가지는 필요에 따라 구분해서 사용하면 좋습니다.

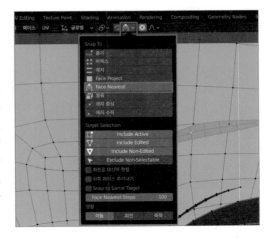

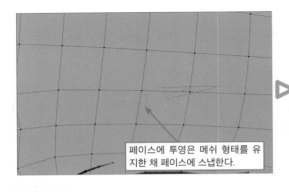

페이스에 투영은 메쉬 형태를 유지한 채 페이스에 스냅한다.

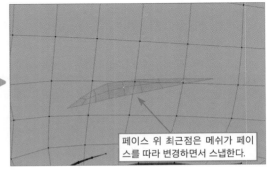

페이스 위 최근점은 메쉬가 페이스를 따라 변경하면서 스냅한다.

MEMO

블렌더 4.0에서는 **Face Project**가 **페이스**라는 기능 이름으로 변경되었습니다.

03 눈썹 이동하기와 조정하기

Step 스냅을 사용해 눈썹을 이동(G키)했다면 두부의 메쉬와 겹치지 않도록 스냅(Shift+Tab키)을 비활성화하고 G키 → Y키로 조정해 조금씩 간격을 만듭니다.

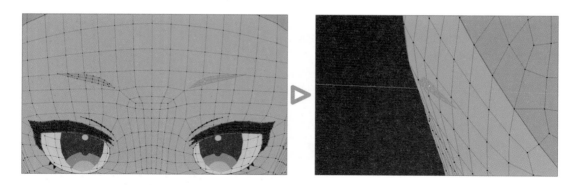

04 Brow_Down 편집하기

Step 작업을 마쳤다면 셰이프 키에서 Brow_Down을 클릭합니다. 이번에는 눈썹이 내려간 셰이프 키를 만듭니다. 다시 스냅(Shift+Tab키)을 활성화하고 여기에서는 속눈썹에 걸리지 않을 정도로 눈썹을 아래로 내립니다. 그리고 스냅 (Shift+Tab키)을 비활성화하고 G키 → Y키를 사용해 속눈썹의 간격도 만듭니다.

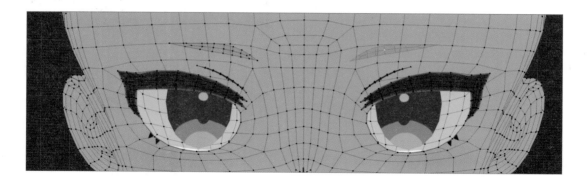

05 Brow_Smile 편집하기

Step 다른 눈썹의 셰이프 키에도 같은 조작을 합니다. Brow_Smile은 스냅(Shift+Tab키)과 비례 편집(O키)을 활성화 한 상태에서 이동(G키)을 사용해 조정합니다. 스냅을 비활성화하고 G키 → Y키를 사용해 눈썹 사이를 만듭니다.

Next Page ▶

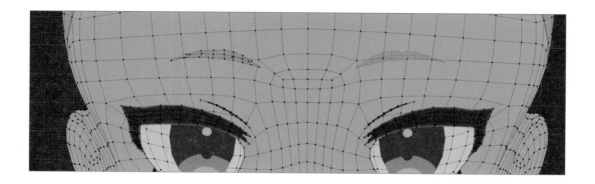

Brow_Anger는 스냅(Shift+Tab키)과 비례 편집(O키)를 활성화한 상태에서 이동(G키)이나 회전(R키)으로 조정합니다. 이 것은 눈썹 가운데를 약간 낮게 만들어 화난 듯한 표정을 만들 수 있습니다. 그리고 스냅을 비활성화하고 G키 → Y키로 간격을 만듭니다.

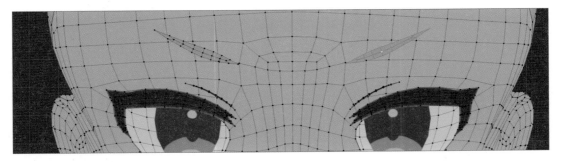

Brow_Sad는 스냅(Shift+Tab키)과 비례 편집(O키)을 활성화한 상태에서 이동(G키)이나 회전(R키)으로 조정합니다. 처음에는 눈썹을 여덟 팔(ハ)자 형태로 회전한 뒤 거기에서 이동으로 변형하면 슬픈 듯한 표정을 만들 수 있습니다.

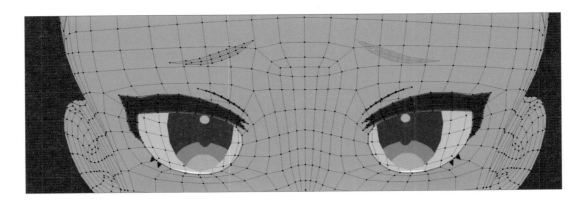

2-6   입의 셰이프 키 만들기

01
Step

셰이프 키 추가하기

다음은 얼굴 안에서도 많이 움직이는 위치인 입의 셰이프 키를 만듭니다. 먼저 아이우에오라는 모음의 움직임을 재현한 셰이프 키를 만듭니다. 이 다섯 가지는 입의 움직임과 대사를 맞추기(이를 립 싱크라 부릅니다) 위해 반드시 필요한 셰이프 키 입니다. 그리고 입을 편집할 때는 **비례 편집(O키)** 을 활성화하면 쉽게 작업할 수 있습니다.

오브젝트 모드(Tab키)로 전환하고 프로퍼티스의 셰이프 키 안에 있는 + 버튼을 5번 클릭해 셰이프 키 5개를 만듭니다. 각각의 이름을 'A', 'I', 'U', 'E', 'O'로 합니다.

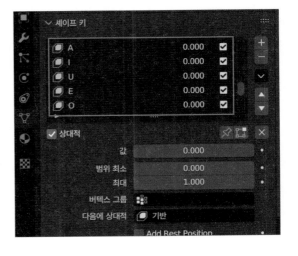

Chapter 1

Chapter 2

Chapter 3

Chapter 4

Chapter 5

Chapter 6

Chapter 7

02
Step
표시 조정하기

이 상태에서는 입의 형태가 어두워서 알아
보기 어렵습니다. 3D 뷰포트 오른쪽 위 **뷰
포트 셰이딩** 메뉴를 클릭하고 강도를 '2'로
설정해 모델을 밝게 표시합니다.

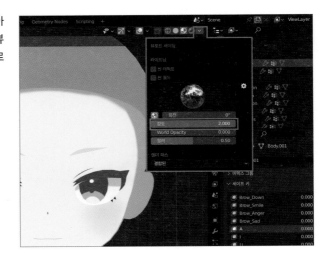

03
Step
셰이프 키 A 편집하기: 입의 형태

프로퍼티스의 셰이프 키에서 **A**가 선택되어 있는지 확인합니다. 3D 뷰포트 위쪽 **비례 편집(O키)**을 활성화한 상태
에서 **이동(G키)**을 사용해 조정합니다(3D 뷰포트 위쪽 **스냅(Shift+Tab키)**은 비활성화합니다). 입 안에 있는 이나
혀는 여기에서는 우선 그대로 둡니다. **오른쪽 시점**에서 조정할 때 아랫입술을 그대로 아래로 내리면 움푹 들어간
것처럼 보이게 되므로 조금 비스듬하게 아래로 이동하는 편이 좋습니다. 그리고 내려다본 시점에서 봤을 때 입의
형태가 부메랑과 같으면 예쁘게 됩니다. 입 주변은 **Alt+마우스 좌클릭**해 에지 루프 선택하고, 슬라이드 이동(G키
를 2번 누르거나 **Shift+V키**)을 사용해 바깥쪽으로 이동합니다.

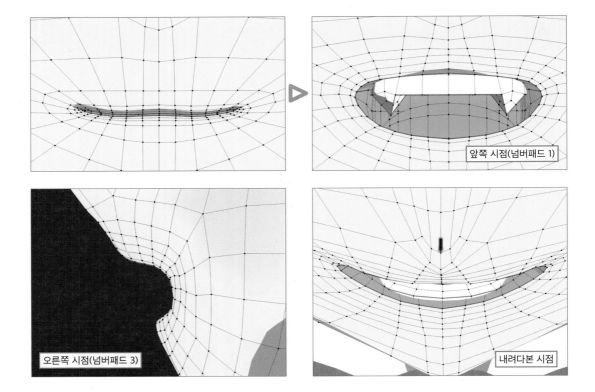

앞쪽 시점(넘버패드 1)

오른쪽 시점(넘버패드 3)

내려다본 시점

418

Chapter 1

Chapter 2

Chapter 3

Chapter 4

Chapter 5

Chapter 6

Chapter 7

04 세이프 키 A 편집하기: 입 안 형태

Step A의 이의 위치 및 크기를 조정합니다. 각 이의 메쉬를 **연결된 모두 선택(Ctrl+L키)**으로 서택하고 **이동(G키) → Z키** 또는 **이동(G키) → Y키**, **축적(S키) → Z키** 또는 **축적(S키) → X키** 등으로 조정합니다. 위쪽 이는 조금 앞쪽으로 이동하고, 아래쪽 이는 조금 안쪽으로 이동하면 괜찮은 형태가 됩니다. 위쪽 이는 송곳니를 강조하기 위해 **S키 → X키**를 사용해 조금씩 좌우로 돌출시키니다. 혀를 좌우로 늘리는 것도 잊지 않도록 합니다. 그 밖에 이가 얼굴을 관통하지 않도록 **S키 → Z키**로 조금씩 작업합니다.

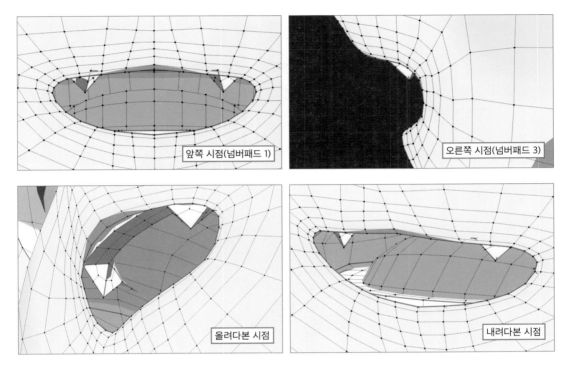

앞쪽 시점(넘버패드 1)

오른쪽 시점(넘버패드 3)

올려다본 시점

내려다본 시점

잊기 쉬운 중요한 포인트가 있습니다. 입을 움직이면 턱도 같이 움직이도록 해야 합니다. 턱을 움직이지 않고 **A**나 **E**를 발음할 수는 없습니다. **I**는 턱을 움직이지 않아도 좋습니다.

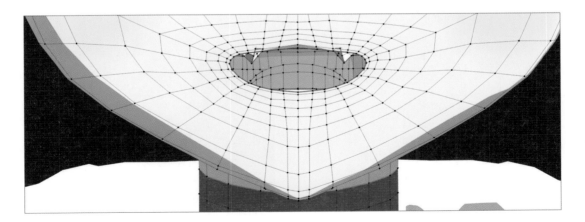

05 셰이프 키 I 편집하기

Step 다른 셰이프 키에 대해 같은 조작을 합니다. 프로퍼티스의 셰이프 키에서 I가 선택도 있는지 확인합니다. 3D 뷰포트 위쪽 비례 편집(O키)을 활성화한 상태에서 **이동(G키)**이나 **축적(S키)** 등을 사용해 조정합니다. 여기에서는 쉽게 구분하는 것을 중시하기 때문에 이를 악문 듯한 형태로 만들었습니다. 올려다본 시점이나 내려다본 시점에서 봤을 때 가능한 입 가운데와 이 사이에 간격이 생기지 않도록 하는 것이 팁입니다.

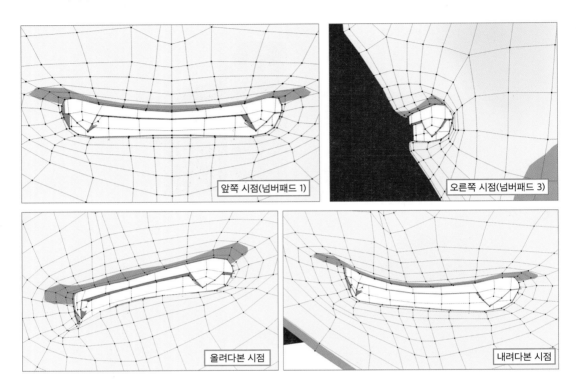

앞쪽 시점(넘버패드 1)

오른쪽 시점(넘버패드 3)

올려다본 시점

내려다본 시점

06 셰이프 키 U 편집하기

Step U의 셰이프 키는 입을 작게 하면서 윗니와 아랫니를 숨깁니다(만약 이가 얼굴을 관통한다면 **S키 → Z키**를 사용해 이의 크기를 줄입니다).

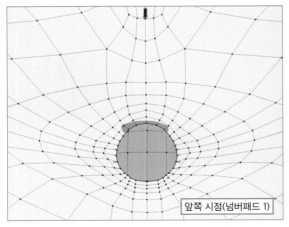

앞쪽 시점(넘버패드 1)

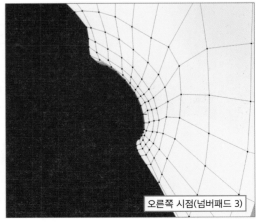

오른쪽 시점(넘버패드 3)

Chapter 1

Chapter 2

Chapter 3

Chapter 4

Chapter 5

Chapter 6

Chapter 7

07 세이프 키 E 편집하기

Step

E의 셰이프 키는 의도적으로 잎을 가로로 크게 벌린 형태로 만들었습니다. 놀라는 장면 등에서 사용합니다.

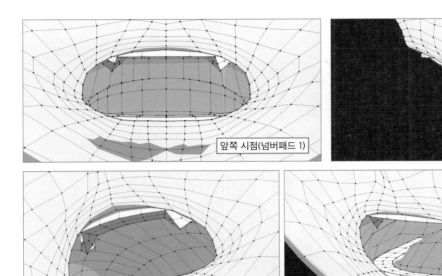

앞쪽 시점(넘버패드 1)

오른쪽 시점(넘버패드 3)

올려다본 시점

내려다본 시점

08 세이프 키 O 편집하기

Step

O는 U의 입을 크게 한 것이라 보면 좋습니다. 아래 턱이 움직이는 것을 잊지 않도록 합시다.

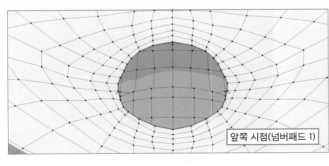

앞쪽 시점(넘버패드 1)

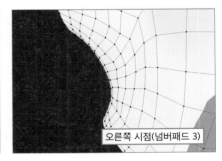

오른쪽 시점(넘버패드 3)

그리고 O는 이 책에서 만드는 캐릭터의 경우 입이 보이지 않는 편이 좋으므로 그림과 같이 이를 이동 (G키)해 숨기거나 **축적(S키)**을 사용해 작게 만들면 좋습니다.

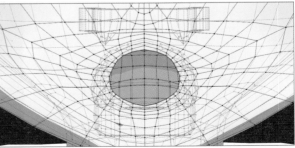

09 셰이프 키 조정하기

Step

셰이프를 모두 만들었다면 오브젝트 모드(Tab키)로 전환하고 오른쪽 위 아웃라이너에서 Line Art 컬렉션을 표시하고 각 셰이프 키의 값을 좌우로 드래그해 이상한 점이 없는지 확인합니다. 예를 들면 아랫니가 아랫턱을 관통했다면 해당 셰이프 키를 선택하고 다시 에디트 모드(Tab키)로 전환하고 아랫니와 아랫턱의 메쉬를 조정합니다.

2-7 표정을 보다 풍부하게 하는 셰이프 키 만들기

01 셰이프 키 추가하기

Step

지금까지는 최소한의 셰이프 키를 만들었습니다. 이제부터는 캐릭트의 표정을 보다 풍부하게 하기 위한 셰이프 키를 만듭니다.

오른쪽 위 아웃라이너에서 Line Art 컬렉션을 우선 뷰 레이어에서 제외한 뒤 오브젝트 모드로 전환하고 프로퍼티스의 셰이프 키에서 + 버튼을 6번 클릭합니다. 각 셰이프 키의 이름을 'Rough_A', 'Rough_B', 'Niko', 'Mu', 'Neko', 'Zito'로 변경합니다.

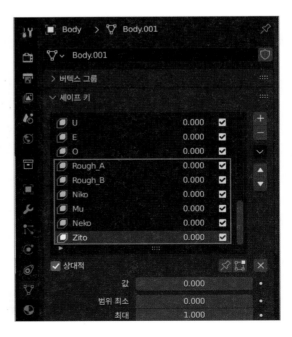

02 셰이프 키 Rough_A 편집하기

Step

Rough_A는 고양이 입 모양으로 미소 짓는 표정이므로 송곳니는 조금만 보이게 하는 것이 포인트입니다. 지금까지와 마찬가지로 3D 뷰포트 위쪽 **비례 편집(O키)**을 활성화하고 **이동(G키)**이나 **회전(R키)**을 사용해 조정합니다.

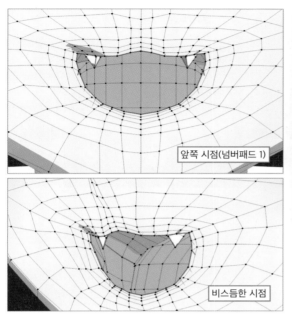

앞쪽 시점(넘버패드 1)

비스듬한 시점

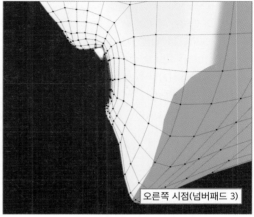

오른쪽 시점(넘버패드 3)

03 셰이프 키 Rough_B 편집하기

Step

Rough_B는 해맑은 미소를 짓는 표정므로 이는 셰이프 키의 I의 이를 복사하고 **이동(G키)**으로 조정합니다. 복사하는 방법은 윗니와 아랫니를 선택한 상태에서 **연결된 모두 선택(Ctrl+L키)**을 사용합니다. 다음으로 **버텍스** 메뉴의 단축키인 **Ctrl+V키** → **Blend from Shape**를 선택하고 왼쪽 아래의 오퍼레이터 패널에서 셰이프를 I로 했다면 **추가**의 항목을 비활성화합니다.

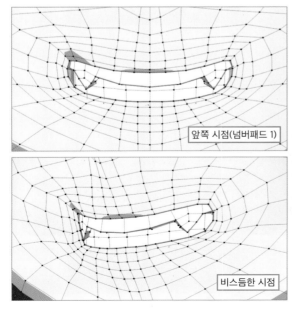

앞쪽 시점(넘버패드 1)

비스듬한 시점

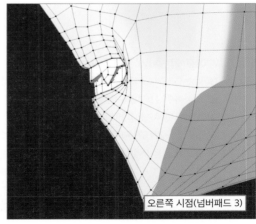

오른쪽 시점(넘버패드 3)

Chapter 1
Chapter 2
Chapter 3
Chapter 4
Chapter 5
Chapter 6
Chapter 7

04
Step
셰이프 키 Niko 편집하기
Niko는 입은 열지 않고 생긋거리는 표정입니다. 단순히 모서리의 버텍스를 선택하고 3D 뷰포트 위쪽 **비례 편집(O키)**을 활성화한 상태에서 위로 올렸을 뿐입니다(입 주변의 딱딱한 형태의 버텍스는 **슬라이드 이동(G키를 2번 누르거나 Shift+V키)**으로 수정합니다). 의외로 이런 표정은 다양한 상황에 널리 사용할 수 있습니다.

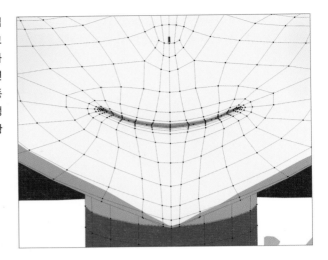

05
Step
셰이프 키 Mu 편집하기
Mu는 불만이 있는 듯한 느낌을 주는 형태로 V자를 뒤집은 형태입니다. **비례 편집(O키)**을 활성화한 상태에서 **이동(G키)**이나 **회전(R키)**을 사용해 조정합니다. 만화적인 표현이지만 이런 셰이프 키가 있으면 표정의 딱딱함이 사라집니다.

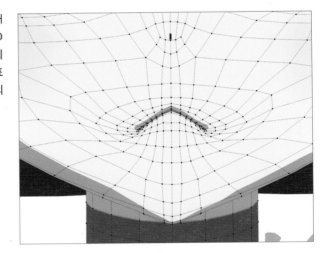

06
Step
셰이프 키 Neko 편집하기
Neko는 고양이 입입니다. **비례 편집(O키)**을 활성화한 상태에서 **이동(G키)**이나 **회전(R키)**을 사용해 조정합니다. 고양이 느낌을 갖도록 만든 캐릭터이므로 고양이 입이 있으면 그 느낌을 더할 수 있습니다.

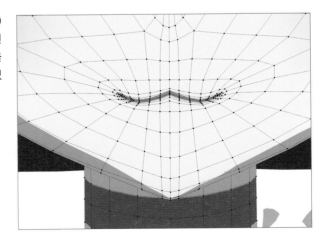

07 세이프 키 Zito 편집하기

Step

Zito는 게슴츠레한 눈입니다. 양쪽 속눈썹을 선택하고 **연결된 모두 선택(Ctrl+L키)**한 뒤 **H키**로 우선 숨깁니다. 다음으로 위쪽 눈꺼풀을 수평을 한 뒤 **Alt+H키**를 눌러 속눈썹을 다시 표시합니다. 윗쪽 눈꺼풀에 맞춰 **이동(G키)**으로 조정합니다.

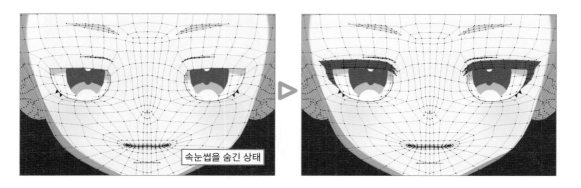

속눈썹을 숨긴 상태

08 작업 완료하기

Step

작업을 마쳤다면 **오브젝트 모드(Tab키)**로 전환하고 오른쪽 위 아웃라이너에서 **Line Art** 컬렉션과 **Hair** 컬렉션을 표시합니다. 각 세이프 키를 조합해서 다양한 표정을 만들 수 있습니다.

셰이프 키 복사하기

이미 만든 셰이프 키를 복사하고 싶을 때는 복사할 셰이프 키의 값을 마우스 좌클릭 드래그해 '1'로 합니다. 다음으로 오른쪽에 있는 아래쪽 방향 화살표를 클릭하면 다양한 메뉴가 표시됩니다. 메뉴 안에서 New Shape from Mix를 클릭하면 값을 '1'로 설정한 셰이프 키를 복사해서 만들 수 있습니다.

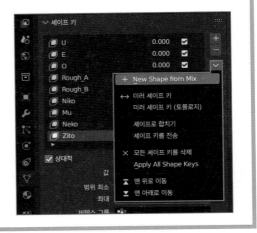

애니메이션을 만들자

이번 장에서는 지금까지 만든 인물 캐릭터를 실제로 움직여서 애니메이션을 만듭니다. 그에 앞서 연습을 위한 간단한 고양이 캐릭터를 움직이면서 애니메이션의 기초를 익힙니다.

간단한 고양이 애니메이션 만들기

초보자라도 애니메이션을 만들 수 있도록 고양이 캐릭터를 사용해 애니메이션 기초 조작에
관해 설명합니다.

1-1   개요

블렌더에서는 애니메이션을 만들 수 있는 매우 다양한 기능을 제공합니다. 샘플 파일 'Chapter06Training.blend'를 사용해
고양이가 점프하는 간단한 애니메이션을 만들면서 이 기능들에 관해 학습합니다. 모델링, 스키닝과 마찬가지로 처음에는
간단한 형태에서 연습하면서 조작 방법을 학습하는 것이 좋습니다.
곧바로 인물의 애니메이션을 만들고 싶은 분들은 6장 2 애니메이션을 만들기 위한 준비(459쪽)로 건너 뛰어도 좋습니다.
하지만 애니메이션 기초에 관해 확실하게 학습하고 싶은 분들은 이 책의 순서에 따라 진행하는 것을 권합니다.

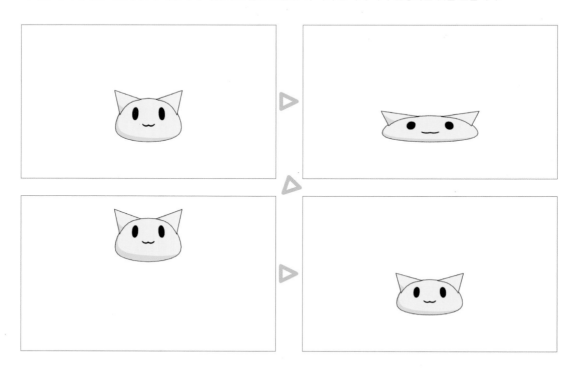

Chapter 1

Chapter 2

Chapter 3

Chapter 4

Chapter 5

Chapter 6

Chapter 7

1-2   간단한 애니메이션 만들기

01 조작 화면 확인하기
Step

샘플 파일 Chapter06Training.blend를 열면 다음과 같은 레이아웃이 표시됩니다. 화면 왼쪽 위 워크스페이스의 Animation 탭 안에 기본 설정되어 있는 레이아웃입니다.

주로 사용하는 것은 좌우에 있는 3D 뷰포트와 아래에 있는 도프시트, 타임라인입니다. 그 밖에도 애니메이션과 관련된 중요한 에디터가 몇 가지 있지만 도프시트와 타임라인을 주요하게 조작하게 됩니다.

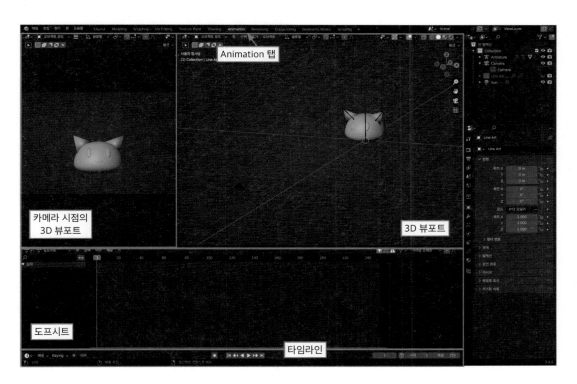

02 포즈 모드 전환하기 및 Armature 선택하기
Step

고양이 캐릭터를 포즈 모드에서 실제로 움직여 봅시다. 오른쪽 3D 뷰포트에서 오브젝트 모드인지 확인하고 고양이의 아마튜어(Armature)를 선택하고 왼쪽 위 모드 전환에서 포즈 모드로 전환합니다. 고양이의 메쉬는 선택할 수 없도록 했으므로 만약 선택했다면 오른쪽 위 아웃라이너에 있는 선택 비활성화를 클릭해 선택할 수 없도록 전환합니다.

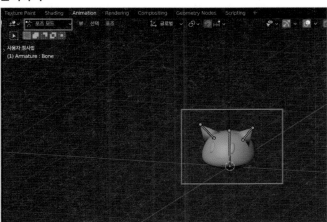

03 키 프레임 삽입하기

Step

❶ 고양이 신체의 본인 Bone을 선택하고 3D 뷰 포트에서 'I'를 누르면 키 프레임 메뉴를 삽입 항목이 표시됩니다. 여기에서 위치를 클릭합니다. 이것은 문자 그대로 현재 위치를 기록하는 조작입니다. 그리고 헤더에 있는 포즈 → 애니메이션 → 키 프레임 삽입을 클릭해 키 프레임 메뉴를 표시할 수도 있습니다.

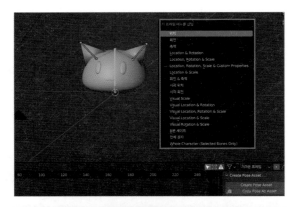

❷ 화면 아래쪽 도프시트에 '1'이라고 표시된 하늘색 사각형이 있을 것입니다. 그 세로선 아래 노란색 원과 같은 것이 추가됩니다. 이것은 키 프레임이라 부르며 위치나 회전 정보를 기록한 것입니다. 도프시트는 이 키 프레임을 삽입하거나 편집하는 화면입니다.

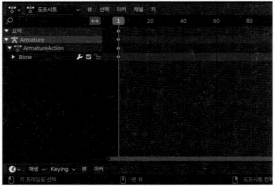

04 도프시트에 관해

Step

도프시트 조작이나 다양한 용어에 관해 간단하게 소개합니다. 도프시트의 사각형 프레임 안에서 좌우로 드래그 혹은 마우스 좌클릭하면 위쪽 번호가 달라집니다. 이것은 현재 위치한 프레임을 나타냅니다. 프레임은 1초 동안 표시되는 이미지의 각 장을 의미하며 블렌더 기본 설정에서는 초당 24프레임을 표시합니다. 초당 몇 장의 프레임으로 구성되어 있는지를 나타내는 단위를 프레임 속도(fps)라 부릅니다. 그림에서는 현재 24 프레임에 있으며, 여기에 키 프레임을 삽입할 수 있음을 나타내고 있습니다.

현재의 프레임 번호가 여기에 표시된다.

이 프레임 안에 키 프레임을 넣는다.

다음으로 프레임 속도에 관해 살펴 봅니다. 오른쪽 프로퍼티스의 출력 프로퍼티스를 클릭하면 형식 패널 안에서 프레임 속도 항목을 확인할 수 있습니다. 여기에서 프레임 속도를 확인하고 변경할 수 있습니다. 일반적인 애니메이션은 기본적으로 24fps로 만들어지며 게임은 30fps로 만드는 경우가 많습니다.

여기에서는 프레임 속도를 '24'를 설정하고 애니메이션을 만듭니다.

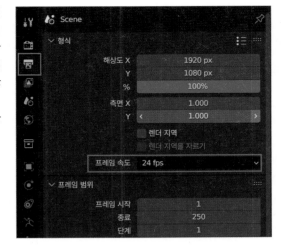

05 도프시트 조작하기

Step 도프시트 안에서의 조작 방법은 이제까지의 조작 (3D 뷰포트 또는 셰이더 에디터)들과 거의 같습니다. 실제로 조작해 봅시다.

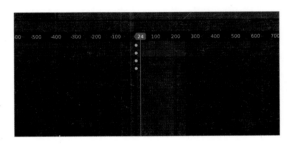

마우스휠 위아래 회전	도프시트 안에서 줌 확대 및 줌 축소합니다.
마우스 가운데 드래그	도프시트 안에서 이동합니다.
Alt+마우스 휠 회전	프레임을 이동합니다.
N	도프시트 오른쪽에 있는 사이드바를 표시/숨깁니다.

다음 단축키는 프레임 이동에서 자주 사용하므로 실제로 조작해보면 좋습니다.

→(오른쪽 화살표)	1 프레임 다음으로 이동합니다.
←(왼쪽 화살표)	1 프레임 이전으로 이동합니다.
↑(위쪽 화살표)	다음 키 프레임으로 이동합니다.
↓(아래쪽 화살표)	이전 키 프레임으로 이동합니다.

다음 조작은 도프시트를 보기 쉽게 하거나 현재 위치를 잃어버리지 않도록 하기 위한 단축키입니다. 이 조작들은 도프시트 위쪽 뷰 안에서 수행할 수도 있으므로 원하는 방법을 선택해서 사용합니다. 사이드바(N키) 표시/숨기기도 3D 뷰포트와 마찬가지로 뷰에서 수행할 수 있습니다.

Home	도프시트 전체를 볼 수 있도록 합니다.
넘버패드 '.'	현재 선택한 키 프레임을 중심으로 줌 확대합니다.
넘버패드 '0'	현재 프레임으로 이동합니다.

Chapter 1

Chapter 2

Chapter 3

Chapter 4

Chapter 5

Chapter 6

Chapter 7

06
키 프레임 선택 및 선택 해제하기

Step

키 프레임 선택 및 선택 해제 방법에 관해 설명합니다. 예를 들면 Alt+A키(또는 A키를 2번 누름) 또는 도프시트 안에 아무것도 없는 부분을 클릭하면 노란색이었던 키 프레임이 회색으로 바뀝니다. 이것은 키 프레임이 선택되지 않은 상태를 나타냅니다. 반대로 키 프레임을 클릭하면 다시 키 프레임이 노란색으로 표시됩니다. 이것은 키 프레임이 선택된 상태를 나타냅니다.

모든 키 프레임을 선택하고 싶을 때는 모두 선택의 단축키인 A키를 누릅니다. 그 밖에도 도프시트 위에서 Shift키를 누른 상태로 마우스 좌클릭 드래그하면 박스 선택(B키)으로도 수행할 수 있으므로 이 방법으로 선택할 수도 있습니다. 그 밖에도 여러가지 방법들에 관해서는 차례로 소개합니다.

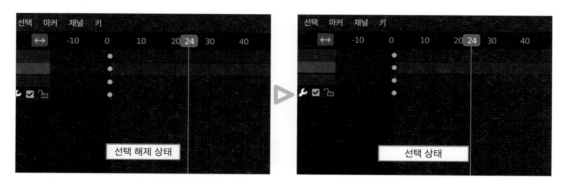

도프시트에 키 프레임이 표시되지 않은 것은 키 프레임을 삽입한 본을 3D 뷰에서 선택하지 않았기 때문입니다. 본을 선택합니다.

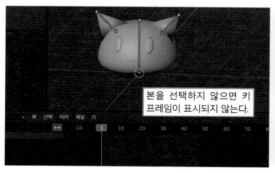

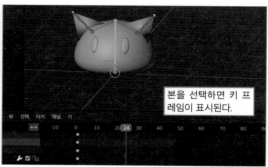

본을 선택하지 않고 키 프레임을 표시하고 싶을 때는 오른쪽 위 화살표 아이콘인 Only Show Selected를 비활성화하면 됩니다. 각자 원하는 상태로 전환합시다.

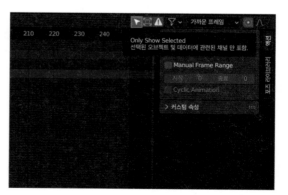

07 본 편집하기

Step

애니메이션 만들기로 돌아갑시다. 현재 도프시트 안에서 24번째 프레임에 있는지 확인하고(도프시트 안에서 24번 프레임을 클릭해 이동할 수 있습니다), 3D 뷰포트에서 고양이 신체의 중앙의 본인 Bone을 선택한 뒤 이동(G키) → Z키를 사용해 위쪽으로 이동합니다. 그리고 왼쪽 아래 오퍼레이터 패널에서 이동 Z에 '1.8'을 입력합니다. 24 프레임은 고양이가 점프했을 때 가장 위쪽 위치입니다.

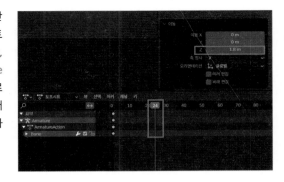

08 키 프레임 삽입하기

Step

❶ 3D 뷰포트 안에 마우스 커서를 올리고 키 프레임 삽입의 단축키인 I키를 누른 뒤 표시되는 메뉴 안에 있는 위치를 클릭합니다. 24번째 프레임에 위치 정보가 기록됩니다.

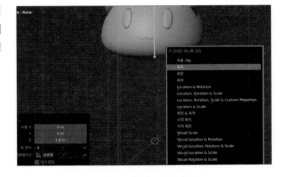

❷ 이 상태에서 1 프레임부터 24 프레임까지 마우스 좌클릭 드래그(도프시트 위쪽 프레임 번호를 좌클릭 드래그)해 확인하면 고양이가 위아래로 이동하게 됩니다. 이렇게 키 프레임과 키 프레임 사이는 블렌더가 자동으로 움직여 줍니다. 이 사이의 동작을 조정할 때는 그래프 에디터나 보간 모드 기능 등을 사용합니다. 이에 관해서는 뒤에서 설명합니다.

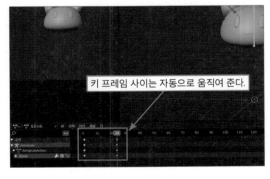

> 키 프레임 사이는 자동으로 움직여 준다.

24번째 프레임이 아닌 다른 곳에 키 프레임이 삽입되었다면 해당 키프레임을 선택하고 마우스 좌클릭 드래그 또는 키 프레임을 선택한 뒤 이동(G키)을 누르면 키 프레임을 이동할 수 있습니다. 그밖에도 도프시트에서 X키를 누르면 삭제 관련 메뉴가 표시됩니다. 키 프레임을 삭제를 눌러 키 프레임을 삭제할 수 있습니다(키 프레임을 선택한 뒤 Delete키를 눌러 삭제할 수도 있습니다.)

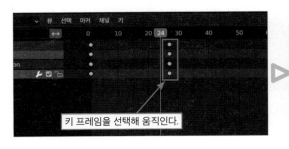

> 키 프레임을 선택해 움직인다.

덧붙여 키 프레임을 이동할 때 키 프레임이 무엇을 기준으로 스냅할지를 도프시트 오른쪽 위 변환 시 자동 타임 스냅 설정에서 설정할 수 있습니다. 기본값은 가까운 프레임으로 되어 있습니다. 기본적으로 이 설정이 가장 쉽게 사용할 수 있으므로 항상 가까운 프레임으로 해 둡시다.

09 키 프레임 복제하기

Step

다음은 48번째 프레임에 착지 애니메이션을 만듭니다. 이때 1번째 프레임에서 만든 키 프레임을 복제/복사할 것입니다. 1번째 프레임에 있는 키 프레임을 마우스 좌클릭해 선택한 뒤 복제(Shift+D키)하면 1프레임과 같은 키 프레임을 복제할 수 있습니다. 48번째 프레임으로 배치했다면 마우스 좌클릭합니다. 그리고 다시 도프시트 위쪽 프레임 번호를 마우스 좌클릭하면 고양이가 위아래로 점프하는 듯이 움직일 것입니다.

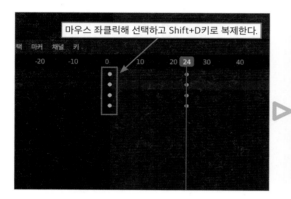

마우스 좌클릭해 선택하고 Shift+D키로 복제한다.

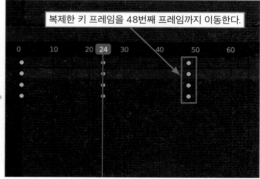

복제한 키 프레임을 48번째 프레임까지 이동한다.

10 애니메이션 만들기

Step

프레임 종료를 결정했으므로 이제 실제 애니메이션을 재생해봅시다. 도프시트 아래 타임라인이 있습니다. 여기에서 애니메이션을 재생/정지하고 프레임 시작/종료 등을 결정할 수 있습니다. 타임라인은 레이아웃(워크스페이스) 안에도 있었습니다. 이것은 간이 도프시트이며 타임라인 위쪽 항목을 주로 사용합니다.

이 타임라인에는 자동 키잉이라는 기능이 있습니다. 이 기능을 활성화하면 I키를 누르지 않고 본과 오브젝트 위치 및 회전 등을 수행하는 것만으로 키 프레임을 삽입할 수 있습니다. 만약 I키를 매번 누르기 번거롭다면 이 기능을 활성화하는 것도 좋습니다. 다른 항목에 관해서는 뒤에서 설명합니다.

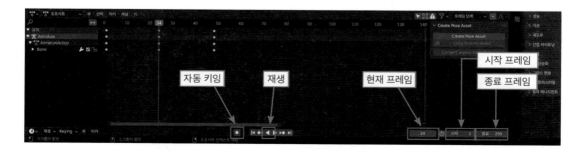

자동 키잉

재생

현재 프레임

시작 프레임

종료 프레임

11 종료 프레임 설정하기

Step
타임라인에 있는 **종료**를 확인합니다. 기본값에서는 프레임 종료가 '250'으로 설정되어 있습니다. 값을 클릭하고 '48'을 입력합니다.

도프시트를 확인하면 1 프레임부터 48 프레임까지만 재생할 수 있도록 되고 회색 범위가 좁아진 것을 알 수 있습니다. 이렇게 프레임 시작과 종료를 조정해 원하는 프레임에서 반복 재생 등을 할 수 있습니다.

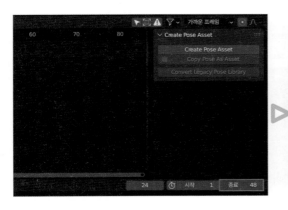
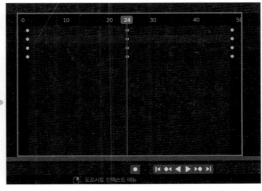

12 재생/재생 정지하기

Step
타임라인에서 오른쪽 화살표 아이콘 버튼(재생)을 클릭하면 애니메이션이 시작됩니다. 정지하고 싶을 때는 재생 버튼 위치에 표시된 정지 버튼을 클릭합니다. 이 재생/정지의 단축키는 **Space키**입니다. 애니메이션 작업에서 자주 사용하므로 기억해 둡시다. 확인을 마쳤다면 애니메이션을 정지합니다.

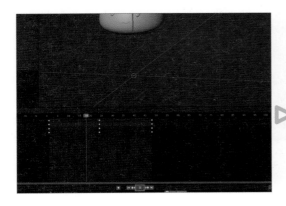
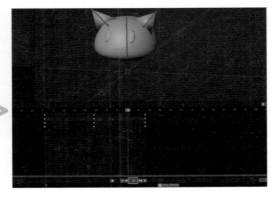

Column

초 단위 표시에 관해

프레임 번호 표시가 평상시와 다르다면 도프시트 위쪽 뷰 → 초 단위 표시(Ctrl+T키)를 활성화했을 가능성이 있습니다. 이 항목은 프레임 번호와 함께 초를 표시하는 기능이므로 필요에 따라 적절하게 전환하면 좋습니다.

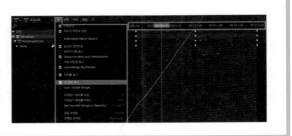

Chapter 1
Chapter 2
Chapter 3
Chapter 4
Chapter 5
Chapter 6
Chapter 7

그래프 에디터를 사용한 움직임 조정

현재 상태에서는 애니메이션이 세련되지 않고 움직임에도 완급이 없습니다. 키 프레임과 키 프레임 사이의 움직임을 조정할 수 있는 그래프 에디터를 사용해 이를 개선합니다.

01 그래프 에디터 선택하기

Step
❶ 도프시트 왼쪽 위 에디터 유형을 클릭하면 다양한 에디터가 표시됩니다. 이 중에서 그래프 에디터를 클릭합니다.

❷ 도프시트가 그래프 에디터로 바뀝니다. 이 화면도 도프시트와 마찬가지로 마우스 휠을 회전해 화면 줌 확대/축소, 마우스 가운데 버튼 드래그로 화면 이동을 할 수 있습니다. Ctrl+마우스 가운데 클릭 드래그해 화면을 세로로 늘리거나 줄일 수 있습니다. 곡선이 잘 보이지 않을 때는 Home키를 눌러 전체를 표시할 수 있고, 현재 선택한 키 프레임을 중심으로 작업할 때는 넘버패드 .를 눌러 줌 확대할 수 있습니다.

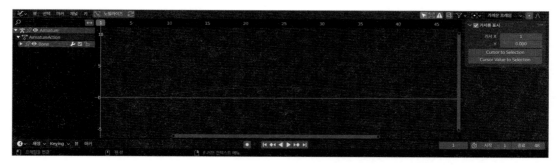

그래프 에디터에 아무것도 표시되지 않는다면 3D 뷰포트에서 고양이 신체의 본 Bone을 선택한 뒤 그래프 에디터에서 모두 선택(A키)를 누르면 곡선 같은 것이 그래프 에디터에 표시될 것입니다. 이 곡선을 움직이거나 구부리는 등으로 조작해 키 프레임과 키 프레임 사이의 움직임을 제어하는 것이 그래프 에디터입니다.

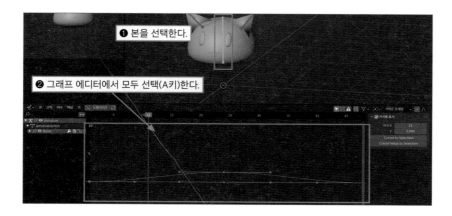

❶ 본을 선택한다.

❷ 그래프 에디터에서 모두 선택(A키)한다.

02 그래프 에디터와 도프시트 전환하기

Step

그래프 에디트와 도프시트는 연결되어 있고 이 두 가지를 전환하는 단축키는 Ctrl+Tab키입니다. 그래프 에디터에서 Ctrl+Tab키를 눌러봅시다. 그러면 도프시트로 전환될 수 있습니다. 앞서 그래프 에디터에서 모두 선택한 키 프레임이 도프시트에서도 선택되어 있는 것을 알 수 있습니다. 확인을 마쳤다면 도프시트에서 Ctrl+Tab키를 누르고 그래프 에디터로 전환합니다. 이 Ctrl+Tab키는 애니메이션을 만들 때 자주 사용하므로 기억해 두면 좋습니다. Tab키만 누르면 선택한 축이 잠겨져 키 프레임을 삽입할 수 없으므로 주의합니다. 다시 한 번 Tab키를 누르면 해제할 수 있습니다.

이 프레임 안에서 Ctrl+Tab키를 누르면 도프시트와 그래프 에디터를 전환할 수 있다.

그리고 그래프 에디터 전환은 도프시트 위쪽 뷰 → 그래프 에디터를 토글(Ctrl+Tab키)에서 수행할 수도 있으므로 각자 선호하는 전환 방법을 사용합시다.

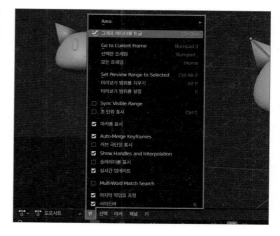

03 그래프 에디터의 주요 사용 방법

Step

그래프 에디터 화면에 관해 설명합니다. 왼쪽에 숫자와 같은 것이 세로로 배열되어 있습니다. 이 숫자들은 변형의 숫자입니다. 가운데 있는 '0'을 기준으로 키 프레임을 위아래로 움직이면 위치나 회전 조정을 수행할 수 있습니다. 그리고 가로는 시간을 조정하는 축입니다. 그래프 에디터는 이 세로 변형 축과 가로 시간 축을 조정하는 것이 주요한 사용 방법입니다. Next Page

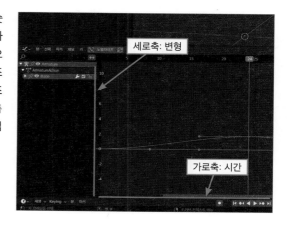

세로축: 변형

가로축: 시간

화면 왼쪽을 보면 오브젝트 이름이 표시되고 있는 화면이 있습니다. 이것은 채널이라 불리는 영역이며 각 축의 곡선을 관리합니다. 채널 안에 있는 오른쪽 화살표를 클릭하면 위치 X, 위치 Y, 위치 Z와 축의 정보가 표시됩니다. 각 축을 클릭하면 그 축을 선택해서 조정할 수 있습니다. 오른쪽 자물쇠 아이콘을 클릭하면 변경을 잠글 수 있습니다.

이 잠금의 단축키는 Tab키입니다. 만약 자물쇠 아이콘을 클릭하지 않았는데 변경이 잠겨 키 프레임을 삽입할 수 없도록 되었다면 어딘가에서 Tab키를 눌렀을 가능성이 있습니다. 잠금이 걸려있는 축을 선택하고 자물쇠 아이콘을 클릭하거나 다시 Tab키를 눌러 해제할 수 있습니다.

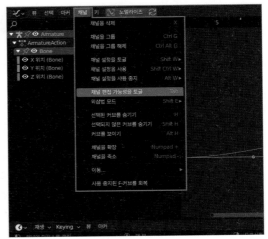

자물쇠 전환은 채널의 축을 선택한 뒤 그래프 에디트 위쪽 채널 → 채널 편집 가능성을 토글을 선택해 전환할 수 있습니다.

04 키 프레임 움직여 보기

Step

시험 삼아 키 프레임을 움직여 봅시다. 화면 왼쪽 채널 안에 있는 위치 Y가 선택된 것을 확인하고 24 번째 프레임에 있는 키 프레임을 선택합니다. 이 상태에서 이동(G키)을 눌러 마우스 커서를 움직이면 고양이도 동시에 이동하는 것을 알 수 있습니다. 마우스 좌클릭하면 위치 결정, 마우스 우클릭하면 위치 결정 취소이므로 확인을 마쳤다면 마우스 우클릭해 취소합니다. 그래프 에디터에서는 위치 Y가 위아래로 되어 있습니다. 이것은 본의 로컬 축을 기준으로 변형했기 때문입니다.

앞서 Z 축에 1.8 이동하도록 설정했으므로 현재 위치 Y(로컬)의 키 프레임은 1.8에 있습니다. 그러나 예를 들면 '조금 더 위로 움직이고 싶다'고 생각했다면 키 프레임을 올려서 높은 점프 애니메이션을 만들 수 있습니다. 반대로 아래로 내리고 싶다고 생각했다면 키 프레임을 아래로 내려 낮은 점프 애니메이션을 만들 수 있습니다.

덧붙여 이동(G키)으로 키 프레임을 위아래로 이동하는 도중에 마우스 가운데 버튼을 클릭하면 위아래 이동을 고정할 수 있습니다. 마찬가지로 좌우 이동하는 도중 마우스 가운데 버튼을 클릭하면 좌우 이동을 고정할 수 있습니다. 해제하고 싶을 때 다시 마우스 가운데 버튼을 클릭합니다.

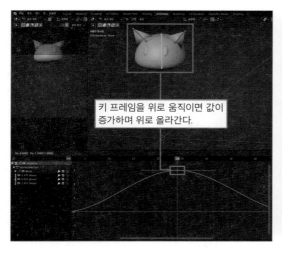

키 프레임을 위로 움직이면 값이
증가하며 위로 올라간다.

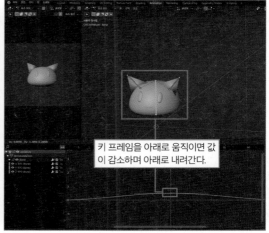

키 프레임을 아래로 움직이면 값
이 감소하며 아래로 내려간다.

05 핸들 변형 시켜보기

Step

24번째 프레임을 선택하면 수평 방향의 선이 표시될 것입니다. 이것은 핸들이라 부르며 3개의 점을 기반으로 마우스 좌클릭 드래그해 움직여서 곡선을 변경시킬 수 있으며 애니메이션에 변화를 줄 수 있습니다. 실제로 마우스 좌클릭 드래그해 핸들을 변형해 봅시다. 확인을 마쳤다면 Ctrl+Z키로 변형하기 전으로 되돌립시다. Next Page

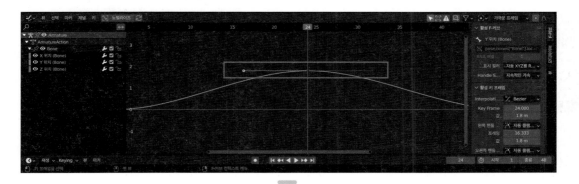

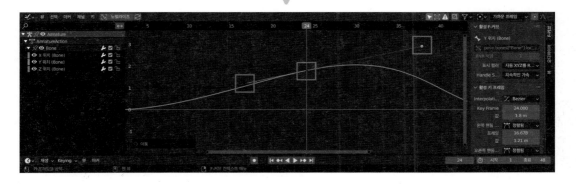

핸들의 3개 점의 설정은 오른쪽에 있는 사이드바(표시되지 않았다면
그래프 에디터에서 N키를 누릅니다)의 F-커브의 활성 키 프레임 패널
안에서 세세하게 조정할 수 있습니다. 키 프레임은 가운데 점 위치이며
오른쪽 핸들과 왼쪽 핸들 설정 항목도 이 안에 있는 것을 확인합니다.
덧붙여 키 프레임을 선택했는데 핸들이 표시되지 않았다면 그래프 에
디터 위쪽 뷰에서 핸들을 표시가 비활성화되어 있을 가능성이 있으므
로 활성화합니다(단축키는 Ctrl+H키입니다).

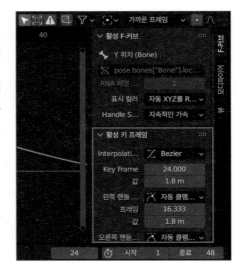

06 곡선 조정 전 설정하기

Step

여기에서는 곡선을 조정합니다. 현재 상태에서는 1번째 프레
임을 클릭하려고 하면 위치 X, 위치 Z와 다른 축이 잘못 선
택되어 있으므로 이를 방지하기 위한 설정을 합니다. 그래프
에디터 왼쪽 위 뷰를 클릭하면 그래프 에디터 위의 표시나
설정 등을 수행할 수 있는 메뉴가 표시됩니다. 이 안에 있는
선택한 커브 키 프레임만과 선택된 키 프레임 핸들만을 활성
화합니다.

Next Page

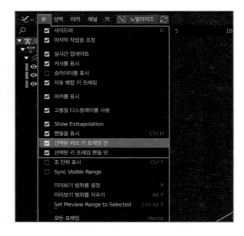

Column

'선택된 커브 키 프레임만' 항목이 없다면

블렌더 3.6부터 그래프 에디터의 뷰 안에 있던 선택된
커브 키 프레임만이 환경 설정으로 이동했습니다. 편집
→ 환경 설정 → 애니메이션 안의 F-커브 패널 안에 있는
Only Show Selected F-Curve Keyframes를 활성화
하면 동작합니다.

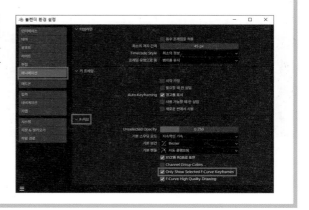

이제 왼쪽에 있는 채널에서 선택한 축의 키 프레임만 선택할 수 있습니다.

※ 그래프 에디터를 사용할 때는 실수로 다른 축의 키 프레임을 선택하지 않기 위해 이 두 항목은 항상 활성화해 두는 것이 좋습니다.

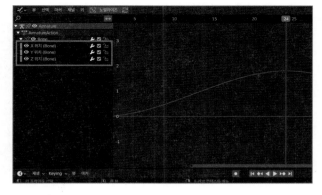

Chapter 1

Chapter 2

Chapter 3

Chapter 4

Chapter 5

Chapter 6

Chapter 7

07 위치 Y의 1번째 프레임 편집하기

Step 위치 Y의 1번째 프레임에 있는 키 프레임을 선택한 뒤 오른쪽 사이드바(N키)의 F-커브의 활성 키 프레임 패널 안에 있는 오른쪽 핸들의 프레임에 '1'을 입력하고 아래쪽 값에 '1.8'을 입력합니다.

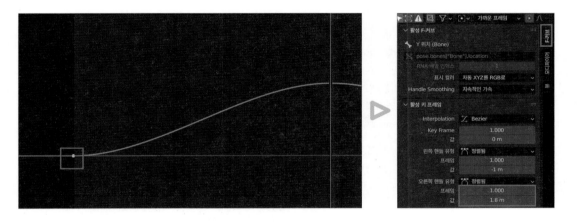

08 위치 Y의 48번째 프레임 편집하기

Step 다음은 위치 Y의 48번째 프레임의 키 프레임을 클릭한 뒤 오른쪽 사이드바(N키)의 F-커브의 활성 키 프레임 패널 안에서 왼쪽 핸들의 프레임에 '48'을 입력하고 아래쪽 값에 '1.8'을 입력합니다.

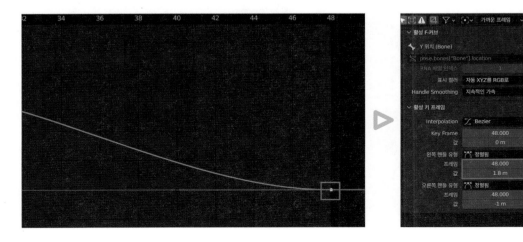

09
Step

동작 확인하기

입력을 마쳤다면 그래프 에디터 또는 3D 뷰포트에 마우스 커서를 올리고 Space키를 눌러 애니메이션을 재생합니다(정지할 때는 다시 Space키를 누릅니다). 그러면 고양이가 공중에 머무는 시간이 길어지고 점프하는 순간과 낙하할 때의 움직임이 빨라집니다. 이 곡선의 형태에서는 키 프레임이 '1.8' 전후를 유지하게 되기 때문에, 그 결과 고양이가 공중에 머무는 시간이 길어집니다.

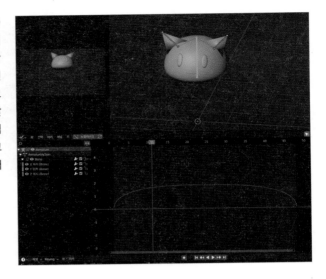

10
Step

프레임 조정하기

공중에서 머무는 시간이 너무 길어지니 조정합니다.

❶ 1번째 프레임에 있는 키 프레임을 클릭하고 오른쪽 사이드바(N키)의 F-커브의 활성 키 프레임 패널 안에 있는 Key Frame 값에 '10'을 입력합니다.

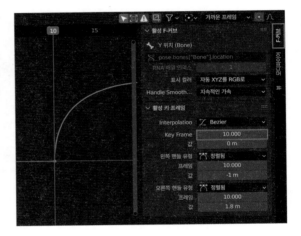

❷ 반대쪽도 동일하게 조정합니다. 48번째 프레임에 있는 키 프레임을 클릭하고 오른쪽 사이드바(N키)의 F-커브의 활성 키 프레임 패널 안에 있는 키 프레임 값에 '39'를 입력합니다.

그래프 에디터의 다양한 곡선 조정 기능

핸들 유형

핸들은 다양한 유형이 있습니다. 핸들을 선택한 상태에서 마우스 우클릭하면 핸들 유형(V키)에서 다양한 핸들 유형으로 변경할 수 있습니다. 필요에 따라 적절하게 사용하면 좋습니다.

자유는 핸들의 3개 점을 각각 독립시킬 수 있습니다. 급격한 곡선을 만들고 싶을 때 사용합니다.

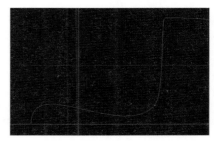

정렬됨은 핸들의 양끝 점이 항상 반대 방향으로 움직이기 때문에 부드러운 곡선을 그릴 수 있습니다.

벡터는 곡선이 직선 형태가 됩니다. 곡선을 그리고 싶지 않을 때 사용합니다.

자동화는 곡선이 부드럽게 되도록 자동으로 핸들을 배치합니다. 단, 다른 키 프레임의 위치에 따라 매우 급격한 곡선이 될 수도 있습니다.

Chapter 1
Chapter 2
Chapter 3
Chapter 4
Chapter 5
Chapter 6
Chapter 7

자동 클램프됨은 자동보다 곡선의 급격함을 억제하면서 부드러운 곡선으로 만들어 줍니다.

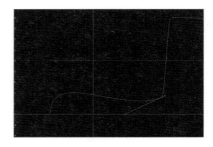

키 프레임의 외삽법 설정
그래프 에디터 위쪽 채널 → 외삽법 모드(Shift+E키)에서 곡선 바깥쪽 관련 설정을 할 수 있습니다.

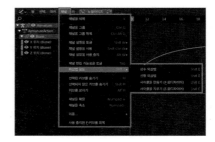

기본값은 상수 외삽법으로 설정되어 있습니다. 선형 외삽법으로 변경하면 마지막 애니메이션이 같은 속도로 동일하게 움직이게 됩니다. 계속해서 같은 움직임을 갖게 하고 싶을 때 사용하면 좋습니다.

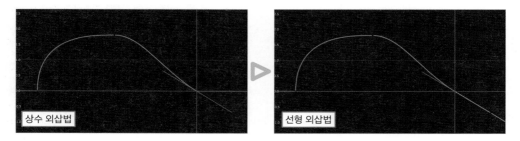

상수 외삽법

선형 외삽법

사이클을 만들기 (F-모디파이어) 는 가장 처음 키 프레임과 가장 마지막 키 프레임 사이의 움직임을 반복시킵니다. 그리고 해제할 때는 사이클을 지우기 (F-모디파이어) 를 선택하면 됩니다.

사이클을 만들기 (F-모디파이어)

사이클을 지우기 (F-모디파이어)

F-모디파이어는 그래프 에디터 버전의 모디파이어입니다. 보통의 모디파이어와 마찬가지로 원래 키 프레임을 파손하지 않고 조정할 수 있습니다. 설정을 할 때는 먼저 왼쪽 채널 안에서 모디파이어를 추가할 축을 선택합니다(여기를 선택하지 않으면 모디파이어가 표시되지 않습니다). 다음으로 그래프 에디터 오른쪽에 있는 사이드바(N키) 안의 모디파이어에서 다양한 설정을 할 수 있습니다.

사이클을 만들기 (F-모디파이어) 는 여기의 모디파이어를 추가의 Cycles를 클릭해 추가할 수도 있습니다. 모디파이어를 삭제할 때는 X 아이콘을 클릭합니다.

1-4 캐릭터의 움직임에 한층 생동감을 주기

01 현재 상태 확인하기

Step

동작에 완급을 주었지만 아직 무언가 부족한 느낌이 들 것입니다. 그것은 **누르기와 당기기** 그리고 **예비 동작**이 없기 때문입니다. **누르기와 당기기**는 디즈니에서 고안한 애니메이션을 보다 잘 보이게하기 위한 두 가지 원칙의 하나로 간단하게 말하면 **움직임에 맞춰 줄어듬과 늘어남을 표현하는 것**입니다. **예비 동작** 역시 두 가지 원칙의 하나로 주요한 움직임을 하기 전에 이루어지는 준비 동작입니다.

현재 고양이를 움직이면 예비 동작이 전혀 없이 갑자기 튀어오르기 때문에 움직임이 부자연스러운 동시에 힘이 들어가지 않은 것처럼 보입니다. 착지할 때도 갑자기 멈추기 때문에 캐릭터가 딱딱하게 보입니다. 여기에서는 앞서 설명한 두 가지 원칙을 사용해 고양이의 움직임에 한층 생동감을 줍니다.

※ 예비 동작은 누르기와 당기기를 동시에 수행합니다.

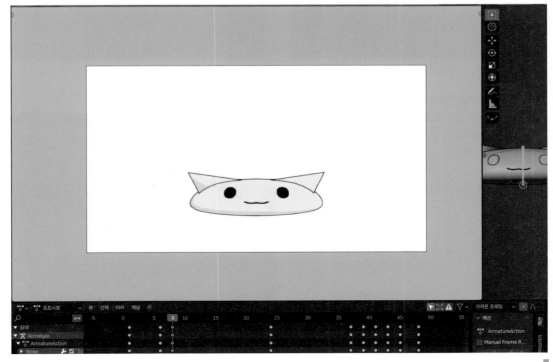

02 키잉 추가하기

Step

여기에서는 키 프레임 메뉴를 삽입의 단축키인 I키를 많이 조작합니다. 반복적으로 메뉴를 통해 조작하기는 번거로우므로 이를 생략할 수 있는 기능을 사용합니다.

화면 아래쪽 타임라인에서 Keying이라는 항목을 클릭하면 활성 키잉 설정 항목이 표시됩니다.

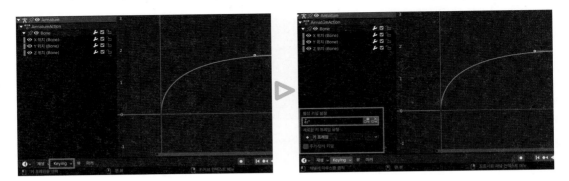

이것은 I키를 눌렀을 때 메뉴가 열리지 않고 위치, 회전, 축적 등 키잉을 직접 삽입할 수 있는 항목입니다. 이 공백의 사각형 프레임을 클릭하면 다양한 서택지가 나타납니다. 여기에서 예를 들면 Location을 클릭하면 위치의 키 프레임을 자동으로 삽입할 수 있습니다. Rotation을 클릭하면 회전의 키 프레임을 자동으로 삽입할 수 있습니다.

여기에서는 가장 아래쪽 Whole Character (Selected Bones Only) 를 클릭합니다. 이 항목을 클릭하면 선택한 본만을 대상으로 키 프레임이 삽입된 위치 모두에 키 프레임을 삽입할 수 있으며 애니메이션을 만들 때 큰 도움이 됩니다. 활성 키잉을 해제하고 싶을 때는 사각 프레임 오른쪽 X 아이콘을 클릭합니다.

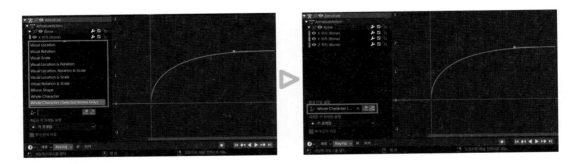

03 회전각 설정하기

Step

다음으로 3D 뷰포트에서 사이드바(N키)를 표시하고 항목의 변환 패널 안에 있는 회전 모드 항목을 클릭합니다. 기본값은 쿼터니언 (WXYZ)으로 설정되어 있습니다. 회전각을 쉽게 알 수 있도록 XYZ 오일러로 변경합니다.

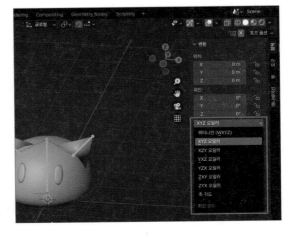

노란색 프레임과 녹색 프레임의 의미

3D 뷰포트의 사이드바(N키)에서 항목의 변환을 보면 위치에 노란색 프레임, 녹색 프레임이 표시되어 있을 것입니다. 이 노란색 프레임은 이 프레임에 키 프레임이 삽입되어 있다는 의미이며 녹색 프레임은 이 프레임 이외의 위치에 키 프레임이 삽입되어 있다는 의미입니다.

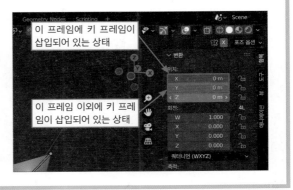

이 프레임에 키 프레임이 삽입되어 있는 상태

이 프레임 이외에 키 프레임이 삽입되어 있는 상태

04
Step

도프시트로 전환하기

다음은 도프시트에서 고양이 본에 키 프레임을 넣어 애니메이션을 적용합니다. 이때 보간 모드를 바꾸면서 애니메이션을 변경합니다. 보간 모드는 그래프 에디터와 마찬가지로 키 프레임과 키 프레임 사이의 움직임을 변경할 수 있는 기능입니다. 그래프 에디터에 마우스 커서를 올리고 Ctrl+Tab키를 눌러 도프시트로 전환합니다.

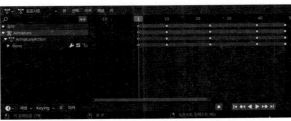

05
Step

키잉 확인하기

각 키 프레임(1, 10, 24, 39, 48)을 각각 도프시트에서 선택하고 3D 뷰포트에서 키 프레임 삽입 메뉴의 단축키인 I키를 누릅니다. 앞서 키잉을 설정했으므로 키 프레임 삽입 메뉴를 표시하지 않고 그대로 키 프레임을 삽입할 수 있도록 됩니다.

키 프레임을 삽입했을 때 화면 아래 있는 상태바에 키잉 관련 메시지가 표시되는 것도 확인하면 좋습니다.

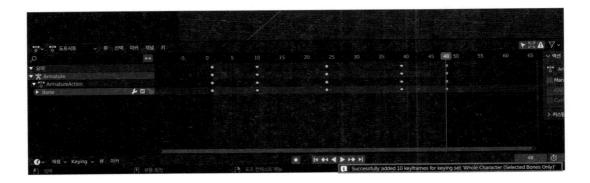

키 프레임을 삽입할 때는 반드시 1, 10, 24, 39, 48의 각 키 프레임으로 프레임을 이동시키고 3D 뷰포트에서 삽입해야 합니다. 도프시트에서는 I키를 사용해도 키 프레임을 삽입할 수 없습니다.

Chapter 1
Chapter 2
Chapter 3
Chapter 4
Chapter 5
Chapter 6
Chapter 7

06
Step
1 프레임에서 10 프레임까지 보간하기

1번째 프레임에 있는 키 프레임을 선택합니다. 마우스 우클릭하면 도프시트 관련 메뉴가 표시됩니다. 메뉴 안에 있는 보간 모드(T키)에 마우스 커서를 올리면 보간 관련 메뉴가 표시됩니다. 항목이 많지만 주로 애니메이션에서 많이 사용하는 것은 왼쪽의 Constant, Linear, Bezier입니다. 여기에서는 Constant를 선택합니다. 그러면 1번째 프레임부터 10번째 프레임까지의 사이에 녹색 선이 표시되고 여기를 일정하게 보간시켜 줍니다.

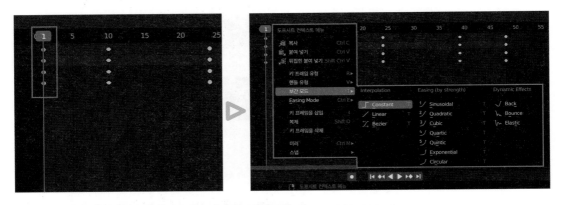

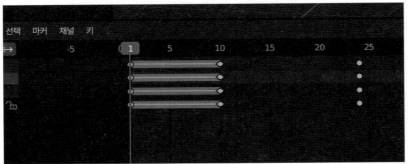

Constant는 키 프레임과 키 프레임 사이를 전혀 보간하지 않고 키 프레임이 순간적으로 변화합니다. 이 보간 모드를 사용하면 2컷, 3컷 등 의도적으로 컷 수를 떨어뜨릴 수 있으며 보다 2D 애니메이션의 느낌을 표현할 수 있습니다. 그리고 Constant는 원하는 포즈를 쉽게 마들 수 있어 셀 룩 애니메이션을 만들 때 권장하는 보간 모드입니다. 단, Constnat을 사용해 애니메이션을 만들면 품이 많이 들고 동시에 움직임을 만드는 데 익숙하지 않으면 움직임이 딱딱해지기 쉬우므로 Bezier로

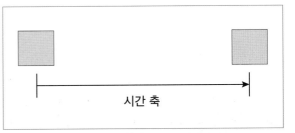

Constant: 키 프레임과 키 프레임 사이를 보간하지 않는다.

중간의 움직임은 자동으로 만들고 키 프레임을 삽입하고 Constant로 설정하면 좋습니다.

Linear는 사이를 균등하게 변화하도록 보간합니다. 가속, 감속과 같은 움직임을 만들 때 사용합니다.

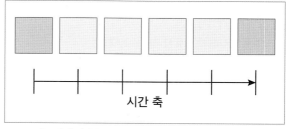

Linear: 키 프레임 사이를 균등하게 보간한다.

Bezier는 핸들을 사용해 곡선을 조장해 가속, 감속을 조정할 수 있습니다. Bezier를 사용할 때는 키 프레임을 너무 많이 넣지 않는 것이 좋습니다. 키 프레임이 너무 많은 상태에서 Bezier를 사용하면 그래프 에디터의 곡선이 지저분해지고 움직임도 부드럽지 않게 됩니다.

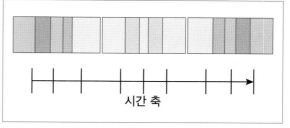

Bezier: 핸들로 곡선을 조작해 보간한다.

07 Step   39 프레임에서 48 프레임까지 보간하기

39번째 프레임에 있는 키 프레임을 선택하고 앞과 마찬가지로 마우스 우클릭한 뒤 보간 모드 → Constant를 선택합니다. 이것으로 39 프레임과 48 프레임 사이가 일정하게 보간됩니다.

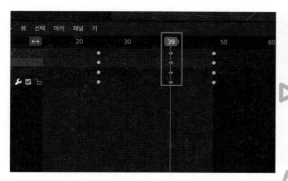

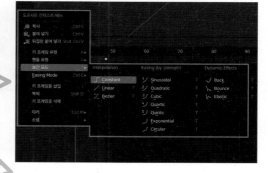

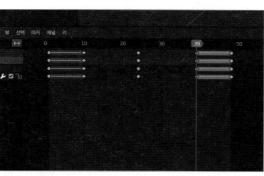

Chapter 1

Chapter 2

Chapter 3

Chapter 4

Chapter 5

Chapter 6

Chapter 7

녹색 선(보간)이 표시되지 않는다면

만약 보간 모드를 설정했는데도 녹색 선이 사이에 표시되지 않았다면
도프시트 위쪽 뷰 → Show Handles and Interpolation가 비활성
화 되어 있을 것이므로 활성화합니다.

08 예비 동작 만들기 1

Step

다음으로 점프하기 전의 예비 동작을 만듭니다. 8번째 프레임으로 이동해 고양이 신체의 본 Bone을 선택했는지
확인합니다. 다음으로 3D 뷰포트에서 사이드바(N키)를 표시하고 항목의 변환 패널 안에 있는 축적 X에 '1.45', 축
적 Y에 '0.6'을 입력합니다. 그리고 3D 뷰포트에서 I키를 누르고 축적 값을 기록합니다. 이것은 점프 전의 찌그러
지는 동작이 됩니다. 만약 실수로 다른 프레임에 키 프레임을 삽입했다면 키 프레임을 마우스 좌클릭 드래그해 움
직이거나 X키 또는 Delete키로 삭제합니다. 또는 마우스 좌클릭 드래그로 다른 키 프레임과 겹칠 수도 있습니다.

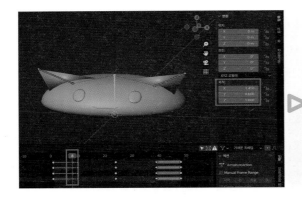
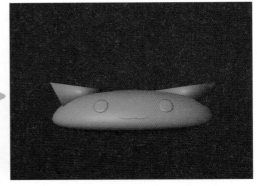

09 예비 동작 만들기 2

Step

6번째 프레임으로 이동해 고양이 신체의 본 Bone을 선택했는지 확인합니다. 사이드바(N키)의 변환 패널 안에 있
는 축적 X에 '1.35', 축적 Y에 '0.7'을 입력합니다. 그리고 3D 뷰포트에서 I키를 누르고 축적 값을 기록합니다. 이것
으로 예비 동작과 동시에 누르기와 당기기도 표현했습니다.

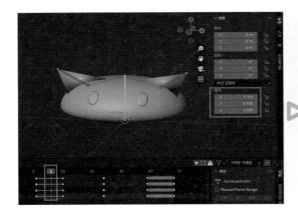
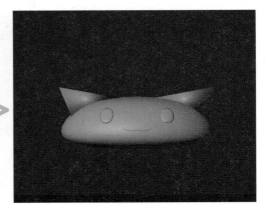

10
Step

착지 애니메이션 1

다음으로 착지 애니메이션을 만듭니다. 37번째 프레임으로 이동해 3D 뷰포트에서 I키를 눌러 키 프레임을 삽입합니다. 그리고 37번째 프레임에 있는 키 프레임을 선택한 상태로 도프시트에서 **보간 모드**의 단축키인 T키를 누르고 **Constant**를 클릭합니다. 이것은 39번째 프레임에서 고양이를 착지시키고 늘리기 위해 필요한 키 프레임입니다.

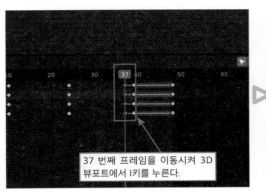

37 번째 프레임을 이동시켜 3D 뷰포트에서 I키를 누른다.

11
Step

착지 애니메이션 2

다음으로 39번째 프레임에 있는 키 프레임을 선택한 뒤 3D 뷰포트의 사이드바에서 축적 Y에 '0.8'을 입력하고, 3D 뷰포트에서 I키로 키 프레임을 삽입합니다. 착지해서 약간 찌그러지는 동작입니다.

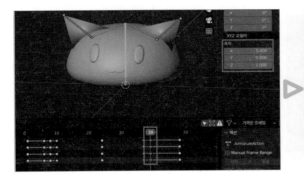

12
Step

착지 애니메이션 3

41번째 프레임으로 이동해 3D 뷰포트의 사이드바에서 축적 Y에 '1.2'를 입력합니다. 그리고 3D 뷰포트에서 I키로 키 프레임을 삽입합니다. 이것은 착지 시의 반동으로 약간 늘어나는 동작입니다.

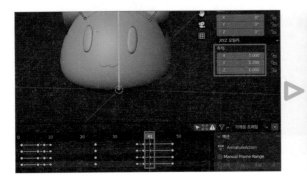

13 착지 애니메이션 4

Step

43번째 프레임으로 이동해 3D 뷰포트의 사이드바에서 축적 Y에 '0.95'를 입력합니다. 그리고 3D 뷰포트에서 I키로 키 프레임을 삽입합니다. 이것은 원래 형태로 되돌아오는 도중의 동작입니다.

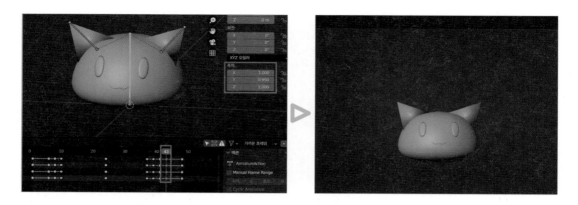

14 착지 애니메이션 5

Step

45번째 프레임으로 이동해 3D 뷰포트의 사이드바에서 축적 Y에 '1'을 입력합니다. 그리고 3D 뷰포트에서 I키를 눌러 키 프레임을 삽입합니다. 이제 원래 형태로 되돌아왔습니다.

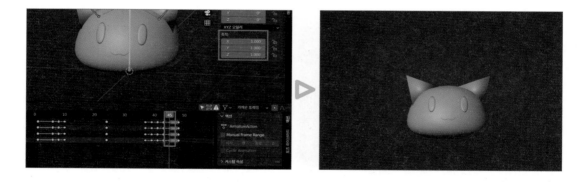

15 애니메이션 재생하기

Step

작업을 마쳤다면 3D 뷰포트에서 Space키를 눌러 애니메이션을 재생해봅시다(정지할 때는 다시 Space키를 누릅니다). 가장 처음에 점프하기 전 예비 동작에서 캐릭터가 이제부터 무엇을 하려고 하는지 다른 사람에게 추측해 보게 합니다. 이렇게 함으로써 보는 사람이 내용을 원만하게 이해할 수 있으므로 캐릭터가 무언가 액션을 일으키기 전에 예비 동작을 시키는 것은 중요합니다.

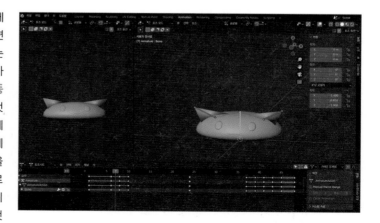

움직임에 완급을 주기 위해 점프해서
날아오르는 순간과 낙하 중에는 빠르게
움직이게 하고, 공중에 머물 때는 늦게
움직이게 해서 고양이의 경쾌함을 표현
했습니다.

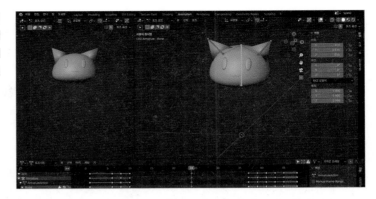

그리고 가장 마지막은 원래 형태로 돌
아왔을 때 고양이가 약간 떨리게 해서
부드러움을 표현했습니다. 이렇게 해서
도프시트와 그래프 에디터를 사용해 애
니메이션을 만들었습니다.

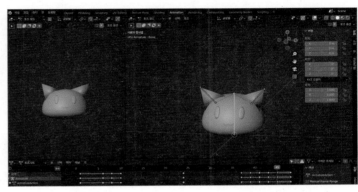

Column

값 필드 등에서 키 프레임 삽입하기

지금까지 3D 뷰포트에서 키 프레임을 삽입했습니다. 사이드바의 변환 패널 안에 있는 값 필드 또는 오브젝트 프로퍼티스나 본
프로퍼티스의 변환 패널 안에 있는 값 필드 등 숫자를 입력하는 위치에서 마우스 우클릭하면 키 프레임 관련 메뉴가 표시됩니다.
여기에서 키 프레임을 입하거나 삭제할 수 있습니다.

마우스 우클릭한다.

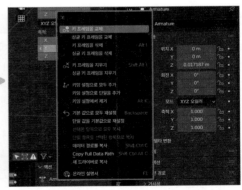

이 메뉴 안에 있는 키 프레임을 삽입 또는 키 프레임을 교체로 키 프레임을 삽입할 수 있습니다. 하지만 이 조작은 XYZ 모두에 키
프레임이 삽입되므로 X만, Y만 삽입하고 싶을 때는 그 값 필드에서 마우스 우클릭해 1개의 키 프레임을 삽입 또는 싱글 키 프레
임을 교체를 선택합니다. 그리고 값 필드 외에도 셰이프 키, 모디파이어 설정, 노드 등 키 프레임을 삽입할 수 있는 위치가 블렌
더에 여러곳 있으므로 이들을 사용해 애니메이션을 만들 수 있습니다.
키 프레임 삭제는 키 프레임을 지우기 또는 싱글 키 프레임을 지우기입니다. 키 프레임을 지우기를 선택하면 모든 키 프레임을
삭제할 수 있습니다. 하나의 값 필드를 모두 삭제하고 싶을 때는 싱글 키 프레임을 지우기를 선택합니다.

Chapter 1
Chapter 2
Chapter 3
Chapter 4
Chapter 5
Chapter 6
Chapter 7

논리니어 애니메이션에서 루프 시키기

01 Step 논리니어 애니메이션 추가하기

이 상태로 애니메이션을 완성해도 좋으나 추가로 애니메이션을 루프 시켜 봅시다. 루프 시키려면 **논리니어 애니메이션**(Non-Linear Animation, 줄여서 NLA라 부르기도 합니다) 에디터를 사용해야 하므로 해당 에디터로 전환합니다. 도프시트 왼쪽 위 에디터 유형을 클릭하고 메뉴 안에 있는 **논리니어 애니메이션**을 선택해 에디터를 전환합니다.

02 Step 스트립 추가하기

논리니어 애니메이션은 도프시트나 그래프 에디터처럼 키 프레임을 일일이 선택할 수는 없지만 **스트립**이라 불리는 띠와 같은 것의 중간에 키 프레임을 넣어 편집하거나 조합해 루프 시킬 수 있는 에디터입니다. 주로 걷기나 달리기 등 루프 시키는 애니메이션을 만들 때 자주 사용합니다.

❶ 기본적으로는 아무것도 설정되어 있지 않으므로 먼저 애니메이션을 **스트립**화합니다. 논리니어 애니메이션 왼쪽에 있는 채널 안에 사각형 아이콘이 있습니다. 이 아이콘은 현재 애니메이션을 **아래로 밀기**하는 기능입니다. 클릭합니다. Next Page

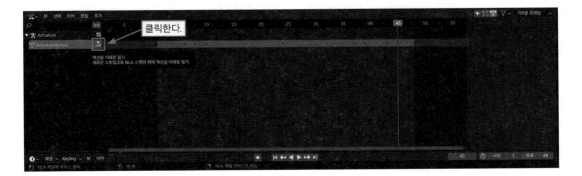

❷ 그러면 논리니어 애니메이션에 노란색 띠와 같은 것이 표시됩니다. 이것이 **스트립**입니다. 논리니어 애니메이션 에디터에서는 이 띠를 편집합니다.

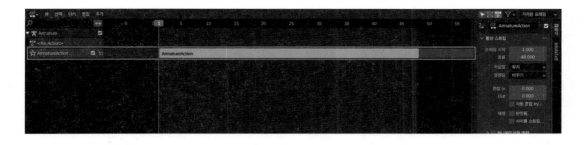

03 아래로 밀기한 애니메이션 편집하기

Step

여기에서 왼쪽 위 에디터 유형에서 **도프시트**로 전환해 봅시다. 도프시트를 확인하면 지금까지 삽입한 키 프레임이 사라지는 것을 알 수 있을 것입니다. 이것은 **스트립**으로 변환함에 따라 애니메이션 편집을 **스트립** 안에서만 할 수 있도록 되었기 때문입니다.

아래로 밀기한 애니메이션을 편집하고 싶을 때는 다시 한 번 왼쪽 위 에디터 유형에서 논리니어 애니메이션으로 전환합니다. 그리고 편집할 **스트립**을 마우스 좌클릭→ 마우스 우클릭하면 다양한 메뉴가 표시됩니다. 그 안에 있는 Start Tweaking Strip Actions (Lower Stack)(Tab키)를 클릭합니다. 그러면 노란색 띠가 녹색으로 바뀝니다.

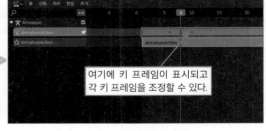

여기에 키 프레임이 표시되고 각 키 프레임을 조정할 수 있다.

위쪽에 키 프레임이 표시되므로 여기에서 임의의 키 프레임으로 이동해 이동, 회전, 축적을 3D 뷰포트에서 조정하고 키 프레임 삽입의 단축키인 I키를 눌러 변형 조정을 할 수 있습니다. 원래대로 되돌리고 싶을 때는 아무것도 없는 위치를 클릭한 뒤 다시 **스트립**에서 마우스 우클릭한 뒤 **트위킹 스트립 액션을 중지**(Tab키)를 선택합니다.

04 스트립 복제하기
Step

논리니어 애니메이션 안에서 스트립을 편집합니다. 스트립을 선택하고 마우스 우클릭한 뒤 메뉴 안에서 복제를 클릭합니다. 이 조작은 Shift+D키를 눌러서 수행할 수도 있습니다(블렌더 버전에 따라 아래에 복제되기도 합니다).

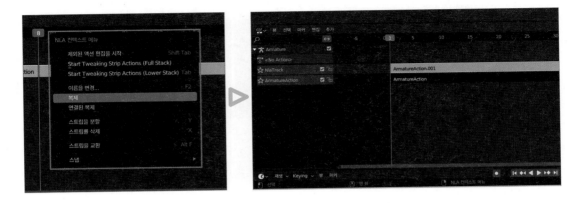

05 스트립 이동하기
Step

다음으로 복제한 스트립을 선택하고 마우스 좌클릭 드래그 또는 이동(G키)하면 스트립이 보라색으로 바뀝니다. 이것은 스트립을 움직이는 동안의 색상입니다. 이 복제된 스트립을 복제 원본 스트립의 엉덩이로 이동합니다. 이제 점프 애니메이션을 한 번만 반복할 수 있습니다.

06 프레임 수 변경하기
Step

종료 프레임 수가 부족하므로 화면 아래 있는 런타임의 종료에 '95'를 입력합니다. 그리고 논리니어 애니메이션 또는 3D 뷰포트에서 Space키를 누르고 재생해 봅니다. 이렇게 논리니어 애니메이션은 필요에 따라 사용하면 좋습니다.

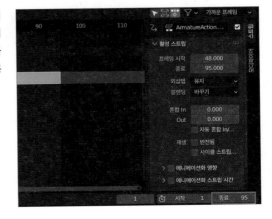

07 스트립 분리하기

Step

그 밖에도 스트립에 관한 중요한 조작의 하나로 스트립을 분할(Y키)이 있습니다. 실제로 조작해봅시다. 이 조작은 문자 그대로 스트립을 분할 하는 기능입니다. 예를 들면 캐릭터가 서있는 상태에서 걷기 시작하는 애니메이션을 만든다고 가정해 봅시다. 걷는 애니메이션만 재생하고 싶을 때는 이 스트립을 분할(Y키)을 사용해 걷는 애니메이션만 루프 시킬 수 있습니다.

분리할 프레임으로 이동해 마우스 우클릭한 뒤 스트립을 분할(Y키)을 클릭해 분리할 수 있습니다. 확인을 마쳤다면 **Ctrl+Z키**를 눌러 분리 이전으로 되돌아갑니다.

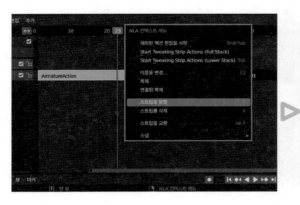
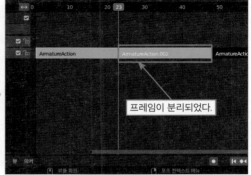

프레임이 분리되었다.

08 스트립 삭제하기와 스트립 추가하기

Step

스트립을 선택하고 마우스 우클릭한 뒤 스트립을 삭제(X키)를 선택해 스트립을 삭제할 수 있습니다. 스트립을 잘못 삭제했다면 논리니어 애니메이션 위쪽 추가 → 액션 스트립을 추가(Shift+A키)에서 임의의 스트립을 추가할 수 있습니다.

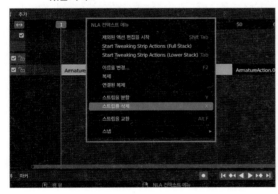
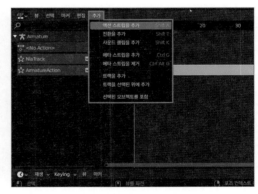

그리고 왼쪽은 트랙이라 부르며 여기에서 애니메이션을 관리할 수 있습니다. 앞서 복제 결과로 NlaTrack이라는 새 트랙이 추가되었습니다. 만약 이 트랙을 사용하지 않는다면 해당 트랙을 선택하고 편집 → 트랙을 삭제(X키)로 삭제할 수 있습니다.

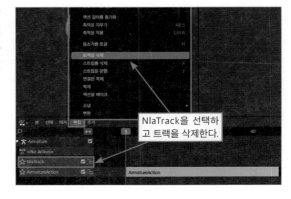

NlaTrack을 선택하고 트랙을 삭제한다.

09 트랙 아이콘의 의미

Step

논리니어 애니메이션 에디터의 왼쪽 트랙에는 체크 박스와 자물쇠 아이콘이 있습니다. 체크 박스는 채널 음소거를 토글(H키)하는 항목이 며 이 항목을 선택 해제하면 애니메이션이 재 생되지 않습니다. 그리고 바로 옆에 있는 자물 쇠 아이콘을 활성화하면(자물쇠를 걸면) 스트 립을 편집할 수 없도록 됩니다. 만약 애니메이 션이 재생되지 않거나 편집할 수 없도록 되었 다면 이 항목들을 확인해 주십시오.

그리고 도프시트에서 키 프레임을 삽입해 새 롭게 액션을 만들면 해당 액션을 애니메이션 에서 우선 재생합니다. 도프시트에서 액션을 만들었을 때 스트립이 재생되면 도프시트에 서 모두 선택의 A키를 누르고 X키로 키 프레 임을 삭제합니다. 단 모든 본을 덮어 쓰여지 는 것이 아니라 일부 본을 움직임으로써 스트 립에서 재생하면서 다른 본과 다른 애니메이 션을 적용할 수 있습니다. 이를 사용해 뒤에서 걷기를 스트립화해서 루프 재생하면서 Root 본을 움직여 앞으로 걷는 애니메이션을 만듭 니다.

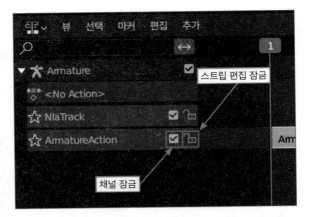

스트립 편집 잠금

채널 잠금

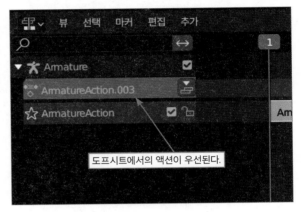

도프시트에서의 액션이 우선된다.

MEMO

여기에서 만든 고양이 애니메이션은 다음 장에서 렌더링하므로 우선 데이터를 저장해둡시다. 먼저 렌더링을 하고 싶은 분들은 7장으로 건너 뛰어도 좋습니다.

458

Chapter 6

2

애니메이션 수행 준비

이제 지금까지 만든 인물 캐릭터애 애니메이션을 적용합니다. 이 단계에 들어가기 전에 본을 움직여 스키닝에 실수가 없는지 반드시 확인해 주십시오. 실수가 있다면 2장으로 돌아가 해당 위치를 수정해 주십시오. 그리고 애니메이션을 만드는 도중에 스키닝에 실수를 발견했다면 6장의 칼럼 '애니메이션 도중 스키닝에 실수가 있는 것을 발견했다면'(543쪽)을 참조해 주십시오.

2-1 애니메이션 진행 방법

가장 먼저 셰이프 키를 조정합니다. 이후 애니메이션을 빠르게 적용할 수 있도록 포즈를 저장하기 위한 포즈 라이브러리 기능과 리그를 쉽게 사용할 수 있도록 커스텀 셰이프 기능을 사용합니다. 이런 작업은 건너 뛰고 빠르게 애니메이션 작업을 수행하고 싶은 분들도 있을 것입니다. 하지만 애니메이션은 적용하기 전 준비를 얼마나 철저히 했느냐에 따라 후반 작업의 쾌적함이나 작업량이 좌우됩니다. 예를 들면 포즈 라이브러리를 사용하면 손은 움직일 때 손가락을 일일이 회전시키지 않고 작업을 마칠 수 있고, 커스텀 셰이프를 사용하면 실수로 다른 본을 선택해 변형하는 상황을 막을 수 있습니다. 이렇게 애니메이션을 적용하기 전 준비는 대단히 중요합니다.

2-2 흰자위 조정

01 워크스페이스 설정하기
Step
현재 흰자위에는 큰 빈 공간이 있어 캐릭터에 빛을 비추면 부자연스러운 위치에 그림자가 생깁니다. 이를 방지하기 위해 흰자위를 체우는 셰이프 키를 만듭니다.

화면 위쪽 워크스페이스에서 Layout을 클릭하고 오브젝트 모드(Tab키)인지 확인합니다. 다음으로 쉽게 작업할 수 있도록 3D 뷰포트 오른쪽 위 뷰포트 셰이딩을 매테리얼 뷰로 전환합니다. 그리고 우선 오른쪽 위 아웃라이너에서 Line Art 컬렉션 오른쪽에 있는 체크를 비활성화해서 뷰레이어에서 제외시킵니다.

02 셰이프 키 추가하기

Step

Body 오브젝트를 선택하고 오른쪽 프로퍼티스의 오브젝트 데이터 프로퍼티스를 클릭합니다. 셰이프 키 패널 오른쪽 + 버튼을 클릭하고 새 셰이프 키를 만듭니다. 셰이프 키 이름을 더블 클릭하고 'W_eye'라고 입력합니다.

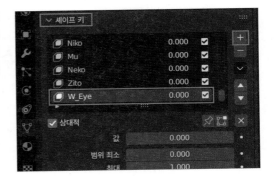

03 흰자위 부분 선택하기

Step

❶ Body 오브젝트가 선택되어 있는지, 셰이프 키의 W_eye가 선택되어 있는지 확인한 뒤 에디트 모드(Tab키)로 전환합니다.

양쪽 흰자위의 메쉬를 선택했다면 연결된 모두 선택의 단축키인 Ctrl+L키를 누릅니다. 왼쪽 아래 오퍼레이터 패널에서 씨임을 활성화하고 흰자위의 메쉬만 선택할 수 있도록 합니다.

❷ 다음으로 선택하지 않은 대상을 숨기는 단축키인 Shift+H키를 눌러 흰자위만 표시합니다. 그리고 좌우 대칭으로 편집하기 위해 3D 뷰포트 오른쪽 위 대칭 메뉴인 X키도 활성화합니다.

※ 반드시 양쪽 흰자위만 표시되는 것을 확인한 뒤 작업해 주십시오. 흰자위가 한쪽만 표시되면 좌우 대칭으로 편집할 수 없습니다.
※ Eye, Hair 오브젝트는 오른쪽 위 아웃라이너에서 필요에 따라 숨깁니다.

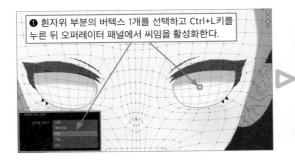

❶ 흰자위 부분의 버텍스 1개를 선택하고 Ctrl+L키를 누른 뒤 오퍼레이터 패널에서 씨임을 활성화한다.

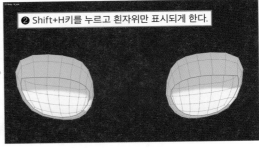

❷ Shift+H키를 누르고 흰자위만 표시되게 한다.

04 흰자위 부분 수정하기

Step

Alt+마우스 좌클릭해 에지 루프 선택한 뒤 축적(S키)을 사용해 흰자위를 축소하거나 가운데 버텍스 수가 많은 부분은 Shift+박스 선택(B키) 등으로 선택한 뒤 S키를 사용해 작게 만듭니다. 그리고 슬라이드 이동(G키를 2번 누르거나 Shift+V키)을 눌러 메쉬 형태를 정리하고 종종 오른쪽 위 아웃라이너에서 Eye 오브젝트 표시/숨기기를 반복하면서 흰자위를 편집합니다. 눈동자가 움직이는 주변을 조금 넓게 만들면 눈동자를 움직일 때 흰자위와 부딪혀 메쉬 표시가 이상하게 되지 않게 합니다. 그 밖에도 흰자위의 그림자가 딱딱하지 않도록 조정하면 좋습니다.

Next Page ▷

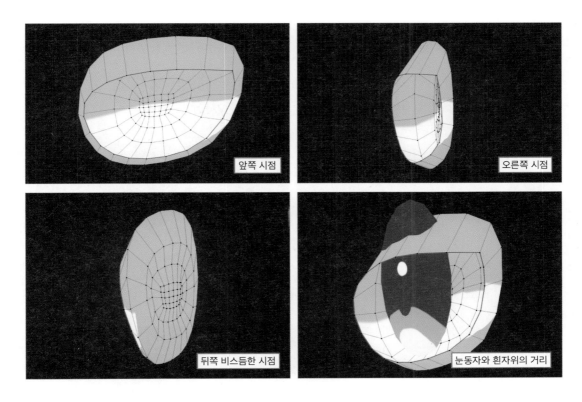

앞쪽 시점

오른쪽 시점

뒤쪽 비스듬한 시점

눈동자와 흰자위의 거리

05 흰자위의 그림자 확인하기

Step 작업을 마쳤다면 숨긴 대상을 표시하는 **Alt+H키**를 누르고 **오브젝트 모드(Tab키)**로 전환합니다. 셰이프 키 **W_eye**의 값에 '1'을 입력하면 다양한 각도에서 봤을 때 흰자위의 그림자가 위화감 없이 표시될 것입니다.

기본적으로 **W_eye** 값은 '1'로 합니다. 흰자위를 넓게 비우는 이유는 눈동자를 뒤로 내림으로써 캐릭터가 계속해서 이쪽을 보는 듯이 유지시키기 위한 것으로 이 값도 필요에 따라 변경하면 좋습니다. Next Page

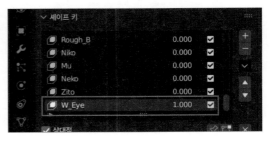

Chapter 1

Chapter 2

Chapter 3

Chapter 4

Chapter 5

Chapter 6

Chapter 7

설명을 위해 이 그림에서는 중앙의 눈동자를 한가운데 배치한 상태에서 눈동자를 깊이 방향으로 내렸습니다. 다른 각도가되면 흰자위가 상당히 눈에 띄지만 눈동자를 내림으로써 캐릭터가 카메라 시선을 유지하게 됩니다.

포즈 라이브러리에서 포즈 등록하기

포즈 라이브러리는 포즈를 등록할 수 있는 메뉴입니다. 등록한 포즈는 에셋 브라우저라는 에디터를 사용해서 관리할 수 있습니다. 이 두 가지 기능을 사용해 손가락 포즈를 만들고, 손 연기를 간단하게 할 수 있도록 미리 준비합니다.
이번 절에서는 포즈 모드에서의 조작이 많습니다. 메쉬나 라인 아트를 잘못 선택하지 않도록 설정합니다.

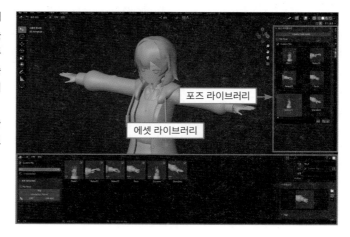

포즈 라이브러리

에셋 라이브러리

01
Step

컬렉션 선택 불가
아웃라이너 왼쪽 위 필터를 클릭하고 선택 가능으로 활성화합니다. 다음으로 Chara, Clothes, Line Art, Hair 컬렉션 오른쪽 화살표를 클릭하고 선택 불가로 합니다. 단, 포즈를 등록하는 과정에서 손가락의 웨이트 수정을 수행하는 위치가 있으므로 Body만을 선택 가능한 상태로 진행하는 것도 좋습니다.

02 Armature를 선택하기 및 포즈 모드로 변경하기

Step 다음은 손가락의 본을 쉽게 선택할 수 있도록 손가락의 본만 다른 본 레이어로 이동합니다. Armature를 선택하고 왼쪽 위 모드 전환에서 포즈 모드로 전환합니다.

03 본 레이어에 등록하기

Step 양손의 손가락의 본을 Shift+박스 선택(B키)로 선택하고 본 레이어의 단축키인 M키를 누르고 왼쪽 위에서 세 번째 레이어를 클릭합니다. 그리고 프로퍼티스의 오브젝트 데이터 프로퍼티스의 골격 패널 안에 있는 레이어에서 손가락의 본이 모두 들어있는지 확인합니다.

MEMO

블렌더 4.0 버전 이후에서는 본 컬렉션이라는 기능으로 변경되었습니다. 손가락의 본을 선택한 상태에서 오른쪽 위 + 버튼을 눌러 새 본 컬렉션(레이어)를 여럿 만듭니다. 그리고 만든 컬렉션을 선택한 상태에서 그 아래 할당을 클릭해 저장합니다(단축키는 M키). 보다 자세한 조작 내용은 2장(206쪽)에 있는 칼럼 '블렌더 4.0에 탑재된 본 컬렉션에 관해'에서 설명했습니다.

04
Step

Camera 이동하기

다음으로 포즈 라이브러리와 에셋 브라우저를 사용합니다. 포즈를 등록하기 전에 썸네일을 만들기 위해 카메라가 필요합니다.

오른쪽 위 아웃라이너에서 Line Art의 뷰 레이어에서 제외를 해제히고(컬렉션 오른쪽 체크를 해제합니다) 컬렉션 안에서 Camera 오브젝트를 선택합니다. 아웃라이너에서 컬렉션 이동의 단축키인 M키를 누르고 씬 컬렉션을 선택합니다. 작업을 마쳤다면 Line Art를 뷰 레이어에서 제외해 둡니다(컬렉션 오른쪽 체크를 해제합니다).

뷰 레이어에서 제외를 해제하고 안에 있는 Camera 를 M키를 사용해 컬렉션으로 이동한다.

05
Step

시점을 Camera to View로 변경하기

다음으로 넘버패드 0을 눌러 카메라 시점으로 전환하고 사이드바(N키)에서 뷰의 뷰 잠금 패널 안에 있는 Camera to View를 활성화해 카메라가 시점을 따르게 합니다. 이를 활성화한 상태에서 카메라 시점을 해제하려면 넘버패드 1 등 시점의 단축키를 누르거나 다시 넘버패드 0을 누르면 됩니다. 반대쪽 손이 선택되어 있는지 확인하고 싶을 때 등에 사용합니다.

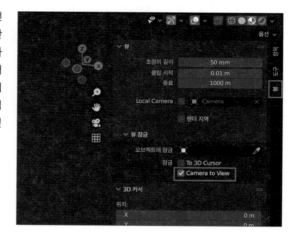

06
Step

카메라 시점을 왼손으로

프로퍼티스의 오브젝트 데이터 프로퍼티스의 골격 패널에 손가락의 본이 들어있는 본 레이어가 선택되어 있는지 확인한 뒤 카메라 시점 상태에서 왼손으로 줌 확대합니다. 이 활성화로 선택되어 있는 카메라의 사각 프레임 안을 기준으로 포즈를 등록했을 때 썸네일이 되어 표시됩니다. 그리고 썸네일 이미지는 솔리드로 표시되므로 우선 3D 뷰포트 오른쪽 위 뷰포트 셰이딩을 솔리드로 전환해 두면 좋습니다.

※ 여기에서는 대각선 위 시점에서 촬영했지만 각자 선호하는 위치에서 각도를 변경해서 촬영해도 됩니다. 그리고 썸네일은 나중에 언제든 변경할 수 있습니다.

07
Step

손가락의 본 전체 선택하기
카메라 위치를 결정했다면 전체 선택의 단축키인 A키
를 눌러 손가락의 본 전체를 선택합니다(반대쪽 손가
락의 본도 모두 포함합니다). 선택한 본을 기준으로 포
즈가 등록됩니다. 포즈 모드에서 등록할 본을 선택해야
만 포즈를 기록할 수 있으므로 주의합니다.

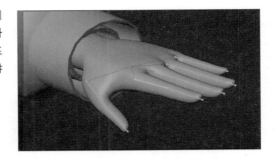

08
Step

포즈 애셋 만들기
사이드바(N키)에서 애니메이션의 포즈 라이브러리 패널 안에 있는 Create Pose Asset을 클릭하면 포즈 라이브
러리 패널 안에 썸네일이 표시됩니다. 포즈를 변경할 본을 포즈 모드에서 선택하고 이 썸네일(등록한 포즈)를 클릭
하면 간단하게 포즈를 변경할 수 있습니다. 썸네일에에는 '솔리드'에서 표시되는 오브젝트만 반영됩니다.

중요

포즈 애셋을 만들 수 없다면
블렌더 3.5부터 포즈 등록 방법이 변경되었습니다. 도프시트의 사이드바(N키)에 있는 Create Pose Asset 또는 다음 페이지에서
설명할 애셋 브라우저에서 실행해 주십시오. 그리고 블렌더 4.0에서 3D 뷰포트의 사이드바에 애셋 셸프 전환이라는 항목이 추가
되었습니다. 이를 클릭하면 아래에 등록한 포즈의 썸네일이 표시됩니다.

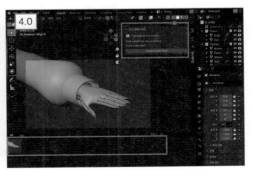

09 에셋 브라우저 표시하기

Step

포즈는 등록했지만 사이드바에서는 등록한 포즈 삭제, 이름 변경, 썸네일 변경 등을 할 수 없습니다. 에셋 브라우저라는 에디터에서 등록한 포즈를 편집해야 합니다.

화면 아래쪽에 있는 타임라인 왼쪽 위 에디터 유형을 클릭하고 메뉴 안에 있는 **Asset Browser**를 클릭합니다. 여기는 등록한 포즈를 편집할 수 있는 에디터입니다.

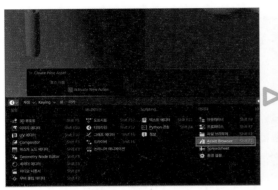 

기본값은 숨김으로 되어 있습니다. 오른쪽 에셋 관련 메뉴가 있습니다. 에셋 브라우저 위쪽 뷰 → **Asset Details(N키)**로 표시하면 됩니다. 그리고 왼쪽 메뉴는 소스 목록(T키)이므로 만약 메뉴가 표시되지 않는다면 여기를 확인합니다.

Column

'에셋 브라우저'에서 포즈를 등록하려면

블렌더 3.5를 사용한다면 에셋 브라우저 위쪽 에셋 → Create Pose Asset에서 포즈를 등록할 수 있습니다. 그리고 왼쪽 소스 목록(T키) 위쪽에 모두라는 풀 다운 메뉴가 있습니다(에셋 라이브러리) 여기를 클릭해 현재 파일로 하면 등록한 포즈가 표시됩니다.

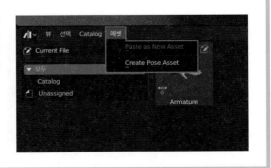

10
Step

에셋 브라우저 조작하기

에셋 브라우저 안에 등록한 포즈의 썸네일을 클릭하면 왼쪽에 썸네일 관련 메뉴가 표시됩니다. 이름에서 등록한 포즈 이름을 변경할 수 있습니다. 미리보기 패널 안에 화살표가 회전하는 모양의 아이콘(Generate Preview)을 클릭하면 현재 카메라 시점을 기준으로 썸네일을 수정할 수 있습니다. 현재 썸네일이 마음에 들지 않을 때는 이 아이콘을 클릭해 업데이트 합니다.

포즈를 삭제하고 싶을 때는 삭제할 포즈의 썸네일을 마우스 우클릭하고 Clear Asset을 선택합니다. 불필요한 썸네일을 등록했다면 이 조작으로 삭제합니다.

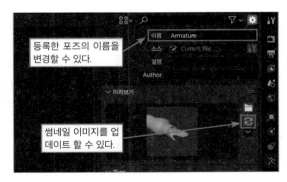

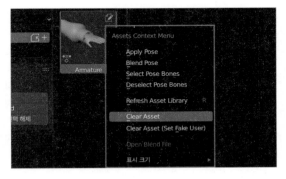

11
Step

이름 변경하기

등록한 포즈의 이름을 변경할 것이므로 오른쪽 메뉴의 이름에서 'Standard'로 변경합니다. 그러면 썸네일 이름도 변경되므로 확인합니다.

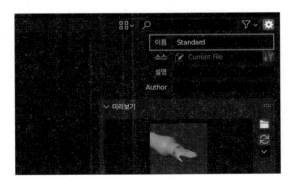

12
Step

변환 오리엔테이션 변경하기

이제까지의 조작을 기반으로 손의 포즈를 계속해서 등록합니다. 그때 3D 뷰포트 위쪽 변환 오리엔테이션을 로컬로 변환하면 쉽게 작업할 수 있습니다. Next Page

그리고 손가락의 본을 한 번에 움직일 수 있도록 3D 뷰포트 위쪽 피벗 포인트를 변환을 개별 오리진으로 합니다.

13 회전 도구 선택 및 사용하기

Step

이제까지의 작업에도 회전(R키)을 사용했지만, 애니메이션을 만들 경우 등 일일이 R키 → X키, R키 → Y키처럼 키보드를 눌러 작업하다 보면 눌러야 할 키가 많아 작업 효율이 낮아질 때가 있습니다. 애니메이션에서는 회전을 자주 사용하므로 이 작업의 효율을 높여야 합니다. 왼쪽 툴바(T키)에서 회전(R키)을 선택한 뒤, 본을 선택하고 3D 뷰포트에 표시된 좌표축에서 회전하는 것을 권장합니다. 이렇게 좌표축을 마우스 좌클릭 드래그하는 것만으로 간단하게 회전을 할 수 있습니다. 각자 편한 방법을 선택해서 사용해 주십시오.

회전 중에 Shift키 키를 길게 누르면 천천히 회전할 수 있습니다(위치나 축적에도 같은 조작 방법이 적용됩니다). 이 조작은 애니메이션에서 자주 사용하므로 기억해 두면 좋습니다.

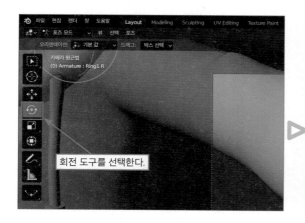

회전 도구를 선택한다.

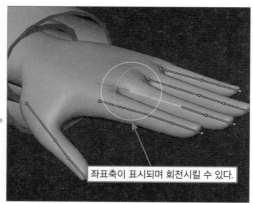

좌표축이 표시되며 회전시킬 수 있다.

14 손 잡기

Step

3D 뷰포트 오른쪽 위 대칭 메뉴의 X키가 활성화되어 있는지 확인한 뒤 왼손의 엄지손가락을 제외한 손가락을 모두 선택합니다. 그리고 좌표축의 빨간 축을 마우스 좌클릭 드래그해 주먹을 쥐도록 만듭니다. Next Page

※ 포즈를 기본값으로 되돌리고 싶을 때는 포즈 모드에서 리셋할 본을 선택하고(모든 본을 리셋할 때는 모두 선택(A키)) 위치, 회전, 축적을 리셋하는 단축키인 Alt+G키, Alt+R키, Alt+S키를 누릅니다. 또는 3D 뷰포트 위쪽 헤더의 포즈 → 변환을 지우기 → 모두에서 본의 변환을 완전히 리셋 할 수도 있으므로 이 조작을 잘 기억해 둡시다.

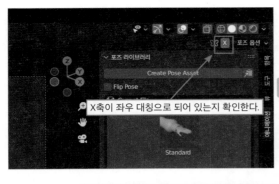

X축이 좌우 대칭으로 되어 있는지 확인한다.

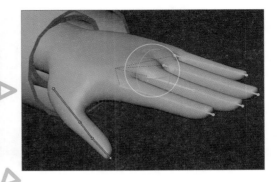

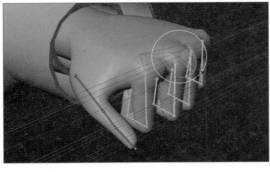

손을 주먹 형태로 만들었을 때 손가락과 손가락 사이의 간격이 생긴다면 축적(S키) → X키로 간격을 채워줍니다. 그리고 손가락 길이 문제로 주먹이 만들어지지 않는다면 마찬가지로 축적(S키) → Y키 등으로 손가락 길이를 조금 변경해도 괜찮습니다. 그 밖에도 이동(G키) 아주 조금 손가락 밑동을 움직여서 조정하는 것도 좋습니다. 원래대로라면 이렇게 변형하는 것은 인체 구조상 자연스럽지 않으나 이것은 현실이 아닌 애니메이션이므로 어느 정도 과장해도 문제없습니다. Next Page

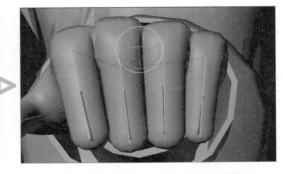

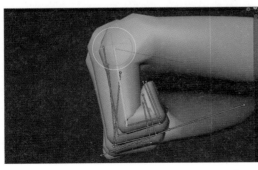

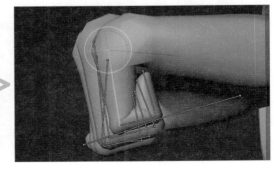

Chapter 1
Chapter 2
Chapter 3
Chapter 4
Chapter 5
Chapter 6
Chapter 7

엄지손가락도 회전시켜 주먹 형태에 한층 가까워지게 조
정합니다. 본의 숫자로 인해 완전한 주먹 형태를 재현하
기는 어려우므로 어느 정도 주먹에 가깝게 조정되었다
면 완성해도 좋습니다.

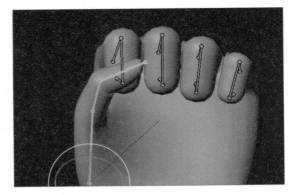

3D 뷰포트 오른쪽 위 매테리얼 뷰를 활성화하고 오른쪽
위 아웃라이너의 Line Art를 우선 표시해서 라인이 어떻
게 표시되는지도 확인해 봅시다.

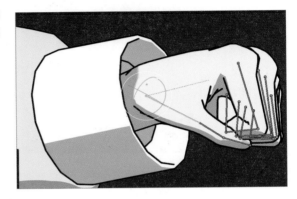

세 번째 관절이 너무 튀어나와 신경쓰인다면 오른쪽 위 아웃라이너에서 Chara를 선택할 수 있도록 한 뒤 오브젝트 모드로
전환합니다. 다음으로 Armature → Body 오브젝트 순서로 선택하고 왼쪽 위 모드 전환에서 웨이트 페인트로 전환합니다.
뷰포트 셰이딩에서 와이어프레임으로 전환하고 오른쪽 위 대칭 메뉴의 X키가 활성화 되어 있는지 확인합니다. Ctrl+마우
스 좌클릭해 본을 선택하고 웨이트를 조정합니다. 세 번째 관절에 웨이트를 너무 많이 주었으므로 웨이트 세기를 낮춰 조정
하면 좋습니다. 오른쪽 위 옵션 안에 있는 자동 노멀라이즈도 활성화합니다.
작업을 마쳤다면 오브젝트 모드로 전환하고 3D 뷰포트 오른쪽 위 뷰포트 셰이딩도 매테리얼 뷰(또는 솔리드)로 전환해
Chara를 선택할 수 없도록 합니다. 그리고 Armature도 선택하고 왼쪽 위 모드 전화에서 포즈 모드로 합니다.

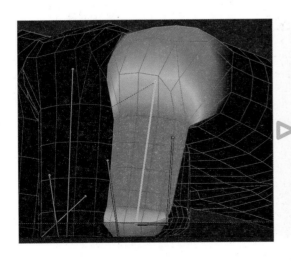
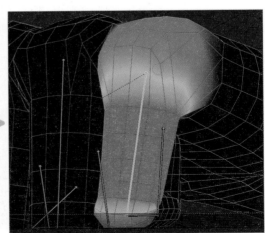

15
Step

포즈 에셋 만들기

넘버패드 0을 눌러 카메라 시점으로 변경헤 위치를 결정단면 손가락의 본을 모두 선택(A키)으로 반대쪽을 포함해 모두 선택합니다. 반복하지만 본을 선택해야만 Create Pose Asset을 클릭했을 때 포즈가 등록되므로 주의합니다. 사이드바(N키)에서 애니메이션의 포즈 라이브러리 패널 안에 있는 Create Pose Asset을 클릭하고 새 포즈를 등록합니다. 블렌더 3.5를 사용한다면 에셋 브라우저 위쪽 에셋 → 포즈 애셋 만들기에서 등록합니다.

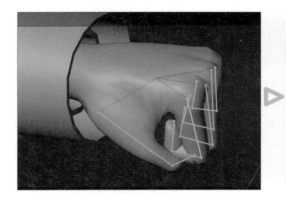 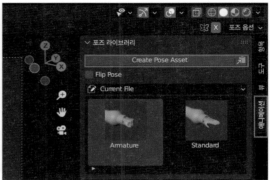

16
Step

에셋 이름 변경하기

그리고 앞서 등록한 포즈 이름을 아래 있는 에셋 브라우저 오른쪽 메뉴(N키)의 이름에서 변경합니다. 알기 쉽게 'Rock'으로 입력합니다.

17
Step

포즈 에셋을 Standard로 변경하기

기본적으로 손은 항상 쫙 펴지고 긴장되어 있는 것이 아니라 손가락이 조금 구부러지고 이완되어 있으므로 다음으로 편안한 상태의 손을 2개 만듭니다.

포즈 모드에서 모두 선택의 A키를 눌러 손가락의 본을 모두 선택합니다. 3D 뷰포트의 사이드바(N키)에서 애니메이션의 포즈 라이브러리 패널에 있는 Standrad를 클릭하면 손가락의 본을 간단하게 되돌릴 수 있습니다.

블렌더 4.0을 사용하면다면 Change Asset Shelf를 클릭하면 아래에 등록한 포즈의 썸네일이 표시됩니다. 여기에서 썸네일을 클릭합니다.

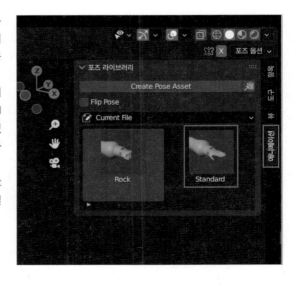

Chapter 1
Chapter 2
Chapter 3
Chapter 4
Chapter 5
Chapter 6
Chapter 7

18 손가락 포즈 만들기

Step 3D 뷰포트 오른쪽 위 대칭 메뉴의 X키가 활성화되어 있는 것을 확인하고 손가락의 본을 Shift키를 눌러 선택한 뒤 손가락의 빨간색 좌표축을 마우스 좌클릭 드래그해 약간 회전시킵니다. 집게손가락에서 새끼손가락까지 손가락을 흐르듯이 굽혀주면 자연스러운 형태를 만들 수 있습니다.

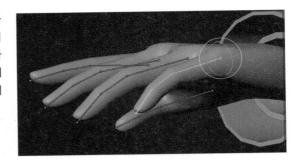

19 포즈 에셋 등록하기

Step 모두 선택의 A키를 눌러 모든 본을 선택하고 사이드바(N키)에서 애니메이션의 포즈 라이브러리 패널에 있는 Create Pose Asset을 클릭합니다. 에셋 브라우저에서 이름을 'Relax01'로 변경합니다. 블렌더 3.5를 사용한다면 에셋 브라우저 위쪽 에셋 → Create Pose Asset에서 등록합니다.

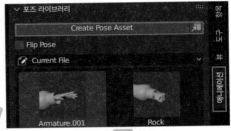

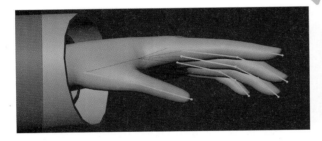

20 손가락 포즈 만들기 및 포즈 에셋에 등록하기

Step 이번에는 손가락을 조금 더 굽힌 형태의 손을 만듭니다. Relax01 손을 사용해서 빨간색 좌표축을 마우스 좌클릭 드래그해 구부립니다(두 번째 관절과 세 번째 관절 사이의 본은 S키 → X키를 사용해 조금씩 좌우로 크게 만들었습니다). 어느 정도 구부렸다면 모두 선택(A키)하고 사이드바(N키)에서 애니메이션의 포즈 라이브러리 패널 안에 있는 Create Pose Asset을 클릭해 새 포즈를 등록합니다. 에셋 브라우저에서 이름을 'Relax02'로 변경합니다.

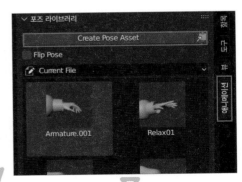

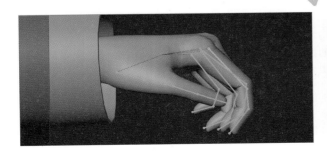

21 포즈 라이브러리 사용하기

Step

다음으로 가위 형태의 손을 만듭니다. 포즈 모드에서 모두 선택의 A키를 누르고 3D 뷰포트의 사이드바(N키)에서 포즈 라이브러리의 Rock를 선택합니다. 집게손가락의 본과 가운뎃손가락의 본을 선택하고 Standard를 클릭합니다.

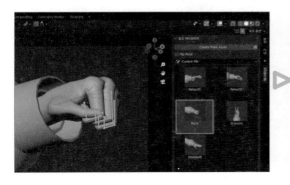 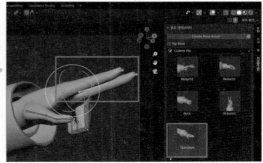

22 집게손가락 조정하기

Step

엄지손가락이 약지손가락에 닿도록 엄지손가락을 축적(S키)으로 크기를 변경합니다. 그리고 주먹의 웨이트 조정을 했을 때와 마찬가지로 여기에서도 약간 웨이트를 조정합니다(웨이트 페인트의 툴바에 있는 블러 등을 사용해 흐릿하게 메쉬의 모양을 부드럽게 했습니다). 엄지손가락 이외의 다른 손가락인 다소 야위어 가늘게 보이므로 S키 → X키 등으로 약간 크게 만듭니다. 여기의 본들도 숫자상 완전한 승리 포즈를 만들기는 어려우므로 앞쪽 시점에서 봤을 때 어느 정도 알 수 있는 정도로 조정합니다.

23 포즈 에셋에 등록하기

Step

반복하지만 넘버패드 0으로 카메라 위치를 결정했다면 모두 선택의 A키를 누르고 사이드바(N키)에서 애니메이션의 포즈 라이브러리 패널 안에 있는 Create Pose Asset를 클릭하고 새롭게 포즈를 등록합니다. 에셋 브라우저에서 이름을 'Scissors'로 변경합니다.

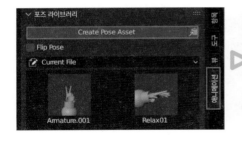 

Chapter 1
Chapter 2
Chapter 3
Chapter 4
Chapter 5
Chapter 6
Chapter 7

24

Step

보 포즈 에셋 만들기

지금까지와 마찬가지의 조작으로 보 형태의 포즈를 만듭니다. 빨간색 좌표축으로 회전하고 넘버패드 0으로 카메라 위치를 결정한 뒤 모두 선택의 A키를 누릅니다. 그리고 사이드바(N키)에서 애니메이션의 포즈 라이브러리 패널 안에 있는 Create Pose Asset을 클릭하고 새로 포즈를 등록합니다. 애셋 브라우저에서 이름을 'Paper'로 변경합니다.

작업을 마쳤다면 포즈 모드에서 모두 선택(A키)을 누르고 3D 뷰포트의 사이드바(N키)에서 애니메이션의 포즈 라이브러리 패널 안에서 썸네일을 클릭하고 포즈가 바뀌는지 확인합시다. 그 밖에도 다른 손의 포즈를 등록하고 싶다면 원하는 대로 만들어 등록합니다.

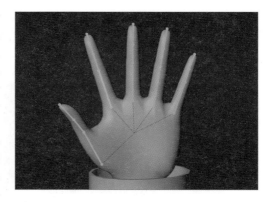

반대쪽으로 포즈를 복사하는 방법

대칭 메뉴의 X키를 누르지 않아 한쪽만 변형되었을 때는 우선 복사할 본을 모두 선택하고 마우스 우클릭해 포즈를 복사(Ctrl+C 키)를 클릭합니다.

다음으로 반대쪽의 복사 대상의 본을 모두 선택한 상태에서 마우스 우클릭해 X-뒤집힌 포즈를 붙여 넣기(Shift+Ctrl+V키)를 누르면 반전 복사를 할 수 있습니다.

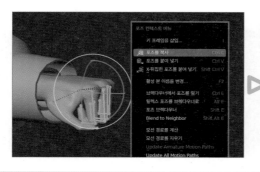 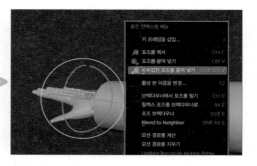

2-4   커스텀 셰이프를 사용해 보다 쾌적한 리그 만들기

여기에서는 애니메이션을 쾌적하게 만들 수 있도록 보다 사용하기 쉬운 리그를 만듭니다.

■ 본 레이어 나누기

스커트와 머리카락의 본을 레이어로 나눕니다. 블렌더 4.0을 사용한다면 3D 뷰포트에서 M키를 누르고 '새 컬렉션'을 만들고 원하는 이름을 입력합니다. 컬렉션에 넣을 본을 선택한 뒤 M키를 누르고 대상 컬렉션에 저장합니다.

01

스커트 레이어 나누기

Step 스커트의 본은 나중에 쉽게 애니메이션을 적용할 수 있도록 레이어를 나누는 방법이 좋습니다.
Armature를 선택하고 **포즈 모드**로 전환합니다. 다음으로 스커트의 각 본을 Shift키를 누르고 선택한 뒤 연결된 모두 선택(Ctrl+L키)을 누르면 연결된 본을 한 번에 선택할 수 있습니다. 그리고 본 레이어의 단축키인 M키를 누르면 왼쪽 위에서 네 번째 레이어로 이동합니다.

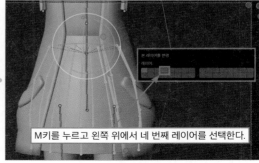

스커트의 각 본 중 임의로 1개를 선택한 뒤 Ctrl+L키를 누른다.

M키를 누르고 왼쪽 위에서 네 번째 레이어를 선택한다.

02

머리카락 레이어 나누기

Step 마찬가지로 머리카락의 각 본을 Shift키를 누르고 선택한 뒤 연결된 모두 선택(Ctrl+L키)을 누르고 본 레이어를 변경(M키)에서 왼쪽 위에서 다섯 번째 레이어로 이동합니다. 덧붙여 각 본 레이어를 Shift키를 누르고 선택하면 각 레이어 안에 들어있는 본을 표시할 수 있습니다.

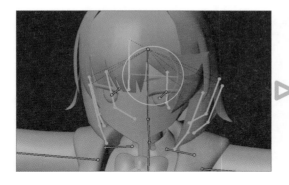
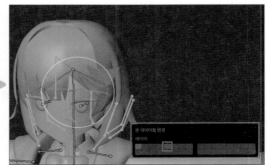

■ 커스텀 셰이프

커스텀 셰이프는 본의 형태를 변경하는 기능으로 본을 보다 보기 쉽게 만들고, 쉽게 움직일 수 있도록 할 수 있습니다. 현재 모든 본을 **스틱**으로 표시했습니다. 애니메이션을 만들 때 모두 같은 형태의 본이면 잘못해서 선택하거나 선택 범위가 작아 신속하게 선택하지 못하는 경우가 많습니다. 이를 방지하는 것이 **커스텀 셰이프**입니다. 본의 형태를 변경함으로써 이것은 IK 본이다라고 재빠르게 판단할 수 있으며 실수로 다른 본을 선택하는 것을 방지할 수 있습니다. 그리고 커스텀 셰이프에서 변경된 본의 좌표축(로컬)은 바뀌지 않습니다.

01
Step

IK 또는 스위치가 들어있는 레이어 선택하기

먼저 Root 본이나 각 IK 본의 형태를 변경합니다. 프로퍼티스의
오브젝트 데이터 프로퍼티스 안에 있는 본 레이어의 왼쪽 위에서
두 번째 레이어(IK 또는 스위치가 들어있는 레이어)를 클릭합니
다. 사이드바가 표시되어 있다면 우선 N키를 눌러 숨깁니다.

02
Step

원형 오브젝트 추가하기

왼쪽 위 모드 전환에서 현재 모드를 오브젝트 모드로
변경하고 추가(Shift+A키) → 메쉬 → 원형을 추가합니
다. 이 원은 나중에 Root 본의 형태가 됩니다.

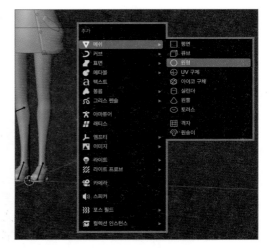

03
Step

Root 본 선택하기

다음으로 Armature의 포즈 모드로 전환하고 Root 본
을 선택합니다. 좌표축에 보이지 않는다면 우선 W키를
눌러 박스 선택합니다.

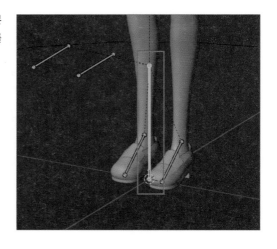

04 커스텀 오브젝트에 원형 오브젝트 등록하기

Step 프로퍼티스의 본 프로퍼티스를 클릭하고 뷰 포트 표시 패널 안에 있는 Custom Shape 항목이 있는지 확인합니다. 그 안에 커스텀 오브젝트라는 항목에서 오른쪽 스포이트 아이콘을 클릭합니다. 그러면 마우스 커서가 스포이트 모양이 됩니다. 앞서 추가했던 원형을 오른쪽 위 아웃라이너에서 스포이트합니다. 그리고 입력 필드에서 검색해서 찾을 수도 있으므로 사용하기 쉬운 방법을 선택합니다.

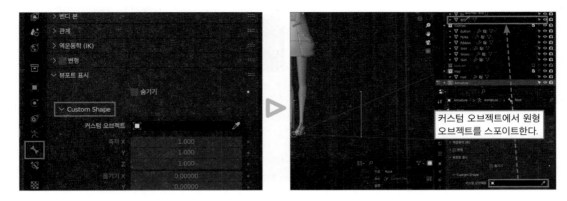

커스텀 오브젝트에서 원형 오브젝트를 스포이트한다.

위 조작에 따라 Root 본이 원형이 되므로 확인합니다. 원형이 세로 방향으로 되어 있다면 본 프로퍼티스의 뷰포트 표시 패널 안에 있는 커스텀 셰이프의 축적, 이동, 회전을 사용해 대략적인 방향 등을 수정합니다. 여기에서는 축적 X, Y, Z에 '2'를 입력하고 회전 X에 '90'을 입력했습니다.

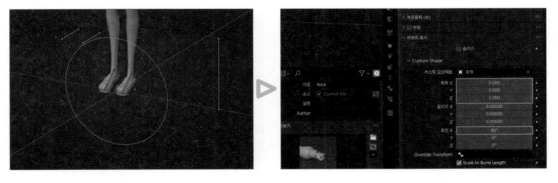

이렇게 오브젝트를 스포이트함으로써 원하는 본의 형태를 변경할 수 있습니다. 만약 원형을 선택하기 어렵다고 생각된다면 원형 오브젝트를 에디트 모드(Tab키)로 전환한 뒤 각자 원하는 대로 편집합니다(이 책에서는 별도로 편집하지 않고 진행합니다). 그리고 원래 형태가 좋다고 생각된다면 이 커스텀 셰이프를 사용하지 않고 진행해도 괜찮습니다.

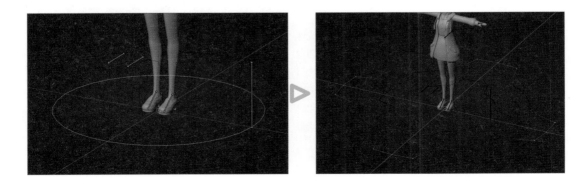

05 오브젝트 정리하기

Step

쉽게 관리할 수 있도록 커스텀 셰이프용 컬렉션을 만듭니다. 아웃라이너의 오른쪽 위에서 새 컬렉션을 만들고 이름을 'Custom'으로 변경합니다. 원형 오브젝트도 쉽게 관리할 수 있도록 이름을 'C_Root' 등으로 변경하면 좋습니다(왼쪽에 있는 화살표 아이콘을 클릭하고 메쉬 이름도 함께 변경합니다). 그리고 이 오브젝트는 렌더링에는 사용하지 않으므로 컬렉션 오른쪽 체크를 해제해 뷰 레이어에서 제외합니다.

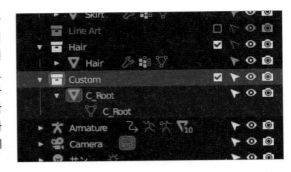

06 팔의 IK를 커스텀 셰이프화하기

Step

다음으로 팔의 IK에 관련된 커스텀 셰이프를 설정합니다. 우선 오브젝트 모드로 전환하고 Shift+A키 → 메쉬 → 육면체를 추가한 뒤 이름을 'C_Ik'로 변경하고 Custom 컬렉션으로 이동합니다. 그리고 Armature의 포즈 모드로 전환하고 왼쪽과 오른쪽 손의 IK를 각각 선택하고(각각 설정합니다) 프로퍼티스에서 본 프로퍼티스의 뷰포트 표시 패널에 있는 커스텀 셰이프의 커스텀 오브젝트에서 C_Ik를 스포이트합니다. 다음으로 축적 X를 '0.6', 축적 Z를 '0.6' 정도로 조정합니다. 그러나 이 상태에서는 보기 어렵습니다. 아래쪽 와이어프레임을 활성화하면 본이 투과되어 쉽게 볼 수 있습니다.

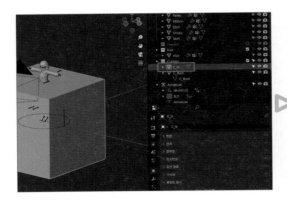 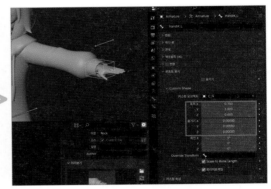

07 발의 IK를 커스텀 셰이프화하기

Step

양 발의 IK는 알기 쉽게 사각형으로 할 것이므로 축적 X를 '0.3', 축적 Y를 '0.8', 축적 Z를 '0.4' 정도로 설정합니다. 그리고 이동 Y에 '0.06', 이동 Z에 '-0.01', 회전 X에 '38'을 입력했습니다. 이 책에 기재한 값을 그대로 입력해도 그림과 같은 사각형이 되지 않을 수 있습니다. 그때는 여러분이 직접 값을 바꿔가며 사각형이 되도록 조정해 주십시오. 마지막으로 와이어프레임을 활성화하는 것을 잊지 말기 바랍니다.

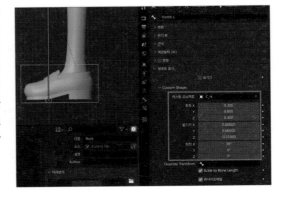

08
Step

팔꿈치와 무릎의 IK를 커스텀 셰이프화하기

ElbowIK(팔꿈치)와 KneeIK(무릎)을 대상으로 같은 조작을 합니다. 여기에서는 오브젝트 모드(Tab키)에서 아이코스피어를 추가하고 이름을 'C_Ik02'로 변경합니다. 그리고 포즈 모드에서 본을 선택하고 커스텀 셰이프에서 C_Ik02를 추가하고 축적 X, Y, Z을 '0.3' 정도로 하고 와이어프레임을 활성화합니다.

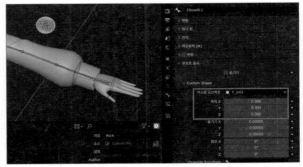

09
Step

허리의 IK 커스텀 셰이프화하기

마지막으로 RootUpper에 C_Root를 할당합니다. 이상으로 커스텀 셰이프 설정을 마쳤습니다. 여기에서는 IK와 Root 본에만 커스텀 셰이프를 설정했습니다. 다른 곳에도 커스텀 셰이프를 설정하고 싶다면 선호에 따라 조정해 봅시다.

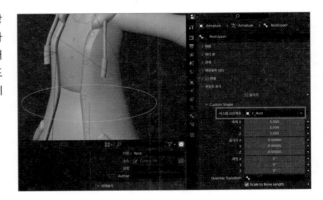

Chapter 1
Chapter 2
Chapter 3
Chapter 4
Chapter 5
Chapter 6
Chapter 7

실전! 애니메이션 만들기!

애니메이션 만들기는 즐거운 작업인 동시에 감각적인 요소가 많아 어려운 측면도 있습니다. 그러나 애니메이션에도 기초나 이론이 존재하며, 이들을 익혀두면 원활하게 좋은 애니메이션을 만들 수 있습니다. 여기에서는 걷기 애니메이션의 기본, 그리고 애니메이션 관련 팁 등을 설명합니다.

3-1 걷기 애니메이션 기본

애니메이션을 만들기 전에 이제부터 어떤 애니메이션을 만들 것인지에 관해 설명합니다. 이 책에서 만드는 것은 아래쪽을 바라보며 멈춰 서 있던 소녀가 앞을 보고 걸어가기 시작하는 애니메이션입니다. 97개의 프레임을 사용하며 그 중에서 키 프레임을 사용해 조정하는 것은 1번째 프레임부터 48번째 프레임까지입니다. 캐릭터는 10번째 프레임부터 움직이기 시작합니다. 걷기 애니메이션에서는 25번째 프레임부터 48번째 프레임까지를 반복합니다. 이 사이는 논리니어 애니메이션을 사용해 스트립화해서 루프 시킵니다. 그리고 이 애니메이션에서는 보간 모드를 Constant로 설정해 2~3장으로 만듭니다.

애니메이션의 느낌을 강조하기 위해 카메라를 전환하는 방법도 소개합니다. 애니메이션을 만든 뒤 렌더링을 통해 동영상으로 출력합니다. 렌더링은 다음 장인 7장에서 수행합니다. '보다 멋진 애니메이션을 만들고 싶다'고 생각하는 분들도 있겠지만 우선 간단한 애니메이션부터 만들면서 기초를 다지는 것을 추천합니다. Next Page

※ 샘플 파일 'Chapter06_Walk.blend', 동영상 'Walk_F.mp4' 또는 'Walk_S.mp4', 완성된 동영상인 '6-3_Anime.mp4'도 함께 참조해 주십시오.

걷기 애니메이션을 구성할 때는 콘택트, 다운(정확하게는 다운 포지션), 패싱, 업(정확하게는 업 포지션) 이라는 네 가지 포즈가 중요합니다.

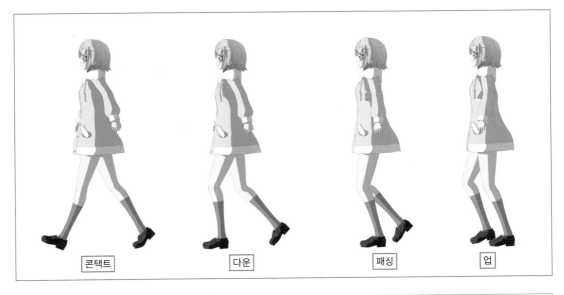

| 콘택트 | 다운 | 패싱 | 업 |

콘택트는 힘이 들어가기 전의 포즈입니다. 걷기 애니메이션에서는 발에 체중이 실리기 직전의 포즈이며 앞으로 내딛는 다리는 곧게 뻗어 있고 발뒤꿈치가 땅에 붙어 있는 것이 특징입니다. 뒷쪽 다리의 무릎을 약간 구부리면 더욱 자연스럽습니다. Next Page

힘이 들어가기 전의 포즈이므로 앞으로 나오는 다리는 곧게 뻗어있다.

Chapter 1
Chapter 2
Chapter 3
Chapter 4
Chapter 5
Chapter 6
Chapter 7

다운은 발에 체중이 실린 포즈입니다. 땅을 밟은 앞발에 체중이 실려 있고 허리는 (네 가지) 포즈 중에서 가장 아래 위치합니다. 콘택트에서는 다리는 곧게 뻗어 있게 하고 다운에서는 무릎을 구부리고 허리를 가장 아래로 내림으로써 캐릭터에 체중이 실린 느낌을 줄 수 있습니다. 애니메이션에서는 체중의 느낌을 내는 것이 대단히 중요합니다. 이 느낌이 없으면 땅에 발이 닿지 않고 공중에 떠 있는 움직임을 보이게 됩니다. 하지만 그렇다고 해서 허리를 너무 낮추면 마치 로봇과 같이 어색하게 걷게 되므로(그런 걸음을 걷는 캐릭터를 만드는 것이라면 문제없습니다) 허리를 약간만 낮추는 것이 자연스럽게 보입니다.

허리는 걷기 포즈 중에서 가장 아래로 내려간다.

발에 체중이 실려 있어 무릎이 구부러진다.

패싱은 중간 포즈인 동시에 밟은 발쪽으로 신체를 기대는 포즈입니다. 다운, 패싱, 업은 각각 체중이 실린 발쪽으로 중심이 기울므로 앞쪽에서 봤을 때 신체를 약간 기울여야 합니다.

땅을 밟은 발쪽으로 신체가 기울어있다.

업은 땅을 밟은 발을 디딤대로 하며 허리가 가장 높아지는 포즈입니다. 허리가 너무 높으면 오히려 부자연스러운 느낌을 주므로 이 책에서 만드는 캐릭터의 경우 허리를 아주 조금만 올리는 정도가 적당합니다. 이렇게 걷기를 구성하는 4개 포즈에 관해 설명했습니다. 걷기 애니메이션은 이 포즈들을 기반으로 만듭니다. 그 밖에도 걷기 애니메이션을 만들 때 무릎이나 팔꿈치가 딱딱하게 움직이지 않는가, 게 걸음으로 걷지 않는가 등을 확인하는 것이 좋습니다. 뒤에서 자세히 설명합니다.

걷기 포즈 중 허리가 가장 높다.

Column

3D 애니메이션을 만들 때 중요한 것

캐릭터의 움직임을 만들때 먼저 얼굴 표정이나 손의 움직임에 집중하기 쉽지만 그에 앞서 허리와 발의 위치를 결정하는 것이 중요합니다. 캐릭터를 움직일 때 신체의 중심을 결정하는 기준이 허리와 발이기 때문입니다. 그리고 캐릭터 전체의 움직임을 조정할 때 허리와 발에서 시작하는 경우가 많다는 것도 그 이유입니다. 그렇기 때문에 애니메이션을 만들 때는 허리와 발의 위치 조정부터 시작해 보는 것을 권장합니다.

3-2 준비

01
Step

라인 아트 제외하기

라인 아트가 있으면 애니메이션을 수행할 때 무거워
지기 쉽습니다. 오른쪽 위 아웃라이너에서 Line Art
컬렉션을 뷰 레이어에서 제외해 둡니다(컬렉션 오른
쪽에 있는 체크를 해제합니다). 그리고 메쉬를 잘못
선택하지 않도록 각 컬렉션을 선택하지 못하도록 해
두면 좋습니다(오른쪽 화살표 아이콘을 클릭하면 전
환됩니다).

02
Step

데이터 전송의 실시간 비활성화하기

그리고 오른쪽 위 아웃라이너에서 Body를 선택하
고 프로퍼티스의 모디파이어 프로퍼티스 안에 있는
데이터 전송의 실시간(디스플레이 아이콘)을 비활성
화합니다. 이 항목이 활성화되어 있으면 애니메이션
을 재생할 때 블렌더가 무거워지고 강제 종료될 수
있으므로 항상 비활성화하는 것이 좋습니다. 실시간
을 바로 오른쪽에 있는 렌더가 활성화되어 있다면
데이터 전송이 렌더링 시 반영됩니다.

03
Step

워크스페이스를 애니메이션으로 전환하기

Armature를 선택하고 화면 위쪽 워크스페이스
에서 Animation 탭을 클릭하고 애니메이션 만들
기에 특화된 작업 화면으로 전환합니다(아마튜어
를 선택한 상태에서 Animation 탭으로 이동하면
자동으로 포즈 모드로 전환됩니다). 기본적으로
여기에서 키 프레임을 삽입해 애니메이션을 만듭
니다.

04
Step

본 표시 설정하기

Armature를 선택한 상태에서 프로퍼티스의 오브젝트 데이터 프로퍼티스의 골격 패널 안에 있는 레이어 중 왼쪽에서 첫 번째와 두 번째를 Shift키를 누른 상태에서 선택합니다. 신체, 의상의 본, IK, Root 본만 표시합니다. 손가락, 머리카락, 스커트는 다른 레이어로 이동했으므로 여기에서는 표시되지 않습니다. 이들은 필요에 따라 변경합니다.

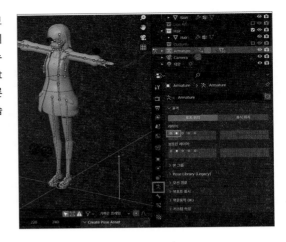

05
Step

IK로 전환하기

현재 IKFK Switch가 왼쪽, 즉, FK 상태로 되어 있으므로 G키 → X키를 사용해 오른쪽으로 이동해 IK로 전환합니다. 3D 애니메이션은 FK와 IK를 전환하면서 만들기는 하지만 너무 자주 변환하면 애니메이션 관리가 어려워지고, 전환 시 움직임이 딱딱하고 이상해질 때가 많습니다. 그렇기 때문에 전환 스위치는 정말로 전환이 필요할 때만 수행해야 합니다(예를 들어 캐릭터가 공중에 떠 있거나 물속에 있을 때는 FK를 사용하는 편이 쉽게 제어할 수 있습니다). 여기에서는 스위치를 전환하면서 애니메이션을 만들지 않고 IK를 중심으로 걷기 애니메이션을 만듭니다. 반복해서 설명하지만 FK는 본을 각각 움직이는 모드, IK는 본 하나만으로 움직일 수 있는 모드입니다.

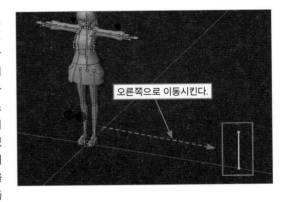

오른쪽으로 이동시킨다.

06
Step

IKFK Switch 숨기기

이후 전환 스위치는 사용하지 않으므로 IKFK Switch를 선택하고 숨기기의 단축키인 H키를 눌러 숨깁니다(재 표시할 때는 숨긴 대상을 표시하는 단축키인 Alt+H키를 누릅니다).

본 제약에서의 FK와 IK의 전환 수행에 관해

사실 본 제약에서 FK와 IK를 전환할 수 있으며 키 프레임을 삽입할 수도 있습니다. 포즈 모드에서 IK를 설정한 본을 선택하고 프로퍼티스의 본 제약 프로퍼티스를 클릭합니다. 본 제약 메뉴에 눈동자 아이콘이 있습니다. 이 아이콘은 해당 본 제약의 활성화여부를 결정하는 항목입니다. 기본값은 활성화되어 있으며 클릭하면 눈동자가 감기고 비활성화할 수 있습니다. 이것을 사용해손만, 발만 등 각 본을 상세하게 FK와 IK를 전환할 수 있습니다. 이 아이콘에서 마우스 우클릭해 키 프레임을 삽입할 수 있으므로 전환해야 하는 프레임에 왔을 때 활성화 또는 비활성화할 수 있습니다.

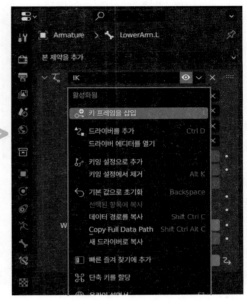

07 도프시트를 액션 에디터로 변경하기

Step

곧바로 키 프레임을 삽입해 애니메이션을 만들어도 문제없지만 이 상태에서는 애니메이션을 하나밖에 만들 수 없습니다. 그래서 도프시트를 액션 에디터로 바꿔 여러 애니메이션을 만들 수 있도록 합니다. 화면 아래쪽 도프시트의 왼쪽 위 도프시트 메뉴를 클릭하면 다양한 항목이 표시됩니다. 그 중에서 액션 에디터를 클릭합니다.

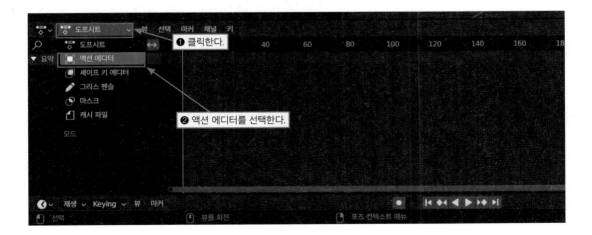

08 새 액션 추가하기

Step 액션 에디터를 클릭하면 도프시트 위쪽에 새로운이라는 항목이 새롭게 추가되므로 클릭합니다. 그러면 새롭게 Action이라는 애니메이션을 만들 수 있습니다. 여기를 클릭하고 이름을 'Walk'로 변경하고 오른쪽 페이크 유저 (방패 아이콘)을 활성화합니다. 액션도 매테리얼이나 텍스처와 마찬가지로 사용되지 않으면 블렌더가 자동으로 삭제합니다. 반드시 페이크 유저는 활성화합니다.

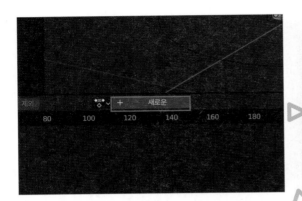

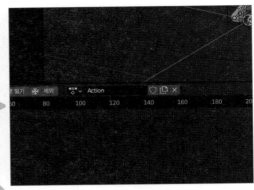

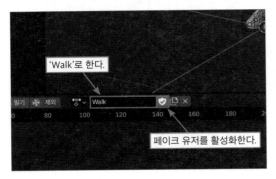

'Walk'로 한다.

페이크 유저를 활성화한다.

09 타임라인 종료 설정하기

Step 타임라인(도프시트 아래쪽 가로 길이가 작은 화면) 오른쪽에 있는 종료에 '48'을 입력합니다.

10 키잉 변경하기

Step

다음으로 타임라인 왼쪽에 있는 Keying을 Whole Character (Selected Bones Only)(선택한 본에 대해 키 프레임을 삽입할 수 있는 모든 위치에 키 프레임을 삽입)로 전환하고 I키를 눌러 표시된 키 프레임 삽입 메뉴를 생략할 수 있도록 하면 변환하는 것만으로 키 프레임을 삽입할 수 있도록 타임라인 가운데 있는 자동 키잉을 활성화합니다. 자동 키잉은 필요에 따라 활성화/비활성화하면 좋습니다.

11 회전을 XYZ 오일러각으로 변경하기

Step

회전 모드를 설정합니다. 프로퍼티스의 오브젝트 데이터 프로퍼티스의 골격 패널 안에 있는 레이어를 Shift키를 눌러 선택하고 손가락의 본이 들어있는 레이어 이외를 선택합니다. 포즈 모드에서 A키를 눌러 모든 본을 선택합니다. 블렌더 4.0에서는 손가락의 본이 들어있는 컬렉션을 숨깁니다.

※ 손가락의 본은 쿼터니언(WXYZ)에서 포즈를 등록했기 때문에 회전 모드를 전환하면 포즈가 적용되지 않습니다. 손가락의 본은 선택하지 않도록 합니다.

그리고 3D 뷰포트의 사이드바(N키)를 표시하고 항목의 변환 패널 안에 있는 회전 모드를 Alt키를 누른 상태에서 마우스 좌클릭해 XYZ 오일러각으로 합니다. 이렇게 하면 손가락의 본을 제외한 모든 본의 회전 모드를 XYZ 오일러각으로 변경할 수 있어 회전각을 쉽게 알 수 있도록 됩니다. 설정을 마쳤다면 Shift키를 누른 상태에서 본 레이어의 왼쪽 위부터 첫 번째, 두 번째만 선택합니다. 이것으로 애니메이션을 만들 준비를 마쳤습니다.

3-3 걷기 애니메이션 만들기 1(콘택트)

캐릭터에 애니메이션을 적용할 때 어디부터 시작하면 좋은지에 관해 설명합니다.

애니메이션을 만드는 순서에 엄밀한 규칙은 없습니다. 하지만 여기에서는 허리 또는 발부터 애니메이션을 만든 뒤 신체, 손, 스커트, 머리카락 순서로 작업하면 좋을 것입니다. 허리는 중심을 결정할 때 중요한 부분입니다. 먼저 이 부분을 조정하고 다음으로 체중을 버티는 발의 위치와 땅에 붙은 발을 결정합니다. 그 뒤 신체를 조정해 신체를 비틀거나 구부립니다. 애니메이션을 만들다 보면 손부터 손을 대기 십상이지만 손은 신체 중에서는 가장 마지막에 조정합니다. 스커트와 머리카락도 펄럭이게 해서 애니메이션을 완성하는 흐름으로 진행하면 좋을 것입니다.

또한 한 번에 완벽한 애니메이션을 만들기는 어려우므로 완성한 뒤에도 반복해 수정하면서 움직임을 개선하는 것이 기본적인 방법입니다.

이제 걷기 애니메이션을 만들어봅시다.

01 Step 프레임을 1번째 프레임으로 이동하기

먼저 콘택트(힘이 들어가기 전의 포즈)를 만듭니다. 도프시트에서 1번째 프레임에 있는지 확인하고 오른쪽 시점(넘버패드 3)으로 전환합니다. 원근법 시점이라면 넘버패드 5를 눌러 정사법 시점으로 전환합니다. 카메라가 있어 작업하기 어렵다면 오른쪽 위 아웃라이너에서 카메라를 숨겨도 좋습니다.

1번째 프레임으로 이동한다.

> **MEMO**
> 블렌더 4.0을 사용하고 있다면 레이어가 본 컬렉션으로 변경되었으므로 여기에서는 각 컬렉션 오른쪽 표시/숨기기(눈동자 아이콘)로 전환하면서 관리하면 좋습니다.

02 Step 1번째 프레임에 키 프레임 삽입하기

프로퍼티스의 오브젝트 데이터 프로퍼티스의 골격 패널 안에 있는 본 레이어에서 왼쪽부터 1번째, 2번째가 Shift 키로 선택되어 있는 것을 확인합니다. 3D 뷰포트에서 포즈 모드 상태에서 A키를 눌러 모든 본을 선택하고 키 프레임 삽입 단축키인 I키를 누릅니다. 도프시트에서 1번째 프레임에 키 프레임이 삽이되어 있는지 확인합니다.

※ 선택한 본 레이어 안에 저장되어 있는 본에 키 프레임을 삽입할 수 있습니다. 본에 키 프레임이 삽입되지 않는다면 본 레이어를 올바르게 선택했는지, 해당 키 프레임을 삽입할 본을 확실하게 선택했는지 확인해 주십시오.

 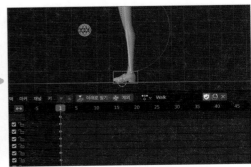

03

Step

25번째 프레임에 키 프레임 삽입하기

다음으로 걷기 애니메이션의 루프 시작 위치인 25번째 프레임으로 이동합니다. 마찬가지로 3D 뷰포트에서 포즈 모드 상태에서 모든 본을 모두 선택(A키)한 뒤 키 프레임 삽입(I키)을 합니다. 도프시트에서 클릭으로 프레임을 이동할 수 있으며 3D 뷰포트에서 Alt+마우스 휠 회전으로도 이동할 수 있습니다.

실수로 다른 프레임에 키 프레임을 삽입했다면 키 프레임을 마우스 좌클릭 드래그해 이동하거나 X키 또는 Delete키로 삭제합니다. 또는 마우스 좌클릭 드래그해 다른 키프레임에 겹쳐서 덮어쓸 수도 있습니다.

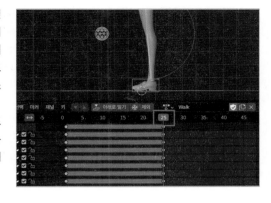

04

Step

타임라인 시작을 25번째 프레임으로 설정하기

가장 먼저 걷기 애니메이션부터 만들 것이므로 아래쪽 타임라인의 시작을 '25'로 설정해 걷기 부분만 루프 재생하게 합니다.

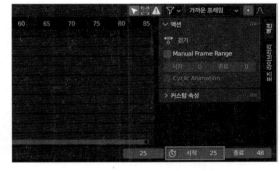

05

Step

발 움직이기

허리의 위치는 우선 그대로 유지하고 먼저 발의 위치와 회전부터 조정합니다. 포즈 모드에서 3D 뷰포트 오른쪽 위 대칭 메뉴의 X키가 비활성화되어 있는지 확인합니다. 다음으로 툴바(T키)에서 회전을 활성화하고 좌표축을 마우스 좌클릭 드래그해 회전할 수 있도록 합니다(사용하기 어렵다고 느껴지면 지금까지와 같이 단축키인 R키를 사용해도 좋습니다). Next Page

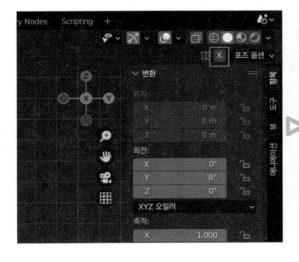

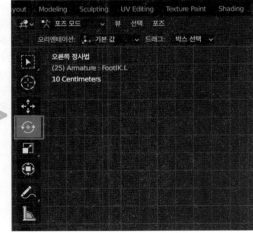

다음으로 왼쪽 발을 이동(G키)해 위치를 조정하면서 좌표축(빨
간색)을 마우스 좌클릭 드래그하면서 발을 회전합니다. 발이 지
면에 닿기 전이므로 무릎은 곧게 펴는 것이 팁입니다.

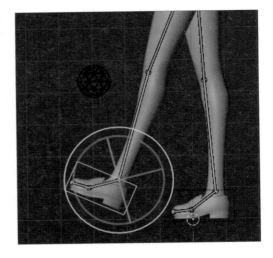

MEMO

포즈 리셋
포즈 결정이 잘 되지 않아 기본값으로 되돌리고 싶다면
포즈 모드에서 리셋할 본을 선택하고(모든 본을 리셋하
고 싶을 때는 모두 선택(A키)) 이동, 회전, 축적을 리셋하
는 단축키인 Alt+G키, Alt+R키, Alt+S키를 누릅니다. 또
는 3D 뷰포트 위쪽의 포즈 → 변환을 지우기 → 모두에
서 본의 변환을 리셋할 수 있습니다.

06 오른쪽 발 조정하기
Step

대략적인 위치를 결정했다면 다음으로 오른쪽 발도 마찬가지로 이동(G키)으로 위치를 조정하면서 좌표축(빨간색)
을 마우스 좌클릭 드래그하면서 발을 회전합니다. 무릎은 구부려도 좋습니다.

지면이 없으므로 어디에 발을 놓는 것이 좋을지 알기 어려울 것입니다. 여기에서는 3D 뷰포트에 표시되어 있는 녹
색 선(Y축)을 지면이라 가정하고 만들면 좋습니다.

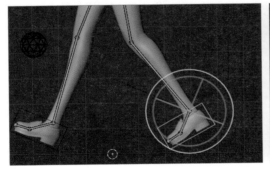

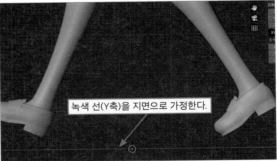

녹색 선(Y축)을 지면으로 가정한다.

07 신체를 아래로 내리기
Step

녹색 선을 지면으로 보면 신체가 공중에 떠있는 상태
이므로 아래로 내립니다. RootUpper(원형) 및 왼쪽
과 오른쪽의 FootIK, KneeIK(무릎에서 떨어진 위치
에 있는 아이코스피어 본)을 Shift키를 누른 상태에
서 선택합니다. KneeIK는 박스 선택(B키)으로 왼쪽
과 오른쪽을 한 번에 선택해도 좋습니다. Next Page

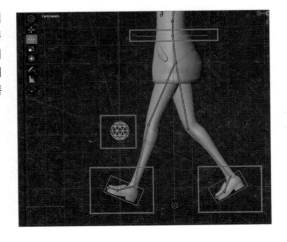

다음으로 G키 → Z키를 누릅니다. 만약 3D 뷰포트 위쪽 변환 오리엔테이션이 로컬로 되어 있으면 로컬 축(본의 축)을 기준으로 이동하게 되어 각 본이 각각 변형됩니다. 여기에서 한 번 더 Z키를 누르면 글로벌 축 기준으로 이동할 수 있도록 되며 각 본을 Z 축에 따라 변형할 수 있습니다. 이동(G키), 회전(R키), 축적(S키)의 X, Y, Z 중 하나를 누를 때마다 좌표 계의 변환을 글로벌, 로컬, 좌표 축에 고정하지 않는 변환으로 전환할 수 있으므로 기억해 두기 바랍니다.

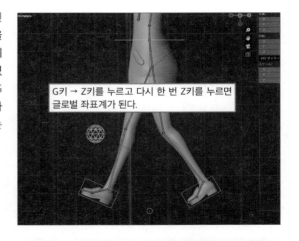

G키 → Z키를 누르고 다시 한 번 Z키를 누르면 글로벌 좌표계가 된다.

글로벌 축으로 설정했다면 녹색 선(Y축)을 지면으로 보면서 Z 축을따라 이동합니다. 콘택트(힘이 들어가기 전의 포즈) 단계에서는 왼쪽 발 뒤꿈치가 지면에 닿아도 괜찮습니다. 이동 속도가 빠르다고 느껴진다면 이동 중에 Shift키를 눌러 속도를 늦출 수 있습니다. 이를 사용해 변환을 미세하게 조정할 수 있습니다.

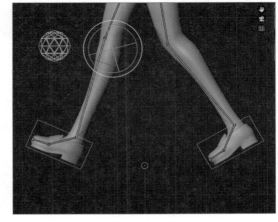

08 발 조정하기

Step

앞쪽 시점의 발을 조정합니다. 앞쪽 시점(넘버패드 1)으로 전환한 뒤 발을 보면 다리가 벌어져 있어 마치 게 걸음을 걷는 듯 보이므로 발을 조금 안쪽으로 수정하는 것이 좋습니다. Next Page

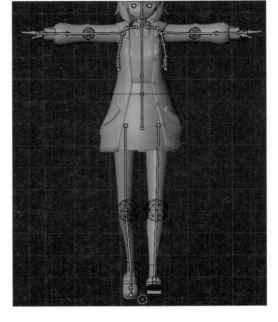

Chapter 1
Chapter 2
Chapter 3
Chapter 4
Chapter 5
Chapter 6
Chapter 7

❶ 여기에서는 발이 서로 조금만 겹쳐지는 정도까지 이동(G키) → X키로 위치를 조정하면 좋습니다.

❷ 왼쪽과 오른쪽의 KneeIK도 이동(G키) → X키로 옆으로 이동하면서 무릎이 안쪽으로 오도록 조정하면 좋습니다(본이 조금 겹쳐도 괜찮습니다). 조정을 마쳤다면 멀리에서 보면서 안쪽으로 들어왔는지 확인합니다.

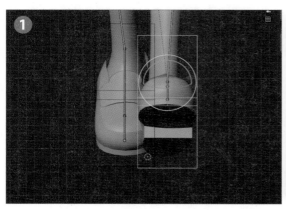
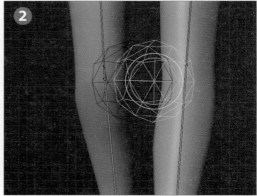

09 신체 비틀기
Step

다음으로 신체의 본을 회전시켜 신체를 약간 비틉니다. 기본적으로 걸을 때는 양팔도 움직입니다. 그에 맞춰 신체를 약간 비틀어 어깨도 움직이도록 해야 자연스럽게 보입니다.

왼쪽 발을 앞으로 내밀고 왼쪽 팔은 그 반대 방향으로 아래로 내립니다. 그리고 신체도 왼쪽으로 비틉니다. 비트는 위치는 Chest(상반신의 본)과 Spine(허리의 본)입니다. 너무 많이 비틀면 반대로 부자연스럽게 보이므로 Shift키를 누른 상태에서 좌표축의 녹색을 마우스 좌클릭 드래그해 천천히 회전하는 것이 좋습니다. 그리고 신체를 비틀었기 때문에 얼굴이 앞쪽을 향하지 않으므로 Neck(목의 본)도 좌표축의 녹색과 파란색을 마우스 좌클릭 드래그해 얼굴이 앞쪽을 향하도록 수정합니다.

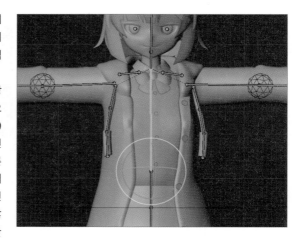

10 어깨 비틀기
Step

시점을 바꿔 양쪽의 Shoulder(어깨의 본)을 Shift키를 누른 상태에서 선택하고 Shift키를 누르면서 좌표축의 파란색을 마우스 좌클릭 드래그합니다. 이 부분도 너무 많이 비틀면 움직임이 과장되어 어색하므로 아주 조금만 회전시킵니다.

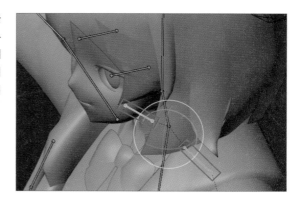

Chapter 1

Chapter 2

Chapter 3

Chapter 4

Chapter 5

Chapter 6

Chapter 7

11 상반신을 앞으로 기울이기

Step

신체의 오른쪽 시점(넘버패드 3)에서도 수정합니다. 사람은 앞으로 나가려고 할 때 균형을 잡기 위해 신체를 앞으로 기울입니다. 달리기 등 앞으로 나가는 속도가 빠를수록 신체도 그에 맞춰 더 앞으로 기울이게 됩니다. 걸을 때는 신체를 아주 조금만 앞으로 기울이면 자연스럽게 보입니다. 단, 너무 많이 기울이면 고양이 등처럼 보이므로 과하지 않게 주의합니다. 얼굴이 앞쪽을 향하게 하는 것도 잊지 맙시다.

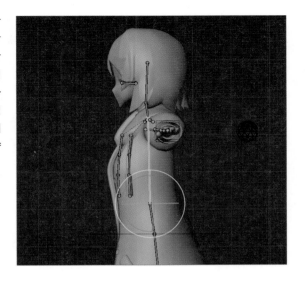

12

Step

팔을 조정합니다. 앞쪽 시점(넘버패드 1), 오른쪽 시점(넘버패드 3)을 번갈아 확인하면서 조정하는 것이 좋습니다. 먼저 왼손을 앞쪽 시점(넘버패드 1)에서 이동(G키)이나 좌표축을 마우스 좌클릭 드래그하면서 회전해 팔을 내립니다. 의상이 조금 관통해도 문제없으므로 가능한 팔을 내립니다. 팔과 신체에 간격이 생기면 편안한 상태에서 걷고 있는 느낌을 주지 않기 때문입니다. 그리고 오른쪽 시점(넘버패드 3)으로 전환한 뒤 이동이나 회전을 사용해 왼쪽 팔을 뒤쪽으로 조정합니다. 팔꿈치가 곧게 펴져 있으면 긴장한 상태에서 걷는 느낌을 주므로 약간 구부린 상태가 되게 하는 것이 좋습니다. ElbowIK도 이동(G키)을 사용해 조정하면 좋습니다.

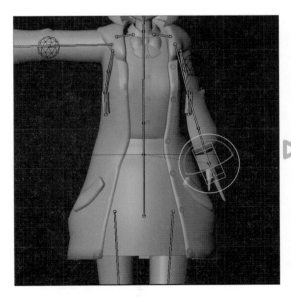

▷

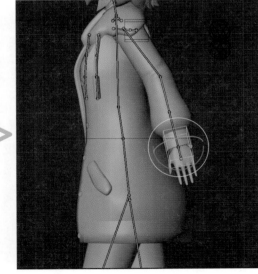

13 오른쪽 손 내리기

Step

오른쪽 손도 마찬가지로 조작합니다. 오른쪽 발이 뒤쪽에 있으므로 오른쪽 손은 그 반대로 앞쪽으로 움직입니다. 오른쪽 손의 위치는 앞쪽 시점(넘버패드 1)에서는 가능한 신체의 중심쪽으로 오른손을 배치해야 자연스럽게 걷는 느낌을 줍니다. 오른쪽 시점(넘버패드 3)에서는 신체의 가운데 오른손이 보이게 하는 것이 좋습니다. ElbowIK도 이동(G키)을 사용해 조정하면 좋습니다.

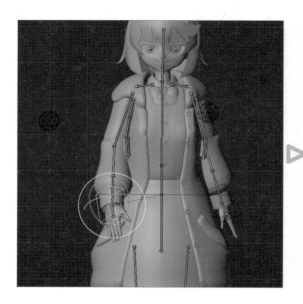 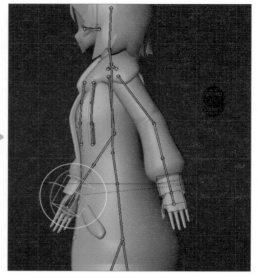

14 손가락 포즈 설정하기

Step

현재 손가락이 곧게 펴져 있으므로 자연스럽게 구부린 손가락으로 변경합니다. 프로퍼티스의 오브젝트 데이터 프로퍼티스에서 축적 패널안에 있는 레이어를 선택하고 손가락의 본이 들어있는 레이어를 클릭합니다. 그리고 포즈 모드에서 모두 선택(A키)으로 모든 손가락의 본을 선택합니다. 다음으로 사이드바(N키)를 표시하고 애니메이션의 본 라이브러리 패널에 있는 Relax02를 클릭합니다.

블렌더 4.0에서는 사이드바 안의 에셋 셸프 전환을 클릭한 뒤 아래쪽에 표시된 썸네일을 선택합니다.

※ 위에서 설명한 방법으로 포즈가 변경되지 않는다면 사이드바에서 항목의 변환 패널 안에 있는 각 본의 회전 모드가 쿼터니언 (WXYZ)이 아닌 다른 값으로 설정되어 있을 가능성이 있습니다. 손가락의 본을 A키로 모두 선택한 뒤 Alt키를 누른 상태에서 회전 모드를 쿼터니언(WXYZ)으로 변경합니다.

 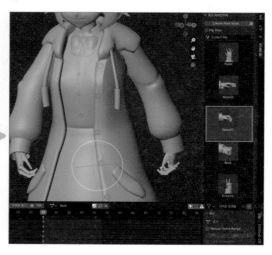

15 본 레이어 되돌리기

Step

설정을 마쳤다면 본 레이어를 되돌립니다(레이어 왼쪽 위에서 첫 번째와 두 번째를 Shift키를 누른 상태에서 선택합니다). 콘택트(힘이 들어가기 전의 표즈)를 기반으로 키 프레임을 복사 * 붙여 넣기할 것이므로 포즈에서 마음에 들지 않는 부분이 있다면 이동(G키)이나 좌표축 회전(R키), 변환 중 Shift키를 누르면서 세세하게 조정합니다. 가능한 이 단계에서 포즈를 수정하는 것이 좋습니다.

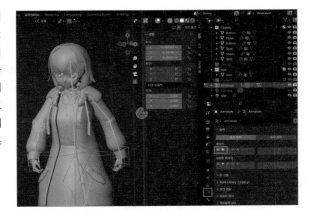

16 세부 조정하기

Step

신체와 팔꿈치를 다소 많이 구부렸으므로 세부적으로 수정합니다. 포즈는 신체나 팔을 약간만 회전시키는 것만으로도 캐릭터의 인상이 크게 달라집니다. 여러분이 생각하는 캐릭터의 이미지에 맞춰 포즈를 만듭시다. 그리고 오른쪽 시점뿐만 아니라 왼쪽 시점(Ctrl+넘버패드 3)에서도 확인하면서 팔을 조정하면 좋습니다.

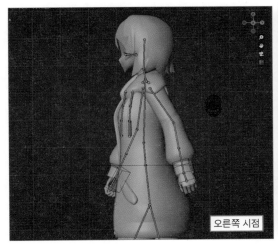

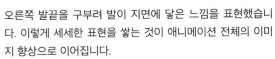

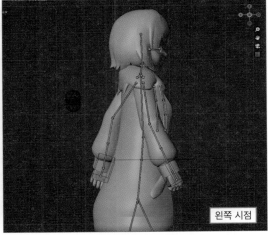

오른쪽 발끝을 구부려 발이 지면에 닿은 느낌을 표현했습니다. 이렇게 세세한 표현을 쌓는 것이 애니메이션 전체의 이미지 향상으로 이어집니다.

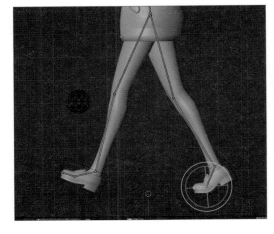

Chapter 1
Chapter 2
Chapter 3
Chapter 4
Chapter 5
Chapter 6
Chapter 7

3-4 걷기 애니메이션 만들기 2(다운, 패싱, 업)

01 25번째 프레임, 포즈 복사하기

Step
콘택트(힘이 들어가기 전의 포즈)를 만들었으므로 이제 중간 포즈를 만듭니다. 현재 25번째 프레임에 있는지 확인하고 3D 뷰포트에서 포즈 모드로 전환한 뒤 모두 선택(A키)합니다. 다음으로 3D 뷰포트에서 마우스 우클릭하면 표시되는 메뉴에서 포즈를 복사(Ctrl+C키)를 클릭합니다. 그러면 현재 선택한 본이 복사됩니다. 정상적으로 복사되면 화면 아래쪽 상태바에 '포즈를 버퍼에 복사했습니다'라는 메시지가 표시됩니다.

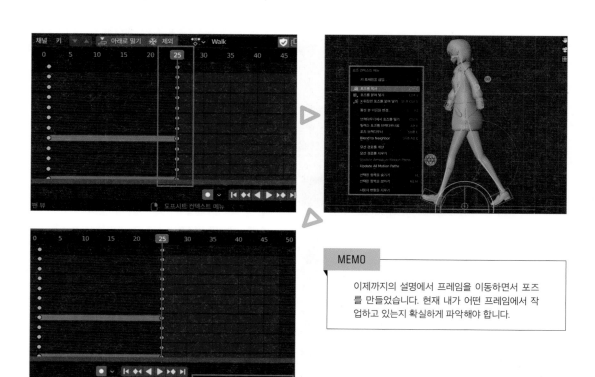

> **MEMO**
>
> 이제까지의 설명에서 프레임을 이동하면서 포즈를 만들었습니다. 현재 내가 어떤 프레임에서 작업하고 있는지 확실하게 파악해야 합니다.

02 37번째 프레임, 포즈 붙여 넣기

Step
다음으로 중간 포즈를 만들기 위해 37번째 프레임으로 이동합니다. 그리고 3D 뷰로트에서 마우스 우클릭한 뒤 표시되는 메뉴에 있는 X-뒤집힌 포즈를 붙여 넣기(Shift+Ctrl+V키)를 클릭하면 포즈를 반전 복사한 상태로 키 프레임을 삽입할 수 있습니다. 덧붙여 이 반전 복사는 도프시트에서도 수행할 수 있습니다. 이에 관해서는 뒤에서 설명합니다. Next Page▶

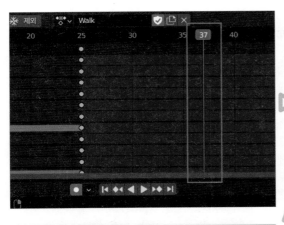

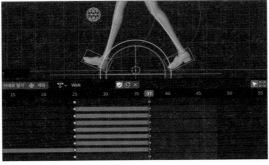

03 27번째 프레임, 허리를 아래로 내리기

Step

Space키를 눌러 재생하면 키 프레임과 키 프레임 사이를 자동으로 움직여주지만 현재 상태에서는 바닥을 스치듯 이 움직이기 때문에 다소 부자연스럽습니다. 이를 수정합니다. 맨 처음은 다운(발에 체중이 실려있는 포즈)를 만듭 니다. 27번째 프레임으로 이동합니다. 먼저 허리를 아래로 조금 내릴 것이므로 RootUpper(원형)을 선택하고 G 키 → Z키로 아주 조금 아래로 내립니다.

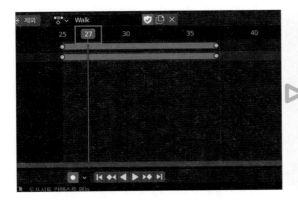

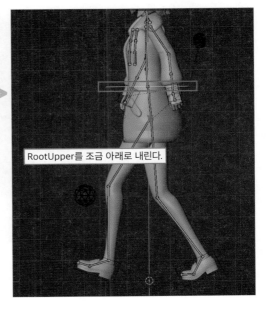

RootUpper를 조금 아래로 내린다.

04 왼쪽 발을 착지시키기

Step

다음으로 왼쪽 발을 지면에 착지시키고 허리를 구부리듯이 만듭니다. 이동(G키)을 사용하거나 회전축을 마우스 좌클릭 드래그해 수정합니다. 무릎이 너무 많이 굽혀졌다고 느껴지면 RootUpper(원형)을 G키 → Z키로 조금 위로 올리면 좋습니다. 오른쪽 발은 발끝을 원래대로 되돌리는 것을 잊지 맙시다. 신체와 팔은 키 프레임 사이의 움직임을 우선 자동적으로 조정되도록 맡깁니다. 다음으로 패싱을 만듭니다. 모든 본에 세세하게 키 프레임을 삽입하면 움직임이 딱딱해지는 경우가 있기 때문에 사이의 움직임을 만들 때는 우선 최소한의 본에 키 프레임을 삽입하는 것이 좋습니다. 그리고 다운, 패싱, 업은 앞쪽 시점(넘버패드 1)에서 봤을 때 체중이 실려있는 발쪽으로 중심이 기울지만 이와 관련된 수정은 나중에 합니다.

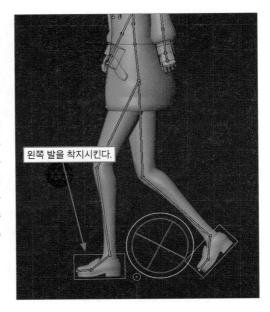

왼쪽 발을 착지시킨다.

05 29번째 프레임, 발의 각도 조정하기

Step

29번째 프레임으로 이동해 패싱(내딛은 발쪽으로 신체가 기울어져 있는 포즈)를 만듭니다. 지금까지와 마찬가지로 발을 이동(G키)하거나 회전축을 마우스 좌클릭 드래그해 회전합니다. 허리가 너무 많이 구부러졌다면 RootUpper(원형)도 G키 → Z키로 아주 조금 위로 올립니다.
오른쪽 시점(넘버패드 3)에서 패싱을 만들 때 주의할 점이 있습니다. 발이 앞쪽이나 뒤쪽으로 너무 많이 움직이면 넘어지는 듯한 자세가 되므로 발은 가운데 배치합니다.

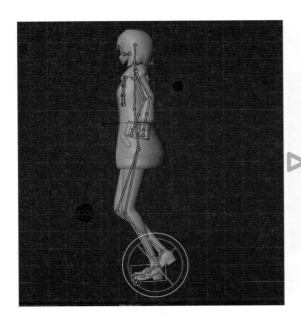

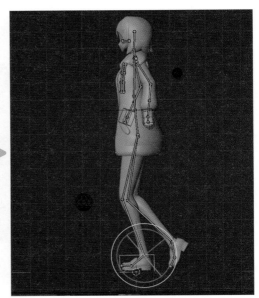

06 Step 33번째 프레임, 균형을 잡는 포즈 만들기

업(땅을 밟은 발을 디딤대로 하여 허리가 가장 높아지는 포즈)를 만듭니다. 33번째 프레임으로 이동해 RootUpper(원형)을 G키 → Z키로 조금 위로 올립니다. 업은 넘어질 것 같은 자세에서 균형을 잡기 위해 앞으로 발을 내딛는 포즈라고 생각하면 좋습니다.

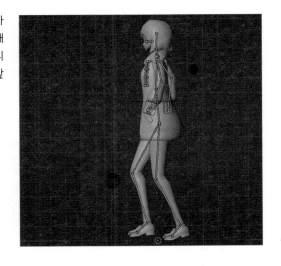

07 Step 중심 이동하기

다음으로 지금까지 만든 다운(27번째 프레임), 패싱(29번째 프레임), 업(33번째 프레임)의 중심을 조정합니다. 앞쪽 시점(넘버패드 1)으로 하면 그저 신체가 위아래로 이동하는 것뿐이라고 생각할 수 있지만 앞서 설명한 것처럼 중심은 체중이 실리는 발쪽으로 기울므로 이 세 가지 포즈의 RootUpper(원형)를 G키 → X키로 아주 조금씩 그 발쪽으로 이동합니다. 중심이 발쪽으로 가장 많이 기우는 것은 패싱입니다. 업에서는 중심이 중앙으로 되돌아오는 것을 생각합니다. 콘택트(힘이 들어가기 전의 포즈)는 체중이 양쪽에 균등하게 걸리므로 신체가 한 가운데여도 괜찮습니다.

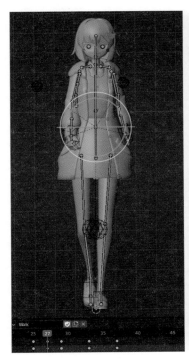

27번째 프레임
다운: 신체가 체중이 걸린 발쪽으로 조금 기운다.

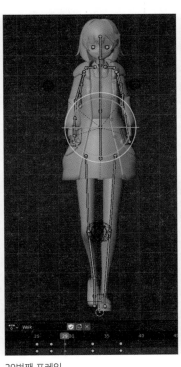

29번째 프레임
패싱: 발쪽으로 가장 많이 기운다.

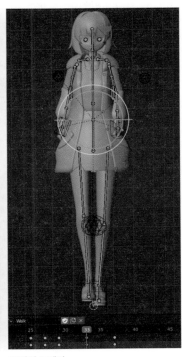

33번째 프레임
업: 중심이 중앙으로 기울려고 한다.

08 손 조정하기

Step

다음은 손을 조정합니다.

다운(27번째 프레임), **패싱**(29번째 프레임), **업**(33번째 프레임)에서 **이동(G키)**을 사용하거나 회전축을 마우스 좌클릭 드래그해 수정합니다. 팔을 수정할 때는 재생해서 봤을 때 **팔꿈치가 딱딱하지 않은가**에 주목합니다. 이것은 **IK**를 설정할 때 자주 발생하는 현상이므로 팔꿈치나 무릎의 움직임을 잘 확인합니다.

예를 들면 **다운**에서는 팔꿈치가 구부러져 있는데 **패싱**에서는 팔을 곧게 펴면 팔꿈치의 움직임이 딱딱하게 보입니다.。

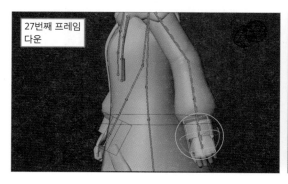 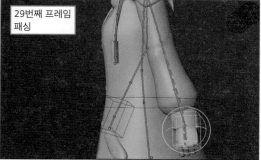

다운, **패싱** 모두 마찬가지로 팔꿈치를 구부림으로써 통일성이 생기고 팔꿈치의 딱딱함을 없앨 수 있습니다.

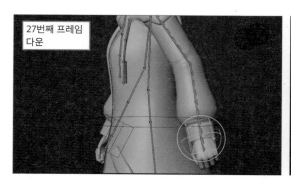 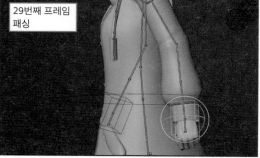

업은 왼쪽 손을 신체보다 약간 앞쪽으로 배치하면 좋습니다. 앞쪽 시점에서는 손가락이 의상에 닿을듯 말듯할 정도로 손을 배치하면 좋습니다.

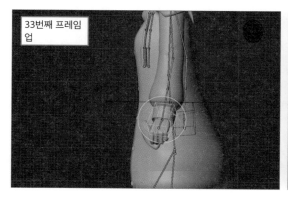 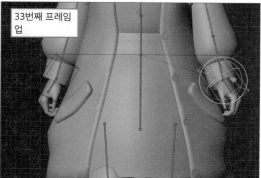

09

31, 35번째 프레임의 발 조정하기

31번째 프레임으로 이동해 각 발을 움직여 키 프레임을 삽입하고 이동(G키)을 사용하거나 회전축을 마우스 좌
클릭 드래그해 조정합니다. 마찬가지로 35번째 프레임으로도 이동해 발의 위치를 조정합니다. 작업을 마쳤다면
Space키를 눌러 재생해 보고 수정할 위치가 있다면 각 키 프레임을 수정합니다. 특히 발 부분에 주의해야 합니다.
무릎이 딱딱하게 움직이지 않는지, 팔이 지면에 잘 닿아 있는지, 발끝이 확실하게 움직이고 있는지 확실하게 확인
합시다.

Step

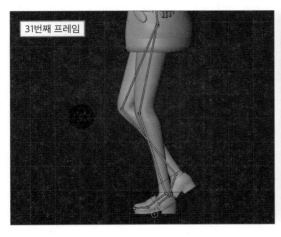
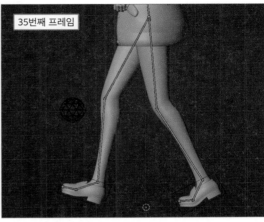

10

모든 본에 키 프레임 삽입하기

다음으로 모든 본에 키 프레임을 삽입합니
다. 3D 뷰포트에서 모두 선택의 A키를 눌
러 모든 본을 선택합니다. 다음으로 27, 29,
31, 33, 35번째 프레임에 키 프레임을 삽입
(I키)를 3D 뷰포트에서 누릅니다. 이렇게
하면 나중에 보간 모드를 변경할 때 보간이
정상적으로 변경됩니다.

Step

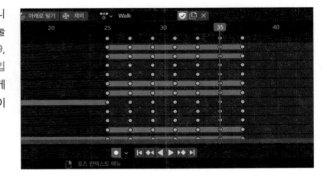

11

키 프레임 선택하기

지금까지 삽입한 키 프레임을 복사해 한 번에 반전 붙여 넣기합니다. 도프시트에서 키 프레임이 표시됩니다. 가장
위쪽 키 프레임을 Shift키를 누르면서 마우스 좌클릭 드래그(박스 선택)해 선택하면 해당 프레임 안에 삽입되어
있는 위치를 모두 선택할 수 있습니다.

Step

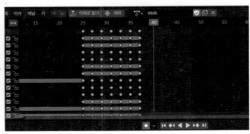

12 프레임 복사하기

Step

도프시트에서 마우스 우클릭한 뒤 표시되는 메뉴 안에 있는 복사(Ctrl+C키)를 선택합니다. 이것은 문자 그대로 선택한 키 프레임을 복사하는 조작입니다.

13 키 프레임 반전 복사하기

Step

중간 포즈가 되는 37번째 프레임으로 이동합니다. 마우스 우클릭하고 메뉴에 있는 뒤집힌 붙여 넣기 (Shift+Ctrl+V키)를 선택합니다. 다음으로 Space키를 눌러 재생하고(재생을 멈출 때는 다시 Space키를 누릅니다) 동작을 확인합시다. 만약 문제가 있는 위치를 발견했다면 다시 키 프레임에서 움직임을 조정하고, 다시 한 번 모두 선택의 A키를 눌러 본을 선택하고 키 프레임을 반전 복사 및 붙여 넣기합니다.

14 프레임 보간하기

Step

도프시트에서 걷기 애니메이션의 루프 위치의 키 프레임을 마우스 좌클릭 드래그해 선택한 뒤 보간 모드(T키)를 누르고 Constant를 클릭합니다. Next Page

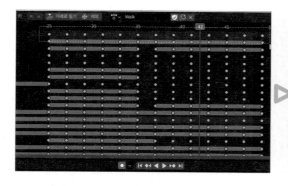

다시 Space키로 재생해 문제가 없다면 걷기 애니메이션을 루프하는 위치의 작업을 우선 종료합니다. 아직 스커트와 머리카락 등을 조정해야 하지만 이 작업은 나중에 수행합니다.

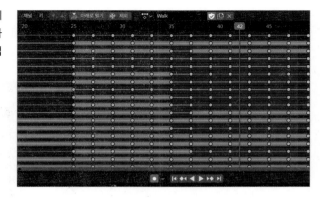

01 프레임 시작과 종료 설정하기
Step 다음으로 멈춘 위치에서 걷기 시작할 때까지의 애니메이션을 만듭니다. 도프시트 아래쪽 타임라인에서 시작을 '1', 종료를 '25'로 설정합니다.

02 초기 포즈 수정하기
Step 1번째 프레임으로 이동합니다. 포즈가 초기 상태이므로 이동(G키)을 사용하거나 좌표축을 좌클릭 드래그해 팔을 내리거나 다리의 정렬을 약간 틀어서 자연스럽게 선 포즈로 합니다. 좌우 대칭으로 본을 움직이고 싶을 때는 3D 뷰포트 오른쪽 위 대칭 메뉴의 X키를 활성화합니다. 여기에서는 팔을 아래로 늘어뜨린 포즈로 했습니다. 다리는 오른쪽 시점에서 봤을 때 가려져 있는 오른쪽 발을 아주 조금만 앞으로 나오게 함으로써 좌우를 비대칭으로 할 수 있고 보다 자연스럽게 서있는 포즈에 가까워집니다. 그리고 머리도 조금 아래쪽을 향하게 합시다.

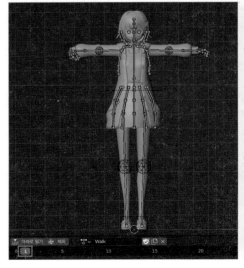
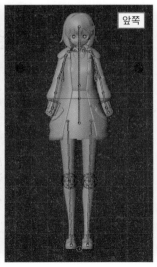
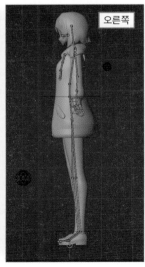

03

Step

10번째 프레임에 키 프레임 복제하기

1번째 프레임의 가장 위쪽 키 프레임을 선택하고 복제(Shift+D키)한 뒤 캐릭터가 움직이기 시작하는 10번째 프레임으로 이동합니다.

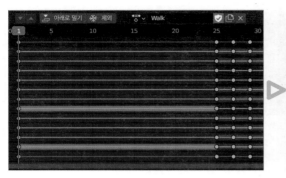 

04

Step

16번째 프레임에 키 프레임 복제하기

한 번 더 키 프레임을 복제(Shift+D키)해 16번째 프레임에 배치합니다. 먼저 이 16번째 프레임을 조정합니다.

05

Step

얼굴 올리기

16번째 프레임은 아래쪽을 향하던 얼굴이 앞쪽을 향하는 포즈입니다. Chest(상반신의 본), Spine(허리의 본), Neck(목의 본)이 움직입니다. 회전축의 빨간색을 마우스 좌클릭 드래그하고 Shift키를 누르면서 세세하게 조정하는 것이 좋습니다.

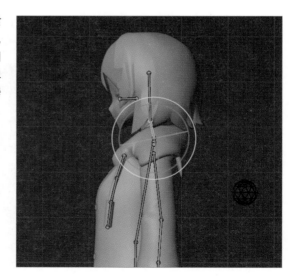

06
Step

19번째 프레임에 키 프레임 삽입하기

3D 뷰포트에서 모두 선택의 A키를 눌러 본을 모두 선택합니다. 다음으로 19번째 프레임으로 이동해 3D 뷰포트에서 키 프레임 삽입의 단축키인 I 키를 누릅니다.

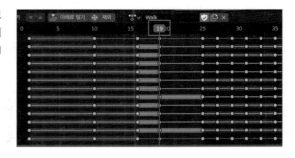

07
Step

22번째 프레임, 13번째 프레임에 키 프레임 삽입하기

그리고 22번째 프레임으로 이동해 3D 뷰포트에서 키 프레임 삽입의 단축키인 I키를 누릅니다. 같은 조작을 13번째 프레임에서도 수행합니다. 이것으로 중간 키 프레임을 모두 삽입했습니다. 걷기 시작은 뒤에서 보간 모드를 Constant로 하고 3 컷 애니메이션으로 만듭니다.

08
Step

발 세부 조정하기

16, 19, 22번째 프레임의 발을 이동(G키)하거나 Shift키를 누르면서 회전축의 빨간색을 마우스 좌클릭 드래그해세부 조정합니다. 여기에서 발을 움직일 때는 균등하게 움직이는 것이 아니라 가장 처음과 가장 마지막은 느리게 움직이고 그 중간은 빠르게 움직이는 것이 팁입니다.

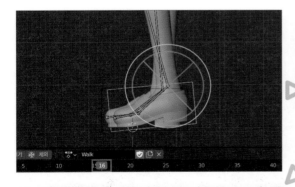

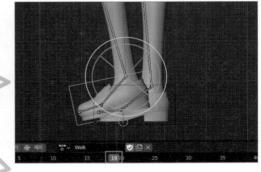

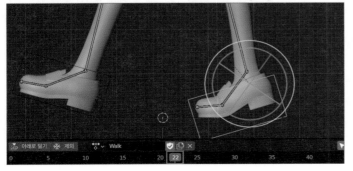

Chapter 1
Chapter 2
Chapter 3
Chapter 4
Chapter 5
Chapter 6
Chapter 7

3-6 걷기 애니메이션 만들기 4(흔들리는 부분 만들기)

다음은 스커트, 머리카락, 파카 끈이 흔들리는 애니메이션을 만듭니다.

01 **타임라인 종료 설정하기**
Step
도프시트 아래쪽 타임라인의 종료를 '48'로 설정
합니다.

02 **스커트의 본만 표시하기**
Step
프로퍼티스의 오브젝트 데이터 프로퍼티스에서
골격 패널 안에 있는 본 레이어에서 왼쪽 위부터
4번째, 스커트의 본이 저장되어 있는 레이어만 클
릭합니다. 블렌더 4.0의 컬렉션이라면 스커트의
본이 저장되어 있는 컬렉션만 표시합니다. 스커트
에 이미 키 프레임이 삽입되어 있다면 도프시트
에서 모두 선택의 A키를 누르고(반드시 스커트의
본만 선택), 삭제의 X키를 누른 뒤 키 프레임을 지
우기를 선택해 리셋합니다.

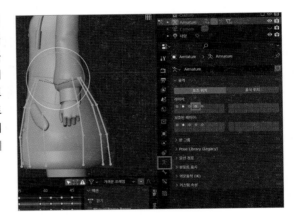

03 **1번째 프레임에 키 프레임 삽입하기**
Step
먼저 1번째 프레임으로 이동해 3D 뷰포트에서 포
즈 모드에서 모두 선택(A키)합니다. 그리고 키 프
레임을 삽입하는 단축키인 I키를 누릅니다.

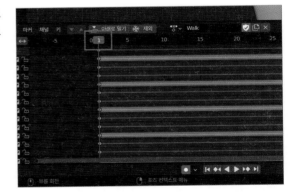

04 **변환 오리엔테이션, 피벗 포인트를 변환 설정하기**
Step
서 있던 상태에서 걷기 시작하는 단계에서는 아주 조금만 스커트를 흔들리게 하는 것이 좋습니다. 3D 뷰포트 위쪽
변환 오리엔테이션이 로컬, 그 옆쪽의 피벗 포인트를 변환이 개별 오리진으로 되어 있는지 확인합니다. 이렇게 설
정하면 간단하게 스커트를 한 번에 흔들리게 만들 수 있습니다. 단, 스커트의 본의 회전축을 정렬해 둬야 합니다.

Next Page ▶

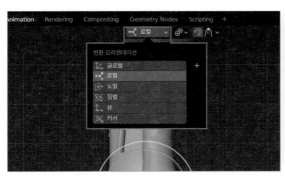

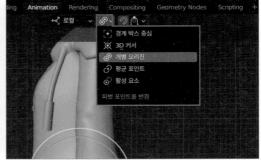

05 스커트를 뒤쪽으로 펄럭이기

Step

13번째 프레임으로 이동해 오른쪽 시점(넘버패드 3)에서 스커트를 모두 선택했는지 확인합니다. 그리고 좌표축의 흰색 원을 마우스 좌클릭 드래그해 스커트럴 뒤쪽 방향으로 펄럭이게 합니다.

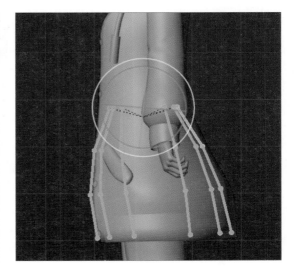

> **MEMO**
>
> 본의 변환을 기본값으로 되돌리고 싶을 때는 포즈 모드에서 리셋할 부문을 선택(모든 본을 리셋하고 싶을 때는 모두 선택(A키))하고 이동, 회전, 축적을 리셋하는 단축키인 **Alt+G키**, **Alt+R키**, **Alt+S키**를 누릅니다. 또는 3D 뷰포트 오른쪽 헤더의 포즈 → 변환을 지우기 → 모두에서 본의 변환을 완전히 리셋할 수도 있습니다.

---

06 스커트를 앞쪽으로 펄럭이기

Step

25번째 프레임(콘택트 위치)으로 이동해 이번에는 반대쪽인 앞쪽 방향으로 좌표축의 흰색 원을 마우스 좌클릭 드래그해 스커트를 펄럭이게 합니다. 왼쪽 다리가 스커트를 관통하지 않도록 조정합니다.

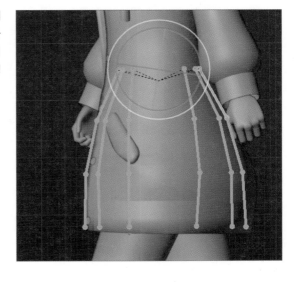

Chapter 1
Chapter 2
Chapter 3
Chapter 4
Chapter 5
Chapter 6
Chapter 7

07 스커트 펄럭임 조정하기

Step

콘택트(힘이 들어가기 전의 포즈)에 맞춰 스커트의 형태를 조금 바꿔봅시다. 뒤쪽은 끝을 약간 뒤쪽으로 회전하고 왼쪽 다리의 본은 관통하지 않도록 위쪽으로 회전하는 등(3D 뷰포트 오른쪽 위 대칭 메뉴의 X키를 비활성화하는 것을 잊지 맙시다), 스커트에 닿는 공기나 물체에 따라 스커트가 움직이는 것을 생각하면 부드러운 표현이 가능할 것입니다.

그리고 콘택트 단계에서는 발이 지면에 닿기 전이므로 스커트 안에는 공기가 조금 들어 있습니다. 이를 표현하기 위해 스커트를 조금 부풀게 하는 것도 좋습니다. 좌표축의 빨간색을 마우스 좌클릭 드래그하면서 Shift키를 길게 누르면 천천히 회전시킬 수 있습니다.

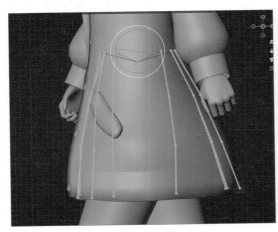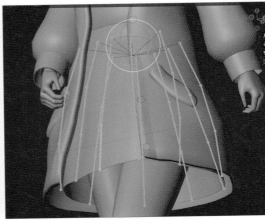

08 키 프레임 복제하기와 복사 & 붙여 넣기

Step

다음으로 스커트의 펄럭임 복제 및 복사/반전 붙여 넣기를 합니다. 25번째 프레임의 키 프레임의 가장 위를 선택하고 복제의 단축키인 Shift+D키를 눌러 49번째 프레임에 배치합니다. 다음으로 마우스 우클릭하고 복사(Ctrl+C키)를 선택한 뒤, 27번째 프레임으로 이동해 마우스 우클릭하고 뒤집힌 붙여 넣기(Shift+Ctrl+V키)를 선택합니다.

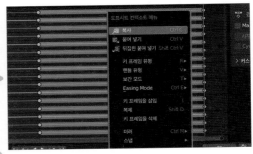

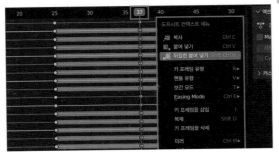

09
Step

스커트를 부풀리거나 줄이기

아직 스커트가 딱딱해 보이므로 각 키 프레임에서 조정합니다. 27번째 프레임의 다운에서는 신체가 아래로 내려가 있어 스커트의 허리 둘레가 줄어들지만 앞쪽 끝의 스커트는 뒤늦게 따라 오기 때문에 박스 선택(B키) 등으로 앞쪽 끝의 본만 선택하고 좌표축을 마우스 좌클릭 드래그해 바깥쪽으로 조금 회전합니다. 이 밑동 부분의 움직임에 의해 앞쪽 끝이 뒤늦게 따라오는 것을 오버랩이라 부르며 자연스러운 움직임으로 보이는데 매우 중요한 기법이됩니다. 걸을 때는 스커트가 크게 흔들리지 않으므로 아주 조금 회전하는 정도면 충분합니다.

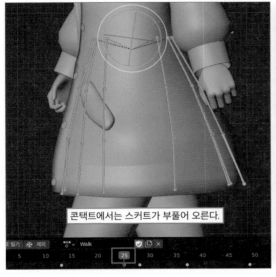

콘택트에서는 스커트가 부풀어 오른다.

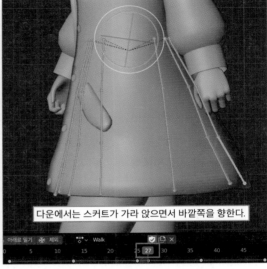

다운에서는 스커트가 가라 앉으면서 바깥쪽을 향한다.

10
Step

업 포즈에서의 부풀림 조정하기

33번째 프레임으로 이동했다면 이 본들의 좌표축을 마우스 좌클릭 드래그해 회전 조정합니다. 업은 허리가 가장 높게 위치하는 포즈이므로 스커트 가운데 살짝 공기가 들어가 스커트의 허리 주변은 다시 부풀기 시작하고 끝쪽은 뒤늦게 줄어듭니다.

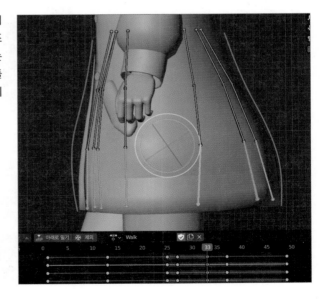

Chapter 1
Chapter 2
Chapter 3
Chapter 4
Chapter 5
Chapter 6
Chapter 7

11 키 프레임 삽입하기

Step

스커트의 본이 3D 뷰포트에서 A키로 모두 선택한 것을 확인했다면 29번째 프레임, 31번째 프레임, 35번째 프레임에 3D 뷰포트에서 키 프레임 삽입의 단축키인 I키를 누릅니다. 이것을 중간의 움직임에 키 프레임을 삽입할 수 있습니다.

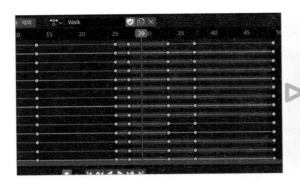
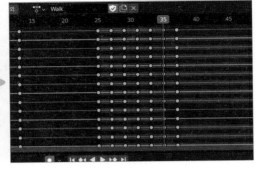

12 복사하기 및 뒤집어 붙여 넣기

Step

그리고 25번째 프레임에서 37번째 프레임까지의 가장 위쪽을 Shift키를 누른 상태에서 마우스 좌클릭 드래그(박스 선택)해 선택합니다. 다음으로 마우스 우클릭해 복사(Ctrl+C키)를 선택합니다. 그리고 37번째 프레임으로 이동해 마우스 우클릭한 뒤 뒤집힌 붙여 넣기(Shift+Ctrl+V키)를 선택합니다.

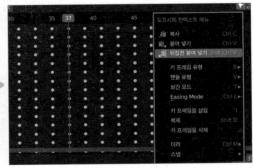

13 키 프레임 삽입하기

Step

❶ 다음으로 보간 모드를 우선 Constant로 할 것이므로 프로퍼티스의 오브젝트 데이터 프로퍼티스의 골격 패널 안에 있는 레이어 안에서 왼쪽 위에서부터 첫 번째, 두 번째, 네 번째를 Shift키를 누른 상태에서 선택합니다(손가락과 머리카락 이외의 본이 표시됩니다). 블렌더 4.0의 본 컬렉션이라면 손가락과 머리카락 이외의 컬렉션을 표시합니다. 머리카락은 나중에 키 프레임을 삽입하므로 여기에서는 표시하지 않게 합니다.

510

❷ 그리고 포즈 모드에서 3D 뷰포트에서 모두 선택(A키)하고 4, 7, 10, 13, 16, 19, 22, 25번째 프레임으로 이동해 3D 뷰포트에서 키 프레임 삽입의 단축키인 I키를 눌러 키 프레임을 삽입합니다.

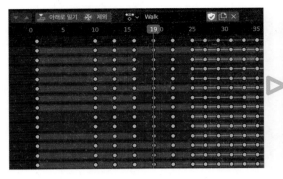 

14 키 프레임에 보간 적용하기
Step

도프시트에서 모두 선택(A키)합니다. 다음으로 보간 모드(T키)에서 보간을 상수로 합니다. 이것으로 각 키 프레임을 Constant로 할 수 있습니다.

15 25번째 프레임에 키 프레임 삽입하기
Step

머리카락의 흔들림을 만듭니다. 프로퍼티스의 오브젝트 데이터 프로퍼티스에서 골격 패널 안의 레이어를 선택합니다. 왼쪽 위에서 다섯 번째 레이어를 클릭합니다. 그리고 포즈 모드에서 머리카락의 본을 A키로 모두 선택한 뒤 도프시트의 25번째 프레임으로 이동합니다. 그리고 3D 뷰포트에서 키 프레임 삽입(I키)를 누릅니다.

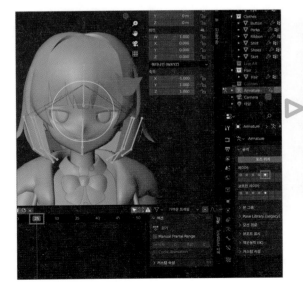 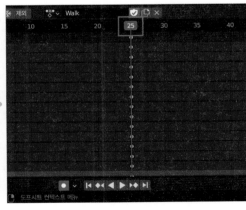

Chapter 1

Chapter 2

Chapter 3

Chapter 4

Chapter 5

Chapter 6

Chapter 7

16
Step

19번째 프레임에 키 프레임 삽입하기

중간의 움직임을 만들기 위해 19번째 프레임으로 이동합니다. 여기에서도 3D 뷰포트에서 키 프레임 삽입(I키)을 눌러 키 프레임을 삽입합니다. 키 프레임을 삽입했다면 25번째 프레임(콘택트)으로 되돌아 갑니다.

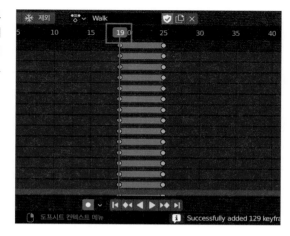

17
Step

머리카락 조정하기

머리카락도 스커트와 마찬가지로 콘택트 단계에서는 조금만 부풀어 오르게, 좌표축을 마우스 좌클릭 드래그해 회전하고 좌우 대칭으로 변형시켜도 좋습니다. 그렇다 하더라도 걸을 때의 머리카락은 그렇게 심하게 흔들리지는 않으므로 스커트와 마찬가지로 조금만 회전하는 정도가 좋습니다 (달리기 등 신체가 크게 움직일 때는 머리카락이 보다 많이 흔들리게 하면 좋습니다).

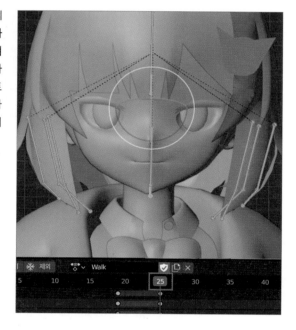

18
Step

키 프레임 복제하기

25번째 프레임에 있는 키 프레임을 복제(Shift+D 키)해서 37번째 프레임에 배치합니다.

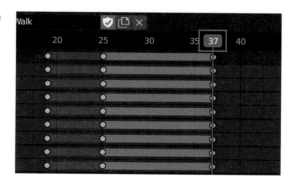

Chapter 1

Chapter 2

Chapter 3

Chapter 4

Chapter 5

Chapter 6

Chapter 7

19 Step 머리카락 조정하기

그리고 27번째 프레임(다운 포즈)으로 이동합니다. 여기에도 스커트와 마찬가지로 밑동 부분은 줄이고, 끝쪽은 뒤늦게 바깥쪽으로 회전하게 하면 좋습니다. 그리고 신체가 왼쪽으로 기울어 있으므로 왼쪽 옆머리는 조금 안쪽으로 기울여 둡니다 (너무 많이 기울이면 부자연스럽게 앞머리가 흔들리므로 주의해야 합니다).

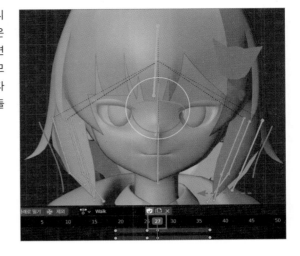

20 Step 머리카락 조정하기

33번째 프레임(업 포즈)으로 이동합니다. 여기에도 스커트와 마찬가지로 밑동 부분은 줄이고 끝쪽은 뒤늦게 줄입니다(안쪽으로 회전시킵니다).

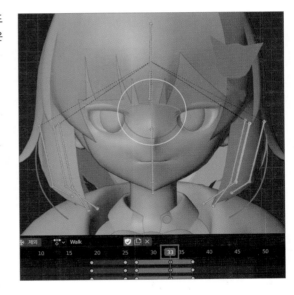

21 Step 키 프레임 복사하기 및 붙여 넣기

❶ 포즈 모드에서 머리카락의 본을 모두 선택(A 키)합니다. Next Page ▶

❷ 27, 29, 31, 33, 35번째 프레임에 3D 뷰포트에서 키 프레임(I키)를 삽입합니다. 그리고 지금까지와 마찬가지로 키 프레임의 가장 위쪽을 Shift키를 누른 상태로 마우스 좌클릭 드래그한 뒤 복사(Ctrl+C키)를 선택합니다. 37번째 프레임으로 이동해 마우스 우클릭한 뒤 뒤집힌 붙여 넣기(Shift+Ctrl+V키)를 선택합니다.

22 키 프레임에 보간 적용하기
Step 22번째 프레임에서도 3D 뷰포트에서 키 프레임 삽입(I키)를 삽입한 뒤 도프시트에서 모두 선택(A키)합니다. 다음으로 보간 모드(T키)에서 Constant를 선택합니다.

23 가시 레이어 설정하기
Step 다음으로 파카 끈의 흔들림을 만듭니다. 이미 키 프레임을 삽입했으므로 우선 끈의 키 프레임만 삭제합니다. 또한 쉽게 작업할 수 있도록 다른 본 레이어로 이동합니다.
프로퍼티스의 오른쪽 프로퍼티스의 오브젝트 데이터 프로퍼티스에서 골격 패널 안에 있는 레이어에서 왼쪽 위부터 첫 번째를 선택합니다. 그리고 끈의 본 6개를 Shift키를 누른 상태에서 선택합니다. 시점은 앞쪽 시점(넘버패드 1)으로 합니다.

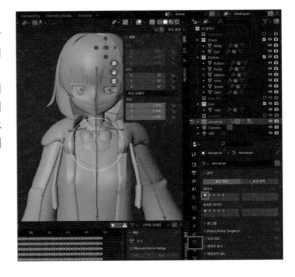

24
Step

끈의 본을 본 레이어에 등록하기

본 레이어(M키)에 왼쪽 위에서 6번째 레이어를 클릭합니다. 블렌더 4.0의 본 컬렉션에서는 새 컬렉션을 만들어 그 안에 저장합니다.

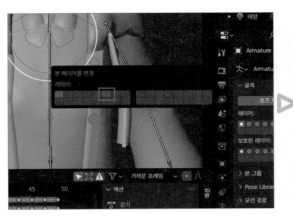
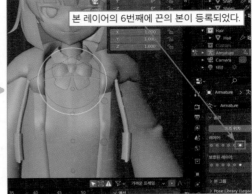

25
Step

끈의 키 프레임 삭제하기

끈의 본이 모두 선택(A키)되어 있는지, 도프시트에서 키 프레임이 모두 선택(A키)되어 있는지 확인합니다. 다음으로 삭제(X키)를 누르고 키 프레임 삭제를 선택합니다.

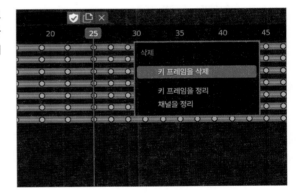

26
Step

키 프레임 삽입하기

사이의 움직임을 만들기 위해 19번째 프레임과 25번째 프레임에 키 프레임을 삽입(I키)합니다.

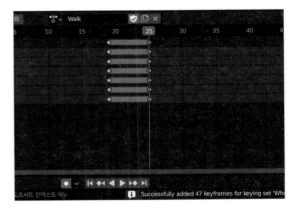

27 끈 흔들기

Step

지금까지와 마찬가지의 조작을 합니다. 25번째 프레임에 있는 키 프레임을 복제(Shift+D키)해 37번째 프레임에 배치합니다. 27번째 프레임(다운 포즈)는 밑동을 줄이고 끝을 바깥쪽으로 조금 회전, 33번째 프레임(업 포즈)는 반대로 밑동을 부풀게 하고 끝은 뒤늦게 안쪽으로 회전시킵니다. 반복하지만 걷기는 신체가 그다지 많이 흔들리지 않으므로, 끈도 너무 많이 흔들리지 않게 하면 좋을 것입니다.

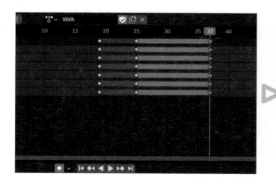
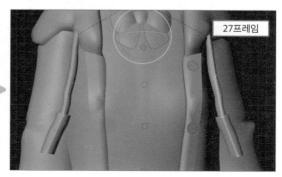

27프레임

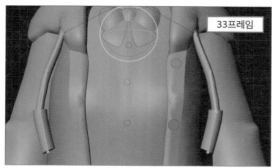

33프레임

> **MEMO**
>
> 키 프레임의 동작이 이상하다면 2장의 7-9 파카 스키닝의 파카 끈에 관한 설명을 확인해 주십시오.

28 프레임 복사하기와 붙여 넣기

Step

지금까지와 마찬가지로 29, 31, 35번째 프레임에 키 프레임을 삽입(I키)했다면, 25번째 프레임부터 37번째 프레임까지의 맨 위를 Shift+마우스 좌클릭 드래그해 선택합니다. 그리고 도프시트에서 마우스 우클릭한 뒤 복사(Ctrl+C키)를 선택하고 37번째 프레임으로 이동해 마우스 우클릭한 뒤 뒤집힌 붙여 넣기(Shift+Ctrl+V키)합니다.

29
Step

키 프레임에 보간 적용하기

22번째 프레임에 키 프레임을 삽입합니다. 다음으로 도프시트에서 모두 선택의 A키를 누르고 보간 모드(T키)를 누른 뒤 Constant를 선택합니다. 그리고 Space키를 눌러 재생해 봅시다.

너무 많이 펄럭이거나 전체가 움직이는 것처럼 보이지 않을 때가 있다면 프레임을 이동해 수정합니다. 수정을 마쳤다면 복사 * 반전 붙여 넣기(Ctrl+C키 → Shift+Ctrl+V키)도 잊지 않도록 합니다.

Chapter 1

Chapter 2

Chapter 3

Chapter 4

Chapter 5

Chapter 6

Chapter 7

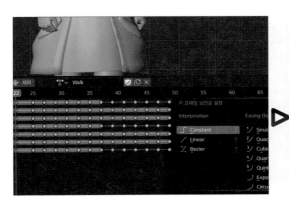

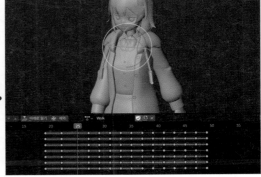

Column

사이의 움직임이 적용되는 부분에 관해

키 프레임과 키 프레임 사이의 동작이 잘 이루어지지 않을 때는 보간 모드(도프시트에서 T키)를 Bezier로 전환하고 사이의 키 프레임을 삭제한 뒤 키 프레임을 삽입(3D 뷰포트에서 I키), 보간 모드를 Constant로 되돌리는 것이 좋을 때가 있습니다. 모든 움직임을 수동으로 만들려고 하다가 너무 많은 시간이 걸려 막상 재생해 보면 만족스러운 움직임과는 너무 먼 상황이 발생할 때도 많습니다. 이때는 직접 모든 것을 하려고 하지 말고 블렌더에게 맡기는 것도 좋습니다.

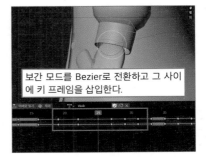

보간 모드를 Bezier로 전환하고 그 사이에 키 프레임을 삽입한다.

기본은 한 가운데 키 프레임을 삽입하는 방법으로 문제가 없지만 전후의 움직임에 따라 더욱 앞쪽 혹은 뒤쪽에 삽입하는 편이 좋을 때가 있습니다. 그리고 그 삽입한 키 프레임을 좌클릭 드래그해 가운데쪽으로 배치합니다. 이를 잘 활용하면 움직임이 자연스럽게 유지되어 기분 좋게 애니메이션 시킬 수 있습니다.

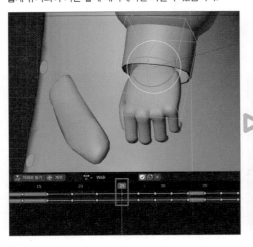

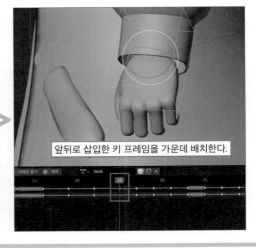

앞뒤로 삽입한 키 프레임을 가운데 배치한다.

<table>
<tr><td>3-7</td><td>**걷기 애니메이션 만들기 5(애니메이션 루프)**</td></tr>
</table>

걷기 애니메이션을 어느 정도 만들었으므로 이제 지금까지 만든 애니메이션을 스트립화하고 루프 재생할 수 있도록 합니다.

01 본 레이어 선택하기
Step
프로퍼티스의 오브젝트 데이터 프로퍼티스에서 골격 패널에 있
는 본 레이어의 왼쪽에 두 번째를 선택합니다(Root 본이 들어있
는 레이어).

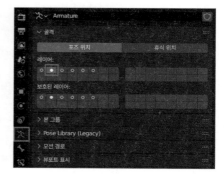

02 아래로 밀기
Step
도프시트에서 아래로 밀기 버튼을 클릭합니다. 이것은
도프시트를 액션 에디터(또는 셰이프 에디터)으로 전
환하면 표시되는 항목입니다. 이 버튼을 클릭하면 애니
메이션이 스트립화됩니다.

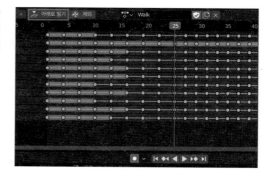

03 연결할 액션 찾아보기
Step
그러면 도프시트에서 키 프레임이 모두 사라집니다. 도프시트 위쪽의 새로운 버튼 왼쪽에 있는 연결할 액션을 찾
아보기를 클릭해 이제까지 만든 액션의 Walk가 확실하게 남아있는지 확인합니다. Walk 이외에도 등록한 손가락
의 포즈도 이 안에 들어 있습니다. Next Page

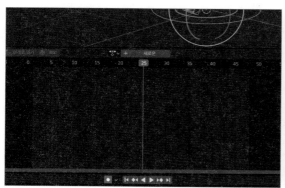

여기에 있는 액션을 선택하면 스트립화 한 액션이 아닌 선택한 액션이 우선 애니메이션되므로 아무것도 선택하지 않도록 합니다. 실수로 액션을 선택했다면 오른쪽 X 버튼을 클릭해 연결을 해제합니다.

04 논리니어 애니메이션 이동하기

Step

다음은 논리니어 애니메이션으로 옮겨 스트립을 편집합니다. 도프시트 왼쪽 에디터 유형에서 논리니어 애니메이션으로 변경합니다. 중간에 Walk라는 스트립화한 애니메이션이 있는지 확인합니다.

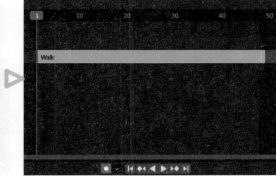

05 스트립 분할하기

Step

걷기 애니메이션 부분만을 루프 재생할 것이므로 25번째 프레임으로 이동했다면 도프시트에서 마우스 우클릭한 뒤 스트립을 분할(Y키)를 선택해 스트립을 분할합니다. 이를 통해 새롭게 Walk.001이라는 스트립이 추가됩니다.

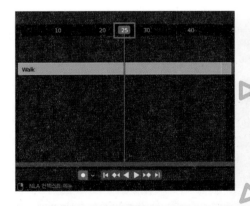

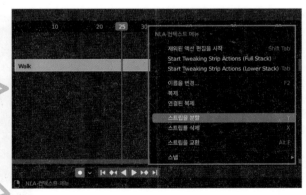

06
Step

스트립 복제하기
분할한 Walk.001 스트립을 선택한 뒤 복제(Shift+D키)로 보라색 스트립이 복제합니다. 다음으로 Walk.001의 오른쪽으로 마우스를 움직이고 마우스 좌클릭해 배치하면 새롭게 Walk.002라는 스트립이 추가됩니다.

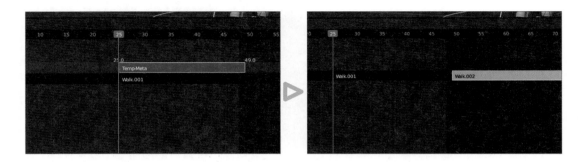

07
Step

추가 복제하기
추가로 복제(Shift+D키)를 통해 Walk.003이라는 스트립을 Walk.002 오른쪽에 배치합니다.

08
Step

타임라인 수정하기
스트립을 복제했으므로 도프시트 아래에 있는 타임라인 오른쪽에 있는 종료에 '97'을 입력합니다. 다음은 Space 키를 눌러 재생하고 문제가 없는지 확인합니다.

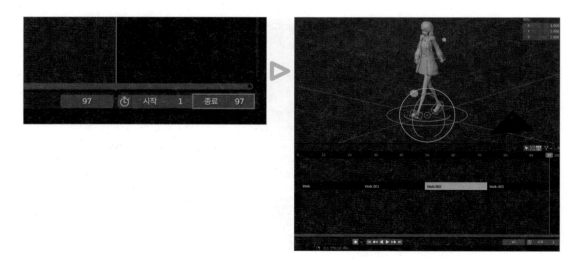

09
Step

도프시트로 이동하기

다음은 Root 본을 사용해 캐릭터가 앞으로 나오는 애니메이션을 만듭니다. 논리니어 애니메이션 왼쪽 위 에디터 유형을 클릭하고 도프시트로 되돌아 갑니다.

10
Step

25번째 프레임에 키 프레임 삽입하기

25번째 프레임으로 이동했다면 포즈 모드에서 Root 본(원형)을 선택합니다. 그리고 3D 뷰포트에서 키 프레임을 삽입(I키)합니다. 도프시트 위를 보면 ArmatureAction이라는 새로운 액션이 작성된 것을 확인합니다.

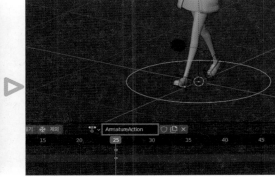

11
Step

97번째 프레임에 키 프레임을 삽입하기

97번째 프레임으로 이동했다면 마찬가지로 Root 본(원형)을 선택한 상태에서 3D 뷰포트에서 키 프레임을 삽입(I키)을 수행합니다.

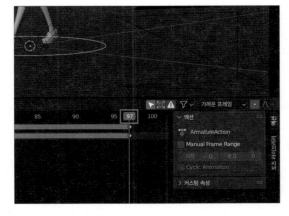

Chapter 1
Chapter 2
Chapter 3
Chapter 4
Chapter 5
Chapter 6
Chapter 7

12 캐릭터를 앞쪽으로 움직이기

Step

97번째 프레임의 Root 본을 이동(G키) → Z키를 사용해 앞쪽으로 움직입니다.

 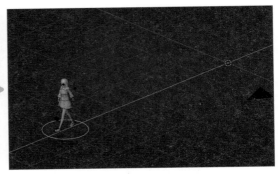

13 보간 모드를 Linear로 변경하기

Step

우선 Space키로 재생하면 처음에 가속, 마지막에 감속하기 때문에 마치 공중에 떠서 걷고 있는 듯이 보입니다. 이것은 보간 모드가 Bezier로 설정되어 있기 때문이며 이를 Linear로 변경해 가속이 일정하도록 해야 합니다. 도프시트에서 모두 선택의 A키를 눌렀다면 보간 모드(T키)를 눌러 Linear로 변경합니다.

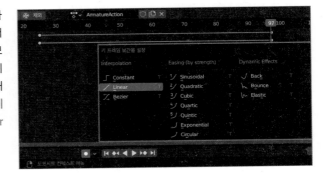

14 발의 위치 조정하기

Step

16번째 프레임으로 이동한 뒤 3D 뷰포트에서 키 프레임을 삽입(I키)를 수행합니다. 그리고 발의 착지 위치를 참고해 25번째 프레임을 이동(G키) → Z키를 눌러 Root 위치를 조정합니다.

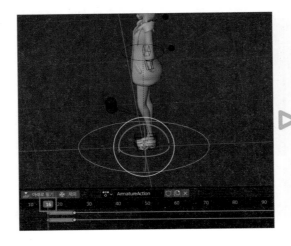 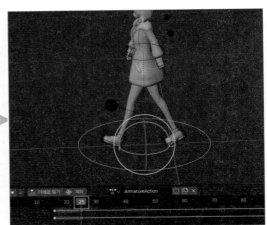

15 97번째 프레임 수정하기

Step

97번째 프레임으로 이동합니다. Root 본을 이동 (G키) → Z키를 사용해 앞뒤로 조정하면서 Space 키로 재생/정지를 반복하면서 수정합니다.

선형으로 변경하더라도 여전히 미끄러지며 걷는 듯하게 보일 수도 있습니다. 이를 방지하기 위해서는 25번째 프레임과 97번째 프레임 사이에 세세하게 키 프레임을 삽입해야 합니다. 그러나 이 책에서는 발끝을 거의 비추지 않으므로 바람직하지는 않지만 발끝이 다소 미끄러지더라도 그대로 진행합니다.

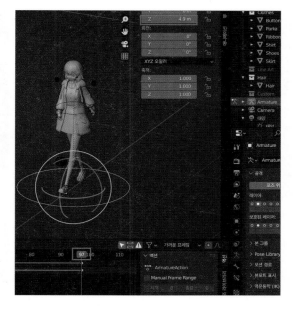

3-8 걷기 애니메이션 만들기 6(카메라 배치)

다음은 카메라를 배치하고 애니메이션을 렌더링할 수 있도록 합니다.

01 카메라 추가하기

Step

먼저 카메라를 2개 배치하고 도중에 카메라를 전환할 수 있도록 합니다.

현재 카메라가 1개뿐이므로 오른쪽 위 아웃라이너에서 Camera를 선택하고 3D 뷰포트에서 복제(Shift+D키)를 사용해 2개로 늘립니다.

각 카메라의 이름을 'Camera01', 'Camera02'로 변경합니다. 왼쪽 화살표 아이콘을 클릭하고 그 이름도 동일하게 변경하면 좋습니다. 아웃라이너 오른쪽 위의 새 컬렉션을 추가하고 컬렉션 이름을 'Camera'로 변경합니다. 그리고 Camera01, Camera02를 아웃라이너에서 **컬렉션 이동(M키)**를 눌러 Camera 컬렉션으로 이동합니다.

※ 사이드바(N키)에서 뷰의 뷰 잠금 패널 안에 있는 Camera to View 항목은 비활성화해 둡니다.

02 변환 오리엔테이션을 글로벌로 변경하기

Step

먼저 Camera01을 배치합니다. 그 전에 카메라를 쉽게 이동할 수 있도록 3D 뷰포트 위쪽 변환 오리엔테이션을 글로벌로 되돌립니다.

03 카메라 변경하기

Step

다음으로 카메라를 전환하는 방법에 관해 설명합니다. 오른쪽 위 아웃라이너의 카메라 오브젝트 오른쪽에 녹색 카메라 아이콘이 있습니다. 여기에서 어떤 카메라에서 보는지 결정할 수 있습니다 (정확하게 말하면 활성화할 카메라를 결정할 수 있습니다). 가장 먼저 Camera01의 카메라부터 확인할 것이므로 Camera01의 녹색 카메라 아이콘을 클릭해 활성화합니다.

04 Camera01 위치 조정하기

Step

1번째 프레임에 위치해 있는지 확인합니다. 이동(G키)이나 회전(R키)을 사용해 캐릭터를 비스듬한 앞쪽 시점으로 배치합니다. 캐릭터가 카메라의 중앙에 오도록 배치합니다. Next Page

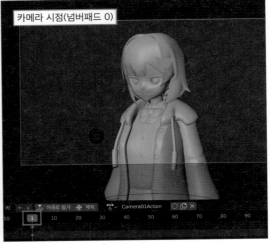

사이드바(N키)에서 항목의 변환 패널 안의 값을 설정합니다. 위치 X는 '1.1',
위치 Y는 '-2', 위치 Z는 '1.32'입니다. 그리고 회전 X는 '90', 회전 Y는 '0', 회전
Z는 '29'입니다. 이대로 값을 지정했을 때 잘 동작하지 않는다면 각자 값을 조
정합니다.

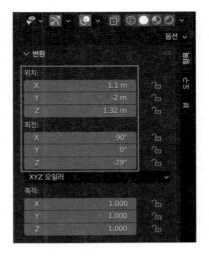

05 Camera02 위치 조정하기

Step
다음으로 Camera02를 오른쪽 위 아웃라이너에서 활성화하고 25번째 프레임으로 이동한 뒤 캐릭터에서 조금 떨
어진 위치에 카메라를 배치합니다. Next Page

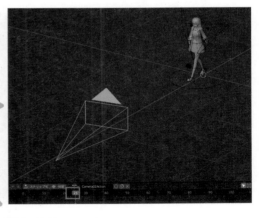

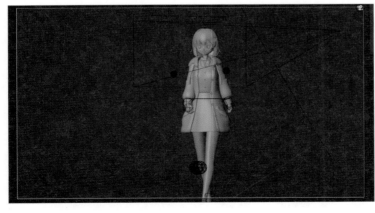

카메라의 위치 X는 '1.31', 위치 Y는 '-7.6', 위치 Z는 '0.9'입니다. 그리고 회전 X는 '90', 회전 Y는 '0', 회전 Z는 '11'입니다. 이대로 값을 지정했을 때 잘 동작하지 않는다면 각자 값을 조정합니다.

06
Step

97번째 프레임에서 카메라 회전하기

Camera02는 캐릭터를 따라오듯 움직일 것이므로 97번째 프레임으로 이동했다면 캐릭터의 뒤에서 약간 떨어질 정도로 카메라를 회전합니다. 위치 X는 '1.31', 위치 Y는 '-7.6', 위치 Z는 '0.9'이며 회전 X는 '96.5', 회전 Y는 '-1.65', 회전 Z는 '23'입니다. 이대로 값을 지정했을 때 잘 동작하지 않는다면 각자 값을 조정합니다.

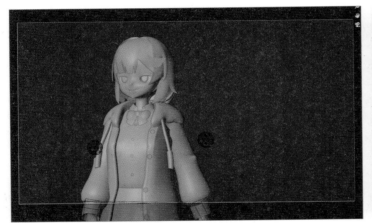

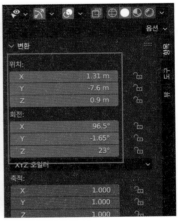

07
Step

그래프 에디터 표시하기

Space키를 눌러 재생해 보면 카메라 왼쪽으로 많이 기울었을 것입니다. 이것을 그래프 에디터에서 수정합니다. 도프시트에서 Ctrl+Tab키(또는 도프시트 위쪽 뷰 → 그래프 에디터로 토글에서 수행할 수도 있습니다)를 눌러 그래프 에디터로 전환합니다.

08 표시 전환하기

Step

그래프 에디터로 전환했다면 키 프레임을 쉽게 선택할 수 있도록 그래프 에디터 위쪽 뷰에서 선택된 키 프레임 핸들만과 선택된 커브 키 프레임만를 활성화합니다. 블렌더 3.6에서는 편집 → 환경 설정 → 애니메이션 안의 F-커브 패널 안의 선택된 F-커브 키 프레임만을 활성화합니다.

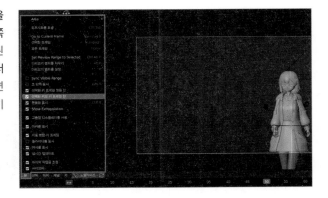

09 Z 오일러 회전 선택하기 및 캐릭터 위치 조정하기

Step

채널 안의 왼쪽 화살표를 클릭해 축 정보를 표시합니다. 그 중에서 Z 오일러 회전을 선택합니다. Z 오일러 회전의 핸들을 조정합니다.

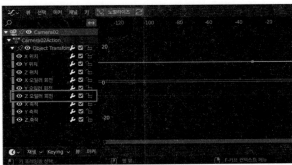

80번째 프레임으로 이동한 뒤 97번째 프레임에 있는 키 프레임의 핸들(왼쪽 점)을 마우스 좌드래그해 캐릭터가 대략 가운데 부근에 오도록 조정합니다. 조정을 마쳤다면 Space키를 눌러 재생해보고 문제가 없다면 다음으로 진행합니다.

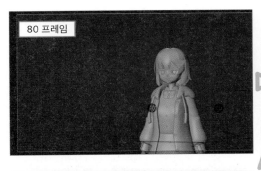

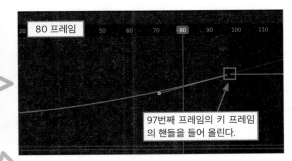

97번째 프레임의 키 프레임의 핸들들을 들어 올린다.

캐릭터가 한가운데 오도록 한다.

10 마커 추가하기

Step 다음으로 카메라가 전환되도록 합니다. 3D 뷰포트에서 Root 본을 선택한 뒤 1번째 프레임에 있는지 확인합니다. 다음으로 도프시트 위쪽에 있는 **마커**에서 **마커를 추가(M키)**를 선택합니다. **마커**는 중요한 프레임을 표시하거나 카메라 전환 등에 사용할 수 있습니다. 마커를 추가하면 도프시트 아래쪽에 **F_01**과 같은 이름으로 마커가 추가됩니다. 마커는 다른 본 또는 오브젝트를 선택하거나, 액션을 전환해도 계속해서 같은 위치에 표시됩니다. 그 밖에도 마우스 좌클릭 드래그 또는 **이동(G키)**을 사용해 마커를 이동하거나 X키로 삭제할 수 있습니다.

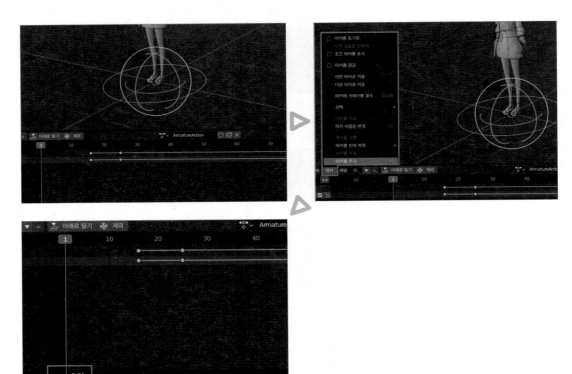

11 마커 이름 변경하기

Step 1번째 프레임 아래 있는 마커를 클릭합니다(마커 이름이 흰색으로 표시되어 있다면 선택된 것입니다). 오른쪽 위 Camera 컬렉션 안에 있는 Camera01의 오른쪽에 있는 녹색 카메라 아이콘을 클릭해 Camera01을 활성화합니다. 그리고 도프시트 위쪽 **마커**에서 **마커를 카메라에 결속(Ctrl+B키)**을 클릭합니다. Next Page ▶

마커 이름이 Camera01로 변경되었습니다. 이렇게 현재
활성화되어 있는 카메라를 마커로 설정할 수 있으며 이를
사용해 카메라를 전환할 수 있습니다.

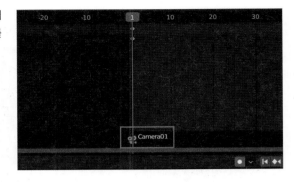

12 마커 추가하기

Step 다음은 Camera02로 전환할 것이므로 25번째 프레임으로 이동합니다. 그리고 도프시트 위쪽 마커에서 마커를 추
가(M키)를 선택합니다.

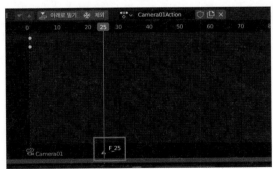

13 마커 이름 변경하기

Step ❶ 새롭게 추가된 마커인 F_25를 선택하고 오른
쪽 위 아웃라이너에서 Camera02의 오른쪽에 있
는 녹색 카메라 아이콘을 클릭해 Camera02를
활성화합니다. Next Page

Chapter 1
Chapter 2
Chapter 3
Chapter 4
Chapter 5
Chapter 6
Chapter 7

❷ 그리고 도프시트 위쪽 마커에서 마커에 카메라를 결속(Ctrl+B키)을 클릭하면 마커 이름이 Camera02로 변경됩니다.

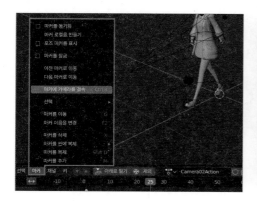 

❸ 넘버패드 0을 눌러 카메라 시점으로 전환하고 Space키로 재생하고(정지할 때는 다시 Space키를 누릅니다), 카메라가 전환되는 것을 확인합시다.

Column

미리보기 범위를 사용에 관해

도프시트 오른쪽 위의 시작 왼쪽에 있는 시계 아이콘을 클릭하면 미리보기 범위를 사용이라 불리는, 렌더링 출력과는 다른 프리뷰 범위를 결정할 수 있습니다. 프리뷰 범위 이외는 주황색이 되고 시작과 종료로 값을 변경할 수 있습니다. 일부 애니메이션을 확인하고 싶을 때 사용하면 좋습니다.

3-9　걷기 애니메이션 만들기 7(셰이프 키의 애니메이션)

아래를 향하고 있는 처음 위치에서는 눈을 감고, 얼굴을 들었을 때 눈을 뜨는 표정을 연출합니다.

01
Chara 컬렉션을 선택할 수 있도록 하기

Step

아웃라이너 오른쪽 위 필터에서 선택 가능을 활성화합니다. 다음으로 Chara 컬렉션 오른쪽 위 화살표 아이콘을 클릭해 선택 가능하게 합니다.

02
셰이프 키 에디터로 전환하기

Step

오브젝트 모드에서 Body 오브젝트를 선택합니다. 도프시트 왼쪽 위에서 셰이프 키 에디터로 전환합니다. 그러면 셰이프 키에 특화된 도프시트로 변경할 수 있습니다. 화면 왼쪽에 지금까지 만든 셰이프 키가 표시되는지 확인합니다. 여기의 값을 조정하면서 셰이프 키의 애니메이션을 만듭니다.

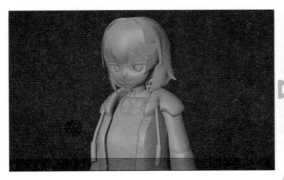 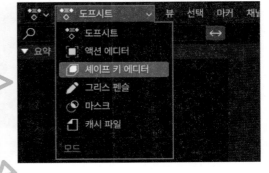

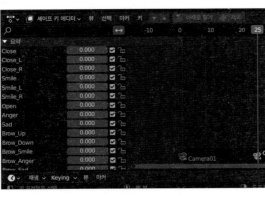

Chapter 1

Chapter 2

Chapter 3

Chapter 4

Chapter 5

Chapter 6

Chapter 7

03 1번째 프레임에 키 프레임 삽입하기

Step

1번째 프레임으로 이동한 뒤 왼쪽에 있는 셰이프 키의 Close 값을 마우스 좌클릭 드래그해 '1'로 설정합니다. 그러면 자동으로 셰이프 키의 키 프레임을 삽입할 수 있습니다.

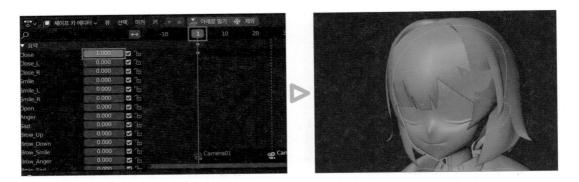

04 7번째 프레임에 키 프레임 삽입하기

Step

다음으로 7번째 프레임으로 이동한 뒤 왼쪽에 있는 셰이프 키의 Close 값에 '0.5'를 입력합니다.

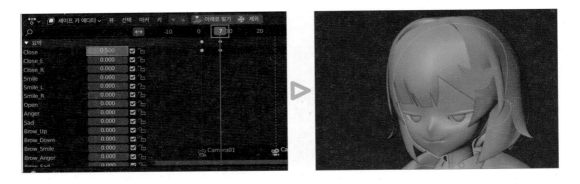

05 10번째 프레임에 키 프레임 삽입하기

Step

그리고 10번째 프레임으로 이동한 뒤 왼쪽에 있는 셰이프 키의 Close 값에 '0'을 입력합니다.

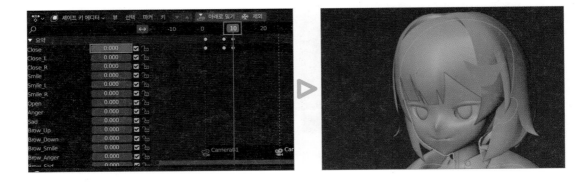

06 보간 모드 사용하기

Step 도프시트에서 모두 선택의 A키를 눌러 모두 선택한 뒤 **보간 모드(T키)**에서 Constant로 설정합니다. 이제 셰이프 키의 애니메이션을 완성했습니다. 작업을 마쳤다면 오른쪽 위 아웃라이너에서 **Chara**를 선택할 수 없도록 설정합니다.

Column

달리기, 애니메이션에서는 무엇을 보여 주고 싶은가가 중요!

이 책에서는 걷기 애니메이션 만들기에 관해서만 소개합니다. 칼럼에서 달리기 애니메이션을 만드는 방법에 관해서도 간단하게 소개합니다. 달리기 애니메이션은 기본적으로 걷기 애니메이션과 거의 같습니다. **콘택트**(힘이 들어가기 전의 포즈로 다리를 곧게 뻗습니다), **다운**(발에 체중이 걸리는 포즈로 무릎을 구부립니다), **패싱**(밟은 발 방향으로 신체를 기울입니다), **업**(허리가 가장 높습니다)이라는 네 가지 포즈가 있습니다. 여기에 **공중**이라는 포즈가 새롭게 추가됩니다. 달릴 때는 두 발이 모두 지면에서 떨어지는 순간이 반드시 존재하며 이것이 걷기와 달리기의 결정적인 차이입니다.

※ 샘플 파일 'Chapter06_Run.blend' 및 동영상 'Run_F.mp4', 'Run_S.mp4'도 함께 참조해 주십시오.

| 콘택트 | 다운 | 패싱 | 업 | 공중 |

애니메이션을 만들 때는 '무엇을 보여 주고 싶은가'에 초점을 두어야 합니다. 달리기 애니메이션의 경우 **다운**과 **패싱**에서 팔을 확인해 봅시다. **다운**에서는 팔이 상당히 아래로 내려가 있지만 **패싱**에서는 팔을 상당히 올렸습니다. 얼핏 보면 그 사이에 움직임을 넣고 싶지만 그 움직임을 추가하면 팔의 움직임이 딱딱해집니다.

이것은 글이나 정지된 이미지 만으로는 의미를 잘 전달하기 어렵습니다. 하지만 실제 애니메이션을 만들 때 모든 움직임을 균등한 간격으로 재생하면 '움직임이 따분하고 밋밋하네…'라는 느낌을 받을 때가 있습니다. 그 원인은 모든 움직임을 균등하게 했기 때문입니다. 모든 움직임을 균등하게 보여주면 애니메이션의 리듬이 나빠지고 경우에 따라서는 슬로 모션으로 보이기도 합니다.

그렇다면 어떻게 이를 개선할 수 있을까요? 가장 보여 주고 싶은 위치에 프레임 수를 늘리고 중간 프레임을 삭제하는 것입니다. 예를 들면 이 달리기 애니메이션의 경우 팔을 올리고 있는 부분을 가능한 길게 보여주고 싶으므로 이 부분의 프레임 수를 늘리고 반대로 팔을 내리고 있는 위치의 프레임 수를 줄이고 거기에 중간 부분을 깔끔하게 없앰으로써 기분 좋게 달리는 느낌을 표했습니다. 마치 순간 이동을 하는 것처럼 보일지도 모르지만 실제로 빠른 움직임을 눈으로 쫓는 것은 어렵습니다. 의도적으로 중간을 삭제함으로써 눈에 보이는 것은 '아, 여기는 빨라서 보이지 않는구나…'라고 인식하고 중간 부분의 움직임을 상상하게 되므로 크게 문제되지 않습니다. 이것은 화려한 액션뿐만 아니라 다양한 움직임을 만들 때도 응용할 수 있는 기법이므로 잘 기억해 주십시오.

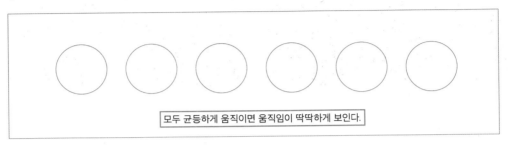

모두 균등하게 움직이면 움직임이 딱딱하게 보인다.

가장 보여주고 싶은 부분에 프레임 수를 늘리고, 중간을 깨끗하게 지워서 움직임을 깔끔하게 만든다.

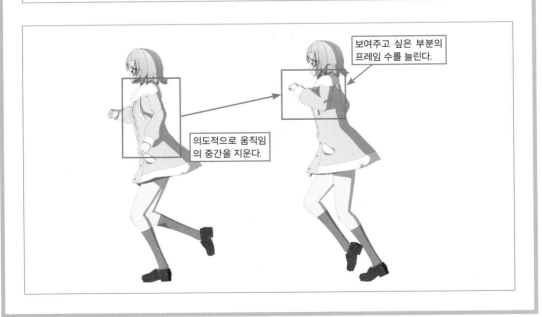

보여주고 싶은 부분의 프레임 수를 늘린다.

의도적으로 움직임의 중간을 지운다.

3-10 걷기 애니메이션 만들기 8(배경)

배경이라는 말을 들으면 많은 건물이나 나무 등을 떠올릴 수 있을 것입니다. 하지만 여기에서는 간단하게 배경 색을 변경하고 UV 구체로 태양을 만드는 정도로만 작업합니다. 배경에 흰색만 있으면 아쉬우므로 단순해도 좋으니 배경을 만드는 것이 좋을 것입니다. 여기에서는 셰이더 데이터의 월드(3D 공간 관련 설정을 할 수 있는 항목)에서 노드를 구성해 파란하늘을 만듭니다.

01 셰이딩으로 변경하기

Step

화면 위쪽 워크스페이스를 셰이딩으로 전환합니다. 다음으로 셰이더 데이터의 왼쪽 위 모든 전환을 오브젝트에서 월드로 설정합니다. 노드가 어디에 있는지 알 수 없을 때는 셰이더 에디터 안에서 넘버패드 Home키를 누르면 노드 전체를 표시할 수 있습니다. 3D 뷰포트 오른쪽 위에 있는 뷰포트 셰이딩의 렌더를 활성화합니다(매테리얼 뷰에서는 만든 배경이 표시되지 않습니다).

※ 사이드바(N키) → 뷰 → 뷰를 잠그기 → Camera to View는 비활성화합니다.

02 컬러 램프 추가하기

Step 셰이더 에디터 안에 있는 조합 컬러의 **B**는 배경 정보이므로 여기에 파란 하늘을 구성하는 노드를 만듭니다. 먼저 셰이더 에디터 안에서 추가(Shift+A키) → 컨버터 → 컬러 램프를 추가합니다.

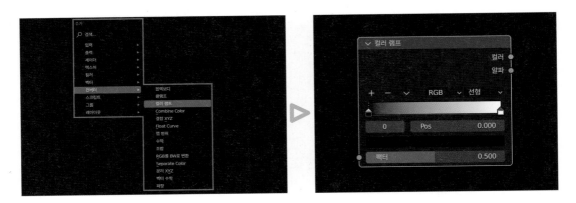

03 그라디언트 텍스처 추가하기

Step 이 컬러 램프를 그라디언트로 구성할 것이므로 이를 수행할 수 있는 노드를 추가합니다. 추가(Shift+A키) → 텍스처 → 그라디언트 텍스처를 추가합니다. 컬러 램프만이라면 단색만 표현할 수 있지만 이 그라디언트 텍스처를 컬러 램프에 연결함으로써 컬럼 램프 안에서 조정한 그라디언트를 표현할 수 있습니다.

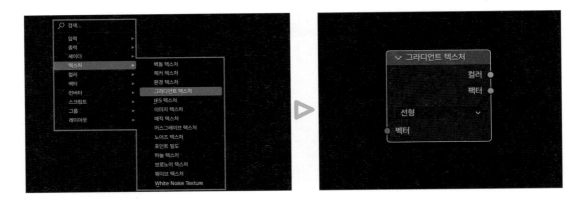

04 맵핑, 텍스처 좌표 추가하기

Step 다음은 그라디언트의 방향이나 크기를 조정할 수 있도록 맵핑 노드와 텍스처 좌표 노드를 추가합니다. 추가 (Shift+A키) → 텍스처 → 맵핑을 추가한 뒤 추가(Shift+A키) → 입력 → 텍스처 좌표를 추가합니다.

05 노드 연결하기

Step

노드를 다음과 같이 연결합니다. 텍스처 좌표의 생성됨과 맵핑의 벡터를 연결함으로써 그라디언트의 위치나 회전을 결정할 수 있도록 하고 그라디언트 텍스처와 컬러 램프를 연결함으로써 그라디언트를 비추도록 하고, 배경인 조합 컬러의 B로 연결합니다. 그러면 배경에 변화가 나타납니다.

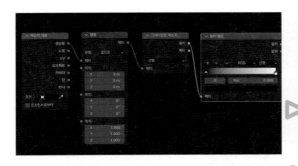

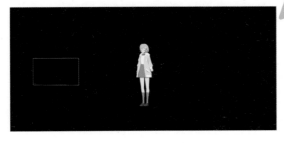

06 맵핑의 Y축 회전하기

Step

현재 그라디언트의 방향이 옆으로 되어 있으므로 맵핑 노드의 회전 Y에 '90'을 입력합니다. 그러면 컬러 램프의 왼쪽에 있는 컬러 스톱은 배경의 왼쪽의 색이 되며 오른쪽에 있는 컬러 스톱은 배경 위쪽의 색이 됩니다.

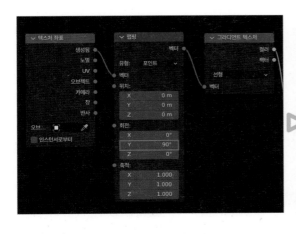

Chapter 1
Chapter 2
Chapter 3
Chapter 4
Chapter 5
Chapter 6
Chapter 7

07 컬러 램프 조정하기

Step

다음은 컬러 램프에서 색과 위치를 조정합니다. 색을 변경할 컬러 스톱을 클릭하고 아래의 컬러를 클릭하면 색을 변경할 수 있습니다. 왼쪽 위 + 버튼에서 새롭게 컬러 스톱을 추가할 수 있으므로 여기에서 색을 추가합니다. 그리고 마우스 좌클릭 드래그해 컬러 스톱을 조정합니다. 넘버패드 0에서 카메라 시점으로 한 상태에서 Space키로 애니메이션을 재생하고(정지할 때는 다시 Space키를 누릅니다) 카메라 안에 파란 하늘이 표시되면 완료입니다.

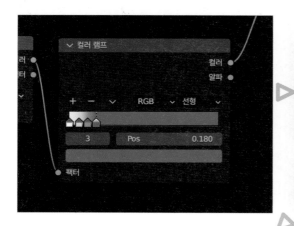
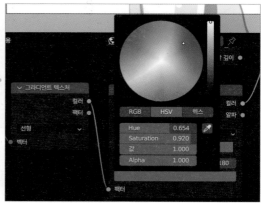

08 레이아웃 모드로 전환하기

Step

다음으로 태양을 만듭니다. 화면 위쪽 워크스페이스에서 Layout으로 전환하고 모드를 오브젝트 모드로 전환합니다.

※ 사이드바(N키) → 뷰 → 뷰를 잠그기 → Camera to View는 비활성화합니다.

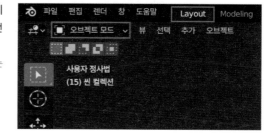

09 UV 구체 추가하기

Step

3D 커서를 중앙으로 되돌리는 단축키인 **Shift+C키**를 누르고 **추가(Shift+A키) → 메쉬 → UV 구체**를 추가합니다. 그리고 오른쪽 위 아웃라이너에서 추가된 **구체**를 클릭하고 아웃라이너 안에서 **컬렉션 이동(M키)**을 사용해 **씬 컬렉션**을 클릭합니다.

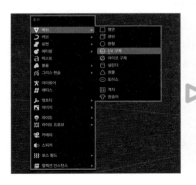  

10 구체 위치 조정하기

Step

구체(태양)의 축적과 위치를 조정합니다. 구체를 선택하고 사이드바의 위치 X에 '-2', 위치 Y에 '2.4', 위치 Z에 '2.7' 정도를 입력합니다. 그리고 축적 X, 축적 Y, 축적 Z을 '0.2'로 합니다. 이 값으로 함으로써 딱 2번째 컷에 카메라가 움직일 때 태양이 카메라에 들어갈 것입니다. 만약 태양이 카메라에 들어가지 않는다면 각자 위치나 축적을 조정합니다.

 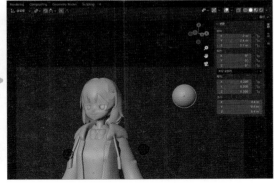

11 셰이더 추가하기

Step

다음은 태양의 매터리얼을 만듭니다. 화면 위쪽 워크스페이스의 **셰이딩**을 클릭하고 셰이더 에디터의 좌우에 있는 모드 전환을 **오브젝트**로 합니다. 그리고 구체(태양)이 선택되어 있는 것을 확인하고 셰이더 에디터 위쪽에 있는 **새로운**을 클릭합니다.

12 방출 노드 추가하기 및 연결하기

Step

기본값으로 연결되어 있는 **프린시플드 BSDF**를 선택하고 **X키**로 삭제합니다. 그리고 **추가(Shift+A키) → 셰이더 → 방출**을 클릭하고 **매테리얼 출력**의 표면으로 연결합니다. 이것은 오브젝트를 빛낼 수 있는 노드가 됩니다.

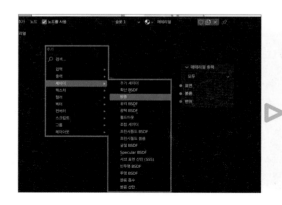
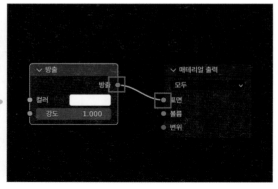

13 렌더링 설정을 변경하기

Step

하지만 이 상태에서는 태양이 빛나지 않으므로 태양이 빛나도록 수정합니다. 오른쪽 프로퍼티스의 **렌더 프로퍼티스**를 클릭한 뒤 **블룸**을 활성화합니다. 블룸은 방출 노드가 연결되어 있는 오브젝트의 윤곽이 희미하게 빛나도록 하는 기능입니다.

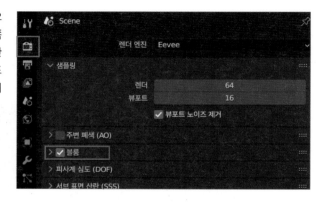

14 방출 노드 설정하기

Step

구체(태양)의 **방출** 노드의 **강도**를 '30'으로 설정하면 구체가 희미하게 빛을 냅니다. 이것으로 태양을 완성했습니다. Next Page

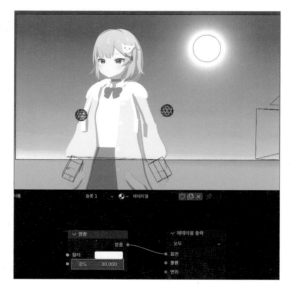

하지만 라이트인 **태양**과 태양의 빛의 방향이 반대인 점이 신경쓰일 것입니다. 분명히 일반적이라면 빛이 닿는 방향이 이상하지만 그렇다고 해서 캐릭터의 뒤쪽에 빛이 닿으면 이제는 앞쪽에 빛이 닿지 않게 되어 캐릭터가 눈에 띄지 않게 됩니다 (역광을 표현하는 것이 목적이라면 뒤쪽에 빛을 닿게 하는 것이 맞습니다). 그렇기 때문에 이 책에서는 캐릭터를 눈에 띄게 하기 위해 앞쪽으로 빛을 닿게 하는 방법으로 진행합니다. 애니메이션은 무엇을 보여주고 싶은가가 중요합니다. 제작자의 의도에 따라 정답도 달라지므로 여러분이 무엇을 표현하고 싶은지 꼭 확인합시다.

 ▷

15 Step 오브젝트 이름 변경하기와 컬렉션

오른쪽 위 아웃라이너를 정리합니다. 라이트인 **태양**을 더블 클릭하고 'Sun'으로 이름을 변경합니다. **구체**는 'Sun_object'로 변경합니다. 그리고 오른쪽 위 새 컬렉션을 클릭하고 'BG'로 이름을 변경합니다. **Sun**과 **Sun_object**를 선택하고 아웃라이너에서 **컬렉션 이동(M키)**를 사용해 **BG**에 넣습니다.

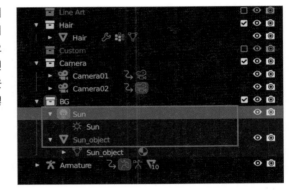

16 Step 매테리얼 이름 변경하기

셰이더 에디터 위쪽에 있는 태양의 매테리얼 이름을 클릭하고 'Sun'으로 변경합니다. 이것으로 걷기 애니메이션을 완성했습니다.

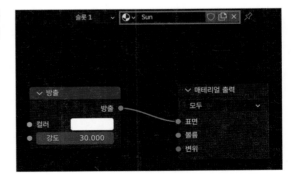

Chapter 1
Chapter 2
Chapter 3
Chapter 4
Chapter 5
Chapter 6
Chapter 7

애니메이션의 단축키를 기재합니다.

이 밖에도 많은 단축키가 있지만 특별히 사용 빈도가 높은 조작의 단축키만 기재했습니다.

도프시트

마우스 휠을 상하로 회전	도프시트의 줌 확대/줌 축소.
마우스 가운데 버튼 드래그	도프시트 안의 이동
Alt+마우스 휠 회전	프레임 번호 이동
I	키 프레임 삽입
Space	애니메이션 재생/정지
A	키 프레임을 모두 선택
G	선택한 키 프레임을 이동
Shift+D	선택한 키 프레임을 복제
X	선택한 키 프레임을 삭제
Ctrl+Tab	그래프 에디터로 전환
Tab	선택한 채널을 잠금
T	보간 모드
→(오른쪽 화살표)	1 프레임 다음으로
←(왼쪽 화살표)	1 프레임 이전으로
↑(위쪽 화살표)	다음 키 프레임으로 이동
↓(아래쪽 화살표)	이전 키 프레임으로 이동
Ctrl+C	선택한 키 프레임을 복사
Ctrl+V	복사한 키 프레임을 붙여 넣기
Shift+Ctrl+V	복사한 키 프레임을 반전 붙여 넣기
M	마커를 추가
Ctrl+B	카메라를 마커에 바인드
Home	도프시트 전체 표시

그래프 에디터

Ctrl+Tab	도프시트로 전환
Tab	선택한 채널을 잠금
G	키 프레임 이동
G → 마우스 가운데 버튼 누르기	상하좌우로 고정하면서 이동
Ctrl+H키	핸들 표시/숨기기

논리니어 애니메이션

Tab	선택한 스트립 편집
Shift+A키	스트립 추가
Shift+D키	스트립 복제
Y	스트립 분리
X	스트립 삭제
H	스트립 뮤트 전환

Column

애니메이션 도중 스키닝에 실수가 있는 것을 발견했다면

애니메이션을 만드는 도중 스키닝에 실수가 있는 것을 발견했을 때의 해결 방법에 관해 설명합니다.

먼저 타임라인에 있는 자동 키잉을 우선 비활성화합니다(비활성화하지 않으면 포즈 리셋 시 키 프레임이 삽입됩니다). 다음으로 실수로 키 프레임을 넣어도 문제가 되지 않도록 도프시트에서 0번째 프레임으로 이동합니다. 그리고 도프시트 바에 있는 레이아웃(애니메이션이라도 문제없습니다)으로 전환하고 아웃라이너에서 커서 아이콘을 선택해 신체나 의상 등을 선택할 수 있도록 합니다.

아마튜어 → 메쉬 순서로 선택하고 웨이트 페인트 모드로 전환합니다. 본 레이어(블렌더 4.0에서는 본 컬렉션)에서 모든 본을 표시하고 A키로 모든 본을 선택한 뒤 Alt+G키, Alt+R키, Alt+S키를 눌러 우선 포즈 변형을 리셋합니다. 다음으로 Ctrl+마우스 좌클릭(블렌더 4.0에서는 Alt+마우스 좌클릭)각 본을 선택하고 웨이트를 조정합니다(2장도 함께 참조해 주십시오).

웨이트를 조정할 때 마스크(3D 뷰포트 왼쪽 위에 있는 작은 2개의 아이콘)를 사용하고 싶을 때는 Tab키로 에디트 모드로 전환한 뒤 시점을 선택합니다. 항목이 매우 많아 조작이 어렵다면 연결된 모두 선택의 단축키인 Ctrl+L키를 활용하는 것도 좋습니다(메쉬를 선택한 뒤 Ctrl+L키). 이를 활용하면 오퍼레이터 패널에서 씨임 매테리얼 등을 구분할 수 있습니다. 예를 들면 파카의 끈 등을 쉽게 선택할 수 있습니다.

그리고 마스크를 사용할 때는 좌우 대칭으로 버텍스를 선택해야 합니다. 그래서 한쪽만 선택한 뒤 미러 선택(헤더 안에 있는 선택 → 미러 선택(Shift+Ctrl+M키))을 하고 왼쪽 아래 오퍼레이터 패널에서 Extend를 활성화하면 간단하게 좌우 대칭으로 선택할 수 있습니다.

작업을 마쳤다면 Animation 탭을 클릭하고 자동 키잉을 활성화합니다. 다음으로 포즈 모드로 전환하고 애니메이션을 다시 만듭니다.

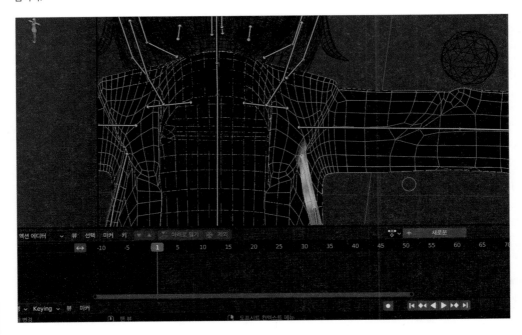

IK와 FK의 전환 시점에 관해

이 책에서는 IK와 FK를 전환하지 않고 IK만으로 애니메이션을 만들었습니다. 이들을 전환하면서 애니메이션을 만들고 싶을 때는 어떤 시점에 전환하는 것이 좋은가에 관해 설명합니다.

먼저 IK와 FK를 키 프레임으로 삽입하고 전환할 때는 가능한 1 프레임 단위로 전환하는 것이 좋습니다. 전환할 때 2 프레임 이상을 걸면 절반은 IK이고 나머지 절반은 FK의 상태가 됩니다. 따라서 IK와 FK를 동시에 관리하게 되므로 애니메이션이 대단히 어려워집니다. 그렇기 때문에 전환한다면 FK만 사용할 수 있거나 IK만 사용할 수 있도록 하는 것이 바람직합니다.

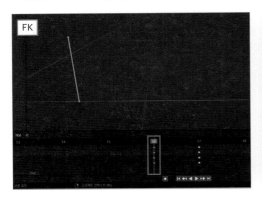
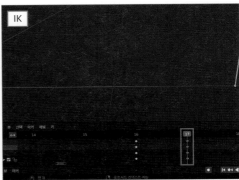

그리고 IK와 FK를 전환하는 시점은 가능한 전환이 눈에 띄지 않는 위치로 합니다. 예를 들면 큰 움직임을 할 때, 다음 컷으로 전환했을 때, 캐릭터가 무언가에 감춰져 있을 때 등을 생각할 수 있습니다. 느리고 세세한 움직임을 하는 도중에 전환을 하면 캐릭터가 이상한 포즈를 취하게 되어 쉽게 위화감을 줄 수 있습니다. 이를 방지하기 위해 IK 위치를 조정하는 것 역시 많은 시간이 걸립니다. 그래서 IK와 FK 전환은 이전의 움직임에 크게 맞출 필요가 없는 큰 움직임이 있는 곳에서 하는 것이 좋습니다. 예를 들면 높이 점프하기 전 예비 동작을 할 때는 IK로 천천히 움직이고 점프해서 공중으로 뛰어오른 순간에 FK로 전환하는 등입니다.

발은 캐릭터가 공중에 떠 있을 때는 FK로 하고(손도 마찬가지), 지면에 착지했을 때는 발을 배치할 때 IK를 사용해서 쉽게 제어할 수 있습니다. 손의 경우 IK를 사용함에 따라 팔꿈치가 덜그럭거리거나 손이 공중에서 갑자기 멈추는 등 부자연스러운 움직임을 보이기 쉬우므로 FK를 많이 사용합니다(본 제약에서 손과 발만 개별적으로 IK와 FK를 전환할 수 있습니다). 의도적으로 전환하지 않고 FK로 진행하거나, IK로 진행할 수도 있습니다. 이에 관한 절대적인 정답은 없습니다. 각자 조작하기 쉬운 방법으로 애니메이션을 만들면 좋을 것입니다.

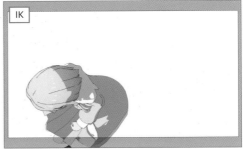

렌더링으로 마무리하자

지금까지 만든 애니메이션을 렌더링(정지 이미지 또는 동영상을 출력하는 것)합니다. 블렌더에는 애니메이션이나 카툰 렌더링에 관한 다양한 기능을 제공합니다. 실력을 높이고자 하는 분들을 위해 해당 기능들에 관해서도 설명 합니다.

렌더링에서 사용하는 프로퍼티스에 관해

렌더링과 관련된 다양한 설정을 합니다. 여기에서는 이미지 크기의 변경이나 형식 등을 변경할 수 있는 출력 프로퍼티스, 품질 등을 변경할 수 있는 렌더 프로퍼티스 두 가지에 관해 설명합니다.

1-1 출력 프로퍼티스

왼쪽 프로퍼티스에 있는 **출력 프로퍼티스(프린터 아이콘)**를 선택하면 출력 관련 항목이 표시됩니다. 다양한 설정 항목이 있습니다. 여기에서는 렌더링을 할 때 최소한으로 기억해 두어야 할 항목들로 한정해 설명합니다. 형식 패널에서는 해상도, 프레임 속도 등과 관련된 설정을 할 수 있습니다.

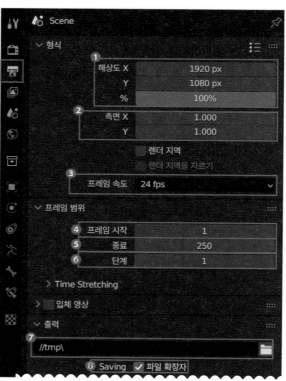

❶ 해상도: 렌더링 이미지 크기를 나타냅니다. X는 가로 크기, Y는 세로 크기입니다. % 는 이미지 크기를 확대/축소하는 비율입니다. 렌더링 결과를 곧바로 보고 싶지만 렌더링 시간이 아까울 때 이 값을 줄이면 작은 화면으로 렌더링 결과를 빠르게 확인할 수 있습니다.
❷ 측면: 가로 세로 길이의 비율을 결정할 수 있습니다.
❸ 프레임 속도: 1초당 표시되는 프레임 수로 애니메이션을 만들 때 사용합니다. 프레임 범위 패널에서는 렌더링 범위를 결정할 수 있습니다. 주로 애니메이션을 만들 때 사용합니다.
❹ 프레임 시작: 렌더링 범위의 가장 처음 프레임을 설정합니다. 타임라인의 시작과 연동합니다.
❺ 종료: 렌더링 범위의 가장 마지막 프레임을 설정합니다. 타임라인의 종료와 연동합니다.
❻ 단계: 렌더링할 때 각 프레임을 건너 뛰는 수를 결정합니다. 예를 들면 프레임 속도가 24이고 단계가 2이면 12로 렌더링할 수 있습니다
❼ 출력 경로: 렌더링 결과를 저장할 위치를 지정합니다.
❽ 파일 확장자: 렌더링 한 파일 이름에 확장자를 추가합니다. 이 항목은 기본적으로 활성화 상태로 사용합니다. Next Page

❾ 파일 형식: 렌더링 한 이미지나 동영상의 저장 형식을 결정합니다. 형식을 변경하고 싶을 때는 이 항목에서 변경합니다.

❿ 컬러: 렌더링 한 이미지나 동영상의 컬러 형식을 결정합니다. 이미지를 투명하게 만들고 싶을 때는 알파 요소를 가진 RGBA로 설정해야 합니다.

⓫ 컬러 깊이: 색의 깊이를 결정합니다.

⓬ 압축: 압축 정도를 결정합니다. 0으로 설정하면 비

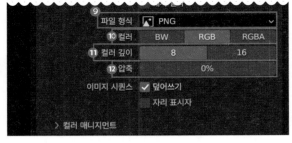

압축으로 가장 품질이 높고 출력 속도가 빠르지만 그 대신 용량이 큽니다. 100으로 설정하면 최대 압축으로 출력 속도가 느리지만 용량은 작아집니다. 테스트용으로 렌더링할 때는 15~20% 정도로 사용하는 것이 적당합니다.

1-2 렌더 프로퍼티스

출력 프로퍼티스 바로 위에 있는 렌더 프로퍼티스에도 렌더링과 관련된 중요한 설정 항목이 여러가지 있으므로 소개합니다.

❶ 샘플링 패널에서는 렌더링 샘플링 수(품질) 관련 설정을 할 수 있습니다. 렌더의 기본값은 64, 뷰포트의 기본값은 16으로 설정되어 있습니다. 렌더는 렌더링 할 때의 샘플링 수이며 뷰포트는 3D 뷰포트 안의 샘플링 수입니다. 샘플링 수를 줄이면 자글거리임이 발생하기 쉽고 샘플링 수를 너무 높이면 렌더링에 많은 시간이 걸리게 됩니다. PC 스펙이나 만드는 작품에 맞춰 이 값을 변경해야 합니다.

❷ 필름 패널에서 투명 항목을 체크하면 렌더링했을 때 배경을 투명하게 만들 수 있습니다.

❸ 단순화 패널의 체크 버튼을 선택해 활성화하면 동작하며 다양한 항목을 생략, 단순화할 수 있습니다. 예를 들면 섭디비전 표면을 적용하지 않고 여럿 사용했다면 최대 섭디비전에서 한 번에 분할 수를 조정할 수 있습니다. 렌더는 렌더링 할 때의 설정이며 뷰포트는 3D 뷰포트 안의 설정입니다.

❹ 그리스 펜슬 패널에서는 라인의 안티앨리어싱 임계 값을 결정할 수 있습니다. 의도적으로 아웃라인의 자글거림을 만들고 싶을 때는 이 항목의 값을 0으로 설정해 렌더링 시 윤곽선이 자글거리게 할 수 있습니다. 특별히 이런 목적을 가진 것이 아니라면 1을 유지합니다.

이상으로 렌더링 관련 항목을 설명했습니다. 이를 바탕으로 지금까지 만든 애니메이션을 렌더링합니다.

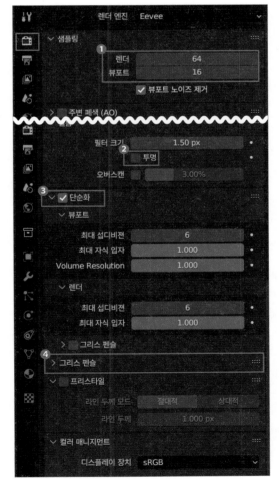

Chapter 1
Chapter 2
Chapter 3
Chapter 4
Chapter 5
Chapter 6
Chapter 7

Chapter 7

고양이 애니메이션 마무리

6장에서 만든 연습용 고양이 애니메이션을 렌더링합니다.

2-1 렌더링 설정

여기에서는 복잡한 설정은 하지 않습니다. 크게 수고를 들이지 않고 동영상을 출력합니다.

01 파일 형식 설정하기
Step

오른쪽 프로퍼티스의 출력 프로퍼티스를 클릭하고 출력 패널 안에 있는 파일 형식 풀 다운 메뉴를 클릭합니다. 그러면 파일 형식을 지정할 수 있는 메뉴가 표시됩니다. 동영상 관련 항목은 가장 오른쪽 3개이며 동영상이 아닌 항목을 선택하면 연속한 번호를 붙여서 출력합니다. 여기에서는 FFmpeg Video를 클릭합니다.

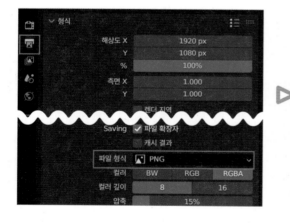
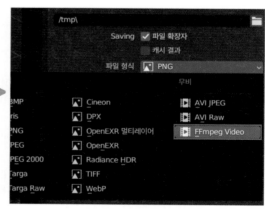

02 인코딩 설정하기
Step

FFmpeg Video를 선택하면 아래쪽에 인코딩 항목이 추가됩니다. 이 오른쪽에 있는 작은 선 3개 아이콘을 클릭하면 인코딩 관련 메뉴가 표시됩니다. 이 메뉴에서는 인코딩 관련 설정을 다시 할 수 있습니다. 여기에서는 자주 사용하는 H264 in MP4를 클릭합니다. Next Page

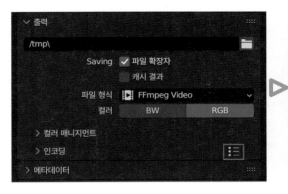 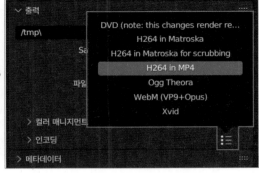

보다 세세한 설정은 **인코딩** 패널에서 할 수 있습니다. 여기에서
는 기본값 설정을 사용해 진행합니다.

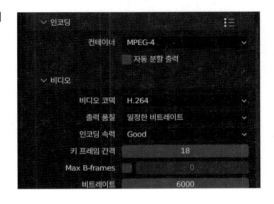

03 파일 저장 위치
Step

파일 형식과 인코딩 설정을 마쳤다면 다음으로 파일 저장 위치를 결정합니다. **출력 경로** 오른쪽 파일 아이콘을 클
릭하면 **블렌더 파일 보기**가 열립니다. 저장 위치를 지정하고 오른쪽 아래 수락을 클릭합니다.

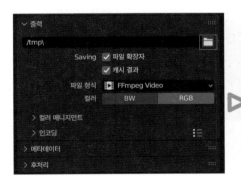 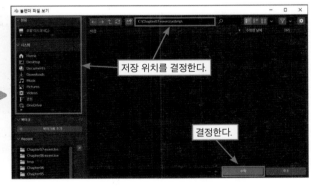

저장 위치를 결정한다.

결정한다.

렌더링

01 렌더링하기

Step 저장 위치를 지정했다면 마지막으로 동영상 렌더링을 합니다. 화면 위쪽 탑 바의 **렌더 → 애니메이션을 렌더 (Ctrl+F12키)**를 실행하면 블렌더 렌더 창이 표시되고 렌더링이 시작됩니다. 조금 기다립니다.

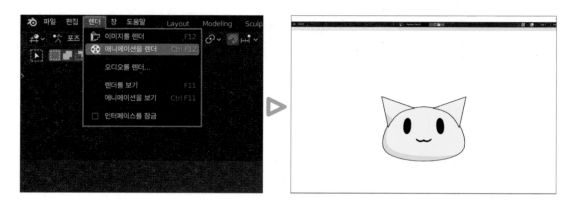

02 렌더링 확인하기

Step 렌더링이 끝나면 저장 위치에 동영상이 출력되므로 확인합니다. 더블 클릭해 무사히 동영상이 재생되면 성공입니다. 저장 위치로 이동하는 수고를 줄이고 싶을 때는 **렌더 → 애니메이션을 보기(Ctrl+F11키)**에서 곧바로 애니메이션을 확인할 수 있습니다.

Chapter 1

Chapter 2

Chapter 3

Chapter 4

Chapter 5

Chapter 6

Chapter 7

Chapter 7

3

인물 애니메이션 마무리

동영상을 출력하기 전에 하나의 영상으로 마무리하기 위한 기능을 사용합니다. 이 기능은 컴포지트 노드라 부르며 여러 렌더링 이미지나 동영상을 합성하거나, 다양한 효과를 추가할 수 있습니다. 여기에서는 밝기 등을 조정하고 대비를 약간 강하게 함으로써 보다 2D 애니메이션다운 영상으로 마무리합니다(컴포지트는 직역하면 합성이라는 의미입니다).

3-1 컴포지트 노드를 사용해 보다 화려하게 마무리하기

01
Step

Compositing 설정하기

❶ 화면 위쪽 워크스페이스에서 Compositing을 클릭하면 컴포지트 전용 화면으로 이동할 수 있습니다. 다음 화면은 **컴포지터**라 불리는 에디터이며 이 화면에서 노드를 구성하면서 영상을 편집합니다. 화면 아래에 있는 도프시트를 사용해 각 프레임으로 이동하면서 렌더링합니다. 그리고 값에 키 프레임을 삽입함으로써 애니메이션을 수행할 수 있습니다. Next Page ▶

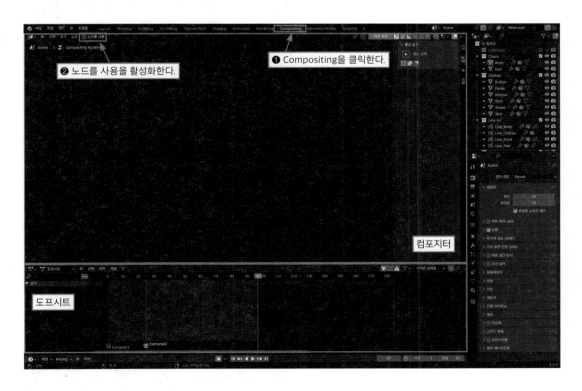

❷ 여기에서는 '97'번째 프레임에서 작업하므로 도프시트에서 클릭(또는 마우스 좌클릭 드래그)해 이동합니다. 기본값에서는 도트를 추가할 수 없으므로 왼쪽에 있는 노드를 추가를 활성화하면 렌더 레이어와 컴포지트라는 2개의 노드가 추가됩니다.

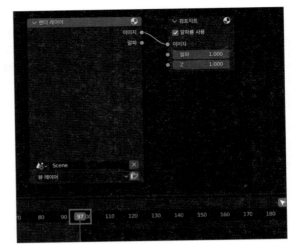

02 렌더 레이어

Step

렌더 레이어는 컴포지트한 결과를 표시하는 노드로 컴포지트 노드에서는 필수 노드입니다. 컴포지트는 셰이더 에디터에서의 매테리얼 출력과 같은 것으로 모든 노드는 여기로 연결되어야 하는 필수 노드입니다. 조작은 셰이더 에디터와 거의 같습니다.

먼저 렌더 레이어에서 렌더링한 결과를 표시할 것이므로 오른쪽 아래 렌더를 클릭합니다.

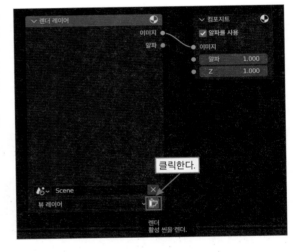

클릭한다.

03 컴포지트 렌더링 확인하기

Step

블렌더 렌더가 실행되면서 렌더링이 시작됩니다. 잠시 기다리면 렌더 레이어안에 렌더링한 결과가 썸네일로 표시됩니다. 블렌더 렌더는 곧바로 컴포지트 결과를 볼 수 있도록 닫지 말고 최소화 해둡니다. 블렌더 4.0에서는 렌더링 결과가 노드 위쪽에 표시됩니다. 노드 오른쪽 위 구체 아이콘에서 표시/숨기기를 전환할 수 있습니다.

※ 오브젝트나 카메라를 변경하거나 프레임을 이동했다면 항상 렌더링을 다시 해야 합니다.

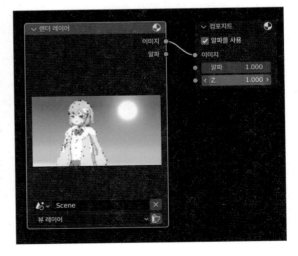

04 뷰어 추가하기

Step
렌더 레이어 노드의 썸네일이 너무 작으므로 이 것을 컨버터 안에서 크게 표시하게 합니다. 컨버터 안에서 추가의 단축키인 **Shift+A키**를 누르고 **출력 → 뷰어**를 추가합니다. 이것은 컴포지트의 결과를 컨버터 안에서 크게 표시도록 한 노드입니다.

덧붙여 렌더 레이어는 **입력 → 렌더 레이어**에서 (블렌더 4.0에서는 **입력 → 씬 → 렌더 레이어**), 컴포지트는 **출력 → 컴포지트**에서 추가할 수 있습니다.

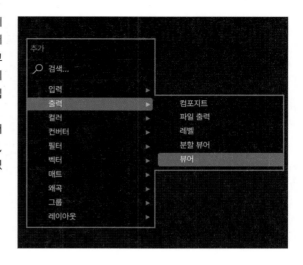

05 뷰어 설정하기

Step
뷰어의 **이미지**와 렌더 레이어의 **이미지**를 마우스 좌클릭 드래그해 연결하면 **컴포지트** 안(여기에서는 배경이라 말합니다)에 컴포지트한 결과가 표시되게 됩니다. 이 뷰어를 연결하는 단축키는 렌더 레이어를 선택한 상태에서 **Ctrl+Shift+마우스 좌클릭**합니다.

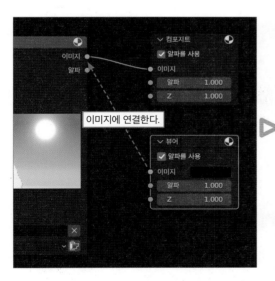

배경에 아무것도 표시되지 않는다면 오른쪽 위 **배경 화면** 이 비활성화 되어 있을 것이므로 클릭해 활성화합니다. 그리고 오른쪽 위 끝에 **오버레이를 표시**라는 항목이 있습니다. 이 항목이 비활성화되어 있으면 노드에 렌더링 결과가 표시되지 않으므로 항상 활성화합니다.

06 배경 화면 줌 확대/줌 축소하기

Step

마우스 가운데 버튼을 회전시키면 노드 자체가 줌 확대/줌 축소되고 배경의 크기를 변경할 수 없습니다. 그래서 배경을 이동하거나 줌 확대/축소하고 싶을 때는 **컴포지터 왼쪽 위 뷰**에 제공되는 배경 조작 관련 항목을 직접 선택해 배경을 조작합니다. 그리고 컴포지트 노드를 자주 사용한다면 단축키도 기억하면 좋습니다. **툴바(T키)**나 **사이드바 (N키)**를 넣고 빼는 것도 여기에서 할 수 있습니다.

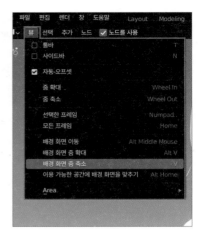

배경 화면 이동	Alt+마우스 가운데 버튼 드래그
배경 화면 줌 확대	Alt+V키
배경 화면 줌 축소	V키
이용 가능한 공간에 배경 화면 맞추기	Alt+Home키

07 사이드바 숨기기

Step

오른쪽 사이드바는 사용하지 않으므로 컴포지터의 왼쪽 위에 있는 **뷰 → 사이드바(N 키)**를 클릭하거나, 단축키인 **N키**를 누르고 사이드바를 숨깁니다.

08 노드 묶기

Step

현재 **컴포지트**와 뷰어의 2개가 연결되어 있습니다. 이를 쉽게 사용할 수 있도록 하나로 묶습니다. **렌더 레이어**와 **컴포지트 뷰어** 사이를 **Shift+마우스 우클릭 드래그**하면 한 위치에서 분기시킬 수 있습니다(이것을 **재루트**라 부릅니다). 재루트는 셰이더 에디터에서도 수행할 수 있으므로 노드를 묶고 싶을 때 사용하면 좋을 것입니다(해제는 묶은 구체를 선택하고 **Ctrl+X키**입니다). **재루트**를 이동시키고 싶을 때는 선택하고 **G키**를 누릅니다.

Shift+마우스 우클릭 드래그

09 글레어 추가하기
Step
다음은 글레어라는 화면에 빛을 낼 수 있는 노드를 추가하고 화면 전체를 조금 밝게 만듭니다. 추가(Shift+A키) →
필터 → 글레어를 추가합니다. 그리고 재루트를 통해 하나로 모아져 있는 끈을 마우스 좌클릭 드래그해 다음과 같
이 노드를 구성합니다.

10 글레어 설정하기
Step
반복의 값을 크게 하면 정확한 결과를 얻을 수 있
지만 그 대신 계산에 시간이 많이 걸립니다. 여기
에서는 값이 너무 크면 태양의 빛이 구체가 되지
않으므로 '2'로 설정합니다. 다음으로 임계 값입니
다. 이 값에 따라 밝은 픽셀은 글레어의 영향을 받
게 됩니다. 중요한 것은 값을 줄일수록 이미지에
서 강하게 빛이 나게 되므로 여기에서는 '0.95' 정
도로 설정합니다.

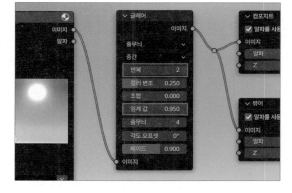

11 컬러 균형 추가하기
Step
다음은 색감을 조정할 수 있는 노드를 추가합니다. 추가(Shift+A키) → 컬러 → 컬러 균형을 추가하고 렌더 레이어
와 글레어 사이에 연결합니다(블렌더 4.0은 컬러 → 조정 → 컬러 균형).

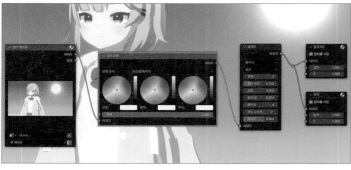

12
Step

컬러 균형 조정하기

컬러 균형 왼쪽에서는 그림자를 보정하며 주로 명암 관련 항목들이 있습니다. 여기에서 컬러를 클릭하면 컬러 피커가 표시됩니다. 값에 '0.7'을 입력하면 이미지가 조금 어두워지고 대비가 강해집니다. '대비가 너무 강한', '이미지가 하얗게 뜨는' 등 위화감이 느껴진다면 값을 적절하게 조정합니다.

13
Step

라인 아트 확인하기

캐릭터의 아웃라인이 표시되는 경우 렌더링 결과가 어떻게 되는지 확인합니다. 오른쪽 위 아웃라이너의 Line Art 컬렉션의 뷰 레이어에서 제외를 해제하고(컬렉션 오른쪽을 활성화합니다), 뷰 레이어 노드 오른쪽 위 렌더를 클릭해 다시 렌더링합니다. 문제가 없다면 다음으로 진행합니다.

3-2 동영상 출력하기

이제 동영상을 출력합니다.

01 **출력 형식을 FFmpeg Video로 설정**
Step 오른쪽 위 아웃라이너에서 Line Art 컬렉션의 뷰
레이어에서 제외가 해제되어 있는지 확인합니다.
다음으로 프로퍼티스의 출력 프로퍼티스를 클릭
하고 파일 형식을 FFmpeg Video로 선택합니다.

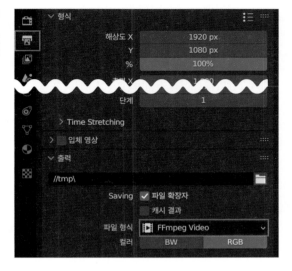

02 **인코딩 설정하기**
Step 인코딩 오른쪽 작은 3개의 선이 있는 아이콘을 클
릭하고 H264 in MP4를 선택합니다.

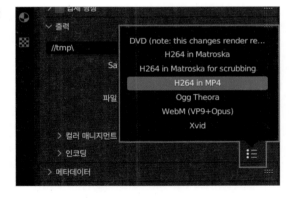

03 **출력 설정하기**
Step 출력 경로 오른쪽 파일 아이콘을 클릭하면 블렌더
파일 보기가 열리므로 저장 위치를 지정합니다.
그리고 아래 항목에서 파일 이름을 지정할 수 있
습니다(여기에서는 Final을 입력했습니다). 그리
고 오른쪽 아래 수락을 클릭합니다.

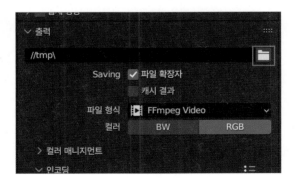

Chapter 1
Chapter 2
Chapter 3
Chapter 4
Chapter 5
Chapter 6
Chapter 7

04 렌더링

Step

저장 위치를 지정했다면 화면 위쪽 탑 바의 렌더 → 애니메이션을 렌더(Ctrl+F12키)를 실행합니다. 블렌더 렌더가 표시되고 렌더링이 시작됩니다. 잠시 기다립니다.

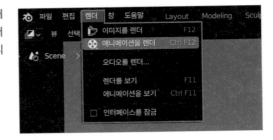

05 렌더링 데이터 저장하기

Step

렌더링이 끝나면 저장 위치에 동영상이 출력되므로 확인합니다. 동영상을 더블 클릭해 문제없이 재생되면 성공입니다. 저장 위치로 이동하는 수고를 줄이고 싶다면 렌더 → 애니메이션을 보기(Ctrl+F11키)에서 곧바로 애니메이션을 확인할 수 있습니다.

이상으로 인물 캐릭터의 모델링, 애니메이션 만들기, 렌더링까지 설명했습니다.

Column

렌더링 범위 결정하기

렌더링할 범위를 결정함으로써 렌더링 시간을 줄일 수 있습니다. **오브젝트 모드**에서 **넘버패드 0**을 눌러 카메라 시점으로 전환하고 3D 뷰포트 위쪽 뷰 → 뷰 지역 → 렌더 지역(Ctrl+B키)을 선택합니다. 화면에 십자가가 표시됩니다. 이 십자가를 좌드래그하면 빨간색 점선이 표시됩니다. 이 상태에서 렌더 → 이미지를 렌더를 선택하면 빨간색 점선 안쪽만 렌더링됩니다. 렌더 지역을 해제할 때는 뷰 → 뷰 지역 → 렌더 지역을 지우기(Ctrl+Alt+B키)를 선택합니다.

애니메이션/카툰 렌더링 고도화

Chapter 7

4

여기에서는 애니메이션 만들기나 카툰 렌더링에 관한 다양한 기능을 소개합니다. 실제로 조작해 보면서 애니메이션을 만들 때 활용함으로써 카툰 렌더링을 보다 고도화하면 좋을 것입니다.

4-1 그리스 펜슬을 사용해 편안하게 애니메이션 만들기

이 책에서는 초보자를 위해 움직임에 관한 러프 스케치를 만들지 않고 곧바로 애니메이션을 만들었습니다. 하지만 3D 애니메이션을 만들 때는 움직임을 간단하게 스케치하면서 만드는 것이 효율적입니다. 블렌더에서는 이 움직임에 관한 러프 스케치를 만들 수 있는 '2D 애니메이션' 기능을 제공합니다. 러프 스케치는 주로 그리스 펜슬을 사용해서 만듭니다. 여기에서는 최소한의 기능만 소개하며, 이후 그리스 펜슬을 사용해 편안하게 애니메이션을 만든 뒤 마지막으로 시퀀스를 출력해 카메라에 붙여 넣습니다.

'그리스 펜슬로 그림을 그린다'고 하면 미적인 관점에서 잘 그려야 하는 것이 아닌가라고 생각할 수도 있습니다. 하지만 여기에서 중요한 것은 미적 관점에서 그림을 잘 그리는 것이 아니라 표현하고 싶은 움직임을 잘 나타내는가입니다. 움직임에 관한 러프 스케치는 단순한 형태, 혹은 그보다 단순한 구체 인형 등으로만 나타내도 충분합니다. Next Page ▶

이 정도의 단순한 형태로 그려도 문제없습니다.

여기에서는 간단하게 적은 프레임 수로 고
양이 캐릭터 애니메이션을 그리스 펜슬로
그리고, 연속된 번호가 붙은 그림을 만들어
카메라에 설정하는 조작을 합니다.
이 내용을 따라가며 순수하게 애니메이션을
만드는 과정을 즐기시길 바랍니다.

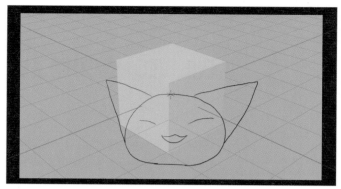

앞으로 만들 애니메이션입니다.

◾ 그리스 펜슬의 기능

그리스 펜슬의 기능을 간단하게 설명합니다.

01 새 파일 만들기
Step
블렌더를 새로 실행한 뒤 위쪽 탑 바의 파일 → 새로운(Ctrl+N키) → 2D Animation을 선택합니다. 그러면 2D 애
니메이션에 특화된 화면으로 만들 전환할 수 있습니다. 오른쪽 위 아웃라이너를 보고 Stroke라는 그리스 펜슬 오
브젝트가 선택된 것을 확인합니다. 이 그리스 펜슬 오브젝트를 사용해 선을 그리는 화면입니다.

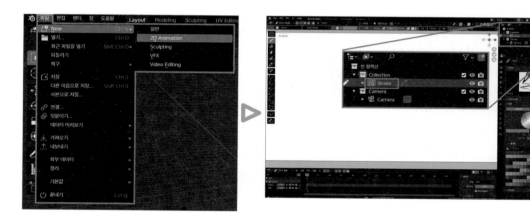

02 오브젝트 모드와 Draw Mode
Step
왼쪽 위 모드 전환을 클릭하면 다양한 모드가 표시됩
니다. 여기에서는 오브젝트 모드와 Draw Mode를 사
용합니다. 오브젝트 모드에서 위치를 조정하고, Draw
Mode에서 선을 그립니다.
여기에서는 기본값인 Draw Mode로 전환합니다.

03 드로우 도구 설명 및 설정하기

Step

왼쪽 툴바(T키)를 보면 다양한 항목이 있습니다. 주로 사용하는 것은 실제로 선을 그리는 그리기와 그린 선을 지우는 지우개(Ctrl+마우스 좌클릭 드래그)입니다. 헤더에 있는 브러시 크기는 반경(F키), 브러시 세기(강약)은 강도(Shift+F키)로 조정합니다.

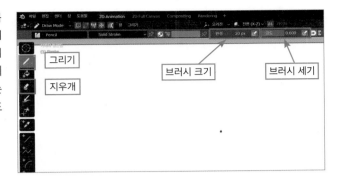

애니메이션 러프 스케치를 할 때의 권장 설정을 소개합니다. 먼저 선을 확실하게 표현하고 싶으므로 강도는 '1'로 설정합니다. 오른쪽 입력 강도를 사용(펜 태블릿 등의 필암 감지 여부를 결정하는 기능)을 비활성화합니다. 이렇게 설정하면 펜 태블릿을 사용했을때도 선의 굵기에 차이가 발생하지 않도록 그릴 수 있습니다(마우스 조작으로 그릴 때는 이 항목을 활성화해도 문제없습니다).

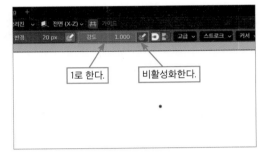

04 지우개 설정하기

Step

다음으로 지우개를 설정합니다. 왼쪽 툴바에서 지우개를 클릭합니다. 헤더에 디졸브, 포인트, 스트로크라는 항목이 있습니다. 이 항목들은 선을 지우는 방법을 결정합니다. 여기에서는 경계선을 선명하게 한 상태로 지우는 포인트로 설정합니다. 설정을 마쳤다면 툴바에서 그리기로 전환합니다.

05 카메라 시점 사용하기

Step

화면 조작에 관해 간단하게 설명합니다. 3D 뷰포트에서 마우스 휠을 회전시키면 사각 프레임과 같은 것이 표시될 것입니다. 2D 애니메이션은 기본적으로 카메라 시점에서 시작됩니다. 이 사각형 프레임 안쪽에서 선을 그려 애니메이션을 만듭니다. Next Page

Chapter 1
Chapter 2
Chapter 3
Chapter 4
Chapter 5
Chapter 6
Chapter 7

그리고 마우스 휠(가운데 버튼) 드래그를 하면 카메라 시점에서 벗어납니다. 다시 카메라 시점으로 할 때는 넘버패드 0을 누릅니다.

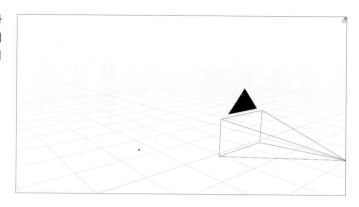

06 선 그리기와 지우기

Step 시험삼아 3D 뷰포트에서 마우스 좌클릭 드래그해 선을 그려봅시다(펜 태블릿 등이 있다면 해당 기기를 사용해 그려도 좋습니다). 선을 지울 때는 지우개의 단축키인 Ctrl+마우스 좌클릭를 눌러 지우개를 사용합니다.

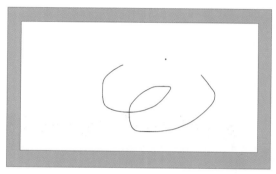

만약 Draw Mode에서 선을 그릴 수 없다면 3D 뷰포트 위쪽의 드로잉 평면이 전환되었을 가능성이 있습니다. 그렇다면 전면 (X-Z)으로 변경합니다(또는 뷰로 변경해도 괜찮습니다). 이것은 어떤 평면을 기준으로 스트로크하는지 결정하는 항목입니다. 기본값은 앞쪽에서 그리는 전면 (X-Z)입니다.

또는 원형만 그려진다면 3D 뷰포트 위쪽 가이드를 사용이 활성화되어 있을 가능성이 있으므로 활성화되어 있다면 이를 비활성화합니다. 이는 가이드라 부르며 왼쪽 아이콘을 클릭하면 동작하고 오른쪽 메뉴에서 원형이나 평행선 등을 간단하게 만들 수 있도록 됩니다.

07

Step

매테리얼 설정하기

다음은 매테리얼에 관해 설명합니다. 오른쪽 프로퍼티스에 있는 **매테리얼 프로퍼티스**를 클릭하면 매테리얼 관련 항목이 표시되며 여기에서 그릴 선의 형태나 색을 결정할 수 있습니다. 3D 모델링을 할 때와 같은 설정을 할 수 있지만 설정 방법이 조금 다릅니다.

스트로크와 **채우기** 항목을 설정합니다. 선을 그리고 싶을 때는 **스트로크**를 활성화하고 **채우기**를 비활성화합니다. 반대로 색을 한번에 칠하고 싶을 때는 **스트로크**를 비활성화하고 **채우기**를 활성화합니다.

매테리얼을 클릭하면 해당 매테리얼로 구성된 선을 그릴 수 있습니다. 자유롭게 원하는 대로 그려봅시다.

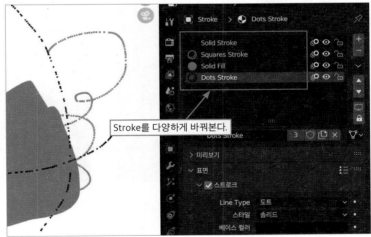

Stroke를 다양하게 바꿔본다.

칠하고 싶을 때는 왼쪽 툴바의 **채우기**를 클릭한 뒤 **채우기**를 활성화한 매테리얼을 선택해서 클릭하면 선 안을 한 번에 칠할 수 있습니다.

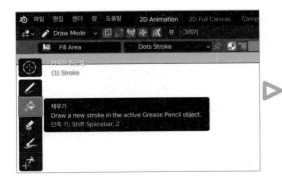

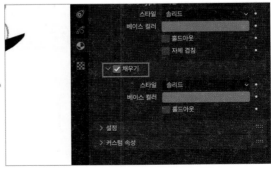

Chapter 1
Chapter 2
Chapter 3
Chapter 4
Chapter 5
Chapter 6
Chapter 7

08
Step

매테리얼 추가하기 및 삭제하기, 이동하기

그리고 매테리얼 프로퍼티스의 중요한 기능을 소개합니다. 매테리얼 프로퍼티스의 오른쪽 위 + 버튼으로 매테리얼 추가, - 버튼으로 매테리얼 삭제를 할 수 있습니다. 그리고 아래에 있는 위쪽 화살표와 아래쪽 화살표로 매테리얼을 이동할 수 있습니다. 이 조작도 3D 모텔링의 매테리얼과 동일합니다.

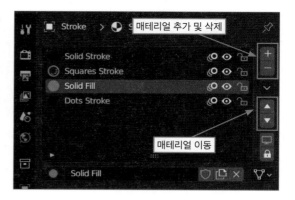

오른쪽 아래에는 디스플레이 아이콘과 자물쇠 아이콘이 있습니다. 이 아이콘들은 **Isolate Material**라 부르며 현재 선택되어 있는 매테리얼만 편집할 수 있도록 설정하는 기능을 제공합니다.

디스플레이 아이콘을 클릭하면 현재 선택되어 있는 매테리얼만 표시됩니다.

자물쇠 아이콘을 클릭하면 모든 매테리얼을 표시한 상태에서 선택한 매테리얼만 편집할 수 있도록 설정됩니다. 원래대로 되돌리려면 다시 아이콘을 클릭합니다.

■ 애니메이션 만들기

그리스 펜슬에 관한 대략적인 설명을 마쳤습니다. 이제 애니메이션을 만들어 봅니다.

01
Step

화면 클리어하기

❶ 왼쪽 툴바에서 **그리기**로 전환하고(또는 지우개를 툴바에서 선택해도 좋습니다) , 선으로 그린 것들을 지우개의 단축키인 **Ctrl+마우스 좌클릭** 드래그해 삭제합니다. '지우거나 모든 레이어를 잠글 수 없음'이라는 에러 메시지는 모든 선이 삭제되었음을 의미합니다.

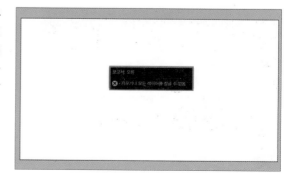

❷ 다음으로 애니메이션을 만듭니다. 매테리얼의 Solid Stroke가 선택되어 있는지 확인합니다.

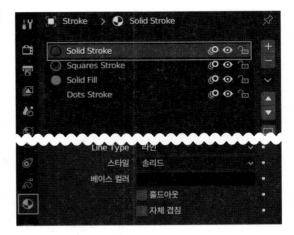

02 Step 타임라인 종료 설정하기

화면 아래 도프시트와 타임라인이 있습니다. 여기에서 프레임을 이동하고 간단한 애니메이션을 만듭니다. 먼저 타임라인의 종료를 '24'로 설정합니다.

03 Step 간단한 일러스트 그리기

1번째 프레임에 위치했는지, 툴바에 그리기가 선택되어 있는지 확인합니다. 3D 뷰포트에서 간단한 고양이를 그립니다(지우개는 Ctrl+마우스 좌클릭 드래그). 깔끔한 선이 잘 그려지지 않으면 Shift키를 누르면서 마우스 좌클릭 드래그하면 어느 정도 안정된 선을 그릴 수 있습니다.

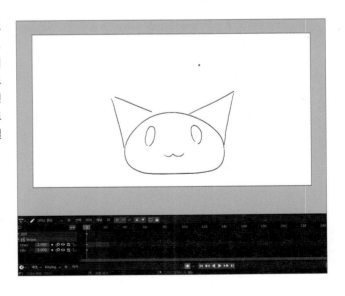

Chapter 1
Chapter 2
Chapter 3
Chapter 4
Chapter 5
Chapter 6
Chapter 7

04
Step

12번째 프레임 그리기

12번째 프레임으로 이동해 조금 찌그러진 고양이를 그립니다. 이전 키 프레임이 희미하게 표시됩니다. 이것은 **어니언 스킨**이라는 기능으로 앞뒤의 그림을 확인하면서 애니메이션을 그릴 수 있습니다.

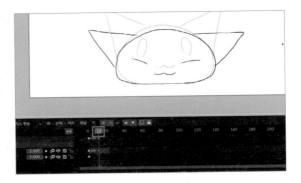

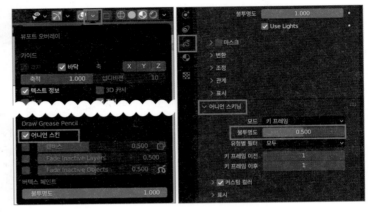

어니언 스킨이 표시되지 않는다면 3D 뷰포트 오른쪽 위에 있는 **뷰포트 오버레이** 안에 있는 **어니언 스킨**을 활성화하거나 프로퍼티스의 **오브젝트 데이터 프로퍼티스**를 클릭합니다. 어니언 스킨 패널 안에 있는 불투명도가 '0'으로 되어 있을 것이므로 값을 올립니다.

05
Step

프레임마다 그림을 그리기

15, 18, 21번째 프레임에도 마찬가지로 그림을 그립니다. **15번째 프레임**에서 귀를 올리면서 위를 보고, **18번째 프레임**에서 귀를 내리면서 입을 벌리고, **21번째 프레임**에서는 원래 형태로 되돌아와 미소를 짓는 고양이의 애니메이션입니다.

15 프레임

18 프레임

21 프레임

06
Step

종료를 36 프레임으로 변경하기
프레임의 종료 값이 작으므로 '36'으로 변경합니다.
다음은 Space키로 재생하고 문제가 없다면 이것으로 완성합니다. 저장하는 것을 잊지 맙시다.

07
Step

애니메이션을 시퀀스로 출력하기
다음은 애니메이션을 시퀀스(연속된 번호가 붙은 이미지)로 출력합니다. 프로퍼티스의 **출력 프로퍼티스**를 클릭하고 출력 패널 안에 있는 **파일 형식**을 PNG로 설정합니다. 그리고 파일 출력 위치를 지정하기 위해 오른쪽에 있는 폴더 아이콘을 클릭합니다.

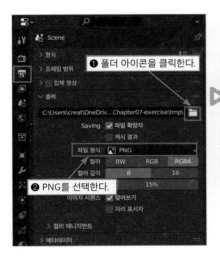

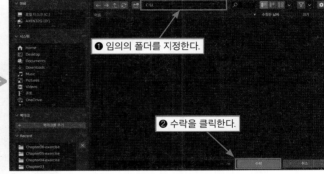

08
Step

렌더링
지정을 마쳤다면 화면 위쪽 탑 바의 렌더 → 애니메이션을 렌더(Ctrl+F12키)를 클릭한 뒤 잠시 기다립니다. 그리고 지정한 폴더 안에 이미지가 출력되므로 확인합니다.

09 신규 파일 작성하기와 카메라 설정하기

Step

새롭게 블렌더 파일을 엽니다. 다음으로 카메라에 앞서 출력한 이미지의 연속된 번호를 붙여 넣습니다. 카메라를 선택하고 프로퍼티스에 있는 오브젝트 데이터 프로퍼티스의 밑그림 패널을 활성화하고 이미지를 추가를 클릭합니다.

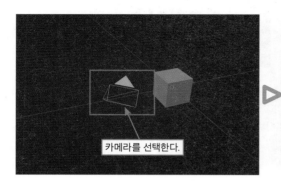
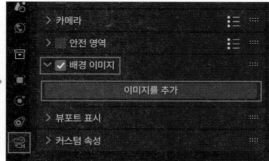

10 이미지 추가 설정하기

Step

다양한 설정 항목이 표시됩니다. 배경 소스를 무비 클립으로 하고 아래에 있는 열기를 클릭합니다.

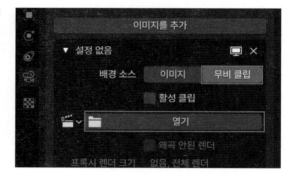

11 이미지 파일 선택하기

Step

블렌더 파일 보기가 열립니다. 시퀀스의 가장 첫 번째 번호인 0001.png을 선택하고 클립을 열기로 결정합니다.

12
Step

동영상을 앞쪽에 표시하기

3D 뷰포트에서 **넘버패드 0**을 누르면 시퀀스가 표시됩니다. 밑그림이 오브젝트 보다 뒤쪽에 있으므로 앞쪽에 오도록 설정합니다. 프로퍼티스의 밑그림 패널을 보면 **0001.png**와 관련된 다양한 설정 항목이 있습니다. 여기에서는 Depth의 **Front**를 활성화합니다. 다음으로 불투명도에서 불투명도를 조정하고 시퀀스 수에 맞춰 아래에 있는 타임라인의 종료를 **36**으로 설정합니다.

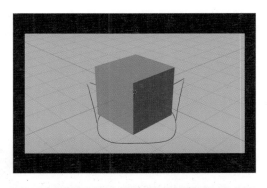

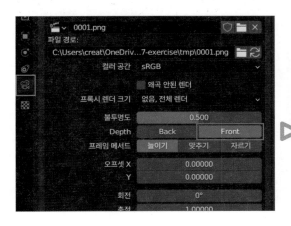

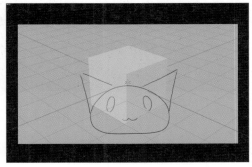

이상으로 그리스 펜슬을 사용한 애니메이션, 시퀀스 설정 방법에 관해 설명했습니다. 이를 사용하면 그리프 펜슬을 사용해 그린 러프 스케치를 기반으로 캐릭터를 움직이거나 3D 모델링을 할 수 있습니다.

Column

레이아웃에 관해

애니메이션을 만들 때는 레이아웃이라 불리는 화면을 설정하는 과정이 있습니다. 이 레이아웃을 기반으로 각 컷의 화면을 설정합니다. 레이아웃에 정답은 없으며 만드는 사람이 무엇을 표현하고 싶은가에 따라 결정됩니다. 예를 들면 캐릭터가 지금 어디에 있는지 표현하고 싶을 때는 롱샷을 사용할 수 있습니다. 롱샷으로 캐릭터 전체를 비춰 주변 상황을 알 수 있는 레이아웃을 사용하면 보는 사람이 쉽게 이해할 수 있습니다. 캐릭터의 표정, 감정을 표현하고 싶을 때는 업샷을 사용할 수 있습니다. 업샷으로 캐릭터의 얼굴을 화면 가득히 넣는 레이아웃을 사용하면 보는 사람이 표정을 쉽게 알 수 있습니다. 하지만 롱샷으로도 캐릭터의 감정을 표현할 수 있고 업샷으로도 컷을 겹쳐서 주변 상황을 알게 할 수 있습니다. 이 또한 프레임의 전후 흐름이나 만드는 사람의 연출 의도 등에 따라 달라집니다. 먼저 여러분이 표현하고 싶은 것이 무엇인지 명확하게 결정한 뒤 그에 적합한 레이아웃을 사용하면 좋을 것입니다.

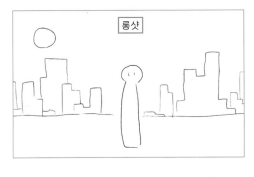

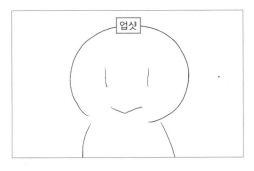

Chapter 1
Chapter 2
Chapter 3
Chapter 4
Chapter 5
Chapter 6
Chapter 7

다음으로 씬이라는 3D 공간, 비디오 시퀀서라는 영상 편집 에디터에 관해 설명합니다. 3D 뷰포트에 배치되어 있는 오브젝트를 포함해 이 3D 공간의 화면을 씬이라 부릅니다. 그리고 씬은 3D 뷰포트 오른쪽 위 항목에서 새로 추가, 복제할 수 있으며 각각 독립된 상태로 작업을 진행할 수 있습니다. 애니메이션에서는 씬을 새로 추가해서 새로운 필드를 만들거나 현재 씬을 복사하는 등 다양하게 사용할 수 있습니다.

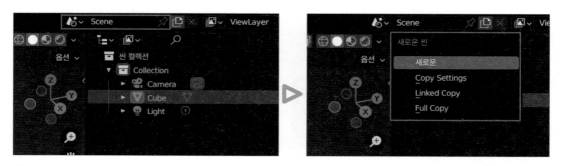

새로운	아무것도 없는 빈 씬을 만듭니다.
Copy Settings	렌더링 출력 관련 설정을 그대로 사용하는 빈 씬을 만듭니다.
Linked Copy	씬을 복사해서 추가합니다. 복사 소스와 복사한 씬은 연결되어 있으며, 한쪽 오브젝트가 변경되면 다른 한쪽도 동일하게 변경됩니다.
Full Copy	씬을 복사해서 추가합니다. Linked Copy와 달리 복사 소스와 복사한 씬은 각각 독립됩니다.

카메라로 촬영할 때 씬 안의 모든 오브젝트가 포함되지 않았을 때는 카메라에 비치는 오브젝트만 새로운 씬에 매치함으로써 렌더링 시간을 절약 있고 여러 씬을 추가한 뒤 비디오 시퀀서라는 영상 편집 에디터를 사용해 컷의 초수를 조정할 수 있어 애니메이션이나 영상을 만들 때 씬과 비디오 시퀀서를 효과적으로 활용하면 보다 애니메이션을 잘 제작할 수 있습니다.

그리고 씬 오른쪽 옆 뷰 레이어 항목이 있습니다. 이 항목은 전혀 다른 기능을 제공합니다. 뷰 레이어란 컬렉션 전환을 간단하게 할 수 있는 기능입니다. 오브젝트 표시/숨기기가 어려울 때는 뷰 레이어를 사용하면 간단하게 전환할 수 있습니다. 주로 컬렉션 켜기/끄기, 선택 가능/불 가능, 3D 뷰포트 표시/숨기기 등을 기록합니다.

여기에서는 샘플 파일 'Chapter07_SceneA.blend'에서 새로 씬을 만들고 비디오 시퀀서라는 에디터 사용해 컷 수를 조정하고 렌더링하는 것을 씬과 비디오 시퀀서의 간단한 사용 방법을 학습합니다.

01
Step

씬 복사하기

샘플 파일 'Chapter07_SceneA.blend'를 엽니다(그림에서는 3D 뷰포트 오른쪽 위 **뷰포트 셰이딩**을 렌더로 설정했습니다). 그리고 탑 바의 오른쪽 **새로운 씬**을 클릭하고 메뉴 안에 있는 **Full Copy**를 선택합니다. 그러면 모든 오브젝트의 끝에 **.001**이 붙으며 씬을 독립해서 복사할 수 있습니다.

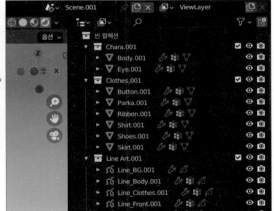

씬 이름 왼쪽에 있는 **연결할 씬을 찾아보기**에서 원래 씬과 완전 복사한 씬이 포함되어 있는 것을 확인합니다. 여기에서 씬을 전환할 수 있습니다.

씬을 삭제하고 싶을 때는 삭제할 씬을 **연결할 씬을 찾아보기**에서 선택하고 오른쪽에 있는 X 버튼 아이콘(**씬 삭제**)을 클릭해 삭제할 수 있습니다(실수로 삭제했다면 **Ctrl+Z키**로 되돌릴 수 있습니다).

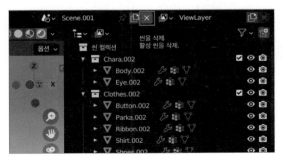

02 에디터 유형을 비디오 시퀀서로 전환하기

Step

다음으로 비디오 시퀀서라는 에디터를 사용해 씬을 편집합니다. 비디오 시퀀서는 간단하게 말하면 영상을 편집할 수 있는 에디터입니다. 오른쪽 위 연결할 씬을 찾아보기에서 Scene을 선택해서 되돌아 갑니다. 화면 아래 있는 도프시트 왼쪽 위에 있는 에디터 유형을 비디오 시퀀서로 전환합니다. 그러면 영상 편집에 특화된 에디터로 전환할 수 있습니다.

03 씬 추가하기

Step

기본값으로는 아무런 영상이 없으므로 앞서 만든 씬을 이 안에 추가합니다. 1번째 프레임에 있는 것을 확인했다면 (비디오 시퀀서에서는 00:00+01이라고 표시됩니다) 비디오 시퀀서 위쪽 추가 → 씬을 선택하고 앞서 완전 복사한 Scene.001을 선택하면 아래 Scene.001이라는 노란색 띠(스트립)가 추가됩니다. 이것을 이동(마우스 좌클릭 드래그)이나 분할(K키) 등을 해서 편집할 수 있습니다.

04
스트립 분할하기
Step

다음은 스트립을 분할합니다. 25번째 프레임으로 이동하고(비디오 시퀀서에서는 **00:00+01**이라고 표시됩니다) 비디오 시퀀서의 왼쪽 스트립에서 분할(K키)을 선택하면 스트립을 분할할 수 있습니다.

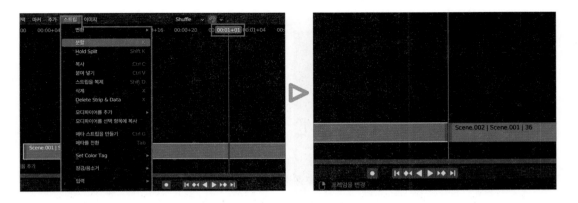

05
비디오 시퀀서로 변경하기
Step

다음으로 분할한 스트립에서 영상을 편집합니다. 현재 상태에서는 비디오 시퀀서의 영상이 표시되지 않으므로 편집한 영상의 결과를 확인할 수 없습니다. 3D 뷰포트를 비디오 시퀀서의 **미리보기**로 변경해 편집한 영상이 표시되게 합니다. 3D 뷰포트 왼쪽 위 에디터 유형을 **비디오 시퀀서**로 변경합니다.

06
시퀀서의 미리보기 표시하기
Step

3D 뷰포트를 비디오 시퀀서로 변경하고 위쪽 **시퀀서**를 클릭해 미리보기로 변경합니다. 이제 편집하는 영상을 확인할 수 있습니다.

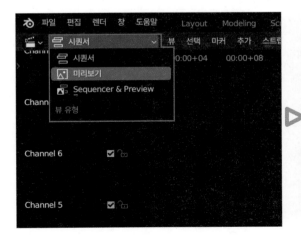

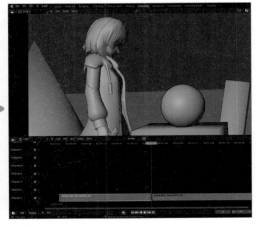

Chapter 1
Chapter 2
Chapter 3
Chapter 4
Chapter 5
Chapter 6
Chapter 7

07 스트립 편집하기

Step

화면 아래 비디오 시퀀서에서 분할한 스트립을 위아래로 마우스 좌클릭 드래그해 움직여 위치를 변경할 수 있습니다. 왼쪽 각 채널에 스트립이 이동하므로 각자 원하는 대로 위치를 편집해 봅니다. 아래에 있는 타임라인의 종료도 스트립에 맞춰 조정합니다. 여기에서는 **종료**를 **55**로 설정하고 **20**번째 프레임에 2번째 컷을 배치했습니다.

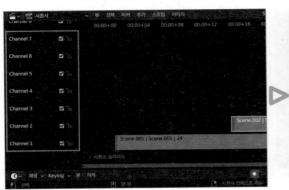

08 재생 속도 개선하기

Step

이 상태에서는 Space키로 재생하면 그 처리가 매우 무거우므로 시퀀서의 처리를 가볍게 합니다. 탑 바의 오른쪽이 현재 Scene으로 되어 있는 것을 확인합니다. 오른쪽 위 아웃라이너에서 모든 컬렉션을 뷰 레이어에서 제외합니다. 다른 오브젝트도 숨겨 놓으면 좋습니다. 이 상태에서 Space키로 재생하면 처음에는 느리게 재생되는 것처럼 생각되지만 조금 기다리면 보통 재생 속도가 됩니다.

09 출력 프로퍼티스 설정하기

Step

마지막으로 프로퍼티스의 출력 프로퍼티스를 클릭하고 출력 패널 안에서 파일 출력 위치를 지정하고 파일 형식을 **FFmpeg Video**로 설정합니다. 그리고 **인코딩** 패널 오른쪽 아이콘을 클릭하고 **H264 in MP4**으로 합니다.

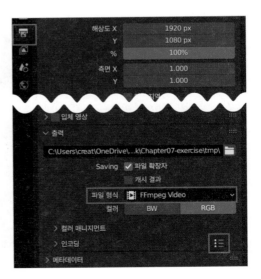

10 렌더링

Step

화면 위쪽 탑 바 안에 있는 **렌더 → 애니메이션을 렌더(Ctrl+F12키)**를 실행해 동영상이 출력되면 완성입니다.

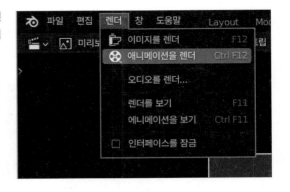

■ 시퀀스를 출력해 비디오 시퀀서에서 편집하기

지금까지는 씬을 비디오 시퀀서에서 편집했습니다. 블렌더에서 만든 애니메이션을 시퀀스로 출력하고 비디오 시퀀서에서 편집할 수도 있습니다. 씬의 경우 **시퀀서**와 **미리보기**가 솔리드가 되며 항상 색이 함께 표시됩니다. 그리고 캐릭터의 동작과 배경 움직임을 별도로 시퀀스로 렌더링하고 비디오 시퀀서에서 읽음으로써 캐릭터와 배경을 별도로 편집할 수도 있습니다.

01 투명 설정하기

Step

샘플 파일 'Chapter07_SceneB.blend'를 사용해서 순서를 설명합니다. 먼저 **배경이 투과된 캐릭터의 시퀀스**를 출력합니다. **배경(BG)**만 뷰 레이어에서 제외하고 프로퍼티스의 **렌더 프로퍼티스**의 **필름 패널** 안에 있는 **투명**을 활성화해 배경을 투명하게 합니다(캐릭터 근처에 있는 중요한 오브젝트는 나중에 쉽게 편집할 수 있도록 뷰 레이어에서 제외하지 않습니다).

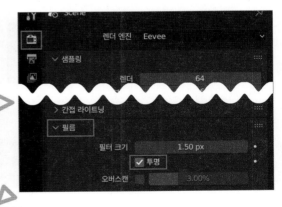

02 출력 설정하기

Step

프로퍼티스의 출력 프로퍼티스의 출력 패널 안에서 저장 위치를 지정하고 파일 형식을 PNG로 한 뒤 투과시키기 위해 컬러를 RGBA로 합니다(폴더 이름은 Chara). 설정을 마쳤다면 화면 위쪽 탑 바의 렌더 → 애니메이션을 렌더 (Ctrl+F12키)를 실행합니다.

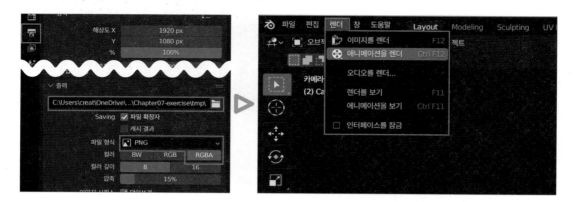

03 배경 표시하기

Step

렌더링을 마쳤다면 이제 배경을 렌더링합니다. Chara_BG, Chara_Collection을 뷰 레이어에서 제외하고 앞서 제외했던 BG를 표시합니다. 그리고 프로퍼티스의 렌더 프로퍼티스의 필름 패널 안에 있는 투명을 비활성화합니다.

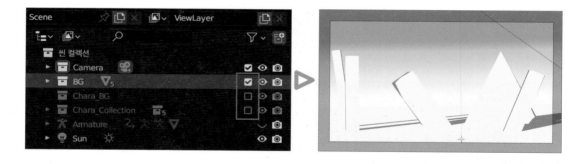

04 출력 설정하기

Step

프로퍼티스의 출력 프로퍼티스의 출력 패널 안에서 저장 위치를 지정하고(여기에서는 BG라는 폴더를 만듭니다), 앞과 마찬가지로 파일 형식을 PNG로 하고 컬러를 RGBA로 합니다. 설정을 마쳤다면 화면 위쪽 탑 바의 렌더 → 애니메이션을 렌더(Ctrl+F12키)을 실행합니다.

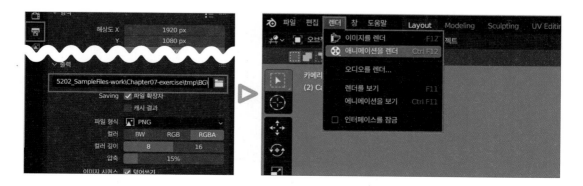

05 워크스페이스 추가하기
Step

다음은 비디오 시퀀서에서 편집합니다. 블렌더에서는 비디오 편집에 특화한 워크스페이스를 제공하므로 여기로 이동합니다. 화면 위쪽 워크스페이스 오른쪽(Scripting 바로 옆)에 있는 + 버튼을 클릭합니다. 이 항목을 클릭하면 새로운 워크스페이스(작업공간)을 추가할 수 있습니다. 여기에서는 **Video Editing → Video Editing**을 클릭합니다. 그러면 비디오 편집에 특화된 워크스페이스가 위쪽에 새롭게 추가됩니다. 위쪽 화면에서는 편집하는 이미지를 확인하고 아래쪽 화면에서는 이미지를 편집합니다.

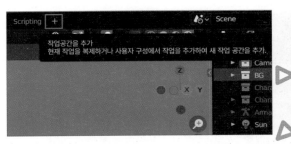

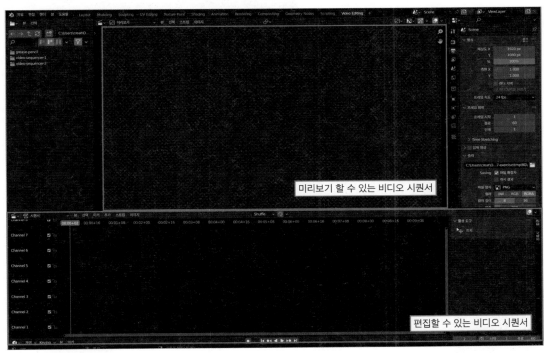

06 시퀀스 추가하기
Step

앞서 출력한 시퀀스들을 여기에서 읽습니다. 화면 아래 비디오 시퀀서의 **추가 → 이미지/시퀀스**를 선택합니다. Next Page ▶

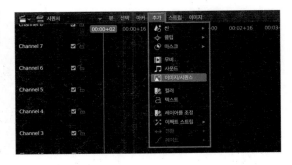

7-4 애니메이션/카툰 렌더링 고도화   577

블렌더 파일 보기가 열리면 BG로 이동합
니다. 여기에서는 이름 순서대로 한 뒤(이
름 컬럼을 클릭합니다), 가장 먼저 0001.
png를 클릭합니다. 다음으로 BG 안에 있
는 png를 Shift키를 누르고 모두 선택
한 뒤 이미지 스트립을 추가를 누릅니다.
Chara에도 같은 작업을 수행합니다.

0001.png부터 Shift키를
누르고 모두 선택한다.

캐릭터가 표시되지 않을 때는 화면 아래 비디오 시
퀀서에서 BG의 시퀀스를 Channel1, Chara의 시퀀
스를 Channel2에 마우스 좌클릭 드래그해 이동합
니다. 기본적으로 채널의 가장 위에 오는 스트립이
앞쪽에 표시되는 구조입니다.

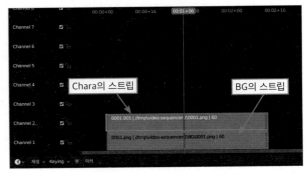

Chara의 스트립

BG의 스트립

07 재생하기
Step

Space키를 눌러 재생하면(정지할 때는 다시 Space키를 누릅니다) 아마도 앞서 씬에서 편집했을 때보다 동작이
가벼워지고 미리보기도 컬러이기 때문에 매우 쾌적하게 편집할 수 있도록 되었을 것입니다. 아직 동작이 무겁다면
워크스페이스를 레이아웃으로 한 뒤 아웃라이너에서 모든 컬렉션을 뷰 레이어에서 제외합니다.

08 이미지 저장하기

Step

작업을 마쳤다면 프로퍼티스의 출력 프로퍼티스의 출력 패널 안에서 저장 위치를 지정하고 파일 형식을 **FFmpeg Video**로 합니다. 그리고 인코딩 오른쪽 아이콘을 클릭하고 **H264 in mp4**를 선택하고 화면 위쪽 탑 바의 렌더 → 애니메이션을 렌더(**Ctrl+F12키**)를 선택해 완성합니다. 이렇게 시퀀스에서 비디오 시퀀서를 사용해 편집할 수도 있으므로 기억해 두면 이후 애니메이션을 만들 때 도움이 될 것입니다.

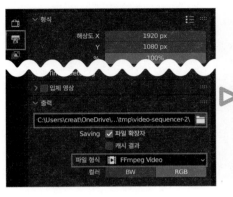
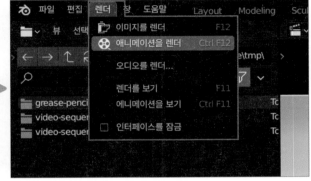

◼ 다양한 아웃라인 표현 방법

이 책에서는 라인을 손쉽게 확인할 수 있고, 세세한 조정을 할 수 있기 때문에 '라인 아트'를 사용했습니다. 이 밖에도 아웃라인을 표현하는 몇 가지 방법이 있어 여기에서 소개합니다. 여기에서는 샘플 파일 'Chapter07_outline.blend'를 기반으로 아웃라인을 설정합니다.

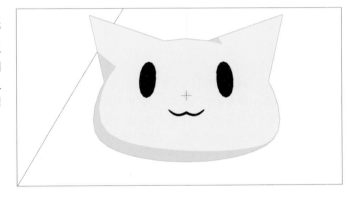

◼ 솔리드 모디파이어에서 아웃라인 만들기

솔리디파이는 오브젝트가 두께를 갖게 할 수 있는 모디파이어입니다. 주로 캐릭터의 머리카락이나 의상을 만드는 등에 사용합니다. 돌출하기(E키)와 비슷하지만 이 모디파이어를 사용하면 나중에 두께를 변경, 삭제할 수 있습니다. 솔리디파이는 가장 손쉽게 아웃라인을 표현할 수 있지만 다른 방법에 비해 섬세한 선을 그리기 어렵습니다. 여기에서는 이 솔리디파이를 사용해 아웃라인을 만드는 순서를 설명합니다

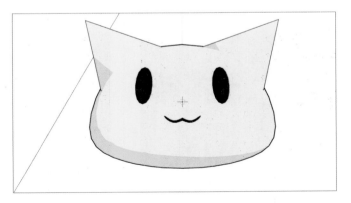

01 매테리얼 슬롯 추가하기

Step

현재 모드가 오브젝트 모드인지 확인한 뒤 프로퍼티스의 매테리얼 프로퍼티스를 클릭합니다. + 버튼을 누르고 빈 매테리얼 슬롯을 추가한 뒤 새로운을 클릭합니다.

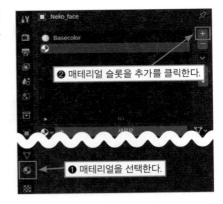

❷ 매테리얼 슬롯을 추가를 클릭한다.

❶ 매테리얼을 선택한다.

02 매테리얼 이름 추가하기

Step

새로운 매테리얼을 만들었다면 매테리얼 이름을 클릭하고 'Outline'으로 변경합니다. 이것은 솔리드로 설정할 아웃라인입니다.

03 아웃라인 색 설정하기

Step

아웃라인 색을 설정합니다. 매테리얼 프로퍼티스 안의 표면 패널 안에 표면 항목을 클릭합니다. 셰이더를 선택하는 메뉴가 표시됩니다. 여기에서는 설정 항목이 단순한 확산 BSDF를 선택합니다. 컬러 항목을 클릭하고 컬러 피커의 값을 '0'으로 설정해 검은색으로 합니다.

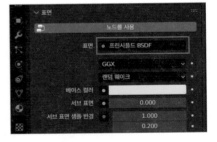

580

04 뒤쪽 페이스를 추려내기

Step

이 상태에서는 솔리디파이에서 매테리얼을 설정했을 때 아웃라인이 만들어지지 않기 때문에 설정 패널 안에 있는 뒤쪽 페이스를 추려내기를 활성화합니다. 아웃라인용 매테리얼에는 그림자가 필요하지 않으므로 섀도우 모드를 None으로 설정합니다.

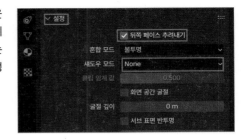

05 솔리디파이 추가하기

Step

다음은 솔리디파이 모디파이어를 추가합니다. 프로퍼티스의 모디파이어 프로퍼티스를 클릭하고 모디파이어를 추가에서 솔리디파이를 선택합니다.

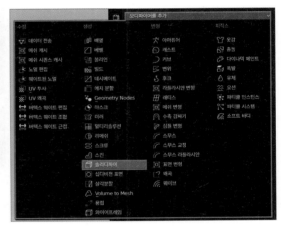

06 솔리디파이 설정하기

Step

현재 상태에서의 솔리디파이 설정은 단순히 오브젝트에 두께를 늘릴 뿐이므로 아웃라인이 표시되도록 설정합니다. 솔리디파이의 노멀 패널 안에 있는 뒤집기를 활성화하고 페이스 방향을 반전시킵니다. 그리고 매테리얼 패널 안의 매테리얼 오프셋을 '1'로 설정하면 오브젝트에 검은색 아웃라인이 표시됩니다.

덧붙여 아웃라인용 매테리얼의 순서에서는 매테리얼 오프셋의 값이 달라집니다. 이 책에서는 2번째에 있기 때문에 값을 '1'로 했지만 3번째에 있다면 값은 '2'가 됩니다. Next Page▶

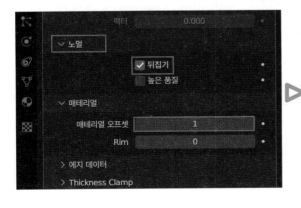
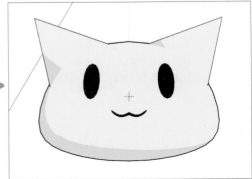

솔리디파이의 두께에서 선의 두께를 결정할 수 있습니다.
원하는 값을 입력해 조정합니다.

07
아웃라인 굵기 조정하기

Step
아웃라인 굵기를 조정하고 싶을 때는 프로퍼티스
의 **오브젝트 프로퍼티스**를 클릭하고 **버텍스 그룹**
패널에서 + 버튼을 클릭해 새 버텍스 그룹을 추가
합니다.

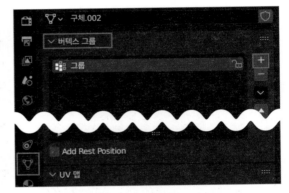

에디트 모드(Tab키)로 전환한 뒤 웨이트를 직관적으로 쉽
게 볼 수 있도록 3D 뷰포트 오른쪽 위 **뷰포트 오버레이** 안
에 있는 **버텍스 그룹 웨이트**를 활성화합니다. 블렌더 4.0
에서는 오른쪽 위 메쉬 에디트 모드 안에 이 기능이 포함되
어 있습니다.

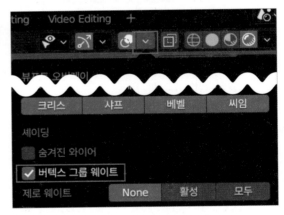

08
웨이트 1을 메쉬에 할당하기

Step
프로퍼티스의 버텍스 그룹 패널 안에 있는 웨이트 값이 '1'인 것을 확인한 뒤 아웃라인을 삭제할 위치를 선택하고,
할당을 클릭한 뒤 웨이트 '1'을 메쉬에 할당합니다.

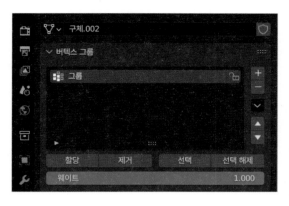

09 솔리디파이 설정하기

Step

오브젝트 모드(Tab키)로 전환하고 프로퍼티스의
모디파이어 프로퍼티스의 솔리디파이 안에 있는
버텍스 그룹을 클릭합니다. 앞서 설정했던 버텍스
그룹이 있으므로 선택합니다.

10 아웃라인 변경하기

Step

현재 상태에서는 웨이트를 '1'로 설정한 위치에만 아웃라인이 표시됩니다. 오른쪽에 있는 좌우 화살표 아이콘을 활
성화합니다. 이 아이콘은 버텍스 그룹의 효과를 반전하는 기능입니다. 웨이트를 '1로 설정한 위치의 아웃라인만 지
울 수 있습니다.

■ 프리스타일에서 아웃라인 만들기

이번에는 프리스타일이라는 오브젝트의 아웃라인을 만드는 기능을 소개합니다.

프리스타일은 여러 모디파이어가 준비되어 있으며 다양한 라인을 표현할 수 있습니다. 단, 렌더링을 해야만 아웃라인의 결과를 알 수 있으므로 주의합니다.

01 프리스타일을 활성화하기
Step
프로퍼티스의 렌더 프로퍼티스를 클릭한 뒤 프리스타일 패널을 클릭해 활성화합니다. 화면 위쪽 탑 바의 렌더 → 이미지를 렌더(F12키)를 실행하면 오브젝트 주변에 아웃라인이 표시됩니다.

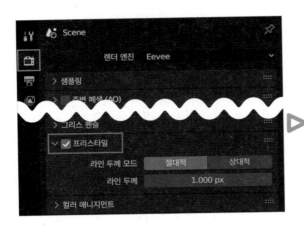
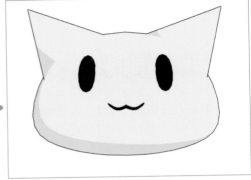

02 아웃라인 두께 변경하기
Step
프리스타일의 다양한 설정은 뷰 레이어 프로퍼티스 안에서 할 수 있습니다. 예를 들면 Freestyle Thickness 패널 안에 있는 Base Thickness 값을 변경해 라인의 굵기를 결정할 수 있습니다.

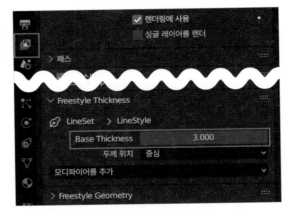

프리스타일 라인 설정 패널 안에서는 보다 상세하게 라인 설정을 할 수 있습니다. 여기에는 LineSet이라 불리는, 설정한 라인을 매테리얼과 같이 여럿 만들 수 있습니다. 이 기능을 사용하면 색이나 굵기가 다른 라인을 동시에 표시할 수 있습니다. 라인이 표시되지 않는다면 이 LineSet이 삭제되어 있거나(오른쪽 + 버튼을 눌러 LineSet을 추가합니다), 오른쪽 체크 항목에 해제되어 있을 가능성이 있으므로 확인합니다. Next Page ▶

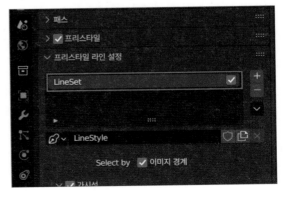

프리스타일 라인 설정 패널 안에 있는 **Edge Type** 패널에서는 **라인의 형태**를 결정할 수 있습니다. 유형에서 다양한 설정을 할 수 있으므로 오브젝트의 임지를 사용해 각 설정에 관해 설명합니다.

실루엣은 보이는 페이스와 숨겨져 보이지 않는 페이스의 경계에 라인을 표시합니다.

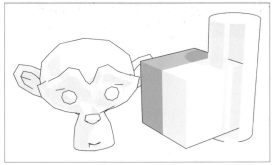

크리스는 구부러져 있는 부분에 라인을 표시하는 항목입니다. 어떤 각도에서 에지를 표현하는지에 관한 상세한 설정은 **Edge Detection** 패널 안에 있는 **크리스 각도**에서 합니다. 이 값을 높일수록 세세한 각도가 완만한 페이스에서도 라인을 쉽게 표시할 수 있습니다.

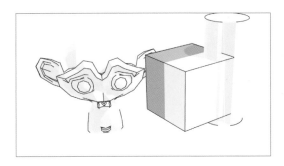

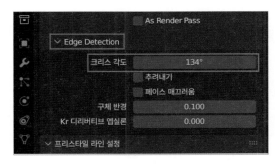

테두리는 열린 메쉬에 선을 넣을지 여부를 결정하는 항목입니다. Next Page

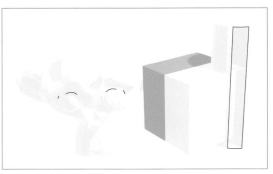

Chapter 1
Chapter 2
Chapter 3
Chapter 4
Chapter 5
Chapter 6
Chapter 7

에지 마크는 에디트 모드에서 에지를 선택하고 3D 뷰포트 위쪽 에지 메뉴(Ctrl+E키) → 프리스타일 에지를 마크를 적용한 에지(녹색으로 표시되어 있는 에지)에 라인을 표시하는 항목입니다.

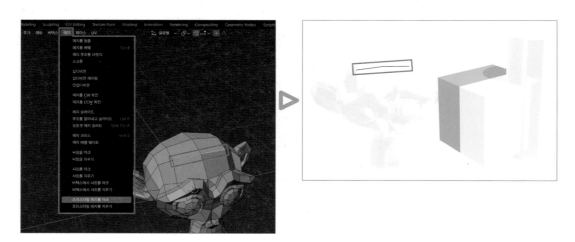

윤곽은 오브젝트 윤곽선을 설정하는 항목입니다.
외부 윤곽은 윤곽과 비슷하지만 다른 오브젝트들이 겹쳐 있을 때 겹쳐진 부분에는 라인을 표시하지 않으면서 윤곽선을 표시하는 항목입니다.
매테리얼 경계는 각 메쉬에 할당했을 때 해당 경계에서의 라인 표시 여부를 결정하는 항목입니다.

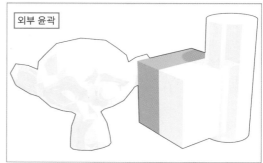

암시 윤곽은 시점을 움직일 때 자동으로 라인이 표시되는 항목입니다. 이 항목만 별도로 사용하기 보다 실루엣, 윤곽 등 다른 항목과 조합해서 많이 사용합니다. 보다 세세한 설정은 Edge Detection 패널 안에 있는 Kr 디리버티브 엡실론 값을 변경합니다.

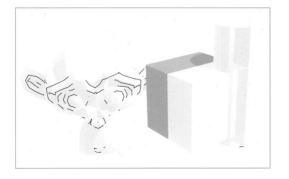
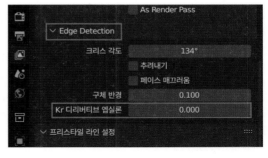

능선 & 계곡은 표면의 요철 영역의 경계에 라인을 표시합니다. 보다 세세한 설정은 Edge Detection 패널 안에 있는 구체 반경 값을 변경합니다.

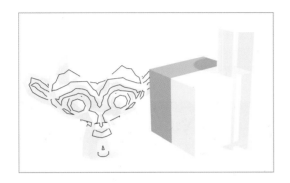
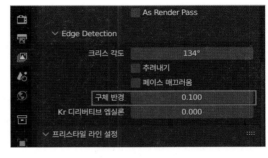

이상이 타입의 항목의 해설이었습니다.

03 선의 시작과 종료의 강약 조정하기

Step 프리스타일은 펜 선을 그을 때 시작과 종료에 강약을 넣으면 진입과 이탈을 간단하게 재현할 수 있습니다. Freestyle Thickness 패널 안에 있는 모디파이어를 추가에서 스트로크를 따라를 클릭합니다.

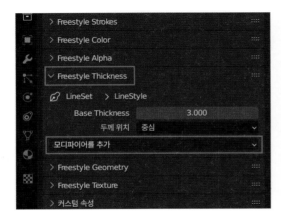
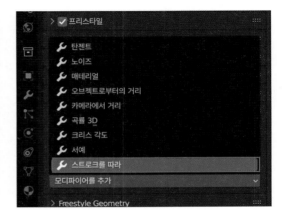

Chapter 1
Chapter 2
Chapter 3
Chapter 4
Chapter 5
Chapter 6
Chapter 7

04 맵핑을 곡선으로 변경하기

Step

스트로크를 따라 모디파이어 안에 있는 맵핑 오른쪽 선형을 클릭하고 커브로 변경합니다. 그러면 아래 곡선 편집 화면에 표시됩니다. 이 그래프의 가로축은 라인 시작에서 종료까지를 나타내고 세로 축은 라인 굵기를 나타냅니다.

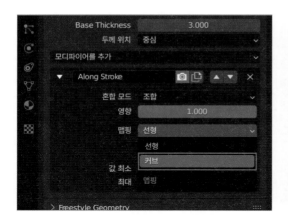
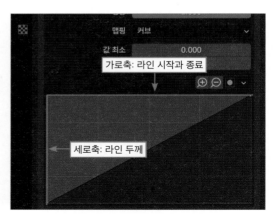

05 곡선 강약 적용하기

Step

오른쪽 위 제어 포인트를 가장 아래로 이동하고 곡선의 중앙을 클릭해 새로운 제어점을 만듭니다. 가운데쪽 가장 위로 이동합니다. 그리고 곡선 편집 화면에 있는 **최대**라는 값을 '5'로 설정합니다. 이 항목은 맵핑의 최대 출력 수를 조정하는 항목으로 표시된 라인이 너무 작거나 크다고 느껴지면 이 항목을 설정합시다.

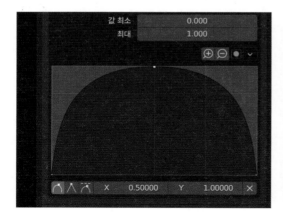

06 렌더링하기

Step

작업을 마쳤다면 화면 화면 오른쪽 위 **탑 바**에서 **렌더링 → 이미지를 렌더(F12키)**을 실행합니다. 그러면 아웃라인에 강약이 적용된 모델을 출력할 수 있습니다.

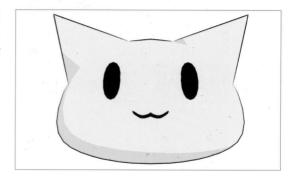

07 프리스타일 페이스를 마크하기

Step

선을 표시하고 싶지 않은 위치를 지우는 방법도 설명합니다. 먼저 대상 오브젝트를 선택하고 **에디트 모드(Tab키)**로 전환합니다. 다음으로 **페이스 선택 모드(숫자키 3)**을 누르고 선을 표시하고 싶지 않은 페이스를 **Alt+Shift키** 등으로 선택합니다. 그리고 3D 뷰포트 위쪽 **페이스(Ctrl+F키) → 페이스 데이터 → 프리스타일 페이스를 마크**를 선택합니다. 페이스 선택을 해제하면 페이스를 마크한 위치가 녹색으로 표시될 것입니다.

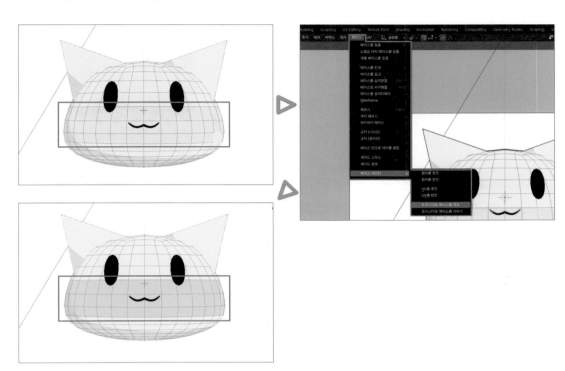

08 페이스 마크 활성화하기

Step

프로퍼티스의 **뷰 레이어 프로퍼티스**의 **프리스타일 라인 설정** 패널 안에 있는 **페이스 마크**를 활성화한 뒤 **Negation**을 전용으로 설정합니다. 이렇게 설정하면 페이스를 마크한 위에만 선이 표시되지 않습니다.

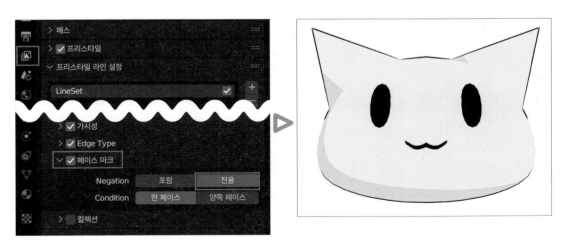

7-4 애니메이션/카툰 렌더링 고도화   589

라인 아트에서도 페이스를 마크를 사용해 라인을 사라지게 하기

이 책에서는 라인 아트의 불투명도 속성을 사용해 보이지 않게 했지만 프리스타일 페이스를 마크로도 라인 아트를 보이지 않게 할 수 있습니다. 에디트 모드에서 메쉬를 페이스 선택 모드(숫자키 3)에서 Alt+Shift키, Ctrl+L키 등으로 선택하고 페이스(Ctrl+F) → 페이스 데이터 → 프리스타일 페이스를 마크를 사용해 페이스를 마크한 뒤 오브젝트 모드에서 라인 아트를 선택합니다. 모디파이어 프로퍼티스의 라인 아트 안에 있는 Face Mark Filtering을 활성화한 뒤 반전만 활성화하면 지워집니다.

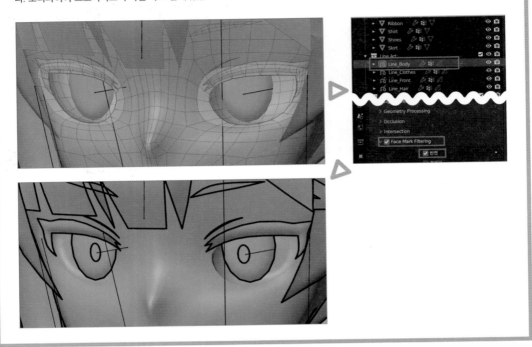

09

Step

Freestyle Color 설정하기

그 밖에도 Freestyle Color 패널 안에 있는 베이스 컬러에서 다양한 색으로 변경해 색 트레이스(선 그리기와 칠을 익숙하게 하기 위한 방법)를 할 수 있으므로 실제로 조작해 확인해 봅시다.

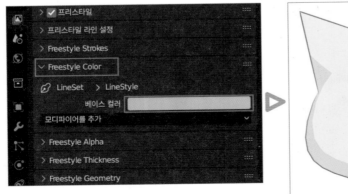

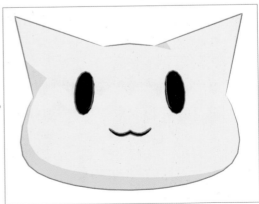

Column

라인 아트에서 색 트레이스 하기

이 책에서는 검은 색 상태에서 진행했지만 라인 아트에서도 색 트레이스를 할 수 있습니다. 오브젝트 모드에서 오른쪽 위 아웃라이너에서 색을 바꿀 **라인 아트**를 선택하고 프로퍼티스의 **모디파이어 프로퍼티스**를 클릭한 뒤 **모디파이어를 추가**에서 **틴트**를 추가합니다. 이것은 라인(스트로크)에 색을 입히는 모디파이어입니다. **틴트** 안에 있는 컬러에서 원하는 색을 지정해 라인 색을 변경할 수 있습니다.

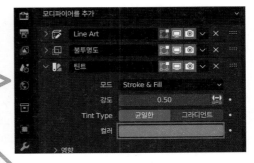

◼ 컴포지트 노드로 아웃라인 만들기

컴포지트 노드로 아웃라인을 표현하는 방법에 관해 설명합니다.

01
Step

Compositing

화면 위쪽 워크스페이스에서 Compositing을 클릭한 뒤 **컴포지터** 위쪽에 있는 **노드를 사용**을 활성화합니다.

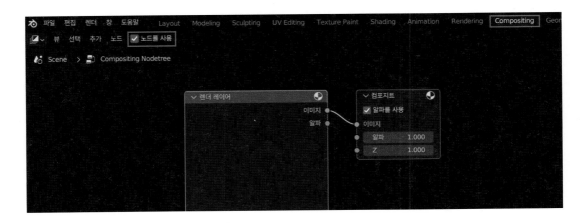

02 뷰어 추가하기

Step

컴포지트 결과를 알 수 있도록 렌더 레이어를 클릭하고 Shift+Ctrl+마우스 좌클릭해 뷰어를 추가합니다. 그리고 컴포지트 노드와 뷰어 노드 사이를 Shift+마우스 우클릭 드래그해 연결한 끈을 하나로 모읍니다(재루트 작업).

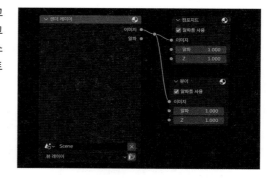

03 노드 구성 준비하기

Step

노드를 구성하기 위한 준비를 합니다. 프로퍼티스의 뷰 레이어 프로퍼티스를 클릭하고 패스 패널 안에 있는 데이터에서 Z와 노멀을 활성화합니다. 그러면 렌더 레이어 출력에 깊이, 노멀 항목이 추가됩니다. 깊이는 Z의 깊이이며 여기에 다양한 노드를 연결해서 화면 깊이를 마치 겹겹이 표현할 수 있습니다. 예를 들면 안개가 깔려있는 듯한 공기의 원근감도 표현할 수 있습니다.

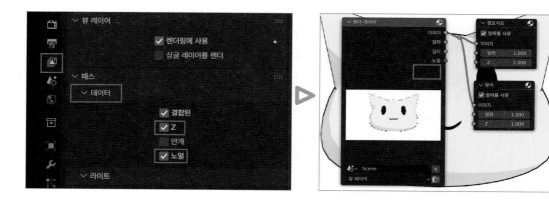

04 필터 노드 추가하기

Step

렌더 레이어의 깊이를 마우스 좌클릭 드래그해 재루트해 연결하면 렌더링 결과가 완전히 흰색이 되어 새롭게 노드를 추가해야 합니다. 추가(Shift+A키) → 필터 → 필터 를 추가합니다.

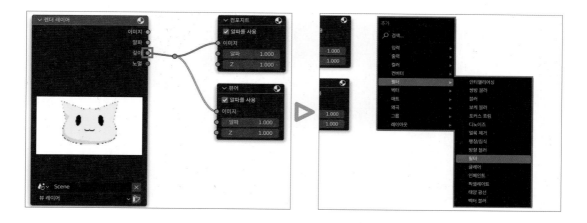

05 필터 설정하기 및 노드 연결하기

Step

기본값은 블러로 되어 있으나 이 풀 다운 메뉴를 클릭하면 다양한 항목이 표시됩니다. 여기에서 **라플라스**를 선택합니다. 라플라스는 오브젝트 윤곽을 부드럽게 표시하는 기능입니다. 그리고 깊이와 컴포지트 및 뷰어 노드 사이에 마우스 좌클릭 드래그해 연결하고 렌더 레이어 오른쪽 아래 있는 렌더를 클릭해 렌더링 결과를 확인합니다. 이렇게 연결하면 깊이 정보를 사용해서 아웃라인을 만들 수 있습니다. 결과를 보면 오브젝트 주변에 흰 아웃라인이 표시된 것을 알 수 있습니다.

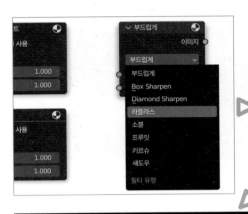
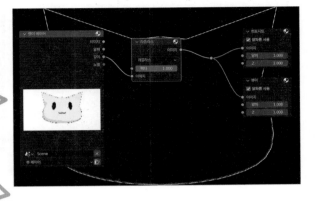

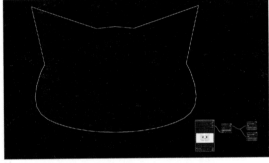

06 컬러 램프 추가하기

Step

이 흰색과 검은색의 화면을 조정할 수 있도록 컬러 램프를 추가합니다. 추가의 단축키인 **Shift+A키**를 누른 뒤 **컨버터 → 컬러 램프**를 추가합니다. 그리고 라플라스 노드와 컴포지트 노드 및 뷰어 노드 사이에 마우스 좌클릭 드래그해 연결합니다. 마지막으로 컬러 피커(흰색과 검은색을 설정하는 화살표)를 좌우로 마우스 좌클릭 드래그하면서 아웃라인을 조정합니다.

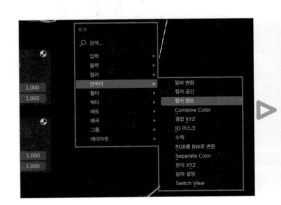
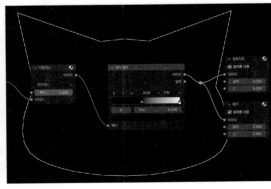

Chapter 1
Chapter 2
Chapter 3
Chapter 4
Chapter 5
Chapter 6
Chapter 7

07 윤곽선 표시하기

Step

다음으로 노멀에도 같은 노드를 연결해 선의 품질을 높입니다. 라플라스와 컬러 램프를 Shift키를 누른 상태에서 선택하고 복제(Shift+D키)한 뒤 아래쪽에 배치합니다. 복제한 라플라스를 노멀에 연결하고, 컬러 램프를 재루트로 연결해 렌더링하면 눈과 입 등에 선이 표시됩니다. 왼쪽 그림은 노드 구성을 보기 쉽게 하기 위해 뷰어 연결을 제외했습니다.

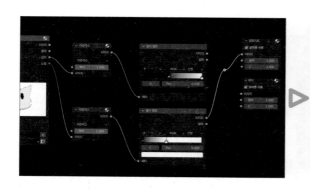 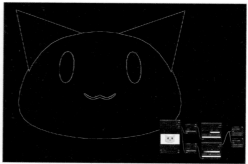

08 수학 노드 추가하기

Step

그러나 복제한 쪽의 컬러 램프를 재루트로 연결했기 때문에 원래 컬러 램프의 연결이 끊어졌습니다. 이 2개를 연결하기 위한 노드를 새로 추가합니다. 추가(Shift+A키) → 컨버터 → 수학을 추가합니다. 이 노드는 수식을 사용해 계산을 할 수 있는 노드입니다. 여기에서는 Add를 선택해 2개의 선을 더한 상태로 할 것이므로 2개의 컬러 램프를 덧셈 노드로 연결합니다.

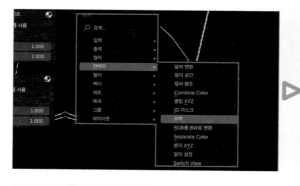 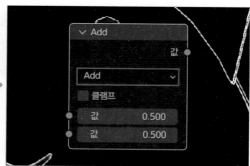

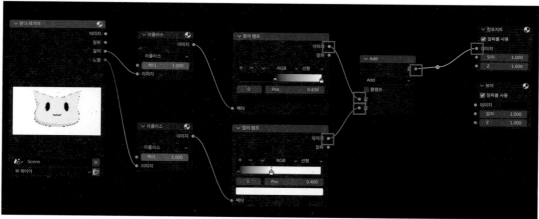

09
Step

수학 노드 복제하기

다음은 흰색과 검은색을 반전한 상태에서 수식을 사용해 선을 조정할 수 있도록 앞에서 만든 수학 노드를 복제(Shift+D키)한 뒤 바로 오른쪽으로 연결합니다.

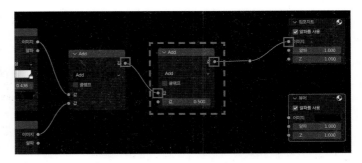

10
Step

수학 노드 설정하기

복제한 수식의 풀 다운 메뉴를 클릭합니다. 수많은 계산 관련 항목이 표시됩니다. 여기서는 'Less Than'을 선택합니다. 이것은 위쪽 값이 아래쪽 값보다 작을 때는 '1(흰색쪽)'을 출력하고 그 밖에는 '0(검은색쪽)'을 출력하는 노드입니다. 여기에서는 그림과 같이 연결하면 흰색과 검은색이 반전하고 값을 조정해 선을 표시하는 정도를 결정할 수 있습니다. 단, 값을 너무 높게 설정하면 완전히 흰색, 너무 낮게 설정하면 완전히 검은색이 되므로 주의합니다.

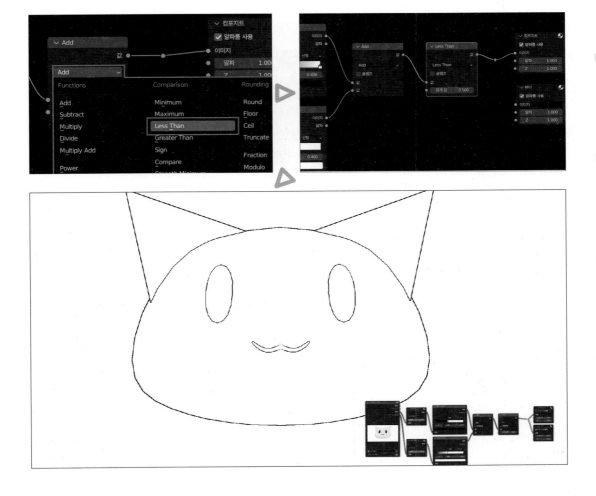

11
Step

조합 노드 추가하기
흰색 부분을 곱하기해서 삭제합니다. 추가(Shift+A키) → 컬러 → 조합 노드를 추가합니다.

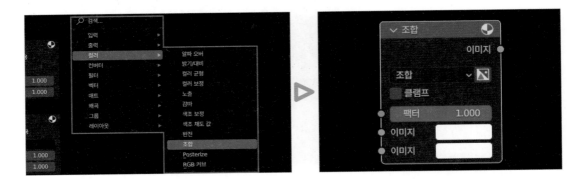

12
Step

노드 연결하기
조합 노드의 풀 다운 메뉴를 클릭하고 곱하기를 선택한 뒤 아래쪽 이미지를 Less Than 노드의 값으로 연결합니다. 그리고 위쪽 이미지를 렌더 레이어 이미지로 연결합니다.

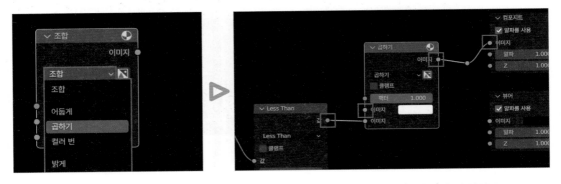

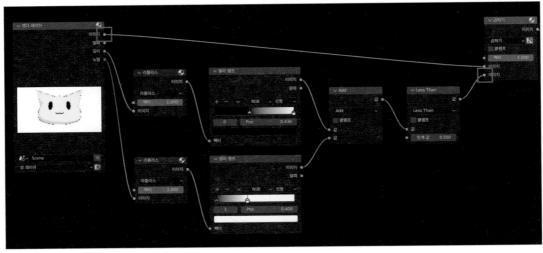

13

Step

안티앨리어싱 노드 추가하기

이 노드 구성으로 완성이라 해도 좋지만 이 상태에서는 선에 자글거림이 발생하므로 이를 부드럽게 만듭니다. 추가(Shift+A키) → 필터 → 안티앨리어싱 노드를 선택합니다.

안티앨리어싱 노드를 조합(곱하기) 노드와 Less Than 노드에 마우스 좌클릭 드래그해 연결해서 완성합니다.

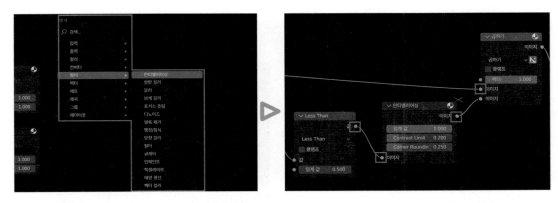

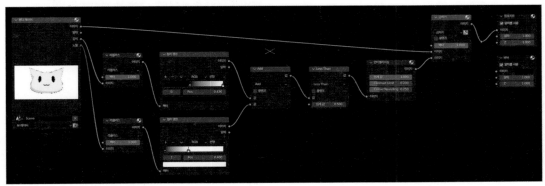

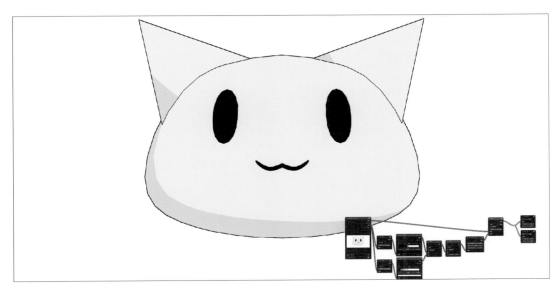

Chapter 1

Chapter 2

Chapter 3

Chapter 4

Chapter 5

Chapter 6

Chapter 7

다양한 표현을 조합하자

지금까지 아웃라인을 표현하는 다양한 방법에 관해 설명했습니다. 라인 아트는 라인 아트만 사용해야 한다, 프리스타일은 프리 스타일만 사용해야 한다는 규칙은 없습니다. 오히려 이들의 장점을 조합해서 활용하면 보다 세세한 선을 표현할 수 있습니다. 예를 들면 라인 아트를 사용한 다음 캐릭터의 경우 눈동자 아래 선을 표시하고 싶다고 생각했을 때, 라인 아트만으로 이를 표현하기는 상당히 어렵습니다. 하지만 여기에서 프리스타일을 활성화하고 뷰 레이어 프로퍼티스에서 Edge Types의 윤곽을 활성화하면 렌더링해서 눈동자 아래에 선을 표시할 수 있습니다.

카툰 렌더링에 관한 다양한 기법

여기에서는 카툰 렌더링에 관한 다양한 기법을 소개합니다.

래티스를 사용한 평면적 구도

이 책에서는 3D 모델을 2D 그림체로 보이게 하기 위해 카메라 초점 거리를 '100'으로 설정하는 것이 좋다고 설명했습니다. 하지만 이 설정만으로는 그다지 평면적으로 보이지 않을 수 있습니다. 이때는 래티스 기능을 사용해 3D 모델의 입체감을 없앨 수 있습니다. Next Page ▶

래티스는 직역하면 **격자**라는 의미이며 모델을 투명한 사각형 안에 넣은 뒤, 그 사각형을 움직여 오브젝트의 버텍스를 모아서 한꺼번에 변형할 수 있습니다.

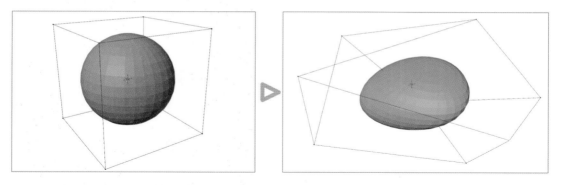

래티스를 사용하면 어떤 시점의 화면이라도 캐릭터를 확실하게 평면적으로 만들 수 있습니다. **래티스**는 다른 각도에서 보면 찌그러져 보이지만 카메라로 비추지 않으면 아무런 문제가 없습니다.

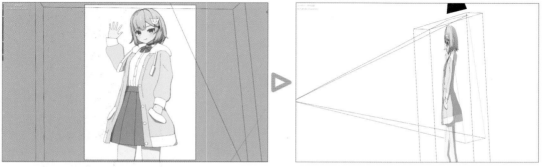

샘플 파일 'Chapter07_TecA02.blend'도 함께 참조해서 확인해 주십시오.

01 래티스 추가하기

Step 먼저 **오브젝트 모드**인지 확인합니다. **추가(Shift+A키)**를 누르고 **래티스**를 선택합니다. 에지에만 사각형 프레임이 추가됩니다. 이 사각형 프레임이 **래티스**입니다.

※ 여기에서는 샘플 파일 'Chapter07_TecA.blend'를 사용해서 확인해 주십시오.

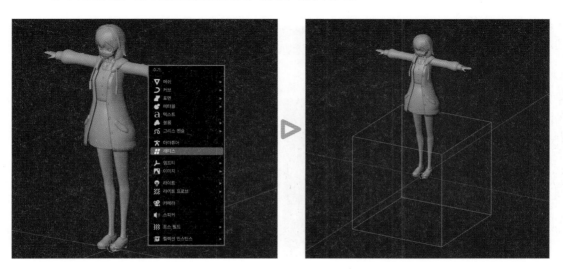

02
Step

래티스 크기 변경하기

오브젝트 모드에서 축적(S키)을 사용해 래티스의 크기를 조정하면서 이동(G키)으로 위치를 조정합니다. 변형하고 싶은 오브젝트가 래티스에 완전히 포함되도록 조정하는 것이 팁입니다.

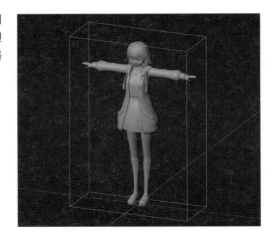

03
Step

오브젝트 선택하기

여기에서는 부모를 설정합니다. 자식인 오브젝트가 부모인 래티스에 의해 변형되는 구조입니다. 자식이 될 오브젝트를 Ctrl키를 누른 상태에서 모두 선택합니다(오른쪽 위 아웃라이너). 마지막으로 부모가 될 래티스 오브젝트를 선택합니다.

04
Step

부모 설정하기

3D 뷰포트에서 부모(Ctrl+P키) → 래티스 변형을 선택합니다. 래티스를 선택한 뒤 에디트 모드(Tab키)로 전환합니다. 래티스의 에디트 모드는 메쉬와 달리 버텍스만 선택할 수 있는 것이 특징입니다. 버텍스를 이동(G키)로 움직이면 자식으로 되어 있는 오브젝트도 동시에 변형됩니다. 마우스 좌클릭해 위치 결정, 마우스 우클릭해 취소할 수 있습니다.

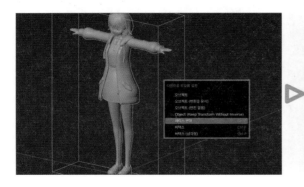 ▷

05
Step

래티스 삭제하기

앞쪽 또는 뒤쪽 버텍스 4개를 Shift키를 눌러 선택하고 이동(G키) → Y키로 래티스를 작게 하면 래티스 안에 있는 오브젝트가 마치 찌그러지듯 변형됩니다. 이를 활용해 입체감을 없애 한층 2D 애니메이션 다움을 표현할 수 있습니다.

래티스에도 셰이프 키가 존재합니다. 래티스를 선택한 상태에서 프로퍼티스의 **오브젝트 데이터 프로퍼티스** 안에 있는 **셰이프 키** 패널에서 새롭게 셰이프 키를 만들어서 손쉽게 변형하거나 애니메이션을 만들 수 있습니다.

Column

반드시 평면적일 필요는 없다

여기에서는 평면적으로 보이도록 만드는 기법을 중점적으로 소개했습니다. 만드는 작품 특성에 따라서는 오히려 카메라 초점 거리를 자유롭게 바꿔서 입체적으로 보여주는 편이 좋을 수도 있습니다. 여러분이 만들고자 하는 표현에 맞춰 다양하게 수정해 봅시다.

◻ 입을 삐죽이게 하기

얼굴을 만들 때 일러스트처럼 나타내려고 하면 어떤 방법을 사용하더라도 눈이 손상되기 쉽습니다. 예를 들면 **입 선 바깥쪽이 도중에 끊어지도록** 표현하고 싶을 때는 셰이프 키나 리그를 사용해 입을 크게 삐죽이게 하거나 옆 얼굴용 모델을 새로 준비해야 합니다. 앞쪽에서 보면 이상한 얼굴이 되지만 옆에서 보면 문제가 없습니다. **표현하고 싶은 것을 위해 의도적으로 다른 각도에서 봤을 때 손상되도록** 하는 것입니다. 이런 접근은 대각선 얼굴 등 다른 각도에서의 표현에서도 응용할 수 있을 것이므로 기억하기 바랍니다. 또한 보다 효율적인 방법(예를 들면 다른 외부 소프트웨어와 조합하는 등)도 모색해 보면 좋을 것입니다. Next Page ▶

※ 샘플 파일 'Chapter07_TecB.blend'도 함께 참조하면 좋습니다.

Chapter 1
Chapter 2
Chapter 3
Chapter 4
Chapter 5
Chapter 6
Chapter 7

오브젝트 모드에서 프로퍼티스의 오브젝트 데이터 프로퍼티스에 있는 셰이프 키에서 새 셰이프 키를 만듭니다. 에디트 모드(Tab키)에서 이동(G키), 회전(R키), 비례 편집 등을 사용해 입의 선이 카메라를 향하게 합니다. 각진 메쉬는 이동(G키) 혹은 메쉬를 선택한 뒤 버텍스 모드(숫자키 1)에서 마우스 우클릭한 상태로 버텍스를 스무스를 사용해 부드럽게 만듭니다. 그밖에도 얼굴의 그림자(텍스처)를 조정하거나 옆 얼굴의 실루엣을 고려하면서 조정합니다.

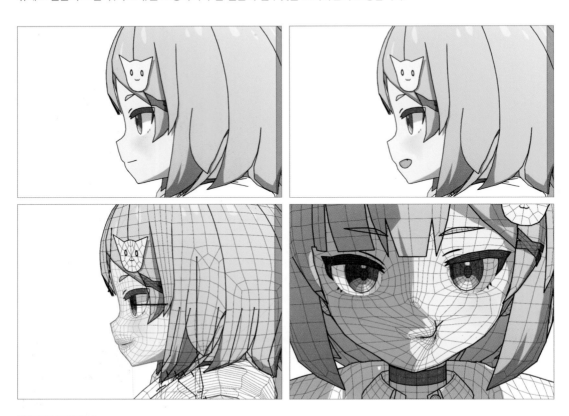

■ 광택 표현하기

반사를 표현하는 노드인 프레넬(프레넬 반사라는 물리 현상을 기반으로 반사율을 결정할 수 있는 노드)를 사용해 모델에 손쉽게 광택을 표현할 수 있습니다. 단, 세세한 빛의 위치 조정 등은 어려우므로 '보다 자유롭게 빛이 닿는 방법을 조정하고 싶다'면 다음 페이지에서 설명하는 컬러 분리와 라이트도 참고해 주십시오.

※ 샘플 파일 'Chapter07_TecC.blend'도 함께 참조해 주십시오.

먼저 반사광을 넣을 오브젝트를 선택하고 화면 위쪽 Shading을 클릭해 셰이더 에디터로 전환합니다. 셰이더 에디터 왼쪽 위 모드에서 오브젝트 모드인지 확인하고 매테리얼 출력 근처에 조합 컬러(Shift+A키 → 컬러 → 조합 컬러)의 스크린을 연결해 빛을 표현하게 합니다. Next Page ▶

팩터에 조합 컬러의 조합을 연결하고, B의 컬러는 표면의 반사를 없애기 위해 검은색으로 합니다. 그리고 이 조합 컬러의 A에 컬러 램프(Shift+A키 → 컨버터 → 컬러 램프)를 연결하고 오른쪽 위의 보간을 상수(선형도 문제없음)으로 합니다. 그리고 이 컬러 램프의 팩터에 프레넬(Shift+A키 → 출력 → 프레넬)을 연결합니다. 이렇게 연결하면 컬러 램프에서 반사의 세기를 조정할 수 있습니다. 마지막으로 조합 컬러(조합)의 팩터에 지오메트리(Shift+A키 → 출력 → 지오메트리)의 뒤쪽 페이스를 연결합니다. 이는 뒤쪽 페이스에 빛이 닿는 것을 방지하기 위한 목적입니다.

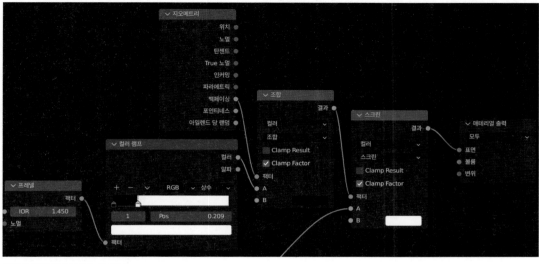

광택을 표현하기 위한 노드 구성

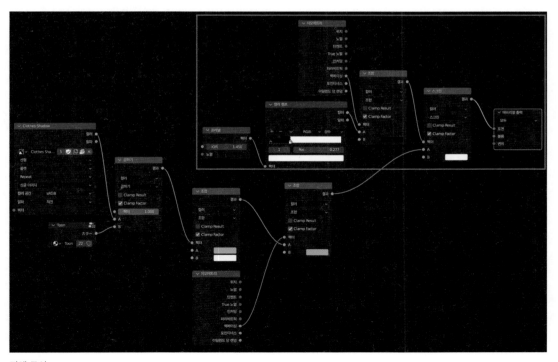

전체 구성

여기에서는 Parka 오브젝트의 Parka와 Parka2 매테리얼, Hair 오브젝트의 Hair와 Hair Front 매테리얼의 노드를 편집합니다. 그리고 Body 오브젝트에 새롭게 Skin을 복제해서 만든 Skin02 매테리얼을 추가해 얼굴과 목 주변의 메쉬를 제외한 메쉬에 이 매테리얼을 할당해 앞서 광택을 표현하기 위한 노드 구성을 넣습니다. 얼굴과 목에 프레넬 노드를 넣으면 뒤쪽에 빛이 닿아 자연스럽지 않으므로 여기에서는 앞의 노드 구성은 넣지 않습니다.

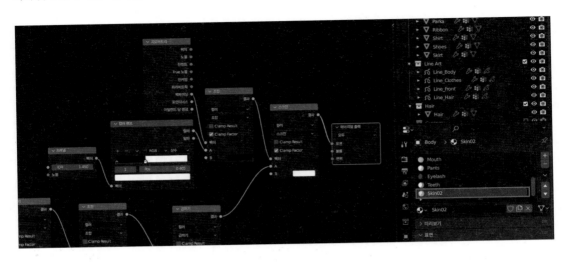

■ 컬러 분리와 라이트
캐릭터에 라이트를 닿게 해서 색을 변화하게 하고 싶을 때는 셰이더 에디터에서 컬러 분리(Shift+A키 → 컨버터 → 컬러 분리) 노드(빨간색, 녹색, 파란색을 분리하는 노드)를 사용합니다. 노드를 구성한 뒤 라이트의 색을 빨간색, 녹색, 파란색으로 만들면 3개까지의 라이트를 자유롭게 제어할 수 있습니다. 예를 들면 빨간색 라이트를 조정하려면 컬러 분리의 빨간색에 연결된 컬러 램프의 빛을 더하거나 빼서 조정하고, 조합의 B로 색을 설정합니다.

※ 샘플 파일 'Chapter07_TecD.blend'도 참조해 주십시오.

노드 구성은 셰이더를 RGB로 변환을 사용해 베이스가 되는 확산 BSDF를 색으로 변환하고, 이 색을 컬러 분리를 사용해 빨간색, 녹색, 파란색으로 각각 분리한 뒤, 다시 컬러 램프와 조합 컬러로 빛을 더하거나 빼고 색을 조정할 수 있습니다. 그 뒤에는 빨간색, 녹색, 파란색 라이트를 비추어서 색을 바꿀 수 있습니다.

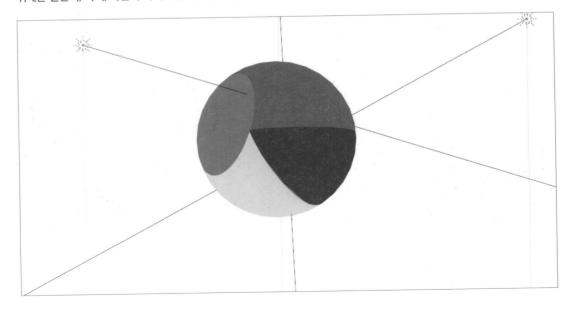

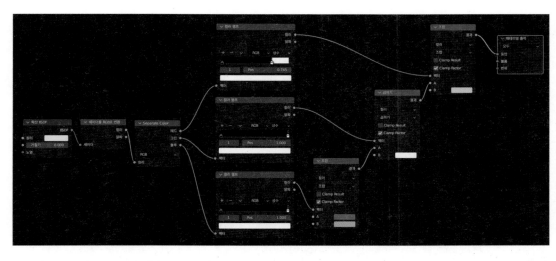

라이트의 색은 **빨간색, 녹색, 파란색**으로 분리하기 위한 것이지 오브젝트에 닿는 색을 바꾸는 것은 아닙니다. 오브젝트에 닿는 빛의 색은 **조합 컬러**에서 바꿔야 합니다. 예를 들면 컬러가 **파란색**인 라이트는 컬러 분리의 **파란색**에 연결된 **컬러 램프**에서 빛과 그림자를 조정하고 **조합**의 **B**로 색을 조정합니다(이 조합 컬러의 **A**는 베이스 색이 되므로 지금까지 만든 노드를 연결하면 좋습니다).

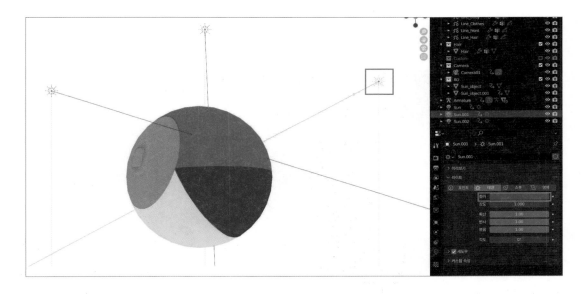

Chapter 1

Chapter 2

Chapter 3

Chapter 4

Chapter 5

Chapter 6

Chapter 7

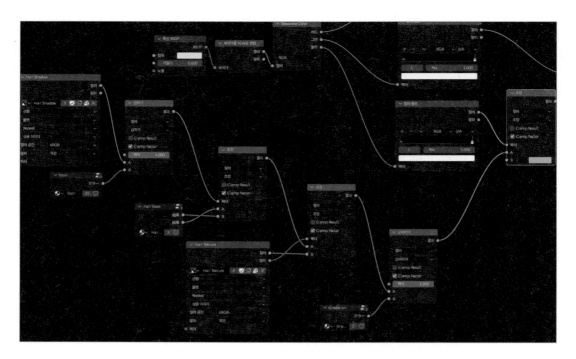

상당히 복잡한 노드 구성이므로 다루기 어려울 수도 있습니다. 하지만 잘 사용할 수 있도록 되면 여러분이 하고 싶은 표현을 자유롭게 할 수 있을 것입니다.

Chapter 7

5

표준 애드온

스킬을 향상하는 데 한층 도움이 되는 블렌더의 애드온 기능에 관해 소개합니다.

Chapter 1

Chapter 2

Chapter 3

Chapter 4

Chapter 5

Chapter 6

Chapter 7

5-1 　애드온이란

블렌더에서는 애드온이라 불리는 기능을 사용해 블렌더에 조작을 추가할 수 있습니다. 애드온에는 기본적으로 설치되어 있는 것, 필요에 따라 개발된 것 등 다양한 것이 있으며 무료 또는 유료로 사용할 수 있습니다. 사용자는 필요한 애드온을 선택해 다운로드해서 설치할 수 있습니다. 이 책은 초보자를 대상으로 하므로 애드온의 사용을 전제로 설명하지 않았으나 기본적으로 설치되어 있는 애드온에도 뛰어난 것들이 있으므로 몇 가지 기본 애드온에 관해 설명합니다.

5-2 　애드온 활성화 및 설치

01 Step 　환경 설정 열기

애드온은 블렌더 환경 설정에서 활성화하고 사용할 수 있습니다. 화면 위쪽 탑 바의 편집 → 환경 설정을 클릭한 뒤 왼쪽 메뉴에서 애드온을 클릭합니다.

02 애드온 검색 및 ON/OFF

Step

오른쪽에 애드온들이 표시됩니다. 애드온 이름 왼쪽에 있는 체크 박스로 활성화/비활성화할 수 있습니다. 기본 설치되어 있는 애드온이 상당히 많습니다. 어떤 애드온이 있는지 모르겠다면 오른쪽 위 검색 필드에서 애드온을 검색할 수 있습니다.

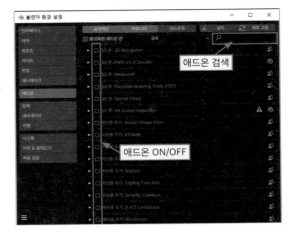

03 애드온 설치하기

Step

외부 애드온을 설치할 때는 해당 애드온을 무료 배포 또는 판매하고 있는 사이트로 연결해 다운로드해야 합니다. 다운로드했다면 오른쪽 위 설치를 클릭합니다. 블렌더 파일 보기가 열리므로 다운로드한 애드온을 설치해서 사용할 수 있습니다.

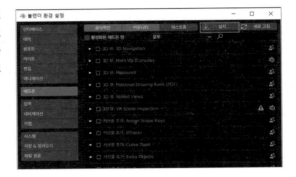

04 필터 애드온 비활성화하기

Step

애드온을 활성화했지만 설치되지 않은 경우에는 사이드바(N키)에서 도구의 워크스페이스 패널 안에 있는 필터 애드온을 활성화했을 가능성이 있으므로 이를 비활성화합니다.

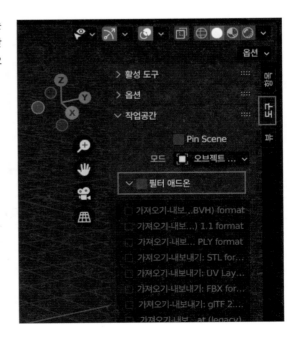

5-3 애드온 사용 시 주의점

애드온은 매우 편리하지만 너무 많은 애드온을 활성화하면 블렌더의 동작이 불안정해집니다. 그리고 애드온에 따라 단축키가 충돌하기도 하므로 애드온은 <u>사용하는 것만 활성화</u>합니다.
외부 애드온은 매우 뛰어난 것들이 많지만 블렌더 버전 업데트에 따라 사용할 수 없도록 되는 것도 있으므로 외부 애드온을 사용할 때는 이런 리스크도 고려해야 합니다.

5-4 기본 설치되어 있는 권장 애드온

여기에서는 필자가 개인적으로 권장하는 기본 설치되어 있는 애드온을 소개합니다.

■ LoopTools

LoopTools는 메쉬 편집을 지원하는 애드온입니다. 오브젝트를 선택하고 에디트 모드(Tab키)로 환한 뒤 사이드바(N키)를 표시하면 새롭게 편집 항목이 추가됩니다. 이 항목을 클릭하면 LoopTools라는 패널이 표시됩니다. 이 패널을 열면 다양한 항목이 표시되며 이 항목들 모두가 편집 관련 기능입니다. 모든 기능을 소개할 수는 없으므로 여기에서는 메쉬 편집에 크게 도움을 주는 릴렉스에 관해서만 설명합니다.

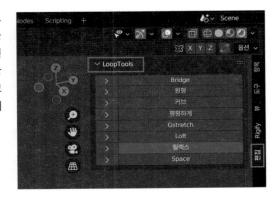

■ 릴렉스

릴렉스는 선택한 버텍스나 에지의 덜그럭거림을 부드럽게 해 주는 기능입니다. 버텍스를 스무스(버텍스 → 버텍스를 스무스)와 같이 메쉬를 부드럽게 해주면서 동시에 원래 형태를 유지합니다. 에디트 모드에서 에지 선택 모드(숫자키 2)로 전환하고 부드럽게 할 에지를 Shift키를 누른 상태에서 릴렉스를 여러 차례 클릭하면 에지가 좋은 느낌으로 조정됩니다. 한 번에 어려 버텍스를 선택하면 잘 동작하지 않을 때도 있으므로 에지를 조금씩 선택하면서 릴렉스시키는 것이 좋습니다. 버텍스를 일일이 이동(G키)해 조정하기 어려울 때는 이 기능을 사용합시다.

 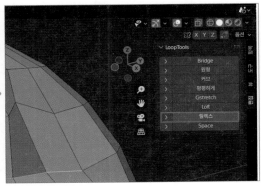

◼ Auto Mirror

Auto Mirror는 단 하나의 버튼으로 오브젝트를 미러화 할 수 있는 애드온입니다. 일반적으로 오브젝트를 피러화하기 위해서는 오브젝트 절반을 에디트 모드에서 삭제 → 오리진 위치 확인 → 모디파이어에서 미러 추가라는 과정이 필요한데, 이 과정을 생략할 수 있도록 해 주는 애드온입니다. 미러는 모델리링에서 자주 사용하므로 개인적으로 활성화할 것을 추천하는 애드온입니다.

오브젝트 모드 또는 에디트 모드에서 사이드바(N키)를 표시하면 편집 항목이 새로 추가됩니다. 이 항목을 클릭하면 Auto Mirror라는 패널이 있습니다. 패널을 열면 가장 위에 Auto Mirror 버튼이 있으며, 이를 클릭하면 미러화 할 수 있습니다. 프로티스의 모디파이어 프로퍼티스에서 미러가 추가된 것을 확실하게 확인하면 좋습니다.

◼ F2

F2는 F키로 손쉽게 페이스를 만들 수 있는 애드온입니다. 일반적으로 1개의 버텍스를 선택하고 변을 만드는 단축키인 F키를 누르면 삼각형 페이스가 만들어집니다. Next Page ▶

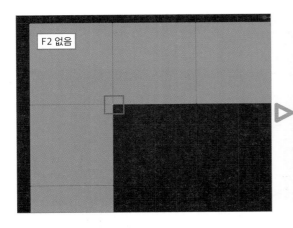

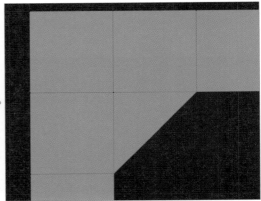

F2 애드온을 활성화하면 2개의 버텍스로 이루어진 대각선에 4개의 버텍스를 만들고 사각형 페이스를 만들 수 있습니다.

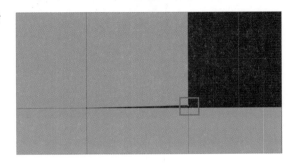

단 버텍스를 병합(M키)해 주지는 않으므로 이 점에 주의합니다.

▣ Node Wranglar

Node Wranglar는 노드 편집을 매우 빠르게 해 주는 애드온입니다. 이 애드온을 활성화하면 노드 관련 단축키가 매우 많이 추가됩니다. 이 단축키 중 노드 편집에 필수적인 기능이 몇 가지 있습니다. 기능이 매우 많으므로 그 중에서 사용 빈도가 높은 단축키만 소개합니다.

노드를 선택하고 **Ctrl+Shift+마우스 좌클릭**하면 각 시점에서의 노드 상태를 미리보기 할 수 있습니다. **지금 이 노드는 어떻게 표시되는가?**가 궁금할 때 손쉽게 노드의 결과를 확인할 수 있습니다.

예를 들면 다음 그림과 같은 상태에서 컬러 램프 시점의 노드를 미리보고 싶다면 컬러 램프를 선택한 뒤 **Ctrl+Shift+마우스 좌클릭**하면 컬러 램프가 매테리얼 출력과 연결됩니다. 원래대로 되돌리고 싶다며 대상이 되는 노드(여기에서는 조합 컬러 노드)를 선택한 뒤 **Ctrl+Shift+마우스 좌클릭**합니다.

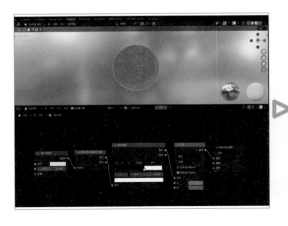

노드를 선택하고 **Ctrl+T키**를 누르면 텍스처 좌표, 맵핑 이미지, 텍스처 노드를 한 번에 추가할 수 있습니다. 이미 이미지 텍스처 노드가 있다면 텍스처 좌표 노드와 맵핑 노드가 추가됩니다. 이 노드들의 조합은 텍스처 이미지를 붙일 때 빈번하게 사용하며 이 단축키를 활용하면 빠르게 추가할 수 있습니다.

미사용 노드를 한 번에 삭제하고 싶을 때는 **Alt+X키**를 누르면 경고 메시지가 표시되고 그대로 클릭하면 매테리얼 출력으로 연결되지 않은 모든 노드를 삭제할 수 있습니다. 미사용 노드로 작업 환경이 복잡할 때 활용하면 좋습니다.

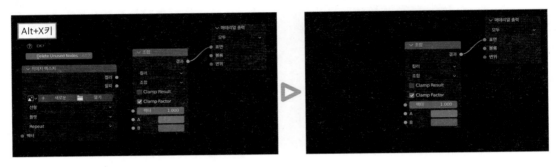

노드를 연결한 상태를 유지한 채 노드를 교체하고 싶을 때는 노드를 선택하고 **Shift+S키**를 누릅니다. 메뉴가 표시되면 여기에서 교체할 노드를 선택합니다.

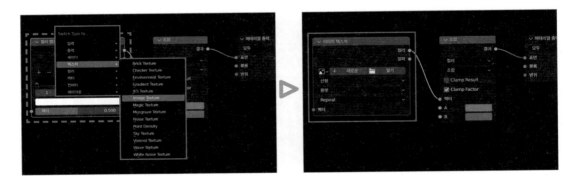

▣ Rigify

Rigify는 사람뿐만 아니라 동물의 아마튜어도 만들 수 있는 기능입니다. 또한 IK와 FK를 전환할 수 있는 고성능의 리그도 만들 수 있습니다. 이 책에서는 블렌더 조작이나 캐릭터 모델링 순서 전체를 습득하기 위해 리그 등을 처음부터 만들었지만 보다 본격적인 리그로 캐릭터를 움직이고 싶을 때는 이 애드온을 도입하는 것을 권장합니다. Next Page ▶

오브젝트 모드에서 **추가(Shift+A키) → 아마튜어**를 보면 새롭게 항목이 몇 개 추가되어 있습니다. 여기에서는 **기본 → Basic Human(Meta-Rig)**을 선택하면 인형의 아마튜어를 추가할 수 있습니다(단 손가락의 본은 없기 때문에, 그쪽도 추가하고 싶다면 **Human(Meta-Rig)**을 선택합시다).

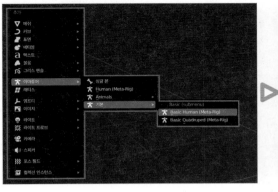 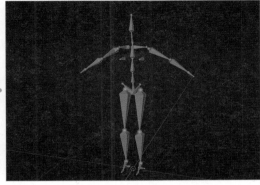

필요하지 않은 본이 있을 때는 아마튜어를 선택하고 **에디트 모드(Tab키)**로 전환한 뒤 **X키 → 본**으로 삭제합니다. 본 위치도 메쉬에 맞춰 **이동(G키)**이나 **회전(R키)**으로 조정하면 좋습니다. 팔의 회전축 등을 정렬하는 것도 잊지 맙시다(본을 선택하고 **Shift+N키**로 롤을 재계산할 수 있습니다).

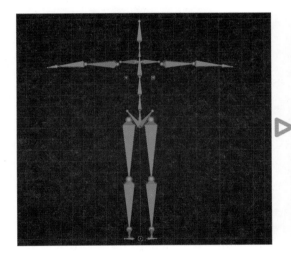 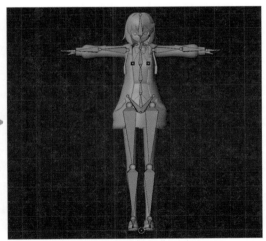

한층 고성능의 리그를 만들 수 있습니다. 프로퍼티스의 오브젝트 데이터 프로퍼티스를 클릭하면 Rigify 패널을 확인할 수 있습니다. 이 패널에서 **Generate Rig**를 클릭합니다.

Next Page ▶

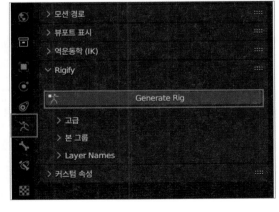

Chapter 1
Chapter 2
Chapter 3
Chapter 4
Chapter 5
Chapter 6
Chapter 7

rig라는 이름의 새로운 리그가 만들어집니다. 필수적인 본을 삭제하면 에러가 발생하고, 리그가 만들어지지 않을 수 있으므로 주의합니다.

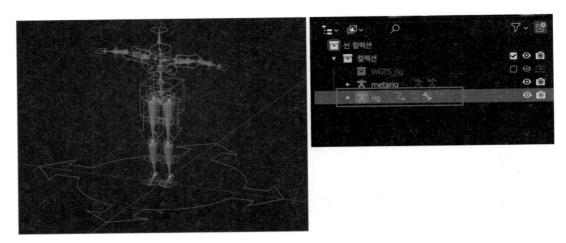

다음으로 메쉬를 자녀, 리그를 부모(메쉬 → 아마튜어 순서로 선택하고 Ctrl+P키를 눌러 빈 그룹 또는 자동 웨이트와 함께를 선택)로 만듭니다. 앞서 만들어진 metarig는 숨기거나 삭제합니다.
사이드바(N키)의 항목 안에 있는 Rig Layers에서 본을 표시/숨기기 할 수 있습니다.

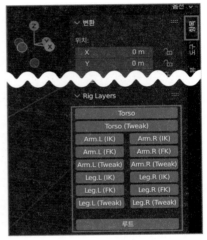

그리고 이 리그를 사용하면 IK와 FK를 상호 스냅(본과 본이 겹치는 것)할 수 있습니다. 일반적으로 포즈 모드에서 IK를 움직이면 FK가 그 위치에서 멈춰 버립니다. 그렇기 때문에 FK를 IK에 스냅시키고 싶을 때는 사이드바(N키)에서 항목의 Rig Main Properties 패널 안에 있는 FK → IK를 클릭해 가능합니다. 그 반대를 수행하고 싶을 때는 IK → FK를 선택합니다. 이것으로 IK와 FK를 전환했을 때 갑자기 포즈가 바뀌는 등의 부자연스러운 애니메이션을 막을 수 있습니다. Next Page

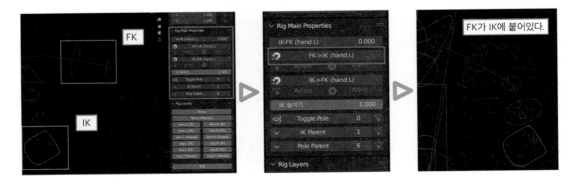

IK-FK 전환은 **IK-FK** 항목에서 수행할 수 있습니다. 그 밖에도 **IK 늘이기**가 있습니다. 이것은 모델을 마치 스프링처럼 잡아당길 수 있는 설정입니다. 본격적인 리그 애니메이션을 만들고 싶을 때는 이 애드온을 사용해 봅시다. 덧붙여 이 IK와 FK의 전환은 모두 본에 영향을 주지 않으며 왼손만 전환하거나 오른손만 전환하는 등 부분적으로 전환할 수도 있습니다.

rig를 스키닝에서 조정하려면 프로퍼티스의 **오브젝트 데이터 프로퍼티스** 안에 있는 **골격** 패널 안에서 스키닝할 수 있는 본을 표시하는 본 레이어를 클릭해야 합니다. 작업을 마쳤다면 기본값 상태로 되돌아갑니다. 덧붙여 본 레이어를 **Shift키**를 누른 상태에서 마우스 좌클릭 드래그하면 각 레이어를 일괄적으로 표시/숨기기 할 수 있습니다(블렌더 4.0에서는 본 컬렉션 안에서 전환할 수 있습니다).

나중에 **본**을 추가하고 싶을 때는 새로 만들어 스키닝할 수도 있으므로, 반드시 각자 사용하기 쉬운 리그를 만들어 보십시오.

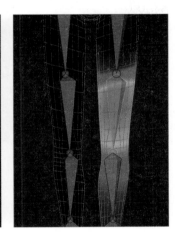

파이썬 스크립트 자동 실행에 관해

Generate Rig로 고성능의 리그를 만들어서 저장한 뒤 블렌더를 재 실행하면 '보안상의 이유로 이 파일에서 파이썬 스크립트 자동 실행이 비활성화됨'(파이썬은 프로그래밍 언어의 한 가지입니다)라는 에러 메시지가 표시됩니다. 스크립트 실행을 영구적으로 허용을 활성화한 뒤 실행 허용을 선택합니다.

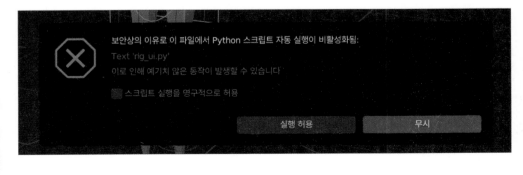

▣ Add Camera Rigs

Add Camera Rigs는 카메라에 컨트롤 리그를 추가하는 애드온입니다. 보다 카메라를 쉽게 제어할 수 있도록 되므로 애니메이션이나 영상 작품을 만들 때 큰 도움이 됩니다.

오브젝트 모드에서 추가의 단축키인 Shift+A키를 누르고 카메라를 보면, 새로운 카메라가 몇 가지 추가된 것을 알 수 있습니다. 예를 들면 Dolly Camera Rig를 선택하면 화살표가 붙어 있는 카메라가 추가됩니다. 이 화살표를 선택하고 포즈 모드에서 이동(G키)시켜 손쉽게 카메라의 방향과 위치를 초정할 수 있습니다.

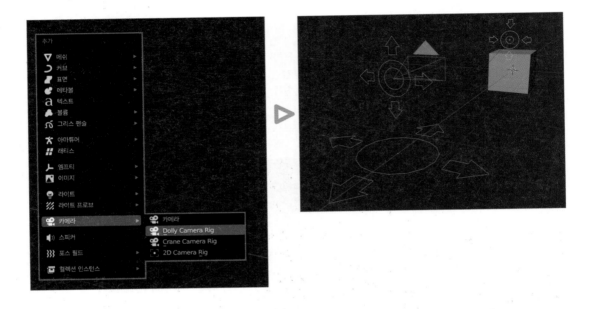

지금까지의 작업은 어땠습니까? 이 책을 통해 기본을 학습하고 여러분은 한층 블렌더나 애니메이션의 깊은 영역으로 향할 수 있을 것이라고 생각합니다.

그리고 '리깅', '애니메이션', '카툰 렌더링(셀 룩)' 등에 관한 설명은 필자가 유튜브를 통해서도 제공하고 있으므로 참고해 주시기 바랍니다.

· [Blender] 셀 룩 강좌 ~노드, 윤곽선, 노멀 전사, RGB 분리~
  (《Blender》セルルック講座〜ノード、輪郭線、法線転写、RGB分離〜)(일본어)
  URL: https://youtu.be/e1tFq5OoSY0

· [Blender] 셀 룩 집중 강좌 ~셀 룩을 정복하자!~
  (《Blender》セルルック集中講座〜セルルックを極める！〜)(일본어)
  URL: https://youtu.be/c9ZudJuBlOg

· [Blender] 리깅 입문 강좌 ~초보자를 위한 부모/자식 관계, 리깅 만들기, IK와 FK에 관한 설명~
  (《Blender》リギング入門講座〜初心者向けに親子関係、リグの作り方、IKとFKを解説〜)(일본어)
  URL: https://youtu.be/Y7HVmRkbleE

· [Blender] 애니메이션 기초 강좌 ~걷기, 달리기~
  (《Blender》アニメーション基礎講座〜歩き、走りの作り方〜)(일본어)
  URL: https://youtu.be/pZagC5_cBu8

끝으로 이 책을 읽어 주셔서 대단히 감사합니다.

이 책(후편)만 구입한 분들이라면 전편인 <블렌더로 애니 그림체 캐릭터를 만들자! -모델링편->도 함께 읽으면 모델링 관해 보다 깊이 이해할 수 있을 것입니다.

출판할 수 있도록 도와주신 마이나비 출판사 여러분, 산바리키(三馬力, 말고기 음식점) 여러분, 그리고 책을 구입하고 읽어 주신 여러분께 깊이 감사드립니다.

그럼 또 어딘가에서 뵙겠습니다.

2024년 1월

나츠모리 카츠(夏森轄)

블렌더로 애니 그림체 캐릭터를 만들어보자! -카툰렌더링편-

초판 1쇄 인쇄 2024년 10월 10일
초판 1쇄 발행 2024년 10월 15일

저　자 : 나츠모리 카츠
번　역 : 김모세

원서스탭
편집·DTP: 樋山淳(株式会社三馬力) | 편집부담당: 角竹輝紀 · 伊佐知子 · 門脇千智
북디자인: 霜崎綾子 | 커버 CG: 夏森 轄

표지 디자인: 조세연 | 본문 디자인: 강민철
펴낸이 : 이동섭
편　집 : 송정환
영업 · 마케팅 : 조정훈, 김려홍
e-BOOK : 홍인표, 최정수, 서찬웅, 김은혜, 정희철
관　리 : 이윤미

㈜에이케이커뮤니케이션즈
등록 1996년 7월 9일(제302-1996-00026호)
주소 : 08513 서울특별시 금천구 디지털로 178, 1805호
TEL : 02-702-7963~5 FAX : 0303-3440-2024 / http://www.amusementkorea.co.kr

ISBN 979-11-274-7927-5 13000

BLENDER DE ANIME CHARACTER WO TSUKURO! TOON RENDERING NO MAKI
by Katsu Natsumori
Copyright © 2024 Katsu Natsumori
All rights reserved.
Original Japanese edition published by Mynavi Publishing Corporation
This Korean edition is published by arrangement with Mynavi Publishing Corporation, Tokyo
in care of Tuttle-Mori Agency, Inc., Tokyo.
Korean translation copyright © 2024 by A.K Communications Inc.

이 책의 한국어판 저작권은 일본 Mynavi Publishing Corporation과의 독점 계약으로
㈜에이케이커뮤니케이션즈에 있습니다.
저작권법에 의해 한국에서 보호를 받는 저작물이므로 무단전재와 무단복제를 금합니다.